ÉTUDES MUSULMANES

Fondées par
Étienne Gilson et Louis Gardet

Dirigées par
Cristina D'Ancona Costa

NOÉTIQUE ET THÉORIE DE LA CONNAISSANCE DANS LA PHILOSOPHIE ARABE DU IXe AU XIIe SIÈCLE

DANS LA MÊME COLLECTION
(DERNIÈRES PUBLICATIONS)

Tome 51 – TABBARA N., *L'itinéraire spirituel d'après les commentaires soufis du Coran*, 328 pages, 2018

Tome 50 – BENKHEIRA M. H., *La maitrise de la concupiscence. Mariage, célibat et continence sexuelle en Islam, des origines au* X[e]/XIe *siècle*, 504 p., 2017.

Tome 49 – VAJDA G., *Pensées médiévales en hébreu et en arabe. Études (1931-1981)*, études réunies et introduites par E. Coda, 376 p., 2016.

Tome 48 – BORRMANS M., *Quatre acteurs du dialogue islamo-chrétien, Arnaldez, Caspar, Jomier, Moubarac*, Avant-propos de Henri de la Hougue, 152 p., 2016.

Tome 47 – ARNALDEZ R., *Aspects de la pensée musulmane*, préface par Maurice Borrmans, 320 p., 2015.

Tome 46 – *De l'Antiquité tardive au Moyen Âge ; Études de logique aristotélicienne et de philosophie grecque, syriaque, arabe et latine offertes à Henri Hugonnard-Roche*, E. Coda & C. Martini Bonadeo (éd.), 664 p., 2014.

Tome 45 – AVICENNE, *Commentaire sur le livre* Lambda *de la* Métaphysique *d'Aristote*, éd. critique, traduction et notes par Meryem Sebti, Marc Geoffroy et Jules Janssens, 120 p., 2014.

Tome 44 – DAFTARY F., *Les ismaéliens dans les sociétés musulmanes médiévales*, 184 p., 2011.

Tome 43 – IBN ZUHR DE SÉVILLE, *Le traité médical* (*Kitâb al-Taysir*), introduit, traduit et annoté par Fadila Bouamrane, 480 p., 2010.

Tome 42 – AL-ĠAZÂLÎ, *Le critère de distinction entre l'islam et l'incroyance. Interprétations et divergences en Islam*, édition, trad., présentation et notes par M. Hogga, 128 p., 2010.

Tome 41 – BONMARIAGE C., *Le réel et les réalités. Mulla Sadra Shirazi et la structure de la réalité*, 352 p., 2008.

Tome 40 – DAFTARY F., *La légende des Assassins. Mythe sur les ismaéliens*, 208 p., 2007.

Tome 39 – ARNALDEZ R., *Les sciences coraniques, Grammaire, droit, théologie et mystique*, 288 p., 2005.

Tome 38 – VALLAT Ph., *Al-Fârâbî et l'école d'Alexandrie. Des prémisses de la connaissance à la philosophie politique*, 432 p., 2004.

Tome 37 – ARNALDEZ R., *Fakhr al-Dîn al-Râzî, commentateur du Coran et philosophe*, 288 p., 2005.

Tome 36 – ALAMI A., *L'ontologie modale. Étude de la théorie des modes d'Abû Hâšim al-Ǧubbâ'î*, 240 p., 2001.

Tome 35 – JOMIER J., *L'islam vécu en Égypte*, 244 p., 1994.

Tome 34 – HOGGA M., *Subversion et réforme en Islam.* Ġazâlî *et les Seljuqides*, suivi de *Textes politiques de Gazali*, préf. de J. Jolivet, 272 p., 1993.

Tome 33 – MICHOT J.-R., *Musique et danse selon Ibn Taymiyya*, 224 p., 1991.

Tome 32 – GILLOT C., *Exégèse, langue et théologie en Islam. L'exégèse coranique de Ṭabarî* (*m. 311/923*), 320 p., 1990.

Tome 31 – AL-FÂRÂBÎ, *Traité des opinions de la Cité*, intro., trad. et notes par t. Sabri, 158 p., 1990.

ÉTUDES MUSULMANES

LII

NOÉTIQUE ET THÉORIE DE LA CONNAISSANCE DANS LA PHILOSOPHIE ARABE DU IXe AU XIIe SIÈCLE

DES TRADUCTIONS GRÉCO-ARABES AUX DISCIPLES D'AVICENNE

Sous la direction de

Meryem SEBTI et Daniel DE SMET

Ouvrage publié avec le concours du Centre national du livre

PARIS

LIBRAIRIE PHILOSOPHIQUE J. VRIN

6 place de la Sorbonne, V^e

2019

The Philosophical Works of al-Kindī,
édité par Peter E. Pormann et Peter Adamson (extraits)

Imprimé en France

ISSN 0531-1888
ISBN 978-2-7116-2854-4

www.vrin.f

Ce volume est dédié
à la mémoire de Marc Geoffroy.

INTRODUCTION

Les obscurités soulevées par le *Traité de l'âme* d'Aristote, notamment autour de la question de la nature de l'intellect (*De anima*, III, 4-5), ont suscité d'innombrables commentaires qui vont des disciples immédiats d'Aristote jusqu'aux derniers représentants de l'École d'Alexandrie, de Théophraste à Jean Philopon et Simplicius. Cette tradition exégétique s'est poursuivie dans le monde arabo-musulman avec une remarquable continuité, notamment dans le souci d'harmoniser la noétique aristotélicienne avec la théorie platonicienne de la connaissance.

Les commentateurs arabes se distinguent cependant de leurs prédécesseurs alexandrins par l'intérêt qu'ils portent aux questions eschatologiques et par l'effort qu'ils mettent en œuvre pour expliquer le phénomène de la prophétie et de la révélation à l'aide des concepts de la noétique grecque. L'Intellect agent, conçu comme le dernier intellect séparé, devient la cause de l'existence du monde sublunaire et le principe qui anime le fonctionnement de l'intellect humain. Il est la source de la révélation prophétique et joue un rôle crucial dans la sotériologie en permettant à l'âme humaine d'atteindre la béatitude. La singularité de l'interprétation des philosophes arabes réside également dans le lien qu'ils établissent entre les hypostases du monde intelligible plotinien (l'Un, l'Intellect, l'Âme) et la théorie aristotélicienne de l'intellect. Ainsi, ils identifient l'Un de Plotin à l'Intellect divin de *Métaphysique Lambda*[1]. Ils réélaborent en outre la théorie des intelligences des sphères du *Traité du ciel*. Les intelligences séparées, qui n'étaient que des principes moteurs chez

1. Cette identification se trouve déjà chez Simplicius et Syrianus. Mais chez les philosophes arabes, elle devient un élément central de leur système métaphysique. En effet, pour intégrer l'idée de création dans leur cosmologie, ils identifient l'Un plotinien, Principe ultime de l'émanation, à l'Intellect divin de *Métaphysique Lambda* et aux intelligences des sphères du *Traité du ciel*, lesquels ne sont, chez Aristote, que des principes moteurs ne créant pas ce qu'ils meuvent. Ils identifient en outre l'intellect en acte du *Traité de l'âme* (III, 5) au *Noûs* plotinien, qui est un principe d'émanation. Ainsi, l'Intellect agent des Arabes devient un principe créateur. Sur ce point, voir par exemple le commentaire d'Avicenne à la *Métaphysique Lambda* d'Aristote : Avicenne (Ibn Sina), *Commentaire sur le livre Lambda de la Métaphysique d'Aristote* (*chapitre 6-10*), éd. critique, trad. et notes M. Geoffroy, J. Janssens et M. Sebti, Paris, Vrin, 2014, p. 48 et n. 7 p. 81.

Aristote, deviennent les principes à la fois de l'être et de la pensée. Cette relecture a pour conséquence que les thèmes relatifs à la noétique s'avèrent indissociables de ceux relevant de la cosmologie, de la prophétologie et de l'eschatologie. Il en résulte, chez la plupart des penseurs arabes, une métaphysique dont la caractéristique est l'approche systématique qu'elle a de ces différentes questions.

Cette tradition philosophique est identifiable par la récurrence de certains thèmes philosophiques. Les uns sont hérités du corpus grec, par exemple la synthèse établie par les Alexandrins entre la lecture d'Aristote, inaugurée par Alexandre d'Aphrodise, et la théorie de l'Intellect et de l'Âme élaborée par Plotin et les néoplatoniciens ultérieurs tels que Proclus. D'autres thèmes, comme celui du rôle de l'Intellect agent dans la prophétie, ou l'intégration des intelligences des sphères du *Traité du ciel* (chez Aristote il y en a cinquante-cinq voire plus) dans le système astronomique de Ptolémée (avec neuf ou dix sphères) – et donc la réduction du nombre des Intelligences à la décade – ne semblent pas avoir eu d'antécédents dans l'Antiquité [1]. Cette doctrine cosmologique apparaît pour la première fois chez Farabi (m. 950) et l'ismaélien Ḥamīd al-Dīn al-Kirmānī (m. vers 1021) [2].

L'ouvrage que nous proposons entend examiner l'entreprise spéculative des philosophes arabes en croisant plusieurs perspectives : il s'agit, en premier lieu, de traiter des questions noétiques en les réinscrivant dans le contexte métaphysique qui leur a permis de se constituer. Ce travail collectif révèle la grande diversité des courants doctrinaux en terre d'Islam et les liens qui les unissent. Il permet d'entrevoir l'évolution des doctrines et de la terminologie, et de cerner avec précision les multiples relectures auxquelles a donné lieu l'héritage alexandrin.

L'une des originalités de ce livre réside dans le fait qu'il ne se limite pas à l'étude des *falāsifa* les plus connus, tels al-Kindī, Farabi, Avicenne et Averroès, mais porte également sur des penseurs moins étudiés, dont le rôle dans l'évolution de la *falsafa* est néanmoins important. On peut citer pour exemple al-ʿĀmirī (m. 992), disciple lointain d'al-Kindī (m. autour de 866), qui a joué un rôle dans la diffusion et l'interprétation en Iran des paraphrases arabes de Plotin et de Proclus élaborées dans le cercle du maître à Bagdad. Le milieu des disciples d'al-Kindī en Iran au Xᵉ siècle, auquel appartiennent plusieurs auteurs ismaéliens comme Muḥammad al-Nasafī (m. 943), Abū Ḥātim al-Rāzī (m. 934) et Abū Yaʿqūb al-Sijistānī (m. vers 971), est encore relativement peu connu, en dépit du fait qu'ils évoluent dans la même sphère intellectuelle que

1. L'historique de cette théorie, si influente au Moyen Âge, a été étudié par D. Janos, *Method, Structure, and Development in al-Fārābī's Cosmology*, Leiden-Boston, Brill, 2012, en part. p. 115-180.

2. D. De Smet, « Al-Fārābī's Influence on Ḥamīd al-Dīn al-Kirmānī's Theory of Intellect and Soul », *in* P. Adamson (ed.), *In the Age of al-Fārābī : Arabic Philosophy in the Fourth/Tenth Century*, Londres, The Warburg Institute, 2008, p. 131-150.

Farabi[1]. Ces penseurs ont été parmi les premiers à intégrer dans leur philosophie le corpus des paraphrases arabes des textes néoplatoniciens; ce sont en outre les précurseurs directs de Farabi dans la mesure où ils ont élaboré une synthèse originale entre ce corpus néoplatonicien et l'aristotélisme. D'autres, comme Bahmanyār, disciple direct d'Avicenne, ont infléchi les doctrines du maître et ouvert la voie à de nouveaux courants de pensée qui, tel celui de l'Ishrāq, se définissent par une opposition parfois virulente à Avicenne.

En tenant compte de tous ces facteurs, nous avons établi une sélection d'auteurs appartenant à différentes périodes (du IXe au XVIIe siècle) et à différents courants de pensée, de l'Iran à l'Andalousie. Dans le présent volume, nous prenons pour point de départ la paraphrase arabe de Plotin, qui a orienté de manière décisive l'élaboration par al-Kindī et son cercle de la réflexion philosophique en langue arabe. Loin d'être des traductions fidèles, les versions arabes de Plotin, comme celles de Proclus, reflètent une certaine interprétation de leur doctrine, visant notamment à en gommer le caractère païen et à l'intégrer dans un contexte créationniste et monothéiste. Ces ajouts, interprétations et infléchissements propres aux versions arabes sont de première importance, car ils détermineront pour une large part l'orientation future de la philosophie arabo-musulmane[2]. D'une façon analogue, la version arabe des *Parva Naturalia* d'Aristote comporte des divergences significatives par rapport à l'original grec.

À la suite d'al-Kindī, nous nous attachons aux penseurs qui ont introduit et développé le néoplatonisme en Iran (al-ʿĀmirī et les ismaéliens) et qui sont à l'origine d'un remarquable essor de la pensée philosophique au Xe siècle[3]. Outre al-ʿĀmirī et les ismaéliens al-Nasafī, Abū Ḥātim al-Rāzī et al-Sijistānī, on peut rattacher à ce milieu le groupe d'auteurs anonymes connu sous le nom de Ikhwān al-Ṣafā' (« Frères de la pureté »), rédacteur de la première grande encyclopédie philosophique en langue arabe. Ce renouveau intellectuel précède de peu les innovations philosophiques majeures de Farabi, dont dépend en partie le penseur ismaélien Ḥamīd al-Dīn al-Kirmānī. Quant au médecin-

1. D. De Smet, « Une classification ismaélienne des sciences. L'apport d'Abū Yaʿqūb al-Sijistānī à la "tradition d'al-Kindī" et ses liens avec Abū l-Ḥasan al-ʿĀmirī », *in* A. Akasoy et W. Raven (eds.), *Islamic Thought in the Middle Ages. Studies in Text, Transmission and Translation, in Honour of Hans Daiber*, Leiden/Boston, Brill, 2008, p. 77-90.

2. Deux ouvrages sont fondamentaux en ce domaine : C. d'Ancona, *Plotino. La discesa dell'anima dei corpi (ENN. IV 8 [6]) ; Plotiniana Arabica (Pseudo-Teologia di Aristotele, capitoli 1 E 7 ; "Detti del Sapiento greco")*, Padoue, Il Poligrafo, 2003 ; G. Endress, *Proclus Arabus. Zwanzig Abschnitte aus der Institutio Theologica in arabischer Übersetzung*, Wiesbaden/Beirut, Franz Steiner, 1973.

3. On peut se référer à l'ouvrage de J. Kraemer, *Humanism in the Renaissance of Islam. The Cultural Revival during the Buyid Age*, Leiden, Brill, 1986. Kraemer établit ainsi un rapport entre Yaḥyā b. ʿAdī, Abū Sulaymān al-Sijistānī, les Ikhwān al-Ṣafā', Abū Ḥayyān al-Tawḥīdī, Miskawayh et Abu l-Ḥasan al-ʿĀmirī, qui ont tous contribué à l'essor intellectuel de l'Iran sous les Buyides, ce que Kraemer appelle « the Renaissance of Islam ».

philosophe Abū Bakr al-Rāzī (m. début Xᵉ siècle), il constitue une figure à part par son platonisme radical.

C'est dans ce climat intellectuel traversé par des courants multiples et complexes que se forme le jeune Avicenne (m. 1037), dont l'œuvre représente un tournant décisif dans l'histoire de la pensée arabo-musulmane. Autour d'Avicenne, nous distinguons plusieurs auteurs dont les doctrines sont le plus souvent appréciées en fonction de leur plus ou moins grande fidélité (Bahmanyār, Lawkarī) ou radicale opposition à la synthèse avicennienne à laquelle pourtant ils doivent tous beaucoup (Abu l-Barakāt al-Baghdādī).

Un second volume comportera deux volets. Dans le premier seront abordés les théologiens du post-avicennisme comme al-Ghazālī, et les grandes figures de l'Ishrāq tels al-Suhrawardī (m. 1191) et al-Shahrazūrī (m. après 1288). L'interprétation d'Avicenne connaît un nouvel essor au XVIIᵉ siècle en Iran sous les Safavides avec Mīr Dāmād (m. 1631) et son illustre élève Mullā Ṣadrā Shīrāzī (m. 1640), qui intègre dans sa pensée la tradition shiʿite imamite, le soufisme d'Ibn ʿArabī (m. 1240) et une lecture *ishrāqī* de la philosophie avicennienne.

À l'autre extrémité du monde musulman, en Andalousie, la pensée d'Avicenne nourrit la noétique d'Ibn Ṭufayl (m. 1185) tandis que l'aristotélisme enseigné par Ibn Bājja (m. 1138) fut pleinement restitué par son disciple Averroès (m. 1198), qui rompt avec la lecture avicennienne d'Aristote. Ces philosophes seront étudiés dans le second volet.

Les études doctrinales de ces deux volumes sont suivies par un choix de textes et un lexique. Cet ouvrage offre une vue d'ensemble des questions de noétique et ouvre, par l'approche comparative qu'il autorise, de nouvelles pistes de recherche, notamment en matière de lexicographie. Il intéressera les chercheurs et étudiants en philosophie arabe mais aussi les hellénistes, étant donné que la tradition arabe a conservé des textes et des éléments de doctrine perdus en grec.

Enfin, cet ouvrage de synthèse permettra aux médiévistes latins l'accès à des sources arabes dont dépendent directement, par le biais des traductions arabo-latines, des philosophes tels qu'Albert le Grand, Thomas d'Aquin et Duns Scot.

Nous présentons ici le fruit d'un projet de recherche financé par le CNRS. Les différentes contributions ont été préparées lors de séminaires organisés au Centre Jean Pépin à Villejuif. Nous remercions tous les collègues qui ont activement assisté à ces séminaires, en particulier Jules Janssens (KU Leuven).

Nous remercions également Cristina D'Ancona qui a bien voulu accepter le manuscrit dans sa collection « Études musulmanes ».

Meryem SEBTI et Daniel DE SMET

PREMIÈRE PARTIE

LES TRADUCTIONS GRÉCO-ARABES

CRISTINA D'ANCONA

LE PLOTIN ARABE ET LES ORIGINES DE LA « NOÉTIQUE »[1]

L'histoire de la doctrine qui fait de la connaissance intellectuelle l'actualisation de la faculté d'intelliger par un agent extérieur à l'âme est présentée d'habitude comme étant surtout l'histoire de la réception du *Περὶ νοῦ* d'Alexandre d'Aphrodise[2]. Cette thèse historiographique remonte à Étienne Gilson[3], mais ce n'est pas seulement à cause d'un argument d'autorité – par ailleurs impeccable – qu'il faut faire une place importante au *Περὶ νοῦ* dans l'histoire de la noétique : cet écrit a joué effectivement un rôle central, et même si l'étude que je présente ici est consacrée à Plotin, qui représente l'autre volet de la formation de la noétique arabe, je voudrais commencer par un rappel des thèses essentielles du petit traité d'Alexandre. J'essaierai ensuite de montrer comment la traduction arabe de Plotin, qui est antérieure à celle du *Περὶ νοῦ*[4], a créé le cadre dans lequel cet écrit a été compris par les philosophes arabes[5].

1. Cet article est dédié à la mémoire de Marc Geoffroy et de l'immense savoir dont il a fait partager notre domaine d'études.

Je dois à l'amitié de Concetta Luna une lecture de cet article, qui m'a évité bien des fautes (voir en particulier la n. 2 p. 36). Qu'elle en soit très chaleureusement remerciée ici.

2. Voir Ch. Genequand, « Alexander of Aphrodisias and Arabic Aristotelianism », *in* H. Lagerlund (ed.), *Encyclopedia of Medieval Philosophy. Philosophy between 500 and 1500*, Dordrecht-Heidelberg-New York-London, Springer, 2011, p. 63.

3. É. Gilson, « Les sources gréco-arabes de l'augustinisme avicennisant », suivi de L. Massignon, « Notes sur le texte original arabe du *De intellectu* d'al-Farabi », *Archives d'histoire doctrinale et littéraire du Moyen Âge* 4, 1929, p. 5-158.

4. Point remarqué par G. Endress, c.r. de J. Jolivet, *L'intellect selon al-Kindī*, Leiden, Brill, 1971, *Zeitschrift der Deutschen Morgenländischen Gesellschaft* 130, 1980, p. 422-435.

5. Ce point important a été mis en lumière par le regretté M. Geoffroy, « La tradition arabe du *Περὶ νοῦ* d'Alexandre d'Aphrodise et les origines de la théorie farabienne des quatre degrés de l'intellect », *in* C. D'Ancona et G. Serra (a cura di), *Aristotele e Alessandro di Afrodisia nella tradizione araba*, « Subsidia Mediaevalia Patavina » 3, Padova, Il Poligrafo, 2002, p. 131-193, en part. p. 192-193.

I

Deuxième écrit du recueil intitulé par son éditeur *Mantissa*, « pardessus »[1], le *Περὶ νοῦ* présente des différences de doctrine considérables par rapport au *De anima* d'Alexandre, si bien que Paul Moraux avait jadis soulevé des doutes sur son authenticité[2] ; Moraux avait fini par juger qu'il était authentique, mais les discussions se sont poursuivies jusqu'à nos jours[3]. Si Moraux avait envisagé un autre auteur pour le *Περὶ νοῦ*, c'était à cause du rôle différent attribué à l'Intellect agent dans cet écrit et dans le *De anima*, ouvrage sans conteste d'Alexandre. Alors que dans le *De anima* l'Intellect agent figure comme la cause de l'intelligibilité des formes intelligées[4], dans le *Περὶ νοῦ* l'Intellect agent figure comme la cause de l'actualisation de l'intellect en tant que faculté de l'âme humaine. Cette faculté est dite « intellect matériel »,

1. Alexandri Aphrodisiensis, *Praeter commentaria scripta minora. De Anima liber cum Mantissa...* [désormais *De an.*], ed. I. Bruns, *Supplementum Aristotelicum* II 1, Berlin, 1887 ; R. W. Sharples, *Alexander Aphrodisiensis, De anima libri mantissa. A New Edition of the Greek Text, with Introduction and Commentary* (Peripatoi, 21), Berlin-New York, De Gruyter, 2008. Pour la trad. fr., voir la note suivante.

2. Des doutes au sujet de l'authenticité ont été avancés par P. Moraux, *Alexandre d'Aphrodise exégète de la noétique d'Aristote*, Liège-Paris, Droz, 1942, p. 109-142. Moraux remarquait le rôle différent attribué à l'Intellect agent dans le *De anima* d'Alexandre et dans le *Περὶ νοῦ*. Alors que dans le *De anima* l'Intellect rend intelligibles les formes des objets sensibles, dans le *Περὶ νοῦ* il donne à l'âme le pouvoir d'abstraire ; or, Moraux considérait que seule la première position était authentiquement alexandriste. Suite aux remarques de B. C. Bazán, « L'authenticité du *De intellectu* attribué à Alexandre d'Aphrodise », *Revue philosophique de Louvain* 71, 1973, p. 468-487, Moraux a changé d'avis. Bazán interprète la position du *Περὶ νοῦ* comme une solution avancée par Alexandre face aux difficultés de sa propre doctrine du *De anima*. P. Moraux (« Le *De anima* dans la tradition grecque », *in* G. E. R. Lloyd et G. E. L. Owens (eds.), *Aristotle on Mind and the Senses*, Cambridge, CUP, 1978, p. 281-324) accepte en partie les arguments de Bazán, mais renverse la chronologie relative des deux écrits proposée par ce dernier, en suggérant de voir dans le *Περὶ νοῦ* une première ébauche de la doctrine élaborée plus tard dans le *De anima*.

3. L'authenticité du *Περὶ νοῦ* a été refusée par F. M. Schroeder, « The Potential or Material Intellect and the Authorship of the *De intellectu*. A Reply to B.C. Bazán », *Symbolae Osloenses* 57, 1982, p. 115-125, et *id.*, « The Provenance of the *De intellectu* Attributed to Alexander of Aphrodisias », *Documenti e studi sulla tradizione filosofica medievale* 8, 1997, p. 105-120, à cause de la présence dans cet écrit d'une doctrine de l'intellection que l'auteur considère comme influencée par Plotin. Selon P. Accattino (*Alessandro di Afrodisia, De intellectu* [désormais *De int.*], introduzione, testo greco rivisto, traduzione e commento, Torino, Thélème, 2001), le *Περὶ νοῦ* a été mis ensemble à partir d'écrits authentiques, mais la rédaction est postérieure à Alexandre. Enfin, M. Bergeron et R. Dufour (Alexandre d'Aphrodise. *De l'âme* (Textes et commentaires), texte grec introduit, traduit et annoté, Paris, Vrin, 2008), tout en affirmant que « la quantité de publications contradictoires sur cet opuscule doit inciter à la prudence » (p. 54) attribuent le *Περὶ νοῦ* à Alexandre : voir par exemple p. 10. Enfin, observons que F. M. Schroeder a récemment insisté sur sa position : voir son chap. « From Alexander of Aphrodisias to Plotinus » *in* P. Remes et S. Slaveva-Griffin (eds.), *The Routledge Handbook of Neoplatonism*, « Routledge Handbooks in Philosophy », London/New York, Routledge, 2014, p. 293-309, en part. n. 41 p. 309.

4. Alexandre d'Aphrodise, *De an.*, p. 88.26-91.6 Bruns.

ὑλικός, parce qu'il est en puissance, comme la matière[1]. La faculté d'intelliger, en puissance de par elle-même, devient un intellect exerçant effectivement l'intellection, ὁ ἤδη νοῶν καὶ ἕξιν ἔχον τοῦ νοεῖν[2], grâce à un troisième genre d'intellect, qui permet à la faculté d'opérer, d'où sa dénomination d'« agent » (τρίτος … ὁ ποιητικός)[3]. Cet intellect est dit à plusieurs reprises venir de l'extérieur, θύραθεν, terme aristotélicien[4] repris à son compte par Alexandre dans le *De anima*, où l'intellect qui s'instaure en nous de l'extérieur est présenté comme immortel, ὁ νοῦς ὁ θύραθέν τε ἐν ἡμῖν γινόμενος καὶ ἄφθαρτος[5]. Dans le *Περὶ νοῦ* aussi le troisième genre d'intellect vient de l'extérieur[6] ; éternellement en acte, il est immortel et s'intellige soi-même, tout comme l'Intellect divin de la *Métaphysique*[7]. Or, si dans la *Métaphysique* l'Intellect divin n'entretient aucun rapport avec l'intellection humaine, dans le *Περὶ νοῦ* d'Alexandre, en revanche, il y joue un rôle causal, thème absent – et pour cause – de la *Métaphysique* aristotélicienne. Il est vrai que l'on peut mettre en parallèle l'Intellect divin de la *Métaphysique* et le principe dit ποιητικόν du livre III du *De anima* d'Aristote, moyennant l'affinité de la terminologie dans les deux ouvrages[8]. L'identité entre ces deux principes n'est pourtant pas le fait

1. Alexandre d'Aphrodise, *De int.*, p. 106.19-107.20 Bruns = p. 42-43 Sharples.

2. Alexandre d'Aphrodise, *De int.*, p. 107.21 Bruns = p. 44 Sharples.

3. *Ibid.*, p. 107.29 Bruns = p. 44 Sharples.

4. Aristote, *Le génération des animaux*, II 3, 736 b 27-29.

5. Alexandre d'Aphrodise, *De an.*, p. 90.19-20 Bruns. Voir P. Moraux, « À propos du νοῦς θύραθεν chez Aristote », in *Autour d'Aristote. Recueil d'études de philosophie ancienne et médiévale offert à Monseigneur A. Mansion*, Louvain, Publications Universitaires de Louvain, 1955, p. 255-295.

6. Alexandre d'Aphrodise, *De int.*, p. 108.22-23 Bruns = p. 45 Sharples : « θύραθέν ἐστι λεγόμενος νοῦς ὁ ποιητικός, οὐκ ὢν μόριον καὶ δύναμίς τις τῆς ἡμετέρας ψυχῆς, ἀλλ' ἔξωθεν γινόμενος ἐν ἡμῖν. / Il correspond à l'intellect agent, dont on dit qu'il vient du dehors, car il est non pas une partie ou une puissance de notre âme, mais il vient en nous du dehors », trad. fr., ici et dans la note suivante, de R. Dufour, Alexandre d'Aphrodise. *De l'âme II* (*Mantissa*), Québec, PUL, 2013, p. 20.

7. Alexandre d'Aphrodise, *De int.*, p. 108.29-109.1 Bruns = p. 45-46 Sharples : « τὸ δὲ τοιοῦτον εἶδος καὶ ἡ χωρὶς ὕλης οὐσία ἄφθαρτος. διὸ καὶ ποιητικὸς νοῦς, ὁ κατ' ἐνέργειαν θύραθεν ὢν τὸ τοιοῦτον εἶδος, εἰκότως ἀθάνατος ὑπ' Ἀριστοτέλους καλεῖται νοῦς. / La forme qui est de cette nature, c'est-à-dire la substance séparée de la matière, est incorruptible. C'est pourquoi l'intellect agent, celui qui, en acte et au dehors, est une forme de cette nature, est à bon droit qualifié par Aristote d'intellect immortel » (trad. Dufour, *ibid.*, p. 21).

8. Comparer Aristote, *Métaphysique* XII 7, 1072 b 27-30 : « ἡ γὰρ νοῦ ἐνέργεια ζωή, ἐκεῖνος δὲ ἡ ἐνέργεια· ἐνέργεια δὲ ἡ καθ' αὑτὴν ἐκείνου ζωὴ ἀρίστη καὶ ἀΐδιος. φαμὲν δὴ τὸν θεὸν εἶναι ζῷον ἀΐδιον ἄριστον, ὥστε ζωὴ καὶ αἰὼν συνεχὴς καὶ ἀΐδιος ὑπάρχει τῷ θεῷ· τοῦτο γὰρ ὁ θεός / car l'acte de l'intelligence est vie et Dieu est cet acte même ; et l'acte subsistant en soi de Dieu est une vie parfaite et éternelle. Aussi appelons-nous Dieu un vivant éternel parfait ; la vie et la durée continue et éternelle appartiennent donc à Dieu, car c'est cela même qui est Dieu » (trad. fr. J. Tricot, *Aristote. La Métaphysique* [1933], introd., notes et index, nouvelle édition entièrement refondue, avec commentaire, Paris, Vrin, 2000, p. 683). Voir aussi 1073 a 3-5 : « ὅτι μὲν οὖν ἔστιν οὐσία τις ἀΐδιος καὶ ἀκίνητος καὶ κεχωρισμένη τῶν αἰσθητῶν, φανερὸν ἐκ τῶν εἰρημένων / Que donc il existe une substance éternelle, immobile et séparée des êtres sensibles, c'est ce qui résulte

d'Aristote : c'est plutôt Alexandre qui comprend que le ποιητικόν du *De anima*, principe qui permet à notre puissance d'intelliger de devenir une intellection en acte, n'est rien d'autre que l'Intellect divin de la *Métaphysique*. Dans le *Περὶ νοῦ* l'Intellect, substance séparée, est agent causal dans le processus de notre intellection : tout comme dans les processus du monde sensible il y a toujours quelque chose qui subit une action, τὸ πάσχον, quelque chose qui produit une action, τι ποιοῦν, et une troisième chose qui résulte de cette intéraction, τρίτον ἐκ τούτων γενόμενον, de la même manière il doit y avoir dans la connaissance intellectuelle un ποιητικὸς νοῦς permettant au νοῦς ὑλικός de passer de la puissance à l'acte [1].

L'histoire de la réception du *Περὶ νοῦ* dans le monde arabe [2] a déjà été tracée dans de nombreuses études [3], et il suffira de rappeler ici que, traduit par Isḥāq ibn Ḥunayn, cet écrit a été connu par al-Fārābī, qui s'en est inspiré pour sa propre épître sur l'intellect (*Risāla fī l-'aql*) [4]. Pourtant quatre types d'intellect, au lieu des trois du *Περὶ νοῦ* grec, sont énumérés par al-Fārābī ; comme l'a montré Marc Geoffroy, c'est de la pseudo-*Théologie d'Aristote* – du Plotin arabe, donc – que provient le type d'intellect absent du *Περὶ νοῦ* grec, à savoir, l'intellect qui en nous est « acquis », *mustafād*, et qui se situe entre

manifestement de ce que nous venons de dire » (trad. Tricot, *ibid.*, p. 685). Voir aussi Aristote, *De anima* III 5, 430 a 17-25 : « καὶ οὗτος ὁ νοῦς χωριστὸς καὶ ἀπαθὴς καὶ ἀμιγής, τῇ οὐσίᾳ ὢν ἐνέργεια [...] χωρισθεὶς δ' ἐστὶ μόνον τοῦθ' ὅπερ ἐστί, καὶ τοῦτο μόνον ἀθάνατον καὶ ἀΐδιον / Et cette intelligence est séparée, sans mélange et impassible, puisqu'elle est substantiellement activité. [...] Une fois séparée d'ailleurs, elle se réduit à son essence, et il n'y a que cela d'immortel et d'éternel » (trad. fr. R. Bodéüs, Aristote. *De l'âme*, trad. et présentation, Paris, Flammarion, 1993, p. 229).

1. Alexandre d'Aphrodise, *De int.*, p. 110.3-12 Bruns = p. 47-48 Sharples.

2. Éd. : J. Finnegan, « Texte arabe du *ΠΕΡΙ ΝΟΥ* d'Alexandre d'Aphrodise », *Mélanges de l'Université Saint-Joseph* 33, 1956, p. 159-202.

3. Voir surtout G. Théry, *Autour du décret de 1210, II. Alexandre d'Aphrodise. Aperçu sur l'influence de sa noétique*, Kain, Le Saulchoir, 1926, en part. p. 34-37 ; É. Gilson, « Les sources gréco-arabes de l'augustinisme avicennisant », art. cit. ; J. Finnegan, « Al-Fārābī et le *ΠΕΡΙ ΝΟΥ* d'Alexandre », in *Mélanges Louis Massignon*, publié sous les auspices de l'Institut des Études Islamiques de l'Université de Paris et de l'Institut Français de Damas, 3 vol., Damas, 1956-1957, vol. II, 1957, p. 133-152 ; R. Walzer, « Aristotle's Active Intellect (νοῦς ποιητικός) in Greek and Early Islamic Philosophy », in *Plotino e il neoplatonismo in Oriente e in Occidente*, Roma, Accademia Nazionale dei Lincei, 1974, p. 423-436 ; H.A. Davidson, *Alfarabi, Avicenna, and Averroes, on Intellect. Their Cosmologies, Theories of the Active Intellect, and Theories of Human Intellect*, New York/Oxford, OUP, 1992 ; A. Hyman, « Averroes' Theory of Intellect and the Ancient Commentators », *in* G. Endress et J. A. Aertsen (eds.), *Averroes and the Aristotelian Tradition. Sources, Constitution, and Reception of the Philosophy of Ibn Rushd (1126-1198). Proceedings of the Fourth Symposium Averroicum*, Leiden, Brill, 1999, p. 188-198 ; M. Geoffroy, « La tradition arabe du *Περὶ νοῦ* », art. cit.

4. Alfarabi, *Risāla fī l-'aql* (Bibliotheca Arabica Scholasticorum, Série arabe, VIII, 1), texte arabe intégral, en partie inédit établi par M. Bouyges, Beyrouth, Imprimerie Catholique, 1938 ; repris dans *Islamic Philosophy*, vol. 9. *Abū Naṣr Muḥammad ibn Muḥammad al-Fārābī [d. 339/950]. Texts and Studies*, III : Collected and reprinted by F. Sezgin, Frankfurt a. M., Institute for the History of Arabic-Islamic Science, 1999, même pagination.

l'intellect comme activité de l'âme et l'intellect venant de l'extérieur[1]. Selon al-Fārābī, l'intellect *mustafād* est présent en nous lorsque nous pensons des objets d'intellection qui ne sont pas abstraits des choses sensibles, mais sont des formes intelligibles au sens propre. Ces formes séparées de la matière sont aussi les objets éternellement intelligés par l'Intellect agent, *al-ʿaql al-faʿʿāl*, celui-ci étant soigneusement distingué du Dieu intellectuel du livre XII de la *Métaphysique*[2]. L'Intellect agent est la cause de la présence des formes dans la matière, et en même temps la cause de la présence de l'intellect *mustafād* dans l'âme humaine. La félicité suprême de l'homme consiste en ce que dans l'âme s'instaure une « dernière chose » qui la transforme dans la substance la plus proche de l'Intellect agent[3]. Les thèses de la *Risāla fī l-ʿaql* se retrouvent dans ce passage des *Principes des opinions des habitants de la cité vertueuse* :

> وحصول المعقولات الأول للإنسان هو استكماله الأول وهذه المعقولات إنما جُعلت له ليستعملها في أن يصير إلى استكماله الأخير وذلك هو السعادة. وهي أن تصير نفس الإنسان من الكمال في الوجود إلى حيث لا تحتاج في قوامها إلى مادّة وذلك أن تصير في جملة الأشياء البريئة عن الأجسام وفي جملة الجواهر المفارقة للموادّ، وأن تبقى تلك الحال دائما أبدا إلاّ أنّ رتبتها تكون دون رتبة العقل [4]

> La réalisation des premiers intelligibles pour l'homme, c'est son premier achèvement : ces intelligibles lui ont été donnés en vue de son achèvement ultime. Et voilà ce qu'est le bonheur : il consiste en ce que l'âme humaine parvienne à l'extrême perfection de l'existence, de sorte qu'elle n'ait plus besoin de la matière pour subsister. Elle se trouve ainsi dans l'ensemble des êtres purifiés des corps et dans l'ensemble des substances séparées des matières, et elle demeurera ainsi à jamais ; mais son rang sera au-dessous de celui de l'intelligence agente[5].

Le *ḥuṣūl* des premiers intelligibles produit chez nous les hommes l'achèvement suprême de notre nature, aussi bien *al-istikmāl al-awwal* que *al-istikmāl al-aḫīr* : les intelligibles au sens propre de ce terme – et non pas les formes abstraites de la matière – sont donnés à l'homme en vue de la réalisation en lui d'une perfection ontologique qui entraîne comme condition subjective le bonheur (*saʿāda* dans ce passage, *al-saʿāda al-quṣwā* dans l'*Épître*

1. Alfarabi, *Risāla fī l-ʿaql*, § 21-31 Bouyges ; *cf.* M. Geoffroy, « La tradition arabe du *Περὶ νοῦ* » art. cit.

2. Alfarabi, *Risāla fī l-ʿaql*, § 47-48 Bouyges ; voir en part. § 48, p. 33.5-7 Bouyges :

ذلك يتبين أنه ليس فيه كفاية في أن يكون هو المبدأ الأول لجميع الموجودات

« De cela il appert qu'il [l'Intellect Agent] n'est pas pourvu en suffisance pour être le principe premier de l'ensemble des étants » (trad. fr. Ph. Vallat, *in* Abū Naṣr al-Fārābī, *Épître sur l'intellect*, introd., trad. et commentaires, Paris, Les Belles Lettres, 2012, p. 57).

3. Alfarabi, *Risāla fī l-ʿaql*, § 42-45 Bouyges.

4. Abū Naṣr al-Fārābī, *Principes des opinions des habitants de la cité vertueuse*, IV, 13, 5, p. 204.13-206.3 Walzer.

5. Al-Fārābī, *Traité des opinions des habitants de la cité idéale*, introd., trad. et notes par T. Sabri, Paris, Vrin, 1990, p. 94.

sur l'Intellect)[1]. Le bonheur suprême consiste donc pour al-Fārābī en ce que l'âme atteint la perfection de son être; par conséquent, même lorsqu'elle est parfaite, elle a un rang subordonné par rapport à l'Intellect agent, puisqu'il y a un décalage ontologique entre l'Intellect et l'âme. La réalisation en elle des intelligibles au sens propre – ou, dans le vocabulaire de l'*Épître sur l'Intellect*, la présence en elle de l'intellect *mustafād*, sommet de son activité intellectuelle – place l'âme dans un état éternel de béatitude et dans une position ontologique comparable à celle des substances séparées. Elle demeure pourtant inférieure à l'Intellect.

Cette description franchement néoplatonicienne du monde intelligible et du rang qui revient à l'âme individuelle à l'intérieur de celui-ci ne saurait être inscrite dans le cadre du péripatétisme alexandriste. Son intérêt intrinsèque et l'influence que cette théorie a exercée sur Avicenne et sur Averroès suggèrent une analyse de ses sources gréco-arabes. En ce qui suit, j'essaierai de retracer les origines du complexe doctrinal qui s'articule sur la présence dans l'âme humaine des intelligibles grâce à l'existence d'un principe intellectuel séparé d'elle, sur l'affinité de nature entre l'intellect humain et ce principe séparé, et sur la subordination ontologique de l'un par rapport à l'autre.

II

Le point de départ de ce complexe doctrinal se situe dans un traité de Plotin dont la traduction arabe est amplement conservée. Il s'agit du traité V 1[10], *Les trois hypostases qui ont rang de principe*. Sans entrer dans le détail des pages et des lignes, le tableau qui suit montre la correspondance entre le texte grec et la version arabe, qui est conservée en partie dans la pseudo-*Théologie d'Aristote*[2] et en partie dans le recueil connu comme « Dits du Sage grec »[3].

1. Alfarabi, *Risāla fī l-'aql*, § 44, p. 31.6 Bouyges.

2. La pseudo-*Théologie d'Aristote* a été éditée deux fois. *Editio princeps* : Fr. Dieterici, *Die sogenannte Theologie des Aristoteles aus arabischen Handschriften zum ersten Mal herausgegeben*, Leipzig, J.C. Hinrichs'sche Buchhandlung, 1882 (reprint : Amsterdam, Rodopi, 1965) ; 'A. Badawī, *Aflūṭīn 'inda l-'arab. Plotinus apud Arabes. Theologia Aristotelis et fragmenta quae supersunt*, Cairo, Dār al-Nahḍa al-Miṣriyya, 1966. Pour l'état de la question, voir M. Aouad, « La *Théologie d'Aristote* et autres textes du *Plotinus Arabus* », *in* R. Goulet (éd.), *Dictionnaire des philosophes antiques*, préface de P. Hadot, Paris, CNRS Éditions, 1989, t. I, p. 541-590 ; pour une mise à jour bibliographique, on peut voir ma notice « Plotinus. Arabic », *in* H. Lagerlund (ed.), *Encyclopedia of Medieval Philosophy*, *op. cit.*, p. 1030-1038, ainsi que mon étude « La *Teologia* neoplatonica di "Aristotele" e gli inizi della filosofia arabo-musulmana », *in* R. Goulet et U. Rudolph (éd.), *Entre Orient et Occident. La philosophie et la science gréco-romaines dans le monde arabe*, 57 e Entretiens sur l'Antiquité classique, Vandœuvres/Genève, Fondation Hardt, 2011, p. 135-190. L'édition critique de la pseudo-*Théologie* est en préparation grâce au projet ERC AdG 249431 « Greek into Arabic. Philosophical Concepts and Linguistic Bridges », qui a permis de retrouver plus de cent manuscrits de cet ouvrage.

3. La collection des « dits » attribués à un « Sage (ou "vieillard") grec », parmi lesquels d'amples extraits du Plotin arabe, est conservée dans le manuscrit Oxford, Bodleian Library,

V 1 [10], 2	–	« Dits du Sage grec »
V 1 [10], 3-6	ps.-*Théol. Arist.* VIII	« Dits du Sage grec » (en partie)
V 1 [10], 7-10	–	« Dits du Sage grec »
V 1 [10], 11-12	ps.-*Théol. Arist.* IX	–

Plotin a consacré le traité sur *Les trois hypostases qui ont rang de principe* au raisonnement qui est censé enseigner et rappeler à l'âme son rang de membre à part entière du monde intelligible [1]. Le premier point sur lequel il convient de refléchir, si quelqu'un veut réveiller en lui-même le souvenir de sa véritable nature, est, selon Plotin, la causalité de l'âme cosmique. La description d'une âme qui est à plein titre le démiurge du cosmos visible suit le début parénétique que je viens d'évoquer : loin d'imaginer que l'âme s'installe dans un corps déjà existant, il faut comprendre que sans la causalité de l'âme il n'y a pas de corps [2]. Or, celui qui a compris que la cause des choses visibles est l'âme, principe immatériel, est prêt pour l'ascension vers les autres degrés de la réalité véritable que notre monde imite : l'être intelligible et le Bien, c'est-à-dire l'Un. Inspiré, ici comme ailleurs, du modèle platonicien de l'ascension hors de la caverne et vers le monde réel éclairé par le Bien, soleil du royaume intelligible, le *logos* plotinien remonte, au-delà de l'âme, vers l'Intellect, c'est-à-dire le monde réel [3]. On aurait tort de penser – comme le font les stoïciens que Plotin combat à ce propos – que l'intellect est un produit de l'activité de l'âme, qui couronnerait sa fonction de principe vivifiant par une activité de connaissance. C'est l'inverse qui est vrai : tout en étant ce principe de puissance extraordinaire sans lequel le corps individuel ou cosmique n'existerait pas, l'âme n'est qu'une image de l'Intellect, εἰκών τις … νοῦ. Elle est pour l'Intellect ce que le discours prononcé est par rapport au discours intérieur, ou ce qu'est la chaleur émanée par rapport au feu, à cette différence près, que la chaleur émanée n'est pas un degré de réalité à part soi. En revanche, l'âme est un degré de réalité – une ὑπόστασις – qui dépend de l'Intellect et qui tire de l'Intellect sa perfection. Celle-ci consiste en la présence dans l'âme des intelligibles, suite au « regard » adressé par l'âme vers l'Intellect. Selon Plotin, ce « regard » fait jaillir les intelligibles de l'intérieur de l'âme, ἔνδοθεν, si bien que seuls ces objets,

Marsh 359 ; d'autres attestations doxographiques se trouvent dans d'autres recueils, parmi lesquels le *K. al-milal wa-l-niḥal* d'al-Shahrastānī et le *Muntakhab Ṣiwān al-ḥikma*. Éd. : E. Wakelnig, *A Philosophy Reader from the Circle of Miskawayh*, Cambridge, CUP, 2014.

1. V 1[10], 1.22-29.

2. V 1[10], 2.1-51. Une partie de ce chapitre est présente, en traduction arabe, dans les « Dits du Sage grec », p. 122.8-124.4 Wakelnig ; trad. anglaise aux p. 123-125 ; voir aussi la trad. angl. de ce texte par G. Lewis, en vis-à-vis du texte grec, dans *Plotini Opera* II, *Enneades* IV-V ediderunt P. Henry et H.-R. Schwyzer. *Plotiniana Arabica* ad codicum fidem anglice vertit G. Lewis, Paris/Louvain, Desclée de Brouwer/L'Édition Universelle, 1959, p. 263.

3. V 1[10], 3.1-7.

intelligibles et venant de l'intérieur (οἴκοθεν), peuvent être considérés comme les actes de l'âme à plein titre, alors que tout ce qui provient de l'extérieur n'est qu'une affection subie par l'âme.

> [...] καίπερ γὰρ οὖσα χρῆμα οἷον ἔδειξεν ὁ λόγος, εἰκών τίς ἐστι νοῦ· οἷον λόγος ὁ ἐν προφορᾷ λόγου τοῦ ἐν ψυχῇ, οὕτω τοι καὶ αὐτὴ λόγος νοῦ καὶ ἡ πᾶσα ἐνέργεια καὶ ἣν προΐεται ζωὴν εἰς ἄλλου ὑπόστασιν· οἷον πυρὸς τὸ μὲν ἡ συνοῦσα θερμότης, ἡ δὲ ἣν παρέχει. δεῖ δὲ λαβεῖν ἐκεῖ οὐκ ἐκρέουσαν, ἀλλὰ μένουσαν μὲν τὴν ἐν αὐτῷ, τὴν δὲ ἄλλην ὑφισταμένην. οὖσα οὖν ἀπὸ νοῦ νοερά ἐστι, καὶ ἐν λογισμοῖς ὁ νοῦς αὐτῆς καὶ ἡ τελείωσις ἀπ' αὐτοῦ πάλιν οἷον πατρὸς ἐκθρέψαντος ὃν οὐ τέλειον ὡς πρὸς αὐτὸν ἐγέννησεν. ἥ τε οὖν ὑπόστασις αὐτῇ ἀπὸ νοῦ ὅ τε ἐνεργείᾳ λόγος νοῦ αὐτῇ ὁρωμένου. ὅταν γὰρ ἐνίδῃ εἰς νοῦν, ἔνδοθεν ἔχει καὶ οἰκεῖα ἃ νοεῖ καὶ ἐνεργεῖ. καὶ ταύτας μόνας δεῖ λέγειν ἐνεργείας ψυχῆς, ὅσα νοερῶς καὶ ὅσα οἴκοθεν· τὰ δὲ χείρω ἄλλοθεν καὶ πάθη ψυχῆς τῆς τοιαύτης (V 1[10], 3.6-20).
>
> [...] car bien qu'elle soit telle que l'a montrée notre discours, elle est une image de l'Intellect; comme la parole exprimée est l'image du verbe intérieur à l'âme, ainsi elle est le verbe de l'Intellect et sa pleine activité, la vie qu'il émet pour faire subsister les autres êtres; comme, dans le feu, il y a la chaleur qui est en lui, et celle qu'il fournit aux autres choses. Il faut donc concevoir l'activité qui est dans l'Intellect, comme ne s'écoulant pas mais restant là-bas, tandis que l'autre activité a son existence propre. Venant de l'Intellect, c'est une âme intellectuelle; son intelligence consiste à raisonner; sa perfection lui vient encore de l'Intellect; celui-ci est comme un père qui la nourrit, mais qui ne l'a pas engendrée dans un état parfait, si on la compare à lui. Son existence vient de l'Intellect et sa raison est en acte, lorsqu'elle contemple l'Intellect. Car c'est lorsqu'elle regarde dans l'Intellect, qu'elle a, à partir de l'intérieur d'elle-même, et intrinsèques à elle-même, les choses qu'elle pense et opère. Et il faut dire que les seuls actes de l'âme sont les actes intellectuels intérieurs; ce qui lui vient d'ailleurs est inférieur, et c'est une passion pour une âme pareille [1].

Ce passage a été traduit en arabe et se trouve dans la pseudo-*Théologie d'Aristote*, et en partie aussi dans le recueil des « Dits du Sage grec » : c'est en effet un des cas où ces deux témoins de la version arabe de Plotin se recoupent partiellement [2]. Il est évident que la traduction arabe du traité V 1[10], d'où

1. Trad. Bréhier mod. : Plotin. *Ennéades*, V, texte établi et traduit par É. Bréhier, Paris, Les Belles Lettres, 1931, p. 18-19. Bréhier n'avait pas traduit πᾶσα et avait relié ἐνέργεια à καὶ ἣν προΐεται ζωὴν (il avait traduit en effet « et l'activité selon laquelle l'Intelligence émet la vie »). Deuxièmement, il avait considéré que οὐκ ἐκρέουσαν, μένουσαν et ὑφισταμένην se référaient à l'âme (« Il faut donc concevoir l'âme qui est dans l'intelligence, comme ne s'écoulant pas mais restant là-bas, tandis que l'autre âme a son existence propre »), alors que le terme visé par ces participes est plutôt ἐνέργεια. Enfin, j'ai remplacé partout « Intelligence » par « Intellect ».

2. Un autre texte issu de la version arabe des *Ennéades*, l'*Épître sur la science divine* attribuée à al-Fārābī et découverte par P. Kraus, « Plotin chez les Arabes. Remarques sur un nouveau fragment de la paraphrase arabe des *Ennéades* », *Bulletin de l'Institut d'Égypte* 23, 1940-1941, p. 263-295 (réimp. *Alchemie, Ketzerei, Apokryphen im frühen Islam*, Gesammelte Aufsätze hrsg. u. eingeleitet von R. Brague, Hildesheim-Zürich-New York, Olms, 1994, p. 313-345), ne présente pas de tels

vient le passage cité, était plus ample que celle qui figure dans la *Théologie*, puisque [1] quinze lignes environ du chapitre 2 du traité plotinien, absentes de la *Théologie*, se trouvent dans les « Dits » ; dans la partie centrale du traité, la *Théologie* atteste, en gros, les chapitres 3 à 6, et les « Dits » attestent les chapitres 7 à 10, absents de la *Théologie;* enfin, les chapitres 11-12, c'est-à-dire la fin du traité, sont attestés seulement dans la *Théologie*. En considération du fait que dans les passages qui se recoupent il y a souvent identité littérale, cette situation suggère l'idée d'emprunts différents à la même source, c'est-à-dire la traduction arabe suivie du traité V 1[10], dont certaines parties ont été utilisées pour la *Théologie*, d'autres ont été reprises dans les « Dits » attribués au Sage grec, et d'autres encore figurent dans les deux ouvrages[2]. La nature de ces emprunts reste à établir, ainsi que leur rapport précis avec la *Théologie;* ce qui est sûr, par contre, c'est ce que Rosenthal avait remarqué dès le début des recherches sur le manuscrit Oxford, Bodleian Library, *Marsh* 539, qui représente la seule attestation indépendante des « Dits » : les infléchissements doctrinaux et les modifications terminologiques qui caractérisent la *Théologie*

recoupements. La découverte de l'origine plotinienne des « Dits du Sage grec » remonte à F. Gabrieli, « Plotino e Porfirio in un eresiografo musulmano », *La Parola del passato* 3, 1946, p. 338-346, qui avait analysé les « Dits » transmis par voie doxographique (le *K. al-milal wa-l-niḥal* d'al-Shahrastānī). Un recueil plus ample, avec des recoupements partiels avec la sélection d'al-Shahrastānī, se trouve dans le manuscrit Oxford, Bodleian Library, *Marsh* 539 mentionné n. 3, p. 18-19. Ce manuscrit avait attiré l'attention de Rosenthal dans son étude fondamentale « On the Knowledge of Plato's Philosophy in the Islamic World », *Islamic Culture* 14, 1940, p. 387-422, en part. p. 396 (réimp. *Greek Philosophy in the Arab World. A Collection of Essays*, Great Yarmouth, Variorum, 1990). Une dizaine d'années plus tard, F. Rosenthal, « Aš-Šayḫ al-Yūnānī and the Arabic Plotinus Source », *Orientalia* 21, 1952, p. 461-492 ; *ibid.*, 22, 1953, p. 370-400 ; *ibid.*, 24, 1955, p. 42-65 (reimp. *Greek Philosophy in the Arab World*, *op. cit.*, même pagination) avait étudié en détail les citations du « Sage grec » dans ce manuscrit, et les avait comparées avec celles des doxographes mentionnés *supra* (n. 3 p. 18-19). Son travail a été repris et élargi par G. Lewis, qui a repéré dans le manuscrit d'Oxford d'autres extraits de la version arabe des *Ennéades* (dans *Plotini Opera* II, cité à la n. 2 p. 19). Lewis, auteur d'une fondamentale traduction anglaise de tout le Plotin arabe, a fait sienne l'idée de Rosenthal d'une source commune pour les trois textes qui contiennent la version arabe de Plotin : la pseudo-*Théologie*, l'épître pseudo-farabienne *Sur la science divine*, et les « Dits ». Dans la préface de *Plotini Opera* II, les éditeurs, P. Henry et H.-R. Schwyzer, reprenant sans doute à leur compte une opinion de Lewis, s'expriment ainsi : « Veri igitur simile est et Theologiam et Dicta Sapientis Graeci ex eodem fonte uberiore fluxisse unde fortasse et auctor Epistolae de Scientia Divina hausit » (*ibid.*, p. XXXIII). Sur l'*Épître* on peut voir aussi mon article « Aux origines du *dator formarum*. Plotin, l'*Épître sur la science divine* et al-Fārābī », *in* E. Coda et C. Martini Bonadeo (éd.), *De l'Antiquité tardive au Moyen Âge. Études de logique aristotélicienne et de philosophie grecque, syriaque, arabe et latine offertes à Henri Hugonnard-Roche*, Paris, Vrin, 2014, p. 381-414.

1. Comme le montre la table de la p. 19.

2. Il est peut-être utile de rappeler que tout lecteur ancien de Plotin avait sous les yeux les traités comme des unités littéraires sans subdivisions internes, les chapitres des éditions modernes étant le fruit du travail de Ficin, repris par Pietro Perna dans l'*editio princeps* des *Ennéades* (1648). Les extraits de la version arabe des traités de Plotin n'étaient donc pas conditionnés par des subdivisions déjà existantes, mais seulement par le contenu. Pour un examen plus détaillé de cette question, on peut voir mon article « La *Teologia* neoplatonica di "Aristotele" » cité n. 2, p. 18.

par rapport à sa source grecque se retrouvent à l'identique dans les « Dits », ce qui permet de considérer ces deux textes comme issus d'une seule et même « Arabic Plotinus Source »[1].

Cet état de choses se retrouve aussi, sur une échelle mineure, dans la version arabe des lignes de Plotin citées plus haut. Les « Dits » préservent, au début de la péricope plotinienne en question, deux lignes absentes de la *Théologie ;* suit un passage commun ; enfin, seule la *Théologie* conserve la fin de la péricope.

Plotin, V 1[10]	pseudo-*Théologie*	« Dits du Sage grec »
V 1[10], 3.6-7 (καίπερ οὖσα … λόγος)	–	p. 124.5-6 Wakelnig
V 1[10], 3.7-12 (εἰκών τις … ὑφισταμένην)	p. 108.17-109.6 Badawī	p. 124.6-14 Wakelnig
V 1[10], 3.12-20 (οὖσα οὖν … τῆς τοιαύτης)	p. 109.6-15 Badawī	–

Le texte que je présente ici est celui de la *Théologie*, corrigé à l'aide des « Dits du Sage grec » dans le passage commun. Sont donc omises les deux lignes du passage plotinien (l. 6-7) attestées seulement dans les « Dits »[2]. Ces lignes, relevant sans doute de la « Arabic Plotinus Source », n'ont pas été reprises dans la *Théologie*[3] ; il est donc évident qu'il ne faut pas reconstruire un

1. Rosenthal, « Aš-Šayḫ al-Yūnānī and the Arabic Plotinus Source », p. 467.

2. « Dits », 124.5-6 Wakelnig :

والنفس وإن كانت في الشرف والفضل على الحال التي وصفنا بأنها تؤثّر في الأجرام الآثار الحسنة وتفيض عليها الفضائل الكريمة.

« et l'âme, même si elle est dans la noblesse et la perfection selon le mode que nous avons décrit, parce qu'elle imprime dans les corps de belles empreintes et répand sur eux des perfections ravissantes… », passage qui reprend et amplifie les mots de Plotin καίπερ γὰρ οὖσα χρῆμα οἷον ἔδειξεν ὁ λόγος.

3. Dans les « Dits », ces deux lignes suivent sans interruption l'emprunt au chapitre 2 de V 1[10], absent de la *Théologie*. En revanche, dans la *Théologie* le passage commun avec les « Dits » se rattache à une interpolation (p. 108.5-17 Badawī) qui fait la liaison entre un long extrait du traité IV 4[28] et l'extrait du traité V 1[10]. Selon Rosenthal, « Aš-Šayḫ al-Yūnānī and the Arabic Plotinus Source », art. cit., p. 467, cela signifie que l'auteur du recueil des « Dits » était conscient que le passage de la p. 108.5-17 Badawī n'était pas de Plotin : « The obvious explanation of this rather complicated situation is the assumption of a common source of the *Theology* and aš-Šayḫ al-Yūnānī. We shall call this common source the Plotinus Source. It required some philosophical acumen on the part of the editor of aš-Šayḫ al-Yūnānī to recognize the digression from Plotinus' thought as such, and to omit them. Apparently, this was not beyond his capabilities. » Aussi bien dans les « Dits » que dans la *Théologie*, le passage commun est introduit par فإنّها. Cette particule, rapportée dans les deux cas à l'âme, a une fonction différente dans les deux passages : cependant que dans les « Dits » l'expression *fa-innahā* reprend *wa-in* du début de la phrase, qui a un sens concessif (« et l'âme, même si […], n'est qu'une image de l'Intellect »), dans la *Théologie* l'expression *fa-innahā* fait la liaison, en fonction explicative, avec ce qui précède, c'est-à-dire le passage interpolé : « et pour cette raison il est nécessaire qu'il y ait émanation de celui-ci, j'entends

texte qui ne serait qu'un assemblage de sources indépendantes qui doivent rester séparées. Pour ce qui est du passage commun, en revanche, les « Dits » représentent un témoin indépendant du même texte que la *Théologie*, et puisque celui-ci, tel qu'il a été transmis, est fautif, il peut et doit être corrigé à l'aide de ce témoin indépendant[1].

> [...] فإنها مثال من الفعل العقل كما أن المنطق الظاهر إنما هو مثال للمنطق الباطن الذي في النفس وكذلك النفس إنما هي منطق العقل، وفعلها كلّه إنما هو بمعونة العقل، والحياة التي تفيضها على الأشياء إنما هي أثر من الأثار للعقل، وفعل العقل بأسره هو النفس .والعقل والنفس إنما هو بمنزلة النار والحرارة؛ أما العقل فكالنار وأما النفس فكالحرارة المنبثّة من النار على شيء آخر، غير أنه وإن كان العقل والنفس إنما هو بمنزلة النار والحرارة، فإن الحرارة إنما تسيل من النار سيلانًا وتسلك سلوكًا إلى أن تأتى الشيء القابل لها فتكون فيه؛ وأما العقل فإنه ينبثّ في النفس من غير أن تسيل منه قوةٌ من قواه .ونقول إن النفس عقلية إذا صارت من العقل غير أنها وإن كانت عقلية فإن عقلها لن يكون إلا بالفكرة والروية لأنه عقل مستفاد فمن أجل ذلك صارت تفكر وتروّى لأن عقلها ناقص .والعقل هو متمِّم لها كالأب والابن فإن الأب هو المربِّى لابنه والمتمِّم له .فالعقل هو الذي يتمّم النفس لأنه هو الذي ولدها .ونقول إن شخص النفس إنما هو من العقل والنطق الكائن بالعقل إنما هو للعقل لا للشيء الواقع تحت البصر .وذلك إن النفس إذا رجعت إلى ذاتها ونظرت إلى العقل كان كلُّ فعلها منسوبًا إلى العقل .وينبغي أن لا نضيف فعلا من الأفاعيل إلى النفس العقلية إلا الأفاعيل التي تفعل النفس فعلاً عقليًا وهي أفاعيلها الذاتية الممدوحة الشريفة .وأما الأفاعيل الدنية المذمومة فلا ينبغي أن تُنسب إلى النفس العقلية بل إنما تُنسب إلى النفس البهيمية لأنها آثار وأقعة على هذه النفس، لا على النفس العقلية.

> [...] puisqu'elle [l'âme] est une image de l'Intellect ; et comme le raisonnement manifeste est l'image du raisonnement intérieur qui est dans l'âme, de même l'âme est le raisonnement de l'Intellect, et son acte est tout de celui-ci, s'accomplissant grâce à l'aide de l'Intellect, et la vie qu'elle répand sur les choses est une des empreintes de l'Intellect. Et l'acte de l'âme dans son intégralité n'existe que grâce à l'Intellect ; l'Intellect et l'âme sont dans le même rapport que le feu et la chaleur : l'Intellect est comme le feu et l'âme comme la chaleur émanant du feu vers une autre chose ; mais, même si l'Intellect et l'âme sont dans le même rapport que le feu et la chaleur, la chaleur procède du feu et va jusqu'à atteindre la chose susceptible de la recevoir et à être en celle-ci ; l'Intellect, au contraire, se répand dans l'âme sans que sa puissance procède de lui. Nous affirmons que l'âme est intellectuelle puisqu'elle provient de l'Intellect ; mais, même si elle est intellectuelle, son intellect opère à travers la pensée et la réflexion, puisqu'il est un intellect acquis, et à cause de cela elle vient à penser et à réfléchir, parce que son intellect est déficient, et c'est l'Intellect ce qui la perfectionne, comme le père et le fils, puisque le père est celui qui élève le fils et qui le perfectionne. L'Intellect est celui qui perfectionne l'âme, puisqu'il est celui qui l'a engendrée. Nous affirmons que la substance individuelle de l'âme provient de l'Intellect et que le raisonnement engendré par l'Intellect n'appartient qu'à l'Intellect, non pas à la chose visible. Et cela parce que lorsque l'âme se retourne vers son essence et contemple l'Intellect, son action est tout entière rapportée à l'Intellect : nous ne devons attribuer à l'âme intellectuelle aucune action sauf les actions qui sont accomplies dans l'âme par

l'Intellect, sur l'âme, puisqu'elle est une image de l'Intellect. » Pour le texte intégral des « Dits » dans ce passage, voir Wakelnig, *A Philosophy Reader*, *op. cit.*, p. 124.5-14 (texte arabe) et p. 125 (trad. angl.).

1. Pour les détails, voir l'Appendice, où ce même texte est présenté avec l'apparat des variantes.

> une action intellectuelle, et ce sont là ses actions essentielles, dignes de louange et nobles. Quant à ses actions viles et méprisables, nous ne devons pas les rapporter à l'âme intellectuelle; elles se rapportent, au contraire, à l'âme animale, puisqu'elles sont des empreintes touchant cette âme-ci, et non pas l'âme intellectuelle [1].

Avant d'entrer dans les détails, observons que le sens général du passage plotinien a été bien compris. La version arabe est cependant riche en amplifications, comme d'habitude dans le « Plotin arabe », qui n'est que rarement une version mot à mot. Parmi ces amplifications, il y en a une qui a des chances de représenter le point de départ du complexe doctrinal mentionné plus haut. Cette amplification se trouve dans la péricope commune aux deux témoins du passage, c'est-à-dire le chapitre VIII de la pseudo-*Théologie d'Aristote* et les « Dits du Sage grec ». Dans les deux textes, qui suivent fidèlement Plotin sur ce point, l'âme est dite être image de l'Intellect (εἰκών, *mithāl*), et la comparaison plotinienne entre l'Intellect et le λόγος intérieur d'un côté, l'âme et le λόγος ἐν προφορᾷ de l'autre côté, est parfaitement comprise. Sans arriver jusqu'à dire que ce passage serait à l'origine du couple célèbre de notions de *bāṭin* et *ẓāhir*, observons néanmoins que le rapport de manifestation établi par Plotin entre l'âme, discours proféré, et l'Intellect, discours intérieur, s'exprime dans la version arabe à travers ce couple. Si le passage arabe est bien plus clair dans les « Dits » que dans la *Théologie*, qui présente un texte fautif [2], cela n'implique pas que ce dernier était, à l'origine, tel que nous le lisons aujourd'hui : au contraire, il est bien probable que le texte fautif soit l'effet d'une faute de transmission [3].

Image de l'Intellect et manifestation qui rend explicite la réalité intelligible, l'âme est pour Plotin, dans le passage qui est à l'origine du développement arabe, le « discours » de l'Intellect et sa pleine activité, λόγος νοῦ καὶ ἡ πᾶσα ἐνέργεια. Il s'agit là d'une tournure difficile à traduire [4]; la version arabe comprend que tout ce que l'âme fait, c'est grâce à l'aide de l'Intellect [5] qu'elle le fait. La suite du passage arabe s'écarte de la pensée de Plotin : alors que celui-ci entend que l'âme est la vie que l'Intellect émet pour faire subsister les degrés d'être ultérieurs (καὶ ἣν προΐεται ζωὴν εἰς ἄλλου ὑπόστασιν), la version arabe

1. *ps.-Théologie*, p. 108.17-109.15 Badawī = p. 105.5-106.5 Dieterici.

2. Voir l'Appendice.

3. La traduction latine (publiée en 1519) dépend du même texte fautif qui est transmis par les manuscrits de la *Théologie* ; il en va de même pour les traductions allemande de Dieterici et espagnole de Rubio (citées dans l'Appendice). Lewis, par contre, traduit le texte des « Dits », pour les lignes où ce dernier atteste le passage (voir l'Appendice).

4. Ce qui pose problème dans cette tournure est l'implication selon laquelle toute l'activité de l'Intellect consisterait dans la production de l'âme, thèse qui contredit maintes affirmations de Plotin. Peut-être à cause de cela, Bréhier avait omis de traduire πᾶσα (Plotin. *Ennéades*, V, *op. cit.*, p. 18) ; une solution différente est proposée par M. Atkinson, *Plotinus : Ennead V. 1 On the Three Principal Hypostases*, Commentary with Translation, Oxford, OUP, 1983, p. 54-55 ; dans la traduction commentée en préparation pour la collection « Les écrits de Plotin » fondée par Pierre Hadot, j'ai essayé de m'expliquer sur le sens de cette expression.

5. Voir l'Appendice.

présente trois éléments : l'Intellect, l'âme, et la vie émise par l'âme. À partir de sa position subordonnée par rapport à l'Intellect, et opérant en réalité grâce à l'aide de celui-ci, l'âme émane la vie, qui est une des empreintes de l'Intellect. Ici aussi, le texte transmis dans la *Théologie* est fautif; puisqu'il s'agit, à mon avis, d'une faute de transmission, j'ai corrigé à l'aide du passage parallèle – qui est sain – transmis par les « Dits »[1]. La comparaison plotinienne entre l'Intellect et le feu, l'âme et la chaleur, donne lieu à des amplifications qui contiennent un infléchissement doctrinal. Après avoir comparé la chaleur du feu à l'Intellect et la chaleur que le feu émane à l'âme, Plotin affirme que dans le monde intelligible l'acte émané ne se perd pas (οὐκ ἐκρέουσαν), mais subsiste en tant que réalité à part soi (ὑφισταμένην) ; en revanche, selon la version arabe, alors que la chaleur passe du feu à la chose réchauffée, aucune des puissances de l'Intellect ne s'écoule de celui-ci[2].

Le point central pour les origines de la noétique arabo-musulmane se trouve dans la phrase qui suit aussitôt après, et qui a été correctement comprise. Plotin soutient que la raison pour laquelle l'âme est capable d'opérer de manière intellective consiste en ce qu'elle dérive de l'Intellect. En prenant le contre-pied non seulement de la doctrine typiquement « émergentiste » (comme on dirait aujourd'hui) des stoïciens, mais aussi du péripatétisme d'Alexandre – chez qui l'opération rationnelle de l'âme est l'aboutissement d'un processus d'évolution et d'éducation de l'individu – Plotin énonce une thèse qui n'est à ses yeux que la reprise pure et simple de la doctrine du *Timée* : l'âme provient de l'Intellect divin, et l'intellect en tant que faculté qu'elle possède est la ressemblance qui la relie à son principe, selon le modèle platonicien de la causalité par participation. Que le *Timée* soit dans l'arrière-plan de tout ce passage est clair, ne serait-ce qu'à cause de l'image du père, qui engendre et nourrit un fils par définition plus faible que lui : l'Intellect divin est dit dans le *Timée* ὁ γεννήσας πατήρ (37 C 6). Le point central de l'épistémologie néoplatonicienne – si l'âme humaine est capable de connaissance rationnelle, c'est qu'elle provient du monde intelligible – a été correctement saisi dans la version arabe, qui reprend à la lettre les mots de Plotin :

1. Voir l'Appendice.
2. Aussi dans ce cas le texte sain est transmis par les « Dits » : voir l'Appendice.

οὖσα οὖν ἀπὸ νοῦ νοερά ἐστι

ونقول إن النفس عقلية إذا صارت من العقل

Remarquons, en particulier, la reprise fidèle de ἀπὸ νοῦ par *min al-ʿaql*, point de doctrine typiquement plotinien qui est perdu dans la vulgate moderne de la *Théologie* [1].

Malgré sa nature intellective, effet et preuve de sa provenance du monde intelligible, l'âme est inférieure à l'Intellect. Cette thèse est, chez Plotin, l'héritage en même temps du *Timée* avec son récit de la production de l'âme par l'Intellect, et du livre VI de la *République* avec sa hiérarchie ascendante qui place les intelligibles au-dessus des objets dianoétiques. Tout cela est résumé par une formule courte et efficace : l'intellect de l'âme est ἐν λογισμοῖς, il opère à travers des processus discursifs qui obligent l'âme, comme Plotin le dit plus loin [2], à laisser de côté un contenu d'intellection si elle en conçoit un autre. Le terme λογισμός a été compris par le traducteur arabe dans son sens de « raisonnement », « calcul » : l'âme opère à travers la pensée, *fikr*, et la réflexion, *rawiyya*. Encore une fois, une amplification suit, censée expliquer pourquoi il en est ainsi, et la raison est que l'intellect de l'âme est un *ʿaql mustafād*, un intellect acquis.

Nous voilà donc en présence de l'acte de naissance du complexe doctrinal qui sera harmonisé par la suite avec la doctrine alexandriste. Un Intellect qui est une substance séparée du monde sensible produit à partir de son essence (tout comme le feu produit la chaleur) une âme νοερά, *ʿaqliyya ;* la faculté intellective de cette âme opère à travers le raisonnement et les processus discursifs, parce que la faculté d'intelliger noétiquement lui a été *donnée* : son intellect est *mustafād*, comme l'explique la suite du passage, qui développe la comparaison plotinienne entre l'Intellect et le père, l'âme et le fils. Plotin avait dit οἷον πατρὸς ἐκθρέψαντος ὃν οὐ τέλειον ὡς πρὸς αὐτὸν ἐγέννησεν, et la version arabe de répéter que l'Intellect est comme le père, l'âme comme le fils,

1. Parmi les manuscrits que j'ai collationnés pour cet article, seul le manuscrit L (source de l'*editio princeps* de la *Théologie*) porte au lieu de من sa corruption في, d'où la traduction de Dieterici « Wir behaupten nun, dass die Seele dann geistig sei, wenn sie im Geiste ist ». La présence de في dans l'édition de Badawī montre que cette édition, présentée comme critique, dépend en réalité de la *princeps*, bien que l'éditeur affirme avoir suivi principalement le manuscrit S : en effet, ce manuscrit porte très clairement من. Pour les sigles des manuscrits et les détails textuels, *cf.* l'Appendice ; ce qu'il importe ici de remarquer est la grande différence au point de vue du contenu philosophique entre le texte sain et le texte fautif imprimé par Dieterici et reproduit par Badawī. Alors que le texte de la *Théologie*, une fois correctement édité, reprend la thèse plotinienne que l'âme est intellective parce qu'elle dérive de l'Intellect, le texte de la vulgate affirme une thèse philosophiquement faible et qui contient un malentendu grossier de Plotin : l'âme ne serait intellective que lorsqu'elle se trouve « dans » l'Intellect. Pourtant, ce n'est pas le traducteur de Plotin qui a commis le contresens : la confusion entre من et في est parmi les fautes de transmission les plus banales.

2. V 1 [10], 4.20.

imparfait (*nāqiṣ*) si comparé au père. Sans hésitation ni méprises, la version arabe énonce l'idée que l'activité de l'âme qui s'articule selon des raisonnements et des prévisions est déficiente par rapport à la connaissance purement noétique. La perfection de l'âme vient de l'Intellect, *mutammim* de l'âme qui a besoin de raisonner, de passer des prémisses aux conclusions, de prévoir et de calculer.

Dans le passage de Plotin, la perfection que l'Intellect apporte à l'âme consiste en la présence des intelligibles à l'intérieur de celle-ci. Loin d'être des objets adventices pour l'âme, les intelligibles sont les seules réalités qui peuvent être dites à juste titre « actes » de l'âme, ἐνέργειαι ψυχῆς, alors que tout ce qui n'est pas d'ordre intelligible est une affection : quelque chose qu'il arrive à l'âme de subir, mais qui ne jaillit pas de l'intérieur, et n'est donc pas ἐνέργεια de l'âme. Or, la naissance des intelligibles de l'intérieur de l'âme (ἔνδοθεν, οἴκοθεν) est l'effet d'un regard tourné vers le monde intelligible : ὅταν ... ἐνίδῃ εἰς νοῦν. Point central de l'épistémologie de Plotin, et point déjà formulé dans le traité *Sur la descente de l'âme dans les corps*, la théorie selon laquelle le contact cognitif de l'âme avec les principes intelligibles se réalise non pas au dehors en quelque lieu supra-céleste, mais à l'intérieur d'elle-même, est à l'origine d'un thème majeur de la philosophie postérieure, celui du *reditus*, que l'on peut évoquer ici par les mots de son plus ancien utilisateur, Augustin : *noli foras ire, in te ipsum redi; in interiore homine habitat veritas*[1]. Ici, dans le traité *Sur les trois hypostases*, l'accent est mis sur le fait que le contact cognitif de l'âme avec les principes intelligibles produit leur naissance à l'intérieur de l'âme – comme la science géométrique chez le jeune esclave du *Ménon*. Pour préparer cette conclusion, Plotin avait dit, dans son style typiquement condensé, que la substance de l'âme vient de l'Intellect et que sa raison est en acte lorsque son objet de connaissance est l'Intellect : ἥ τε οὖν ὑπόστασις αὐτῇ ἀπὸ νοῦ ὅ τε ἐνεργείᾳ λόγος νοῦ αὐτῇ ὁρωμένου. Le fait que ὑπόστασις soit traduit ici par *shakhṣ* pourrait prêter à d'intéressants développements terminologiques[2], mais ce qu'il importe surtout de remarquer est l'infléchissement

1. *De vera rel.* XXXIX, 72-73 ; *cf.* P. Bettiolo, G. Catapano, C. D'Ancona, A. Donato, Ch. Guerra, C. Martini, C. Marzolo, A. Schiapparelli, M. Zambon, *Plotino, La discesa dell'anima nei corpi* (*Enn. IV 8*[6]). *Plotiniana Arabica* (*Pseudo-Teologia di Aristotele, capitoli 1 e 7.* « *Detti del Sapiente Greco* »), a cura di C. D'Ancona, Padova, Il Poligrafo, 2003 p. 70-72.

2. Sur le contexte trinitaire de la réception syriaque du terme ὑπόστασις, qui se trouve à l'arrière-plan de la traduction de ce terme par *shakhṣ* (« individu, personne »), voir H. Daiber, *Aetius Arabus. Die Vorsokratiker in arabischer Überlieferung*, Wiesbaden, F. Steiner Verlag, 1980, p. 11, qui cite le *Manuel* de Jacques d'Édesse et renvoie pour ce dernier à G. Furlani, « L'*ΕΓΧΕΙΡΙΔΙΟΝ* di Giacomo d'Edessa nel testo siriaco », *Atti della R. Accademia dei Lincei. Memoria della Classe di scienze Morali, Storiche e Filologiche*, serie VI, 4, 1928, p. 222-249, en part. p. 233.3. En revanche, *shakhṣ* correspond à τὸ ἄτομον dans la version arabe des *Éléments de théologie* de Proclus : voir G. Endress, *Proclus Arabus. Zwanzig Abschnitte aus der Institutio Theologica in arabischer Übersetzung*, Wiesbaden/Beirut, Franz Steiner, 1973, n. 3, p. 277, qui donne d'autres exemples tirés des traductions d'ouvrages aristotéliciens (*Catégories*, *De interpretatione*, *Métaphysique*). Il est utile de remarquer que la première occurrence de ὑπόστασις dans

doctrinal qui relève de la méprise sur le génitif absolu νοῦ … ὁρωμένου. Comme on vient de le voir, chez Plotin le *logos* de l'âme est en acte lorsque l'Intellect est « vu » par celle-ci ; dans la version arabe, la substance individuelle de l'âme, *shakhṣ al-nafs*, provient de l'Intellect et le *logos* existant dépend de l'intellect – ou s'accompagne de l'intellect, selon le sens que l'on veut donner à la particule *bi-* (*al-nuṭq al-kā'in bi-l-ʿaqli*). Le traducteur n'a pas voulu renoncer à ὁρωμένου, même s'il n'en comprenait pas la fonction ; ce participe est donc devenu « la chose qui tombe sous la vision ». Par conséquent, le passage arabe finit par opposer la connaissance rationnelle à la perception sensible : le *nuṭq* de l'âme existe grâce à l'intellect, en tant que raisonnement qui porte sur les réalités intelligibles et non pas sur les choses visibles. C'est une méprise, mais il en résulte que la nature même de l'âme – son *shakhṣ* – est identifiée à une raison indépendante de la perception sensible, ce qui prépare la reprise, cette fois fidèle, de ὅταν … ἐνίδῃ εἰς νοῦν par *idhan naẓarat ilā l-ʿaql*. Le petit supplément qui précède ces mots est digne d'attention : si le traducteur dit ici « et cela parce que lorsque l'âme *se retourne vers son essence* et contemple l'Intellect… », c'est qu'il est déjà familier avec le *topos* du retour de l'âme en elle-même et de la vision du monde intelligible qu'elle obtient grâce à cette conversion vers son essence, *topos* rencontré dans un traité antérieur à V 1 dans la séquence ennéadique : IV 8, *Sur la descente de l'âme dans les corps*, d'où est tiré le premier chapitre de la *Théologie*[1]. Enfin, la distinction plotinienne entre les ἐνέργειαι de l'âme et les perceptions se développe dans une direction nouvelle. Alors que Plotin distinguait entre les connaissances rationnelles et les sensations, ce niveau inférieur (τὰ …χείρω) a pris dans la version arabe un sens moral : il est question ici des actions reprochables, qu'il ne faut pas rapporter à l'âme intellective, mais à une autre âme, instinctive et irrationnelle, alors que l'âme intellective accomplit les actions nobles qui découlent de son essence lorsqu'elle contemple les intelligibles.

Dans la version arabe de cette section du traité V 1, l'Intellect, substance séparée, a donc une double action causale par rapport à l'âme : il en engendre la substance, *shakhṣ*, comme le père engendre le fils ; il est aussi la cause de sa perfection, qui s'accomplit en elle suite au regard qu'elle tourne vers lui. L'intellect en tant que faculté connaissante surgit dans l'âme lorsqu'elle regarde vers le principe qui l'a engendrée, ce qui explique le fait que son intellect soit dit *mustafād* : ce n'est que grâce au rapport qu'elle instaure avec le monde intelligible que l'âme acquiert la capacité d'accomplir les actes de connaissance intellectuelle (*al-afāʿil al-ʿaqliyya*), dans lesquels se manifeste son essence rationnelle.

ce passage (εἰς ἄλλου ὑπόστασιν, 3.9) n'a pas été traduite, la version arabe se bornant à dire *ʿalā al-ashyā'i*.

1. Voir Plotin, *La discesa dell'anima nei corpi, op. cit.*

On ne sera pas surpris de voir cette doctrine s'harmoniser, chez les lecteurs arabes, avec celle de l'Intellect agent énoncée dans le *Περὶ νοῦ*, surtout si l'on prend en ligne de compte un point bien connu dans les études de philosophie ancienne, mais oublié dans celles de philosophie arabe : l'influence d'Alexandre d'Aphrodise sur la doctrine et sur la terminologie de Plotin[1] à propos du rapport de l'âme avec l'Intellect divin. Dans la suite immédiate du passage examiné jusqu'ici, Plotin énonce la proximité de l'âme par rapport à l'Intellect et dit – sans doute contre les théories gnostiques d'une multiplicité d'obstacles que l'âme devrait franchir dans son ascension vers la région divine – qu'il n'y a rien entre l'Intellect et l'âme : οὐδὲν ... μεταξύ, rien, si ce n'est le fait qu'ils sont deux principes différents. L'âme vient pourtant après l'Intellect et en reçoit l'influence. Plotin n'hésite pas à adopter à ce propos le vocabulaire aristotélicien du réceptacle, de la forme et de la matière; il est toutefois clair que ce vocabulaire est redevable d'Alexandre plus encore que d'Aristote : c'est en effet Alexandre qui parle de la faculté connaissante humaine comme d'un ὑλικὸς νοῦς[2]. Quant à Plotin, il affirme que

> Νοῦς οὖν ἐπὶ μᾶλλον θειοτέραν ποιεῖ καὶ τῷ πατὴρ εἶναι καὶ τῷ παρεῖναι· οὐδὲν γὰρ μεταξὺ ἢ τὸ ἑτέροις εἶναι, ὡς ἐφεξῆς μέντοι καὶ ὡς τὸ δεχόμενον, τὸ δὲ ὡς εἶδος· καλὴ δὲ καὶ ἡ νοῦ ὕλη νοοειδὴς οὖσα καὶ ἁπλῆ (V 1[10], 3.20-23).
>
> L'Intellect la rend donc encore plus divine parce qu'il est son père et parce qu'il lui est présente, car il n'y a rien entre eux que leur différence d'essence, l'une venant à la suite, comme un réceptacle, l'autre comme une forme. Étant la matière de l'Intellect, elle est belle, intelligente et simple comme l'Intellect même[3].

1. Voir A. H. Armstrong, « The Background of the Doctrine That the Intelligibles Are not outside the Intellect », in *Les sources de Plotin*, 5e Entretiens sur l'Antiquité classique, Vandœuvres/Genève, Fondation Hardt, 1960, p. 393-413 ; P. Henry, « Une comparaison chez Aristote, Alexandre et Plotin », *ibid.*, p. 427-449 ; Ph. Merlan, *Monopsychism Mysticism Metaconsciousness. Problems of the Soul in the Neoaristotelian and Neoplatonic Tradition*, The Hague, M. Nijhoff, 1963, en part. p. 39 ; F.P. Hager, « Die Aristoteles-Interpretation des Alexander von Aphrodisias und die Aristoteleskritik Plotins bezüglich der Lehre vom Geist », *Archiv für Geschichte der Philosophie* 4, 1964, p. 174-187 ; P. L. Donini, « Alessandro di Afrodisia e il platonismo fra il II e il III secolo », in *id.*, *Tre studi sull'aristotelismo nel II secolo d. C.*, Torino, Paravia, 1974, p. 5-62.

2. Voir n. 1 p. 15.

3. Trad. Bréhier mod., Plotin, *Ennéades*, V, p. 19. J'ai changé « Intelligence » en « Intellect ». On trouvera dans ma traduction mentionnée n. 4 p. 24, les détails des sources alexandristes de ce passage ; je me borne ici à indiquer la description de l'Intellect comme εἶδος de l'âme humaine, *De anima*, p. 82.1 Bruns.

La version arabe de ce passage, attestée seulement dans la *Théologie*, est fidèle :

> ثم نقول إن النفس شريفة بالعقل، والعقل يزيدها شرفا لأنه أبوها وغير مفارق لها، ولأنه لا وسط بينهما، بل النفس تتلو العقل وهي قابلة لصورته لأنه بمنزلة الهيولى .ونقول إن هيولى العقل شريفة جدا لأنها بسيطة عقلية

> Ensuite, nous disons que l'âme est noble grâce à l'Intellect, et l'Intellect l'ennoblit davantage puisqu'il est son père et il n'est pas séparé d'elle, et aussi parce qu'il n'y a pas d'intermédiaire entre eux ; tout au contraire, l'âme suit de près l'Intellect et elle en reçoit la forme, puisqu'elle est dans la position de la matière. Nous disons aussi que la matière de l'Intellect est très noble, puisqu'elle est simple et intellectuelle (p. 109.16-18 Badawī).

L'âme, *bi-manzilati l-hayūlā* par rapport à l'Intellect dont elle reçoit la forme, *ṣūra*, peut sans difficulté être dite tout court *hayūlā l-ʿaql*. Dans un texte contemporain de celui-ci, le *Liber de causis* – tiré des *Éléments de théologie* procliens dans le même milieu que celui dont est issue la *Théologie*, comme on le sait depuis les études de Gerhard Endress [1] – l'âme est placée par la Cause Première comme substrat (*bisāt*, *stramentum*) de l'Intellect, dans lequel celui-ci exerce son action perfective et illuminative [2]. Dans le *Περὶ νοῦ* d'Alexandre, dont la version arabe par Isḥāq ibn Ḥunayn est quelque peu postérieure aux traductions de Plotin et de Proclus, l'intellect matériel, *al-ʿaql al-hayūlanī* [3], devient intellect en acte grâce à l'action d'un principe qui établit dans l'intellect matériel la forme de l'intellectualité comme un caractère stable (ἕξις, *habitus*, *malaka*) : *malaka li-l-taṣawwur al-ʿaqlī* [4]. Tout cela dessine un complexe doctrinal cohérent, dans lequel un Intellect, substance divine et séparée, rend intellective l'âme humaine en agissant en guise de principe informateur sur un réceptacle assimilé à la matière : une matière qui n'est pas laide et informe comme celle d'ici-bas, mais noble, simple et intellectuelle.

Par rapport à ce substrat de nature intellective, mais qui attend de recevoir la forme de l'intellectualité (*ṣūra* dans le passage du Plotin arabe, *al-taṣawwur al-ʿaqlī* dans celui de l'Alexandre arabe), l'Intellect qui imprime cette forme est un principe séparé et supérieur. Par conséquent, l'intellect que l'âme possède suite à cette action accomplie en elle par l'Intellect est un *ʿaql mustafād*. Le père Finnegan avait remarqué à juste titre que la traduction du νοῦς … θύραθεν d'Alexandre par *ʿaql mustafād* « pose un problème délicat. On hésite à croire

1. G. Endress, *Proclus Arabus, op. cit.* ; *id.*, « The Circle of al-Kindī. Early Arabic Translations from the Greek and the Rise of Islamic Philosophy », *in* G. Endress et R. Kruk (eds.), *The Ancient Tradition in Christian and Islamic Hellenism : Studies on the Transmission of Greek Philosophy and Sciences*, dedicated to H.J. Drossaart Lulofs on his ninetieth birthday, Leiden, CNWS School, 1997, p. 43-76.

2. O. Bardenhewer, *Die pseudo-aristotelische Schrift ueber das reine Gute bekannt unter dem Namen Liber de causis*, Freiburg im Breisgau, 1882, p. 64.4.

3. *Maqāla al-Iskandar al-Afrūdīsī fī l-ʿaql*, p. 182.3 Finnegan.

4. *Ibid.*, p. 184.10 Finnegan.

que ce soit Isḥāq qui ait inventé le terme *intellectus adeptus* ou, du moins, qu'il l'ait employé en ce texte par pure fantasie »[1], et après l'article du regretté Marc Geoffroy[2] on peut affirmer que c'est le *'aql mustafād* de la *Théologie* qui a inspiré ce choix terminologique destiné à une grande fortune. Mais mon point n'est pas terminologique, ou plutôt, pas exclusivement. Le fait de lire au début du *Περὶ νοῦ* d'Alexandre qu'*Aristote* avait énuméré en premier l'intellect matériel, *al-'aql al-hayūlanī*[3], et de rencontrer plus loin, en fonction de principe qui rend intellective l'âme, un Intellect *mustafād min khārij*[4] ne pouvait que renforcer chez les lecteurs de la *Théologie* l'idée que cet écrit était bel et bien d'Aristote. Inversement, les lecteurs de la *Maqāla al-Iskandar al-Afrūdīsī fī l-'aql* auraient dû faire un effort de distinction conceptuelle que rien n'invitait à faire, pour faire le départ entre l'Alexandre arabe et la *Théologie*. Malgré la différence substantielle de leur point de départ et de leur sens philosophique global, la noétique plotinienne et la noétique alexandriste ont pu fusionner dans l'esprit de ces lecteurs, comme en témoignent les passages farabiens évoqués au début de cet article.

Un vocabulaire inspiré d'Alexandre se retrouve aussi dans d'autres textes plotiniens repris en arabe. C'est le cas du passage suivant, où l'ἐπακτὸς νοῦς qui fait ressembler l'âme à l'Intellect comme la lumière fait ressembler la lune au soleil évoque immédiatement le νοῦς ἐπίκτητος du *De anima* d'Alexandre[5] :

> καὶ οὖν ἀπεικαστέον τὸ μὲν φωτί, τὸ δὲ ἐφεξῆς ἡλίῳ, τὸ δὲ τρίτον τῷ σελήνης ἄστρῳ κομιζομένῳ τὸ φῶς παρ' ἡλίου. ψυχὴ μὲν γὰρ ἐπακτὸν νοῦν ἔχει ἐπιχρωννύντα αὐτὴν νοερὰν οὖσαν (*Enn.* V 6[24], 4.14-17).
>
> On peut comparer le Premier à la lumière, l'être qui vient après lui au soleil, et le troisième à la lune qui reçoit sa lumière du soleil. L'âme a une intelligence d'emprunt qui l'éclaire à la surface, lorsqu'elle est intelligente[6].

Préservé seulement dans les « Dits du Sage grec »[7], ce passage présente une terminologie différente par rapport à la *Théologie;* mais la reprise de Plotin est littérale, si bien que l'idée de la présence dans l'âme humaine d'un intellect ἐπακτός y est énoncée en toutes lettres :

> وقال إن الواحد المحض يشبه الضوء والواحد الثانى المنسوب إلى شىء آخر يشبه الشمس والشىء الثالث يشبه القمر الذي ينال ضوءه من الشمس. فالنفس فيها عقل مكتسب ينيرها بنوره ويصيرها عقلية.

1. Finnegan, « Texte arabe du *ΠΕΡΙ ΝΟΥ* », p. 171.
2. Dans l'article cité à la n. 5 de la p. 13, Marc Geoffroy avait mis en lumière ce point, capital pour le développement de cette doctrine.
3. *Maqāla al-Iskandar al-Afrūdīsī fī l-'aql*, p. 182.3 Finnegan.
4. *Ibid.*, p. 194.2 et 5 Finnegan.
5. Alexandre d'Aphrodise, *De an.*, p. 82.1 Bruns.
6. Trad. Bréhier, p. 116.
7. C'est la seule attestation de la version arabe du court traité V 6[24].

> Il a dit que l'Un pur ressemble à la lumière ; le deuxième Un, qui est en relation avec quelque chose d'autre, ressemble au soleil ; la troisième chose ressemble à la lune, qui reçoit sa lumière du soleil. Il y a dans l'âme un intellect acquis, qui l'éclaire par sa lumière et fait en sorte qu'elle soit intellectuelle [1].

Au lieu de *ʿaql mustafād* nous trouvons ici *ʿaql muktasib*, traduction fidèle de ἐπακτὸν νοῦν, comme le prouve la traduction du passage de sens contraire, mais identique quant à la terminologie, de V 8[31], 3.10. Ici Plotin, à propos de l'Intellect divin, affirme que celui-ci est intellect depuis toujours et à jamais, et non pas par intervalles : ὁ ἀεὶ νοῦς καὶ οὔ ποτε νοῦς ; cela parce que l'intellect n'est pas adventice pour lui, ὅτι μὴ ἐπακτὸς αὐτῷ. La version arabe de ce passage, attestée dans la *Théologie*, rend ἐπακτός par l'expression suivante : *laysa bi-ʿaqlin mustafādin, wa-laysa huwa muktasiban* [2], ce qui prouve que l'emploi de *muktasib* dans les « Dits » découle en droite ligne de la traduction arabe de Plotin [3].

III

Une fois que, par l'action de l'Intellect divin, s'est instauré dans l'âme le *ʿaql mustafād*, quelle est son activité ? Comme on vient de le voir, la présence de l'intellect acquis rend intellective l'âme, qui peut par conséquent accomplir ses opérations intellectives, *al-afāʿil al-ʿaqliyya*. Dans la suite du traité V 1 en version arabe, l'opération intellective de l'âme se présente sous une forme qui est, elle aussi, destinée à une grande fortune : celle de la conjonction (*ittiṣāl*) avec l'Intellect, source pour l'âme de vie éternelle et de joie sans fin. Cette théorie, dont on voit immédiatement l'intérêt en relation aux propos d'al-Fārābī cités au début du présent article, est formulée dans un passage qui en partie suit Plotin à la lettre, et en partie brode sur un mot de l'exemplaire grec qui a été selon toute vraisemblance mal compris.

Le passage en question, tel qu'il est transmis par les manuscrits des *Ennéades* [4], est le suivant :

1. Ce texte fait partie des passages découverts par Rosenthal et édités aussi par Badawī, p. 186.2-4. Dans l'édition Wakelnig il se trouve à la p. 96.15-17.

2. Pseudo-*Théologie d'Aristote*, p. 62.7 Badawī.

3. Pas besoin donc d'imaginer une influence sur la terminologie des « Dits » de la doctrine ashʿarite du *kasb* (« acquisition » ou « appropriation » par la volonté humaine des actes, dont Dieu seul est l'auteur).

4. La source de ces informations est l'apparat critique de l'édition *maior* : *Plotini Opera* II, *Enneades* IV-V ediderunt P. Henry et H.-R. Schwyzer, Paris/Bruxelles, Desclée de Brouwer/L'Édition Universelle, 1959.

πολὺς οὖν οὗτος[1] ὁ θεὸς ἐπὶ τῇ ψυχῇ τῇ δὲ[2] ὑπάρχει ἐν τούτοις εἶναι συναφθείσῃ εἰ μὴ ἀποστατεῖν ἐθέλοι πελάσασα οὖν αὐτῷ καὶ οἷον ἓν γενομένη[3] ζητεῖ τίς οὖν ὁ τοῦτον γεννήσας (V 1, 5.1-3).

Le mot ζητεῖ a engendré les développements arabes qui vont nous retenir ici ; avant d'entrer dans les détails, considérons le sens général du passage.

> Tel est ce Dieu multiple ; il existe en l'âme qui est attachée par son être à ces régions, à condition qu'elle veuille ne pas les quitter. Proche de l'Intellect et ne faisant pour ainsi dire qu'un avec lui, elle questionne : Qui donc a engendré cet Intellect[4] ?

Après avoir consacré toute une section (le chapitre 4, dans la division ficinienne) à la richesse et à la perfection du monde intelligible, Plotin prépare le pas ultérieur que l'âme doit franchir dans sa recherche du nombre et de la nature des principes : la découverte, au-delà du monde intelligible et de l'Intellect, de l'Un transcendant l'être et la pensée. La démarche ascendante de l'âme individuelle vers la découverte tout d'abord de l'âme en tant que principe, puis, au-delà et au-dessus de celle-ci, de l'Intellect divin qui l'a engendrée et la rend parfaite, s'achève ici, sur la question qui forme l'axe du platonisme de Plotin : qui a engendré la multiplicité intelligibile ? L'identité, établie par Plotin contre la tradition platonicienne de son époque, entre l'Intellect divin et le monde intelligible, fait du νοῦς un dieu qui est πολύς, intrinsèquement multiple[5]. Or, toute cette richesse doit avoir un principe simple, la multiplicité ne pouvant pas faire fonction de principe, même s'il s'agit de la multiplicité des intelligibles dans le lieu supra-céleste. L'écho du mythe de la caverne ne pourrait être plus clair dans cette ascension vers le principe ἀνυπόθετον, au-delà de l'être intelligible par dignité et puissance (*Resp.* VI, 509 B 9). Parvenue à considérer la nature du cosmos intelligible, l'âme individuelle se demande quel est le principe générateur de la multiplicité qui forme pour Plotin la nature même de l'être intelligible, comme le montre le

1. Ce mot est omis par la famille *x*. Sur les familles des manuscrits des *Ennéades*, l'étude de référence est P. Henry, *Études plotiniennes. II. Les manuscrits des Ennéades*, « Museum Lessianum, Sect. Philosophique » 21, Paris/Bruxelles, Desclée de Brouwer/L'Édition Universelle, 1941 ; la famille *x* est examinée aux p. 115-148.

2. Les manuscrits portent τῇδε, corrigé par Harder en τῇ δὲ.

3. La famille *x* porte ici γενομένη ἓν.

4. Trad. Bréhier mod., p. 20-21.

5. « On peut le voir encore de la manière suivante : l'on admire le monde sensible pour sa grandeur, sa beauté, l'ordre de son mouvement éternel, les dieux qui sont en lui, dieux visibles ou invisibles, les démons, les animaux et les plantes ; mais que l'on remonte à son modèle et à sa réalité véritable : que l'on voie là-bas tous les intelligibles qui ont en ce modèle l'éternité, la connaissance interne d'eux-mêmes et la vie ; que l'on voie la pure Intelligence qui est leur chef, et la prodigieuse sagesse, et la vie, la véritable vie sous le règne de Cronos, du dieu qui est satiété et intelligence. Car il contient en lui tous les êtres immortels, toute intelligence, tout dieu, toute âme, dans une immobilité éternelle » (*Enn.*, V 1[10], 4.1-12, trad. Bréhier).

rappel des μέγιστα γένη du *Sophiste*[1]. Cette question est une plaque tournante du « discours » censé rappeler à l'âme son rang, discours qui forme l'objet du traité. Le verbe ζητεῖ n'a pas simplement des chances d'être la bonne leçon : il est le pivot du raisonnement de Plotin ici. Et pourtant dans le texte édité par Henry et Schwyzer ζητεῖ est remplacé par une conjecture, ζῇ ἀεί. Celle-ci a été proposée à partir de la *Théologie*. Je reproduis ici le texte édité par Henry et Schwyzer, avec un apparat critique relatif à cette conjecture.

> Πολὺς οὖν οὗτος ὁ θεὸς ἐπὶ τῇ ψυχῇ· τῇ δὲ ὑπάρχει ἐν τούτοις εἶναι συναφθείσῃ, εἰ μὴ ἀποστατεῖν ἐθέλοι. πελάσασα οὖν αὐτῷ καὶ οἷον ἓν γενομένη ζῇ ἀεί. Τίς οὖν ὁ τοῦτον γεννήσας;
>
> ζῇ ἀεί Seidel H-S$^{1-2}$ Armstrong : ζητεῖ Enn. Perna (*perquirit* Ficinus) Creuzer Kirchhoff Volkmann Müller Bréhier Harder

Le verbe ζητεῖ est donc présent dans tous les manuscrits des *Ennéades*[2], figure dans l'*editio princeps* de Perna[3] et est sous-jacent à la traduction ficinienne « *perquirit* »[4]. Le texte ζητεῖ est accueilli aussi dans les éditions de Creuzer[5], Kirchhoff[6], Müller[7], Volkmann[8], Bréhier[9], et Harder[10]. Un de ces éditeurs pourtant, le philologue allemand Richard Volkmann, a soulevé un problème de doctrine et, s'appuyant sur la *Théologie*, a émis l'hypothèse qu'il y avait peut-être quelque chose d'autre au lieu de ζητεῖ. Il n'a pas corrigé le texte, puisque dans son édition c'est bien ζητεῖ qui est imprimé ; mais dans l'introduction générale il affirme que

> ζητεῖ vix sanum. nam quomodo anima cum deo prope iam coniuncta et unita eum quaerere potest ? atque aliud olim hoc loco scriptum fuisse docet Arabs, 110 extr. : « so wird sie mit ewigem Leben begabt, und hat eine Wonne, die nie

1. *Enn.*, V 1[10], 4.33-41.

2. J'ai repris le sigle *Enn.* par lequel Henry et Schwyzer indiquent le *consensus codicum*.

3. *Plotini Platonicorum facile coryphaei operum philosophicorum omnium libri LIV in sex enneades distributi* [...] *nunc primum graece editi, cum latina Marsili Ficini interpretatione et commentatione*, Basileae, ad Perneam lecythum, 1580, réimprimé en fac-similé, Villiers-sur-Marne, 2005, p. 486.

4. Marsili Ficini *Prohemium ad Laurentium Medicem. Prooemium sequitur Porphyrii Vita Plotini. Hanc Exhortatio Marsilii Florentini ad auditores. Subjicitur Argumentum M. Ficini in primum librum Plotini platonici. Hoc excipit Plotini Enneadis primae liber primus et sic porro reliqui libri reliquarum Enneadum cum suis commentariis* [...] impressit ex archetypo Antonius Miscominus, Florentiae, 1492, p. 306.

5. *ΠΛΩΤΙΝΟΥ ΑΠΑΝΤΑ. Plotini Opera Omnia. Porphyrii Liber de Vita Plotini cum Marsilii Ficini Commentariis et ejusdem interpretatione castigata* [...], Oxonii, 1835, p. I-III.

6. *Plotini Opera* recognovit Adolphus Kirchhoff, Bibliotheca Scriptorum Graecorum et Romanorum Teubneriana, Lipsiae, 1856, vol. I, p. 100.

7. Plotini, *Enneades* recensuit Hermannus Fridericus Mueller [...], Sammlung griechischer und lateinischer Schriftsteller mit deutschen Anmerkungen, Berlin, 1878-1880, vol. II, p. 146.

8. Plotini, *Enneades* [...] edidit Ricardus Volkmann, Bibliotheca Scriptorum Graecorum et Romanorum Teubneriana, Lipsiae, 1882-1884, vol. II, p. 166.

9. Voir p. 33.

10. *Plotins Schriften* übersetzt von R. Harder [...], Hamburg, Felix Meiner, 1956, p. 220.

schwindet. » fortasse igitur : ζῇ τε [καὶ ὄντως ἥδεται] (Volkmann, Plotini *Enneades*, vol. II, p. XXXI).

La difficulté était donc d'ordre philosophique : n'ayant pas compris que, loin d'être improbable, le questionnement de l'âme unie à l'intelligible est exactement ce que Plotin affirme – puisque c'est seulement lorsqu'elle entre en contact avec l'intelligible et en aperçoit la richesse que se pose pour elle le problème du principe de cette multiplicité –, Volkmann envisageait une faute sur le mot ζητεῖ et s'autorisait du texte de la *Théologie*, que F. Dieterici venait d'éditer [1] et de traduire [2], pour proposer une rétroversion de l'allemand au grec censé se cacher derrière l'arabe : grec où un effort de vraisemblance paléographique, ζῇ τε pour ζητεῖ, se doublait de l'invention de trois mots, καὶ ὄντως ἥδεται, sans le moindre appui dans le passage plotinien et ayant seulement un lien vague avec l'arabe. Peu après, le philologue E. Seidel, dans sa dissertation présentée à l'université de Breslau en 1886, proposa ζῇ ἀεί et laissa tomber le reste [3]. La proposition de Seidel a été acceptée par Henry [4] et Schwyzer [5] aussi bien dans l'édition *maior* que dans la *minor;* reprise par A.-H. Armstrong dans sa traduction anglaise avec texte grec en vis-à-vis [6], cette conjecture a enfin été rejetée par Hans-Rudolph Schwyzer [7]. En effet, le texte résultant de la conjecture contient une thèse philosophique à laquelle Plotin ne saurait souscrire, à savoir que la vie éternelle de l'âme dépend du fait qu'elle soit unifiée à l'Intellect, alors que pour Plotin toute âme est immortelle en tant qu'âme [8].

1. Voir n. 2 p. 18.

2. Fr. Dieterici, *Die sogenannte Theologie des Aristoteles* aus dem Arabischen übersetzt und mit Anmerkungen versehen, Leipzig, J.C. Hinrich'sche Buchhandlung, 1883 (réimp. Reinheim, Druckerei Lokay, s. d.).

3. E. Seidel, *De usu praepositionum plotiniano quaestiones. Dissertatio inauguralis philologica...*, Nissae, Typis F. Baer, 1886, p. 78.

4. Henry avait pourtant soutenu ζητεῖ par un raisonnement impeccable dans un de ses travaux préparatoires : *Études plotiniennes. I. Les états du texte de Plotin*, Paris/Bruxelles, Desclée de Brouwer/L'Édition Universelle, 1938, p. 196. Après avoir comparé ce passage avec sa citation par Basile, il avait affirmé : « Le *De spiritu* condamne toute correction. Volkmann n'a d'ailleurs pas compris que ζητεῖ introduit la question τίς οὖν ὁ τοῦτον γεννήσας. » V. Cilento, Plotino. *Enneadi.* Prima versione integra e commentario critico, vol. III, parte II, Bari, Laterza, 1973, p. 13, était du même avis : « Ma l'oggetto di ζητεῖ va ritrovato nella proposizione interrogativa che segue. »

5. Voir pourtant n. 7 ci-dessous.

6. *Plotinus.* With an English Translation by A.H. Armstrong, Cambridge (MA)/London, The Loeb Classical Library, 1984, vol. V, p. 26. La traduction d'Armstrong est la suivante : « When it has come near then to him and, in a way, become one with him, it lives for ever » (p. 27).

7. H.-R. Schwyzer, « Corrigenda ad Plotini textum », *Museum Helveticum* 44, 1987, p. 191-210, en part. p. 200.

8. Voir par exemple IV 7[2], 14.1-14. Cette thèse attira les critiques des platoniciens postérieurs, selon lesquels Plotin avait eu le tort de prolonger l'immortalité jusqu'à l'âme végétative. Je m'explique mieux sur ce point dans l'Introduction de Plotino. *L'immortalità dell'anima* (*IV 7*[2]). *Plotiniana Arabica* (*pseudo-Teologia di Aristotele, capitoli I, III, IX*), Pisa, Pisa University Press, 2017 (Greco, Arabo, Latino. Le vie del sapere, 5).

Le texte de la *Théologie* qui a suggéré la conjecture est le suivant :

> والعقل الذي هو السيّد يوجد في النفس كثيرًا، إذ النفس متصلة به، إلا أن تتعدى حدودها وتريد مفارقتها؛ وإذا فارقته كان ذلك هو موتها[1] وفسادها، فإذا اتصلت به حتى يصيرا كأنهما شيءٌ واحدٌ حَيِيَتْ بحياة دائمة وسرَّت سرورًا لا نفاد له.
>
> Et l'Intellect, qui est le seigneur, est souvent présent dans l'âme, lorsque l'âme est conjointe avec lui ; mais elle dépasse ses limites et veut être séparée de lui ; mais si elle se sépare de lui, cela devient sa mort et sa corruption, alors que si elle est conjointe avec lui jusqu'à ce qu'ils deviennent une seule chose, elle vit d'une vie éternelle et se réjouit d'une joie inépuisable (p. 112.12-14 Badawī).

Volkmann avait raison de reconstuire un ζῇ dans l'arrière-plan de la « vie » qui figure dans le passage arabe ; mais au lieu de mettre en doute ζητεῖ, il faut tenir compte de la suite de lettres ζητειτις, exposée à une faute de coupure de la part du traducteur[2]. En effet, aucun des mots qui suivent *ζη n'a été traduit en arabe : ζη est le dernier « mot » que le traducteur a reconnu comme doué de sens. L'ayant pris pour un verbe, il a traduit « elle vit »[3] ; ce *ζη est ainsi devenu pour lui l'ancrage d'un sens tout à fait nouveau, par rapport à un passage qui, déjà obscur – comme on va le voir aussitôt – devenait, avec la suite *τειτις οὖν ὁ τοῦτον γεννήσας, parfaitement incompréhensible pour lui : en effet, il n'y a aucune trace de ces mots dans l'arabe. Ici comme ailleurs dans une traduction qui est partout très trafiquée, le traducteur a développé les points qu'il a compris ou cru comprendre, en laissant tomber les mots ou les bouts de phrase dont il n'arrivait pas à saisir le sens.

Le premier obstacle a été pour lui sans doute l'adjectif πολύς, qu'il n'avait pas les moyens herméneutiques pour rattacher à θεός[4]. Ce « dieu » est devenu « le seigneur, *al-sayyid* », retouche antipolythéiste claire, mais pas suffisante à elle seule pour résoudre le problème de πολύς. Le traducteur s'est tiré d'affaire en donnant à l'adjectif un sens adverbial : « *kathīran*, souvent ». Une histoire a commencé ainsi à se dessiner : l'Intellect, seigneur, est *souvent* présent *dans* l'âme. Alors que les mots de Plotin πολὺς οὖν οὗτος ὁ θεὸς ἐπὶ τῇ ψυχῇ portent sur la nature de l'Intellect, dieu intrinsèquement multiple qui se trouve

1. Tous les manuscrits que j'ai pu consulter pour cet article portent ici ce mot ; par contre, Badawī imprime *ḥadathahā*, à entendre probablement dans le sens de « son malheur ».

2. Le manuscrit grec (perdu) à partir duquel la version arabe a été faite devait remonter au plus tard aux débuts du IXe siècle, puisque la traduction a été éffectuée à la cour du calife al-Muʿtaṣim, donc vers les années 40 du même siècle. Par conséquent, il est possible que ce manuscrit grec était en onciales ; la suite ΖΗΤΕΙΤΙΣ, sans accents et sans séparation de mots, rend encore plus probable une faute de coupure ΖΗ ΤΕ ΙΤΙΣ. Concetta Luna a bien voulu examiner ce passage avec moi, et je lui dis ici toute ma reconnaissance.

3. Badawī vocalise *ḥayiyat* ; par contre, Dieterici comprend que c'est un passif de la IIe forme : *ḥuyyiyat*, d'où sa traduction « so wird sie mit ewigem Leben begabt » (*ps.-Theol.*, *op. cit.*, p. 110).

4. Il faut en effet être au courant d'un point très technique de la métaphysique néoplatonicienne, c'est-à-dire l'exégèse plotinienne du *Sophiste*, pour comprendre comment il est possible que l'adjectif « multiple » se rattache au dieu qui se trouve au-dessus de l'âme.

au-dessus de l'âme, le passage arabe affirme que l'Intellect, comme un seigneur, se rend chez son sujet, l'âme. Le verbe ὑπάρχει a été rapporté à l'Intellect (*yūjadu*), et les mots ἐν τούτοις εἶναι – dont la compréhension n'est pas immédiate, s'il est vrai qu'Henry et Schwyzer en ont suggéré le sens dans l'apparat[1] – n'ont pas été traduits.

En revanche, le terme συναφθείσῃ a été repris : traduit par *muttaṣila bihi*, « conjointe avec lui », il a donné naissance au *topos* de la conjonction (*ittiṣāl*) de l'âme avec l'Intellect. Le verbe *waṣala* traduit une gamme de termes dans le Plotin arabe : substantifs comme κοινωνία[2] et συντυχία[3], verbes comme προσαρτάω[4], συνάπτω et πελάζω[5], et même des adverbes, comme ἅμα[6]. C'est donc un terme assez ample pour couvrir des acceptions différentes ; mais ici le contexte est des plus spécifiques, et on a effectivement l'impression d'assister à la genèse de la théorie de l'*ittiṣāl* de l'âme humaine avec l'Intellect agent, du moins quant à l'un de ses éléments fondamentaux : le lien entre l'état de conjonction et le bonheur suprême de l'âme. Cet élément ressort non pas du texte de Plotin, mais de son remaniement arabe. La conjonction de l'âme avec l'Intellect devient, dans l'histoire qui a commencé à se dessiner à travers la transformation de πολύς en un adverbe temporel, la condition pour que l'âme accueille la visite de son seigneur : l'arabe dit en effet *idha l-nafs muttaṣila bihi*, « lorsque l'âme est conjointe avec lui », en faisant de συναφθείσῃ-*muttaṣila* l'état de l'âme qui est capable de recevoir en elle-même la présence (ὑπάρχει-*yūjadu*) de l'Intellect.

Plotin avait dit qu'il appartient à la nature de l'âme de se trouver parmi les intelligibles, ἐν τούτοις, à moins qu'elle ne décide de quitter l'intelligible, son lieu naturel : εἰ μὴ ἀποστατεῖν ἐθέλοι. Ces mots n'ont pas été compris. À leur place, on trouve une autre étape dans l'histoire qui est désormais celle de l'interruption du lien entre l'âme et son seigneur. Si l'âme est conjointe à l'Intellect, il vient souvent chez elle ; mais l'âme va au-delà des limites : un jugement moralement négatif a été perçu dans le verbe ἀποστατεῖν[7], compris dans le sens de « renier » ce qui est bon, vertueux et avantageux pour l'âme. Il est permis de se demander si la négation μὴ était encore à sa place dans le manuscrit qui a servi pour la traduction : la phrase « mais elle va au-delà de ses limites et veut se séparer de lui… » se justifie mieux si, au lieu de εἰ μὴ ἀποστατεῖν ἐθέλοι, on imagine εἰ ἀποστατεῖν ἐθέλοι. Pourtant, dans le contexte d'un remaniement aussi substantiel comme celui que nous sommes en train d'examiner, il n'est pas nécessaire d'imaginer la chute de μὴ pour

1. ἐν τούτοις *scil.* ἐν τοῖς νοητοῖς, annotation présente dans la *maior* ainsi que dans la *minor*.

2. IV 4[28], 1.29 = p. 24.5 Badawī (*ittiṣāl*).

3. IV 7[2], 83.6 = p. 49.18 Badawī (*ittiṣāl*).

4. IV 7[2], 1.6 (προσηρτημένον) = p. 121.9 Badawī (*muttaṣil*).

5. C'est le passage en question.

6. IV 4[28], 2.32 = p. 35.7 Badawī (*ittiṣāl*).

7. Alors que chez Plotin l'évaluation de la descente de l'âme dans les corps est beaucoup plus complexe : voir l'Introduction à Plotin, *La discesa dell'anima nei corpi*, *op. cit.*

justifier la nouvelle interprétation donnée au passage. Quoi qu'il en soit, deux états opposés se dessinent dans le texte arabe : l'Intellect, seigneur de l'âme, la visite souvent quand elle est conjointe avec lui; mais par un acte d'outrecuidance elle s'en sépare; la mort et la corruption sont le résultat catastrophique de cette séparation.

La suite de la phrase reprend un contact plus étroit avec le grec : les mots πελάσασα οὖν αὐτῷ καὶ οἷον ἓν γενομένη ont été traduits assez littéralement, et on retrouve *waṣala*, cette fois en correspondance de πελάζω. Mais οὖν ne pouvait pas être traduit, dans le nouveau sens qui a été donné au passage : au lieu d'une conjonction de coordination, nous trouvons *fa-idhā*, qui marque la suite des événements et, dirait-on, l'opposition dans l'histoire des états de l'âme : si, au lieu de se séparer de l'Intellect, l'âme est conjointe et unifiée à lui, elle vit : *ζῃ. La vie éternelle et la joie inépuisable dont elle peut bénéficier à condition qu'elle soit conjointe à l'Intellect ne sont que le contrepoint de la mort et de la corruption dont est lotie l'âme qui veut renier son seigneur. C'est le traducteur qui a créé cette opposition, pour résoudre un passage que son manque de familiarité avec la métaphysique de Plotin d'un côté, et une, ou peut-être deux difficultés dans son manuscrit de l'autre côté, avaient transformé en une énigme. Ce faisant, il a produit quelque chose qui, tout en étant loin des thèses philosophiques énoncées dans le passage source, n'était point insensé. Tout au contraire, les enjeux pour l'âme y étaient dessinés d'une manière claire, quoique acceptable seulement pour ceux qui étaient prêts à penser la vie éternelle en termes de conjonction avec l'Intellect jusqu'à l'identification totale. Bien entendu, un auditoire de philosophes – mettons, al-Fārābī – n'aurait trouvé rien à objecter, et en effet il y a un air de famille si évident dans la description farabienne du bonheur de l'âme, qu'il n'est pas nécessaire d'y insister davantage.

Dans le Plotin arabe un complexe doctrinal en partie fidèle à sa source grecque, en partie innovateur a vu le jour : celui selon lequel le *ʿaql mustafād* de l'âme, trait d'union entre celle-ci et l'Intellect, permet à l'âme d'obtenir l'*ittiṣāl* qui fait son bonheur et dans lequel consiste sa vie éternelle. Après la traduction du *Περὶ νοῦ*, ce complexe doctrinal allait s'harmoniser, dans l'esprit des philosophes arabes, avec la théorie de l'abstraction des formes à partir des objets sensibles d'un côté, et de l'autre avec celle de la causalité de l'Intellect agent dans ce processus; mais les thèses maîtresses de la noétique arabo-musulmane avaient été désormais établies, et devaient rester foncièrement néoplatoniciennes.

APPENDICE

Cet appendice contient les matériaux pour le texte établi à la p. 23, et notamment l'indication des manuscrits utilisés, ainsi que le texte des traductions latine, allemande et espagnole; par la suite, j'ai mis une table qui présente sur colonnes parallèles le texte grec et ses deux témoins arabes, dans la *Théologie,* citée selon l'édition Badawī, et dans les « Dits », cités selon l'édition Wakelnig; enfin, je présente le passage de la *Théologie* cité à la p. 23 avec son apparat des variantes.

Le passage cité à la p. 23 a été établi à partir des manuscrits suivants :

B	Paris, Bibliothèque nationale de France, *ar.* 2347
F	Paris, Bibliothèque nationale de France, *supplément persan* 1640
H	Istanbul, Süleymaniye kütüphanesi, *Hamidiyye* 717 bis
L	Berlin, Staatsbibliothek, *Sprenger* 741
M	Oxford, Bodleian Library, *Marsh* 539 (pour les lignes 1-6)
Q	Dār al-Kutub al-miṣriyya, *ḥikma wa-falsafa* 617
S	Istanbul, Süleymaniye kütüphanesi, *Aya Sofia* 2457
T	Cairo, Dār al-Kutub al-miṣriyya, *Taymūr, ḥikma* 102
W	Cairo, Dār al-Kutub al-miṣriyya, *Ṭal'at* 384
Ba	ed. Badawī (voir n. 2, p. 18), p. 108.17-109.15
Di	ed. Dieterici (voir n. 2, p. 18), p. 105.5-106.5

Le texte de la traduction latine est le suivant :

Sapientissimi Philosophi Aristotelis Stagiritae Theologia sive mystica philosophia secundum Aegyptios noviter reperta et in latinum castigatissime redacta, Romae, 1519, p. 48 v-49 r

ita etiam intellectus decenter influit animae, quoniam ipsa est eius simulacrum factum sicut verbum expressum. Operatio quoque universa animae profluit in alia superadiuta ab intellectu universali, qui se habet ad ipsam animam sicut ignis ad caliditatem ab eo ortam. Alteramque in alio susceptam quam intellectus producit attamen absque cuiusdam potentiae suae extraductione. Anima intellectualis existens in hoc minori mundo intelligit per cogitationem, quoniam intellectus eius derivatus a primo, deficit extatque materialis, idest potentialis. Atque intellectus quidem perficit animam rationalem, cum eam producat sicut pater filium. Talis autem anima perficit animam sensualem, quoniam producit eam, qua vice versa quoque indiget, quando anima sensualis excitatur a sensitiva ad speculandum principia.

Le même texte se trouve en appendice à la *Nova de universis philosophia* de Francesco Patrizi da Cherso, sous le titre *Mystica Aegyptiorum et Chaldaeorum a Platone voce tradita, ab Aristotele excerpta et conscripta philosophia*, p. 23 v.

La traduction allemande de F. Dieterici (voir n. 2, p. 35), p. 106-107, est la suivante :

[...] und deshalb ist es nothwendig, dass Gott von ihm aus, d. h. vom Geist, auf die Seele spende; denn diese ist ein Abbild vom Geist, sowie die hervortretende Rede nur die Rede des Geistes ist. Ihr ganzes Thun liegt nur in der Erkenntniss des Geistes und des Lebens, welches sie auf die Dinge spendet. Sie stammt ganz von dem Geist ab. Geist und Seele verhalten sich, wie Feuer und Wärme. Der Allgeist ist wie das Feuer, die Seele aber wie die vom Feuer auf etwas Anderes ausgestrahlte Wärme. Nur dass, wenn man Geist und Seele, beide an Stelle von Feuer und Wärme setzt, die Wärme nur vom Feuer ausfliesst und ausgeht, bis sie zu dem sie annehmenden Dinge gelangt und dann in ihm ist, der Geist aber sich in die Seele ausstreut, ohne dass eine seiner Kräfte von ihm ausfliesse (d. h. direkt). Wir behaupten nun, dass die Seele dann geistig sei, wenn sie im Geiste ist, nur dass, wenn sie auch geistig ist, doch ihr Geist stets auf Betrachtung und Ueberlegung beruht; denn es ist ein entlehnter Geist und deshalb denkt sie nach und überlegt, da ihr eigener Geist mangelhaft ist, der wahre Geist aber sie vollendet. Wie Vater und Sohn sind beide; der Vater zieht den Sohn gross und gibt ihm Vollendung, der Geist aber ist es, der die Seele vollendet, er ist es ja, der sie zeugte. Wir behaupten, dass das Individuum der Seele nur in dem Geiste sei, die Vernunft aber, die in dem Geist ist, nur dem Geist, nicht aber dem in's Auge fallenden Dinge angehöre. Denn wenn die Seele zu ihrem Wesen zurückkehrt, und auf den Geist blickt, so steht ihr ganzes Thun in Beziehung auf den Geist. Wir dürfen keine ihren Thaten auf die Geistseele beziehn, es sie denn die, welche die Seele in geistiger Weise verrichtet, und das sind ihre wesenhaften, gepriesenen, erhabenen Thaten. Ihre niedrigen, tadelnswerthen Thaten darf man aber nicht auf die Geistseele, sondern man muss sie auf die Thierseele beziehen; denn dies sie die Eindrücke, die dieser Seele, nicht aber der Geistseele zufallen.

La traduction espagnole de L. Rubio (Pseudo-Aristóteles. *Teológia.* Traducción del árabe, introducción y notas : Luciano Rubio, o.s.a., Ediciones Paulinas, Madrid, 1978, p. 197-198) est la suivante :

Por ello es [también] necesario que desde ahí, quiero decir, desde la Inteligencia, desborde sobre el Alma, pues ésta es imagen de la Inteligencia, lo mismo que la palabra externa es palabra de la Inteligencia y toda la acción del Alma sólo se lleva a cabo con ayuda de la Inteligencia y la vida que el Alma desborda sobre las cosas sólo procede, en su totalidad, de la Inteligencia. La Inteligencia y el Alma son del rango del fuego y del calor. En cuanto a la Inteligencia universal es como el fuego y el Alma como el calor difundido desde el fuego sobre otra cosa. Pero, si la Inteligencia y el Alma son del rango del fuego y del calor, el calor sólo fluye del fuego por efusión y sigue su curso hasta que viene a la cosa receptora y se establece en ella. En cambio la Inteligencia se difunde en el Alma sin que de ella fluya ninguna potencia del Alma. Decimos que el Alma es inteligible cuando está en la Inteligencia, pero, aunque es inteligible, su acción de intender no es sin en virtud del pensamiento reflexivo y de la consideración, porque es *inteligencia adcquirida.* A causa de eso piensa reflexivamente y considera, porque su inteligencia es defectuosa mientras que la Inteligencia es perfeccionadora de ella, como el padre y el hijo, pues el padre es el criador y perfeccionador de su hijo. La Inteligencia es, pues, la que perfecciona el Alma porque es la que la engendra. Decimos que el alma individual está sólo en la Inteligencia, y que la palabra existente en la Inteligencia pertenece sólo a la Inteligencia, no a la cosa que cae bajo la vista. La razón es que cuando el alma vuelve a su esencia y mira a la Inteligencia, toda su acción remonta a la Inteligencia. No conviene que atribuyamos ninguna acción al Alma inteligible excepto las acciones que se obran en el Alma en cuanto acción inteligible que son sus acciones esenciales, elogiables, nobles. En cuanto a las acciones viles, vituperables, no conviene atribuirlas al Alma inteligible, sino sólo al alma animal, porque son afecciones o pasiones que ocurre según esta alma, no según el Alma inteligible.

Plotin, V 1[10], 3.6-20	ps.-*Théologie*, VIII, p. 108.17-109.15 Badawī	« Dits du Sage grec », p. 124.5-14 Wakelnig
καίπερ γὰρ οὖσα χρῆμα οἷον ἔδειξεν ὁ λόγος, εἰκών τις ἐστι νοῦ· οἷον λόγος ὁ ἐν προφορᾷ λόγου τοῦ ἐν ψυχῇ, οὕτω τοι καὶ αὐτὴ λόγος νοῦ καὶ ἡ πᾶσα ἐνέργεια καὶ ἣν προΐεται ζωὴν εἰς ἄλλου ὑπόστασιν· οἷον πυρὸς τὸ μὲν ἡ συνοῦσα θερμότης, ἡ δὲ ἣν παρέχει. δεῖ δὲ λαβεῖν ἐκεῖ οὐκ ἐκρέουσαν, ἀλλὰ μένουσαν μὲν τὴν ἐν αὐτῷ, τὴν δὲ ἄλλην ὑφισταμένην. οὖσα οὖν ἀπὸ νοῦ νοερά ἐστι, καὶ ἐν λογισμοῖς ὁ νοῦς αὐτῆς καὶ ἡ τελείωσις ἀπ' αὐτοῦ πάλιν οἷον πατρὸς ἐκθρέψαντος ὃν οὐ τέλειον ὡς πρὸς αὐτὸν ἐγέννησεν. ἥ τε οὖν ὑπόστασις αὐτῇ ἀπὸ νοῦ ὅ τε ἐνεργείᾳ λόγος νοῦ αὐτῇ ὁρωμένου. ὅταν γὰρ ἐνίδῃ εἰς νοῦν, ἔνδοθεν ἔχει καὶ οἰκεῖα ἃ νοεῖ καὶ ἐνεργεῖ. καὶ ταύτας μόνας δεῖ λέγειν ἐνεργείας ψυχῆς, ὅσα νοερῶς καὶ ὅσα οἴκοθεν· τὰ δὲ χείρω ἄλλοθεν καὶ πάθη ψυχῆς τῆς τοιαύτης.	فإنها مثال من العقل وكما أنّ المنطق الظاهر إنّما هو مثال للمنطق الباطن الذي في النفس وكذلك النفس إنّما هي منطق العقل وفعلها كلّه إنّما هو بمعونة العقل والحياة التي تفيضها على الأشياء هي أثر من الآثار للعقل. وفعل العقل بأسره هو النفس والعقل والنفس إنّما هو بمنزلة النار والحرارة؛ أمّا العقل فكالنار وأمّا النفس كالحرارة المنبثّة من النار على شيء آخر، غير أنّه وإن كان العقل والنفس إنّما هو بمنزلة النار والحرارة، فإنّ الحرارة فإنّما تسيل من النار سيلانًا وتسلك سلوكًا إلى أن تأتي الشيء القابل لها فتكون فيه؛ وأمّا العقل فإنه ينبثّ في النفس من غير أن تسيل منه قوةٌ من قواها. فنقول إنّ النفس عقلية إذا صارت من العقل غير أنها وإن كانت عقلية فإنّ عقلها إنّما يكون بالفكرة والروية لأنّه عقل مستفاد فمن أجل ذلك صارت تفكر وتروّى لأنّ عقلها ناقص والعقل هو متمِّم لها كالأب والابن فإنّ الأب هو المربّي لابنه والمتمِّم له. فالعقل هو الذي يتمّم النفس لأنه هو الذي ولدها. ونقول إنّ شخص النفس إنّما هو من العقل والنطق الكائن بالعقل إنّما هو للعقل لا للشيء الواقع تحت البصر. وذلك إنّ النفس إذا رجعت إلى ذاتها ونظرت إلى العقل كان كلُّ فعلها منسوبًا إلى العقل. ولا ينبغي أن نضيف فعلا من الأفاعيل إلى النفس العقلية إلا الأفاعيل التي تفعل في النفس فعلاً عقليًا وهي أفاعيلها الذاتية الممدوحة الشريفة. وأمّا الأفاعيل الدونية المذمومة فلا ينبغي أن تُنسب إلى النفس العقلية بل إنّما تُنسب إلى النفس البهيمية لأنها آثار واقعة على هذه النفس، لا على النفس العقلية.	والنفس وإن كانت في الشرف والفضل على الحال التي وصفنا بأنّها تؤثّر في الأجرام الأثار الحسنة وتفيض عليها الفضائل الكريمة، فإنّها مثال للعقل وكما أنّ المنطق الظاهر إنّما هو مثال للمنطق الباطن الذي في النفس وكذلك النفس إنّما هي منطق العقل وفعلها كلّه إنّما هو بمعونة العقل والحياة التي تفيضها على الأشياء إنّما هي أثر من الآثار للعقل. وفعل العقل بأسره هو النفس، والعقل والنفس إنّما هو بمنزلة النار والحرارة أمّا العقل فكالنار وأمّا النفس فكالحرارة المنبثّة من النار على شيء آخر، غير أنّه وإن كان العقل والنفس إنّما هو بمنزلة النار والحرارة، فإنّ الحرارة إنّما تسيل من النار سيلانًا وتسلك سلوكًا إلى أن تأتي الشيء القابل لها فتكون فيه فأمّا العقل فإنّه ينبثّ في النفس من غير أن يسيل منه قوة من قواه.

فإنّها مثال من العقل وكما أنّ المنطق الظاهر إنّما هو مثال للمنطق الباطن الذي في النفس وكذلك النفس إنّما هي منطق العقل، وفعلها كلّه إنّما هو بمعونة العقل والحياة التي تفيضها على الأشياء إنّما هي أثر من الآثار للعقل .وفعل العقل بأسره هو النفس، والعقل والنفس إنّما هما بمنزلة النار والحرارة أمّا العقل فكالنار وأمّا النفس فكالحرارة المنبثّة من النار على شيء آخر، غير أنّه وإن كان العقل والنفس إنّما هما بمنزلة النار والحرارة، فإنّ الحرارة إنّما تسيل من النار سيلاناً وتسلك سلوكاً إلى أن تأتى الشيء القابل لها فتكون فيه؛ وأمّا العقل فإنّه ينبثّ في النفس من غير أن تسيل منه قوةٌ من قواه .ونقول إنّ النفس عقلية إذا صارت من العقل غير أنّها وإن كانت عقلية فإنّ عقلها لن يكون إلا بالفكرة والروية لأنّه عقل مستفاد، فمن أجل ذلك صارت تفكر وتروّى لأنّ عقلها ناقص .والعقل هو متمّم لها كالأب والابن فإنّ الأب هو المربّي لابنه والمتمم له .فالعقل هو الذي يتمّم النفس لأنّه هو الذي ولدها .ونقول إنّ شخص النفس إنّما هو من العقل والنطق الكائن بالعقل إنّما هو للعقل لا للشيء الواقع تحت البصر .وذلك إنّ النفس إذا رجعت إلى ذاتها ونظرت إلى العقل كان كلُّ فعلها منسوباً إلى العقل .وينبغي أن لا نضيف فعلا من الأفاعيل إلى النفس العقلية إلا الأفاعيل التي تفعل النفس فعلاً عقليًا وهي أفاعيلها الذاتية الممدوحة الشريفة .وأمّا الأفاعيل الدنية المذمومة فلا ينبغي أن تُنسب إلى النفس العقلية بل إنّما تُنسب إلى النفس البهيمية لأنّها آثار وأقعة على هذه النفس، لا على النفس العقلية.

---

1 من العقل L: لِلعقل M من الفعل العقل SW من الفعل للعقل F من العقل للعقل BT من العقل إلي لعقل H || **2** بمعونة SFBWTBa : بمعرفة LHDi || **1-2** مثال² – هي M : om. SLHFBWT || كما SLHFBWT : وكما M || إنما : nos إنّما هما SLHFBWT : om. M || هو النفس SLHFBWT : من العقل M || **3** وفعل – أثر om. BT hom. || **4** وأما النفس MSW : أما – والحرارة || **3-5** DiBa هما LHBT إنما MSFW هو LHF || الكلي add. post العقل SFWT || الحرارة LH كالحرارة M: فكالحرارة F || النفس LH والنفس || **5** تأتى add. post إلى LHBT || **6** تسيل – في om. F || **7** إنّما هما nos: إنما هو MSFW إنما LHBT هما DiBa || **8** والعقل SW: فالعقل LHFBT || لا أنه FBT لأنه SWLH: || إلا om. SW : LHFBT || إنما SW : لن LHFBT || **10** للعقل LHFBT : العقل SW || **11** لا وينبغي أن SLHFBWT : ولا ينبغي أن DiBa || **12** النفس² LHFBT : في الناس SW || **13** الدنية المذمومة SLHFW : iter. (ligne 12) التي – الممدحة BT || إنما SFW : om. LHBT.

ROTRAUD HANSBERGER

THE ARABIC *PARVA NATURALIA*

The text that purports to be the Arabic translation of Aristotle's *Parva Naturalia* does not address, let alone answer, many of the questions most pertinent to the field of noetics and epistemology. This is perhaps not too surprising, given that the *Parva Naturalia* treat of phenomena "common to soul and body" (*De sensu*, 436b1-3): while these include things like sense-perception, memory, or dreams, which do fall within the domain of epistemology (besides others that do not), they certainly do not comprise all significant epistemological topics: thinking, intellect, and intellectual knowledge do not answer this description and hence are not treated in the *Parva Naturalia*.

As it happens, the *Kitāb al-Ḥiss wa-l-maḥsūs* is not so much a translation of Aristotle's *Parva Naturalia* as a rather liberal adaptation. It was probably produced in the early IXth century A.D. and exhibits some affinities to the Greek-Arabic translations-*cum*-adaptations that came out of the circle of al-Kindī [1]. The *Kitāb al-Ḥiss wa-l-maḥsūs* makes only limited use of (moreover) rather fragmentary passages of the Aristotelian text, adding instead much of its own material, which goes back to (so far not specifiable) Greek sources belonging to the Neo-Platonic and the medical tradition [2]. However, the *Kitāb al-Ḥiss wa-l-maḥsūs* does not present us with a fully-fledged, coherent and complete epistemological theory.

1. *Cf.* R. Hansberger, *The Transmission of Aristotle's* Parva Naturalia *in Arabic*, unpublished D.Phil. thesis, Oxford, 2007, p. 212-220. For the circle of al-Kindī, see e.g. G. Endress, "The Circle of al-Kindī", *in* G. Endress and R. Kruk (eds.), *The Ancient Tradition in Christian and Islamic Hellenism: Studies on the Transmission of Greek Philosophy and Science*, dedicated to H.J. Drossaart Lulofs on his ninetieth birthday, Leiden, Brill, 1997, p. 43-76.

2. See R. Hansberger, *The Transmission*, *op. cit.*, p. 17 *sq.* ; *id.*, "*Kitāb al-Ḥiss wa-l-maḥsūs* : Aristotle's *Parva Naturalia* in Arabic Guise", *in* C. Grellard and P.-M. Morel (eds.), *Les Parva naturalia d'Aristote et leur fortune antique et médiévale*, Paris, Publications de la Sorbonne, 2010, p. 143-162, spec. p. 144-150.

Nevertheless the *Kitāb al-Ḥiss wa-l-maḥsūs* has to be regarded as an important source for the history of epistemology within Arabic and Islamic philosophy. Of interest in this respect is first and foremost its theory of the three "spiritual faculties", *i.e.* imagination (or formative faculty), thought and memory, which plays a major part both in its discussion of memory and recollection and of divinatory dreams – the latter being a topic that takes, as it were, central stage in the *Kitāb al-Ḥiss wa-l-maḥsūs* [1]. This theory is not Aristotelian but belongs to the added material in the *Kitāb al-Ḥiss wa-l-maḥsūs.* Judging from its overwhelming presence in the relevant parts of the text, it was particularly close to the heart of the adaptor (or adaptors) [2]. However, even in respect of these three faculties, the *Kitāb al-Ḥiss wa-l-maḥsūs* does not provide an entirely consistent, complete or systematic account. This is in line with the general character of the text, which not only lacks clear structure, but tends moreover to be repetitive, confused, and at times incoherent or even contradictory. On the whole, this seems to be due to its genesis as an adaptation that probably developed in several stages, and that was based on various textual sources (even apart from the Aristotelian text itself) which could not easily be made consistent with each other – in addition to the adaptor's own philosophical views, which he also brought to bear on the text [3]. By the look of it, the *Kitāb al-Ḥiss wa-l-maḥsūs* furthermore never underwent a final redaction which might have cleared up some of its inconsistencies. It must also be mentioned in this context, though, that the text is at present available in one acephalous and rather late manuscript only (ms. 1752, Raza Library, Rampur, probably XVIIth century A.D.) [4]. This makes it difficult to determine to which

1. In this respect, the Arabic adaptation differs flagrantly from the Greek *Parva Naturalia.* See R. Hansberger, "How Aristotle Came to Believe in God-given Dreams: The Arabic Version of *De divinatione per somnum*", *in* L. Marlow (ed.), *Dreaming across Boundaries. The Interpretation of Dreams in Islamic Lands*, Cambridge (Mass.)/London, Ilex Foundation/Center for Hellenic Studies/Harvard UP, 2008, p. 50-77; S. Pines, "The Arabic Recension of *Parva Naturalia* and the Philosophical Doctrine concerning Veridical Dreams according to *al-Risāla al-Manāmiyya* and Other Sources", *Israel Oriental Studies* 4, 1974, p. 104-153.

2. The text of the *Kitāb al-Ḥiss wa-l-maḥsūs* in its present form is probably the result of several stages of adaptation, which cannot, however, always be neatly distinguished from each other. One stage appears to have been particularly important, especially where *Maqāla* 2 is concerned: the stage at which the theory of the "three faculties" is introduced, which also encompasses a theory of divinatory dreams. I refer to the person(s?) responsible for this stage of adaptation as the (main) adaptor, even if it cannot be said with certainty whether we are looking at one or several persons.

3. There is evidence in the text that the adaptor was not merely compiling excerpts from different sources, but actively shaped the text, according to his specific interests. This can be seen in passages where he joins Aristotelian and "additional" material together. See R. Hansberger, "*Kitāb al-Ḥiss wa-l-maḥsūs*", art. cit., p. 151-158; *id.*, *The Transmission*, *op. cit.*, p. 154-178.

4 See I.A. 'Arshi, *Catalogue of the Arabic Manuscripts in Raza Library, Rampur*, vol. 4, Rampur, Raza Library Trust, 1971, p. 534 *sq.* I will refer to passages of the *Kitāb al-Ḥiss wa-l-maḥsūs* using the foliation of the manuscript, which will also be given in my forthcoming edition of the text.

extent the textual transmission may have influenced the present state of the text.

Despite the difficulties which the *Kitāb al-Ḥiss wa-l-maḥsūs* poses to its readers, the text, and in particular its theory of the three spiritual faculties, turned out to be very influential within Arabic and Islamic philosophy [1]. The epistemological ideas we can glean from the *Kitāb al-Ḥiss wa-l-maḥsūs* therefore command interest not only in their own right, but also because they seem to have become a profound inspiration for several philosophers (including e.g. Ibn Sīnā, al-Fārābī and Ibn Bājja), in particular with regard to theories of prophecy and divination.

The *Kitāb al-Ḥiss wa-l-maḥsūs* comprises three *maqāla*s, but in the present context we shall only be concerned with one of them, *Maqāla* 2. This *maqāla*, which makes up about half of the text surviving in ms. Rampur 1752, is divided into two parts and covers the equivalents to the Aristotelian treatises *De memoria et reminiscentia* (in its first part) and *De somno et vigilia*, *De insomniis*, and *De divinatione per somnum* (in its second part, entitled *Bāb al-Nawm wa-l-yaqaẓa*). The first *maqāla*, of which only the last few pages remain, corresponds to *De sensu et sensato*, the third and last one to *De longitudine et brevitate vitae*. The latter deals with topics wholly unrelated to epistemology, and thus need not concern us here. The first *maqāla*, however, is a different case. As its topic is sense-perception, it could justifiably be expected to be included in an account of the epistemological theory of the *Kitāb al-Ḥiss wa-l-maḥsūs*. The reason why it is not included here is that only very little of it survives in the Rampur manuscript. The pages that do survive are furthermore dominated by what appear to be excerpts from an Arabic version of Plotinus' *Ennead* IV. 6 [2]. While this is, of course, itself a result of the adaptation process, it is unclear how these passages would have fitted into the rest of the *maqāla*, and what relation, if any, they bear to the adaptor's main theory that we find in the second *maqāla* [3].

This theory of the "three faculties" will constitute the main focus of this article. As has been mentioned before, it is a feature of the adaptation, and enters the text quite independently from Aristotle's thoughts and ideas. In fact,

1. For influence of its theory of divinatory dreams see R. Hansberger, "How Aristotle Came to Believe in God-given Dreams", art. cit., p. 64-75; see further C. Di Martino, "Les *Parva Naturalia* dans la tradition arabe", *in* R. Goulet (ed.), *Dictionnaire des philosophes antiques*, suppl. vol. I, Paris, CNRS Éditions, 2003, p. 260-263.

2. These constitute so far unknown parts of the Arabic Plotinus. See R. Hansberger, "Plotinus Arabus Rides again", *Arabic Sciences and Philosophy* 21, 2011, p. 57-84, and *id.*, *The Transmission*, *op. cit.*, p. 190-211.

3. See R. Hansberger, *The Transmission*, *op. cit.*, p. 206-211. Ibn Rushd's *Talkhīṣ Kitāb al-Ḥiss wa-l-maḥsūs* (ed. H. Blumberg, Cambridge [Mass.], The Mediaeval Academy of America, 1972) is probably the best testimony to *Maqāla* 1 we have at present. While it gives a good indication of the probable contents of *Maqāla* 1, it is generally not close enough to the *Kitāb al-Ḥiss wa-l-maḥsūs* to enable us to establish the text of *Maqāla* 1 with any certainty.

Aristotle's text, or what survives of it in the adaptation, is stripped of much of its original philosophical message, rendering it compatible with the aims and tenets of the "three faculty theory" [1] promoted by the (main) adaptor. Nevertheless, it is not the adaptor's own original invention, but is rooted in other Greek or Graeco-Arabic sources [2]. Its backbone is the late antique medico-philosophical theory of the "post-sensatory" faculties (imagination, thought, and memory) that are situated in the ventricles of the brain [3]. In the *Kitāb al-Ḥiss wa-l-maḥsūs* it is found combined with aspects of a Neo-Platonising cosmological-metaphysical theory. However, it is also possible to discern the adaptor's own contribution in the text [4]. Two aspects of the theory that can be related to the adaptor's intervention more directly are the notion of a strict dichotomy between corporeality and spirituality on the one hand, and a predilection for hierarchical organisation on the other, this hierarchy again depending on degrees of spirituality *versus* corporeality. While it remains unclear, for the time being, in what form or combination the medical and Neo-Platonic material was presented to the adaptor in his sources, he did shape the theory by bringing these two elements to bear on his source material.

Maqāla 2 is not a short text [5], and, given its "patchwork" character, does contain elements that cannot be regarded as integral parts of the adaptor's preferred theory and that may not be compatible with it. While the following account focuses on this theory as the one that is overall promoted by the text, I have tried to include such elements where possible, and to point to some of the loose ends of the theory. Despite the prevalence of the adaptor's theory in *Maqāla* 2, even a summarising account of the epistemological contribution of

1. There are passages, especially in the first part of *Maqāla* 2, where the theory is not as prominent, and where the remnants of the Aristotelian text are slightly more substantial. However, the only theory that emerges clearly and recognisably from the text as a whole, and especially to a reader unaware of Aristotle's Greek text, is the adaptor's theory of the three faculties.

2. Despite this overall "Greek" character, the adaptation is very likely to have been produced in Arabic rather than in Greek prior to the translation; see R. Hansberger, *The Transmission*, *op. cit.*, p. 131-135. The latter scenario was suggested by S. Pines, "The Arabic Recension of *Parva Naturalia*", art. cit.; *cf.* also H. Daiber, "Salient Trends of the Arabic Aristotle", *in* G. Endress and R. Kruk (eds.), *Ancient Tradition*, *op. cit.*, p. 29-41.

3. For this theory and its development see e.g. E.R. Harvey, *The Inward Wits. Psychological Theory in the Middle Ages and the Renaissance*, London, The Warburg Institute, 1975; R.E. Hall, "Intellect, Soul and Body in Ibn Sīnā : Systematic Synthesis and Development of the Aristotelian, Neoplatonic and Galenic Theories", *in* J. McGinnis (ed.), *Interpreting Avicenna : Science and Philosophy in Medieval Islam*, Leiden/Boston, Brill, 2004, p. 62-86; G. Strohmaier, "Avicennas Lehre von den 'inneren Sinnen' und ihre Voraussetzungen bei Galen", in *Von Demokrit bis Dante*, Hildesheim, Olms, 1996, p. 330-341; H.A. Wolfson, "The Internal Senses in Latin, Arabic, and Hebrew Philosophic Texts", *Harvard Theological Review* 28, 1935, p. 69-133. The term "post-sensatory faculties" is used by Wolfson.

4. *Cf.* R. Hansberger, "*Kitāb al-Ḥiss wa-l-maḥsūs*", art. cit., p. 151-158 ; *id.*, *The Transmission*, *op. cit.*, p. 158-168.

5. It comprises 38 of the extant 48 folios of the text.

the *Kitāb al-Ḥiss wa-l-maḥsūs* should not create the impression that the text offers a straightforward and consistent theory.

SOUL AND ITS FACULTIES

The nature of the soul is not explicitly discussed in the *Kitāb al-Ḥiss wa-l-maḥsūs*, and we do not find anything like a definition of soul in the text, even though soul, and in particular the human soul, is a constant presence in *Maqāla* 2 [1]. Moreover, the pointers offered by the text do not indicate the presence of a clear and consistent underlying concept of soul: a result, it seems, of the adaptor's use and combination of various sources – Aristotelian, Galenic, Platonising or Neo-Platonising – that will have approached the concept of soul in different ways. Some of these sources may themselves have already combined aspects of several psychological doctrines [2].

The text contains no explicit statement to the effect that soul is a substance separate from body, or that it uses the body as a whole as its instrument (even though the sense organs are described as instruments of the soul's perceptive faculty) [3]; but neither do we find a reference to the soul as form or entelechy of the body. Generally, the text shows a dualistic tendency which emphatically separates the realm of the corporeal from that of the intellectual and spiritual, but this does not necessarily translate into a distinction between soul and body. Occasionally employing the Aristotelian terminology of "vegetative" (*nabātiyya*) soul, "bestial" (*bahīmiyya*), *i.e.* "animal" soul, and "rational" (literally, "language-using", "logical": *nuṭqiyya* / *nāṭiqa* / *manṭiqiyya*) soul, the adaptor makes it quite clear that he does not consider the vegetative and the bestial soul to be on the "spiritual", incorporeal side of the divide. Having close ties with the body, they are instead associated with the realm of the corporeal; only the higher faculties of soul are classified as "spiritual". It is, obviously, not *being soul* that makes the difference. In establishing his dichotomy of spirituality *versus* corporeality, the adaptor of the *Kitāb al-Ḥiss wa-l-maḥsūs* is not interested in the difference between material body and life-giving soul; what he is concerned with is the line which separates human beings from animals, and which is identified with the boundary between the cosmic realms of the corporeal on the one hand and the incorporeal, spiritual and intellectual on

1. This is equally the case in the surviving pages of *Maqāla* 1.

2. Such a mixed approach is followed e.g. by Nemesius of Emesa in his *De natura hominis* (*cf.* the Introduction in R.W. Sharples and P.J. Van der Eijk, *Nemesius on the Nature of Man*, Liverpool, Liverpool UP, 2008, p. 7 *sq.*).

3. See e.g. fol. 27a.

the other – since to partake in both of these realms is the privilege of human beings alone [1].

Drawing this line presents the adaptor of the *Kitāb al-Ḥiss wa-l-maḥsūs* with certain difficulties. It is not just a matter of distinguishing between bestial and rational soul, of singling out man's capacity to think rationally. Even apart from the question how rational thinking may take concrete shape in the human mind and which faculties may have to be involved in that process [2] – a question which the *Kitāb al-Ḥiss wa-l-maḥsūs* only touches upon in passing (fol. 11b, 12a) – this becomes an issue of concern for *Maqāla* 2 as it discusses a further way in which human beings are given access to the "higher world": divinatory dreams. The activity of dreaming, however, falls into the domain of the "bestial" soul and will have been dealt with as such in at least some of the adaptor's sources. Being associated with sense-perception, Aristotle considered it to be shared at least by some animals [3]. Turning to the "Galenic" element in the adaptor's theory, the faculties involved in dreaming are the "post-sensatory" faculties – also called "spiritual faculties" in the *Kitāb al-Ḥiss wa-l-maḥsūs* – of imagination, thought and memory, which not only are closely associated with sense-perception, but also have a seat in the body, namely the brain ventricles [4]. Even though the *Kitāb al-Ḥiss wa-l-maḥsūs* omits to mention the notion of the – material – "animal spirit" on which these faculties are said to depend in the medical tradition [5], the text does accept that they are tied to the body, citing this as a factor that impedes their ability to perceive in a purely "spiritual" way (fol. 22b [Text 2]).

The adaptor of the *Kitāb al-Ḥiss wa-l-maḥsūs* would in all likelihood have been familiar with the idea that these three faculties mediate between sense-perception and intellection, between body and intellect exactly because they occupy a midway position, being constituted by the finest possible matter, the "animal spirit" or "psychic pneuma" [6]. However, as it emerges from a number

1. This idea is once again topical in Nemesius' *De natura hominis* (see R.W. Sharples and P.J. Van der Eijk, *Nemesius*, *op. cit.*, p. 35-40; *cf.* also E.R. Harvey, *The Inward Wits*, *op. cit.*, p. 2 *sq.*). While it cannot be affirmed with certainty that the adaptor knew Nemesius' *De natura hominis* (which was translated both into Syriac and Arabic), it may well have been among his sources. If not, he will in any case have been acquainted with very similar ideas, through direct or indirect channels of transmission.

2. See e.g. Aristotle's statement in *De memoria* about the necessary involvement of imagination in remembering objects of thought, and in thinking itself (449b30-450a26; cf. *De anima* 432a3-14).

3. Even though Aristotle does not say so explicitly in *De insomniis*, this is clear from his *Historia animalium*, 536b28-32.

4. See *infra*.

5. *Cf.* E.R. Harvey, *The Inward Wits*, *op. cit.*, p. 4-8; R.E. Hall, "Intellect, Soul and Body in Ibn Sīnā", art. cit., p. 74; J. Rocca, *Galen on the Brain. Anatomical Knowledge and Physiological Speculation in the Second Century A.D.*, Leiden/Boston, Brill, 2003, e.g. p. 59-66, p. 201 and p. 209.

6. *Cf.* E.R. Harvey, *The Inward Wits*, *op. cit.*, p. 4-8; for the role of the "psychic pneuma" in Nemesius, see R.W. Sharples and P.J. Van der Eijk, *Nemesius*, *op. cit.*, p. 100-102 and p. 117-123.

of crucial passages in the *Kitāb al-Ḥiss wa-l-maḥsūs*, the adaptor likes to think within the framework of a strict hierarchical order built on a clear dichotomy of spirituality *versus* corporeality, within which everything can be assigned unambiguously to one side or the other [1]. This makes it difficult for him to deal with the in-between status of the mental faculties and activities concerned. His difficulties are palpable in some bewildering attempts to exclude animals from partaking in activities associated with the three "spiritual faculties", resulting in rather counterintuitive claims about restrictions which apply to perception in animals [2]. Such claims are not, however, upheld consistently throughout the text and may have been added as an afterthought, perhaps even by later hands [3].

The crucial line between human and animal soul is never explicitly drawn or discussed in the text, and this may well be due to the difficulties the adaptor was facing in this respect. Thus it is conceivable that he did not pursue the classification of the soul into vegetative, bestial, and rational any further because it actually ran counter to his intuition to include the "spiritual faculties" among those highest faculties of soul that are characteristic of human beings alone. In several passages, however, such a division is in fact expressed in terms of a juxtaposition of "soul" (*nafs*) and "nature" (*ṭabīʿa*), where "soul" is apparently meant to denote the specifically human aspects of soul, the principle of intellection and "spiritual" perception [4], whereas "nature" seems to refer to the principle that organises a living body up to and including sense-perception and (possibly) mental activities closely related to sense-perception [5]. But again, there is some ambiguity as to the position which the "three faculties" (formative faculty, faculty of thought, and faculty of memory) and the common sense are meant to occupy within this division, and hence as to whether their activities are considered as those of "soul" or those of "nature" [6]. The difficulty of assigning the faculties to one side or the other may also lie behind the attempt to differentiate between actions that are, as it were, proper to the three faculties and actions they perform when tied to the body and to sense-perception [7].

1. See *infra*; *cf.* R. Hansberger, "*Kitāb al-Ḥiss wa-l-maḥsūs*", art. cit., p. 153-158.

2. *Cf.* fol. 24b-27b.

3. Even if that were the case, it would still have been occasioned by the need to accommodate the adaptation's stance on excluding animals from the spiritual realm.

4. Cf. *infra*.

5. See e.g. fol. 24a-b, 25b, 33b, 34a, 40b [Text 5]. This concept of "nature" is reminiscent of Galen's use of the term φύσις for the sensitive part of the soul (see e.g. *On the Natural Faculties*, trans. A.J. Brock, London/New York, Heinemann/G. P. Putnam's Sons, 1916, p. 2 *sq.*), and might also recall Panaetius' division between "soul" and "nature", even though his actual classification of the individual faculties is different. *Cf.* R.W. Sharples and P.J. Van der Eijk, *Nemesius*, *op. cit.*, p. 9, 127.

6. See fol. 23b-24b, 33b-34a, 40b [Text 5], 45b, 47a.

7. See fol. 23b-24a [Text 3]; 28b-29b. Cf. *infra*.

The *Kitāb al-Ḥiss wa-l-maḥsūs* does not offer a detailed account of the structure of the soul or the full scheme of its faculties. The only faculties mentioned in the text are those that are directly relevant for the topics at hand: the five external senses [1], the common sense faculty (*al-ḥiss al-mushtarak*), and further the "three faculties" or "spiritual faculties" (*al-quwā al-rūḥāniyya*): imagination or formative faculty (*al-muṣawwir*), thought (*al-fikr*), and memory/recollection (*al-dhikr*) [2]. The common sense faculty takes up a somewhat peculiar position. Importantly, it is not conceived of as identical with, or part of the formative faculty, as it would have been the case in at least parts of the previous tradition [3]. It is closely associated with the three faculties, but nevertheless does not seem to be counted, on a par with them, as "spiritual" – although there are again some ambiguities in this respect [4]. The "three faculties" are located in the ventricles of the brain: the formative faculty in the front, the faculty of thought in the middle, and the faculty of memory in the rear ventricle [5]. Again, the position of the common sense is not defined in exact terms: its location is said to be near the formative faculty, but is not further

1. The individual senses and their relation to the common sense faculty are discussed in passing (fol. 31b-32b; cf. *De somno* 455a4-455b2) ; that they were discussed in more detail in *Maqāla* 1 is suggested by the testimony of Ibn Rushd's *Talkhīṣ Kitāb al-Ḥiss wa-l-maḥsūs, op. cit.*, p. 3-35.

2. The terminology varies within *Maqāla* 2 of the *Kitāb al-Ḥiss wa-l-maḥsūs*. Occasionally, we find *taṣawwur* instead of *muṣawwir*; *al-quwwa al-mufakkira*, *al-quwwa al-fikriyya*, and *al-mufakkir* instead of *al-fikr* ; *al-quwwa al-dhikriyya*, *al-quwwa al-mudhakkira* and *al-mudhakkir* for *al-dhikr*; the terms *quwwat al-ḥifẓ* and *al-ḥāfiẓ* also occur (once each), emphasising the preserving aspect of memory. The presence of cognates of *ḥafiẓa* in the text generally goes back to Aristotle's distinction between the preserving and the recollecting aspect of memory (see *De memoria* 449 b4-8) which the Aristotelian passages of *Maqāla* 2 reflect in the use of cognates of *ḥafiẓa* and *dhakara*/*tadhakkara* respectively. – The terminology in the extant parts of *Maqāla* 1 is slightly different, probably due to the different source material used in these passages (a translation of Plotinus' *Ennead* IV.6). In view of later developments it is interesting to note, however, that we there find the term *wahm* used for what is roughly equivalent to the formative faculty in *Maqāla* 2; *cf.* R. Hansberger, *The Transmission, op. cit.*, p. 43-45, p. 98, p. 227 *sq.* The use of *wahm* as equivalent to *taṣawwur* is also mentioned by al-Kindī in a discussion of the term; see G. Endress and P. Adamson, "Abū Yūsuf al-Kindī", *in* U. Rudolph (ed.), *Philosophie in der islamischen Welt, Bd. I : 8.-10. Jahrhundert*, Basel, Schwabe, 2012, p. 110.

3. *Cf.* e.g. R.W. Sharples and P.J. Van der Eijk, *Nemesius, op. cit.*, p. 100-103, n. 496. This is important to note as it implies a discontinuity not only with possible predecessors of the doctrine but also with some of its successors: in Ibn Sīnā's psychology, which was arguably inspired by the *Kitāb al-Ḥiss wa-l-maḥsūs*, the common sense faculty is elevated to the status of an "internal sense" and equated with *banṭāsiyā* (see *al-Shifā'. Avicenna's De anima, being the Psychological Part of Kitāb al-Shifā'*, ed. by F. Rahman, London, OUP, 1959, p. 44). *Cf.* R. Hansberger, *The Transmission, op. cit.*, p. 221-223.

4. Cf. *infra*.

5. Significantly, the text speaks of the "highest, middle, and lowest" ventricle (fol. 34a, Text 4) – another point at which the adaptor's predilection for a "top-down" hierarchy comes to the fore. *Cf.* R. Hansberger, *The Transmission, op. cit.*, p. 165-167.

specified (fol. 34a-b [Text 4]) [1]. The separation of the common sense faculty from the "spiritual faculties" is not surprising within the context of the adaptor's theory, given its close association with the corporeal world and the fact that it can hardly be denied to exist in animals – although the *Kitāb al-Ḥiss wa-l-maḥsūs* even seems to contain an attempt at arguing exactly that [2]. But even if that extreme position is not the main line taken by the text, there are nevertheless several passages where the involvement of the common sense with the activities of the three spiritual faculties seems to exceed its license as a faculty that is inferior to the spiritual realm [3].

Spirit and spirituality

As will have transpired already, "spirituality" (*rūḥāniyya*) is a key concept in the adaptor's theory. At the same time, it remains vague and, moreover, appears to denote various things in different parts of the text [4]. There are no explicit statements as to the nature of spirit. The noun "spirit" (*rūḥ*) in any relevant sense is in fact only found three times in *Maqāla* 2, in the context of a passage that reflects Aristotelian text, as "vital spirit" and "vegetative spirit" (fol. 37a, cf. *De somno* 456a6-8) [5]. However, the terms "spiritual" and "spirituality" are applied liberally throughout *Maqāla* 2, referring generally to the abovementioned faculties of the soul, or to the objects with which they are concerned, the "spiritual forms" [6]. The material character evoked by the medical concept of "spirit" is generally ignored [7]. On the contrary, "spirituality" is set in clear contrast to "corporeality" and thus, it appears, equated with immateriality. The adaptor can be seen to work actively towards establishing this dualistic division in his text [8], branding corporeality as impure, polluted, crude, and lowly, spirituality as pure, subtle, and noble. The main

1. The assignment of specific ventricles to the faculties is post-Galenic, but found e.g. in Nemesius (R.W. Sharples and P.J. Van der Eijk, *Nemesius*, *op. cit.*, p. 101, p. 118 and p. 121), *cf.* G. Strohmaier, "Avicennas Lehre", art. cit., p. 337-338; J. Rocca, *Galen on the Brain*, *op. cit.*, p. 245-247.

2. See fol. 25a-26a.

3. Cf. *infra*.

4. *Cf.* R. Hansberger, *The Transmission*, *op. cit.*, p. 154-158.

5. In one instance, *rūḥ* directly translates Greek πνεῦμα. Aristotle is speaking of the heart as the origin of respiration. In translating "vital spirit" (*rūḥ al-ḥayāt*) the translation is, therefore, somewhat misguided.

6. See *infra*.

7. With the possible exception of one passage, where the crude "material corporeality" of the world is contrasted with the "corporeality and materiality of the heavens" (fol. 22b [Text 2]). However, the latter is not directly associated with spirituality but with an intermediate state "between spirituality and corporeality" (see *infra*).

8. *Cf.* R. Hansberger, "*Kitāb al-Ḥiss wa-l-maḥsūs*", art. cit., p. 151-158; *id.*, *The Transmission*, *op. cit.*, p. 154-158.

purpose of this exercise is linked both to his interest in divinatory dreams, and to his endeavour to determine the boundaries of the human soul. Thus the capacity to receive divinatory dreams is presented as one of the distinguishing features of the human soul. Divinatory dreams, which are "perceptions of future events", are perceived by the "spiritual faculties" in an act of "inner (*min dākhil*) perception" [1] that occurs during sleep. This the faculties can only do if they are united with each other, which is possible during sleep. In all these aspects divinatory dreams belong to the spiritual realm – in contrast to "external perception" that occurs during waking, informs about things present, and ties human beings to the material world. In a feat of systematisation, the adaptor establishes a dichotomy, into which he fits a number of pairs of opposites that are connected with the issue [2]:

spirituality	corporeality
purity	pollution
sleep	waking
rest	motion
potentiality	actuality
union of faculties	separation of faculties
internal perception	external perception
perception of future	perception of present

One of the results of this dichotomy, which also makes for a very characteristic feature of the *Kitāb al-Ḥiss wa-l-maḥsūs* (and the *Bāb al-Nawm* specifically), is that it elevates sleep over waking, rest over motion, potentiality over actuality. It thereby causes certain difficulties for the adaptor, in particular in so far as he has to accommodate the fact that sleep is found in animals, not just in humans [3].

1. With the development of this notion of "inner perception", the *Kitāb al-Hiss wa-l-maḥsūs* made a significant contribution to the development of the concept of the "internal senses" (*cf.* R. Hansberger, *The Transmission, op. cit.*, p. 221-240). The term "inner senses" itself (*al-ḥawāss al-bāṭina*) does in fact appear in the text (*Maqāla* 1, fol. 7b; *Maqāla* 2 [*Bāb al-Nawm*], fol. 28b, 29a, 31b, 47b); however, all these cases are likely to be later "improvements", as I have argued in R. Hansberger, *The Transmission, op. cit.*, p. 168-178.

2. See R. Hansberger, "*Kitāb al-Ḥiss wa-l-maḥsūs*", art. cit., p. 154-157 for how the adaptor develops this dichotomy out of the Aristotelian text. *Cf.* R. Hansberger, *The Transmission, op. cit.*, p. 158-165.

3. This is what seems to be behind several discussions about the relation between sleep and perception, and the difference between human and animal perception that we find in the text (e.g. fol. 24b-27b).

This strict dichotomy is not, however, upheld throughout the text. In particular it is not clear whether, or how, the adaptor wants to distinguish between the "spiritual" and the "intellectual". In some passages, the spiritual, while set against the corporeal on one side, is also distinguished from the intellectual on the other side, thus representing an intermediate realm bridging the gap between the two (cf. *infra*). This does not sit well with the emphasis on a strict dichotomy that the adaptor advocates more generally [1]. The divergence may be a result of the "patchwork" character of the *Kitāb al-Ḥiss wa-l-maḥsūs*: it is possible that the adaptor found the triad corporeal - spiritual - intellectual in some of his sources, and did not quite manage to marry it to his own preferred strictly dualistic dichotomy. It is also true, however, that the question of intellect and rational thinking remains generally underdetermined and vague in the *Kitāb al-Ḥiss wa-l-maḥsūs*. It may yet be the case that the adaptor took a distinction between the spiritual and the intellectual realm for granted, and that he, too, intended "spirituality" to signify the specifically human realm of transition between the material and the immaterial, intellectual world. But in order to mark its distinction in contrast to the corporeal realm, he describes the spiritual in terms that render it the extreme opposite of the corporeal, thus elevating it to a level that has all the hallmarks of the intellectual. There is, therefore, no room left to distinguish the intellectual from the spiritual in those same terms.

Intellect

This is all the more significant as the concept of intellect itself remains particularly elusive within the work. In part this may be due to the fact that the operations of intellect are not as such the topic of the *Kitāb al-Ḥiss wa-l-maḥsūs* (nor of the *Parva Naturalia*, for that matter); in part, however, it may once again be attributable to the adaptor's use of different sources, resulting in the co-existence of statements about intellect that may not be consistent with each other.

The most striking and prominent feature of intellect (*ʿaql*) in the *Kitāb al-Ḥiss wa-l-maḥsūs* is its characterisation as seat and source of intelligibles (*maʿqūlāt*), and as source of *maʿānī* [2] and spiritual forms, the realm of the pure

1. In fact, and ironically, the adaptor's insistence on this dichotomy means he must posit yet a further intermediary level *between* corporeality and spirituality (fol. 22b [Text 2]). *Cf.* R. Hansberger, *The Transmission*, *op. cit.*, p. 156-157. A further, perhaps related problem is that the adaptor at times wants to allow for *degrees* of spirituality (cf. *infra*, n. 2, p. 59).

2. I deliberately leave the term *maʿnā* untranslated. As we will see below, it is not easy to determine what the term stands for in the *Kitāb al-Ḥiss wa-l-maḥsūs*. To use the translations that have been commonly adopted for *maʿnā* in related contexts (and especially in the context of Ibn Sīnā), like *intention* or, more recently, *connotational attribute*, would not only be anachronistic and prejudge the issue, but would in fact probably be misapplied. While it is clear that there is a

and incorruptible set against the impure and corruptible realm of the senses and soul (in so far as the latter is associated with the perceptible world). Intellect does not appear as a faculty of the soul, or as identical with the "rational soul". The only context in which it figures prominently is the theory of divinatory dreams; and it is here that the *Kitāb al-Ḥiss wa-l-maḥsūs* subscribes explicitly to the notion of a cosmic intellect that takes up its position between the Creator God and the created, material world, mediating the act of creation itself [1] as well as veridical dreams that God intends to send to human beings in order to reveal the future to them (fol. 41a, 42a [Texts 6 and 8]) [2]. The "universal intellect (*al-ʿaql al-kullī*)" (fol. 41a [Text 6]) is thus presented as the wellspring and source of knowledge, which it is able to impart to human souls or their faculties. In the case of divinatory dreams, it is spiritual forms that are imparted from the intellect to the dreamer (fol. 42a, b [Text 9]), and *maʿānī* that "flow" (*yasīḥu*) from the intellect upon the dream interpreter (fol. 30a, 39a, 43a [Text 9], 45a) [3]. Moreover, the text also mentions intelligibles as the origin of veridical dreams (fol. 41a [Text 6]).

The exact addressee(s) of the intellect's imparting of this knowledge are not identified consistently throughout the text. In one passage, it is "the soul and each one of its faculties" (fol. 42a [Text 8]) that are said to be receiving such revelations, presumably meaning the three spiritual faculties as well as the common sense faculty. However, in another passage the common sense, strangely enough, appears to be the principal faculty to receive the revelation from the intellect, as it is assigned the task of conveying the revealed "spiritual words" (*kalimāt rūḥāniyya*) to the formative faculty and to the faculty of memory (*dhikr*) (fol. 42b [Text 9]). In yet another passage it is the formative faculty that apparently receives the spiritual form from the intellect (fol. 46a). In case of the interpreter, who receives a revelation of *maʿānī* rather than spiritual forms [4], the text hedges the issue entirely: the intellect "flows upon the interpreter" [5]. In similarly general terms the intellect is elsewhere said to pass information to the "rational soul" and the "bestial soul" (fol. 29b) [6]. Throughout most of the text, therefore, intellect is thought of as external to

relation between the concept of *maʿnā* in our text and that in Ibn Sīnā, the two concepts are nevertheless not the same.

1. This is how I interpret the text. It may also be possible to read it to mean that the universal intellect is responsible for the revelation of dreams only, not also for the material forms of the creation. *Cf.* R. Hansberger, *The Transmission*, *op. cit.*, n. 1 p. 147.

2. Significantly, the adaptor's system does not include a hypostasis of soul.

3. Cf. *infra*.

4. Cf. *infra*.

5. E.g. fol. 43a [Text 9].

6. The text is slightly problematic, but it is probably meant to say that the intellect informs the rational soul, which in turn informs the bestial soul.

the soul and its faculties [1], and no faculty within the human soul is specified as an "intellectual faculty" that would have privileged access to that intellect.

The notion of intellect as a faculty of the human soul, at work in the activity of human intellectual thought, is nevertheless not entirely absent from the text. Thus we find the activity of the intellect juxtaposed to that of sense-perception; in keeping with the general tenor of the work it is said that the intellect perceives the subtle (*laṭīf*) things as opposed to the senses which perceive sensually perceptible and obvious (*ẓāhir*) things (fol. 13a). Furthermore, the intellect that is the source of revelation is given – albeit rarely – the epithets "universal" (*kullī*) (fol. 41a [Text 6]) and "substantial" (*jawharī*) (fol. 11a) as opposed to the "acquired intellect" (*al-ʿaql al-muktasab*) (fol. 11a, 41a [Text 6]). These characterisations are, however, neither frequent nor elaborated upon anywhere in the text, and could have been added later for the purpose of clarification, perhaps not even by the (main) adaptor himself. Further passages where *ʿaql* is used as referring to the human activity of intellection in fact represent "Aristotelian" text, *ʿaql* being used to translate ἐπιστήμη and νοεῖν (fol. 10b, 11a) [2]. It is therefore possible to account for the presence of this concept of *ʿaql* in the *Kitāb al-Ḥiss wa-l-maḥsūs* with reference to the *Parva Naturalia* alone. It is not any further pursued by the adaptor, and it is not the adaptor's own.

While the textual evidence offered by the *Kitāb al-Ḥiss wa-l-maḥsūs* is not sufficient for positively establishing the adaptor's concept of intellect, it is certain that he was faced with different notions of intellect and intellection in his sources: remnants of an Aristotelian concept of intellect which he would have found in the Arabic translation of the *Parva Naturalia* available to him [3]; a Plotinian concept of the intellect as a hypostasis; and a "Galenic" concept locating the operations of intellect in the faculty of thought or cogitation. In addition, such notions may not have been spelt out in the passages he consulted for his present purpose, but might have been merely implicit. The fact that intellect and intellection were not his foremost concern will have allowed the adaptor to remain non-committal in this respect.

1. *Cf.* also fol. 16a [Text 1], where it is said that the three faculties "will not be polluted through the intellect and the soul".

2. Cf. *De memoria* 449b18-9, 31.

3. It is likely that the (main) adaptor was not identical with the person who translated (parts of?) Aristotle's *Parva Naturalia* into Arabic, but that he utilised a pre-existing translation. See R. Hansberger, *The Transmission*, *op. cit.*, p. 130-135 and p. 186-189.

THE "SPIRITUAL FACULTIES" AND THEIR FUNCTIONS

From perception to ma'nā

The mental processes discussed in *Maqāla* 2 are connected with memory and recollection on the one hand and with dreaming on the other, in keeping with the themes of the Aristotelian treatises that *Maqāla* 2 represents: *De memoria* and the three treatises concerning sleep and dreams: *De somno*, *De insomniis*, and *De divinatione*. The terms in which these processes are described, however, are not Aristotelian – it is the adaptor's theory of the "three faculties" that dominates the text [1]. His theory is characterised by a rather abstract approach, within which the different features of the mental activities as phenomena remain entirely in the background. The activities of all four relevant faculties (common sense, formative faculty, faculty of thought, faculty of memory) are described in the same somewhat general terms: they consist in "receiving" (*qabila*) forms, in "passing them on" (*addā*) to other faculties, "storing" them (*ḥafiẓa*), and "making them present" (*aḥḍara*) again. Differences between them are marked first and foremost by the faculties' respective rank within the hierarchy, and, connected to that, by their respective objects. This becomes particularly clear in Text 1, taken from the first part of *Maqāla* 2 (the equivalent to *De memoria*). Here the theory of the faculties and their functioning is formulated in terms of a hierarchy of spirituality *versus* corporeality. The faculties are ordered hierarchically according to their proximity to or distance from the corporeal object of perception: the common sense faculty at the bottom, followed by the formative faculty, the faculty of thought, and finally by the faculty of memory and recollection. Underlying this is the idea that by being passed on from one faculty to the other, the perceptual form undergoes a process of purification, in which it is progressively stripped of its corporeal aspects, its "shells" (*qushūr*), up to the point where its pure, incorporeal core, its *ma'nā*, can be isolated from its form (*ṣūra*). While the order of the faculties, with memory at the top, will have followed the way in which the mental faculties were assigned to the brain ventricles in late antique medical sources [2], the text suggests as explanation that the faculty of memory, whose sole function it is to store *ma'ānī*, will not come into contact with anything else, while the faculty of thought is supposed to discern (*mayyaza*) between spiritual form (*ṣūra rūḥāniyya*) and *ma'nā*, and to coordinate the

1. Other strands are present in the text, in particular concerning memory and recollection. However, they do not carry much weight within the overall adaptation, and appear to be subordinate to the three-faculty theory and of secondary importance.

2. See *supra* n. 5, p. 52. The idea that forms are being passed on from one ventricle to another is probably also rooted in medical theory, which had the "animal spirit" flowing through the brain ventricles, from one to the other. It is present also in Nemesius' *De natura hominis*, see R.W. Sharples and P.J. Van der Eijk, *Nemesius*, *op. cit.*, p. 121.

process that makes both of them present again when recollection occurs [1]. The hierarchy is further underpinned by the rather puzzling claim that the faculties themselves differ from each other by having a more or less spiritual substance. While this may have been motivated by the ancient idea that "like is known by like" (an idea that the adaptor seems, on the whole, sympathetic towards), it does look like a case of *Systemzwang* which here got the better of the adaptor [2]. It is noteworthy that this suggestion is not present anywhere else in the text.

Up to the level of the formative faculty it is not difficult to see what the process is supposed to describe, *i.e.* perception and the "storing" of perceptions in memory, so as to preserve them in the absence of the original perceptible object. It is also comprehensible why the latter stage should be seen as less "corporeal", since it takes place without any (in the widest sense) physical contact with the perceptible object. At the level of the faculties of thought and of memory and recollection, however, things become less straightforward. The faculty of thought, so we are told, separates the spiritual form from its *maʿnā*, which is then stored in the faculty of memory and recollection. However, what *maʿnā* really is remains indeterminate. Not much is said about it explicitly other than that it is free from corporeality, the incorporeal "core" of a perceptible, and that it is the proper object of recollection: we will recollect the *maʿnā* of a thing while at the same time restoring the respective "spiritual form" preserved in the formative faculty (fol. 16a [Text 1]). If *ṣūra* stands for the, as it were, "visual", imaginative aspect of memory, its counterpart, *maʿnā*, is obviously supposed to represent a more purely cognitive aspect of memory or recollection [3]. In thus suggesting that there are two different faculties and two different objects of memory and recollection, the *Kitāb al-Ḥiss wa-l-maḥsūs* reflects the Plotinian position that memory of sense-perception is different from memory of thoughts [4]. At the same time, it also wants to represent the idea, found already in Aristotle's *De memoria*, that recollection is different from remembering, and that it is the more intellectually demanding act of the two (*De memoria* 449b4-8) [5]. In keeping with the adaptor's schematic approach, this means that the act of recollection must be performed by a "higher" faculty, and must have a different, and more "intellectual"

1. This action of the faculty is also described as "composing", *allafa/taʾlīf* (e.g. fol. 20a).

2. It is unclear how any aspect of materiality should enter the soul's faculties, when their link to the body is provided only by their being located in the brain. This is another instance where the adaptor is trying to map the middle ground between (perfect) spirituality and corporeality, by introducing degrees of spirituality.

3. The connection of *maʿnā* with thinking is suggested also by a passage of "Aristotelian" text, where it translates νόημα (fol. 14b; *De memoria* 451a1).

4. See *Ennead* IV.3.29; 30. Of course, our text does not reach the same result as it represents *ṣūra* and *maʿnā* as belonging together and being derived from the same sense-perception, and as together constituting the complete memory of the original sense-perception.

5. This thought is pursued in a slightly different context in other passages of *Maqāla* 2, see e.g. fol. 17b-18b.

(or: spiritual?) object than that of memory: *maʿnā* as opposed to *ṣūra*. The two distinctions are thus made to fall into one. The concept of *maʿnā*, meanwhile, remains vague and blurred. While supposed to represent something abstract that can only be thought, not imagined, *maʿnā* nevertheless does not denote a general concept gained through abstraction from (multiple) sense-perception. It remains a particular [1], tied to the particular sense-perception from which it has been "extracted" in the first place. Recollecting a *maʿnā* happens in conjunction with the remembering of the appropriate *ṣūra*, resulting in the complete recollection of the original perception [2]. The *Kitāb al-Ḥiss wa-l-maḥṣūs* fails to explain, though, how it wants us to envisage a particular that is cleared of all corporeal aspects [3]. In cleansing it of all its corporeal aspects, the adaptor moves *maʿnā* into the proximity of the abstract, universal concept. However, *maʿnā* remains much more intimately linked to the particular thing that forms the object of sensory experience. This must be so not only because the *Kitāb al-Ḥiss wa-l-maḥṣūs* restricts memory and recollection to past (sensory) experiences (fol. 10a-b) [4]. That it has to be a particular is also made apparent in the second part of *Maqāla* 2 (*Bāb al-Nawm*) where the text introduces its theory of divinatory dreams, in which the same faculties, and the same forms and *maʿānī* are involved.

Divinatory dreams [5]: maʿnā *and form*

Not being part of the body, the spiritual faculties are not affected by sleep and do not rest during sleep [6]. In the absence of any external perceptions they are free to perform their functions on their own initiative. By bringing former perceptions stored in the formative faculty to the awareness of the sleeper's soul, they produce dreams; by arbitrarily assigning them *maʿānī*, they moreover suggest that these dreams have meaningful interpretations, so that the dreamer may think he has had a veridical dream even when this is not actually

1. That is, the content of the thought remains a particular. That my present thought (whether of a general concept or a particular thing) is a particular mental event is not what is at issue here.

2. The text hereby reflects the Aristotelian contention that remembering (and thinking) cannot happen without the participation of imagination. Cf. *supra* n. 2, p. 50.

3. For the general problem of knowledge of particulars that is looming in the background, *cf.* P. Adamson, "On Knowledge of Particulars", *Proceedings of the Aristotelian Society* 105/3, 2005, p. 273-294.

4. Cf. *De memoria* 449b9-16 ; 10b-11a, cf. *De memoria* 449b22-25 ; 11b-12b, cf. *De memoria* 450a19-21.

5. For a more comprehensive account of the theory of divinatory dreams in the *Kitāb al-Ḥiss wa-l-maḥsūs*, see R. Hansberger, "How Aristotle Came to Believe in God-given Dreams", art. cit.

6. In some passages – fol. 41a [Text 6], 42b [Text 9] –, the common sense is included among the faculties that are involved in bringing about dreams. This of course creates inconsistencies if the *Kitāb al-Ḥiss wa-l-maḥṣūs* wants to uphold Aristotle's claim that the "perceptual part" is exactly what is affected by sleep (*cf.* e.g. *De somno* 454b9-14).

the case [1]. But while there are, according to the *Kitāb al-Ḥiss wa-l-maḥsūs*, such cases of "vain dreams", divinatory dreams predicting future events equally fall within the domain of the three faculties [2]. This function, which is also termed "inner perception" [3], can only be fulfilled when the faculties "unite" and thus place themselves at the disposal of the rational, as opposed to the bestial, soul [4]. Naturally, this class of dreams cannot come about from previous perceptions, if what they portray is something the dreamer, by default, could not yet have perceived. The "spiritual form" that constitutes a divinatory dream is instead the result of a revelation whose ultimate cause is God, but which more directly comes from the "universal intellect" (fol. 41a [Text 6]). This is possible because God has created the forms of anything and everything that will ever exist in the world within this universal intellect, and hence it can convey these forms to human souls before the corresponding material form (*i.e.* the actual event) comes into existence in the sensible world (fol. 42a [Text 8]). In this way the text strives to make divinatory dreams plausible within the framework of philosophical psychology, while maintaining God as their ultimate cause and author, in accordance with the requirements of scriptural monotheism. Included in this providential set-up is also the phenomenon of dream interpretation: just as the intellect reveals a spiritual form - the dream - to the dreamer, it can also reveal its interpretation - its *maʿnā* -, either to the dreamer himself, or to another person (*i.e.* the dream interpreter) (fol. 42b-43a [Text 9]). The actual "material" event in the future, the spiritual form of the dream, and the relevant *maʿnā* revealed to the interpreter are all inextricably linked by virtue of going back to one and the same "intellectual form" existent in the universal intellect (fol. 42a-42b [Text 9]). The description of the forms as being, as it were, stacked "inside" each other (fol. 42b [Text 9]) evokes again the image of "shells" and "core" [5]. Confusingly, this may seem to suggest that *maʿnā* is identical with the "intellectual form" [6]. However, the text never refers to a *maʿnā* as being "in" the universal intellect, or as being "intellectual" or "intelligible", nor does it say explicitly that the intellectual form is "inside" the spiritual form, although that seems to be implied (fol. 42b [Text 9]). Given the

1. See fol. 40b [Text 5].

2. Other types of veridical dreams, e.g. dreams revealing events (past or present) the dreamer has not witnessed, are not excluded (see fol. 28b-30a). However, the adaptor concentrates on dreams about future events. This is at least partly due to his preference for a strict and orderly system: it is one of the indications of the superiority of the realm of spiritual as opposed to that of sensory perception that the latter perceives what is present, the former what is in the future (see fol. 22a). *Cf.* R. Hansberger, "*Kitāb al-Ḥiss wa-l-maḥsūs*", art. cit., p. 154-157; *id.*, *The Transmission*, *op. cit.*, p. 158-163.

3. Cf. *supra*.

4. See e.g. fol. 23b-24a [Text 3]; 28b-29b. *Cf.* R. Hansberger, *The Transmission*, *op. cit.*, p. 163-171.

5. *Cf.* also fol. 29a.

6. This once again touches on the question of intellectual knowledge of particulars : is this "intellectual form" supposed to be a particular ?

adaptor's approach it seems unlikely that he would allow the universal intellect and some of the soul's faculties to share one and the same identical object. And in fact, it would seem that he avoids this by speaking of *ma'ānī* as being conveyed to the interpreter as "spiritual words", which he then has to transform into "corporeal words" in order to communicate the dream interpretation to the dreamer (fols. 42b-43a [Text 9]; 41b [Text 7]). Through the analogy between spiritual words and spiritual forms, and the intimation implicit in the term "corporeal words" that words, as based on sound, also have a material and sensory foundation, the text thus clarifies that a *ma'nā* as revealed to the interpreter is distinguishable from its source and counterpart in the universal intellect. However, there is a catch: in one passage, the text actually speaks not of "spiritual words", but of "spiritual, *intellectual* words" (fol. 41b [Text 7]). This not only once again demonstrates the (near-)identy, in the adaptor's mind, of the spiritual and the intellectual; in the present context it may suggest a closer proximity of *ma'nā* to the "intellectual form" than the term "spiritual word" on its own would do.

THE CONCEPT OF *MA'NĀ*

What, then, is *ma'nā* really? Is it identical with the "spiritual word"? If so, the analogy to the spiritual forms might suggest that *ma'nā* is related to the corporeal realm in the same way and to the same extent as the spiritual forms. According to the passage examined above [Text 1], it would therefore have to be counted among the "shells" rather than being identified as the "core". This raises problems. How would the epithet "intellectual" fit within this scenario? And what about the distinction that places *ma'nā* on a different, higher level in comparison with the spiritual form, as the text emphasises time and again? Could this distinction be carried by the mere difference between "form" and "word" alone? There is, of course, an important difference that springs to mind in this context: the spiritual form of a dream will have a "visual" quality and, like other things subject to the imagination, will ultimately remain private to the subject, whereas *ma'ānī*, like thoughts and concepts, can be communicated through language and are inter-subjectively valid. This difference may well be captured by the distinction between "form" and "word". However, here we encounter a further problem: verbal communication works because there is supposed to be a well-defined relation between a word and what it signifies. Put in terms of Arabic logic [1], this would be the relation between *lafẓ* (articulation, expression) and *ma'nā*.

1. *Cf.* G. Endress, "Grammatik und Logik. Arabische Philologie und griechische Philosophie im Widerstreit", *in* B. Mojsisch (ed.), *Sprachphilosophie in Antike und Mittelalter*, Amsterdam, Grüner, 1986, p. 163-299 and p. 171 *sq.*

At first, this may lead us to think that *ma'nā* cannot, after all, be meant to be identical with the "spiritual words" mentioned in the *Kitāb al-Ḥiss wa-l-maḥsūs* – *ma'ānī* would have to be what spiritual words signify rather than the spiritual words themselves. In that case, spiritual words would take up a position between corporeal words and *ma'ānī* (meaning that the latter could possibly be seen as identical with the "intellectual form" in the universal intellect). This would indeed suggest that spiritual words relate to "corporeal words" in the same way that spiritual forms relate to corporeal forms. Under this assumption spiritual words would have to be understood as words heard by one's "inner ear", words that one imagines hearing rather than hearing them with one's ears. However, such an interpretation of "spiritual words" (and "spiritual forms") is problematic. For it suggests an unwarranted distinction between the *visual* aspect of imagination and dreaming, and the *aural* or, to be exact, the *verbal* one. But neither imagination nor dreaming can be reduced to their visual aspect, however prominent this aspect may be – and the same applies to the "spiritual forms" in the *Kitāb al-Ḥiss wa-l-maḥsūs*. Dreams can (and will often) include speech – *i.e.* the experience of hearing (or saying) words – as an integral element. As it happens, the *Kitāb al-Ḥiss wa-l-maḥsūs* is in fact interested in dreams that reveal their own interpretation to the dreamer in clear words (fol. 41b-42a) [1], but it is unlikely that the adaptor would have wanted to regard any element of speech occurring within a dream as a) belonging to a different level from the dream itself, and b) in fact referring to its interpretation or *ma'nā* [2]. There will further be implications for how we are to understand the interpreter's act of "translating" the spiritual words into corporeal words (fol. 41b [Text 7]). Could this act of translation really mean nothing more than to pronounce words that are "playing" in the interpreter's mind? It seems to me that it would be a stronger interpretation if this act of "translation" were to involve the verbalisation of thoughts (*i.e.* giving *lafẓ* to *ma'nā*); all the more so as the correct interpretation of a dream could well be phrased in different ways (and in different languages, for that matter).

I suggest therefore that we understand the "corporeal words" as being on a par with *lafẓ*, while "spiritual words" are on a par with *ma'nā*. The point of mentioning "spiritual words" in the *Kitāb al-Ḥiss wa-l-maḥsūs* would then be, not to draw a distinction between the revelation of *ma'ānī* and that of "spiritual forms" (in this respect the expression is rather unhappily chosen), but to mark the distinction between the "corporeal words" in which the interpretation is finally given to the enquirer, *i.e.* the *ma'nā* communicated within the world of sense-perception, and the *ma'nā* as it is revealed to the interpreter: this

1. *Cf.* R. Hansberger, "How Aristotle Came to Believe in God-given Dreams", art. cit., p. 62-64.

2. Unfortunately, the text does not provide actual examples of veridical dreams, with the exception of the "dream of Hiraql" (fol. 41b-42a), which is, however, described in extremely abstract terms (*cf.* R. Hansberger, "How Aristotle Came to Believe in God-given Dreams", art. cit., p. 62-64).

revelation does not come "spelt out", it enters the mind in the form of (as yet not verbalised) thought. In this way it would also be possible to make sense of the twofold description of these words as "spiritual" and "intellectual", without identifying *maʿnā* with the "intellectual form".

This interpretation has the further advantage that it sits well with the account of form and *maʿnā* we have met in the first part of *Maqāla* 2, where it is sufficiently clear that *maʿna* is something that exists "in" the human soul (rather than in a cosmic intellect).

There nevertheless remains a certain tension between the two accounts in the first and the second part of *Maqāla* 2 respectively. In the case of veridical dreams, where no sense-perception is involved, the universal intellect guarantees, as it were, the correct correspondence between all forms and *maʿānī* concerned, as all are directly based on the intellectual form.

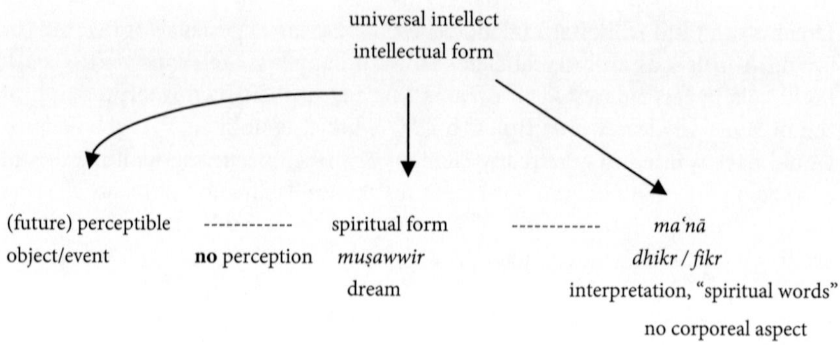

Where perception occurs, on the other hand, the involvement of the universal intellect is restricted to the corporeal forms, the objects and events in the physical world, while the relation of spiritual form and *maʿnā* to the intellectual form is of uncertain character, since they are dependent on sensory perception of the corporeal form.

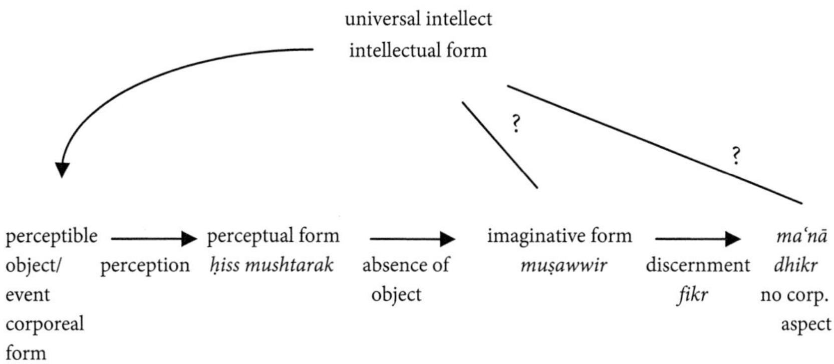

This is, presumably, what is meant when the text speaks of the potential "pollution" of the faculties and their objects, which it links to a failure of the function of the faculties (*i.e.* failure to recollect, in this case) (fol. 16a-b [Text 1]). The text does not spell out how exactly this will affect the *maʿānī*. The *Bāb al-Nawm* also admits the possibility of error when it comes to veridical dreams: we may wrongly believe to be having a prophetic dream-vision (fol. 40b [Text 5]). However, these errors are not blamed on *faulty maʿānī*. The text says that such dreams "do not have a *maʿnā* at all" (fols. 40b [Text 5]; 47b). Such vain dream-visions occur when the three faculties assign a *maʿnā* to a dream that does not have anything to do with it. The *Kitāb al-Ḥiss wa-l-maḥsūs* does differentiate between "noble" *maʿānī* revealed by the intellect and those going back to sense-perception (fol. 30a). But it does not say that the latter are not true *maʿānī*. So perhaps it is supposed that we either perform the abstraction process properly, so as to reach the *maʿnā* of a certain perception, or we do not; in which case we will not have a wrong or faulty *maʿnā* for that perception, but none at all [1].

The questions surrounding the concept of *maʿnā* do not arise by accident, they are not merely the result of a lack of clarity in the *Kitāb al-Ḥiss wa-l-maḥsūs*, or of an incomplete exposition of the theory concerned. In a way they are the expression of certain difficulties that are linked to the way in which metaphysics and epistemology overlap at this point in the adaptor's theory. On the one hand, *maʿānī* are introduced as products of the human mind, as results of a process with which human beings access and apprehend the perceptible world. This seems *prima facie* to imply a subjective aspect. On the other hand, they are supposed to be determined entirely by the universal intellect, to have an existence that is independent of the individual human

1. *Cf.* R. Hansberger, *The Transmission*, *op. cit.*, p. 89 *sq.*

mind [1], and hence seem to have an objective character: the *maʿnā* of a thing will be the same for each and every person. While there may be many spiritual forms, there will be only one *maʿnā*. In this respect, *maʿānī* are analogous to universal intelligibles. However, they are not the same thing. As both the cases of recollection and of dream interpretation demonstrate, a *maʿnā* remains a particular and tied to a particular perceptible thing or event – in contrast to universal intelligibles. The tension between this crucial difference on the one hand, and the simultaneously (if tacitly) upheld proximity of *maʿānī* to intelligibles on the other may well have been at the heart of the adaptor's difficulties to distinguish clearly between *maʿānī* and "intellectual forms", and to give a more detailed account of the latter. As it stands, the *Kitāb al-Ḥiss wa-l-maḥsūs* avoids addressing the question in what way all things are "created in the universal intellect"; whether the "intellectual form" is indeed a particular (and if so, how that could be envisaged); how the universal intellect can emanate particular forms and *maʿānī*; and in what manner we are to understand *maʿānī* as particulars but free from any aspect of corporeality.

As mentioned above, there are certain factors that help explain why such questions remain open in the *Kitāb al-Ḥiss wa-l-maḥsūs*. To begin with, the text does not address the topic of intellect as such; but of even greater impact is probably the general character of the adaptation, which not only draws on several different sources, but moreover does not manage to forge them together in such a way as to produce a fully coherent text. While this may partly result from the fact that the text underwent various stages of adaptation, it is rather unlikely that there ever was a stage in which the adaptation would have been free from such inconsistencies [2]. Perhaps, then, one could argue that it is futile or even unjustified to attempt to establish a concept of *maʿnā* (for example) that is valid for both parts of *Maqāla* 2. However, in addition to the fact that there are reasons to assume that both passages in question are part of what I have called the "main" stage of adaptation of the *Kitāb al-Ḥiss wa-l-maḥsūs* [3], the attempt to establish a consistent interpretation is in any case also

1. Even if it can be argued that there are no *maʿānī* to be found outside the human mind, their being will nevertheless always be determined by the universal intellect.

2. *Cf.* R. Hansberger, *The Transmission*, *op. cit.*, p. 130-135, p. 186 *sq.*

3. The main reason for this assumption is that both passages clearly advocate the "three-faculty theory"; the passages from the *Bāb al-Nawm* are in fact crucial for the centrepiece of this theory, the theory of veridical dreams. In the passage quoted from the first part of *Maqāla* 2 [Text 1] by contrast, we find the emphasis on hierarchy and the dichotomy corporeality-spirituality typical for the adaptor. There are some problems, however, since the two passages differ in terminology and are not entirely consistent with each other. One possible explanation for these divergences is that the first passage could have been penned by the adaptor directly, while the material of the excerpts from the *Bāb al-Nawm* are more likely to have been taken over from his sources. See R. Hansberger, *The Transmission*, *op. cit.*, p. 82-85 and *id.*, "*Kitāb al-Ḥiss wa-l-maḥsūs*", art. cit., p. 147-150.

justified in view of the influence the text was to exert on some of its more illustrious readers. What I have presented here is what I think emerges from the pages of the *Kitāb al-Ḥiss wa-l-maḥsūs* as its most prominent theory. It may well have been the obscurities, rough edges and loose ends of this theory that gave the mediaeval readers of the *Kitāb al-Ḥiss wa-l-maḥsūs* most food for thought[1].

1. I would like to thank the editors and Peter Adamson for their comments on the draft version of this paper.

APPENDIX

TEXTS

KITĀB AL-ḤISS WA-L-MAḤSŪS

(MS. RAMPUR 1752)

Text 1

In another approach we shall furthermore say: Do you not know that it is impossible for the *ma'nā* of a thing to come to be before the thing [itself] ?
15b For the form (*ṣūra*) is prior to the *ma'nā* of the form, because the *ma'nā* | is
derived (*mustakhraj*) from the characteristic property (*khāṣṣ*) which is in the form. But if the *ma'nā* is derived from the characteristic property that is in the form, then the form will have to be posited prior to the *ma'nā* of the form. – If this is so, then it will follow necessarily that the formative [faculty] (*al-muṣawwir*) must be closer to the form than whatever is responsible for the *ma'nā*. For the substance of the formative [faculty] is a subtle, spiritual substance (*jawhar laṭīf rūḥānī*): although the sense [faculty] (*al-ḥāss*) is subtle in substance as well, the substance of the formative [faculty] is yet more subtle; whereas the subtle sense [faculty] is within the range of the corporeal substances, I mean the composite (*murakkab*) substances. If this is so, we shall say that the sense [faculty], which is within the range of the composite substances, is most suited to receiving those composite forms; next, the formative [faculty] is more suited to receiving from the sense [faculty] than is [the faculty of] memory (*al-dhikr*), because it is within its range. Then follows the thinking faculty (*al-quwwa al-fikriyya*), which is the discriminating (*al-mumayyiza*) faculty that <distinguishes> the shell (*qishr*) from the core (*lubb*), because nothing comes after the form but discrimination. When the thinking faculty distinguishes the core from the shell, the memorative faculty (*al-quwwa al-dhikriyya*) will then receive the core, which resembles its substance. That core is the *ma'nā* sought after. If someone says: "And why is the memorative
16a [faculty] more suitable to receiving the core ?" we will answer that | there are
five ranks (*marātib*). The first of them is corporeal (*jusmānī*) and sensitive (*ḥāssī*), having many shells: this is the perceptible body (*jirm maḥsūs*). The second rank is [preserved] for the sensing [faculty] (*al-ḥāss*), which purifies that perceptible, so as to cleanse an abundance of pollution (*danas*) and shells from [that rank]. The third rank is the purifying [one] which, picking up from the sensing [faculty], will cleanse the [remaining] small amount of pollution and the subtle shell; this is the formative [faculty]. The fourth rank is [preserved] for the one that discriminates that shell and that core that has been purified by the formative [faculty], so that the pure thing shall be freed from

any turbidity (*kadar*), and so that it shall become clear what that purity is and what that turbidity is: this is [the faculty of] thought (*al-fikr*). The fifth rank is [preserved] for the retaining [faculty] (*al-ḥāfiẓ*) which obtains what the [other] faculties have purified and what the fourth faculty has discriminated. – Thus it has become established clearly and soundly that [the faculty of] retentive memory (*al-ḥifẓ*) must inevitably <be the same as> the memorative [faculty]. It has also become clear that when a man remembers something he has forgotten, [the faculty of] memory will only remember the *ma'nā*, and together with the *ma'nā* the formative [faculty] will make present (*aḥḍara*) to him the image (*ṣanam*) of that *ma'nā*, so that he will remember the *ma'nā* through the form of the thing, mediated by discrimination (*tamyīz*). For [the faculty of] memory can only remember something it has forgotten by means of that discrimination which the thinking faculty has carried out [on it earlier]. If this were not so, and if one of these three [faculties] were incapable of making present what the remaining two have made present, then that would indicate that the origin (*aṣl*) of that one thing that is being made present has been affected, and that it is not pure; and that the affection (*alam*) has befallen it through the sense [faculty] (*al-ḥāss*) and the perceptible only, not through the [faculty of] memory or the soul, because the three faculties will not be polluted through the intellect (*'aql*) and the soul, but rather the sense [faculty] (*al-ḥāss*) may be polluted through the perceptible, the formative [faculty] through the sense [faculty], the thinking faculty through the formative [faculty], and [the faculty of] memory through the [faculty of] thought. But [the faculty of] memory can never be polluted through the soul, | nor can [the faculty of] **16b**
thought [ever] be polluted through the [faculty of] memory, nor is the formative [faculty] polluted through the [faculty of] thought, nor the sense [faculty] through the formative [faculty]. Evidence for what we have said is what we are going to say [now]: Do you not see that the ranks ascend in upward direction ? If their pollution did [come] from above and if they did receive shells and pollution from what was next to them above, we would therefore be forced to [admit to] a most wicked and repulsive account, for it is absurd that one should say that this is so. If it is thus impossible that the faculties receive pollution from each other [by its being passed down] from above, so that inevitably they must receive it from each other [through inclining] downwards, [this means that] they will be dragged downwards. But if they are dragged downwards, so that their pollution and their filth increase, their actions will be corrupted, and nothing of the things they are seeking will be sound for them (fol. 15a, 26-16b, 16).

Text 2

Evidence for what we have said is provided by the person who imagines (*tawahhama*) a city or any other thing, like the one of whom we have said above: when a person uses his three faculties, and unites them | – I mean **22b**
[the faculty of] thought, [the faculty of] memory, and the formative [faculty] –,

in order to imagine a certain thing, he will see it as intermediate (*mutawassiṭ*) between corporeality and spirituality. – If anybody says: "Why does he see that thing between corporeality and spirituality, and does not see it as spiritual – given that he has united his three faculties ?" – we shall say that the faculties are not subsistent in themselves in an absolute sense (*mujarradatan*), but are composed (*murakkaba*) in a body of some kind. But as they are composed in a body of some kind, even though being subsistent in themselves and spiritual, it will not be possible for a man to see or present a thing as absolutely spiritual. For that city which he has imagined is not [something] simple (*mabsūṭ*) [1] either, even if at the time when the man was imagining that city he was in [a state of] simple knowledge; nor did the thinking [faculty] make that thing present as [something] simple when it was thinking [about it]. Since this has turned out to be so, and since the faculties can only make something present in the measure in which the thinking [faculty] can tolerate it, they will then make it present between spirituality and corporeality. They will not imagine this material corporeality [of our world] with its crude shell (*hādhihi al-jusmāniyya al-jirmiyya al-ghalīẓat al-qishr*), but will imagine the corporeality and materiality of the heavens. Then it will be as if the man in question has seen the thing as the most beautiful and most perfect of all (fol. 22a, 25-22b, 22).

Text 3

In this respect we say that the union of the three faculties when making something present is nobler than they are [individually] when they are separated, confined to their specific [activities]; those [faculties] are also united within the rational soul (*al-nafs al-nuṭqiyya*), whereas they are separated within the bestial soul (*al-nafs al-bahīmiyya*). When they come to be separated
24a within the soul, | the bestial soul will begin to fight against the rational soul (*al-nafs al-manṭiqiyya*), in order to unfasten that bond. When the bestial soul is working hard on unfastening the bond, desiring it eagerly, and when the man [concerned] inclines towards the rational soul (*al-nafs al-nāṭiqa*), *i.e.* together with [his aiming at] uniting [his faculties], in order to know the true nature of that union, he will reach the utmost knowledge of pleasure and of perception (*ḥiss*) [2] that exists in potentiality (*bi-l-quwwa*). If someone says: "What is 'man', is he anything apart from the soul and the body (*jasad*), which experiences pleasure, and knows this [kind of] perception (*ḥiss*) that exists in potentiality ?" [3] – we shall say: he is the mediating bond that exists between soul and nature, being also the bond that exists between soul and soul.

1. Emended from *mutawassiṭ*, "intermediate". The reading *mabsūṭ* is preserved in an anonymous commentary inserted into the text in the Rampur manuscript.

2. Originally perhaps : "beauty" (*ḥusn*) ?

3. The Arabic text in fact has "*bi-l-quwā*"; an alternative reading may hence be: "based on [these] faculties".

That bond is spiritual in so far as it belongs to the sphere of the soul, and corporeal in so far as it belongs to the sphere of the nature (fol. 23b, 17-24a, 27).

Text 4

Thus it has been established clearly and soundly that sense-perception originates in that part of the body where movement originates, which is the head. There are three ventricles in the head; one ventricle is [situated] in the middle of the head, one ventricle in its highest part, and one ventricle in its lowest part. The ventricle in the middle of the head is the ventricle of [the faculty of] thought (*al-fikr*), whereas the lowest ventricle is the seat of the formative [faculty] (*al-muṣawwir*), because it is | close to the common sense 34b
(*al-ḥiss al-mushtarak*); for the common sense is the one which obtains the forms, shapes and measures of the perceptibles from the bodies by means of corporeal instruments (*ālāt jirmiyya*). Hence, when the sensing [faculty] (*al-ḥāss*) receives such a form (*ṣūra*) and such shapes and measures, it will receive them between spirituality and corporeality; after that, the formative [faculty] will receive them from it and will form them within it in such a way that spirituality will exceed corporeality in them. The uppermost ventricle is the seat of [the faculty of] memory (*al-dhikr*) (fol. 34a, 20-34b, 10).

Text 5

For when he is asleep (lit. "in the confines of sleep", *fī ḥadd al-nawm*), he will make present that *ma'nā* together with the form (*ṣūra*). Thus the sleeper will see forms of things, and they will be interpreted (*'abbara*) for him by that *ma'nā* which was in [the faculty of] thought; then the person who is having the dream-vision (*ru'yā*) will think that this dream-vision is veridical (*ṣādiqa*), and that the thing he is seeing is a reality; whereas it is entirely vain (*bāṭil*), and does not have any *ma'nā*. This only occurs because of these spiritual faculties (*al-quwā al-rūḥāniyya*) – I mean the formative [faculty], [the faculty of] thought and [the faculty of] memory – as neither movement nor activity of these faculties rests during sleep. For when the nature (*al-ṭabī'a*) rests and retreats into the soul, then the body will rest; and when the body rests the senses will rest, and when the senses rest, the common sense will resort to the formative [faculty], and will look with a spiritual gaze at the forms of things which it has seen in the realm of the corporeal. [Before], it used to look at them when they were corporeal and in motion, whereas [now] it looks at them being at rest and motionless within the formative [faculty], being more perfect and excellent when at rest than when they are moving (fol. 40b, 1-26).

Text 6

As for the sound (*ṣaḥīḥa*), spiritual dream-vision, it is the one which comes about from intelligibles (*ma'qūlāt*) of the universal intellect (*al-'aql al-kullī*), not from intelligibles of the acquired intellect (*al-'aql al-muktasab*), [*i.e.* it comes from intelligibles] which are unknown to the common sense and have not been imagined by the formative [faculty]; the *ma'nā* of which [the faculty of] thought does not know, and which are not deposited in [the faculty of] memory. When these forms appear in (lit. "within the confines of") dream-vision, and when the common sense, the formative [faculty] and all other faculties look at them, they know that the forms coming to them from corporeal objects of perception are something vain (fol. 41a, 5-11).

Text 7

Hence when a man sees [those forms] he perceives them as intellectual forms (*ṣuwar 'aqliyya*), and he hears spiritual, intellectual words (*kalimāt rūḥāniyya 'aqliyya*). Then, at that point, the interpreter (*mu'abbir*) needs to translate those spiritual, intellectual words and those spiritual, intellectual forms into corporeal words (*kalimāt jusmāniyya*) and corporeal forms (*ṣuwar jusmāniyya*) (fol. 41b, 7-14).

Text 8

This true dream-vision, the cause and reason of which is the true Deity, great be His praise, occurs through the mediation of the intellect. For whatever the Deity, great be His praise, wanted to become manifest in this world He gave form to in the intellect in one stroke, and gave form to its forms in this world in one stroke, together with what they imply rationally. The intellect then made [them] manifest to the soul and to each one of its faculties, according to the measure in which the soul decided that [each] faculty should receive [them]; although the Supreme Cause, I mean the Deity, great be His praise, created [them] in this way, when He created the intellect at that time, in order to make manifest what is in it; because the Deity moved it [*i.e.* the intellect] at that time in order to make manifest what is in it (fol. 42a, 2-15).

Text 9

Now if someone says: "[Assuming] a man sees the land of the Franks, the land of the Greeks or Africa in a dream, without ever having seen them with [his] sense[s]. Then perhaps, when he later does see them with [his] sense[s], they will not be as he has seen them in his dream. In that case, one of two alternative explanations must apply: either the form which he has seen in his dream is not like the one which he has seen during (lit. "in the confines of") waking; or it is the same, but the formative [faculty] has committed a mistake"
42b – | we will answer: The formative [faculty] has not been mistaken about the form of this city which he has seen in a dream-vision, <as> it is indeed the one

which he has [later] seen during waking, because every corporeal object of perception has two forms, one spiritual and one corporeal, the spiritual form (*ṣūra rūḥāniyya*) being inside the corporeal form (*ṣūra jusmāniyya*). Just as the corporeal form of the city is an image (*mithāl*) of the spiritual form of the city, which is inside it, thus the spiritual form is an image of the intellectual form (*ṣūra ʿaqliyya*). Hence, if you see a form in a dream-vision in the way I have described, then you will only see your internal form, because the intellect has dressed up its own [*i.e.* the intellectual] form, and has embellished it with spiritual words (*kalimāt rūḥāniyya*), whereupon the common sense conveys those words to the formative [faculty] so that it represents that form. Hence when the common sense sees those words and recognises them as it here recognises corporeal words (*kalimāt jusmāniyya*) and their depiction (*rasm*), it submits them to [the faculty of] memory. When [the dreamer] awakes from his sleep he demands them from [the faculty of] memory, whereupon [the faculty of] memory passes them on, so that he remembers them. At that point he demands [their] *maʿnā* from [the faculty of] thought. If [the faculty of] thought cannot [determine their] *maʿnā*, at that point the man will present them | to **43a** the interpreter. Sometimes the intellect flows (*yasīḥu*) upon the interpreter with [those] spiritual words, then his tongue will pronounce them, while he will see that he is the one who [correctly] interprets that dream-vision. At other times the intellect does not flow upon the interpreter; then he will commit mistakes and will not know what to say or what he should interpret. The intellect only flows upon the interpreter for one of two reasons: either the interpreter is spiritual, so that the intellect flows upon him because of his spirituality. Or it flows upon him because of signs that [shall] become manifest in the world (fol. 42a, 22-43a, 15).

Glossary

ʿabbara: to interpret
addā: to pass on, convey
aḥassa min dākhil: to perceive internally
aḥassa min khārij: to perceive externally
aḥḍara: to make present, bring to mind
āla: instrument, organ
alam: affection
al-ʿaql al-jawharī: substantial intellect
al-ʿaql al-kullī: universal intellect
al-ʿaql al-muktasab: acquired intellect
al-ḥiss al-mushtarak: common sense [faculty]
allafa: to compose
al-nafs al-bahīmiyya: animal soul, bestial soul
al-nafs al-manṭiqiyya: rational soul
al-nafs al-nāṭiqa: rational soul
al-nafs al-nuṭqiyya: rational soul
al-quwā al-rūḥāniyya: spiritual faculties
al-quwwa al-fikriyya: thinking/ cogitative faculty
al-quwwa al-dhikriyya: memorative faculty
al-quwwa al-mumayyiza: discriminating faculty

ʿaql: intellect
ʿaqlī: intellectual
aṣl: root, origin

bāṭil: vain, empty
bi-l-quwwa: potentially

dākhil: internal
danas: pollution, impurity
dhikr: memory, [faculty of] memory

fikr: [faculty of] thought

ghalīẓ: crude

ḥāfiẓ: retaining [faculty]
ḫāṣṣ: characteristic, specific
ḥāssī: sensitive
ḥifẓ: retentive memory
ḥiss: sense-perception, sense

istakhraja: to derive

jasad: body
jawhar: substance
jirm: body
jirmī: corporeal, material
jirmiyya: materiality, corporeality
jism: body
jusmānī: corporeal
jusmāniyya: corporeality

kadar: turbidity
kalima: word
kalima jusmāniyya: corporeal word
kalima rūḥāniyya: spiritual word
kalima rūḥāniyya ʿaqliyya: spiritual, intellectual word

laṭīf: subtle, fine
lubb: core

mabsūṭ: simple
maḥsūs: percebtible, perceived, sensible
maʿnā: "cognitive core", content, meaning
maʿqūl: intelligible
martaba: rank
mayyaza: to discriminate
mithāl: image, likeness
muʿabbir: interpreter
mujarrad: absolute
murakkab: composite
muṣawwir: formative [faculty]
mustakhraj: derived
mutawassiṭ: intermediate

nafs: soul
nawm: sleep

qabila: to receive
qishr: shell
quwwa: faculty, potentiality

rasm: depiction, picture, outline
ruʾyā: dream-vision
ruʾyā bāṭila: vain dream-vision
ruʾyā ṣādiqa: veridical/true dream-vision
ruʾyā ṣaḥīḥa: sound/true dream-vision
rūḥ: spirit
rūḥānī: spiritual
rūḥāniyya: spirituality

ṣādiq: true, veridical
sāḥa: to flow
ṣaḥīḥ: true, sound
ṣanam: image
ṣūra: form
ṣūra ʿaqliyya: intellectual form
ṣūra jusmāniyya: corporeal form
ṣūra rūḥāniyya: spiritual form

ṭabīʿa: nature
tadhakkur: memory,recollection
tamyīz: discrimination
tawahhama: to imagine
tawahhum: imagination

wahm: imagination

yaqaẓa: waking

ẓāhir: obvious

BIBLIOGRAPHY

Primary source

Ms. Rampur 1752, Raza Library, Rampur (U.P.), India.

IMTIYAZ 'ALI 'ARSHI, *Catalogue of the Arabic Manuscripts in Raza Library, Rampur*, vol. 4, Rampur, Raza Library Trust, 1971, p. 534 *sq*.

Edition, Translation, commentary

HANSBERGER, R., *Kitāb al-Ḥiss wa-l-maḥsūs: The Arabic Version of Aristotle's Parva Naturalia*, edition, translation and study of the text preserved in MS Rampur 1752, Leiden, Brill, in preparation.

- *The Transmission of Aristotle's Parva Naturalia in Arabic*, unpublished D. Phil. thesis, Oxford, 2007.

Secondary Sources

DAIBER, H., "Salient Trends of the Arabic Aristotle", *in* G. Endress and R. Kruk (eds.), *The Ancient Tradition in Christian and Islamic Hellenism: Studies on the Transmission of Greek Philosophy and Science, dedicated to H.J. Drossaart Lulofs on his ninetieth birthday*, Leiden, Brill, 1997, p. 29-41.

DI MARTINO, C., "Les *Parva Naturalia* dans la tradition arabe", *in* R. Goulet (ed.), *Dictionnaire des philosophes antiques*, suppl. vol. I, Paris, CNRS Éditions, 2003, p. 260-263.

HANSBERGER, R., "How Aristotle Came to Believe in God-given Dreams: The Arabic Version of *De divinatione per somnum*", *in* L. Marlow (ed.), *Dreaming across Boundaries. The Interpretation of Dreams in Islamic Lands*, Cambridge (Mass.)/London, Ilex Foundation/Center for Hellenic Studies/Harvard UP, 2008, p. 50-77.

- "*Kitāb al-Ḥiss wa-l-maḥsūs*: Aristotle's *Parva Naturalia* in Arabic Guise", *in* C. Grellard and P.-M. Morel (ed.), *Les Parva Naturalia d'Aristote et leur fortune antique et médiévale*, Paris, Publications de la Sorbonne, 2010, p. 143-162.

PINES, S., "The Arabic Recension of *Parva Naturalia* and the Philosophical Doctrine concerning Veridical Dreams according to *al-Risāla al-Manāmiyya* and Other Sources", *Israel Oriental Studies* 4, 1974, p. 104-153.

STEINSCHNEIDER, M., "Die *Parva Naturalia* des Aristoteles bei den Arabern", *Zeitschrift der Deutschen Morgenländischen Gesellschaft* 37, 1883, p. 477-492; *ibid*., 45, 1891, p. 447-453.

DEUXIÈME PARTIE

AL-KINDĪ ET ABŪ BAKR AL-RĀZĪ : LES DÉBUTS DE LA PHILOSOPHIE EN ISLAM

PETER ADAMSON

AL-KINDĪ

Al-Kindī occupies a special place in the history of noetics in the Islamic world. He is the first author to dedicate a philosophical treatise to the nature of the intellect. This work, *Risāla fi l-'aql*, is not as detailed or as fully argued as one might wish. Yet it is the first work in Arabic to set out a four-fold scheme of the types of intellect. It postulates a superhuman intellect and three stages of the human intellect, and in this respect anticipates the accounts found in authors like al-Fārābī and Avicenna. It almost goes without saying that al-Kindī did not invent this kind of classification himself. Rather, his treatise is based closely on the Greek tradition. It has been argued by J. Jolivet that his analysis is especially close to that of John Philoponus, an author who also influenced al-Kindī on other topics such as the eternity of the world and the nature of creation.

In this respect al-Kindī's treatment of the intellect is not unlike his treatment of other philosophical issues. His philosophical mission was to interpret and disseminate the philosophical legacy of the Greeks, and his understanding of the Hellenic tradition is basically that of the late Alexandrian commentary tradition. Thus al-Kindī pays particularly close attention to the *Organon*, implicitly assumes an unproblematic harmony between Aristotle and (Neo-)Platonism, and situates his theory of human intellection within a cosmological scheme that posits a simple first principle that gives rise to a hierarchy of ever-increasing complexity.

He was in a position to promote this philosophical vision because of the translation movement in which he himself played a major part. Graeco-Arabic translations had already begun towards the end of the VIII th century. In the IX th century, support from the 'Abbāsid caliphal family and other patrons facilitated a burst of translation activity. Al-Kindī was well-positioned to assist and be assisted by this activity. Al-Kindī could trace his lineage to a companion of the Prophet, and was a member of an aristocratic family; his lifetime also overlapped with the highpoint of 'Abbāsid support for the translations.

He seems to have risen particularly high under the caliph al-Muʿtaṣim (r. 833-842 AD), given that he served as tutor to the caliph's son and dedicated his most important work, *Fī l-falsafa al-ūlā*, to the caliph himself. He fared less well under the later caliph al-Mutawakkil (r. 847-861 AD): we are told he was beaten and deprived of his library during an intrigue under this caliph. He died sometime after 870 AD.

Along with the circle of Ḥunayn b. Isḥāq, the group of translators who worked collaboratively with al-Kindī was the most important vehicle for transmission of Greek philosophy into Arabic (sometimes by way of Syriac). Al-Kindī was able to draw on these works in his own independent treatises, which dealt with a full range of philosophical themes, from logic, to physics, to ethics, to metaphysics. He often wove together ideas from disparate parts of the Greek tradition, and combined these with distinctively Islamic ideas. His teaching on noetics is no exception. The tradition of Aristotle's *De anima* and its commentators is certainly the main influence on al-Kindī's *Risāla fī l-ʿaql*, but his remarks on noetics are clearly indebted to the Platonic tradition, especially the theory of recollection (tracable to Plato's own *Phaedo* and *Meno*) and the Arabic version of Plotinus. Islamic teaching comes to the fore when al-Kindī comes to consider the special kind of knowledge available to prophets.

The surviving Kindian texts focusing directly on the metaphysics of soul and the nature of intellect are:

Risāla fī l-ʿaql (*On the Intellect*)

Risāla fī annahu jawāhir lā ajsām (*That there are Incorporeal Substances*)

al-Qawl fī l-nafs al-mukhtaṣar min kitāb Arisṭū wa-Falāṭun wa-sāʾir al-falāsifa (*Discourse on the Soul, Abridged from the Book of Aristotle, from Plato, and from the Other Philosophers*)

Kalām fī l-nafs mukhtaṣar wajīz (*Brief Discussion of the Soul*)

Risāla fī sharḥ mā li l-nafs dhikruhu mimmā kāna lahā fī ʿālam al-ʿaql (*Explanation of what the Soul Remembers when it is in the World of the Intellect*).

There are further scattered remarks on soul and intellect throughout al-Kindī's corpus. Particularly important are a discussion of intellect's multiplicity in:

Fī l-falsafa al-ūlā (*On First Philosophy*);

the definitions of soul, intellect and related terms in:

Risāla fī ḥudūd al-ashyāʾ wa-rusūmihā (*On the Definitions and Descriptions of Things*);

and the digression on prophecy in:

Risāla fī kammiyyat kutub Arisṭūṭālīs (*On the Quantity of Aristotle's Books*).

The Human Soul

Al-Kindī's central thesis concerning the human soul is that it is a simple, separate substance (*jawhar*). In *Discourse on the Soul* (AR 273), this substance is said to derive from the substance of the Creator, like a light from a light-source. The thesis of the soul's divinity is ascribed to both Aristotle and Plato in this same doxographical treatise. Along with Pythagoras, these two philosophers form a united front endorsing the soul's simplicity and distinctness from body. That same impression is given by the *Brief Discussion of the Soul*, which raises the question of how soul acts upon, or through, bodies – both terrestrial and celestial [1]. Al-Kindī's position on this question, which he again ascribes to Plato and Aristotle, is that the soul in itself is incorporeal and remains separate from body, but is capable of exercising activities through the body. Indeed the list of his works in the *Fihrist* of Ibn al-Nadīm contains an entry for a treatise entitled *That the Soul is a Simple, Immortal Substance which Exercises an Influence on Bodies*. This is basically a one-sentence summary of al-Kindī's stance on the relation of soul to body.

It is in this light that one needs to understand his views on the soul's faculties: the intellectual soul is really the soul, and the lower soul faculties are mere projections of the soul's activity in the body. In *Discourse on the Soul* the Platonic point that the irascible and appetitive powers are opposed by the intellectual soul is taken to imply that the irascible and appetitive powers are *not* the soul (AR 273). Similarly, in *Brief Discussion of the Soul* both Plato and Aristotle are made to say that the soul makes its activities manifest in the body (AR 281). The doctrine has ethical consequences: as is particularly emphasized in *Discourse on the Soul*, one's goal should be to turn away from bodily concerns to focus exclusively on the activities proper to the intellectual soul. The body seems to serve only as a potential obstacle to intellection, rather than as a useful instrument. The only passage in the Kindian corpus that gives the body an epistemically important role is the beginning of the possibly inauthentic *On Rays* (*De radiis*), preserved only in Latin – this text lays out a rudimentary theory of abstraction.

In the rather different context of *On the Quiddity of Sleep and Dreams*, al-Kindī broadly stays true to this doctrine, even though he is now treating of the soul's imaginative power as described in *De anima* and the *Parva naturalia*. Now, the main division of soul is not the tripartite one of Plato's *Republic*, but the Aristotelian distinction between intellectual and sensitive soul. (It's worth noting that in both this treatise and *Discourse on the Soul*, al-Kindī speaks of "intellectual soul" (*al-nafs al-ʿaqliyya*), not "rational soul" (*al-nafs al-nāṭiqa*), a phrase that is surprisingly unusual in al-Kindī – it does appear in his *On the Definitions and Descriptions of Things*, in his definition of "intellect" [2]).

1. For more on celestial bodies and soul, see p. 86 *infra*.
2. For which see further *infra*.

The imaginative faculty is more closely allied to the sensitive soul, and like sensation is in a bodily organ, namely the brain, not the heart – a rare case where Galen's influence wins out over Aristotle's in al-Kindī's philosophical works. Just as ethical success consists in disdaining the body and its concerns, so success in the use of imagination consists in suppressing sensation. This allows us to engage in thought using "nothing but the soul" (AR 297). This explains the phenomenon of dreams which foretell future events: when the soul is not distracted by sensation it is free to perceive all forms, both sensible and intelligible. The idea that the pure soul can see marvellous dreams is also ascribed to Pythagoras in *Discourse on the Soul* (AR 277).

The human soul itself is apparently such a form. It is unsurprising that al-Kindī would endorse Aristotle's famous identification of the soul as form of the body (it is quoted in the definition of soul in *On Definitions*). More surprising is that, when he draws on Aristotle to prove the soul's status as an incorporeal substance, al-Kindī uses material from the *Categories*. In his epistle *That there are Separate Substances*, he connects the theory of secondary, incorporeal substance from the *Categories* to the definition of soul as form. Al-Kindī claims that soul "is the intellectual form of the living thing, and is its species" (AR 267). He thus goes on to argue for soul's incorporeality on the rather dubious basis that species are incorporeal (dubious because, although Aristotle calls soul a form, he presumably would not consider it to be a species, though we should bear in mind that the Greek *eidos* can mean both "form" and "species").

THE RATIONAL FACULTY

At the outset of *On the Intellect*, al-Kindī again asserts the agreement between Plato and Aristotle on this topic. But like other philosophers of the Islamic world who provide a taxonomy of intellect into types, al-Kindī is drawing principally on Aristotle's *De anima* III.4-5 and the tradition of commentary on those chapters. The treatment of intellect in al-Kindī does not quite match any Greek discussion, though it has been argued to come closest to that of Philoponus, and it is different again from later treatments like the one we find in al-Fārābī. Indeed there is a point of potential terminological confusion here: whereas al-Fārābī uses the phrase "acquired intellect" (*al-ʿaql al-mustafād*, AR 356) for the completely realized human intellect, al-Kindī means by it simply the state of first actuality in which the intellect has grasped an intelligible, which it can now recall at will. He also refers to this condition as a "possession" (*qunya*) the soul can acquire (AR 358).

The acquired intellect is a kind of middle state between the "potential" (*bi-l-quwwa*) and the "actual" (*bi-l-fiʿl*) state of intellect. Al-Kindī makes it clear that these are states of the human soul. Thus he speaks not of "actual intellect" and "potential intellect", but of the soul's being intellective in actuality or potentiality (AR 357). These stages of intellect, then, are simply conditions of the human soul with respect to the intelligible objects (*al-maʿqūlāt*). At the beginning, the soul is in potentiality with regard to all such objects. Once it comes to think about a given intelligible object, it is in actuality with respect to that object. Thereafter it is considered to have "acquired" the object so that it can think about the object at will. Al-Kindī stresses that in the state of actual intellection, the soul is identical with what it thinks: the subject and object of thinking (*ʿāqila wa maʿqūla*) are one and the same (AR 356). He contrasts this complete unity with the more extrinsic relationship a container bears towards its contents.

All of this is, as in Aristotle, compared to sensation: the sensitive faculty *is* the soul, just as the intellective faculty is the soul, and when we grasp a sensible object the soul becomes one and the same as that object (AR 355). This may redeem sensation and make it more central to the functioning of the soul than it seemed to be in works like *Discourse on the Soul.* The treatise *On the Intellect* does give the impression that the sensitive power belongs to the soul itself, rather than being a capacity that soul projects into a body. Nonetheless, al-Kindī retains a rigorous distinction between the sensible and intelligible levels. He characterizes the intelligible objects as "forms with neither matter nor *phantasia*" (AR 356, using a transliteration of the Greek term). The grasping of sensible forms is analogous to thinking about intelligibles, but the former seems to play no role in facilitating the latter.

THE AGENT INTELLECT

This obviously raises the question of how the soul goes about actualizing its potential for intellection. Here again al-Kindī sees a parallel between sensation and intellection. Just as in sensation, the soul must be actualized by an external thing (for instance a visible object in the case of vision), so the soul must be brought to actual intellection by something else. This is what al-Kindī calls the "first intellect" (*al-ʿaql al-awwal*) – note that he does not use the phrase "active" or "agent" intellect, though he does say that it is "always in actuality" (AR 356) and that it is "the cause and first principle" (AR 357) for "secondary" intellects (that is, human intellects) and their objects.

Unfortunately al-Kindī does not give us very much information about this first intellect. Apart from saying that it is the seat of intelligibles, which are identified with universal species (AR 356), he provides almost no indication of its metaphysical status. Of course it almost goes without saying that this will be an immaterial entity, and we are given the strong impression that it is unique – al-Kindī speaks of the first intellect in the singular, and secondary intellects in the plural. From *On the Intellect*, one could easily get the impression that the first intellect is to be identified with God, but it is not described as divine or anything of the sort, so that it could equally be seen as a principle that is superhuman, but below the divine, much like the agent intellect of al-Fārābī and Avicenna.

This would seem indeed to be al-Kindī's position, at least if we are to assume a coherence between *On the Intellect* and *On First Philosophy*. In the latter work, al-Kindī argues explicitly that God is *not* an intellect. Here he draws on the Arabic Plotinus (*Theology of Aristotle*), translated in his circle. He argues separately that God is beyond both soul and intellect (AR 154-155), the two lower hypostases of the Plotinian system. As in Plotinus, this is because God is the True One, and admits of no multiplicity whatsoever, whereas both soul and intellect are in some respect multiple. It is clear that al-Kindī here has in mind the "first intellect" of which he spoke in *On the Intellect*, since he talks not only about the soul's intellection but also about "the intellect in actuality that brings the soul from potentiality to actuality".

Thus the Kindian first intellect can be described as a single principle that is permanently actual, meaning that it is always thinking about all the intelligibles. It is neither human nor divine, but rather lies in between, and serves to actualize humans' capacity for actual intellection. This interpretation receives some slight support from the work *On Definitions* produced in al-Kindī's circle. Its opening entries are "The First Cause", then "Intellect", and then "Nature" and "Soul" – seeming to mirror the Plotinian hierarchy. The definition of "Intellect" fits well with what we have seen thus far: "a simple substance that perceives things in their true natures" (AR 165). However, a second definition given in one manuscript of the work talks of intellect as "the most excellent substance of the rational soul". In general, the term *'aql* can refer either to a capacity of the human soul or the unique "first intellect", but not God.

Intellectual knowledge

From what we have seen so far, al-Kindī's epistemology may seem rather mysterious. We are told that the task for the human soul is to turn away from the things of the body and from sensation, and to achieve actual perception of intelligible objects. That this occurs thanks to the superhuman first intellect is clear. But what triggers the gift of actualization from the first intellect ? Apart from the abstractive passage in *On Rays*, and a claim elsewhere that we know secondary substance through perception of quantity and quality [1], al-Kindī seems to give no role to sensory experience as a method for prompting intellection. It is hard to see, though, why merely *ignoring* the senses would yield intellection.

Al-Kindī's answer to this puzzle remains largely implicit, but a plausible account can be drawn from his writings. Firstly, he places great emphasis on non-empirical knowledge. For him, the paradigm of human knowledge is

1. See *infra*.

mathematics [1], and he extends the axiomatic procedure of mathematics to deal with philosophical problems like the eternity of the world. Indeed, in *On First Philosophy* he explicitly criticizes those who would seek to solve abstract problems by drawing on sense-experience. So it seems likely that for al-Kindī, a primary route to actualization of the intellect lies in the geometrical methods of axiomatic deduction. One begins by positing necessary first principles, which require no demonstration (for instance: "whenever one thing is subtracted from another, the remainder is smaller than that which preceded the subtraction" – a principle invoked in his demonstration of the non-eternity of the world). One then constructs an argument on the basis of these principles. No input from sensation is required.

An obvious problem is that this method will not help with topics in natural philosophy. In fact al-Kindī seems to get quite far with his "geometrical" approach, which he applies to topics as varied as optics and the function of compound drugs [2]. But to really understand the contribution of sense-experience in Kindian epistemology, we need to turn to *On Recollection*. Here, al-Kindī alludes again to the Arabic Plotinus and asks what the soul remembers from the world of the intellect when it is in the sensible world, and vice versa. This is a rather striking question, in that it implies that the soul pre-exists body, something not asserted elsewhere in the corpus. In any case al-Kindī goes on to endorse the Platonist theory of recollection, arguing that sense-experience can prompt us to recover intelligibles that we formerly knew, but have forgotten upon entering the body. Unfortunately this whole theory plays no role in other Kindian works, and one might reasonably doubt whether al-Kindī is committed to it. But it would serve to fill the gap in his epistemology, by making clear how sense-experience can prompt a (re-)unification with the first intellect.

NOETICS AND COSMOLOGY

Unlike al-Fārābī and his heirs, al-Kindī makes no attempt to associate this intellect with any celestial sphere. This is not to say that the celestial world is unimportant for al-Kindī – far from it. In fact he devotes several treatises to the topic, and portrays the heavens as the chief intermediary or instrument for the dispensation of divine providence. Thus, we seem to have two separate systems that will not be fused until the work of al-Fārābī: on the one hand a "world of

1. See G. Endress, "Mathematics and Philosophy in Medieval Islam", *in* J.P. Hogendijk and A.I. Sabra (eds.), *The Enterprise of Science in Islam*, Cambridge (MA), MIT Press, 2003, p. 121-176; D. Gutas, "Geometry and the Rebirth of Philosophy in Arabic with al-Kindi", *in* R. Arnzen and J. Thielmann (eds.), *Words, Texts and Concepts Cruising the Mediterranean Sea: Studies on the Sources, Contents and Influences of Islamic Civilization and Arabic Philosophy and Science*, Leuven, Peeters, 2004, p. 195-209.

2. See P. Adamson, *Al-Kindī*, New York, OUP, 2007, chap. VII.

the intellect" (a phrase al-Kindī takes from the Arabic Plotinus and uses frequently) and, on the other hand, a providentially ordered celestial system of indestructible spheres. (Their indestructibility is proven in a Kindian work showing that the heavens are not made of the four sublunary elements).

But things are not quite so simple. Aristotle had already argued that an immaterial mover must be posited for each motion in the heavens – and posited a distinct sphere for each motion. The visible planets (including the sun and moon), on his view, have motions that result from the combined rotations of several spheres. Further spheres are posited to provide counter-rotations, which prevents the effects from being passed on to lower bodies. This means that several dozen spheres, and immaterial movers, are posited in Aristotle's system. Each mover is, like God, an intellect.

We find nothing this detailed in the Kindian corpus, but he is certainly committed to the idea that the heavenly spheres have a mental life. One of his treatises sets out a philosophical commentary on a Koranic verse that states, "and the stars and the trees prostrate themselves" (55: 5). The heavens "prostrate themselves" in the sense that they are obedient to God's command. They move in such a way as to serve as the instruments of His providence, and their motions show that they are living beings. Al-Kindī thus ascribes psychological capacities to them: from among the five senses, they possess sight and hearing. And from among the three Platonic faculties of soul – here "rational" (*nuṭqī*), irascible and concupiscent – they possess only the rational faculty.

Although al-Kindī makes it clear in this treatise and elsewhere that the heavenly bodies are more noble than humans, he does not go so far as to associate the celestial world with the intelligible world. It seems that for him, as for Plotinus, the "world of the intellect" transcends any connection to bodies. Bringing together the disparate materials surveyed above, it seems that only soul relates to the bodily world. Some souls – those of humans and celestial bodies – are capable of reason and intellection. At least human souls, and perhaps celestial souls as well, become actually intellective (that is, they grasp universals) by receiving a form from the "first intellect". Since this intellect is subject to multiplicity it must be distinguished from God, but as a purely immaterial entity it relates to no body, whether heavenly or terrestrial. It also seems to fulfill a merely epistemological function in the Kindian system: there is no talk of the first intellect emanating forms into matter, creating matter, or performing any other "cosmological" function. Rather, in cosmological contexts al-Kindī treats the ensouled heavenly bodies as the immediate instrument of God. More generally, he insists that each thing is brought to being directly by a creative act of God; so it is not surprising that the first intellect lacks any ontological role.

PROPHECY

Al-Kindī devotes no treatise specifically to the question of prophecy, but he does discuss the issue in the context of some unexpected digressions. The best-known is in *On the Quantity of Aristotle's Books*, a summary of the Aristotelian corpus. He arrives at the topic of prophecy via the *Categories*. He has been explaining that we know all primary and secondary substances through quality and quantity. The knowledge of these substances is "human knowledge", which al-Kindī now contrasts to "divine knowledge" (AR 372). The latter is achieved through purification of the soul [1] and requires a direct illumination from God.

Al-Kindī gives no sign of wishing to "naturalize" prophecy, the way that later philosophers integrate their theory of prophecy into a more general intellective theory. He does, however, assert that the knowledge of the prophets comes to the same results as the knowledge of the philosophers (AR 373). Prophetic knowledge differs not in terms of content, but in that it arises all at once and without arduous study of the curriculum al-Kindī has been explaining in this treatise. To prove the point al-Kindī expounds another Koranic verse having to do with resurrection (36: 78-82), giving a philosophical analysis which is meant to be the same as the Prophetic revelation in its content.

Similarly, in a work on meteorology explaining why the atmosphere is colder at higher altitudes, al-Kindī digresses to contrast philosophical and prophetic knowledge. Rather than conducting an inquiry into "principles" and progressing through an orderly sequence of disciplines, the prophet simply receives revelation "directly" (*fī nafsihi*). Unfortunately, in neither this context nor the digression in *On the Quantity of Aristotle's Books* does al-Kindī explain in detail how this revelation works, which part of the prophet's soul it might involve, or how the images and language of a text like the Koran serve as an expression of intellectual understanding.

ESCHATOLOGY

Although al-Kindī is emphatic that the soul does survive the death of the body, he gives little indication of its fate, at least in his own voice. The most detailed account is the one ascribed to Plato in *Discourse on the Soul*. When the body dies, the soul is freed and begins to travel towards its goal, "behind the celestial sphere in the world of divinity, there where the light of the Creator is" (AR 278). This realm is also called "the world of the intellect", partially confirming the supposition that the intelligible world is a kind of intermediary between God and the physical world – albeit that this treatise makes no

1. See *infra*.

mention of a "first intellect", only of purified souls and the divine light and knowledge they can ultimately reach. To do so, they must stop at each of the planetary spheres in order: the moon, then Mercury, and so on. At each sphere they are "cleansed and purified" (al-Kindī has already cited Pythagoras as saying that the soul is like a rusted mirror which must be cleaned in order to achieve wisdom). Thus the afterlife is an opportunity for the soul to rediscover and enjoy its own home and its own nature: an immaterial substance, which can partake of intellection and something of the light of God Himself.

APPENDIX

Texts [1]

Text 1

The intellect that is always in actuality is what makes the soul intellective in actuality after it intellected in potentiality. It [sc. the intellect that is always in actuality] is not one and the same thing as what thinks it [sc. the soul]. Therefore the intelligible object in the soul and the first intellect are not one thing, with respect to the first intellect. But with respect to the soul, the intellect and the intelligible object are one and the same thing. This [object] in the intellect is simple and is more similar to the soul, and much more powerful than it is in sensible things. Therefore, the intellect is either the cause and first principle for all intelligible objects and secondary intellects; or, second, belonging to the soul potentially, as long as the soul is not intellective in actuality. The third is what belongs to the soul actually; it [the soul] has previously acquired it [the intellect], so that it [the intellect] came to exist for it [the soul]. Whenever it [the soul] wishes, it uses it [the intellect], and displays it because something else exists from it. It is like writing in the writer. For writing prepares the writer and makes it possible for him to write; he has acquired it, and it is firmly established in his soul. Then he actualises it and uses it, whenever he wishes. The fourth is the intellect displayed by the soul, when [the soul] brings it forth: [the intellect] actualizes comes to exist for something other than [the soul] and is caused by it [the soul]. Therefore, the difference between the third and fourth [intellects] is that the third is a possession of the soul, the first acquisition of which lies in the past, and which the soul can actualize whenever it wishes to do so. But the fourth is either, in the first instance, at the time of [the soul's] acquiring it, or secondarily, at the time when [the soul] displays it, when the soul is using it. Therefore, the soul possesses the third, having acquired it previously, and it [the third intellect] exists in it [the soul] whenever it wishes, whereas the fourth is displayed in the soul whenever it is actually displayed (*On the Intellect*, ed. Abū Rīda, 356-358, trans. Adamson/Pormann, § 6-8).

1. These translations are taken from P. Adamson and P.E. Pormann, *The Philosophical Works of al-Kindī* (Karachi, OUP, 2012). My thanks to Peter E. Pormann for his permission to use them here. Section numbers are from this volume, with page references to Abū Rīda's edition.

Text 2

Perception really consists in two things: sense-perception and intellectual perception, because things are either universal or particular. By the universal I mean the genera that belong to species, and the species that belong to individuals. By particulars I mean the individuals that belong to species. Particular individuals are material and are subject to the senses [*i.e.* the senses can perceive them]. By contrast, genera and species are not subject to the senses, and are not perceived through sense-perception, but are rather subject to one of the powers of the complete, that is human, soul, namely [the power] called "human intellect" (*On First Philosophy*, ed. Abū Rīda, 20, trans. Adamson/Pormann, § IV.4).

Text 3

There is an end of thought when it travels along a straight path to intellect, which is the species of things, since the species and what is above it [*i.e.* genera] are intelligible, whereas individuals are sensible. By "individuals" I mean the particularities of things that give those things neither their names nor their definitions. Since then they [sc. the species] are unified with the soul, they are intelligible, and the soul is actually intellective when the species are unified with it. But before the species are unified with it, it is potentially intellective. Now, whatever belongs to something in potentiality is brought into actuality only by something else. This thing that brings something else from potentiality to actuality is itself in actuality. It is the universals themselves which bring the soul from being potentially intellective to being actually intellective (that is, [bring it about that] the species and genera of things, I mean their universals, are unified with the soul). Through their union with the soul, the soul becomes intellective, that is, it comes to have a certain intellect, that is, it has the universals of things. Moreover, since the universals of things are in the soul, they go from potentiality to actuality, and are the acquired intellect of the soul, which [the soul] had in potentiality. They are the intellect in actuality that brings the soul from potentiality to actuality. Since, however, the universals are multiple, as we have said above, the intellect is multiple. One may suppose that it [sc. the intellect] is the first multiple, and that it is unified in some way, since it is a whole, as we have said; and that "one" is said of the whole. But unity in truth is not intellect (*On First Philosophy*, ed. Abū Rīda, 86-87, trans. Adamson/Pormann, § XIX.6).

Text 4

Pythagoras used to say that if the soul, while bound to the body, were to abandon the desires, cleanse itself of stains, and frequently examine and contemplate the knowledge of the true natures of things, it would become clearly polished. A form would be united with it by the light of the Creator, in which the light of the Creator is produced and perfected, because of this polish which it acquires from the cleansing. Then at that time the forms of all things and the knowledge about them appear in it [sc. the soul], just as the forms of the reflections of all sensibles appear in the mirror, when it is polished. This is an analogy for the soul, because when the mirror is rusty, no form of anything is clearly apparent in it at all. If, however, the rust is removed from it, all forms are clearly apparent and visible in it. Likewise when the intellectual soul is rusty and stained, it is extremely ignorant, and the forms of the intelligibles do not appear in it. But when it is purified, cleansed and polished – the soul's "being polished" implies that it is purified of squalor and acquires knowledge – the true form of knowledge about all things appears in it. How well it is polished determines how well it knows the things. The more the soul is polished, the more the knowledge about things appears to it and in it (*Discourse on the Soul*, ed. Abū Rīda, 276, trans. Adamson/Pormann, § IV.1-2).

Text 5

The proof that there are incorporeal substances in the parts of the natural world comes after our first establishing the quiddity of body, namely extension in three dimensions, *i.e.* length, width and depth; and after our knowing the concomitants of substance that distinguish it from other things: that it subsists in itself, has no need for anything else in its stability, is the bearer for the differentia, is identical to itself and unchanging, and is characterised by all the categories. There are, however, [two kinds of characterisations]: univocal characterisations and equivocal characterisations. A univocal characterisation is the characterisation that gives what is characterised both its name and its definition. The equivocal characterisation is one that gives what is characterised neither its name nor its definition. If it does give it [its] name, then it only does so in a derivative fashion, not according to the proper sense of the name, and does not provide any characterisation of it. Once this is known it can be established that incorporeal substances do exist. For, living bodies must have their life in them either essentially, or accidentally and from something else. By what is "essentially in something" I mean what is such that, if it is separated from the thing, the thing is destroyed. Whereas the accidental is what can be separated from that in which it is without the latter being destroyed. If life is in the living thing essentially, then when it is separated from the living thing, the living thing must be destroyed. And indeed we find that when life is separated from living beings then they are destroyed. However the body which we find to be living or non-living is still a body, since, when life is separated from it, its corporeality is not destroyed. Therefore it is clear that life is in body accidentally and from something else. Now, we call the quiddity of life in the body "soul". So we must now examine whether the soul is a substance or an accident; and if it is a substance, whether it is body, or not body (*That There Are Incorporeal Substances*, ed. Abū Rīda, 265-267, trans. Adamson/Pormann, § 2-4).

Text 6

[Intellectual things] have neither a body nor a place, for what is incorporeal needs neither place, nor time, nor an external cause for its actions. When using the body, [the soul] remembers the intellectual things, which have no place, time or sensible causes at all. Therefore it only remembers intellectual things that are bare of these sensible things and of the acts of knowledge about them [sc. the sensibles] which [the soul] brought out. We do not know anything outside ourselves; we only remember within ourselves those things that are left to us from the beginning of our existence, that is to say, the existence of our souls. When we remember something, we call this [process] "learning"; yet people do not realise that they are *remembering*, because they no longer perceive at all the things that were perceived together with the sensible things which they are remembering, such as the time when something happened, or the place where it occurred, or what caused it. We only remember all that we have forgotten since we have used the body either because of the cause through which something is brought about, or because of the place in which something occurs, or because of the time at which something occurs, or because of other sensible things, that is to say, that which exists together with sense-perception or through sense-perception. In the case of whatever exists without any of the things we have [just] set out, we think that when we remember, this is learning and not remembering, because we have no place, no time and no other sensible thing in our memory (*On Recollection*, trans. Adamson/Pormann, § IV.2-4).

Text 7

"Intellect": a simple substance that perceives things in their true natures. "Soul": the perfection of the natural, organic body that receives life. It is said: it is the first perfection for the natural body having life potentially. And it is said: it is an intellectual substance, self-moving by means of a harmonious number. "Imagination": it is *phantasia*, a faculty of soul that perceives sensible forms in the absence of their matter. And it is said: it is *phantasia*, that is, imagination, and is the presence of the forms of sensible things in the absence of their matter. "Sense": a faculty of soul that perceives the form of the sensible with its matter. "Sensation": the soul's perception of forms that have matter, in their matter, in one of five ways. "Sensitive faculty": that which feels the alterations that occurs in each of the things, for example it feels the limbs of the body and what is external to the body. "Sensible": that whose form is perceived together with its matter. "Understanding" (*al-ʿilm*): perception of things in their true natures. "Certainty": immutable understanding, accompanied by a firm judgement through demonstration. "Knowledge" (*al-ma'rifa*): a belief that does not disappear (selections from *On the Definitions and Descriptions of Things*, ed. Abū Rīda, 165-179, trans. Adamson/Pormann, § 2, 4, 21-25, 34, 57, 82).

Text 8

If someone lacks knowledge of quantity and quality, he will lack knowledge of primary and secondary substance. He will have no hope of knowing any of the human sciences which – given that mankind [acquires them only] through study and effort and the methods used in these sciences – are of a lower rank than divine knowledge – [which can be acquired] without study, effort, or human methods, and in no time. [The latter includes] for example the knowledge of the prophets, may God's blessings be upon them. For God, the great and most highly exalted, bestowed upon it [this knowledge] that it be without study, effort, or inquiry, without the methods of mathematics or logic, and without time. Rather, according to His will, great and exalted is He, [one obtains this knowledge] by purifying one's soul and illuminating it with the truth, through His support, guidance, revelation and prophecies. This knowledge is specific to the prophets, may God's blessings be upon them, and not to [the rest of] mankind. It is one of their marvelous unique properties, that is, one of the signs which they bear that distinguish them from the rest of mankind, since there is no path, for anyone other than the prophets, to the momentous knowledge of the true secondary substances, or to knowledge of the primary sensible substances and their accidents, without study and the methods of logic and mathematics, as we have mentioned, and in time. The prophets, may the blessings and grace of God be upon them, [acquire this knowledge] without any of this, but only through the will of the great and exalted who sent them, without time being needed for study or anything else. Therefore men of intellect know for certain that this [knowledge] comes from God, the great and exalted. For it [sc. divine knowledge] does exist, despite mankind's natural inability to obtain such knowledge. For this is above [human] nature and disposition. So they [the men of intellect] surrender to Him with obedience and submission, and with a disposition of character to have faith in what the prophets have handed down, peace be upon them. If one reflects upon the answers given by the prophets to questions about hidden and true topics, which the philosopher aims to answer using his own method, which he has come to know through long practice of inquiry and training, one will find that he [sc. the philosopher] does not provide [an answer] similar to them [the prophets' answers] in brevity, clarity, unerringness, and comprehensiveness (*On the Quantity of Aristotle's Books*, ed. Abū Rīda, 372-373, trans. Adamson/Pormann, § VI.1-4).

Glossary

'aql: intellect, four types recognized in al-Kindī's *On Intellect*
- *al-'aql al-awwal*: first intellect, which is "always in actuality" (*bi-l-fi'l abadan*)
- *al-'aql bi-l-quwwa*: potential intellect
- *al-'aql al-mustafād*: dispositional or acquired intellect; described as *qunya*: possession
- *al-'aql bi-l-fi'l*: actual intellect

fanṭasiya: imagination (also *tawahhum*)

ma'qūl: object of intellection

ma'rifa: knowledge ("a belief that does not disappear"; also *'ilm*)

nafs 'aqliyya: intellectual soul. It is a "divine, spiritual substance" (*jawhar ilāhī rūḥānī*) with two associated lower faculties (*quwan*):
- *ghaḍabiyya*: irascible
- *shahwāniyya*: appetitive

ra'y: belief, as opposed to knowledge (also *ẓann*)

rawiyya: deliberation

Bibliography

ABŪ RĪDA, M. A. H. (ed.), *Rasā'il al-Kindī al-falsafiyya*, 2 vol., Cairo, Dār al-Fikr al-'Arabī, 1950-1953 [Volume one cited as AR].

ADAMSON, P., "Two Early Arabic Doxographies on the Soul: al-Kindī and the 'Theology of Aristotle' ", *The Modern Schoolman* 77, 2000, p. 105-125.

- *Al-Kindī*, New York, OUP, 2007.

- *The Philosophical Works of al-Kindī*, Karachi, OUP, 2012.

— and P. E. PORMANN, "Aristotle's *Categories* and the Soul: An Annotated Translation of al-Kindī's *That There Are Separate Substances*", *in* J. M. Dillon and M. Elkaisy-Friemuth (eds.), *The Afterlife of the Platonic Soul. Reflections of Platonic Psychology in the Monotheistic Religions*, Leiden, Brill, 2009, p. 95-106.

D'ANCONA, C., "La dottrina Neoplatonica dell'anima nella filosofia Islamica: un esempio in al-Kindī", *in* P. Llorante *et al.*, *Actes del Simposi Internacional de Filosofia de l'Edat Mitjana*, Vic, Patronat d'Estudis Osonencs, 1996, p. 91-96.

ENDRESS, G., "Al-Kindī's Theory of Anamnesis. A New Text and Its Implications", *in* A. Sidarus (ed.), *Islão e arabismo na Península Ibérica: Actas do XI Congreso da União Europaeia de Arabistas e Islamólogos*, Évora, Universidade de Évora, 1986, p. 393-402.

- "Al-Kindī über die Wiedererinnerung der Seele", *Oriens* 34, 1994, p. 174-221.

- "Mathematics and Philosophy in Medieval Islam", *in* J.P. Hogendijk and A.I. Sabra (eds.), *The Enterprise of Science in Islam*, Cambridge (MA), MIT Press, 2003, p. 121-176.

FURLANI, G., "Una risālah di al-Kindī sull'anima", *Rivista Trimestale di Studi Filosofici e Religiosi* 3, 1922, p. 50-63.

GENEQUAND, C.F., "Platonism and Hermetism in al-Kindī's *fī al-Nafs*", *Zeitschrift für Geschichte der arabisch-islamischen Wissenschaften* 4, 1987-1988, p. 1-18.

GUTAS, D., "Geometry and the Rebirth of Philosophy in Arabic with al-Kindi", *in* R. Arnzen and J. Thielmann (eds.), *Words, Texts and Concepts Cruising the Mediterranean Sea: Studies on the Sources, Contents and Influences of Islamic Civilization and Arabic Philosophy and Science*, Leuven, Peeters, 2004, p. 195-209.

JOLIVET, J., *L'Intellect selon Kindi*, Leiden, Brill, 1971.

– "La topographie du salut d'après le Discours sur l'Âme d'al-Kindī", *in* M.A. Amir-Moezzi (ed.), *Le voyage initiatique en terre d'Islam: ascensions célestes et itinéraires spirituels*, Louvain, Peeters, 1996, p. 149-159.

MCCARTHY, R.J., "Al-Kindi's Treatise on the Intellect", *Islamic Studies* 3, 1964, p. 119-149.

RASHED, R. and J. JOLIVET (eds.), *Œuvres philosophiques et scientifiques d'al-Kindī. Volume 2: Métaphysique et cosmologie*, Leiden, Brill, 1998.

RUFFINENGO, P.P., "Al-Kindī, Trattato sull'intelletto. Trattato sul sogno e la vision", *Medioevo* 23, 1997, p. 337-394.

PETER ADAMSON

ABŪ BAKR AL-RĀZĪ

Abū Bakr Muḥammad Ibn Zakariyyā' al-Rāzī, not to be confused with the later Fakhr al-Dīn al-Rāzī, was a controversial and provocative thinker of the IX th-X th centuries CE (III rd-IV th centuries AH). As his name indicates he came from Rayy in northern Persia, but he also spent time in Baghdad; he was associated with hospitals in both cities. His extant corpus is devoted mostly to the topic of medicine, and his primary vocation was that of a doctor. However he also wrote fairly extensively on philosophy, putting forward an infamous theory that explains the creation of the universe in terms of an interaction between five eternal principles. The infamy derives, of course, from al-Rāzī's violation of *tawḥīd*, the doctrine of God's oneness and uniqueness. Al-Rāzī's reasons for insisting that there must be four additional principles, in addition to God, were complex. But one central reason was to give a theodicy: by invoking an eternal Soul, which is in itself foolish, he provides an explanation of why the world involves so much suffering.

Along with Soul, al-Rāzī posits eternal matter. It is by turning towards matter that Soul first brings the cosmos into existence. God then intervenes to make the world as good as it can be, but this still leaves us with an imperfect created universe. Soul's task is to learn from its experience of being involved with matter, to be "liberated" and live again by itself. Al-Rāzī further insists that God, Soul and matter must be joined by two other eternal principles: absolute place and absolute time, which he typically calls "void" and "duration". These principles provide a context in which the eschatological drama of the Soul's unwise involvement with matter and ultimate redemption can play out.

There is no room in this cosmology for an Aristotelian taxonomy of types of intellect, such as we find already in al-Kindī (slightly earlier than al-Rāzī) and again in al-Fārābī (slightly later than al-Rāzī). It will already be noticed that he does not include, among his five principles, an eternal Intellect – and he never discusses such topics as the potential intellect. Nor in our extant evidence does he integrate a theory of intellect with a theory of prophecy. This is unsurprising since our evidence shows him denying the very possibility of prophecy – the evidence is presented by his debating opponent Abū Ḥātim al-Rāzī, in the *Proofs of Prophecy* (*Kitāb al-Nubuwwa*). As we will see, this evidence should be treated with some caution, and in fact the five eternal theory itself is known only through reports by other authors, who are usually hostile to al-Rāzī (including Abū Ḥātim). Thus, one may be pessimistic about the prospects of integrating al-Rāzī into a narrative about noetics in the Arabic tradition.

As it turns out, though, al-Rāzī does have a good deal to say on the topic of intellect or reason (*ʿaql*). We know about this not only through the aforementioned reports from other authors, but also from his extant ethical treatise *The Spiritual Medicine* (*al-Ṭibb al-rūḥānī*). This work begins with a passage in praise of *ʿaql*, which is identified as the greatest gift of God to humans. The passage fits with our information about the five eternal theory, in that *ʿaql* is there presented as a bestowal from God to the Soul which enables the Soul to achieve redemption.

THE HUMAN SOUL

The most pressing question concerning the human soul in al-Rāzī's theory is how it relates to the eternal cosmic soul (perhaps one might say "absolute soul") of his five element theory. He clearly sees a close parallel between these two kinds of soul: as we will see, his eschatological ideas about the eternal soul are of a piece with his eschatological remarks about the individual human soul. Unfortunately, however, there is no passage where al-Rāzī explicitly discusses the relationship between them. One possibility may be that individual souls (not only of humans, but also of animals) result from the cosmic Soul's relation with individual bodies, just as relative place or time result when absolute place and absolute time are demarcated by individual bodies and individual motions.

Despite the unorthodox context of the five eternal theory, al-Rāzī adheres to a traditional Hellenic theory of human soul. He follows Plato's *Republic* in postulating rational, irascible and appetitive aspects of soul – in fact al-Rāzī even calls these three separate "souls" (*anfus*) (*Rasāʾil falsafiyya* 27-28 [see Text 5]). In a move found also in other authors of the Arabic tradition, for instance the later Miskawayh, al-Rāzī aligns these three "souls" with the Aristotelian faculties: rational, animal and vegetative (*ibid.*, 27). But the Platonic tripartition is more important to al-Rāzī, since it provides the basis for the ethical teaching at the heart of the *Spiritual Medicine*, namely that virtue is reason's rule over the lower parts of the soul. (All of this is incidentally ascribed by al-Rāzī to Plato and Socrates, rather than being endorsed *in propria persona*. But his assent to the psychological theory is implied by his using these distinctions throughout the treatise.) Thus, we have three souls: rational (*nāṭiqa*), irascible (*ghaḍabiyya*) and appetitive (*shahwāniyya*). How do these relate to the body ? On this point, the most important passage reads as follows:

> These two souls, that is, the vegetative and irascible, are not according to [Plato] a proper substance that survives after the corruption of the body, like the substance of the rational soul. Rather, one of the two, the irascible soul, is the entire mixture (*mizāj*) of the heart, while the other, the desiring soul, is the whole mixture of the liver. The whole mixture of the brain meanwhile is, according to him, the primary instrument and tool used by the rational soul (*Rasā'il falsafiyya* 28 [*cf.* Text 5]).

From this it is clear that, if al-Rāzī were asked whether the soul is a material or immaterial principle, he would reply, "both". The lower souls are nothing but bodily mixtures. With the rational soul, things are more complex. This soul does have an organ (in contrast to what Aristotle argues in *De anima*), namely the brain. But it is more than just the mixture of this organ, the way that the lower souls are mixtures of the heart and liver. Rather, it only uses this organ as an instrument. Of course his commitment to an encephalocentric theory of rational soul shows him following Galen, his primary source in medicine and also a major source for his philosophical ideas. In medical works too, al-Rāzī endorses the Galenic idea that rational faculties are exercised through the brain and through psychic *pneuma*. But in his *Doubts about Galen* he complains that Galen makes even rational soul a bodily mixture of the soul. This must be wrong, because the soul "is a substance that has being and an essence that can subsist on its own" (*takūna jawharan la-hā anniyya wa-ḏhāt qā'ima 'alā l-infirād*) [1]. The "mixture" theory of soul is a position which also al-Rāzī criticizes in other contexts, as we know from a citation of his view in a *kalām* work by Ibn al-Malāḥimī (*Tuḥfat al-mutakallimīn*, 159-160).

THE RATIONAL FACULTY

At the beginning of the *Spiritual Medicine*, al-Rāzī praises *'aql* as the greatest gift of God to mankind. The term *'aql* frequently features in Arabic philosophical literature as a translation of the Greek *nous*, and thus means "intellect". But in this context, a better translation would probably be "reason" (indeed this is the translation chosen in Arberry's English version), taking it as a synonym of *nuṭq*. For it is through *'aql* that we are distinguished from "irrational animals" [2] (*al-ḥayawān ghayr al-nāṭiq*) (*Rasā'il falsafiyya* 18). Also, al-Rāzī seems to have in mind practical reasoning as well as theoretical speculation. Thus he extols its usefulness in such things as ship-building, medicine and "the other arts that are advantageous and useful to us" (*ibid.*), adding:

1. *Shukūk 'alā Jālīnūs*, p. 152. See P. Koetschet, *La mélancolie chez al-Rāzī, entre médecine et philosophie*, PhD thesis, Université Paris-Sorbonne/University of Warwick, 2011, § 3.1.

2. On the question of animals' irrationality see P. Adamson, "Abū Bakr al-Rāzī on Animals", *Archiv für Geschichte der Philosophie* 94, 2012, p. 249-273.

> It [sc. *'aql*] is that by which we conceive intellectual activities before they are manifest to sensation, so that we see them as if we were sensing them, and then we represent their forms through sensory activities, such that they are made manifest in a way matching what we have represented and imagined regarding them (*Rasā'il falsafiyya* 18).

Unfortunately al-Rāzī does not give an example but I assume that he is describing the role of reason in practical arts, such as carpentry: by means of "intellectual activities" (*af'āl 'aqliyya*) one conceives of the table one then goes on to build through "sensory activities". On the other hand, *'aql* does not mean practical reason to the exclusion of theoretical inquiry, for he also mentions astronomy and even our knowledge (*ma'rifa*) of God.

Given the ethical purposes of the *Spiritual Medicine*, it is unsurprising that al-Rāzī continues to emphasize the practical dimension of reason. The central teaching of his ethics is that we should, following Plato, impose our reason upon the lower parts of the soul. He uses not only the terms *'aql* and *nuṭq*, but also *fikr* and *rawiyya*, to designate the rational aspect of soul which should control all our actions:

> These philosophers put forward the very constitution (*hay'a*) of man to prove that he is not constituted for occupying himself with pleasures and lusts, seeing how deficient he is in this respect compared with the irrational animals, but rather for the use of thought and reflection (*al-fikr wa-l-rawiyya*) (*Rasā'il falsafiyya* 24).

For al-Rāzī the domination of reason over the irascible and appetitive souls is the only path to happiness. This purely practical portrayal of reason is, however, qualified when we are told that on Plato's view, the soul after death "comes to be in its own world and after this does not desire attachment to anything of the body at all; it remains by itself alive and rational, without death or pain, enraptured with its position and place; it is essentially alive and reasoning" (*Rasā'il falsafiyya,* 30) [1]. Passages like this, and also a final chapter in the *Spiritual Medicine* that encourages us not to fear death, fit with his criticism of the physicalist theory of soul he finds in Galen, and also with the passage quoted earlier (*ibid.*, 28) which says that a bodily mixture serves only as an instrument for the rational soul, whereas the other parts of the soul are identified with mixtures of the body. It seems safe to conclude that, for al-Rāzī, the rational soul does not depend upon any part of the body, nor upon any bodily mixture, for its continued existence. Yet in his medical works, al-Rāzī provides a detailed account (based on Galen) of how the rational faculties are exercised through the brain [see Text 7].

1. See further *infra* on his eschatology.

Intellect in cosmology and eschatology

As already noted, al-Rāzī does not classify intellect (*'aql*) as one of his five eternals, and in his cosmology there is no place for a sub-divine but super-human intellect. But this does not mean that intellect plays no role in his cosmological theory – to the contrary. We have already seen that in the *Spiritual Medicine* he describes *'aql* as the greatest gift of God to the human soul. This parallels what we find in reports on the five eternal theory, where al-Rāzī is said to have held that God bestows *'aql* on the eternal Soul as a means of escaping from its entanglement with matter. This is possible because God Himself is intellectual in nature, a point made in a report about al-Rāzī found in al-Iṣfahānī [*cf.* Text 2]:

> [Al-Rāzī] also claims that the Creator is perfectly wise, with neither negligence nor forgetfulness affecting Him, and that from Him emanates life, as light emanates from the disc of the sun, this [sc. life, or light] being perfect, pure intellect. Soul emanates life from itself, like the emanation of light, while alternating between ignorance and intellect, like a man who forgets at one time but is aware at another. This is because when it [the soul] looks to the Creator, who is pure intellect, it knows (*'aqala*) and is excellent, but when it looks to matter, which is pure ignorance, it forgets and is neglectful (*Rasā'il falsafiyya* 197).

God here operates like a Neoplatonic paradigmatic cause: He is compared to an emanative light, and allows inferior things to partake extrinsically of a capacity that He has permanently and essentially. Also reminiscent of Neoplatonism is the idea that Soul turns its gaze sometimes to matter, and sometimes towards the source of its intellective knowledge. Yet the Neoplatonic hypostasis of Intellect has been eliminated, or rather assimilated to the Creator.

The testimony is further confirmed by Fakhr al-Dīn al-Rāzī, who informs us:

> They said that the Creator is the perfection of knowledge and wisdom, to whom neither neglect nor oversight happens and from whom the intellect emanates like the light from the disc [of the sun]. [...] The Creator knew that the soul is inclined towards cleaving to matter, to desiring it passionately, to seeking bodily pleasures, to loathing separation from bodies, and to forgetting its true self. [...] He caused intellect and perception to flow down on the soul, which became the reason for the soul's recollection of its world, and for its understanding that as long as it remained in the material world, it would never be unfettered from pain. When the soul realizes that and understands that in its own world it would have pleasures free from pain, it will yearn for that world, and rise up after its separation [from matter] and remain there forever and ever in the utmost joy and happiness (*Rasā'il falsafiyya* 203-208) [1].

1. Trans. McGinnis and Reisman mod., *Classical Arabic Philosophy: An Anthology of Sources*, Indianapolis, Hackett, 2007. *Cf.* Text 3 for al-Kātibī's commentary on the passage.

The cosmological context of these reports will tempt us to understand *'aql* as meaning something like a Neoplatonic faculty of intellection. But Fakhr al-Dīn's explanation of the purpose of *'aql* suggests that al-Rāzī instead has in mind the domination of reason over the lower parts of the soul (or at least, that he would include this as one function of *'aql*). For al-Rāzī is here ascribing to *'aql* the same purpose as he envisions at the beginning of the *Spiritual Medicine*: we should draw upon our "intellect" or "reason" to suppress our longing for bodily pleasures and withdraw from matter.

As for al-Rāzī's account of why we should do this, it is apparently consequentialist: as long as we dwell in the material realm, we are subject to pain and suffering, whereas the soul's proper, disembodied existence involves only pleasure. This coheres to some extent with what we know about al-Rāzī's views on pleasure. In reports of a separate treatise on this topic found in Nāṣir-e Khusraw (ed. *Rasā'il falsafiyya* 148-164), and in scattered comments in the *Spiritual Medicine* and *Philosophical Life*, al-Rāzī gives us a principled reason for thinking that bodily pleasure cannot bring happiness. He uses an argument already found in Plato, namely that pleasure is only the replenishment of a lack or deficiency – thus pleasure will never outbalance deficiency. There is nonetheless an interpretive problem here, in that al-Rāzī's account of pleasure makes it hard to understand how there could be pleasures in a disembodied afterlife [1].

In any case, it is clear that for al-Rāzī, the connection of soul to matter is an unfortunate event, given that it brings more suffering than can be compensated by physical pleasure. It can be justified only as a kind of "learning experience" for the soul. In debates with the Ismā'īlī theologian Abū Ḥātim al-Rāzī, our al-Rāzī clarified this idea with a vivid analogy: the soul is like a child who wishes to explore a beautiful garden, and God is like the child's wise father who knows the garden is full of thorns and stinging insects. Just as the father might allow the child into the garden nonetheless, so as to teach it a lesson, so God allows the soul to become entangled with matter (*Proofs of Prophecy* 18-19).

On this topic of eschatology, something should also be said about the notorious association of al-Rāzī with animal transmigration, that is, the idea that humans can be reincarnated as animals and vice versa [2]. This association seems to be based entirely on a single passage in the *Spiritual Life*. Here al-Rāzī is trying to explain why it is permissable to kill predatory animals, even though in general we should be imitating the Creator's mercy in our dealings with animals. The first reason is that such predators cause pain to other creatures. The second reason is as follows:

1. See. P. Adamson, "Platonic Pleasures in Epicurus and al-Rāzī", *in* P. Adamson (ed.), *In the Age of al-Fārābī : Arabic Philosophy in the Fourth/Tenth Century*, London, The Warburg Institute, 2008, p. 71-94.

2. On the topic generally see P.E. Walker, "The Doctrine of Metempsychosis in Islam", *in* W.B. Hallaq and D.P. Little (eds.), *Islamic Studies Presented to Charles J. Adams*, Leiden, Brill, 1991, p. 219-238.

> Souls are not delivered from the bodies of animals except from the body of man alone. If this is the case, then the deliverance of souls such as these from their bodies is similar to the path towards and facilitation of deliverance (*al-ṭarīq wa-l-tashīl ilā l-khalāṣ*). Because both rationales apply to the animals who only eat meat, it is necessary to eradicate them where possible, because this minimizes animal pain and provides hope that their souls may come into better bodies (*Rasā'il falsafiyya* 105).

The passage confirms al-Rāzī's commitment to the idea that it is good for souls to be freed from their bodies – this is true of animals, just as for humans, even though they cannot achieve genuine deliverance. Since medieval times, it has also been taken to imply that souls migrate into human bodies, and vice versa. But in fact the text says nothing of the kind: at most, it implies that predatory animals will get "better" bodies, perhaps meaning better non-human bodies. He may also mean that animals will receive better bodies in paradise, rather than in a later incarnation in this world [1].

On the other hand, there seems to be some evidence that al-Rāzī may have contemplated the transmigration of human souls into other human bodies. Nāṣir e-Khosraw reports that "the other souls remain in this world until all the souls which are in the shapes of humans are, through philosophy, alerted to the secret and make for their world and return there, all of them" [see Text 4]. This interesting remark suggests that for al-Rāzī, human souls must do the work of freeing Soul in its entirety from a connection to matter – and that human souls that fail to achieve liberation will have to try again. This could also be inferred from a text in al-Rāzī's own *Spiritual Medicine* [Text 6] which says that rational souls stay connected to the bodily realm and its travails until they finally realize they must disdain the body and stay in their own, immaterial world.

Prophecy

This brings us finally to an even more notorious area of al-Rāzī's thought: his attitude towards prophecy. Here the key source is Abū Ḥātim's *Proofs of Prophecy*, in which we are told of personal debates the author had with al-Rāzī, and also of the contents of a book by al-Rāzī attacking prophecy. According to Abū Ḥātim, al-Rāzī rejected the possibility of prophecy by appealing to divine justice: God would not single out only a few humans to receive wisdom, while leaving all others ignorant. Rather, if He were going to give "inspiration" (*ilhām*) to any humans, He would bestow this upon all of them. This is especially the case given that selective inspiration of certain prophets will lead to violence between the various groups who follow these prophets. Instead, al-Rāzī suggests, God has made all humans equal in their ability to achieve understanding through *'aql* (*Proofs of Prophecy* 1-3, with reference to *'aql* at

1. See P. Adamson, "Abū Bakr al-Rāzī on Animals", art. cit.

3.2) [1]. This fits very well with the aforementioned discussions of *'aql* in al-Rāzī: he holds that all humans have received the possibility of freeing themselves from bodily existence by applying their reason.

As Abū Ḥātim goes on to describe the contents of al-Rāzī's book on the subject of prophecy (beginning in the second *faṣl* of the *Proofs of Prophecy*), we are told of a wide-ranging attack on some *ḥadīth*, on ideas about anthropomorphism in various religious traditions, and so on. This material [2] suggests that al-Rāzī was shockingly critical of revealed religion in general and prophecy in particular. But should we take at face value the evidence presented by Abū Ḥātim, who is an avowed opponent of al-Rāzī's ? Some doubt should be occasioned by the few allusions to Islam in al-Rāzī's authentic works. At the end of the *Spiritual Life* he appears to be endorsing Islamic law when he says that God will reward anyone who follows the *sharī'a* (*Rasā'il falsafiyya* 96) [3]. Even more strikingly, in the *Doubts about Galen*, he praises a work by Galen as "according to me, the best and most useful of books, apart from the books revealed by God" (*Shukūk 'alā Jālīnūs*, 43-44). Perhaps that last clause could be explained away as a pious scribal intervention, but there is another problem: evidence in Fakhr al-Dīn (a far less hostile witness than Abū Ḥātim) shows that al-Rāzī argued that his eschatology was in harmony with Islamic teachings, and even engaged in disputation over the interpretation of certain passages in the Qur'ān [4].

While this might tempt us to reject the evidence of Abū Ḥātim entirely, a less radical solution is possible. We might suppose that al-Rāzī was attacking certain religious doctrines, but without criticizing revealed religion or prophecy generally. In particular, he may have been attacking movements like Ismā'īlism which gave authoritative status to certain religious leaders (in their case, imams). Such leaders would have access to a level of insight beyond normal human capacity. That al-Rāzī found this sort of view repellent is plausible, given his idea that God bestowed *'aql* on all humans to help them resist the allures of bodily existence. In the *Proofs of Prophecy*, he is repeatedly quoted as scorning the notion of *taqlīd*, uncritical acceptance of authority, which leads to violent schism. But this does not mean he rejected the teaching of Muḥammad. To the contrary, Fakhr al-Dīn's testimony suggests that al-Rāzī saw that teaching as fundamentally in agreement with his own.

1. See also Texts 8-9.

2. See S. Stroumsa, *Freethinkers of Medieval Islam : Ibn al-Rāwandī, Abū Bakr al-Rāzī, and Their Impact on Islamic Thought*, Leiden, Brill, 1999.

3. T.-A. Druart ("Al-Razi's Conception of the Soul: Psychological Background to His Ethics", *Medieval Philosophy and Theology* 5, 1996, p. 245-263), suggests, p. 255, rather implausibly that here *sharī'a* could simply mean philosophy.

4. See M. Rashed, "Abū Bakr al-Rāzī et la prophétie", *Mélanges de l'Institut dominicain d'études orientales* (*MIDÉO*) 27, 2008, p. 169-182.

APPENDIX

TEXTS

Text 1

The Creator, great be His name, gave us reason (*'aql*) and bestowed it upon us, in order that through it, we might reach and attain things that are useful in this world and the next, as far as is possible for such a substance as us to reach and attain. It is God's greatest blessing upon us, the most useful and advantageous thing we have. It is through reason that we are set above the irrational animals, so that we rule and govern them, subduing and disposing of them in ways that are helpful both to us and to them. Through reason we grasp all that lifts us and improves us, gives delight to our life and brings us to our end and goal. Through reason, we have grasped the art of building and using ships, and with them reached lands from which we were separated by the sea; we have attained medicine, with its manifold benefits for our bodies, and all the other arts that help and benefit us. Through it, we grasp things that are obscure and remote from us, which were [previously] hidden from us and secret. Through it, we know the shape of the earth and the celestial vault, the size of the sun, the moon and the other heavenly bodies, their distances and their motions. Through it, we have reached an understanding of the Creator, mighty and exalted, which is the greatest of all we have grasped and the most useful. Altogether, it is that without which we would be as beasts, as children, as madmen. It is that by which we conceive intellectual activities before they are manifest to sensation, so that we see them as if we were sensing them, and then we represent their forms through sensory activities, such that they are made manifest in a way matching what we have represented and imagined regarding them (*The Spiritual Medicine*, ed. Kraus, 17-18).

Text 2

[Al-Rāzī's] doctrine is that of the five things that are unceasing, two are alive and active, namely the Creator and the soul. One is passive and not alive, namely matter, from which all existing bodies are generated. And two are neither alive, nor active, nor passive, namely void and duration. [...] He also claims that the Creator is perfectly wise, with neither negligence nor forgetfulness affecting Him, and that from Him emanates life, as light emanates from the disc of the sun, this [sc. life, or light] being perfect, pure intellect. Soul emanates life from itself, like the emanation of light, while alternating between ignorance and intellect, like a man who forgets at one time but is aware at another. This is because when it [the soul] looks to the Creator, who is pure intellect, it knows and is excellent, but when it looks to matter, which is pure ignorance, it forgets and is neglectful (Testimony from Ibn al-Ḥasan al-Marzūqī al-Iṣfahānī, *K. al-Azmina wa-l-amkina*, ed. Kraus, 197).

Text 3

As for the soul, it is a separate substance, and it is eternal, and the cause of life for bodies. It exercises causation only by necessity, like light from the disc of the sun. Yet it is ignorant and does not know things or their essences, or the true sciences, until it has practiced them. Man does not know the art of shooting, for example, until after shooting, and similarly with the other arts. And in its ignorance, [the soul] does not know it is eternal, nor does it remember its states in its eternal pre-existence (*qidam*). Thus the argument is in vain that [the soul] is not eternal, which says that if it were eternal it would remember its states in eternal pre-existence and thus would know it was eternal; but the conclusion is false, so the premise is likewise [false]. But we say the argument is invalid. It would only be true if [the soul] had some of the sciences before practicing, but this cannot happen. Rather, before its attachment to bodies it is ignorant and empty of all sorts of knowledge [or of the sciences], and it attains the sciences only after practice. But this happens only after it attaches to bodies. (But you should know that they do not exclude all the sciences from [the soul] before its attachment to the body, because they claim that the cause of the world's creation is the soul's turning towards matter; but this requires [the soul's] being knowledgable in wisdom.) Then they said that since God, the exalted, has perfect knowledge, He knows through His perfect knowledge, from which nothing escapes, that the soul will incline towards an attachment with matter, and love it, and seek bodily pleasure, and will detest separation from bodies and forget itself, its original homeland and its true station. And because it belongs to the Creator, the exalted, to be wise to the utmost degree and to govern existents in the best and most fitting way possible, comprising their aid and benefit, He took matter, after soul's attachment to it, and ordered it with forms. Whence come to be the kinds of order, like the heavenly bodies, the elements, and the order of animal bodies, in the most perfect way (Testimony from al-Kātibī's commentary on the *Muḥaṣṣil* of Fakhr al-Din al-Rāzī, ed. Kraus, 204-205).

Text 4

He says that the other eternal thing is the soul, which is alive and ignorant. He says that matter is also eternal, until the point that the soul, by reason of its ignorance, was beguiled by matter and attached to it, fashioning forms out of it in order that it may procure from them bodily pleasures. Because matter hindered the imposition of form and escaped from this imprinting, it was necessary for God, the capable and merciful, to help the soul to free itself from this affliction. That help from Him (mighty is He!) for the soul consisted in His creating this world and originating within it powerful, long-lived forms so that the soul might attain to bodily pleasures through those forms. [God] originated man and sent down intellect from the substance of the divine to the man in this world, in order that the soul might be roused from its slumbering in the shape of man, and in order that it might see, by the command of the Creator (mighty is He!), that this world is not its place, and that its falling into error, in the way we have mentioned, was the reason for the creation of this world. And intellect says to man, "because soul attached itself to matter, let it think that when it separates [from matter] nothing [of the matter] will exist anymore, in order that, once the soul of man knows about this situation we have indicated, it will come to understand the higher world and be wary of this world, seeking to return to its own world which is the place of rest and blessedness". And he said that man unites to that world only through philosophy (*falsafa*), and that whoever is instructed in philosophy and knows his own world, becoming less disturbed and acquiring knowledge, is freed from this misery. But the other souls remain in this world until all the souls which are in the shapes of humans are, through philosophy, alerted to the secret and make for their world and return there, all of them. Therefore, this world will be done away with, and matter will be set free from its fetters, just as it was in eternity (Testimony from Nāṣir e-Khosraw, *Zād al-musāfirīn*, ed. Kraus, 284-286).

Text 5

We say that Plato, the *shaykh* and greatest of the philosophers, held that there are three souls (*anfus*) in man. He called one the rational or divine soul, another the irascible or animal soul, and the other the vegetative, growth, and desiring soul. And he held that the animal and vegetative souls are only for the sake of the rational soul. The vegetative soul is for the sake of nourishing the body, and plays the role of an instrument and tool for the rational soul, since it is not a substance that survives without disintegrating, but rather one subject to flux and disintegration. And whatever is subject to disintegration survives only insofar as that in it which disintegrates is succeeded by a replacement. The irascible [soul] is to be used by the rational soul in restraining the desiring soul, and stopping it from distracting the rational soul, with its many desires, from using reason. If [the rational soul] uses [reason] perfectly it is liberated from the body with which it has become entangled. These two souls, that is, the vegetative and irascible, are not according to [Plato] a proper substance that survives after the corruption of the body, like the substance of the rational soul. Rather, one of the two, the irascible soul, is the entire mixture of the heart, while the other, the desiring soul, is the whole mixture of the liver. The whole mixture of the brain meanwhile is, according to him, the primary instrument and tool used by the rational soul. Nutrition, growth and development belong to man by virtue due to the liver; heat and the motion of the pulse due to the heart. But sensation, voluntary motion, imagination, thought and memory are due to the brain. Not that these are due to what is proper to the brain, or to its mixture; rather they are due to the substance seated in it, which uses it as one uses an instrument and tool. Among the instruments and implements, though, it is the closest to this agent [sc. the substance that is the rational soul] (al-Rāzī, *Spiritual Medicine*, ed. Kraus, 27-29).

Text 6

[Plato] held that when the sensitive soul has separated from the body which it was in, having acquired and committed itself to these ideas [sc. disdain for the body and yearning for liberation] it comes to be in its own world and thereafter desires no attachment to anything of the body at all. It survives by itself alive and rational, without death or pain, happy with its position and place. Life and reason belong to it essentially, and it is kept apart from pain by being kept apart from generation and corruption. Its happiness with its position and world are due to its being liberated from the body, and from being in the bodily world. But when it separates from the body without having acquired these ideas or known the truth about the bodily world, and instead [still] desires it and yearns to be in it, it does not depart from its place and keeps being attached to something from [the physical world], and, because of the alternation of generation and corruption in the body it is in, it continues to be in constant, successive pains and abundant, harmful sorrows. All this is from the opinion of Plato and, before him, Socrates the divine ascetic (al-Rāzī, *Spiritual Medicine*, ed. Kraus, 30-31).

Text 7

The basic faculties (*quwan*) are divided into three: psychic, originating from the brain; animal, originating from the heart; and natural, originating from the liver. The types of psychic faculty are in turn three: the directive or governing [faculties]; the [faculties] of voluntary motion; and the sensory [faculties]. The directive faculties are three, namely those through which there are imagination, thought, and memory. [...] In the brain there are four ventricles, two in the front, one at the back and one in between the front and back. In these ventricles there is psychic pneuma, through which arise the governing activities, namely imagination, thought and memory. This psychic pneuma is engendered from animal pneuma, which is engendered in the heart. For two vessels (*'irqān*) go up from the heart to the brain, and below the brain these two divide into many [vessels] and spread out in a kind of net, so that the animal pneuma keeps circulating through this net, such that it becomes subtle and refined. Then, [the pneuma] penetrates from these vessels into the two frontal ventricles in the brain, and also dwells there, living and becoming subtle, the nature from this pneuma being purified of whatever it was mixed with, in terms of secretions and gross particles, [which are evacuated] to the nostrils and palate. Then, [the pneuma] penetrates from the frontal ventricles to the middle ventricle, and there it is once again made more subtle. Next it penetrates from the middle ventricle to the rear ventricle, through a passage between them. This passage is not open all the time, because inside it there is something like a worm, by which it is blocked, until nature attracts the psychic pneuma from the middle ventricle to the rear. This thing like a worm is then pushed aside, and that pneuma penetrates [through to the rear]; then this covering returns to its original position. When this psychic pneuma passes through to vision, sight occurs. Through the pneuma in the rear ventricle arises motion and memory; through the pneuma in the front ventricle arises imagination and sensation; and through the pneuma in the middle arises thinking. The brain is warmed only by what rises to it from the innate heat of the heart, which goes up to it from the two vessels we have mentioned above as leading up to it from the heart. Sometimes the motion of the brain subsides, but the motion of the heart is fiery and never at rest. When the nerves of the brain go down into the brain they spread out like the branches of a tree. All the nerves are closed apart from the nerve through which fiery pneuma passes to the eye; it is hollow. If the nerves were hollow, they would go slack, so that the moist organs would slacken. The brain is made cold for the sake of moving a lot: given its suppleness, if it were hot, then in performing its motions it would burn and its activities would be corrupted. And thought endures in it because of the speed with which the heat transpires, whereas cold has the endurance[1] required for thought. The brain is made moist so that its moving a lot will not dry it out, so that there may sprout from it supple nerves, and [so that] it may change rapidly in imagination, may take on and be imprinted by what the senses give to it, so as to know them, just as many ideas can be known through lines drawn on paper (*Medical Introduction*, ed. Vázquez de Bonito, § 11.1; § 11.5).

Text 8

He said: "On what basis do you conclude that God selects some for prophecy and not others, preferring the former to the people [in general], making them guides for [people] and making the people need them? On what basis do you allow that it is in the wisdom of the Wise to choose this for them, to rouse some against others, establishing hostility between them and multiplying the factions among them, and thus destroying the people?" […] He said: "What is most appropriate to the wisdom of the Wise and the mercy of the Merciful is to inspire all His servants with awareness (*maʿrifa*) of what is useful and harmful to them, both now and in the hereafter, without preferring some to others, lest there be combat and differences among them such that they be destroyed. This would be more attentive towards them than if he makes some of them *imāms* of others, such that each sect (*firqa*) assigns truth to its own *imāms* and falsehood to the others, wielding swords against one another, spreading distress and bringing themselves to destruction with hostility and

1. Deleting "and the dry".

competition. Indeed many people have been destroyed in this way, as we see" (Report on debate with al-Rāzī in Abū Ḥātim al-Rāzī, *Proofs of Prophecy* ed. Kraus, 295, ed. Khalidi, 1-2).

Text 9

[Abū Ḥātim has tried to force al-Rāzī to admit that future scholars will improve upon his views, just as he has improved on his predecessors.] He said: "this is not falsehood or confusion, because each of them [*i.e.* the predecessor and the successor] is making an effort. When one makes an effort and occupies oneself with inquiry and investigation, one has entered upon the path of truth. For souls are purified of the stain of this world and liberated towards that world only through philosophical inquiry. If someone undertakes inquiry and perceives anything, no matter how little, then his soul is purified of this stain and liberated. If the generality of people (*al-ʿāmma*), who have destroyed their souls as they neglected investigation, were to inquire into [philosophy] in the least, then that would liberate them from this stain, even if they perceived only a little of it." [...] I said: "If you persist in this claim and reject the truth in your obstinacy, then tell us, what do you say about someone who inquires into philosophy but believes in the laws of the prophets (*sharāʾiʿ al-anbiyāʾ*): is his soul purified, and may he hope for liberation from the stain of this world?" He said: "How is he someone who inquires into philosophy, when he believes in these superstitions (*khurāfāt*), is content with disagreeing viewpoints, and persists in ignorance and uncritical acceptance (*taqlīd*) ?" (Report on debate with al-Rāzī in Abū Ḥātim al-Rāzī, *Proofs of Prophecy* ed. Kraus, 302-303, ed. Khalidi, 8-11).

Glossary

ʿaql: reason/intellect

ghaḍabiyya wa-ḥayawāniyya: irascible and animal

ilhām: prophetic inspiration

nabātiyya wa-nāmiyya: vegetative and nutritive (also called *ṭabīʿiyya*: natural)

nafs: soul, with three faculties (*quwan*), also called "souls" (*anfus*)

nāṭiqa wa-ilāhiyya: rational and divine

rawiyya: consideration (e.g. whether to pursue an available pleasure)

rūḥ nafsānī: psychic pneuma

siyāsī: governing faculties, namely imagination, thought and memory

tāmm al-ʿilm wa-l-ḥikma: perfect knowledge and wisdom (sc. of God, according to Fakhr al-Dīn's report on al-Rāzī)

Powers seated in the brain:

dhikr: memory

fikr: thought (possessed also by animals, though they lack *'aql*)

ḥiss: sensation
ḥaraka irādiyya: voluntary motion
takhayyul: *imagination*

Bibliography

Primary literature

AL-BIRŪNI, *Risāla fī fihrist kutub Muḥammad b. Zakariyyā' al-Rāzī*, ed. P. Kraus, Paris, Imprimerie Orientaliste Auclame, 1936.

AL-RĀZĪ, Abū Bakr, *Rasā'il falsafiyya* (*Opera philosophica*), ed. P. Kraus, Cairo, Imprimerie Paul Barbey, 1939.

- *Shukūk 'alā Jālīnūs*, ed. M.L. 'Abd al-Ghanī, Cairo, 2005.

AL-RĀZĪ, Abū Ḥātim, *The Proofs of Prophecy*, trans. T. Khalidi, Provo, Brigham Young UP, 2011.

ARBERRY, A.J. (trans.), *The Spiritual Physick of Rhazes*, London, John Murray, 1950.

- "Apologia pro Vita Sua", in *Aspects of Islamic Civilization*, Ann Arbor, Routledge, 1967, p. 120-130.

BRAGUE, R. (trans.), *al-Razi*: *La Médecine spirituelle*, Paris, Flammarion, 2003.

BRION, F., "Philosophie et révélation: traduction annotée de six extraits du *Kitāb A'lām al-nubuwwa* d'Abū Ḥātim al-Rāzī", *Bulletin de philosophie médiévale* 28, 1986, p. 134-162.

IBN AL-MALĀḤIMĪ, *Tuḥfat al-mutakallimīn fī l-radd 'alā l-falāsifa*, ed. H. Ansari and W. Madelung, Tehran, Iranian Institute of Philosophy, 2008.

Secondary literature

ADAMSON, P., "Platonic Pleasures in Epicurus and al-Rāzī", *in* P. Adamson (ed.), *In the Age of al-Fārābī*: *Arabic Philosophy in the Fourth/Tenth Century*, London, Warburg Institute, 2008, p. 71-94.

- "Abū Bakr al-Rāzī on Animals", *Archiv für Geschichte der Philosophie* 94, 2012, p. 249-273.

BAR-ASHER, M.M., "Quelques aspects de l'éthique d'Abū Bakr al-Rāzī et ses origines dans l'œuvre de Galien", *Studia Islamica* 69, 1988, p. 5-83; *ibid.*, 70, 1989, p. 119-147.

BAUSANI, A., *Un filosofo "laico" del medioeve musulmano. Abū Bakr Muḥammad Ben Zakarriyā Rāzī*, Rome, Istituto di Studi Islamici, 1981.

DRUART, T.-A., "Al-Razi's Conception of the Soul: Psychological Background to His Ethics", *Medieval Philosophy and Theology* 5, 1996, p. 245-263.

- "The Ethics of al-Razi", *Medieval Philosophy and Theology* 5, 1997, p. 47-71.

FAKHRY, M., "A Tenth Century Arabic Interpretation of Plato's Cosmology", *Journal of the History of Philosophy* 6, 1968, p. 15-22.

GOODMAN, L.E., "Rāzī's Psychology", *Philosophical Forum* 4, 1972, p. 26-48.

- "Rāzī's Myth of the Fall of Soul: Its Function in His Philosophy", *in* G.F. Hourani (ed.), *Essays on Islamic Philosophy and Science*, Albany, SUNY Press, 1975, p. 25-40.

KOETSCHET, P., *La mélancolie chez al-Rāzī, entre médecine et philosophie*, PhD thesis, Université Paris-Sorbonne/University of Warwick, 2011.

LUCCHETTA, G.A., *La natura e la sfera : la scienza antica e le sue metafore nella critica di Rāzī*, Bari, Milella, 1987.

MCGINNIS, J. and D.R. REISMAN (ed. and trans.), *Classical Arabic Philosophy: An Anthology of Sources*, Indianapolis, Hackett, 2007.

MOHAGHEGH, M., "Rāzī's *Kitāb al-ʿilm al-ilāhī* and the Five Eternals", *Abr Nahrain* 13, 1972, p. 16-23.

RASHED, M., "Abū Bakr al-Rāzī et la prophétie", *Mélanges de l'Institut dominicain d'études orientales* (*MIDÉO*) 27, 2008, p. 169-182.

STROUMSA, S., *Freethinkers of Medieval Islam: Ibn al-Rāwandī, Abū Bakr al-Rāzī, and Their Impact on Islamic Thought*, Leiden, Brill, 1999.

WALKER, P.E., "The Doctrine of Metempsychosis in Islam", *in* W.B. Hallaq and D.P. Little (eds.), *Islamic Studies Presented to Charles J. Adams*, Leiden, Brill, 1991, p. 219-238.

TROISIÈME PARTIE

LES ISMAÉLIENS ET LES IKHWĀN AL-ṢAFĀ’

DANIEL DE SMET

LA NOÉTIQUE ISMAÉLIENNE : ABŪ YA'QŪB AL-SIJISTĀNĪ ET ḤAMĪD AL-DĪN AL-KIRMĀNĪ

L'ismaélisme, une des branches majeures de l'islam shi'ite, a développé au cours du xᵉ siècle une forme particulière de néoplatonisme, que l'on désigne aujourd'hui comme le « néoplatonisme ismaélien ». Censée refléter l'enseignement des imams, cette philosophie est présentée comme le sens « réel » et ésotérique (*bāṭin*) des livres révélés par les prophètes, en premier lieu le Coran. La démarche des auteurs ismaéliens consiste, en effet, à interpréter certains versets coraniques à la lumière des écrits néoplatoniciens arabes élaborés à Bagdad dans le cercle du philosophe al-Kindī (une paraphrase des *Ennéades* de Plotin connue comme la *Théologie d'Aristote*, une paraphrase des *Éléments de théologie* de Proclus circulant sous le titre *Livre du bien pur*, et une doxographie attribuée à un certain Ammonius : *Livre concernant les opinions des philosophes*). S'y ajoutent des éléments empruntés aux *falāsifa* de l'époque, en particulier al-Kindī et al-Fārābī [1].

Relevant du *ta'wīl*, l'exégèse ésotérique de la révélation et des préceptes de la loi religieuse (charia) qui en découlent, la philosophie ismaélienne – désignée par les termes *ḥikma* (« sagesse ») et *ḥaqā'iq* (les « essences réelles » de la religion) – se décline en une multitude de systèmes qui diffèrent d'un

1. D. De Smet, « Les bibliothèques ismaéliennes et la question du néoplatonisme ismaélien », *in* C. D'Ancona (ed.), *The Libraries of the Neoplatonists. Proceedings of the Meeting of the European Science Foundation Network « Late Antiquity and Arabic Thought. Patterns in the Constitution of European Culture » held in Strasbourg, March 12-14, 2004* (Philosophia Antiqua 107), Leiden, Brill, 2007, p. 481-492 ; *id.*, « La Doxographie du Pseudo-Ammonius dans ses rapports avec le néoplatonisme ismaélien », dans E. Coda et C. Martini Bonadeo (éd.), *De l'Antiquité tardive au Moyen Âge. Études de logique aristotélicienne et de philosophie grecque, syriaque, arabe et latine offertes à Henri Hugonnard-Roche*, Paris, Vrin, 2014, p. 491-518. Pour un aperçu général de la pensée ismaélienne, voir D. De Smet, *La philosophie ismaélienne : un ésotérisme chiite entre néoplatonisme et gnose*, Paris, Cerf, 2012 ; P. Walker, « The Ismā'īlīs », *in* P. Adamson et R. Taylor (eds.), *The Cambridge Companion to Arabic Philosophy*, Cambridge, CUP, 2005, p. 72-91.

auteur, d'un courant et d'une époque à l'autre, générant ainsi une complexité redoutable. Malgré des différences parfois considérables, tous ces systèmes ont en commun le fait d'accorder une place centrale à la théorie de l'intellect et de l'âme. Par ailleurs, ils partagent quelques données de base qui forment le noyau de la doctrine ismaélienne. Celles-ci peuvent être résumées comme suit :

1) Le Principe ultime, appelé l'Instaurateur (*mubdi'*), étant ni intellect, ni intelligible, il demeure hors de la portée de ses créatures, qui ne peuvent l'approcher ni par la raison, ni par une intuition de type mystique [1].

2) Ce Dieu inconnu et inexprimable, situé au-delà de l'éternité et du temps, de l'être et du non-être, de l'unité et de la multiplicité, a instauré (*abda'a*) une première créature, à savoir l'Impératif (*amr*) ou la Parole (*kalima*), qui devient une hypostase indépendante en prenant des noms divers : le Précédant (*al-sābiq*), le Calame (*al-qalam*) ou l'Intellect (*al-'aql*). La relation de l'Intellect avec l'Impératif ou la Parole est une question controversée parmi les auteurs ismaéliens du Xe siècle [2]. En revanche, tous s'accordent à identifier le premier être créé, l'Intellect universel, au Dieu du Coran.

3) Cet Intellect, dans lequel a été instaurée « d'un seul coup » (*daf'atan wāḥidatan*) l'intégralité des formes (*ṣuwar*, à comprendre dans le sens des formes ou idées platoniciennes), est le principe dont procède par émanation (*inbi'āth*) le monde intelligible, conçu selon des modèles différents. En effet, le schéma dérivé de Plotin avec deux hypostases – l'Intellect universel et l'Âme universelle – voisine avec la théorie des dix Intellects cosmiques empruntée à al-Fārābī.

4) La dernière hypostase du monde intelligible (l'Âme ou le dixième Intellect) est le démiurge (*mudabbir*) du monde sensible, ayant pour fonction de modeler la matière d'après les formes reçues de l'Intellect. Les auteurs ismaéliens restent généralement discrets sur l'origine de cette matière : tantôt elle semble émanée du monde intelligible, tantôt générée par une faute primordiale, une rébellion des hypostases dans le monde intelligible (une doctrine qui connaîtra des élaborations importantes dans la tradition ṭayyibite, à partir du XIIe siècle) [3].

5) Le maniement de la matière par le démiurge est une opération risquée, puisqu'elle implique le mélange des formes lumineuses et subtiles du monde intelligible avec l'opacité de la matière compacte. L'enfermement de l'âme humaine dans un corps matériel est une des séquelles de cette démiurgie.

1. D. De Smet, « Le mystère des mystères est inaccessible à l'engagement du cœur et à la perception de l'intellect. Néoplatonisme et (anti)mysticisme dans la pensée ismaélienne », *in* D. Cohen-Levinas, G. Roux et M. Sebti (éd.), *Mystique et philosophie dans les trois monothéismes*, Paris, Hermann, 2015, p. 67-87.

2. D. De Smet, « Le Verbe-impératif dans le système cosmologique de l'ismaélisme », *Revue des sciences philosophiques et théologiques* 73, 1989, p. 397-412.

3. D. De Smet, *La philosophie ismaélienne*, *op. cit.*, p. 82-88 et p. 157-162.

Sa présence dans le corps est expliquée de façons diverses selon les auteurs et les courants, mais tous s'accordent sur le fait que laissée à elle-même, l'âme ne pourra jamais regagner le monde intelligible où elle trouvera sa béatitude (ce que les livres révélés décrivent symboliquement comme le paradis).

6) La libération des âmes nécessite la révélation (appelée *ta'yīd*, l'inspiration ou le soutien) dont l'Intellect universel est le principe. Découlant de l'Intellect, le *ta'yīd* s'infuse dans l'âme des messagers – les six « énonciateurs » (*nuṭaqā'*, à savoir Adam, Noé, Abraham, Moïse, Jésus et Muḥammad), ainsi que leurs imams respectifs – qui de ce fait deviennent des êtres « divins ». La nature divine ou « divinité » (*lāhūt*) des prophètes et des imams est soit adoptée par eux au moment où ils reçoivent l'investiture (*naṣṣ*) de leur prédécesseur (thèse dite « adoptianiste »), soit elle est innée, présente dans le fœtus avant leur naissance. Contrairement aux simples mortels, l'âme des messagers n'entretient aucun lien direct avec le corps (leur « humanité », *nāsūt*). Dans leur cas, l'âme habite le corps, comme nous habitons une maison ; elle revêt une enveloppe charnelle comme nous revêtons une chemise. Le refus catégorique de toute théologie de l'incarnation et d'union hypostatique est un trait commun à tous les courants ismaéliens [1].

7) Par conséquent, l'ismaélisme a développé une double noétique : d'une part, celle qui s'applique au commun des mortels ; d'autre part, celle qui est réservée aux prophètes et aux imams. Dotés d'une âme et d'un intellect parfaits et absolument purs, ceux-ci détiennent l'intégralité de la connaissance nécessaire à libérer les âmes humaines. Assistés par trois hypostases distinctes – al-Jadd, al-Fatḥ et al-Khayāl [2] –, les prophètes ont le don de formuler cette connaissance dans un langage symbolique adapté au niveau culturel et intellectuel du peuple auquel ils sont envoyés, tandis que les imams détiennent la clé permettant d'extraire de ces symboles le sens « réel ». Grâce à leur enseignement, l'âme de l'initié peut graduellement se parfaire et se purifier.

8) Cependant, les attaches corporelles ne pourront être défaites avant que ne soit révélée l'intégralité de la connaissance salvatrice. Cette révélation sera apportée par le septième et dernier « énonciateur », le Résurrecteur (*al-Qā'im*), qui clôturera le cycle de Muḥammad et abolira toute religion exotérique. En attendant, les âmes restent attachées à un substrat matériel. Cette doctrine, partagée par tous les ismaéliens, a été développée de façons diverses, soit en adoptant une forme de métempsycose, soit en prônant que les âmes des

1. D. De Smet, « Les racines docétistes de l'imamologie shi'ite », *in* M. A. Amir-Moezzi, M. De Cillis, D. De Smet, O. Mir-Kasimov (éd.), *L'ésotérisme shi'ite, ses racines et ses prolongements*, Turnhout, Brepols, 2016, p. 87-112.

2. D. De Smet, « La fonction noétique de la triade al-Jadd, al-Fatḥ et al-Khayāl. Les fondements de la connaissance prophétique dans l'ismaélisme », *in* H. Biesterfeldt et V. Klemm (Hrsg.), *Differenz und Dynamik im Islam. Festschrift für Heinz Halm zum 70. Geburtstag*, Würzburg, Ergon, 2012, p. 319-336.

défunts subsistent quelque part aux confins du monde sensible, attachées à une forme corporelle (le *barzakh*) [1].

Vu la diversité et la complexité des doctrines, nous devons nous limiter ici à deux auteurs qui relèvent de traditions distinctes : Abū Ya'qūb al-Sijistānī (m. vers 971) et Ḥamīd al-Dīn al-Kirmānī (m. vers 1021). La pensée du premier s'enracine dans l'ismaélisme carmathe d'Iran et d'Asie centrale, tandis que le second représente l'orthodoxie philosophique et théologique de l'ismaélisme fatimide, dont le centre était Le Caire.

ABŪ YA'QŪB AL-SIJISTĀNĪ [2]

D'après les rares données biographiques dont nous disposons, Abū Ya'qūb Isḥāq b. Aḥmad al-Sijistānī aurait commencé sa carrière à Rayy. Puis il prit la direction de la mission (*da'wa*) ismaélienne au Khorassan et au Sistan, où il aurait été exécuté par l'émir ṣaffāride peu après 971. Al-Sijistānī fait partie d'un groupe de propagandistes (*du'āt*) actifs en Iran et en Asie centrale, dont les principaux représentants sont Muḥammad al-Nasafī (m. vers 943), son disciple Abū Tammām, et Abū Ḥātim al-Rāzī (m. 934). Bien que selon la tradition ismaélienne al-Sijistānī se serait rallié à un certain moment de sa vie à la cause des Fatimides, tous ces auteurs appartiennent à la mouvance carmathe qui prêchait l'avènement imminent du « Seigneur du septième cycle », le septième imam ismaélien Muḥammad b. Ismā'īl, entré en occultation après la mort de son père en 754 et dont on attendait le retour en tant que Résurrecteur, chargé d'abroger la loi musulmane. Autre point commun, ces propagandistes ont introduit dans leurs ouvrages des doctrines et des concepts empruntés aux écrits néoplatoniciens arabes, fondant ainsi le « néoplatonisme ismaélien ». Mais cette reformulation de l'ismaélisme en termes néoplatoniciens n'allait pas sans heurts, de sorte que nos auteurs, bien que collègues au sein d'une même organisation missionnaire, ont engagé une vive polémique entre eux. Ainsi, le *Kitāb al-Maḥṣūl* d'al-Nasafī (perdu, mis à part des citations données par des auteurs postérieurs) a été « corrigé » dans le *Kitāb al-Iṣlāḥ* d'al-Rāzī, tandis qu'al-Sijistānī prit la défense d'al-Nasafī contre al-Rāzī en son *Kitāb al-Nuṣra*, perdu lui aussi, hormis les citations incluses par al-Kirmānī en son *Kitāb*

1. D. De Smet, « La transmigration des âmes. Une notion problématique dans l'ismaélisme d'époque fatimide », *in* O. Mir-Kasimov (ed.), *Unity in Diversity. Mysticism, Messianism and the Construction of Religious Authority in Islam*, Leiden/Boston, Brill, 2014, p. 77-110.

2. D. De Smet, « Religiöse Anwendung philosophischer Ideen. 1. Die ismā'īlitischen Denker des 4./10. und frühen 5./11. Jahrhunderts. 2. Die Enzyklopädie der Iḫwān aṣ-Ṣafā' », *in* U. Rudolph (Hrsg.), *Philosophie in der islamischen Welt. Band I: 8.-10. Jahrhundert,* « Grundriss der Geschichte der Philosophie », begründet von Friedrich Überweg, Basel, Schwabe, 2012, p. 518-554, en part. p. 527-529 ; P. Walker, *Early Philosophical Shiism. The Ismaili Neoplatonism of Abū Ya'qūb al-Sijistānī*, Cambridge, CUP, 1993 ; *id.*, *Abu Ya'qub al-Sijistani : Intellectual Missionary*, London/New York, I. B. Tauris, 1996.

al-Riyāḍ, qui critique al-Sijistānī en prenant le parti d'al-Rāzī. Cette polémique, qui concerne différents points de doctrine ismaélienne, est notamment alimentée par des conceptions différentes sur l'intellect et l'âme. Sans pouvoir entrer dans les détails, il est important de tenir compte de ce contexte en abordant la noétique d'al-Sijistānī. Les principaux ouvrages dans lesquels ce dernier expose sa conception de l'intellect et de l'âme sont : *Kitāb al-Yanābī'*, *Kashf al-Maḥjūb* (seulement conservé en une traduction persane qui pourrait être de Nāṣir-e Khosraw) et *Kitāb al-Maqālīd.*

Avant d'entrer en matière, une remarque préliminaire s'impose. Lorsque al-Sijistānī mentionne l'« intellect » (*'aql*) et l'« âme » (*nafs*), il n'est pas toujours clair d'emblée s'il parle de l'Intellect et de l'Âme comme hypostases du monde intelligible, ou s'il se réfère plutôt à l'intellect et à l'âme de l'homme. Cette ambiguïté est voulue, puisque la doctrine ismaélienne considère l'homme comme un microcosme dont la constitution reflète fidèlement l'organisation du monde intelligible comme macrocosme. Dès lors, les rapports entre l'Âme et l'Intellect cosmiques sont similaires à la relation que l'âme humaine entretient avec sa faculté rationnelle [1].

L'Intellect et l'Âme, les deux hypostases du monde intelligible

En tant que premier – et unique – être instauré par l'Instaurateur inconnu et inaccessible, l'Intellect universel représente le degré ultime de la perfection, la complétude de l'être, qui contient en son essence l'intégralité des êtres émanant de lui. Rien ne lui précède – hormis l'Instaurateur, mais ce dernier n'est pas un être, ni une substance; il n'a ni essence, ni quiddité –, raison pour laquelle l'Intellect est qualifié comme « le Précédant » (*al-sābiq*) [Texte 1].

Le *tawḥīd*, ou profession de l'unité et de l'unicité de Dieu, consiste à établir une distinction bien nette entre l'unité absolue de l'Instaurateur, qui ne correspond à aucune entité mathématique, et l'unité de l'Intellect, qui relève de l'unité numérique [2]. Dès lors, al-Sijistānī souscrit à une arithmologie d'origine (néo)pythagoricienne, selon laquelle le Principe ultime se situe au-delà des nombres, l'Intellect correspond au nombre un, l'Âme au nombre deux, et ainsi de suite. Cette unité de l'Intellect n'est en rien entravée par la multiplicité des formes intelligibles qui procèdent de son essence, l'Intellect étant à la fois la cause des nombres et des intelligibles [Texte 2]. Loin de reculer devant les lourdes conséquences théologiques d'une telle doctrine, al-Sijistānī adhère ouvertement au principe du *tafwīḍ*, ou « délégation », généralement attribué par les hérésiographes et théologiens de l'islam aux « exagérateurs » (*ghulāt*) parmi les shi'ites. Cette thèse implique que le Dieu inconnu a délégué tous ses

1. Nous mettons une majuscule lorsque « intellect » et « âme » se réfèrent aux hypostases du monde intelligible, une minuscule s'il s'agit de l'âme humaine et de sa faculté rationnelle.

2. Al-Sijistānī, *Kitāb al-Maqālīd*, éd. I. Poonawala, Tunis, Dār al-gharb al-islāmī, 2011, p. 86-88 : « sur la différence entre le un numérique et le un qui ne fait pas partie des nombres ».

pouvoirs à sa première et unique créature, qui devient de ce fait le créateur et le gouverneur de l'univers, la divinité révélée et adorée par les différentes religions de l'humanité [Texte 3].

Dès lors, l'Intellect universel est la cause première, la cause des causes, que rien ne précède dans l'univers et dont il est le principe ultime. Il est défini comme « la choséité de toutes les choses » (*shay'iyyat al-ashyā' kullihā*), qui ne dépend d'aucune choséité antérieure [Texte 4]. La préséance de l'Intellect et sa perfection intégrale impliquent l'absence de tout mouvement en son essence : il demeure en un repos absolu. Malgré sa dette envers le Plotin arabe, al-Sijistānī s'éloigne résolument de la *Théologie d'Aristote*, lorsque celle-ci déclare : « L'Intellect ne meut que quand il veut connaître sa cause, la cause première ; à ce moment, il meut » [1]. Or, la doctrine ismaélienne de l'instauration (*ibdā'*) interdit un tel mouvement, car un abîme infranchissable sépare l'Instaurateur de sa première créature. En tant qu'Intellect, celle-ci ne peut intelliger son Créateur, qui n'est ni intellect, ni intelligible. L'unique activité de l'Intellect consiste à penser sa propre essence, qui est parfaite, et par cet acte d'auto-intellection il professe le *tawḥīd* de son Instaurateur, en reconnaissant qu'il ne pourra jamais transgresser sa propre essence pour s'élever vers Lui. La perfection de l'Intellect implique donc qu'il reste immuable et cantonné dans son essence : il ne meut ni vers ce qui lui est supérieur, ni vers les êtres qui procèdent de lui [Texte 5].

Dépourvu de tout mouvement, l'Intellect est éternel, situé hors du temps et de l'espace. Contrairement aux autres êtres dans l'univers, il ne passe pas de la puissance à l'acte, mais il représente la perfection ultime de la puissance et de l'acte [Texte 6, à mettre en rapport avec la proposition 169 des *Éléments de théologie* de Proclus : « Chaque intellect possède sa substance, sa puissance et son activité sur le plan de l'éternité [...]. Maintenant que la substance de l'intellect soit éternelle, c'est évident, puisqu'elle est tout entière simultanée. Et il en est de même pour la pensée, s'il est vrai qu'elle est identique à la substance de l'intellect. Si, en effet, l'intellect est immobile, il ne saurait être mesuré par le temps ni dans son être ni dans son activité. Et quand l'être et l'activité demeurent immuables, la puissance est également éternelle » [2]].

En partant du principe proclusien selon lequel tout être auto-subsistant est supérieur à l'être qui subsiste par un autre (cf. *Éléments de théologie*, proposition 9 : « Tout être autonome ou selon sa substance ou selon son activité est supérieur à ce qui n'est pas autonome, mais suspendu à une autre substance qui est la cause de sa perfection » [3]), al-Sijistānī entend prouver l'existence d'un Intellect séparé (*'aql mujarrad*), qui n'est pas mélangé à la matière ni au corps humain. Si l'Intellect avait besoin des corps pour subsister, il ne serait pas l'être

1. *Theol. Arist.*, II, § 32, p. 34 Badawi.

2. Trad. Trouillard légèrement mod., *Éléments de théologie*, Paris, Aubier Montaigne, 1965, p. 161.

3. Trad. Trouillard, *ibid.*, p. 66.

parfait par excellence. Il subirait nécessairement l'influence de ces corps lors de la production des premiers intelligibles (*awā'il 'aqliyya*), de sorte que ceux-ci ne seraient pas perçus de la même façon par l'ensemble des hommes, indépendamment de la condition physique de chacun. Par conséquent, il faut admettre l'existence d'un Intellect séparé de la matière, non lié à un corps, qui est le principe des premiers intelligibles permettant à l'intellect humain de fonctionner selon des paramètres communs à tous. Pour des raisons identiques, l'intellect humain n'est pas mélangé au corps, car un tel mélange rendrait une compréhension uniforme des premiers intelligibles impossible [Texte 7].

Un second argument vient renforcer le caractère séparé de l'Intellect : tout lien avec un corps ou avec la matière implique nécessairement une forme de puissance ; ce qui est en puissance est susceptible de passer à l'acte. Or, un tel passage de la puissance à l'acte au sein de l'Intellect apporterait une altération dans les premiers intelligibles produits en son essence. Si ceux-ci ne sont pas stables et inaltérables, toute démonstration et toute forme d'argumentation logique deviennent impossibles, ce qui hypothéquerait la valeur du raisonnement humain. Par conséquent, il faut que les premiers intelligibles soient produits par un Intellect qui est acte pur ; un tel Intellect est nécessairement séparé de la matière et du corps [Texte 8].

L'Intellect universel, qu'al-Sijistānī désigne parfois comme le « premier Intellect » (*al-'aql al-awwal*), a donc pour fonction de générer les premiers intelligibles, les principes communs rendant possible la pensée humaine. Par ailleurs, en intelligeant sa propre essence, il produit par émanation (*inbi'āth*) sa « compagne » (*zawj*), l'Âme, qui est une réplique de soi-même, mais à un degré moindre de perfection [Texte 9]. Décrite comme une « forme surgie du premier Intellect », l'Âme universelle est appelée « Intellect second » (*'aql-e thānī*) en un passage du *Kitāb al-Kashf* qui se réfère à des « sages » non spécifiés. Visiblement étranger au système d'al-Sijistānī, ce terme pourrait être emprunté à l'*Épître sur l'intellect* d'al-Kindī [1] [Texte 10].

L'idée que l'Intellect et l'Âme forment un couple masculin-féminin est très répandue dans l'ismaélisme [2]. En revanche, les auteurs ismaéliens du Xᵉ siècle ont débattu la question de savoir si cette relation implique que l'Âme est imparfaite par rapport à l'Intellect. Deux positions opposées se sont affrontées. Selon Muḥammad al-Nasafī, soutenu par al-Sijistānī, l'Âme se situe à un niveau inférieur puisque son existence et sa subsistance dépendent de l'Intellect. Cette infériorité implique un état d'imperfection qui cause, au sein de l'Âme, une agitation continue : tantôt, elle est mue vers l'Intellect afin d'obtenir de lui les bienfaits qui lui manquent, tantôt elle s'éloigne de lui,

1. J. Jolivet, *L'intellect selon Kindī*, Leiden, Brill, 1971, p. 2 et p. 11-13.

2. D. De Smet, « La valorisation du féminin dans l'ismaélisme ṭayyibite. Le cas de la reine yéménite al-Sayyida Arwā (1048-1138) », *Mélanges de l'Université Saint-Joseph* 58, 2005, p. 107-122, en part. p. 110-113.

attirée par le monde physique qui émane d'elle. Face à l'immobilité totale de l'Intellect, l'Âme est tantôt en mouvement, tantôt en repos : son mouvement et son repos génèrent la matière et la forme dont est composé le monde sensible. Une telle position est intenable selon Abū Ḥātim al-Rāzī, qui défend la perfection de l'Âme. D'un être parfait, en occurrence l'Intellect, ne peut émaner qu'un être parfait, à cette différence près que l'Intellect a été créé par l'Instaurateur comme étant parfait en son essence et en son acte, tandis que l'Âme est émanée de l'Intellect en étant parfaite en son essence, mais non en son acte, car celui-ci n'est qu'un acte en puissance. Avec l'aide de l'Intellect, elle devra donc s'actualiser graduellement, au cours du temps [Texte 11].

Reprenant la position d'al-Nasafī sur l'imperfection de l'Âme, al-Sijistānī présente l'Âme universelle comme le principe dont émane la Nature ou monde physique. Occupée par le désir d'atteindre le rang de l'Intellect et d'acquérir la perfection qui lui manque, l'Âme se rend compte que pour atteindre cet objectif elle devra mettre en œuvre deux de ses facultés : la raison (*nuṭq*) et la sainteté (*quds*). La raison lui permet d'intelliger son principe – l'Intellect – et de devenir ainsi pareille à lui, tandis que par la sainteté elle professe le *tawḥīd*, en attestant l'incognoscibilité absolue de l'Instaurateur. La raison correspond au mouvement et la sainteté au repos. Par le mouvement et le repos émanent respectivement à partir de l'Âme la matière et la forme, qui ensemble constituent la Nature. Par le mouvement, l'Âme donne à la Nature la sensation et par le repos elle lui confère la croissance [Texte 12].

Une fois la Nature constituée, l'Âme occupe une position intermédiaire entre l'Intellect et la Nature. Al-Sijistānī exprime cette position médiane en empruntant l'image néoplatonicienne des deux faces de l'Âme : une face lumineuse tournée vers l'Intellect et une face enténébrée tournée vers le monde physique [1] [Texte 13]. Le rôle de l'Âme sera alors de transmettre les lumières de l'Intellect aux ténèbres d'ici-bas. Une définition de l'Âme, apparemment puisée à la Longue Recension de la *Théologie d'Aristote*, est citée dans le *Kitāb al-Maqālīd* pour mettre en évidence sa fonction médiatrice [2] [Texte 14].

L'âme humaine, une parcelle de l'Âme universelle

L'Âme universelle, sans cesse tiraillée entre la perfection de l'Intellect et l'imperfection du monde physique, se laisse attirer par les séductions éphémères de la Nature. Son extrémité inférieure, en contact avec les ténèbres d'ici-bas, se fragmente en une multitude de « parties » (*ajzāʾ*) : les âmes individuelles des êtres animés [3]. Tout en récusant l'idée que l'Âme est tombée dans

1. D. De Smet, « La doctrine avicennienne des deux faces de l'âme et ses racines ismaéliennes », *Studia Islamica* 93, 2001, p. 77-89.

2. P. Walker, *Early Philosophical Shiism*, *op. cit.*, p. 43 et n. 79 p. 170.

3. *Id.*, « The Universal Soul and the Particular Soul in Ismāʿīlī Neoplatonism », *in* P. Morewedge (ed.), *Neoplatonism and Islamic Thought* (Studies in Neoplatonism : Ancient and Modern 5), New York, Suny Press, 1992, p. 149-166.

la matière suite à une faute primordiale, une rébellion contre l'ordre divin (Al-Sijistānī, *Maqālīd*, p. 200) – une thèse soutenue par certains courants au sein de l'ismaélisme –, al-Sijistānī défend la préexistence de l'âme humaine ou « âme partielle » (*nafs juz'iyya*), celle-ci étant une partie de l'Âme universelle émanée en ce monde et qui devra un jour rejoindre le tout dont elle est issue [Textes 15 et 16]. Cette doctrine, déjà admise par al-Nasafī, a été sévèrement critiquée par Abū Ḥātim al-Rāzī. Pour ce dernier, l'âme rationnelle (*al-nafs al-nāṭiqa*), la substance la plus noble dans le monde physique, n'a pas été générée (*mutawallid*) à partir de l'Âme universelle et elle n'en est pas une partie. Il s'agit plutôt d'une empreinte, d'une trace (*athar*) laissée par l'Âme dans le corps humain, comparable aux empreintes laissées par l'orfèvre, le charpentier ou le tailleur sur les matières premières [Texte 17]. À cela, al-Sijistānī répond qu'une empreinte ne peut aspirer à connaître sa cause. Or, l'Âme universelle est mue par le désir de connaître sa cause, qui est l'Intellect, tout comme l'âme humaine désire connaître le tout dont elle est issue, ce qui prouverait qu'elle est une partie et non une empreinte de l'Âme universelle [Texte 18].

L'enjeu de cette controverse au sein de l'ismaélisme est considérable. Considérer l'âme humaine individuelle comme une partie de l'Âme universelle implique la préexistence de l'âme humaine par rapport au corps matériel dans lequel elle habite. De surcroît, en tant que partie, notre âme possède toutes les caractéristiques du « tout » dont elle est issue, à savoir l'Âme universelle. L'âme humaine devient ainsi le reflet, ou plutôt la réplique en miniature, de l'Âme universelle dans le monde physique. Ainsi, en son action créatrice, elle imite l'action démiurgique de l'Âme universelle. Lorsque cette dernière a façonné notre univers sensible, elle a d'abord formé des concepts et des images (*taṣwīr wa tashkīl*) de ce qu'elle voulait réaliser, puis elle a inventé des « techniques merveilleuses » pour réaliser ses projets. L'âme de l'artisan humain procède exactement de la même manière [Texte 19].

Dès lors, maint texte d'al-Sijistānī se prête à une double lecture, applicable à la fois aux hypostases du monde intelligible – l'Intellect et l'Âme comme macrocosme – et à l'homme comme microcosme. Notre âme se rapporte alors au corps comme l'Âme universelle se rapporte à la Nature ; son salut dépend de sa faculté rationnelle, tout comme l'Âme ne peut acquérir sa perfection qu'en se tournant vers l'Intellect. Nous verrons qu'en ce bas monde, l'Intellect universel correspond à l'intellect humain, tout en se manifestant dans les enveloppes corporelles des prophètes et des imams.

Le parallélisme entre le macro- et le microcosme se reflète dans le rapport envers la matière corporelle. Al-Sijistānī a démontré l'existence d'un Intellect séparé, dénué de toute matérialité [voir Textes 7 et 8]. Conjointement, l'Âme universelle, bien qu'elle soit en contact avec le monde physique, est elle-même dénuée de matière. L'Intellect et l'Âme ne sont pas à l'intérieur du monde, en ce sens qu'ils seraient confinés en lui ou situés dans un lieu précis ; en même temps, ils ne sont pas à l'extérieur du monde pour autant qu'ils serviraient de lieu ou d'enveloppe renfermant le monde. Néanmoins, ils interviennent dans le monde sensible, tout en restant extérieurs à lui. Le même principe est valable pour l'intellect et l'âme partiels : ils sont à la fois intérieurs et extérieurs aux corps, intérieurs pour autant qu'ils les animent, extérieurs pour autant qu'ils n'y sont pas inhérents. Ce principe se retrouve dans la *Théologie d'Aristote* : « Lorsque l'âme entre dans les êtres partiels (*al-ashyā' al-juz'iyya*), elle n'est pas confinée (*maḥṣūra*) en eux, je veux dire, elle n'est pas dans le corps comme si elle était confinée en lui, mais elle est à la fois en lui et en dehors de lui. Parfois, l'âme est dans un corps, parfois elle est en dehors du corps » (*Theol. Arist.* I, § 7-8, p. 19 Badawi [Texte 20]).

L'Instaurateur ayant établi d'un seul coup (*daf'atan wāḥidatan*), au moment de la création (*ibdā'*), l'intégralité des formes dans l'essence de l'Intellect, on pourrait soutenir que ce dernier renferme le monde physique qui émane de lui par l'intermédiaire de l'Âme universelle. Toutefois, la perfection et la quiétude de l'Intellect ne sont en aucune façon troublées par les turpitudes de ce monde éphémère : malgré la ressemblance et le parallélisme, il n'existe aucune commune mesure entre les mondes intelligible et terrestre. Cela explique pourquoi l'âme partielle, en descendant ici-bas, oublie complètement le monde lumineux dont elle provient [Texte 21]. Si l'Âme universelle se laisse séduire par la Nature, elle reste attachée par son extrémité supérieure à l'Intellect. En revanche, l'âme partielle, descendue ici-bas suite à l'épanchement de l'Âme vers la matière, se retrouve dans un corps humain dont elle s'éprend, ayant oublié la splendeur de sa patrie d'origine. Du même coup, elle a oublié le sens véritable du *tawḥīd* et s'adonne à l'adoration d'êtres créés qu'elle confond avec l'Instaurateur [Texte 22]. Pour sortir de cet enfer, elle peut compter sur l'Intellect, présent à la fois dans sa faculté rationnelle et dans les messagers divins.

L'Intellect vient en aide à l'âme

La perfection de l'Intellect face à l'imperfection de l'Âme universelle et des âmes partielles qui en découlent, lui offre la possibilité de venir en aide à ses sœurs infortunées. Al-Sijistānī constate que de nombreuses âmes rationnelles – les âmes humaines – se laissent intégralement submerger par les passions et plaisirs corporels, en ne conservant aucun souvenir de la splendeur du monde intelligible. L'Intellect, en revanche, qui n'est pas sujet à un tel oubli, n'a que du mépris pour ce bas monde, mais en même temps il éprouve de la pitié pour l'Âme et ses parties [Texte 23]. Cette pitié est à l'origine d'une vaste opération de sauvetage menée par l'Intellect, qui consiste à maintenir continuellement le contact avec l'Âme et ses parties dans le but d'arrêter la dégénérescence inhérente au processus de l'émanation et d'opérer un retour de l'émané vers sa source. Al-Sijistānī exprime ce contact à l'aide de la métaphore du discours (*khaṭāb*) : à différents niveaux, l'Intellect s'adresse à l'Âme universelle et aux âmes individuelles pour leur montrer comment se libérer du monde physique. Tout d'abord, lorsque la matière et la forme ont été générées à partir du mouvement et du repos de l'Âme, l'Intellect lui montra comment organiser de la façon optimale les êtres hylémorphiques. Ainsi, il aida l'Âme dans son activité démiurgique, en s'adressant à elle. Ce discours a laissé une empreinte (*athar*) dans le monde physique, sans quoi celui-ci serait dépourvu d'harmonie, tandis que les lois de la nature manqueraient de toute rationalité [Texte 24]. Cependant, l'Âme universelle ayant été séduite par la Nature et l'âme partielle par les passions du corps auquel elle est liée, il n'est guère évident pour elles de reconnaître les empreintes laissées par l'Intellect ici-bas. Grâce à sa puissance dominatrice (*quwwat-e ghalaba*), l'Intellect est en mesure de dompter l'Âme/âme et, une fois vaincue, de la réveiller de sa torpeur en lui montrant la laideur du monde matériel. Il provoque ainsi en elle l'anamnèse, le souvenir de la splendeur du monde intelligible qu'elle avait oubliée, tout en suscitant un désir intense de retourner là-haut. Le retour de l'Âme universelle vers l'Intellect s'effectue conjointement au retour de l'âme partielle vers l'Âme universelle. Les deux retours sont causés par une illumination apportée par l'Intellect qui, pour ce qui concerne l'âme humaine, se sert de la faculté rationnelle comme intermédiaire [Texte 25]. À ce double niveau, cosmique et individuel, l'âme atteint les perfections qui lui manquent, ainsi que le repos dans lequel réside son salut, par les seuls « bienfaits » (*fawā'id*) que l'Intellect lui octroie [Texte 26].

En des termes qui rappellent de près la *Théologie d'Aristote*, al-Sijistānī décrit le désir (*shawq*) que l'Intellect infuse dans l'Âme/âme pour regagner le monde intelligible, la joie qu'elle éprouve lors de la remontée, mais aussi la fatigue et l'épuisement (*ta'b, naṣab*) générés par ce parcours, de sorte que continuellement elle redescend ici-bas, en augmentant sa détresse [Texte 27]. Cette alternance de remontées et de rechutes successives ne prendra fin pour l'âme individuelle qu'au moment où elle sera apaisée et ne se laissera plus séduire par les passions corporelles. Le repos est pour l'âme le véhicule (*markab*) de sa renaissance (*ba'th*) dans le monde intelligible, alors qu'elle n'aura plus besoin d'un corps matériel pour subsister [Texte 28].

La fonction salvatrice de l'Intellect et de ses manifestations terrestres : prophètes et imams

L'âme individuelle entre en contact avec l'Intellect universel par sa faculté rationnelle : l'intellect partiel (*al-'aql al-juz'ī*) de l'homme. Comme c'était le cas pour l'âme, l'intellect humain est le reflet de l'Intellect cosmique à un degré moindre de perfection. Cela implique que notre intellect partage avec l'Intellect les mêmes facultés, qui sont au nombre de sept (nombre hautement symbolique dans l'ismaélisme !) : l'éternité (*dahr*), la vérité (*ḥaqq*), la joie (*surūr*), la démonstration (*burhān*), la vie (*ḥayāt*), la perfection (*kamāl*) et l'autarcie (*ghunya*) [1]. À la différence de l'Intellect universel qui a reçu ces sept facultés d'un seul coup au moment de son instauration, l'intellect humain devra les

1. W. Madelung, « Abū Ya'qūb al-Sijistānī and the Seven Faculties of the Intellect », *in* F. Daftary (ed.), *Mediaeval Isma'ili History and Thought*, Cambridge, CUP, 1996, p. 85-89.

acquérir progressivement, à mesure de son actualisation par l'Intellect, c'est-à-dire en fonction des intelligibles que ce dernier fait émaner sur lui [Textes 29 et 30]. En intelligeant sa propre essence, l'Intellect est la source des intelligibles qui font passer l'intellect humain de la puissance à l'acte. Il joue ainsi le rôle de l'Intellect agent dans la noétique aristotélicienne, bien que cette notion d'Intellect agent semble étrangère à al-Sijistānī.

Pour notre auteur, l'âme vient dans le corps en étant dotée de l'intellect inné (*al-ʿaql al-gharīzī*) qui permet à tout homme sain d'esprit le « discernement intellectuel » (*al-tamyīz al-ʿaqlī*) dans le domaine pratique – comme la distinction entre le bien et le mal –, mais également l'acquisition des intelligibles nécessaires à développer une pensée au niveau théorétique. L'intellect qui acquiert ainsi de l'Intellect universel les intelligibles, est désigné comme « l'intellect acquis » (*al-ʿaql al-muktasab*, ou éventuellement « l'intellect acquérant », la vocalisation *al-ʿaql al-muktasib* étant également possible). Cet intellect acquis perfectionne progressivement les sept facultés qu'il partage avec l'Intellect universel.

Ainsi, en intelligeant les intelligibles, notre intellect participe à leur éternité et à celle de leur source, l'Intellect, qui représente l'éternité absolue (*al-dahr al-muṭlaq*). Il en est de même pour la vérité, la joie, la démonstration, la vie, la perfection et l'autarcie [Texte 29]. Parvenu au terme de ce processus d'acquisition, le *ʿaql al-muktasab* se rapproche autant que possible de la perfection de l'Intellect. Ce stade ultime du développement de l'intellect humain est désigné par le terme *al-ʿaql al-maksūb*, « l'intellect acquis » en sa plénitude [1].

De toutes les facultés de l'Intellect, l'autarcie est la plus noble. Cela signifie qu'une fois établi dans l'existence par l'Instaurateur, l'Intellect universel devient un être subsistant pas soi-même (*qā'im bi-dhātihi*). Il est l'équivalent de l'être nécessaire par soi de l'avicennisme, malgré le fait qu'il dépend objectivement de l'acte d'instauration (*ibdāʿ*) de l'Ineffable. Mais une fois cet acte posé, l'Intellect n'a plus besoin de l'Ultime pour subsister, car il devient le principe de sa propre subsistance. Parallèlement, l'autarcie est la plus noble des facultés de l'intellect humain [Texte 29], résultant de l'acquisition d'un nombre maximal d'intelligibles. Notre intellect peut alors subsister indépendamment de tout lien avec un substrat corporel. Il s'identifie à « la science pure » (*al-ʿilm al-maḥḍ*), qui n'est mélangée à aucun élément sensible et matériel [Texte 31].

L'autarcie de l'intellect – comprise comme la capacité de subsister sans attaches corporelles – permet à l'âme partielle humaine d'entamer le retour vers son « tout », à savoir l'Âme universelle. Cette ascension, qui se fait à

1. Pour le rapport entre ces deux formes de l'intellect acquis ismaélien et l'intellect acquis (*al-ʿaql al-mustafād*) des *falāsifa*, voir D. De Smet, « Les notions de l'"intellect inné" (*al-ʿaql al-ġarīzī*) et de l'"intellect acquis" (*al-ʿaql al-muktasab*) dans la noétique ismaélienne », *in* A. Cilardo (ed.), *Islam and Globalisation. Historical and Contemporary Perspectives. Proceedings of the 25 th Congress of L'Union européenne des arabisants et islamisants,* « Orientalia Lovaniensia Analecta » 226, Leuven, Peeters, 2013, p. 463-481.

travers les sphères célestes, implique pour l'âme une « vision » de la splendeur du monde intelligible. Al-Sijistānī semble admettre que l'étude des sciences théorétiques, comme les déductions mathématiques, peut mener à une certaine connaissance du monde intelligible. Le philosophe entrevoit, par exemple, que l'Âme universelle englobe le corps sphérique de l'univers non comme une boîte englobe l'objet qui y est contenu, mais comme la cause englobe son effet ou l'artisan le produit de son art. En revanche, la fusion de l'âme partielle dans le « tout » dont elle est issue suppose la « science pure » qui s'obtient par une « inspiration subtile » (*ta'yīd laṭīf*) émanant du monde intelligible [Texte 32]. Bien que la faculté rationnelle de l'âme – son intellect, aidé par l'Intellect universel – joue un rôle déterminant dans ce retour, l'âme ne pourra jamais remonter au-delà de l'Âme universelle : le niveau de l'Intellect et *a fortiori* celui de l'Instaurateur demeurent à jamais en dehors de sa portée [Texte 33].

La « science pure », celle qui procède par émanation à partir du monde intelligible, est le privilège des « guides divins » : les prophètes, leurs légataires (*awṣiyā'*) et leurs imams. Contrairement aux « savants », dont la science s'obtient par déduction et abstraction à partir des données de la perception sensible, les « inspirés » (*mu'ayyadūn*) – prophètes et imams – n'ont guère besoin de l'observation empirique du monde sensible pour construire leur science. Leur « raison pure » (*al-nuṭq al-maḥḍ*) perçoit directement les intelligibles, comme ils sont, sans l'intervention des sens et sans l'intermédiaire d'une pensée liée à une langue particulière. Par ailleurs, en observant un objet quelconque, comme un animal ou un arbre, les « inspirés » peuvent y découvrir des vérités qui relèvent des « sciences du caché » (*'ulūm al-ghayb*). Ils connaissent les événements futurs avec une précision qu'aucun astrologue ne pourrait déduire du mouvement des astres et ils ont du gouvernement politique (*siyāsa*) une connaissance qu'aucun profane ne pourrait obtenir en observant la régence des rois. De surcroît, ils ont le don d'exprimer leur science en une langue humaine et à l'aide d'images adaptées à l'entendement du peuple auquel ils s'adressent. Tout cela constitue la « science pure, la seule qui convienne à Dieu » et qui est identique à l'Intellect. Celui-ci « fait émaner ensuite la lumière de l'inspiration pure sur les cœurs des élus parmi les prophètes, afin que ceux-ci, grâce à cette science obtenue par inspiration, montrent aux hommes la manière de vivre [en ce monde] et le chemin du retour (*ma'ād*) vers l'autre » [Textes 34, 35 et 36].

Al-Sijistānī résume sa double noétique – celle qui s'applique aux simples mortels et celle qui est propre aux « envoyés » – en un chapitre du *Kitāb Ithbāt al-nubu'āt* visant à démontrer que « le premier envoyé du Créateur envers ses créatures est l'intellect »[1]. Afin de secourir les âmes partielles ici-bas et leur montrer le chemin du retour, l'Intellect se manifeste à nous en quatre « lieux » (*mawāḍi'*). 1) L'intellect inné (*al-'aql al-gharīzī*) confère à l'âme humaine une

1. Al-Sijistānī, *Kitāb Ithbāt al-nubu'āt*, éd. 'Ārif Tāmir, Beyrouth, Dār al-mashriq, 1982, p. 49-53.

connaissance pratique et lui permet d'acquérir les intelligibles qui sont à la base des sciences théorétiques : il s'agit du stade de l'intellect acquis (*al-ʿaql al-muktasab*). Avec son intellect inné, l'âme peut en principe mener une vie morale et déduire l'existence d'un Dieu unique qui est à l'origine de l'univers. Mais ce « Dieu des philosophes » est une simple abstraction de l'esprit, dont la connaissance ne mène pas au salut de l'âme. 2) Il faut donc que l'Intellect se manifeste dans l'intellect énonciateur (*al-ʿaql al-nāṭiq*) des prophètes, par lequel sa Parole (*kalām*) se révèle. Or, cette Parole n'étant pas verbale, elle doit être traduite en un langage humain, mise par écrit, codifiée dans une loi, en tenant compte de la langue, de l'époque et du milieu culturel des hommes auxquels le message s'adresse. 3) À cette fin, l'Intellect se manifeste dans l'intellect composant (*al-ʿaql al-mu'allif*) du prophète, par lequel il est en mesure de « composer » son livre et sa loi. 4) Les lois et les textes prophétiques étant composés d'images et rédigés en un langage symbolique, l'Intellect se manifeste enfin dans l'intellect acquis (*al-ʿaql al-maksūb*) des imams, qui leur permet d'en extraire le sens caché et véritable. Leur science n'est autre que la « science pure », identique à la perfection de l'Intellect. Enseignée par l'imam, elle permet l'actualisation complète de l'intellect humain, mène à son autarcie totale par rapport à tout substrat corporel et achève son intégration au sein de l'Âme universelle. Bien qu'al-Sijistānī reste volontairement vague en cette matière délicate, l'imam est la manifestation la plus parfaite de l'Intellect. Son rang est supérieur à celui du prophète, puisque parmi toutes les créatures, son intellect est le seul à refléter pleinement les perfections du premier être instauré, auquel l'Instaurateur a délégué ses prérogatives divines. L'imam peut de ce fait être considéré comme « Dieu sur terre ».

ḤAMĪD AL-DĪN AL-KIRMĀNĪ [1]

Un des représentants majeurs de l'ismaélisme fatimide, Ḥamīd al-Dīn al-Kirmānī opérait comme *dāʿī* au sein de l'empire abbasside, en Irak et dans l'Ouest de l'Iran, avant d'être appelé à la cour fatimide au Caire, afin de réfuter des doctrines extrémistes qui y circulaient au sujet de l'imam-calife al-Ḥākim (règne 996-1021). La tradition ismaélienne postérieure prétend qu'il fut l'élève d'Abū Yaʿqūb al-Sijistānī, ce qui chronologiquement n'est pas impossible. Sur le plan doctrinal, toutefois, il s'éloigne considérablement de ce dernier, en ce sens qu'il substitue au schéma néoplatonicien (l'Un, l'Intellect, l'Âme, la Nature) adopté par ses prédécesseurs ismaéliens, le système cosmologique avec dix Intellects séparés, tel qu'il fut exposé par al-Fārābī dans son ouvrage célèbre

1. D. De Smet, « Religiöse Anwendung », art. cit., p. 529-531 ; *id.*, *La Quiétude de l'Intellect. Néoplatonisme et gnose ismaélienne dans l'œuvre de Ḥamīd ad-Dīn al-Kirmānī* (Xᵉ/XIᵉ s.), « Orientalia Lovaniensia Analecta » 67, Louvain, Peeters, 1995 ; P. Walker, *Ḥamīd al-Dīn al-Kirmānī. Ismaili Thought in the Age of al-Ḥākim*, London-New York, I. B. Tauris, 1999.

Les principes des opinions des habitants de la cité vertueuse[1]. Cela implique que l'Âme universelle disparaît en tant qu'hypostase et que son rôle est repris par les Intellects séparés, dont le dixième qui assure la transition entre le monde intelligible et le domaine sublunaire. L'influence d'al-Fārābī détermine également la noétique d'al-Kirmānī, qui prend ainsi une tournure plus aristotélicienne que celle d'al-Sijistānī, sans toutefois renier les prémisses de l'ismaélisme. Dans le *Kitāb al-Riyāḍ*, ouvrage écrit dans la veine du « néoplatonisme ismaélien », al-Kirmānī critique les positions d'al-Sijistānī en privilégiant généralement celles défendues par Abū Ḥātim al-Rāzī. Mais dans son livre principal, le *Kitāb Rāḥat al-ʿaql*, il formule ses options philosophiques d'une façon toute différente, en s'inspirant directement d'al-Fārābī. La chronologie des ouvrages d'al-Kirmānī demeurant incertaine, il n'est pas établi si ce revirement doctrinal correspond à une évolution de sa pensée, bien que cela paraisse fort probable.

La perfection du monde intelligible

Le *Kitāb al-Riyāḍ* reflète le débat doctrinal qui, au cours du Xe siècle, opposa les thèses d'al-Nasafī et d'al-Sijistānī aux positions défendues par Abū Ḥātim al-Rāzī, qu'al-Kirmānī approuve dans la majorité des cas. Ainsi, il rejette avec conviction l'idée que l'Âme universelle serait imparfaite, en un état de puissance par rapport à la perfection de l'Intellect. Selon al-Kirmānī, al-Sijistānī a confondu l'Âme universelle avec les facultés de l'âme humaine. S'il est vrai que l'âme sensible (*al-nafs al-ḥissiyya*) et l'âme rationnelle (*al-nafs al-nāṭiqa*) de l'homme sont initialement en puissance (la « première perfection ») et doivent progressivement s'actualiser pour acquérir leur « seconde perfection », il en va tout autrement de l'Âme universelle : étant émanée directement de l'Intellect, elle possède d'emblée la seconde perfection [Texte 37].

Nous sommes en présence d'un revirement complet par rapport au système d'al-Sijistānī, entièrement marqué par un strict parallélisme entre l'Âme universelle et l'âme humaine, qui en est une partie. Al-Kirmānī n'accepte pas que notre âme soit une « partie » de l'Âme universelle, ce qui implique probablement qu'il rejette la préexistence de l'âme au corps, bien que – sans doute pour des raisons liées à la doctrine ismaélienne – il ne se prononce pas ouvertement à ce sujet.

En outre, al-Kirmānī réfute la thèse de la bipolarité de l'Âme, telle qu'elle fut formulée par al-Sijstānī [Textes 13 et 38]. En tant qu'image de l'Intellect, l'Âme possède les mêmes attributs de perfection que lui ; étant elle-même une

1. Sur l'emploi qu'al-Kirmānī a fait de cet ouvrage d'al-Fārābī, voir D. De Smet, « Al-Fārābī's Influence on Ḥamīd al-Dīn al-Kirmānī's Theory of Intellect and Soul », *in* P. Adamson (ed.), *In the Age of al-Fārābī : Arabic Philosophy in the Fourth/Tenth Century*, Londres/Turin, The Warburg Institute 2008, p. 131-150.

Intelligence en acte, son essence est une lumière pure, dépourvue d’ignorance, d’impureté et d’obscurité. En plus, la notion des deux faces de l’Âme suppose qu’elle soit corporelle. La présence simultanée en l’Âme de deux éléments si différents que l’Intellect et la Matière, la lumière et l’obscurité, exigerait que son essence soit composée et divisible, par conséquent corporelle. Cela s’avère incompatible avec la nature de l’Âme en tant qu’Intelligence en acte. Pour al-Kirmānī, il n’y a point d’imperfection dans le monde intelligible : l’Intellect et l’Âme sont égaux ; ils partagent les mêmes perfections. En revanche, les imperfections du monde sensible sont liées à la Matière (*hayūlā*) qui émane de l’Intellect. Cette Matière, qualifiée comme une « trace » (*athar*) de l’Âme, est en soi pure opacité, une substance ténébreuse dépourvue d’acte. Son actualisation par les formes émanant du monde intelligible produit le monde de la génération et de la corruption dans lequel nous vivons [Texte 38].

À plusieurs reprises dans le *Kitāb al-Riyāḍ*, al-Kirmānī désigne l’Âme universelle comme le deuxième Intellect : « le deuxième Intellect qui est ce que l’on nomme l’Âme universelle » (*al-ʿaql al-thānī alladhī huwa l-musammā al-nafs al-kull*) [1]. Le sens de cette adéquation y demeure cependant inexpliqué. Sans doute s’éclaire-t-il à la lumière du schéma de l’émanation élaboré dans le *Kitāb Rāḥat al-ʿaql*.

La décade des Intellects : la triade et l’heptade

Pour composer son *Kitāb Rāḥat al-ʿaql*, al-Kirmānī s’est tacitement inspiré des *Principes des opinions des habitants de la cité vertueuse* d’al-Fārābī, mais il l’a fait d’une façon originale. Il a emprunté au *faylasūf* sa description de l’Intellect suprême, mais loin de l’identifier au Dieu instaurateur, il le ramène au niveau de la première créature, le premier Intellect. Ensuite, il adopte le schéma de l’émanation décrit par al-Fārābī, mais fait commencer la procession à partir du premier Intellect et non à partir du Principe ultime. Enfin, l’émanation produit neuf Intellects (soit un total de dix) qui correspondent aux neuf sphères célestes, comme dans le système fārābien. Ces ressemblances masquent toutefois des différences considérables. Contrairement à al-Fārābī, notre auteur ismaélien déduit du principe aristotélicien selon lequel l’Intellect cosmique est un intellect qui se pense soi-même, que l’Intellect se déploie en une triade d’hypostases : l’intellect (*ʿaql*), l’intelligeant (*ʿāqil*) et l’intelligé (*maʿqūl*). La première phase correspond au premier Intellect, le premier être instauré ; la seconde phase, active, est le deuxième Intellect, qui est en acte (*al-qā’im bi l-fiʿl*) ; la troisième phase, passive, correspond à un Intellect en puissance (*al-qā’im bi l-quwwa*), qui est « matière et forme ». Sept Intellects en acte, identifiés à une heptade d’anges, émanent successivement du deuxième Intellect. Leur action sur l’Intellect en puissance génère le monde de la nature :

1. Al-Kirmānī, *Kitāb al-Riyāḍ*, éd. ʿĀrif Tāmir, Beyrouth, Dār al-thaqāfa, 1960, p. 75.

les sphères et corps célestes, les minéraux, végétaux et animaux, pour aboutir à l'homme [Textes 39 et 40].

Ce système, qui malgré des similitudes manifestes s'avère très différent de la cosmologie d'al-Fārābī, soulève d'épineux problèmes. Il semble évident de reconnaître dans la triade primordiale les trois hypostases néoplatoniciennes d'al-Sijistānī : l'Intellect (le premier Intellect), l'Âme (le deuxième Intellect, explicitement identifié à l'Âme universelle dans le *Kitāb al-Riyāḍ*) et la Nature (l'Intellect en puissance, composé de matière et de forme). Or, c'est surtout cet Intellect en puissance qui pose problème. Identifié à la Tablette (*lawḥ*) coranique, il représente la réceptivité pure, une disposition à recevoir les formes. Al-Kirmānī le désigne comme la « matière » (*hayūlā*), terme qu'il faut sans doute comprendre dans le sens de l'« intellect matériel » de la tradition aristotélicienne : une disposition à recevoir les formes, tout comme la tablette est prête à recevoir du calame les formes de l'écriture [Texte 41]. Il ne faut donc pas confondre cette « matière » avec la matière opaque et ténébreuse qui est le substrat du monde sensible et dont al-Kirmānī a dit ailleurs [Texte 38] qu'elle n'a pas sa place dans le monde intelligible. L'Intellect en puissance appartient visiblement à ce monde de perfection, mais la puissance étant considérée comme moins noble que l'acte, il doit se situer au niveau le plus bas, marquant la transition vers le monde sensible. Selon le principe qu'un intellect en acte occupe un rang plus élevé qu'un intellect en puissance, les sept intellects en acte émanant du deuxième doivent précéder l'intellect en puissance, de sorte que, logiquement, celui-ci se retrouve au dixième et dernier rang du monde intelligible. Je ne vois dès lors d'autre issue que d'identifier l'Intellect en puissance avec le dixième Intellect, ce que certains chercheurs modernes refusent à admettre, bien que cette équation ait été faite avec beaucoup de vraisemblance par les auteurs ismaéliens ṭayyibites à partir d'Ibrāhīm al-Hāmidī (m. 1162) [1]. Ils y ont introduit le thème gnostique et manichéen de la chute du démiurge, attesté dans l'ismaélisme bien avant al-Kirmānī [2]. Pour les Ṭayyibites, le troisième Intellect ou deuxième émané a été déchu au dixième rang après avoir refusé de reconnaître la préséance du deuxième Intellect, l'Intellect en acte. Malheureusement, on ne peut démontrer avec certitude qu'al-Kirmānī adhérait à une telle conception, ce qui résoudrait pourtant maint problème posé par sa cosmologie.

En admettant que l'Intellect en puissance occupe le rang inférieur du monde intelligible, les neuf Intellects en acte sont eux aussi hiérarchisés, malgré le fait que le monde intelligible, dont ils sont les composantes, est parfait en son ensemble. Al-Kirmānī conçoit le principe de la hiérarchisation des Intellects en citant presque textuellement la Proposition 167 des *Éléments de théologie* de Proclus, passage que la tradition arabe attribue tantôt à Aristote, tantôt à Alexandre d'Aphrodise : « Chaque intellect se pense lui-même. Mais le

1. D. De Smet, *Quiétude*, *op. cit.*, p. 243-251.

2. *Id.*, *La philosophie ismaélienne*, *op. cit.*, p. 65-75.

premier Intellect ne pense que lui-même, et en lui intelligence et intelligible sont numériquement un. En revanche, chacun des intellects qui viennent à sa suite pense à la fois lui-même et ce qui le précède, et son intelligible est d'une part ce qu'il est lui-même, d'autre part ce dont il procède »[1]. Dès lors, la hiérarchie des Intellects dans le monde intelligible dépend de la distance qui sépare chaque Intellect du premier, la source ultime de l'émanation (l'Instaurateur demeurant hors de la portée de l'Intellect). À mesure qu'un Intellect doit intelliger un plus grand nombre d'Intellects avant de pouvoir atteindre le premier, la multiplicité augmente en son essence et il occupe un rang plus bas sur l'échelle cosmique. D'autre part, les Intellects s'abstiennent de penser ce qui procède d'eux par émanation : leur acte d'intellection est exclusivement tourné vers le haut, jamais vers le bas [Texte 42].

Les neuf Intellects en acte ont acquis, dès leur apparition (par instauration pour le premier, par émanation pour les autres), la seconde perfection. Ils sont pleinement actualisés et donc en repos : il ne leur manque rien et ils jouissent de la plénitude de leur essence. En revanche, l'Intellect en puissance est apparu en un état de première perfection : il a reçu l'existence, liée à la capacité de se perfectionner et de s'actualiser progressivement. Caractérisé par un manque de perfection, l'Intellect en puissance est disposé à recevoir des Intellects en acte les « formes » dont il a besoin pour s'accomplir. Mû par un mouvement continuel, il laisse émaner aussitôt ces formes sur la Matière, le substrat du monde sensible. En opérant ainsi comme démiurge, formant et gouvernant le monde sublunaire, il acquiert progressivement les « bienfaits » qui lui permettront d'accéder à la seconde perfection, un processus qui ne sera réalisé qu'à la fin des temps. Il n'apparaît pas clairement dans le *Rāḥat al-ʿaql* comment la démiurgie aide l'Intellect en puissance à s'actualiser. Les auteurs ṭayyibites apportent une fois de plus une réponse à cette question. Selon eux, la chute de l'Intellect rebelle vers les confins inférieurs du monde intelligible a eu pour conséquence qu'il s'est pollué au contact de la Matière opaque et que des parcelles de lumière ont ainsi été englouties dans les ténèbres. Il créa alors les astres et les différents règnes du monde sublunaire comme une gigantesque machine visant à libérer la lumière de sa prison matérielle et à la réintégrer à sa propre essence, un processus de longue haleine qui nécessite d'innombrables cycles cosmiques.

Il est difficile d'établir si cette réécriture ismaélienne du mythe cosmogonique manichéen[2] se trouve déjà à l'arrière-plan du *Rāḥat al-ʿaql*. En revanche, il est certain que la distinction entre la première perfection

1. G. Endress, *Proclus Arabus. Zwanzig Abschnitte aus der Institutio Theologica in arabischer Übersetzung*, Wiesbaden/Beirut, Franz Steiner, 1973, p. 289.

2. D. De Smet, « La colonne de lumière, une notion manichéenne dans l'ismaélisme ṭayyibite », *in* A. Van den Kerchove et L. G. Soares Santoprete (éd.), *Gnose et manichéisme. Entre les oasis d'Égypte et la Route de la Soie. Hommage à Jean-Daniel Dubois*, Turnhout, Brepols, 2017, p. 349-375.

(*al-kamāl al-awwal*) et la seconde perfection (*al-kamāl al-thānī*) occupe une position centrale dans la cosmologie d'al-Kirmānī. Les termes sont empruntés à la noétique aristotélicienne et se réfèrent à la distinction entre les deux entéléchies impliquée dans Aristote, *De anima*, II, 1, 412a 9-11, 27-29. Selon Alexandre d'Aphrodise, il y a deux niveaux dans l'actualisation d'une puissance : la première entéléchie ou première perfection indique la capacité de faire quelque chose (p. ex. la maîtrise de l'art d'écrire), tandis que la seconde entéléchie ou seconde perfection se réfère à l'exercice de cette capacité (p. ex. la pratique de l'écriture). Al-Kirmānī emploie ces termes en un sens légèrement différent : la première perfection se rapporte à l'existence d'une essence qui a la possibilité d'acquérir toutes les qualités (les « attributs ») susceptibles de réaliser cette existence de façon optimale, ce qui est la seconde perfection[1] [Texte 43].

L'intellect humain et son périple de la puissance à l'acte

La distinction entre les deux perfections domine également la noétique d'al-Kirmānī. À l'instar de l'Intellect en puissance, notre intellect doit lui aussi acquérir sa seconde perfection, un pari qui n'est pas gagné d'avance. Parmi les Intellects cosmiques, seul le premier est par essence en sa seconde perfection ; les autres Intellects en acte le sont instantanément, en s'auto-intelligeant et en intelligeant les Intellects qui les précèdent jusqu'au premier ; l'Intellect en puissance a un long chemin à parcourir avant d'accéder à la seconde perfection. L'homme se trouve exactement dans la même situation que l'Intellect en puissance : « il apparaît comme une vie dotée de puissance ; c'est la première perfection que l'on nomme âme »(*Rāḥat,* p. 190)[2]. En tant que pure disposition à recevoir, l'âme s'ouvre pour accueillir les perfections qui lui manquent : elle est apte à se perfectionner et à s'instruire. Mais elle ne pourra le faire sans l'aide extérieure de la révélation. Pour un ismaélien fatimide « modéré » comme al-Kirmānī, qui tient à l'observance de la charia, cela signifie que la seconde perfection de l'âme – en d'autres termes, son salut – dépend de la pratique (*'amal*) de la loi divine en son extériorité (*ẓāhir*), telle qu'elle est révélée par les prophètes, et de la connaissance (*'ilm*) de son sens ésotérique (*bāṭin*) enseigné par les imams [Textes 44 et 45].

En décrivant les facultés de l'âme humaine, al-Kirmānī suit de près les *Principes des opinions des habitants de la cité vertueuse* d'al-Fārābī, tout en y mêlant parfois une terminologie d'une autre provenance. Avec al-Fārābī, il distingue quatre facultés : nutritive (*ghādhiyya*), sensitive (*ḥāssa*), représentative (*mutakhayyila*) et rationnelle (*nāṭiqa*) (*Rāḥat,* p. 480). Ces facultés sont

1. D. De Smet, « *Perfectio prima - perfectio secunda*, ou les vicissitudes d'une notion, de S. Thomas aux Ismaéliens ṭayyibites du Yémen », *Recherches de théologie et de philosophie médiévales* 66, 1999, p. 254-288.

2. Al-Kirmānī, *Kitāb Rāḥat al-'aql*, éd. Muṣṭafā Ghālib, Beyrouth, Dār al-Andalus, 1983, p. 190.

rangées selon un ordre hiérarchique, l'inférieur servant de « matière » (*mādda, hayūlā*) au supérieur, qui à son tour joue le rôle de la « forme » (*ṣūra*) envers l'inférieur (*Rāḥat,* p. 448, 462, 471, 479, 482). La faculté appétitive (*al-quwwa al-nuzūʿiyya*) opère comme moteur des autres facultés (*Rāḥat,* p. 454). Tout en empruntant parfois à al-Fārābī les termes *al-quwwa al-mutakhayyila* et *takhayyul* pour désigner la faculté de la représentation, al-Kirmānī donne généralement la préférence à *taṣawwur,* qui appartient plutôt au vocabulaire d'al-Kindī et de ses disciples (*Rāḥat,* p. 458-459, 471). Cette faculté agit sur les « impressions » laissées dans l'âme par la perception sensible. Contrairement à al-Fārābī, qui emploie le terme *rasm* (pluriel *rusūm*), al-Kirmānī privilégie *athar* (pluriel *āthār*), terme bien attesté dans l'ismaélisme antérieur et qui, lui aussi, semble remonter à al-Kindī (*Rāḥat,* p. 468).

L'actualisation progressive de la faculté rationnelle de l'âme humaine occupe une place centrale dans le système d'al-Kirmānī. Dans son état de perfection première, notre intellect est une pure disposition à recevoir les intelligibles : il s'agit de l'intellect en puissance (*al-ʿaql bi l-quwwa*) ou intellect matériel (*al-ʿaql al-hayūlānī*), notions empruntées à al-Fārābī (*Rāḥat,* p. 452). Afin de devenir un intellect en acte (*ʿaql bi l-fiʿl*), il lui faut un principe déjà en acte qui le fait passer de la puissance à l'acte(*Rāḥat,* p. 160-161, 447-448, 453). En faisant sans doute allusion à al-Fārābī, al-Kirmānī remarque que les philosophes (*al-falāsifa*) appellent la faculté rationnelle qui a reçu l'émanation de l'Intellect agent (*fayḍ al-ʿaql al-faʿʿāl*) l'intellect acquis (*al-ʿaql al-mustafād*) [Texte 46]. Il s'agit là de l'unique attestation de la notion de l'intellect acquis dans l'œuvre d'al-Kirmānī, tandis que l'Intellect agent n'est mentionné qu'en un seul autre passage, où il est implicitement identifié au dixième Intellect [Texte 47]. Manifestement, ces termes sont étrangers au système philosophique d'al-Kirmānī.

Il s'ensuit que le rôle majeur accordé par al-Fārābī à l'Intellect agent dans l'actualisation de l'intellect humain, la prophétie et la béatitude de l'âme, sera attribué par al-Kirmānī à une autre entité. Ici son chemin se sépare de celui du philosophe. Pour l'auteur ismaélien, l'âme humaine s'élève vers la seconde perfection par la poursuite simultanée de l'action et de la science. Tout comme la perfection des Intellects cosmiques réside dans leur intellection finale du premier Intellect, l'intellect humain s'actualise pleinement en prenant le premier Intellect pour objet ultime de son acte d'intellection, tout en s'identifiant ainsi à lui (identification entre le sujet et l'objet de la pensée). Or, étant ici-bas enfermé dans un corps matériel, notre intellect ne peut s'élever vers le « monde de l'unité » que grâce à une lumière provenant de ce monde, qui illumine son essence et l'inspire (*ayyada*). Transformé par cette lumière, l'intellect ainsi inspiré devient pareil aux Intellects cosmiques – ce qui signifie sans doute qu'il s'est séparé de toute attache corporelle : en se pensant soi-même, il intellige finalement le premier Intellect et devient pareil à lui [Texte 45].

Pour al-Kirmānī, la seconde perfection ou actualisation intégrale de l'âme dans laquelle réside son salut éternel, implique une sorte d'union ou de conjonction (il utilise les deux termes *ittiḥād* et *ittiṣāl*) non avec le dixième Intellect, comme dans la *falsafa*, mais avec le premier. La félicité suprême pour l'homme réside dans la « conjonction avec l'Esprit de Sainteté » (*ittiṣāl bi-rūḥ al-quds*) (*Rāḥat*, p. 549), l'Esprit de Sainteté étant selon al-Kirmānī un terme religieux qui se réfère au premier Intellect. Par conséquent, ce dernier se substitue à l'Intellect agent ou dixième Intellect d'al-Fārābī, en ce sens qu'il est le principe de l'actualisation de l'intellect humain et de sa béatitude.

L'Intellect dans un corps humain : les prophètes et les imams

La raison de cette transformation réside dans l'imamologie ismaélienne. Les prophètes et leurs imams respectifs occupent sur terre le même rang hiérarchique que le premier Intellect dans le monde intelligible : ils en représentent le sommet, le *summum* de la perfection [1]. Dès lors, leur intellect présente les mêmes caractéristiques que le premier Intellect : il s'agit d'un intellect qui est toujours en acte sans devoir passer de la puissance à l'acte, qui réunit en son essence les deux perfections et qui, en s'auto-intelligeant, connaît toutes choses. Étant parfaits en leur essence, leur action et leur science grâce au premier Intellect qui rayonne en eux, les prophètes et les imams figurent comme les principes qui actualisent l'intellect en puissance du croyant et lui font acquérir la seconde perfection [Texte 48]. Par leur enseignement (*ta'līm*), ils jouent le rôle qu'al-Fārābī assigne à l'Intellect agent.

Al-Kirmānī reste très prudent et discret sur la question délicate de la relation entre l'intellect prophétique ou imamique et le premier Intellect. Il ne s'agit certainement pas d'une « incarnation » ou d'une « union hypostatique » – notions considérées par les ismaéliens comme relevant de l'« exagération » religieuse (*ghuluww*) – mais plutôt d'une présence du principe divin qui habite dans le corps du prophète ou de l'imam, comme quelqu'un habite une maison, sans y être physiquement attaché.

Tout en s'exprimant en des termes voilés, al-Kirmānī rejoint la double noétique déjà développée par al-Sijistānī : les prophètes et les imams ne pensent pas comme nous. Leur connaissance ne dépend pas de la perception sensible, ni d'un raisonnement syllogistique. Ils saisissent l'Intellect directement, puisque « sa forme rayonne sur leurs âmes saintes à partir du monde de l'unité ». Les connaissances s'infusent telles quelles en leur intellect, doué du pouvoir de les transformer en images. Au lieu de partir d'une perception sensible, d'en faire des images par la faculté de représentation et d'en extraire une connaissance abstraite par la faculté rationnelle, ils parcourent le processus

1. Contrairement à al-Sijistānī, qui accorde à l'imam une prééminence sur le prophète, al-Kirmānī, en tant que représentant de l'« orthodoxie » fatimide, les place strictement au même niveau.

en sens inverse. Ils partent d'une connaissance abstraite, la traduisent en images et la transforment en une réalité perceptible par les sens [Texte 49]. Ce procédé infaillible, exempt de toute erreur, est suivi par les prophètes lorsqu'ils produisent leurs textes révélés : la science que l'Intellect produit en eux est moulée dans des images et des symboles, qui à leur tour sont exprimés dans un texte, écrit en une langue humaine, susceptible d'être lu et entendu.

APPENDICE

Textes

Abū Ya‘qūb al-Sijistānī

Texte 1

Si je prends l'Intellect en considération, je constate qu'il s'agit d'une substance qui renferme tous les êtres. Je conclus à sa précédence (*sabq*) dans l'existence, étant antérieur à tous les êtres qu'il englobe (al-Sijistānī, *Yanābī‘*, § 38, p. 22-23).

Texte 2

L'Intellect ressemble au « un » qui est le premier des nombres. Aucun nombre ne le précède, ni les impairs, ni les pairs. Au contraire, tous les nombres se multiplient à partir de l'un et par l'un. De même, l'Intellect est un : c'est l'essence (*dhāt*) de tous les intelligibles (*ma‘qūlāt*) ; ceux-ci se multiplient à partir de l'Intellect et par l'Intellect (al-Sijistānī, *Yanābī‘*, § 39, p. 23).

Texte 3

C'est Lui [*i.e.* l'Instaurateur] qui a mis dans le premier être la forme de toute chose apparente et cachée et qui l'a établi comme Devançant (*sābiq*) par rapport à toute fin et tout début [...]. C'est Lui qui a fait émaner sur le premier être (*al-ays al-awwal*) autant de lumières et de splendeur que personne ne peut connaître une chose au-delà de lui [*i.e.* au-delà du premier être]. C'est Lui qui, par l'étendue de sa générosité et de sa puissance, a laissé la gouvernance (*tadbīr*) des deux mondes, avec ce qu'ils comportent de subtil et de composé, au premier Devançant. Il l'a établi comme Seigneur des seigneurs (*rabb al-arbāb*), vers qui on se tourne au cours des siècles [...]. C'est Lui qui a fait du Devançant la source de toute lumière spirituelle et corporelle (al-Sijistānī, *Ithbāt*, p. 2-3).

Texte 4

Comment pourrait-on se représenter avant l'Intellect une « choséité » (*shay'iyya*), puisque l'Intellect n'est que la choséité de toutes les choses (*shay'iyyat al-ashyā' kullihā*) et que la choséité de toutes les choses est l'Intellect ? (al-Sijistānī, *Yanābī‘*, § 42, p. 25).

Texte 5

Le mouvement de tout être mobile n'apparaît que par rapport à un être en repos. Or, rien ne précède l'Intellect ; dès lors, on ne pourrait imaginer en sa substance un mouvement par rapport au repos d'un être qui lui serait antérieur. Puisque rien ne précède l'Intellect, l'Intellect est en repos (*sākin*) et immobile, de sorte que son repos englobe le mouvement de tout être mobile, qu'il soit physique ou spirituel. Par ailleurs, le mouvement résulte d'une certaine poursuite (*ṭalab*), que ce soit la poursuite d'un lieu ou la poursuite de ce dont le mobile a besoin. Or, l'Intellect n'a besoin de rien dont la poursuite le mettrait en mouvement. Il ne se déplace jamais, de sorte que ce déplacement l'amènerait à rechercher son lieu d'origine [...]. On pourrait formuler l'objection suivante : « il [l'Intellect] se meut, puisqu'il poursuit son Instaurateur (*mubdiʿ*), ayant besoin de le percevoir (*dark*) et de le comprendre (*iḥāṭa*). Par conséquent, l'existence d'un besoin est établie en lui et, en même temps, le fait qu'il est mobile, car nous avons dit que tout ce qui a un besoin est mobile et capable de mouvement. » Nous répondons à cela : si l'Intellect pouvait concevoir l'idée de percevoir (*dark*) l'Instaurateur et d'avoir besoin de lui, il ne serait pas intellect, puisque l'Intellect doit renoncer à s'imaginer pouvoir percevoir l'Instaurateur et il ne peut s'opposer à sa propre essence (*jawhariyya*). Par conséquent, l'Intellect ne peut concevoir l'idée de percevoir celui qui l'a instauré, car il ne connaît que son unicité (al-Sijistānī, *Yanābīʿ*, § 47-49, p. 27-28).

Texte 6

L'Intellect n'acquiert pas sa puissance (*quwwa*) et sa noblesse à partir d'un autre être, comme le font les êtres physiques qui fluctuent entre la puissance et l'acte [...]. Étant exclu que (l'Intellect) acquiert quoi que ce soit d'un autre être, il est également exclu qu'il fluctue entre la puissance et l'acte. Par conséquent, il apparaît à la fois en puissance et en acte (al-Sijistānī, *Yanābīʿ*, § 51, p. 29).

Texte 7

Chaque être subsistant par soi-même est supérieur à ce qui subsiste par un autre ; ce qui subsiste par un autre est d'une excellence inférieure à ce qui subsiste par soi-même. Si l'Intellect subsistait par la subsistance des corps à partir desquels il se manifeste – je veux dire les personnes humaines –, ces personnes seraient supérieures à l'Intellect. Or, c'est par l'intellect que l'on distingue le supérieur de l'inférieur. Il faut donc qu'il y ait un Intellect séparé (*ʿaql mujarrad*) qui ne soit pas mélangé (*mashūb*) aux personnes humaines. Par conséquent, l'Intellect ne tire pas sa subsistance de la subsistance de la personne à laquelle il est mélangé. Si l'Intellect n'était pas dénué de tout lien (*tashabbuth*) avec la corporéité (*jusdāniyya*), les premiers intelligibles (*awāʾil ʿaqliyya*) auxquels toutes les personnes humaines participent en les percevant, n'existeraient pas. Car, si l'Intellect était mélangé au corps, [les hommes] avec une saine constitution physique et ceux avec une mauvaise constitution ne seraient pas en mesure de participer [d'une façon égale] à la compréhension des premiers intelligibles. Nous constatons en revanche que tous les hommes, qu'ils aient ou non une constitution physique saine, participent de façon égale à la compréhension des premiers intelligibles, ce qui apporte un démenti au fait que l'Intellect serait mélangé au corps et prouve qu'il est séparé en sa substance et en son essence (al-Sijistānī, *Yanābī'*, § 53, p. 30-31).

Texte 8

Ce qui est un mélange de puissance et d'acte – en ce sens que son acte est ce qui mélange et sa puissance ce qui est susceptible d'être mélangé – est lui-même cause de mélange (*shā'ib*). Mais à la catégorie de l'intellect appartient ce qui est acte sans puissance, à savoir la première et pure substance dans laquelle se trouvent les premiers intelligibles. S'il y avait en lui [*i.e.* l'Intellect] une puissance sans l'acte qui apparaît à partir de lui, l'altération (*istiḥāla min ḥālatihā*) s'introduirait dans les premiers intelligibles, ce qui rendrait vaines toutes les preuves démonstratives (*burhān*), ainsi que tous les principes de raisonnement (*maqā'is*). Puisque la preuve démonstrative et les principes de raisonnement ne sont pas vains, les premiers intelligibles ne subissent aucune altération. L'altération étant inadmissible dans les premiers intelligibles, il est exclu qu'il y ait en lui [*i.e.* l'Intellect] une puissance sans son acte. Par conséquent, il y a un Intellect séparé qui n'est mélangé à aucun être corporel (al-Sijistānī, *Yanābī'*, § 55-56, p. 31).

Texte 9

Le premier Intellect, qui est parfait en puissance et en acte, est la cause de sa compagne (*zawj*, *i.e.* l'Âme) lorsqu'il contemple sa propre essence. Il ne lui est pas possible de ne pas générer à partir de soi la forme de son essence lorsqu'il contemple [son essence] (al-Sijistānī, *Maqālīd*, p. 68).

Texte 10

Sache que dans les doctrines des sages de toutes les religions il est dit que l'Âme est une forme (*ṣūrat*) surgie du premier Intellect (*'aql-e awwal*) et que pour cette raison on l'appelle « second Intellect » (*'aql-e thānī*) (al-Sijistānī, *Kashf*, VII, § 1.1, p. 83).

Texte 11

[Al-Nasafī a soutenu la thèse suivante] Puisque l'Âme n'est pas parfaite, elle a besoin des bienfaits (*fawā'id*) de l'Intellect afin de devenir parfaite un jour grâce à l'Intellect. Elle est ainsi agitée par le besoin d'acquérir ces bienfaits. Son agitation fait apparaître le mouvement. Mais lorsqu'elle obtient sa nourriture, elle se calme. Ceci est le repos, par rapport à l'état qui régnait lors de la poursuite [des bienfaits]. Tous deux [*i.e.* mouvement et repos] sont des traces (*atharān*) générées par l'Âme grâce à la puissance qu'elle a acquise de l'Intellect. Ainsi, la matière (*hayūlā*) et la forme vinrent à l'existence ; ce sont les deux fondements de ce monde composé [...].

Nous [*i.e.* al-Rāzī] répondons à cela : L'Âme est parfaite en son essence, puisqu'elle émane parfaite du premier Intellect. Il s'agit donc d'une émanation parfaite qui procède de l'être parfait, vu que le premier Intellect est l'être parfait. Le premier Intellect étant l'être parfait, l'émanation à partir de l'être parfait est elle aussi parfaite. L'émanation étant parfaite, l'émané (*al-munba'ith*) l'est également. Ce qui a besoin de l'être parfait, c'est l'acte de l'Âme (*fi'l al-nafs*) et non l'essence (*dhāt*) de l'Âme. Car l'acte de l'Âme ne devient parfait qu'avec le temps (*bi-zamān*), alors que l'émanation de l'Âme a lieu conjointement au temps (*ma'a al-zamān*). En effet, le premier Intellect et le temps ne font qu'un (al-Rāzī, *Iṣlāḥ*, p. 23-24).

Texte 12

Lorsque l'Âme émana (*inba'atha*) de l'Intellect, elle vit qu'elle pourrait atteindre la limite (ou le rang, *ḥadd*) du premier par deux puissances [...], à savoir la raison (*nuṭq*) et la sainteté (*quds*). L'une d'elles, le mouvement, est son désir – c'est la raison –, l'autre, le repos par lequel elle obtient les bienfaits intellectuels, est la sainteté. Leur manifestation est impossible sans l'émanation (*inbijās*) de la Nature à partir d'elle. Ainsi, la Nature émana d'elle par deux effets (*atharān*) : l'un est le mouvement – c'est la matière (*hayūlā*) –, et l'autre est le repos et c'est la forme. L'Âme sut que l'apparition des formes réceptrices de la raison et de la sainteté ne peut se faire que par deux puissances similaires : la croissance et la sensation. La sensation revient au mouvement et la croissance appartient au repos ; aussi, elle les accorda toutes les deux à la nature (al-Sijistānī, *Ithbāt*, p. 44).

Texte 13

L'Âme a deux extrémités : l'une est tournée vers l'Intellect – elle se trouve dans son horizon (*ufq*), étant l'extrémité lumineuse et noble –, tandis que l'autre est tournée vers la Nature, la Nature se trouvant dans son horizon. C'est ici [en cette extrémité] qu'il y a une certaine obscurité (*ẓulma*) et opacité (*kudūra*), puisque la Nature se trouve dans son horizon. De même, nous disons que la Nature a deux extrémités : l'une est tournée vers l'âme partielle – il y a en elle une certaine lumière puisqu'elle se trouve dans l'horizon de l'Âme –, tandis que l'autre extrémité se trouve en face des éléments (*'anāṣir*) ; elle est ténébreuse et opaque, sans lumière (al-Sijistānī, *Nuṣra*, cité par al-Kirmānī, *Riyāḍ*, p. 111-112).

Texte 14

L'âme est une substance perpétuellement en mouvement, teintée par des couleurs spirituelles (*mutaṣabbagh bi l-aṣbāgh al-rūḥāniyya*), recevant les bienfaits de ce qui lui est supérieur et les donnant à ce qui lui est inférieur (al-Sijistānī, *Maqālīd*, p. 56-57).

Texte 15

Puisque nous trouvons une substance étendue (*jawhar mumtadda*) dans la personne humaine, [une substance] qui perçoit les choses cachées, et qu'ensuite celle-ci disparaît d'elle, alors qu'une [substance] analogue surgit dans une autre personne, sans qu'il y eût la moindre trace d'elle en cette personne avant qu'elle n'y apparaisse, nous savons qu'elle est une partie d'un tout dont elle provient et vers lequel elle retourne. Par conséquent, ces âmes partielles font partie d'un tout : c'est l'Âme universelle qui englobe le monde physique (al-Sijistānī, *Yanābīʿ*, § 85, p. 44).

Texte 16

Lorsque nous constatons que l'âme partielle d'un homme acquiert [la connaissance] d'une autre âme partielle, présente dans un autre homme, nous savons qu'elles sont toutes les deux partielles : l'une donne, l'autre reçoit. Si la nature partielle (*al-juz'iyya*) de chacune d'elles est établie, il est sûr qu'elles possèdent un tout dont ces parties émanent. Il est donc certain qu'il existe une Âme universelle dont les parties procèdent par émanation (*inbiʿāth*) (al-Sijistānī, *Yanābīʿ*, § 87, p. 45).

Texte 17

Nous disons : rien de ce que nous observons et connaissons en ces mondes, que ce soit parmi les êtres sensibles ou intelligibles, est plus noble et plus élevé que cette substance (*jawhar*) qui se trouve en nous. Il s'agit de ce que l'on nomme « l'âme rationnelle » (*al-nafs al-nāṭiqa*), par laquelle l'homme surpasse en éminence tous les autres animaux, tous les genres appartenant à ces mondes et chaque substance qui s'y trouve. Au sujet de cette substance nous soutenons qu'elle est une trace (*athar*) de cette substance élevée et noble. Rien en ces mondes ne l'englobe; c'est plutôt elle qui englobe ces mondes selon leurs [différents] rangs. En revanche, nous ne disons pas que cette substance, avec sa noblesse et son éminence par rapport à ces mondes et le fait qu'elle les englobe, est générée (*mutawallid*) à partir du deuxième [être, *i.e.* l'Âme], ni qu'elle en est une partie (*juz'*). Nous disons plutôt qu'elle est une trace (*athar*) de ce monde en nous. Son image (*mithāl*) en nous est comme l'image des traces que nous laissons dans les substances qui sont en dessous de nous, comme la trace laissée par l'orfèvre sur les substances fondues, la trace laissée par le charpentier sur le bois ou la trace laissée par le tailleur sur la pierre, et ainsi de suite. Il est absurde de prétendre que les produits de notre art et nos traces sont nos parties (al-Rāzī, *Iṣlāḥ*, p. 30-31).

Texte 18

En outre, la « trace » (*athar*) ne peut aspirer à connaître sa cause, qui est l'influence (*ta'thīr*) de celui qui l'exerce; à plus forte raison, elle ne peut connaître ce dernier. Toutefois, cette prétendue « trace » aspire à percevoir le Devançant [*i.e.* l'Intellect], qui est la cause du Suivant (*al-Tālī*) [*i.e.* l'Âme] et la source de son influence, comme ils l'appellent. Puisque nous constatons que l'homme, par son âme partielle (*al-nafs al-juz'iyya*), aspire à atteindre la connaissance de son tout, nous savons avec certitude que l'âme en lui est une partie d'une Âme universelle, et non une trace, comme prétendent ceux qui sont dépourvus de science et de discernement (al-Sijistānī, *Yanābī'*, § 89, p. 46).

Texte 19

On peut constater qu'une partie de chaque chose accomplit la même action que le tout, sans qu'il y ait la moindre différence. On peut également constater que l'homme avec son âme partielle accomplit la même action que l'Âme universelle, aussi bien en ce qui concerne la formation de concepts et d'images (*taṣwīr wa tashkīl*), que dans l'invention de techniques merveilleuses et de différentes choses visant tantôt à s'attirer l'utile et à repousser le nuisible, tantôt à faire l'inverse. D'une manière identique, l'Âme universelle a agi sur ce même monde en produisant toutes sortes de concepts et d'images et en inventant des techniques pures, ainsi que toutes les forces physiques visant à s'attirer l'utile et à repousser le nuisible à un certain moment, ou l'inverse à un autre. Il est ainsi établi qu'une partie de l'Âme universelle est présente dans l'homme, puisque son action imite (*iḥtadhā*) l'action [de l'Âme universelle] (al-Sijistānī, *Yanābī'*, § 88, p. 46).

Texte 20

Nous constatons que le monde physique (*al-'ālam al-ṭabī'ī*) ressemble aux êtres naturels qu'il renferme et que les êtres naturels qu'il renferme lui ressemblent. De même, il s'avère que le monde de l'Intellect et de l'Âme ressemble à chacun d'eux et que chacun d'eux – je veux dire l'intellect et l'âme – ressemble à leurs mondes respectifs. Nous constatons ensuite que l'on ne peut dire ni de l'intellect ni de l'âme partiels qu'ils se trouvent à l'intérieur du monde physique, dans le sens d'une chose qui y est localisée, ou qu'ils sont en dehors de lui, dans le sens d'une substance qui renferme corporellement le monde physique. D'une façon analogue, nous affirmons que l'on ne peut soutenir que l'Intellect et l'Âme universels sont à l'intérieur ou à l'extérieur du monde, en ce sens qu'ils seraient placés dans un lieu qui les renferme ou qu'ils seraient eux-mêmes un lieu qui renferme. Plutôt, ils sont intérieurs au monde au même titre qu'ils lui sont extérieurs et ils lui sont extérieurs au même titre qu'ils lui sont intérieurs (al-Sijistānī, *Yanābī'*, § 32, p. 20).

Texte 21

Puisque l'instauration (*ibdā'*) n'a rien établi en dehors du premier instauré (*al-mubda' al-awwal*) [*i.e.* l'Intellect], le monde physique se situe à l'intérieur de lui [*i.e.* de l'Intellect], sans que [le monde physique] engendre une instabilité ou un changement [en l'Intellect], lui fasse éprouver une fatigue, lui cause un dommage ou une nuisance, par le fait de se trouver à l'intérieur de lui. Car ce monde physique n'a aucune commune mesure (*miqdār*) avec le monde intelligible (*al-'ālam al-rūḥānī*). Cela signifie que le lien de ressemblance (*munāsaba*) entre l'âme partielle et l'Âme universelle lors de son parcours (*sulūk*) [à travers le monde physique] ne concerne qu'une infime partie de ce monde lumineux. Néanmoins, grâce à cette petite partie elle est en mesure d'oublier (*tansā*) ce monde. Si ce monde-ci avait la moindre commune mesure avec cette petite partie, [l'âme] ne pourrait l'oublier (al-Sijistānī, *Yanābī'*, § 35, p. 21).

Texte 22

Les âmes qui sont unies à des individus humains, lorsqu'elles oublient leur monde, deviennent amoureuses du monde de la nature, s'inclinent vers lui, sont attirées par lui et l'adorent. Elles renoncent à la transcendance (*tanzīh*) de leur Instaurateur et à le sanctifier au-delà des caractéristiques de ses serviteurs. Elles l'associent alors à ce qu'elles aiment et le qualifient avec ce qu'elles adorent (al-Sijistānī, *Ithbāt*, p. 177).

Texte 23

La preuve de l'imperfection de l'Âme et de la perfection de l'Intellect comprend le fait que beaucoup d'âmes rationnelles (*al-anfus al-nāṭiqa*) se soumettent à la Nature, obéissent à elle et à ce qu'elle leur ordonne. Elles s'inclinent vers ses passions et ses plaisirs, oublient leur monde, sa lumière et sa splendeur, tout en appréciant le monde de la Nature, ses apparences et ses illusions. Elles ne se rappellent rien de la splendeur de leur monde, ni de ses plaisirs lumineux, à cause de leur imperfection. Ainsi, par leur imperfection, elles désirent les passions et les plaisirs de ce qui relève de la nature et renoncent à leur monde, à ses plaisirs, sa beauté et sa splendeur. En revanche l'Intellect, à cause de sa perfection et sa complétude, n'oublie pas les plaisirs de son monde, ni sa beauté, ni sa splendeur ; il ne s'incline pas vers la Nature et ne désire point les plaisirs et les passions qui s'y trouvent. Il ne la regarde même pas, ou s'il la regarde, il ne le fait que par pitié, compassion et mépris pour ce qui s'y trouve ou bien pour apprendre à l'Âme que ce qui est auprès d'elle [*i.e.* la Nature] n'est que peu de chose par rapport à ce qu'il y a en son monde [*i.e.* le monde de l'Intellect]. Si l'Âme était parfaite comme l'Intellect, elle adhérerait à ce qu'elle voit en son monde et ne désirerait pas ce qui se trouve auprès de son effet (*ma'lūl*) (al-Sijistānī, *Nuṣra*, cité par al-Kirmānī, *Riyāḍ*, p. 87-88).

Texte 24

L'Intellect s'adresse à l'Âme par un double discours (*khaṭāb*), l'un supérieur, l'autre inférieur. Le discours inférieur se rapporte aux êtres corporels, puisque l'Âme est attachée à eux et que l'Intellect a pitié d'elle [...]. On sait donc que l'Intellect s'adresse tout d'abord à l'Âme lorsque sont générées à partir d'elle la matière et la forme (*al-hayūlā wa-l-ṣūra*), pour lui apprendre comment organiser les choses, afin que soit manifestée la noblesse de la Sagesse. La trace (*athar*) de cette communication subsiste dans les êtres physiques, éternellement et pour toujours (al-Sijistānī, *Yanābī'*, § 57, p. 32-33).

Texte 25

Par ailleurs, l'Intellect se conjoint avec l'Âme pour la dominer (*ghalabah kerdan*). Cela signifie que l'Âme s'est liée à la Nature. Elle essaie d'entrevoir la noblesse, l'éminence et les subtilités de la Nature à l'aide des cinq sens. Mais il faut savoir que l'Âme a été trompée par la Nature. Néanmoins, elle éprouve une inclination pour elle, qui peut aller jusqu'à l'adoration. Or, l'Intellect est le plus noble de tous les êtres. Il impose sa domination à la Nature et a pitié de l'Âme. Mais sa noblesse est cachée dans le monde physique et il faut beaucoup d'exercice et d'effort pour rendre apparente la trace (*athar*) de l'Intellect. Celle-ci devient apparente au moment où elle [*i.e.* la trace de l'Intellect dans l'âme] détache l'âme [de ses liens corporels] et la détourne de la Nature. Alors, l'Intellect se conjoint avec l'âme par la puissance dominatrice (*quwwat-e ghalabah*) de la lumière divine, de sorte que l'âme est vaincue. L'Intellect l'empêche de céder aux désirs immondes et la tire du sommeil de l'ignorance. Une fois réveillée, l'âme se rend compte quelle erreur elle a commise et comprend qu'elle a été séduite par la Nature. Elle s'incline alors humblement devant Dieu. Ceci appartient à l'heureuse destinée de l'âme et est le fruit du profit qu'elle tire des lumières de l'Intellect (al-Sijistānī, *Kashf*, II, § 7.3, p. 26-27).

Texte 26

L'Intellect a encore avec l'Âme un autre discours corporel, par lequel il l'informe de la bassesse (*ḥaqāra*) des êtres corporels et physiques, marqués par leurs différences et oppositions mutuelles. Il l'informe du fait que ce qu'elle a oublié, à savoir les bienfaits de son monde [d'origine], sont supérieurs et plus nobles que ceux de ces êtres corporels mutuellement opposés et différents, auxquels elle s'est attachée. Résulte [de ce discours] son détachement (*zuhd*) de ce bas monde : elle l'oublie et aspire à rejoindre son monde à elle. Elle se met alors à poursuivre les bienfaits intellectuels et purs dans lesquels résident son salut, son accomplissement et sa quiétude (al-Sijistānī, *Yanābī'*, § 59, p. 33).

Texte 27

Quant à l'entretien que l'Intellect a avec l'Âme au sujet des êtres spirituels (*al-rūḥāniyyāt*), il débute par le désir permanent (*al-shawq al-dā'im*) que [l'Intellect] fait émaner sur elle. Ainsi, on voit qu'elle désire toujours ardemment sa cause. Dès qu'elle comprend que ce désir, qui émane sur elle à partir de l'Intellect, l'attire vers lui, on la voit tout heureuse et pleine de joie, oubliant (*nāsiyya*) ses liens avec la Nature. C'est comme si elle s'était libérée et soustraite à l'influence des êtres physiques. Sans arrêt elle acquiert autant de ses bienfaits qu'elle est capable de porter et de contenir. Mais si les difficultés du parcours (*maslak*) l'épuisent, elle redescend, fatiguée, exténuée, épuisée, à cause de la descente, non à cause de la montée (al-Sijistānī, *Yanābī'*, § 60, p. 33-34).

Texte 28

Par l'apparition dans l'âme du repos intellectuel, les bienfaits intellectuels s'ouvrent. Ils ne se referment pas, aussi longtemps que le repos n'est pas interrompu par l'inclination [de l'âme] vers les êtres physiques éphémères, même s'il s'agit d'une inclination si faible que l'âme ne s'en rend même pas compte. Cela deviendra clair pour toi, si tu y réfléchis. En effet, parfois t'advient l'ouverture des choses liées aux bienfaits intellectuels, de sorte que tu t'élèves dans la compréhension par une ascension lumineuse et spirituelle. Tout à coup, tu te rends compte que ton âme devient lasse, sans qu'il y ait un rapport avec le temps ou la distance parcourue. Tu comprends alors que le repos, qui est le véhicule (*markab*) de la renaissance (*ba'th*) de l'âme, s'est soustrait à son contrôle, à cause d'une inclination vers son contraire, à savoir l'inclination vers les êtres physiques soumis à des mouvements opposés et transitoires. Parfois aussi, le penseur se remet à réfléchir une seconde fois sur ce qui avait échappé à sa compréhension. Il s'élève alors comme il s'était élevé la première fois et dépasse le niveau qu'il avait alors atteint, à mesure qu'il reçoit l'aide du repos intellectuel. Puis il constate à nouveau, comme il l'avait fait la première fois, que son âme se fatigue à cause du manque de repos dû à son inclination vers les êtres physiques mobiles (al-Sijistānī, *Yanābī'*, § 65, p. 36).

Texte 29

[Les facultés de l'Intellect] se ramifient en sept branches. La première est l'éternité (*dahr*) qui est coextensive avec [l'Intellect], de sorte qu'il n'en est jamais dépourvu. Aussi, en chaque intellect acquis (*'aql muktasab*) par la perception d'un intelligible, l'éternité de cet intelligible est coextensive avec l'intellect acquis par sa perception [*i.e.* par la perception de cet intelligible]. On sait ainsi que le *dahr* absolu (*al-dahr al-muṭlaq*) est coextensif avec le

Devançant (*al-Sābiq*, *i.e.* l'Intellect) au moment de l'instauration (*ibdā'*) et après.

La deuxième [faculté] est la vérité (*al-ḥaqq*) qui est coextensive avec [l'Intellect] et dont il ne peut être dépourvu. Quant aux intelligibles perçus par l'intellect acquis, la vérité de cette chose [*i.e.* la vérité de cet intelligible] est coextensive avec lui [*i.e.* avec l'intellect acquis]. Elle l'éloigne de toute représentation fausse qui lui serait contraire et l'anéantirait. On sait dès lors que la vérité absolue (*al-ḥaqq al-muṭlaq*) a été instaurée avec le Devançant au moment de l'instauration et après.

La troisième [faculté] est la joie (*surūr*) qui est coextensive avec [l'Intellect] et dont il ne peut être dépourvu. Or, la joie est présente dans l'intellect acquis lorsqu'il perçoit l'intelligible. On sait dès lors que la joie absolue (*al-surūr al-muṭlaq*) est coextensive avec l'Intellect au moment de l'instauration et après.

La quatrième [faculté] est la démonstration (*burhān*). Or, la démonstration n'est pas postérieure à l'intellect acquis lors de la perception de l'intelligible. On sait dès lors que la démonstration est coextensive avec l'Intellect au moment de l'instauration et après.

La cinquième [faculté] est la vie (*ḥayāt*), qu'on trouve avec l'intellect acquis lorsqu'il se meut dans la perception des intelligibles. On sait dès lors que la vie absolue (*al-ḥayāt al-muṭlaqa*) est coextensive avec le Devançant au moment de l'instauration et après.

La sixième [faculté] est la perfection (*kamāl*). Or, la perfection n'est pas postérieure à l'intellect partiel acquis (*al-'aql al-juz'ī al-muktasab*) lors de la perception d'un intelligible. En effet, lors de la perception, l'intelligible n'est pas représenté d'une façon imparfaite, mais plutôt il l'est parfaitement. On sait dès lors que la perfection est coextensive avec le Devançant au moment de l'instauration et après.

La septième [faculté] est l'autosuffisance (*ghunya*, l'autarcie). En effet, l'autosuffisance est une réalité bien présente dans l'intellect partiel acquis lorsqu'il perçoit les intelligibles. On sait dès lors que l'autosuffisance est coextensive avec le Devançant au moment de l'instauration et après. Parmi les facultés de l'Intellect instaurées avec lui, la plus éminente et la plus noble est l'autosuffisance. Quand le Devançant fait émaner sur un autre être l'autosuffisance parmi ses autres facultés, cette émanation-là est la plus éminente et la plus élevée de toutes (al-Sijistānī, *Yanābī'*, § 76-82, p. 41-43).

Texte 30

Ces intelligences (*'aqlhā*) que nous acquérons sont des effusions de l'Intellect universel sur les âmes partielles, alors que [l'Intellect] est un en intelligeant toutes les choses et tous les intelligibles (al-Sijistānī, *Kashf*, II, § 4. 1, p. 20).

Texte 31

Tu peux constater au sujet de l'âme partielle qui est en nous que, lorsqu'elle se libère de son attachement aux êtres matériels (*hayūlāniyyāt*), il ne reste en sa substantialité (*jawhariyya*) rien d'autre que la science pure (*al-ʿilm al-maḥḍ*), qui n'est mélangée à aucun être sensible et matériel (al-Sijistānī, *Yanābīʿ*, § 91, p. 47).

Texte 32

Lorsque l'âme partielle a atteint son « tout » [*i.e.* l'Âme universelle], au moment où [lors de son ascension hors du monde corporel] elle ne rencontre plus d'autres êtres physiques que le corps sphérique et qu'elle constate que la science y est stable, si son périple (*sulūk*) a été causé par une inspiration subtile (*ta'yīd laṭīf*) de la part de l'Âme universelle, elle voit là-bas tant de bonheur, de joie, de magnificence et de désir, qu'elle veut s'y plonger elle-même. Si son périple est le seul fruit de raisonnements (*istidlālāt*) basés sur l'étude des réalités mathématiques, elle pourra s'assurer du fait que l'essence du tout englobe le corps sphérique à la manière dont la cause englobe l'effet ou l'artisan englobe le produit de son art, non de la façon dont un corps plus grand englobe un corps plus petit ou un corps subtil un corps dense (al Sijistānī, *Yanābīʿ*, § 92, p. 48).

Texte 33

Puisque le premier Intellect (*al-ʿaql al-awwal*) est l'être instauré (*al-mubdaʿ*) que rien ne précède par rapport à l'acte d'instauration, raison pour laquelle il a obtenu les bienfaits parfaits (*al-faḍā'il al-tāmma*), aucun autre être ne peut atteindre ce rang. Il est impossible qu'une chose quelconque devienne le premier instauré après le Devançant, qui est connu pour avoir cette prééminence, et qu'elle obtienne les bienfaits parfaits que le Devançant a obtenus. Il est dès lors impossible que quelque chose atteigne son rang (al-Sijistānī, *Yanābīʿ*, § 159, p. 81).

Texte 34

L'inspiration (*ta'yīd*) commence chez l'inspiré (*al-mu'ayyad*) lorsque celui-ci devient capable de découvrir (*istinbāṭ*) les choses sans l'intermédiaire des sens, qui sont les sources (*uṣūl*) [de la connaissance], et d'abstraire (*istidlāl*) à partir des aspects apparents [des choses] leurs essences cachées. Il comprend alors que son âme a une existence (*aysiyya*) parmi les êtres sensibles, tout en se détournant d'eux et en désirant les intelligibles qui n'ont aucun lien avec les choses matérielles. La différence entre le savant (*ʿālim*) et l'inspiré (*mu'ayyad*) réside dans le fait que le savant a besoin, pour conserver ses connaissances et ses jugements, des êtres sensibles et matériels, tandis que l'inspiré en est indépendant, de sorte qu'il conçoit dans son esprit ce que le savant ne pourrait jamais extraire par déduction à partir d'indices (*dalā'il*) sensibles. Parfois surgit dans leur esprit une réalité spirituelle – dont on ne peut établir une définition – qu'ils énoncent par des expressions sensibles qui doivent permettre à leurs disciples (*aqwām*) de comprendre leur message. Cela est alors d'autant plus fermement établi dans leur esprit si [ces expressions] évoquent une réalité sensible et perceptible. Il arrive parfois qu'ils perçoivent [par leurs sens] le contraire de ce que [les inspirés] leur énoncent : alors, ils abandonnent leurs propres visions et acceptent les propos des inspirés. Si la conjonction (*ittiṣāl*) de l'inspiration avec [les inspirés] se faisait par l'intermédiaire des sens, leurs énoncés n'auraient pas cette éminence qui surpasse la science basée sur la perception sensible (al-Sijistānī, *Yanābī'*, § 188, p. 95-96).

Texte 35

On pourrait soutenir qu'un récit (*khabar*) n'est pas pareil à la vision oculaire. Toutefois, bien que la conjonction de l'inspiration avec [les inspirés] ne se fasse pas par l'intermédiaire des sens – il s'agit de la raison pure (*al-nuṭq al-maḥḍ*), qui n'est pas liée aux lettres et à leurs composés –, ils [*i.e.* les inspirés] dominent les hommes ordinaires (*khalq*) en faisant appel à ce que ceux-ci peuvent percevoir avec leurs sens ou saisir avec leurs paroles, composées de lettres. La conjonction de l'inspiration avec l'inspiré s'opère parfois lorsque celui-ci regarde une chose particulière, comme un animal, un arbre ou tout autre objet, de sorte que sa vision lui ouvre des vérités qui relèvent des sciences du caché (*'ulūm al-ghayb*) et qu'il pénètre de nombreux secrets se rapportant aux choses cachées. Alors, l'inspiration demeure en cette forme (al-Sijistānī, *Yanābī'*, § 189, p. 96).

Texte 36

Par ailleurs, il y a l'effusion de l'inspiration (*ta'yīd*) sur les cœurs des élus de Dieu et de ses serviteurs. Ceci est la science pure (*'ilm-e maḥḍ*) qui est le privilège des prophètes, dépositaires (*waṣīyān*) et imams. C'est la science que possèdent la plupart des prophètes. Elle concerne les choses et les événements futurs, que l'on ne peut atteindre par l'étude des mouvements des planètes et des signes du zodiaque ; elle comprend également la connaissance dont ils ont besoin pour gouverner (*siyāsat*) leurs communautés (*ummat*), une science que l'on ne peut acquérir en observant la manière dont les rois gouvernent. Ces sciences indispensables si on veut connaître les vérités (*ḥaqā'iq*), sont appelées « la science pure ». Elle n'est mélangée à rien qui ressemble aux preuves rationnelles (*dalīl*), ces dernières constituant la méthode sur laquelle reposent les sciences [profanes]. Elle se distingue donc de la science qu'atteignent les savants de ce monde, à partir de quelque preuve rationnelle. Or, cette science pure qui n'est mélangée à rien d'autre est la seule qui convienne à Dieu. Dès lors, il est nécessaire que le premier Intellect (*'aql-e awwal*) ne fasse qu'un avec la science divine. Il fait émaner ensuite la lumière de l'inspiration pure sur les cœurs des élus parmi les prophètes, afin que ceux-ci, grâce à cette science obtenue par inspiration, montrent aux hommes la manière de vivre [en ce monde] et le chemin du retour (*ma'ād*) vers l'autre (al-Sijistānī, *Kashf*, II, § 4. 2, p. 21).

Ḥamīd al-Dīn al-Kirmānī

Texte 37

[Al-Sijistānī a écrit dans le *Kitāb al-Nuṣra* :] Nous disons au sujet de l'Âme et de l'Intellect que l'Intellect est parfait en acte et l'Âme imparfaite en acte puisqu'elle est en puissance et qu'elle accède à l'acte lorsqu'elle acquiert la perfection [de l'Intellect] (al-Kirmānī, *Riyāḍ*, p. 79).

[Réponse d'al-Kirmānī :] Ces âmes [*i.e.* l'âme sensible (*al-nafs al-ḥissiyya*) et l'âme rationnelle (*al-nafs al-nāṭiqa*)] ne sont pas pareilles au Suivant (*al-Tālī*) [*i.e.* l'Âme universelle] qui émane du premier Intellect [...]. L'état de complétude et de perfection dans lequel se trouve le Suivant est tel qu'il n'y a en son essence rien qu'il n'ait pas encore obtenu, de sorte qu'il en serait imparfait, comme le sont ces âmes qui se trouvent initialement dans leur première perfection et doivent acquérir la seconde perfection dans le temps et par acquisition (al-Kirmānī, *Riyāḍ*, p. 88).

Texte 38

[Al-Sijistānī a écrit dans le *Kitāb al-Nuṣra* :] L'Âme possède deux extrémités : une extrémité tournée vers l'Intellect, qui se trouve dans son horizon (*ufq*) – il s'agit de l'extrémité lumineuse et noble – et une extrémité tournée vers la Nature, qui se trouve dans son horizon [*i.e.* dans l'horizon de l'Âme]. En cette dernière extrémité il y a une certaine obscurité et opacité, vu que la Nature tombe sous son horizon (al-Kirmānī, *Riyāḍ*, p. 111-112).

[Réponse d'al-Kirmānī :] Nous disons que le Suivant est trop noble et trop élevé pour que cela soit possible, tout comme c'est impossible pour le premier [être]. Car le premier et le second sont égaux : ce sont les sources de la noblesse, de la perfection et de l'élévation, de sorte qu'il n'y a pas de noblesse au-dessus d'eux. Dieu les a établis comme les sources de la noblesse parfaite, de la lumière parfaite, de l'élévation parfaite et de la science parfaite. Il n'y a donc ni ignorance là-haut, ni opacité, ni obscurité, jamais. Ce sont les deux fondements du monde supérieur, qui est la source de la pureté, de la sainteté et de la vie. En revanche, la Matière (*hayūlā*) est une trace (*athar*) du second, [la Matière] qui est la substance de ce monde : c'est une substance opaque et obscure, à laquelle on ne peut attribuer ni compassion (*raḥma*), ni force. [Le deuxième être] la fit apparaître par l'acte qui procède de lui et par la puissance acquise du premier (al-Kirmānī, *Riyāḍ*, p. 112-113).

Texte 39

L'existence de l'être premier a été clairement établie par notre exposé, tout comme le fait que celui-ci n'existe pas par soi-même, qu'il est à la fois en son essence acte (*fi'l*), agent (*fā'il*) et agi (*maf'ūl*), une limite ultime vers laquelle tendent tous les êtres, qu'il n'est ni un corps ni une puissance dans un corps et qu'il se situe en dehors du monde corporel. Le schéma qui suit montre ces êtres dans leurs correspondances et rapports mutuels, afin que tu puisses visualiser tout cela [...].

<table>
<tr><td colspan="2">Le monde de l'unité : son agencement (tarkīb)</td></tr>
<tr><td colspan="2">Le premier Intellect</td></tr>
<tr><td>Le deuxième Intellect qui est en acte (al-qā'im bi l-fi'l)</td><td>L'Intellect en puissance (al-qā'im bi l-quwwa), qui est la matière et la forme</td></tr>
<tr><td>Les anges chargés du monde de la nature : ils sont plusieurs et procèdent l'un de l'autre</td><td>Le monde de la nature, avec ses sphères, ses corps célestes et les êtres multiples qui s'y trouvent</td></tr>
<tr><td colspan="2">L'homme, composé d'un corps et d'une âme</td></tr>
</table>

(al-Kirmānī, *Rāḥat al-'aql*, p. 168)

Texte 40

Pour autant que le premier Intellect entretient [envers soi-même] une double relation [*i.e.* les rapports *'aql* - *'āqil* et *'aql* - *ma'qūl*], dont la première est plus noble que la seconde, l'être qui procède de la relation la plus noble est en acte : c'est un intellect un et pur en sa spécificité (*naw'iyya*), une forme séparée, qui est deuxième dans l'existence selon l'ordre [de la hiérarchie cosmique], le premier à être généré par émanation, tout comme le premier instauré [*i.e.* le premier Intellect] se trouve à la tête de l'instauration. En revanche, l'être qui procède de la seconde relation occupe un rang inférieur : c'est un intellect en puissance, que l'on nomme « la matière et la forme », ayant une dualité en son essence, tout comme la relation dont il procède (al-Kirmānī, *Rāḥat al-'aql*, p. 213).

Texte 41

Le second des deux [Intellects], celui qui découle du fait que [le premier] est intelligé [par soi-même] et qui subit de ce fait une passion (*mu'aththaran fīhi*), est un Intellect en puissance, une vie qui subit une action, correspondant à la relation la moins noble : c'est le deuxième émané, le premier que l'on désigne dans la tradition religieuse (*al-sunna al-ilāhiyya*) comme la tablette (*al-lawḥ*), puisqu'il reçoit les formes, étant pure réceptivité, tout comme la tablette reçoit du calame les formes de l'écriture. Voilà ce que l'on nomme la matière, dont l'existence est liée à la forme, puisque l'existence des deux procède du premier instauré (al-Kirmānī, *Rāḥat al-ʿaql*, p. 221-222).

Texte 42

Les Intellects dans le monde de l'instauration et de l'émanation [*i.e.* le monde intelligible] intelligent leurs propres essences et les essences de ce qui les précède. À mesure que chacun d'eux intellige ce qui est au-dessus de lui en rang, il devient multiple. Par exemple, le cinquième [Intellect] a une plus grande multiplicité que le quatrième, vu que le cinquième doit intelliger un plus grand nombre de choses qui le précèdent dans l'existence que ne doit le faire le quatrième. De même, le quatrième est plus multiple que le troisième puisqu'il doit intelliger plus de choses qui le précèdent dans l'existence. En effet, ce qui est plus proche de l'Un est plus simple. En revanche, les Intellects n'ont pas besoin d'intelliger ce qui est en dessous d'eux puisque leur existence dépend de l'existence de ce qui les précède ontologiquement, non de l'existence de ce qui occupe un rang ontologique inférieur (al-Kirmānī, *Rāḥat al-ʿaql*, p. 261-262).

Texte 43

La première perfection est ce qui se rapporte à l'existence de l'essence : elle est la substance qui porte l'attribut ; la seconde perfection se rapporte à l'existence de la noblesse de l'essence : elle est l'attribut. La première perfection est analogue au substrat ; la seconde perfection ressemble à la qualité qui est portée par le substrat (al-Kirmānī, *Rāḥat al-ʿaql*, p. 177).

Texte 44

Si leur première perfection [*i.e.* la première perfection des Intellects], qui réside en leur essence, est identique à leur seconde perfection, qui réside en leurs qualités, ils n'ont pas besoin d'autre chose, car ils sont parfaits. Mais s'il s'agit d'une existence qui vient par après, leur seconde perfection réside dans le fait de saisir (*iḥāṭa*) ce qui les précède dans l'existence, à savoir ce qui est distinct d'eux. Cela est tout à fait analogue à l'existence de l'homme. Il apparaît d'abord comme une vie dotée de puissance : c'est la première perfection que l'on nomme âme, pour autant qu'elle se trouve en puissance, disposée à acquérir la seconde perfection. Sans cesse elle reçoit, elle apprend et elle assimile les connaissances ; sans cesse elle agit jusqu'à atteindre le rang de l'intellect en appliquant les prescriptions de la religion qui sont de nature à faire passer les âmes à l'acte et à les amener vers le rang de la seconde perfection [qu'elles atteignent] lorsqu'elles s'appliquent à suivre ses prescriptions, à les mettre en pratique et à les connaître en leur sens apparent et caché (al-Kirmānī, *Rāḥat al-ʿaql*, p. 190).

Texte 45

Si l'action des âmes [humaines] dépend uniquement de l'aide des sens qui sont distincts d'elles, [ces âmes] ressemblent aux âmes des animaux, qui n'ont point de retour [vers l'Au-delà] (*ma'ād*). Or, chaque âme [humaine] s'élève par l'action (*'amal*) vers les rangs les plus hauts qui la préservent et par la connaissance (*'ilm*) vers le sommet des êtres. Elle les saisit (*aḥāṭat*) grâce à la lumière de l'unité qui rayonne en son essence, tout en demeurant dépendante d'autrui, puisqu'elle a besoin des sens pour agir. La lumière de l'unité s'étend vers elle, s'unit à elle et l'inspire (*ayyadahā*), après qu'elle l'a recherchée et qu'elle a voulu cette union. En revanche, le premier instauré est à la fois intellect, intelligeant et intelligé (*'aql, 'āqil, ma'qūl*). Il est intellect pour autant qu'il représente la pureté du [premier] Intellect qui tient son existence du Très-Haut. Il est intelligeant pour autant qu'il agit sur soi-même et se saisit soi-même, notamment par le fait qu'il s'auto-intellige. Afin d'intelliger sa propre essence – ce qui constitue l'acte qui lui est propre – il n'a pas besoin d'autre chose, tandis que nous, si nous voulons nous saisir nous-mêmes par une connaissance et un acte intellectuel, nous avons besoin de choses qui sont distinctes de nous et qui nous servent d'auxiliaires. Par contre, l'essence de cet Intellect consiste à s'auto-intelliger. Il est intelligé pour autant que son essence est intelligée par lui-même, sans que pour cela il ait besoin d'un autre [intellect] qui l'intellige. Tout au contraire, son essence est intelligée par son essence. Le sujet et l'objet de l'intellection ne font qu'un en lui : ils ne forment qu'une seule essence. Il y a là une analogie avec la situation des intellects dans le monde de la nature, lorsqu'ils saisissent leur propre essence et se connaissent eux-mêmes, notamment qu'ils sont une substance vivante qui retient les formes qui les précèdent dans l'existence. Ce qui saisit leur essence et les connaît, notamment comme étant une substance vivante, n'est pas une chose distincte d'eux. Au contraire, ils sont eux-mêmes ce qui saisit et connaît leur essence, de sorte que le saisi et le connu ne sont pas une chose distincte, mais identique à eux. Ce qui se connaît soi-même et ce qui est connu par soi-même ne forment qu'une seule chose ; le connu est le connaissant et le connaissant est le connu : ils ne sont qu'une seule essence. En effet, les intellects [dans le monde] de la nature ne peuvent intelliger ces Intellects qui leur sont extérieurs qu'à mesure que ceux-ci sont pareils à eux. Ils [*i.e.* les intellects dans le monde physique] deviennent ainsi intellect par leur élévation vers le rang de la perfection et vers les êtres qui ont la perfection, de sorte qu'ils sont intelligeant pour autant qu'ils s'intelligent eux-mêmes, et intelligés pour autant qu'ils sont eux-mêmes intelligés par leur acte d'intellection qui n'est pas distinct de l'intelligeant (al-Kirmānī, *Rāḥat al-'aql*, p. 202-203).

Texte 46

Les philosophes disent que l'émanation de l'Intellect agent (*al-'aql al-fa''āl*) n'est reçue que par la faculté rationnelle qui est l'intellect acquis (*al-'aql al-mustafād*) (al-Kirmānī, *Rāḥat al-'aql*, p. 552).

Texte 47

Le premier Intellect est au centre du monde des Intellects qui s'étend jusqu'à l'Intellect agent. L'Intellect agent intellige le tout : il est au centre du monde corporel qui s'étend des corps élevés fixes jusqu'aux corps changeants que l'on nomme le monde de la génération et de la corruption (al-Kirmānī, *Rāḥat al-ʿaql*, p. 245).

Texte 48

Tout ce qui est en puissance est imparfait et ne passe à l'acte, qui est le rang de la perfection, qu'en dépendant de ce qui est déjà en acte, parfait en son essence et en son acte. Or, les âmes humaines dans le monde de la nature sont en puissance et donc imparfaites. Dès lors, elles ne peuvent passer à l'acte que par ce qui est déjà en acte, en son essence et en son action. Parmi les âmes humaines, certaines sont déjà passées à l'acte, comme celles des prophètes, dépositaires et imams, ainsi que leurs successeurs, pour autant qu'elles aient acquis les deux perfections et réalisé les deux béatitudes, et qu'elles aient réuni en elles tous les bienfaits, étant exemptes de vices et parfaites. Par conséquent, c'est par celui qui est en acte, parfait en son essence et en son action, qu'ils ont acquis leur perfection et se sont élevés vers le rang de ce qui est en acte ; c'est en s'appuyant sur lui qu'ils ont acquis une existence parfaite. Sans lui, ils n'auraient pu passer à l'acte, car c'est par ce qui est déjà en acte, parfait en son essence et en son action, que l'être en puissance peut accéder à l'acte (al Kirmānī, *Rāḥat al-ʿaql*, p. 160-161).

Texte 49

Les Énonciateurs (*nuṭaqāʾ*) ne saisissent pas l'Intellect par une connaissance (*ʿilman*), mais sa forme rayonne sur leurs âmes saintes (*fī nufūsihim al-muqaddasa*) à partir du monde de l'Unité. Ils cherchent à l'atteindre par l'influx (*mādda*) des connaissances qui s'étend vers eux à partir des lumières du monde angélique (*malakūt*). Ces lumières sont réfléchies (*inʿakasa*) de l'intérieur vers l'extérieur – je veux dire à partir de l'essence de l'âme– et sont acheminées vers les sens qui sont en dehors de l'âme, et cela forme une image pour eux. Nous sommes alors en présence d'une vérité certaine, au sujet de laquelle n'existe aucun doute. En revanche, ce qui n'est pas matière à réflexion et ne tombe pas sous les sens, même s'ils [*i.e.* les Énonciateurs] y ont confiance, ils s'abstiennent d'émettre un jugement à ce sujet, mais attendent la force divine qui apparaîtra en leurs essences par voie d'émanation. Car ils n'en ont aucune image, si ce n'est par l'accroissement de cette force (al-Kirmānī, *Rāḥat al-ʿaql*, p. 100).

Glossaire

ʿaql : « intellect », l'Intellect universel ou la faculté rationnelle de l'âme humaine

ʿaql - ʿāqil - maʿqūl : « intellect - intelligeant - intelligé », les trois phases de l'auto-intellection du premier Intellect (al-Kirmānī)

al-ʿaql al-awwal : « le premier Intellect », l'Intellect universel

al-ʿaql al-faʿʿāl : « l'Intellect agent » ou dixième Intellect (al-Kirmānī, se référant à la *falsafa*)

ʿaql bi l-fiʿl : « intellect en acte », l'intellect humain passé de la puissance à l'acte (al-Kirmānī)

al-ʿaql al-gharīzī : « l'intellect inné » par lequel tout homme peut acquérir une connaissance pratique, ainsi que les premiers intelligibles qui sont à la base de la pensée théorétique (al-Sijistānī)

al-ʿaql al-hayūlānī : « l'intellect matériel », le premier stade dans le développement de l'intellect humain, comme pure disposition à recevoir les intelligibles (al-Kirmānī)

al-ʿaql al-juzʾī : « l'intellect partiel » ou individuel de l'homme (al-Sijistānī)

al-ʿaql al-maksūb : « l'intellect acquis » comme stade ultime du développement de l'intellect humain ; l'intellect de l'imam en mesure d'extraire le sens caché des symboles formulés par les prophètes (al-Sijistānī)

al-ʿaql al-muʾallif : « l'intellect composant » par lequel les prophètes composent leurs livres et lois en traduisant l'inspiration reçue de l'Intellect en un langage humain composé d'images et de symboles (al-Sijistānī)

ʿaql mujarrad : « intellect séparé », Intellect cosmique dénué de matérialité et sans lien avec un corps matériel

al-ʿaql al-muktasab : « l'intellect acquis », l'intellect humain ayant acquis de l'Intellect universel certains intelligibles (al-Sijistānī)

al-ʿaql al-mustafād : « l'intellect acquis », la faculté rationnelle de l'homme qui a reçu l'émanation de l'Intellect agent (al-Kirmānī, se référant à la *falsafa*)

al-ʿaql al-nāṭiq : « l'intellect énonciateur » des prophètes qui leur permet de capter l'inspiration émanant de l'Intellect universel (al-Sijistānī)

ʿaql bi l-quwwa : « intellect en puissance », le premier stade dans le développement de l'intellect humain (al-Kirmānī)

al-ʿaql al-thānī : « le second Intellect », l'Âme universelle

athar : « trace, empreinte » laissée par l'Intellect dans le monde sublunaire (al-Sijistānī) ; « impression » laissée dans l'âme par la perception sensible (al-Kirmānī)

awāʾil ʿaqliyya : « premiers intelligibles », les principes de l'intelligibilité (al-Sijistānī)

baʿth : « renaissance » spirituelle de l'âme partielle lors de sa réunion avec l'Âme universelle (al-Sijistānī) *faḍā'il* : « bienfaits », l'influx émanant de l'Intellect qui permet à l'Âme universelle et aux âmes humaines de s'actualiser graduellement

ibdā' : « instauration », création *ex nihilo*

al-'ilm al-maḥḍ : « la science pure » enseignée par les prophètes et les imams qui permet aux intellects humains de s'actualiser autant que possible et de se détacher ainsi de leurs liens corporels

inbi'āth : « émanation »

ittiḥād : « union » partielle de l'intellect humain avec le premier Intellect, par l'intermédiaire des prophètes et des imams (al-Kirmānī)

ittiṣāl : « conjonction » de l'intellect humain avec le premier Intellect, par l'intermédiaire des prophètes et des imams (al-Kirmānī)

al-kamāl al-awwal - al-kamāl al-thānī : « la première perfection - la seconde perfection », les deux niveaux dans l'actualisation d'une puissance, à savoir la capacité à effectuer une action et la mise en œuvre de cette capacité ; la première perfection se réfère à une essence disposée à recevoir les bienfaits nécessaires à son perfectionnement, tandis que la seconde perfection indique une essence qui s'est pleinement épanouie en ayant réalisé sa finalité (al-Kirmānī)

lāhūt : « divinité », la nature divine des prophètes et des imams

lawḥ : « tablette », l'Intellect cosmique en puissance (al-Kirmānī)

ma'qūlāt : « intelligibles », tout ce qui peut être pensé par l'intellect

al-mubda' al-awwal : « le premier instauré », le premier Intellect

mubdi' : « Instaurateur », le principe ineffable et inconnaissable qui a instauré l'Intellect

nafs : « âme », l'Âme universelle ou l'âme humaine

al-nafs al-ḥissiyya : « l'âme sensible », l'ensemble des facultés de l'âme humaine liées à la perception par les sens

al-nafs al-juz'iyya : « l'âme partielle », l'âme humaine considérée comme une partie de l'Âme universelle (al-Sijistānī)

al-nafs al-nāṭiqa : « l'âme rationnelle » de l'homme

nāsūt : « humanité », la nature humaine des prophètes et des imams

nisyān : « oubli » du monde intelligible par l'âme partielle descendue dans un corps matériel (al-Sijistānī)

nuṭq : « raison », la faculté rationnelle de l'Âme universelle et de l'âme humaine (al-Sijistānī)

al-nuṭq al-maḥḍ : « la raison pure » qui caractérise l'intellect des prophètes et des imams et leur permet d'acquérir une connaissance parfaite sans avoir recours à la perception sensible

al-qalam : le « calame » ou premier Intellect

quds : « sainteté », faculté de l'Âme universelle par laquelle elle professe le *tawḥīd*, l'unité et l'unicité absolues, de l'Instaurateur (al-Sijistānī)

al-quwwa al-ghādhiyya : « la faculté nutritive » (al-Kirmānī)
quwwat al-ghalaba : « la puissance de la domination », le pouvoir par lequel l'Intellect universel peut dompter les passions de l'Âme universelle et la raison humaine subjuguer les penchants de l'âme envers les plaisirs corporels (al-Sijistānī)
al-quwwa al-ḥāssa : « la faculté sensitive » (al-Kirmānī)
al-quwwa al-mutakhayyila : « la faculté représentative » (al-Kirmānī)
al-quwwa al-nāṭiqa : « la faculté rationnelle » (al-Kirmānī)
al-quwwa al-nuzūʿiyya : « la faculté appétitive », moteur des autres facultés de l'âme (al-Kirmānī)

rūḥ al-quds : « esprit de sainteté », le premier Intellect (al-Kirmānī)

al-sābiq : le « précédant » ou premier Intellect
sulūk : « parcours, voyage » de l'âme partielle humaine, qui descend ici-bas à partir de l'Âme universelle et aspire à remonter là-haut (al-Sijistānī)

tafwīḍ : « délégation », le fait que l'Instaurateur inconnaissable a délégué ses pouvoirs, noms et attributs à sa première et unique créature, l'Intellect
al-tālī : « le suivant », l'Âme universelle
taʿlīm : « enseignement » donné par les prophètes et les imams, par lequel l'intellect du croyant passe de la puissance à l'acte
taṣawwur : « représentation » (al-Kirmānī)
taṣwīr wa tashkīl : « formation de concepts et d'images » en l'Âme universelle, qui lui serviront de modèles dans son action démiurgique (al-Sijistānī)
ta'yīd : « inspiration, soutien », le flux, émanant de l'Intellect, qui confère aux prophètes et imams leur nature divine et leurs connaissances extraordinaires

BIBLIOGRAPHIE

ARISTOTE (PSEUDO), *Kitāb al-Uthūlūjiyā. Theologia Aristotelis*, éd. ʿAbd al-Raḥmān Badawī, Koweit, Wikālat al-maṭbūʿāt, 1977.

DE SMET, D., « Le Verbe-impératif dans le système cosmologique de l'ismaélisme », *Revue des sciences philosophiques et théologiques* 73, 1989, p. 397-412.

– *La Quiétude de l'Intellect. Néoplatonisme et gnose ismaélienne dans l'œuvre de Ḥamīd ad-Dīn al-Kirmānī* (Xᵉ/XIᵉ s.), « Orientalia Lovaniensia Analecta » 67, Louvain, Peeters, 1995.

– « *Perfectio prima - perfectio secunda*, ou les vicissitudes d'une notion, de S. Thomas aux Ismaéliens ṭayyibites du Yémen », *Recherches de théologie et de philosophie médiévales* 66, 1999, p. 254-288.

– « La doctrine avicennienne des deux faces de l'âme et ses racines ismaéliennes », *Studia Islamica* 93, 2001, p. 77-89.

– « La valorisation du féminin dans l'ismaélisme ṭayyibite. Le cas de la reine yéménite al-Sayyida Arwā (1048-1138) », *Mélanges de l'Université Saint-Joseph* 58, 2005, p. 107-122.
– « Les bibliothèques ismaéliennes et la question du néoplatonisme ismaélien », *in* C. D'Ancona (ed.), *The Libraries of the Neoplatonists. Proceedings of the Meeting of the European Science Foundation Network « Late Antiquity and Arabic Thought. Patterns in the Constitution of European Culture » held in Strasbourg, March 12-14, 2004*, Leiden, Brill, 2007, p. 481-492.
– « Miroir, savoir et émanation dans l'ismaélisme fatimide », *in* D. De Smet, M. Sebti et G. de Callataÿ (éd.), *Miroir et savoir. La transmission d'un thème platonicien, des Alexandrins à la philosophie arabo-musulmane. Actes du colloque international tenu à Leuven et Louvain-la-Neuve, les 17 et 18 novembre 2005*, Louvain, Leuven UP, 2008, p. 173-187.
– « Al-Fārābī's Influence on Ḥamīd al-Dīn al-Kirmānī's Theory of Intellect and Soul », *in* P. Adamson (ed.), *In the Age of al-Fārābī : Arabic Philosophy in the Fourth/Tenth Century*, Londres, The Warburg Institute, 2008, p. 131-150.
– « La fonction noétique de la triade al-Jadd, al-Fatḥ et al-Khayāl. Les fondements de la connaissance prophétique dans l'ismaélisme », *in* H. Biesterfeldt et V. Klemm (Hrsg.), *Differenz und Dynamik im Islam. Festschrift für Heinz Halm zum 70. Geburtstag*, Würzburg, Ergon, 2012, p. 319-336.
– « La perfection de l'intellect et de l'âme selon le *Kitāb al-Anwār al-laṭīfa* de Muḥammad b. Ṭāhir al-Ḥāriṯī (m. 1188). Recherches de noétique ismaélienne », *in* A. Musco *et al.* (éd.), *Universalité de la raison. Pluralité des philosophies au Moyen Âge (XII Congresso Internazionale di Filosofia Medievale, Palermo 17-22 settembre 2007). Volume III. Orientalia*, Palerme, Officina di Studi Medievali, 2012, p. 39-47.
– *La philosophie ismaélienne : un ésotérisme chiite entre néoplatonisme et gnose*, Paris, Cerf, 2012.
– « Religiöse Anwendung philosophischer Ideen. 1. Die ismāʿīlitischen Denker des 4./10. und frühen 5./11. Jahrhunderts. 2. Die Enzyklopädie der Iḫwān aṣ-Ṣafāʾ », *in* U. Rudolph (Hrsg.), *Philosophie in der islamischen Welt. Band I : 8.-10. Jahrhundert*, Basel, Schwabe, 2012, p. 518-554.
– « Les notions de l' "intellect inné" (*al-ʿaql al-ġarīzī*) et de l' "intellect acquis" (*al-ʿaql al-muktasab*) dans la noétique ismaélienne », *in* A. Cilardo (ed.), *Islam and Globalisation. Historical and Contemporary Perspectives. Proceedings of the 25th Congress of L'Union européenne des arabisants et islamisants*, Leuven, Peeters, 2013, p. 463-481.
– « La transmigration des âmes. Une notion problématique dans l'ismaélisme d'époque fatimide », *in* O. Mir-Kasimov (ed.), *Unity in Diversity. Mysticism, Messianism and the Construction of Religious Authority in Islam*, Leiden/Boston, Brill, 2014, p. 77-110.
– « La Doxographie du Pseudo-Ammonius dans ses rapports avec le néoplatonisme ismaélien », *in* E. Coda et C. Martini Bonadeo (éd.), *De l'Antiquité tardive au Moyen Âge. Études de logique aristotélicienne et de philosophie grecque, syriaque, arabe et latine offertes à Henri Hugonnard-Roche*, Paris, Vrin, 2014, p. 491-518.
– « Le mystère des mystères est inaccessible à l'engagement du cœur et à la perception de l'intellect. Néoplatonisme et (anti)mysticisme dans la pensée ismaélienne », *in* D. Cohen-Levinas, G. Roux et M. Sebti (éd.), *Mystique et philosophie dans les trois monothéismes*, Paris, Hermann, 2015, p. 67-87.

– « La colonne de lumière, une notion manichéenne dans l'ismaélisme ṭayyibite », *in* A. Van den Kerchove et L. G. Soares Santoprete (éd.), *Gnose et manichéisme. Entre les oasis d'Égypte et la Route de la Soie. Hommage à Jean-Daniel Dubois*, Turnhout, Brepols, 2016, p. 349-375.

– « Les racines docétistes de l'imamologie shi'ite », *in* M.A. Amir-Moezzi, M. De Cillis, D. De Smet, O. Mir-Kasimov (éd.), *L'ésotérisme shi'ite, ses racines et ses prolongements*, Turnhout, Brepols, 2016, p. 87-112.

ENDRESS, G., *Proclus Arabus. Zwanzig Abschnitte aus der Institutio Theologica in arabischer Übersetzung*, Wiesbaden/Beirut, Franz Steiner, 1973.

JOLIVET, J., *L'intellect selon Kindī*, Leiden, Brill, 1971.

AL-KIRMĀNĪ, Ḥamīd al-Dīn, *Kitāb al-Riyāḍ*, éd. 'Ārif Tāmir, Beyrouth, Dār al-thaqāfa, 1960.

– *Kitāb Rāḥat al-'aql*, éd. Muṣṭafā Ghālib, Beyrouth, Dār al-Andalus, 1983.

MADELUNG, W., « Abū Ya'qūb al-Sijistānī and Metempsychosis », in *Iranica Varia : Papers in Honor of Professor Ehsan Yarshater*, Leiden, Brill, 1990, p. 131-143.

– « Abū Ya'qūb al-Sijistānī and the Seven Faculties of the Intellect », *in* F. Daftary (ed.), *Mediaeval Isma'ili History and Thought*, Cambridge, CUP, 1996, p. 85-89.

PROCLUS, *Éléments de théologie*, traduction, introduction et notes par J. Trouillard, Paris, Aubier Montaigne, 1965.

AL-RĀZĪ, Abū Ḥātim, *Kitāb al-Iṣlāḥ*, éd. Ḥasan Mīnūchihr et Mehdī Muḥaqqiq, Téhéran, Institute of Islamic Studies/University of Tehran-McGill University, 1998.

AL-SIJISTĀNĪ, Abū Ya'qūb,, *Kashf al-Maḥjūb*, éd. H. Corbin, Téhéran/Paris, 1949; trad. fr. H. Corbin, *Le dévoilement des choses cachées. Recherches de philosophie ismaélienne*, Lagrasse, Verdier, 1988; trad. angl. H. Landolt, *in* S.H. Nasr et M. Aminrazavi (ed.), *An Anthology of Philosophy in Persia. Volume 2. Ismaili Thought in the Classical Age. From Jābir ibn Ḥayyān to Naṣīr al-Dīn Ṭūsī*, London/New York, I. B. Tauris, 2008, p. 74-129.

– *Kitāb al-Yanābī'*, éd. H. Corbin, *Trilogie ismaélienne*, Téhéran/Paris, Adrien Maisonneuve, 1961, p. 2-97; P. Walker, *The Wellsprings of Wisdom. A Study of Abū Ya'qūb al-Sijistānī's Kitāb al-Yanābī', including a complete English Translation with commentary and notes on the Arabic text*, Salt Lake City, The University of Utah Press, 1994.

– *Kitāb Ithbāt al-nubu'āt*, éd. 'Ārif Tāmir, Beyrouth, Dār al-mashriq, 1982.

– *Kitāb al-Maqālīd*, éd. I. Poonawala, Tunis, Dār al-gharb al-islāmī, 2011.

WALKER, P., « The Doctrine of Metempsychosis in Islam », *in* W.B. Hallaq et D.P. Little (ed.), *Islamic Studies Presented to Charles J. Adams*, Leiden, Brill, 1991, p. 219-238.

– « The Universal Soul and the Particular Soul in Ismā'īlī Neoplatonism », *in* P. Morewedge (ed.), *Neoplatonism and Islamic Thought*, New York, 1992, Suny Press, p. 149-166.

– *Early Philosophical Shiism. The Ismaili Neoplatonism of Abū Ya'qūb al-Sijistānī*, Cambridge, CUP, 1993.

– *Abu Ya'qub al-Sijistani : Intellectual Missionary*, London/New York, I. B. Tauris, 1996.

– *Ḥamīd al-Dīn al-Kirmānī. Ismaili Thought in the Age of al-Ḥākim*, London/New York, I. B. Tauris, 1999.

– « The Ismā'īlīs », *in* P. Adamson et R. Taylor (eds.), *The Cambridge Companion to Arabic Philosophy*, Cambridge, CUP, 2005, p. 72-91.

DANIEL DE SMET

LES IKHWĀN AL-ṢAFĀ' (FRÈRES DE LA PURETÉ)

La première « encyclopédie » de la philosophie et des sciences en langue arabe se présente comme un ouvrage collectif dont les auteurs se cachent derrière la dénomination mystérieuse de « Frères de la pureté et amis de la fidélité » (*Ikhwān al-ṣafā' wa khullān al-wafā'*). Leur identité a donné lieu à des spéculations multiples. Selon l'érudit Abū Ḥayyān al-Tawḥīdī (m. 414/985), il s'agirait d'un groupe de notables de Bassora (Baṣra en Irak), tous contemporains d'al-Tawḥīdī. En revanche, la tradition ismaélienne ṭayyibite, qui apparaît au Yémen à partir du XIIe siècle, situe les Ikhwān dans l'entourage de « l'imam caché » Aḥmad b. ʿAbd Allāh b. Muḥammad b. Ismāʿīl, le grand-père présumé du premier calife fatimide ʿAbd Allāh al-Mahdī (m. 322/934), ce qui les ferait remonter à la seconde moitié du IXe siècle. Bien que la question de la datation n'ait pas encore trouvé de solution définitive, un certain consensus existe aujourd'hui pour situer la rédaction des *Épîtres* (*Rasā'il*) des Ikhwān al-Ṣafā' entre 360/970 et 370/980 [1].

L'inspiration shiʿite de l'ouvrage est manifeste, mais son appartenance au mouvement ismaélien demeure une question hautement controversée. Outre le fait que les *Épîtres* n'ont été revendiquées par les ismaéliens que tardivement, dans la mouvance ṭayyibite, elles véhiculent une conception de Dieu, des premiers principes, de la cosmologie et de l'imamat qui s'avère difficilement conciliable avec l'ismaélisme du Xe siècle. D'autre part, les *Épîtres* sont issues

1. Pour un aperçu général concernant les *Rasā'il Ikhwān al-Ṣafā'*, leurs auteurs, leur datation, leur contenu, leurs sources et leur appartenance confessionnelle, voir N. El-Bizri (ed.), *The Ikhwān al-Ṣafā' and their Rasā'il. An Introduction*, Oxford, OUP, 2008 ; G. de Callataÿ, *Ikhwan al-Safa'. A Brotherhood of Idealists on the Fringe of Orthodox Islam*, Oxford, Oneworld, 2005 ; I. R. Netton, *Muslim Neoplatonists. An Introduction to the Thought of the Brethren of Purity*, Edinburgh, EUP, 1991 ; D. De Smet, « Religiöse Anwendung philosophischer Ideen. Die Enzyklopädie der Iḫwān aṣ-Ṣafā' », *in* U. Rudolph (Hrsg.), *Grundriss der Geschichte der Philosophie. Philosophie in der islamischen Welt. Band I : 8.-10. Jahrhundert*, Basel, Schwabe, 2012, p. 531-539 et p. 551-554.

d'un milieu shi'ite imbibé de philosophie, en particulier de néoplatonisme, ce qui leur confère une indéniable parenté avec l'ismaélisme de l'époque. Par ailleurs, les auteurs des *Épîtres* semblent avoir puisé à des sources ismaéliennes et vice versa.

La recension actuelle comporte 52 épîtres, alors que dans le texte même il n'est fait mention que de 51 *rasā'il*, ce qui signifie qu'une épître a été ajoutée (probablement la 51e, qui reprend une partie de la 21e). L'ouvrage présente un caractère encyclopédique, en ce sens qu'il aborde la plupart des sciences profanes et religieuses, le tout intégré dans une vision du monde profondément marquée par la philosophie tardo-antique, en particulier le néoplatonisme et le néo-pythagorisme. Les *Épîtres* sont réparties en quatre sections : 1) les sciences propédeutiques, comme l'arithmétique, la géométrie, l'astronomie, la géographie, la musique, l'éthique, la logique (épîtres 1-14) ; 2) les sciences de la nature, comme la physique, la météorologie, la minéralogie, la botanique, la biologie, l'homme en tant que microcosme, la vie et la mort, l'origine et la nature du langage (15-31) ; 3) la psychologie et la noétique (32-41) ; 4) les sciences théologiques et religieuses, comme la loi divine, la prophétie, la politique, le tout étant couronné par la magie (42-52). Toutefois, la cohérence de cette structure n'est qu'apparente. En réalité, un désordre désarmant règne au sein du corpus. Ce chaos est en partie délibéré : les auteurs pratiquent en effet le *tabdīd al-'ilm* (« la dispersion de la science »), une technique d'écriture ésotérique fréquente dans le shi'isme, qui consiste à fragmenter et à disperser des doctrines jugées secrètes ou compromettantes, en les insérant en des contextes inattendus, afin que seul le lecteur averti puisse en prendre connaissance.

Par conséquent, l'étude de la noétique des Ikhwān est une entreprise périlleuse : le matériel se trouve dispersé à travers le corpus étendu des *Rasā'il;* les doctrines et la terminologie sont tout sauf homogènes, les auteurs ayant juxtaposé des éléments empruntés à des sources différentes, sans tenter de les harmoniser pour autant. Face à ce problème de disparité, j'ai décidé de limiter mon analyse aux épîtres de la troisième section « Sur ce qui concerne l'âme et l'intellect » (*Fi l-nafsāniyya al-'aqliyya*), à savoir les épîtres 32 à 41 (hormis l'épître 36, consacrée à l'astrologie). Même au sein de cet ensemble restreint, les contradictions et les incohérences ne manquent pas. À cela s'ajoutent les problèmes multiples liés à la transmission et à l'édition du texte.

Les *Rasā'il Ikhwān al-Ṣafā'* ont été imprimées pour la première fois à Bombay en 1888-89 par un certain Wilāyat Ḥusayn. Le fait que l'ensemble y est attribué à *Mawlānā* Aḥmad b. 'Abd Allāh (l'imam caché ismaélien) laisse supposer que cette édition, ainsi que le ou les manuscrits qui en sont à la base, sont issus de la communauté ṭayyibite, bohra, de l'Inde. Les *Épîtres* ont ensuite été « éditées » au Caire en 1928 par Khayr al-Dīn al-Ziriklī et à Beyrouth en 1957 par Buṭrus Bustānī. Or, il s'avère que ces trois éditions offrent foncièrement le même texte, ce qui signifie que les impressions du Caire et de Beyrouth dépendent de la version de Bombay. En revanche, la comparaison du texte imprimé avec une sélection de manuscrits réunis par l'Institute of Ismaili Studies de Londres en vue d'une édition critique des *Épîtres* – manuscrits parmi lesquels l'Istanbul, Atif Efendi 1681, daté de 578/1182 (le plus ancien connu à ce jour) occupe une place de choix – laisse apparaître des variantes considérables, non seulement dans la lecture du texte, mais aussi au niveau de la structure des épîtres. Pour celles qui nous intéressent ici, nous possédons actuellement une édition critique des épîtres 32, 33, 35 (par Paul Walker) et 34 (par Ismail Poonawala). Le résultat le plus spectaculaire est un remaniement complet des épîtres 32 et 33 par rapport au texte figurant dans les éditions antérieures, qui n'est confirmé par aucun manuscrit consulté par l'éditeur. Dans ce qui suit, j'utiliserai la nouvelle édition critique des épîtres 32 à 35; pour les épîtres 37 à 41, je me réfère à l'édition de Beyrouth [1].

La hiérarchie céleste : l'Intellect, l'Âme universelle et la première Matière

L'intitulé des épîtres 32 (« Sur les principes de l'intellect selon l'opinion de Pythagore ») et 33 (« Sur les principes de l'intellect selon l'opinion des Ikhwān al-Ṣafā' ») pourrait laisser supposer que les Ikhwān se démarquent du pythagorisme. En réalité, il n'en est rien. Leur système cosmologique est basé sur une arithmologie néopythagoricienne dont une des sources est la traduction arabe de l'*Introduction à l'arithmétique* de Nicomaque de Gérasa (IIe siècle). Cette arithmologie est intégrée dans un schéma d'émanation d'inspiration néoplatonicienne [2].

La structure de l'univers, telle qu'elle est présentée par les Ikhwān, est ennéadique : il y a huit niveaux qui émanent successivement du premier, celui du Créateur, tout comme les huit premiers nombres procèdent du nombre un par addition. Ces neuf rangs et leurs nombres correspondants sont les suivants : 1) le Créateur; 2) l'Intellect universel; 3) l'Âme universelle; 4) la Nature; 5) la première Matière (*al-hayūlā al-ūlā*); 6) le Corps absolu (*al-jism al-muṭlaq*); 7) les sphères célestes; 8) les quatre éléments; 9) les règnes naturels : les minéraux, les végétaux et les animaux. Le règne animal culmine

1. P. E. Walker, I. K. Poonawala, D. Simonowitz, G. de Callataÿ (ed. et trad.), *Epistles of the Brethren of Purity. Sciences of the Soul and Intellect. Part 1. An Arabic Critical Edition and English Translation of Epistles 32-36*, Oxford, OUP, 2015 ; Ikhwān al-Ṣafā', *Rasā'il*, 4 vol., Beyrouth, Dār Ṣādir, 1957. Susanne Diwald avait collationné jadis plusieurs manuscrits des épîtres 32 à 41 en vue d'une édition critique, malheureusement restée inédite. Seule une traduction allemande richement annotée et basée sur sa nouvelle édition est parue : S. Diwald, *Arabische Philosophie und Wissenschaft in der Enzyklopädie. Kitāb Iḫwān aṣ-Ṣafā' (III). Die Lehre von Seele und Intellekt*, Wiesbaden, Otto Harrassowitz, 1975.

2. A. Straface, « Testimonianze pitagoriche alla luce di une filosofia profetica. La numerologia pitagorica negli Iḫwān al-Ṣafā' », *Anali dell'Istituto Orientale di Napoli* 47, 1987, p. 225-241 ; C. Baffioni, « Citazioni di autori antichi nelle *Rasā'il Ikhwān al-Ṣafā'*. Il caso di Nicomaco di Gerasa », *in* G. Endress, R. Kruk (eds.), *The Ancient Tradition in Christian and Islamic Hellenism. Studies in the Transmission of Greek Philosophy and Sciences, Dedicated to H.J. Drossaart Lulofs on his Ninetieth Birthday*, Leiden, Brill, 1997, p. 3-27.

dans l'homme, point de départ du retour (*ma'ād*, *reditus*) vers l'origine [Texte 1]. En faisant correspondre Dieu au premier des nombres, les Ikhwān le situent à l'intérieur de l'univers, contrairement aux ismaéliens pour lesquels l'Instaurateur demeure au-delà du nombre un, insaisissable et étranger au monde [Texte 7]. D'une manière générale, la transcendance radicale du Dieu ismaélien ne se retrouve pas dans les *Rasā'il Ikhwān al-Ṣafā'*. Ainsi, par exemple, les Ikhwān n'hésitent pas à attribuer à Dieu une causalité, faisant de lui la cause de l'Intellect [Texte 2]

Autre différence notable avec la doctrine ismaélienne, les Ikhwān soutiennent que l'Intellect universel procède du Créateur par voie d'émanation. Comme les paraphrases arabes de Plotin, ils entretiennent une confusion permanente entre un vocabulaire créationniste et émanationniste, l'instauration (*ibdā'*) étant quasiment synonyme de l'émanation (*fayḍ*). Ainsi, l'Intellect est décrit comme une substance spirituelle (*jawhar rūḥānī*) qui émane du Créateur grâce à la libéralité de ce dernier; étant instauré en premier, sans intermédiaire, l'Intellect représente le degré suprême de la perfection. Il reçoit les bienfaits (*faḍā'il*) du Créateur – la subsistance (*baqā'*), l'achèvement (*tamām*) et la perfection (*kamāl*) – d'un seul coup (*daf'atan wāḥidatan*), en dehors du temps (*bi-lā zamān*). Portant en son essence « les formes de toutes les choses », l'Intellect est en repos : puisque rien ne lui manque, il n'est tourmenté par aucun désir.

L'Âme universelle est une substance spirituelle émanant de l'Intellect. Elle est subsistante, achevée, mais imparfaite, son imperfection étant due au fait qu'un intermédiaire (l'Intellect) la sépare du Créateur. L'Âme est le principe dont émane la première Matière, que les Ikhwān comptent parmi les « premiers principes intelligibles » et qualifient de substance spirituelle au même titre que l'Intellect et l'Âme. En tant qu'hypostase du monde intelligible, la Matière est subsistante, mais elle n'est ni achevée, ni parfaite. Dès lors, il incombe à l'Âme de l'achever et de la parfaire. Occupant une position intermédiaire entre l'Intellect et la Matière, l'Âme universelle est constamment tiraillée entre ces deux pôles : tantôt elle se tourne vers l'Intellect, avide de recevoir de lui les bienfaits qui lui manquent, tantôt elle est attirée vers la Matière. Ce va-et-vient fait de l'Âme le principe du mouvement et du temps. Le lien de l'Âme avec la Matière poursuit un double but : achever la Matière en lui procurant les bienfaits dont elle a besoin et se perfectionner elle-même en s'acquittant de cette tâche ingrate. En effet, l'imperfection de la Matière est telle qu'elle ne désire aucunement les bienfaits que l'Âme veut lui offrir. Celle-ci doit se donner beaucoup de peine afin de « corriger » la Matière et risque à tout moment de se noyer dans « l'océan de la matière ». Heureusement, la Providence divine veille pour la prémunir contre ce danger [Texte 2]. Le système exposé dans les *Rasā'il Ikhwān al-Ṣafā'* exclut la chute de l'Âme dans la matière[1].

Avec « peine et fatigue » l'Âme accomplit sa fonction démiurgique : elle réalise dans la première Matière les « formes séparées » (*al-ṣuwar al-mujarrada*) qu'elle reçoit de l'Intellect, à savoir « les empreintes, les couleurs et les figures » (*al-nuqūsh wa-l-aṣbāgh wa-l-ashkāl*). Prudents, les Ikhwān prennent bien soin de préciser que l'Âme agit ainsi comme démiurge « avec l'autorisation et le soutien de Dieu » [Texte 4]. Contrairement à l'Instaurateur ismaélien, dont l'activité se limite à créer l'Intellect, le Dieu des Ikhwān intervient dans le monde, fût-ce par l'intermédiaire de l'Intellect. Ayant reçu les « formes séparées », la Matière produit le Corps absolu, doté des trois dimensions. Parfois appelé « Matière seconde », il représente le premier niveau de l'univers sensible et sert de matière pour les sphères et corps célestes. Leur rotation aide le démiurge à générer les quatre éléments et à régir leur mélange dont proviennent les trois règnes du monde sublunaire [Textes 3 et 6].

Dans un certain nombre de passages, l'Intellect universel est appelé « Intellect agent » (*al-'aql al-fa''āl*). Bien que le sens technique de ce terme ne soit pas expliqué, il apparaît généralement en rapport avec l'idée que toutes les formes sont contenues dans l'Intellect, qui les imprègne dans l'Âme. Celle-ci, en tant que principe récepteur des formes, est alors qualifiée d'« Intellect patient » (*al-'aql al-munfa'il*). Définie comme une substance simple, spirituelle, vivante, savante et agente, l'Âme est « une forme issue des formes de l'Intellect agent ». Les termes « intellect agent » et « intellect patient », manifestement empruntés à la noétique aristotélicienne des *falāsifa*, sont intégrés par les Ikhwān dans un contexte cosmologique néoplatonicien [Textes 3, 4, 5 et 6]. Par ailleurs, l'Intellect et l'Âme sont décrits comme des lumières émanant de la lumière du Créateur, tandis que la première Matière est l'ombre (*ẓill, fay'*) de l'Âme [Texte 4]. La doctrine qui présente l'hypostase inférieure comme une ombre du rang supérieur est caractéristique du Pseudo-Empédocle arabe[2].

1. En revanche, cette chute de l'Âme dans la matière est clairement présente dans la *Risāla al-Jāmi'a*, traditionnellement attribuée aux Ikhwān al-Ṣafā', qui y exposeraient le sens ésotérique de leurs *Épîtres*. Plus proche de l'ismaélisme que les *Rasā'il*, la *Risāla al-Jāmi'a* a été amplement exploitée par les auteurs ṭayyibites ; voir D. De Smet, « La *Risāla al-Ǧāmi'a* attribuée aux Iẖwān al-Ṣafā' : un précurseur de l'ismaélisme ṭayyibite ? », *in* A. Straface, C. de Angelo, A. Manzo (a cura di), *Labor limae. Atti in onore di Carmela Baffioni*, vol. I, Naples, Unior, 2017, p. 269-298.

2. D. De Smet, *Empedocles Arabus. Une lecture néoplatonicienne tardive*, Bruxelles, Koninklijke Academie voor Wetenschappen Letteren en Schone Kunsten van België, 1998, p. 117.

La nature universelle et les puissances de l'âme : les âmes simples (*al-anfus al-basīṭa*)

L'Âme universelle opère sa fonction démiurgique avec l'aide de la Nature universelle (*al-ṭabī'a al-kulliyya*). Celle-ci est définie comme la puissance (*quwwa*) de l'Âme universelle qui pénètre tous les corps, les meut et les régit, à commencer par les corps et sphères célestes. La Nature englobe ainsi l'ensemble des « âmes simples », qui sont autant de puissances de l'Âme universelle. Les puissances animant et mouvant (de façon circulaire) les sphères et corps célestes sont identifiées aux anges et aux êtres spirituels (*al-rūḥāniyyūn*) ; celles qui animent et régissent les minéraux, les végétaux et les animaux sont appelées les âmes minérales, végétales et animales. Chaque individu appartenant au règne minéral, végétal et animal possède une âme partielle, individuelle. Les Ikhwān défendent ainsi une vision du monde entièrement marquée par la continuité : l'Âme du monde pénètre l'entièreté de la *scala naturae*, des corps célestes au niveau le plus bas du monde minéral, représenté par les minéraux non forgeables (souvent des matières puantes et visqueuses, comme le bitume), en passant par la chaîne ininterrompue des espèces végétales et animales, classées selon un ordre hiérarchique. Dès lors, l'âme humaine participe foncièrement à la même nature que l'âme des serpents, des sapins, du fer ou du talc : il s'agit d'une âme unique qui se déploie en une multitude d'âmes partielles dont seule la différence de perfection et de complexité permet de les distinguer [Textes 8 et 9] [1].

L'Âme universelle pénètre dans les corps du monde sensible par deux puissances bien distinctes : la puissance agente (*al-quwwa al-fa''āla*) et la puissance savante (*al-quwwa al-'allāma*). Par sa puissance agente, elle donne aux corps leurs formes, apparences et couleurs ; sa puissance savante leur octroie les bienfaits de l'Intellect, à savoir la science, la vertu et la piété. Pour autant que ces puissances se répandent de la sphère suprême jusqu'au centre de la terre, elles concernent l'ensemble des créatures. En d'autres termes, dans le système des Ikhwān, la connaissance, la vertu et la piété ne sont pas réservées à l'homme : les animaux, plantes et minéraux ont tous, au niveau qui est le leur,

1. Sur le thème de la *scala naturae* qui occupe une place centrale dans la pensée des Ikhwān, voir D. De Smet, « The Sacredness of Nature in Shi'i Isma'ili Islam », *in* A. Vanderjagt, K. van Berkel (eds.), *The Book of Nature in Antiquity and the Middle Ages*, Leuven, Peeters, 2005, p. 87-89. Si les *Rasā'il Ikhwān al-Ṣafā'* évitent toute allusion explicite à la métempsycose, la *Risāla al-Jāmi'a* exploite cette continuité comme arrière-plan théorique de sa doctrine de la transmigration : les âmes humaines purifiées pourront s'élever vers les corps célestes, tandis que les âmes souillées par l'ignorance et les péchés descendent les maillons de la chaîne pour renaître finalement dans des animaux ignobles ou des matières répugnantes. Les ismaéliens ṭayyibites reprendront cette idée, en s'inspirant de la *Risāla al-Jāmi'a* ; voir D. De Smet, « Scarabées, scorpions, cloportes et corps camphrés. Métamorphose, réincarnation et génération spontanée dans l'hétérodoxie chiite », *in* A. Vrolijk, J.P. Hogendijk (eds.), *O ye Gentlemen : Arabic Studies on Science and Literary Culture. In Honour of Remke Kruk*, Leiden/Boston, Brill, 2007, p. 39-54.

une certaine perception de l'agencement du monde et de son Créateur, qu'ils louent en mesure de leurs capacités [Texte 9].

Pour autant que l'univers entier est animé et que l'Âme universelle en pénètre tous les échelons, il en ressort plusieurs catégories d'âmes qui se rapportent entre elles comme le genre se rapporte aux espèces. Au sommet se situe l'Âme universelle, semblable au genre des genres, dont les âmes simples des sphères et corps célestes sont comme les espèces. Mais celles-ci figurent à leur tour comme un genre dont les « âmes des genres » (*al-anfus al-jinsiyya*) – minéraux, végétaux, animaux – du monde sublunaire sont comme les espèces; au sein de chacun de ces genres sublunaires il y a une multitude d'âmes des espèces (*al-anfus al-naw'iyya*), qui se déploient en une pluralité d'âmes partielles individuelles. Une sorte d'arbre de Porphyre se dessine ainsi, dont chaque branche, correspondant à une catégorie de nombres (unités, dizaines, centaines...), soutient les branches situées en dessous d'elle [Texte 10].

L'ÂME ET L'INTELLECT DE L'HOMME. LES VOIES MULTIPLES DE LA CONNAISSANCE

La noétique, telle qu'elle est développée dans les *Rasā'il Ikhwān al-Ṣafā'*, est non seulement d'une grand complexité, mais elle manque – à première vue du moins – de cohérence, les auteurs ayant juxtaposé divers systèmes puisés à des sources différentes, sans prendre soin de les harmoniser ou d'en expliquer les termes techniques. Il serait donc vain de vouloir en présenter une synthèse globale, qui rendrait compte de tous les éléments disparates rencontrés dans les textes.

L'âme humaine est considérée comme une des facultés de l'Âme universelle, tandis que l'intellect de l'homme est une des facultés de son âme. Généralement désignée par le terme *nafs*, occasionnellement par *rūḥ* (« esprit »), l'âme humaine est définie comme « une substance céleste, lumineuse, vivante, savante, agente par nature, douée de sens et percevant ». Par nature éternelle et immortelle, elle « existe avec le corps de façon accidentelle dans un but déterminé » [Textes 11 et 12]. Les Ikhwān adhèrent donc à la thèse (néo)platonicienne de la préexistence de l'âme par rapport au corps, dans lequel elle descend et qu'elle quitte après la mort de ce dernier.

Un long passage de l'épître 35 (*Fi l-'aql wa-l-ma'qūl*, « Sur l'intellect et l'intelligible ») décrit les actions et les facultés de l'âme humaine en tant que substance spirituelle. Tout en stipulant au passage que les facultés de l'âme humaine sont si nombreuses que seul Dieu en connaît le nombre exact, l'auteur nous apprend que chaque faculté, située dans une partie distincte du corps, a une fonction particulière, agissant comme un fonctionnaire dans la bureaucratie royale. Ainsi, les cinq sens externes recueillent des informations sur les êtres sensibles, à l'instar des informateurs du roi. S'y ajoutent cinq facultés internes : cogitative (*mufakkira*), imaginative (*mutakhayyila*), mémorative (*ḥāfiẓa*), parlante (*nāṭiqa*) et productive (*ṣāni'a*). La faculté cogitative, située au milieu du cerveau, correspond au roi dont le palais s'élève au milieu de la capitale, tandis que les quatre autres facultés sont comme ses confidents, ministres et vizirs. La faculté imaginative, dont le siège est la partie antérieure du cerveau, rassemble les informations recueillies par les sens externes, comme le cartographe (*ṣāḥib al-kharīṭa*) le fait pour le roi. La faculté mémorative, située dans la partie postérieure du cerveau, opère comme le trésorier qui veille sur la fortune du roi. La faculté parlante, qui traduit les informations dans une langue humaine, joue le rôle de l'interprète et du chambellan royaux. Enfin, la faculté productive met tout cela en pratique, comme le vizir aide le roi à gouverner [Texte 12].

Si la localisation des sens internes dans différentes parties du cerveau se retrouve chez Avicenne, les identifications concrètes ne concordent pas [1]. Il en va de même de la fonction que les Ikhwān attribuent aux facultés de l'âme, dans lesquelles on reconnaît des réminiscences aristotéliciennes, mais intégrées dans un autre cadre. Ainsi, l'auteur de l'épître 35 poursuit son exposé en décrivant la fonction de la faculté imaginative. Celle-ci fait parvenir les impressions (*rusūm*) des êtres sensibles, acquises par les facultés sensitives, à la faculté cogitative. La faculté imaginative transforme ces impressions en une forme spirituelle qui réside dans l'âme comme la forme réside dans la matière. Les formes ainsi constituées sont prises en considération (*ta'ammul*) par la faculté cogitative, l'une après l'autre, « afin d'apprendre leurs significations, leurs nombres, leurs natures, leurs particularités, leurs utilités et leurs nuisances ». Cette connaissance est alors conservée par la faculté mémorative, afin de permettre sa remémoration (*tadhākur*). Grâce à la faculté parlante, la faculté cogitative est en mesure de communiquer à autrui, sous une forme verbale, toutes les choses ainsi représentées (*mutaṣawwarāt*) et comprises (*mafhūmāt*) [Texte 12].

Après un exposé sur la faculté parlante, dont la fonction consiste à traduire dans les lettres de l'alphabet et les sons du langage parlé les conceptions formées dans la faculté cogitative, alors que la faculté productive les fixe par écrit, l'épître 35 enchaîne avec la faculté cogitative. Les actions multiples qu'elle exerce se situent à deux niveaux. D'une part, elle intervient dans le fonctionnement des autres facultés, productive, parlante, mémorative et imaginative. D'autre part, elle a des actions qui lui sont propres : la réflexion (*tafakkur*), la délibération (*rawiyya*), la représentation (*taṣawwur*), l'induction (*i'tibār*), la composition (*tarkīb*), l'analyse (*taḥlīl*), la synthèse (*jam'*), le syllogisme (*qiyās*), la physiognomonie (*firāsa*), l'interprétation des augures (*zajr*), la divination (*takahhun*), les intuitions (*khawāṭir*), l'inspiration (*ilhām*), la réception de la révélation (*waḥī*) et les représentations des songes (*takhyīl al-manāmāt*).

1. Ibn Sīnā, *Kitāb al-Shifā'. Fi l-Nafs*, éd. F. Rahman, *Avicenna's De Anima, Being the Psychological Part of Kitāb al-Shifā'*, Londres, OUP, 1959, p. 44-45. En revanche, les Ikhwān sont très proches de la version du *Kitāb al-Ḥiss wa-l-maḥsūs* étudiée par Rotraud Hansberger en ce volume ; voir *supra*, p. 50, 52, 53 et 71.

Malheureusement, la signification précise de ces termes demeure obscure et les « définitions » qui en sont données laissent perplexe par leur imprécision. Notons toutefois que cette liste des opérations de la faculté cogitative contient des modes de savoir de nature très différente, allant du syllogisme à la physiognomonie et à la prophétie. Cela permettra aux Ikhwān d'inclure dans leur projet scientifique non seulement la syllogistique aristotélicienne, mais également les sciences occultes, comme la magie, et les révélations divines avec leurs exégèses ésotériques (*ta'wīlāt maknūna*), ces dernières étant strictement réservées aux *ahl al-bayt*, c'est-à-dire les imams shi'ites [Texte 12].

Un passage de cette même épître 35 donne une énumération différente des actions de l'intellect humain – la réflexion (*tafakkur*), l'examen (*ru'ya*), la spéculation (*naẓar*) et les œuvres pratiques (*ṣanā'i'*) – tout en mettant un peu d'ordre dans les voies multiples qui mènent à la connaissance. L'homme possède en effet trois voies pour « trouver » les objets de la connaissance : 1) les facultés sensitives ; 2) les facultés intellectuelles, à savoir la pensée (*fikr*), la délibération (*rawiyya*), la compréhension (*fahm*), le discernement (*tamyīz*), l'estimation véridique (*al-wahm al-ṣādiq*) et l'entendement pur (*al-dhihn al-ṣāfī*) ; 3) la méthode de la logique, à savoir la démonstration nécessaire (*al-burhān al-ḍarūrī*) qui n'est autre que la déduction (*istidlāl*). Au dire de l'auteur, l'homme ne possède aucun autre moyen pour atteindre les objets de la connaissance [Texte 13]. Cette assertion peut surprendre, car elle semble exclure toute connaissance par révélation ou intuition divine, pourtant reconnue explicitement dans la même épître [Texte 12] !

Il en va de même dans l'épître 38 (*Fil-ba'th wa-l-qiyāma*, « Sur la renaissance et la résurrection ») qui donne encore une autre présentation des voies menant aux objets de la connaissance. Cinq voies distinctes s'ouvrent à l'homme : 1) la perception sensible ; 2) l'audition des récits et des traditions ; 3) la réflexion, la délibération, la méditation (*ta'ammul*) et l'intellect inné (*al-'aql al-gharīzī*) ; 4) la révélation (*waḥī*) et l'inspiration (*ilhām*) ; 5) la logique, à savoir syllogisme (*qiyās*) et déduction (*istidlāl*), qui sont l'intellect acquis (*al-'aql al-muktasab*) des savants et des philosophes [Texte 14].

Les termes intellect inné et intellect acquis, qui apparaissent également dans le Texte 7, connaîtront un développement important dans l'ismaélisme. Si l'intellect inné est une disposition « naturelle » de l'âme humaine à acquérir des connaissances pratiques, communes à tous les hommes et nécessaires à la vie de tous les jours, l'intellect acquis (qu'il ne faut pas confondre avec le *'aql al-mustafād* des *falāsifa*) désigne l'intellect humain ayant acquis par instruction (*ta'līm*) les intelligibles indispensables à son épanouissement. Pour les ismaéliens, l'intellect acquis est celui de l'initié ayant suivi l'enseignement de l'imam, tandis que les Ikhwān y voient plutôt l'intellect du philosophe accompli maîtrisant les règles de la logique [1].

1. D. De Smet, « Les notions de l'"intellect inné" (*al-'aql al-ġarīzī*) et de l'"intellect acquis" (*al-'aql al-muktasab*) dans la noétique ismaélienne », *in* A. Cilardo (ed.), *Islam and Globalisation.*

Les objets de la connaissance (*ma'lūmāt*) sont de deux espèces : les êtres corporels, perceptibles par les sens (les corps célestes, les éléments et les règnes naturels) et les êtres spirituels, qui sont perçus par l'intellect et représentés par la pensée : la première Matière, l'Âme universelle et l'Intellect universel. Dieu, en revanche, n'étant ni un être corporel, ni un être spirituel, échappe à la perception des sens et de l'intellect [Texte 15].

Le mode de connaissance des êtres intelligibles, immatériels et donc imperceptibles aux sens, est traité au moins de deux façons différentes dans les *Rasā'il.* D'une part, il y a la théorie aristotélicienne selon laquelle les réalités immatérielles sont connues par abstraction à partir de la perception sensible. La faculté cogitative opère alors à base des images formées par la faculté imaginative à partir des impressions des sens [Texte 12]. Il convient dès lors de partir de la perception des êtres sensibles pour s'élever vers l'intellection des principes intelligibles.

Les Ikhwān développent cette noétique de type aristotélicien dans le cadre de leurs spéculations sur l'homme en tant que microcosme. La connaissance du corps humain, de ses membres et organes, ainsi que des facultés de l'âme, permet à l'intellect du philosophe d'accéder au monde intelligible, dont la structure reflète fidèlement celle du corps humain [Texte 16]. Ce qui vaut pour l'homme, vaut en fait pour l'ensemble des êtres corporels et sensibles, conçus comme autant de symboles (*mithālāt*) et de signes (*dalālāt*) se référant au monde intelligible. Toute connaissance part nécessairement de la perception des êtres matériels par les sens corporels et des formes sensibles constituées par la faculté imaginative. Sans cette connaissance préliminaire, le savant ne peut saisir le monde intelligible. Mais une fois arrivé là-haut, il n'a plus besoin des sens et peut même se passer de ses attaches corporelles [Texte 17].

Par ailleurs, un court passage tout au début de cette épître 35 laisse entrevoir la possibilité que l'âme découvre les réalités intelligibles en sa propre essence, en se regardant elle-même avec « l'œil de la vision intérieure » (*'ayn al-baṣīra*), illuminée par la lumière de l'Intellect qui jaillit sur elle. Par une sorte de réminiscence platonicienne, elle se réveille alors de sa torpeur, prête à entamer le voyage vers le monde intelligible [Texte 18].

Ce qui pourrait paraître à première vue comme la juxtaposition maladroite de deux systèmes noétiques, l'un aristotélicien et l'autre platonicien, s'explique peut-être à la lumière d'une théorie selon laquelle l'âme humaine acquiert des facultés nouvelles avec l'âge, à mesure que progresse sa vie terrestre. Le parcours idéal passe par les étapes suivantes : lors de la naissance apparaît l'âme animale sensible (*al-nafs al-ḥayawāniyya al-ḥassāsa*), qui à quatre ans acquiert la faculté parlante (*al-quwwa al-nāṭiqa*), lui permettant d'exprimer les noms des êtres sensibles. À quinze ans s'y ajoute la faculté intellective (*al-quwwa al-'āqila*), par laquelle elle saisit les essences ou les sens (*ma'ānī*) des

Historical and Contemporary Perspectives. Proceedings of the 25 th Congress of L'Union Européenne des Arabisants et Islamisants, Leuven, Peeters, 2013, p. 463-481 ; voir *supra* p. 126.

êtres sensibles. À trente ans apparaît la faculté savante ou philosophante (*al-quwwa al-ḥikmiyya*), grâce à laquelle elle réfléchit sur les essences des êtres intelligibles. La faculté angélique (*al-quwwa al-malakiyya*) surgit à quarante ans, apportant l'inspiration (*ta'yīd*), alors que cinquante ans est l'âge de la faculté législative (*al-quwwa al-nāmūsiyya*) qui aide à préparer le retour (*ma'ād*). Si tout va bien, à la fin de sa vie terrestre, la faculté de l'ascension (*quwwat al-mi'rāj*) se joint à l'âme pour la faire remonter vers le monde intelligible. En revanche, si son parcours n'a pas été fructueux, si au moment de la mort du corps elle n'a pas atteint sa perfection, elle est renvoyée « au plus bas des degrés », obligée de tout recommencer dès le début. Il y a là une allusion probable à la métempsycose, renforcée par le fait que les Ikhwān appuient leurs propos en citant Cor. 95 : 4-6, souvent invoqué comme base scripturaire par les adeptes du *tanāsukh* [Texte 19] [1]. On pourrait déduire de ce passage que l'âme humaine commence sa carrière intellectuelle de façon aristotélicienne, en dépendant de la perception sensible, pour la terminer de manière platonicienne, étant désormais capable de contempler directement le monde intelligible dont elle est issue et vers lequel elle retourne.

Le salut par la connaissance : prophètes et philosophes

Le corps humain, en sa qualité de microcosme, reflète la structure et la perfection du monde intelligible ou macrocosme. Cela n'empêche que les Ikhwān, en bons (néo)platoniciens, considèrent le corps comme une prison, voire comme un lieu de châtiment (*barzakh*) pour l'âme [2], ou tout au moins comme un lieu de passage d'où elle devra se libérer [Texte 20].

Toute âme est mue par le désir et l'amour (*'ishq*). Les trois espèces d'âmes incorporées (*al-nufūs al-mutajassada*) ont chacune leur propre objet de désir : l'âme végétative concupiscible (*al-nafs al-nabātiyya al-shahwāniyya*) se porte vers la nourriture, la boisson et le plaisir sexuel ; l'âme animale irascible (*al-nafs al-ḥayawāniyya al-ghaḍabiyya*) désire la domination, la victoire et le pouvoir ; l'âme rationnelle (*al-nafs al-nāṭiqa*) aime acquérir les connaissances et la vertu [Texte 21].

1. Voir, p. ex., D. De Smet, « Scarabées », art. cit., p. 44.

2. Nouvelle allusion possible à la métempsycose. Certains auteurs ismaéliens présentent le corps comme un lieu de châtiment, un « purgatoire » (*barzakh*) dans lequel les âmes pécheresses doivent expier leurs crimes en attendant leur purification et leur résurrection spirituelle, moment où elles pourront enfin sortir du cycle des réincarnations successives ; voir D. De Smet, « La transmigration des âmes. Une notion problématique dans l'ismaélisme d'époque fatimide », *in* O. Mir-Kasimov (éd.), *Unity in Diversity. Mysticism, Messianism and the Construction of Religious Authority in Islam*, Leiden/Boston, Brill, 2014, p. 77-110, en part. p. 102-103 et p. 105-108.

Toutefois, pour les Ikhwān, l'amour qui incite l'âme végétative et animale de l'homme à s'attacher aux beautés et aux plaisirs du monde corporel n'est pas nécessairement une force négative menant à la perdition. Bien au contraire, la beauté de notre monde est le fruit de la démiurgie de l'Âme universelle – qui opère comme un sculpteur et un peintre –, de sorte que cette beauté reflète l'harmonie et la perfection du monde intelligible. Contempler et apprécier à leur juste valeur les beautés terrestres réveille l'âme de sa torpeur et suscite en elle le désir de s'élever vers les réalités intelligibles. L'amour de la beauté stimule la réflexion intellectuelle. Les Ikhwān défendent ainsi une vision esthétique du monde, centrée sur la beauté et la perfection du corps humain [Texte 22].

L'intellection des premiers principes intelligibles et des « essences réelles des choses » (*ḥaqā'iq al-ashyā'*) représente l'état le plus accompli de l'âme rationnelle. Parvenu à ce stade, l'âme subsiste éternellement, n'entretenant plus aucun lien avec le corps, éprouvant une joie et un plaisir intenses. Souscrivant au principe antique selon lequel connaissance et jouissance vont de pair, les Ikhwān identifient la béatitude avec l'acquisition des plus hautes connaissances accessibles à l'intellect humain, qui est alors admis dans l'entourage de Dieu, « dans un séjour de vérité auprès d'un Roi tout-puissant » (Cor. 54 : 55) [Texte 23].

Pour atteindre cette béatitude, les âmes des sages (*nufūs al-ḥukamā'*) sont mues par le désir de ressembler autant que possible, par leurs actions et leurs connaissances, à l'Âme universelle, qui à son tour désire imiter le Créateur par son action démiurgique. Dieu devient de ce fait le premier objet d'amour, la cause finale de l'univers [Texte 24].

En une sorte de crédo philosophique, les Ikhwān résument le contenu des connaissances que les sages doivent acquérir pour parfaire leur intellect et accéder à la béatitude éternelle. Il leur incombe de savoir que l'âme partielle est une puissance et une lumière émanant de l'Âme universelle ; que l'Âme universelle est une puissance et une lumière émanant de l'Intellect universel ; que l'Intellect universel est une lumière émanant de la libéralité divine et que Dieu est la lumière des lumières, source ultime de toutes les illuminations ; enfin, que les âmes individuelles ont été envoyées ici-bas par l'Âme universelle, qu'elles descendent via les sphères célestes et pénètrent les corps à tous les échelons de la *scala naturae* jusqu'au centre de la terre. Cette science salvatrice est l'apanage des « proches de Dieu » (*awliyā' Allāh*) [Texte 25].

Dans le langage des Ikhwān, les « proches de Dieu » – expression que les shi'ites emploient généralement pour désigner les prophètes et les imams – sont associés aux sages et aux philosophes (*ḥukamā'*, *falāsifa*). Prophètes et philosophes ont en commun la capacité, engendrée par la perfection ultime de leur faculté rationnelle, de montrer par leur enseignement aux âmes des disciples la voie pour s'échapper de la prison corporelle. Un passage de l'épître 34, qui n'est pas sans rappeler la prophétologie ismaélienne, laisse entendre que les « âmes prophétiques » (*al-nufūs al-nabawiyya*) sont descendues dans un corps, non pour y être enfermées, mais au contraire pour aider les autres âmes à s'échapper de leur geôle [Texte 26]. Bien que le thème ne soit pas élaboré par les Ikhwān, on peut déduire de ce texte que l'âme du prophète est déjà pleinement actualisée au moment de sa venue dans le corps, comme c'est le cas dans l'ismaélisme.

Proche de l'ismaélisme est également l'idée que le salut de l'âme dépend du double culte que l'homme doit rendre à son Créateur. Au « culte légal et canonique » (*al-ʿibāda al-sharʿiyya al-nāmūsiyya*) qui consiste à suivre les préceptes de la loi religieuse, s'ajoute le « culte philosophique et métaphysique » (*al-ʿibāda al-falsafiyya al-ilāhiyya*), grâce auquel une perception correcte des premiers principes intelligibles, et finalement de l'unicité (*tawḥīd*) divine, devient possible. Par le premier culte, l'homme purifie son corps et son âme ; par le second, son intellect pénètre « les essences réelles des choses » (IV, p. 262-263 [*cf.* Texte 23]). Or, il s'agit là d'une tâche difficile ; seule une élite parmi les « proches de Dieu » a montré la voie pour l'accomplir : les prophètes (comme Muhammad) et les philosophes (comme Aristote). L'équivalence entre les deux est exprimée par un hadith selon lequel le Prophète Muhammad aurait déclaré avec fierté : « Je suis l'Aristote de cette communauté » (*anā Arisṭāṭālīs hādhihi l-ummati*) (IV, p. 263). La philosophie revêt ainsi une dimension religieuse, raison pour laquelle les Ikhwān se plaisent à répéter l'ancienne définition alexandrine de la philosophie : « devenir semblable à la divinité dans la mesure des capacités humaines » (III, p. 30).

APPENDICE

TEXTES

Texte 1

Tout comme les nombres sont générés et augmentent par la répétition du un, la génération des créatures, leur achèvement et leur perfection proviennent de l'émanation (*fayḍ*) et de la libéralité (*jūd*) du Créateur. Tout comme le deux est le premier nombre généré par la répétition du un, l'Intellect (*'aql*) est un premier être qui émane de la libéralité du Créateur. Tout comme le trois est rangé après le deux, l'Âme (*nafs*) est rangée après l'Intellect. Tout comme le quatre est rangé après le trois, la Nature (*ṭabī'a*) est rangée après l'Âme. Tout comme le cinq est rangé après le quatre, la Matière (*hayūlā*) est rangée après la Nature. Tout comme le six est rangé après le cinq, le Corps (*jism*) est rangé après la Matière. Tout comme le sept est rangé après le six, les sphères (*aflāk*) sont rangées après l'être du Corps. Tout comme le huit est rangé après le sept, les éléments (*arkān*) sont rangés après les sphères. Tout comme le neuf est rangé après le huit, les règnes naturels (*al-muwalladāt*) sont rangés après les éléments. Tout comme le neuf est le dernier rang des unités, les règnes naturels sont le dernier rang des êtres universels (*al-mawjūdāt al-kulliyyāt*) : il s'agit des minéraux, des végétaux et des animaux. Les minéraux sont comme les dizaines, les végétaux comme les centaines, les animaux comme les milliers et le mélange (*mizāj*) est comme le un (p. 9.9-10.6 / III, p. 181-182) [1].

Texte 2

La Matière fait partie des premiers principes intelligibles (*al-mabādi' al-ūlā al-ma'qūla*). Cela signifie que cette Matière est le premier effet (*ma'lūl*) de l'Âme; l'Âme est le premier effet de l'Intellect; l'Intellect est le premier effet du Créateur, alors que le Créateur est la cause (*'illa*) de chaque être, celui qui le façonne avec diligence, l'achève et le perfectionne selon l'ordre et l'ordonnance les plus nobles. L'ordonnance des êtres à partir de lui est comme l'ordonnance des nombres à partir du un [...]. L'Intellect est le premier être et le plus noble que le Créateur a fait exister et qu'il a instauré sans intermédiaire. Puis, il a mis l'Âme dans l'existence par l'intermédiaire de l'Intellect, et ensuite la Matière. Il en résulte que l'Intellect est une substance spirituelle (*jawhar rūḥānī*) qui émane du Créateur : il est subsistant, achevé et parfait. L'Âme est une

1. La première référence se rapporte à l'édition d'Oxford (2015), la seconde, après le trait oblique, à l'édition de Beyrouth (1957).

substance spirituelle qui émane de l'Intellect : elle est subsistante, achevée mais non parfaite. La première Matière est une substance spirituelle qui émane de l'Âme : elle est subsistante, mais ni achevée, ni parfaite.

La cause de l'existence de l'Intellect est la libéralité du Créateur et l'émanation qui procède de lui. La cause de la subsistance de l'Intellect est le soutien (*imdād*) que le Créateur lui accorde par la libéralité et l'émanation qui l'atteint en premier. La cause de l'achèvement de l'Intellect réside dans le fait qu'il reçoit cette émanation et ces bienfaits (*faḍā'il*) du Créateur et qu'il accepte son soutien. La cause de la perfection de l'Intellect réside dans le fait qu'il déverse sur l'Âme cette émanation et ces bienfaits qu'il a reçus du Créateur. La subsistance de l'Intellect est ainsi cause de l'existence de l'Âme; l'achèvement de l'Intellect est cause de la subsistance de l'Âme et sa perfection est cause de l'achèvement de l'Âme. La subsistance de l'Âme est cause de l'existence de la Matière et l'achèvement de l'Âme est cause de la subsistance de la Matière. Lorsque l'Âme atteint sa perfection, la Matière est achevée. Voici le but ultime du lien (*ribāṭ*) de l'Âme avec la Matière. En vue de cela, les sphères tournent et les êtres sont générés, afin que l'Âme devienne parfaite en faisant apparaître ses bienfaits dans la Matière, alors que la Matière atteint son achèvement en recevant ces formes, cette émanation et autres bienfaits. À défaut de cela, la rotation des sphères serait inutile.

L'Intellect reçoit l'émanation du Créateur et ses bienfaits – à savoir la subsistance, l'achèvement et la perfection – d'un seul coup, en dehors du temps, sans mouvement et sans effort, vu sa proximité du Créateur et son haut degré de « spiritualité » (*rūḥāniyya*). L'Âme, par contre, pour autant qu'elle tient son existence du Créateur par l'intermédiaire de l'Intellect, occupe un rang inférieur à l'Intellect et reçoit les bienfaits d'une façon imparfaite. Ainsi, elle se tourne tantôt vers l'Intellect, afin d'obtenir de lui le bien (*al-khayr*) et les bienfaits; tantôt elle s'incline vers la Matière, afin de la soutenir avec ce bien et ces bienfaits. Lorsqu'elle se tourne vers l'Intellect afin d'obtenir de lui le bien, elle néglige de transmettre ce bien à la Matière. Mais lorsqu'elle s'incline vers la Matière afin de la soutenir avec cette émanation, elle néglige l'Intellect et omet de recevoir ses bienfaits. Puisque la Matière occupe un rang imparfait, ne désirant pas les bienfaits de l'Âme et n'ayant aucune envie de recevoir son émanation, il incombe à l'Âme de s'incliner résolument vers elle et de se soucier de sa correction (*iṣlāḥ*) avec beaucoup de sollicitude. Or, cela lui demande un grand effort, une fatigue et une peine considérables. Si le Créateur, par sa grâce et sa miséricorde, ne la soutenait pas par l'intermédiaire de l'Intellect et ne l'aidait pas à se purifier, l'Âme périrait dans l'océan de la Matière, comme le Très-Haut a dit : « Sans la grâce de Dieu sur vous et sa miséricorde, nul parmi vous ne serait jamais pur » (Cor. 24 : 21). L'Intellect, en revanche, dans le soutien qu'il accorde à l'Âme et l'émanation des bienfaits qu'il déverse sur elle, n'éprouve ni fatigue, ni peine, puisque l'Âme est une substance spirituelle facilement disposée à recevoir. Aussi recherche-t-elle les bienfaits de l'Intellect et désire-t-elle ses bontés, étant vivante par essence, savante en puissance, agente par nature, puissante et productive par accident.

Quant à la Matière, vu son éloignement du Créateur, elle occupe un rang imparfait; dépourvue des bienfaits, elle ne recherche guère l'émanation de l'Âme et ne désire point ses bienfaits. Elle n'est ni savante, ni puissante, ni vivante : elle n'est que pure réceptivité. Pour cette raison, l'Âme doit se fatiguer ; elle doit se donner de la peine, faire des efforts et subir des tourments en organisant la Matière et en l'achevant. L'Âme ne connaît pas de repos, sauf lorsqu'elle se tourne vers l'Intellect, s'attache et s'unit à lui (p. 12.17-15.16 / III, p. 184-186).

Texte 3

La première chose que Dieu a créée et fait exister est une substance simple et spirituelle (*jawhar basīṭ rūḥānī*) d'un achèvement, d'une perfection et d'une éminence suprêmes, dans laquelle se trouvent les formes de toutes les choses. On l'appelle « l'Intellect agent » (*al-'aql al-fa''āl*) [1]. De cette substance émane une autre substance qui lui est inférieure en rang et que l'on nomme « l'Âme universelle ». De l'Âme procède (*inbajasa*) une autre substance inférieure en rang et appelée « la première Matière » (*al-hayūlā al-ūlā*). La première Matière reçoit les dimensions – la longueur, la largeur et la profondeur – et devient ainsi un Corps absolu (*jism muṭlaq*) : c'est « la Matière seconde » (*al-hayūlā al-thāniyya*) (p. 35-36.2 / III, p. 187).

Texte 4

Les êtres spirituels et divins sont l'Intellect agent, l'Âme universelle, la première Matière et les formes séparées. L'Intellect est la lumière du Créateur et sa première émanation ; l'Âme est la lumière de l'Intellect et son émanation que le Créateur fait émaner à partir de lui ; la première Matière est l'ombre (*ẓill, fay'*) de l'Âme ; les formes séparées sont les empreintes, les couleurs et les figures que l'Âme réalise dans la Matière avec l'autorisation de Dieu et son soutien, par l'intermédiaire de l'Intellect (III, p. 352).

Texte 5

Qu'est l'Intellect agent ? Le premier être instauré par Dieu ; c'est une substance simple et lumineuse qui contient la forme de toute chose. Qu'est l'Âme ? Une substance simple, spirituelle, vivante, savante et agente ; c'est une forme issue des formes de l'Intellect agent (III, p. 386).

1. Je suis l'édition de Beyrouth. L'édition critique de l'épître par Paul Walker donne *al-'aql* au lieu de *al-'aql al-fa''āl*, sans toutefois noter la divergence dans l'apparat. Sans doute s'agit-il d'une omission de l'éditeur.

Texte 6

Cette émanation est appelée « l'Intellect agent » : c'est une substance simple et spirituelle, une lumière pure au sommet de l'achèvement, de la perfection et des bienfaits. Les formes de toutes les choses sont en lui, tout comme les formes des objets de la connaissance se trouvent dans la pensée (*fikr*) du savant.

De l'Intellect agent procède une nouvelle émanation d'un degré inférieur au sien, qui est appelée « l'Intellect patient » (*al-ʿaql al-munfaʿil*). Il s'agit de l'Âme universelle, une substance spirituelle et simple qui reçoit les formes et les bienfaits de l'Intellect agent selon un ordre déterminé, tout comme l'élève reçoit l'instruction (*taʿlīm*) du professeur.

De l'Âme procède une nouvelle émanation d'un rang inférieur au sien, qui est appelée « la première Matière ». Il s'agit d'une substance simple et spirituelle qui reçoit de l'Âme les formes et les figures l'une après l'autre, dans le temps. La première forme que la Matière reçoit est la longueur, la largeur et la profondeur, devenant ainsi un Corps absolu qui est « la Matière seconde ». L'émanation s'arrête avec l'existence du corps : il ne procède plus de lui une nouvelle substance, vu l'imperfection de son rang par rapport aux substances spirituelles, la grossièreté de sa substance et son éloignement de la Cause première.

Aussi longtemps que l'émanation qui procède du Créateur sur l'Intellect et de l'Intellect sur l'Âme perdure, l'Âme s'épanche vers le Corps, de sorte qu'elle façonne en lui les formes, les figures et les couleurs, afin de l'achever avec les bienfaits et les grâces, en fonction de ce que le Corps peut recevoir et de la pureté de sa substance. La première forme que l'Âme produit dans le Corps est la figure sphérique, la plus éminente de toutes les figures. Elle le meut par le mouvement circulaire, le plus éminent des mouvements, et elle dispose [les sphères] l'une à l'intérieur de l'autre en partant de la sphère enveloppante jusqu'au centre de la terre. Il y a ainsi onze sphères, le tout formant un monde unique, organisé selon un ordre universel unique. La terre est le plus grossier de tous les corps et le plus obscur, vu son éloignement de la sphère enveloppante. Celle-ci est la plus subtile de tous les corps, la plus spirituelle et la plus lumineuse, à cause de sa proximité de la première Matière, qui est une substance simple et intelligible. La Matière occupe un rang plus imparfait que l'Intellect et l'Âme à cause de son éloignement du Créateur. Cela signifie que la Matière est une substance simple, spirituelle et intelligible, mais non savante ni agente : elle ne fait que recevoir les influences (*āthār*) de l'Âme dans le temps et elle subit son action. Quant à l'Âme, c'est une substance simple, spirituelle, savante en puissance, agente par nature, qui reçoit les bienfaits de l'Intellect en dehors du temps et agit sur la Matière en la mouvant dans le temps. L'Intellect est une substance simple et spirituelle, plus simple et plus noble que l'Âme, qui reçoit le soutien du Créateur, qui est savante en acte et soutient l'Âme en-dehors du temps. Quant au Créateur, il est l'instaurateur et le créateur de tout. Or, l'Instaurateur (*mubdiʿ*) ne ressemble pas à l'instauré, d'aucune manière et pour aucune raison, tout comme le Créateur ne ressemble guère à la créature, ni l'Agent à l'effet (p. 49.1-50.17 / III, p. 196-198).

Texte 7

Le Créateur est antérieur aux êtres, tout comme le un est antérieur à tous les nombres. Tout comme les nombres sont générés à partir de l'un, le Créateur met les êtres dans l'existence (*mūjid al-mawjūdāt*). Tout comme le deux est le premier des nombres, les nombres étant rangés à partir du un, l'Intellect est le premier être que le Créateur a instauré et créé. Il y a [un intellect] inné (*gharīzī*) et [un intellect] acquis (*muktasab*), ce qui se réfère à son rang parmi les êtres. Tout comme le trois est rangé après le deux, l'Âme est rangée dans l'existence après l'Intellect. Elle compte trois espèces : végétative, animale et parlante (*nāṭiqa*), afin que cela se réfère à son rang parmi les êtres (p. 20.16-21.6 / II, p. 203).

Texte 8

Lorsque nous disons dans nos épîtres « le corps universel » (*al-jism al-kullī*), nous entendons par là le corps du monde en son ensemble. Lorsque nous disons « l'Âme universelle », nous entendons par là l'âme du monde en son ensemble. Lorsque nous disons « l'Intellect universel », nous entendons par là la puissance divine qui soutient l'Âme universelle. Lorsque nous disons « la Nature universelle », nous entendons par là la puissance de l'Âme universelle qui pénètre tous les corps, les meut et les régit, et qui se manifeste par leurs actions. Lorsque nous disons « la première Matière », nous entendons par là la substance qui possède longueur, largeur et profondeur, par lesquelles elle devient un « corps absolu ». Lorsque nous disons « les corps simples », nous entendons par là les sphères, les planètes et les quatre éléments : le feu, l'air, l'eau et la terre. Lorsque nous disons « les âmes simples », nous entendons par là les puissances de l'Âme universelle qui meuvent et régissent ces corps en les pénétrant. Dans nos épîtres, nous nommons ces puissances des anges et des êtres spirituels. Lorsque nous disons « les corps générés », nous entendons par là les espèces des animaux, des végétaux et des minéraux. Lorsque nous disons « les âmes animales, végétales et minérales », nous entendons par là les puissances de l'âme simple qui meuvent et régissent ces corps générés en les pénétrant et qui se manifestent par leurs actions. Lorsque nous disons « les corps partiels », nous entendons par là les individus des animaux, des plantes, des minéraux, ainsi que des choses produites par la main de l'homme ou d'autres animaux. Lorsque nous disons « les âmes partielles mouvantes », nous entendons par là les puissances des âmes animales, végétales et minérales qui pénètrent les corps partiels, les meuvent et les régissent, et se manifestent par leurs actions, dans chaque individu existant en dessous de la sphère de la lune (p. 54.5-56.9 / III, p. 213).

Texte 9

L'Âme universelle est une puissance spirituelle qui émane de l'Intellect avec l'autorisation du Créateur [...]. Elle possède deux puissances qui pénètrent tous les corps, à partir de la sphère enveloppante jusqu'au centre de la terre, tout comme la lumière du soleil pénètre toutes les parties de l'air. Une de ces deux puissances est savante, l'autre agente. Par sa puissance agente, elle achève les corps et les perfectionne, en gravant en eux les formes, les figures, les apparences, l'ornement, la beauté, les couleurs et les teintes ; par sa puissance savante, elle parfait leur essence, en faisant apparaître ses bienfaits de la puissance à l'acte, notamment les sciences vraies, les bonnes mœurs, les opinions correctes, les actions pieuses et les travaux exécutés avec précision et diligence, en fonction de ce que l'individu reçoit de ses influences (*ta'thīrāt*) selon la pureté de sa substance et la subtilité de son corps.

La substance de l'Âme ne périt pas, ses puissances ne disparaissent pas et ses actions ne sont pas interrompues, puisque sa matière (*mādda*) procède de l'Intellect par le soutien (*ta'yīd*) qu'il lui accorde éternellement et puisqu'elle reçoit de lui l'émanation de façon perpétuelle et continue. De même, le soutien que le Créateur accorde à l'Intellect est permanent et éternel, son émanation est continue et l'Intellect la reçoit de façon ininterrompue et permanente. Car les bienfaits du Créateur ne cessent pas, ses dons ne sont jamais interrompus et son émanation ne prend pas fin, vu qu'il est la source des biens, l'origine des bénédictions, la mine de la libéralité, la cause (*sabab*) de tout être.

Le rang de l'Âme universelle se situe au-dessus de la sphère enveloppante et ses puissances pénètrent toutes les parties de la sphère, ainsi que ses individus et tous les corps qu'elle contient, par la régence, l'art et la sagesse. Dans chaque individu contenu dans la sphère elle possède une puissance qui lui est particulière, qui le régit et par laquelle ses actions se manifestent. Cette puissance est appelée « âme partielle » (*nafs juz'iyya*) de cet individu. Ainsi, par exemple, la puissance qui est particulière au corps de Saturne, qui le régit et par laquelle se manifestent ses actions, est appelée « l'âme de Saturne ». De même, la puissance qui est particulière au corps de Jupiter, qui le régit et par laquelle se manifestent ses actions, est appelée « l'âme de Jupiter ». Il en va de même pour les puissances qui sont particulières à chaque planète et à chaque corps céleste [...]. Ceci est le sens véritable de ce que les livres divins mentionnent comme « les anges », « l'Assemblée suprême », « les troupes de Dieu » qui ne désobéissent pas aux ordres de Dieu mais exécutent ce qui leur est ordonné. Ceci est également le sens véritable de ce que disent les sages et les philosophes (*falāsifa*) lorsqu'ils traitent en détail des âmes partielles dans le monde des sphères et des éléments, les appelant des êtres spirituels chargés de maintenir le monde et de régir les créatures en faisant tourner les sphères, en réglant le cours des planètes, la succession des ères, le changement des époques, en contrôlant [le mélange] des éléments, en faisant croître et en protégeant les plantes et les animaux.

L'Âme universelle qui se situe au-dessus de la sphère enveloppante possède des puissances particulières qui pénètrent tous les corps en dessous de la sphère de la lune, afin de les régir, de les conduire et de manifester leurs actions. Les philosophes et les médecins appellent cela « la nature de la génération et de la corruption » (*ṭabīʿat al-kawn wa-l-fasād*), alors que la Loi (*nāmūs*) parle d'un des anges. Il s'agit d'une âme unique qui possède des puissances multiples qui sont diffusées dans toutes les classes d'animaux, de plantes et de minéraux, ainsi que dans les quatre éléments, à partir de la sphère de la lune jusqu'au centre de la terre. [...] Cette puissance est appelée « âme partielle » de cet être particulier (p. 39.8-42.2 / III, p. 189-191).

Texte 10

L'Âme universelle est pareille au genre des genres, alors que les âmes simples sont comme des espèces pour elle. Les âmes qui leur sont inférieures sont pareilles à une de ces espèces, tandis que les âmes partielles sont comme des individus, dont l'un est rangé en dessous de l'autre, comme l'ordre des nombres. Ainsi, l'Âme universelle est pareille au un, les [âmes] simples sont comme les unités, les [âmes] des genres (*jinsiyya*) comme les dizaines, les [âmes] des espèces (*nawʿiyya*) comme les centaines et les âmes partielles individuelles comme les milliers. Ces dernières sont chargées de régir les parties des corps; les âmes des espèces les soutiennent; les [âmes] des genres soutiennent celles des espèces; les âmes simples soutiennent celles des genres; l'Âme universelle, qui est l'Âme du monde, soutient les âmes simples; l'Intellect universel soutient l'Âme universelle, tandis que le Créateur soutient l'Intellect universel. Il est celui qui les a tous instaurés et qui les régit tous, sans se mélanger à eux et sans entrer en contact avec eux (p. 65.6-66.7 / III, p. 216).

Texte 11

L'âme, c'est-à-dire l'esprit (*rūḥ*), est une substance céleste, lumineuse, vivante, savante (*ʿallāma*), agente par nature (*faʿʿāla bi l-ṭabʿ*), douée de sens et percevant. Elle ne meurt pas et ne périt guère, mais elle subsiste éternellement. (III, p. 290).

Texte 12

L'âme est en son essence une substance, mais elle existe avec le corps de façon accidentelle dans un but déterminé [...]. Ayant terminé l'exposé de l'Âme universelle et de l'Intellect universel, nous voulons traiter de l'âme humaine, vu qu'elle est une des facultés de l'Âme universelle. Nous mentionnerons également l'intellect humain, puisqu'il est une des facultés de l'âme humaine. Nous décrirons les actions de l'âme et ses facultés, l'âme étant une substance spirituelle. Pour autant que les substances spirituelles ne peuvent être perçues par les sens, n'étant connaissables que par les actes qui en émanent, actes qui sont en rapport avec ses facultés, il nous incombe de mentionner le nombre de ses facultés et de décrire les différentes catégories de ses actions, les merveilles de ses œuvres, les particularités de ses sciences, les raffinements de ses mœurs et la disparité de ses instruments.

L'âme humaine possède des facultés multiples, dont seul Dieu connaît le nombre. Par chaque faculté, située dans un des membres du corps, elle exerce une activité distincte de celle exercée par un autre membre [...]. Le rapport des facultés sensitives envers l'âme, pour autant qu'elles lui apportent des informations sur les êtres sensibles, est pareil au rapport des informateurs envers le roi : chacun d'eux est chargé d'une région de son royaume afin de lui rapporter les informations concernant cette région. Nous avons également mentionné que l'âme possède cinq autres facultés qui se rapportent envers elle comme les confidents se rapportent envers le roi : il s'agit de la faculté cogitative (*mufakkira*), imaginative (*mutakhayyila*), mémorative (*ḥāfiẓa*), parlante (*nāṭiqa*) et productive (*ṣāni'a*).

La faculté cogitative, qui a son siège au milieu du cerveau, est parmi ces facultés comme le roi, tandis que les autres facultés de l'âme sont comme les troupes, les auxiliaires, les serviteurs et les sujets. Elles exécutent ses ordres et ses interdits par les mouvements qu'elles donnent aux membres du corps et par les œuvres et les actions qu'elles font apparaître. Le lieu [de la faculté cogitative] est par rapport aux lieux où résident les autres facultés le membre le plus noble du corps, l'endroit le plus éminent, tout comme le palais du roi se situe dans la ville la plus noble de son royaume, à l'endroit le plus éminent de cette ville, dans le quartier le plus distingué.

Les actes de ces cinq facultés sont plus nobles et plus exquis que les actes des autres facultés. Nous avons montré dans l'« Épître sur le sens et le sensible »[1] que la faculté imaginative, qui a son siège dans la partie antérieure du cerveau, se rapporte à la faculté cogitative, pour autant qu'elle rassemble pour elle les informations concernant les êtres sensibles, comme le cartographe (*ṣāḥib al-kharīṭa*) se rapporte au roi. La faculté mémorative, qui a son siège dans la partie postérieure du cerveau, se rapporte à la faculté cogitative comme le trésorier qui garde les biens du roi. La faculté parlante, qui s'exprime par la langue, se rapporte à la faculté cogitative comme le chambellan et l'interprète se rapportent au roi. La faculté productive, qui s'exprime par les mains et les doigts, se rapporte à la faculté cogitative comme le vizir qui assiste le roi dans l'administration de son royaume et l'aide dans la gouvernance de ses sujets.

Lorsque la faculté imaginative fait parvenir les impressions (*rusūm*) des êtres sensibles à la faculté cogitative, après les avoir acquises des facultés sensitives, alors que les êtres sensibles ont été soustraits au regard des sens, ces impressions demeurent dans la pensée de l'âme, représentées en une forme spirituelle (*muṣawwaratan ṣūratan rūḥāniyyatan*). Ainsi, la substance de l'âme

1. *Risālat al-ḥāss wa-l-maḥsūs*, la 24e des *Rasā'il Ikhwān al-Ṣafā'*.

est pour ces impressions représentées en elle comme la matière, car elles s'y trouvent comme la forme [se trouve dans la matière] [...].

Quand les impressions des êtres sensibles adviennent dans la substance de l'âme, la première action de la faculté cogitative à leur égard consiste à les prendre en considération (*ta'ammul*) l'une après l'autre, afin d'apprendre leurs significations, leurs nombres, leurs natures, leurs particularités, leurs utilités et leurs nuisances. Une fois que la science de ces significations est constituée, la faculté mémorative les conserve jusqu'au moment de la remémoration (*tadhākur*). Si l'homme désire communiquer à ses interlocuteurs les objets de sa connaissance et répondre à ceux qui le questionnent au sujet de ses représentations (*mutaṣawwarāt*) et des choses qu'il a comprises (*mafhūmāt*), la faculté cogitative sollicite l'aide de la faculté parlante, afin de répondre à sa place, tout comme le roi sollicite l'aide de son chambellan et de son interprète pour s'adresser à autrui à sa place (p. 119.8-123.6 / III, p. 241-244).

La faculté cogitative exerce des actions multiples, dans lesquelles elle met en œuvre les actions des autres facultés. Cela signifie que ses actions se divisent en deux catégories : d'une part, celles qui lui sont propres en exclusivité ; de l'autre, celles qu'elle partage avec d'autres facultés. À cette dernière catégorie appartiennent toutes les œuvres pratiques, car elle les a en commun avec la faculté productive. Il en va de même de la parole et des mots du langage, puisqu'elle les a en commun avec la faculté parlante. Idem pour l'acquisition des impressions des êtres sensibles, car elle l'a en commun avec la faculté imaginative, et pour les objets de la connaissance tenus en mémoire, qu'elle a en commun avec la faculté mémorative. Quant aux actions qui lui sont propres, il s'agit de la réflexion (*tafakkur*), de la délibération (*rawiyya*), de la représentation (*taṣawwur*), de l'induction (*i'tibār*), de la composition (*tarkīb*), de l'analyse (*taḥlīl*), de la synthèse (*jam'*) et du syllogisme (*qiyās*). En font également partie la physiognomonie (*firāsa*), l'interprétation des augures (*zajr*), la divination (*kahāna*), les intuitions (*khawāṭir*), l'inspiration (*ilhām*), la réception de la révélation (*waḥī*) et les représentations des songes (*takhyīl al-manāmāt*).

Par la réflexion, on déduit les obscurités des choses et des sciences ; par la délibération, on dirige le royaume et on gouverne les nations ; par la représentation, on saisit les essences réelles des choses ; par l'induction, on obtient la connaissance des choses obscures passées dans le temps ; par la composition, on réalise toutes les œuvres pratiques ; par l'analyse, on obtient la connaissance des substances simples et des principes ; par la synthèse, on obtient la connaissance des espèces et des genres ; par le syllogisme, on saisit les choses absentes dans le temps et l'espace ; par la physiognomonie, on obtient la connaissance de ce qu'il y a dans les natures des choses cachées ; par l'interprétation des augures, on obtient la connaissance des événements des différentes époques ; par la divination, on obtient la connaissance des choses qui adviennent par les nécessités célestes ; par les songes, on obtient la connaissance des avertissements et des messages ; par la réception de la révélation, on obtient la connaissance de l'établissement des lois, de la rédaction des livres divins et de leurs exégèses ésotériques, que seuls peuvent aborder ceux qui sont purifiés des souillures de la nature, à savoir les « gens de la maison » (*ahl al-bayt*), les spirituels (p. 125.18-127.3 / III, p. 245-246).

Texte 13

« Intellect » est un nom homonyme (*ism mushtarak*) qui se dit en deux sens. Le premier est ce à quoi se réfèrent les philosophes, à savoir le premier être créé par le Créateur. Il s'agit d'une substance simple et spirituelle qui englobe de façon spirituelle tous les êtres. Le second sens est ce à quoi se réfère le commun des hommes, à savoir une des facultés de l'âme humaine dont l'action est la réflexion (*tafakkur*), l'examen (*ru'ya*), la spéculation (*naẓar*), les œuvres pratiques (*ṣanā'i'*) et ce qui leur ressemble [...].

L'homme ne peut « trouver » [les objets de la connaissance] que par une des trois voies suivantes : soit par une des facultés sensitives, comme nous l'avons expliqué dans l'« Épître sur le sens » ; soit par une des facultés intellectuelles, à savoir la pensée (*fikr*), la délibération (*rawiyya*), la compréhension (*fahm*), le discernement (*tamyīz*), l'estimation véridique (*al-wahm al-ṣādiq*) et l'entendement pur (*al-dhihn al-ṣāfī*) ; soit enfin par la méthode de la démonstration nécessaire (*al-burhān al-ḍarūrī*), comme nous l'avons montré dans l'« Épître des démonstrations »[1], qui est la méthode de la déduction (*istidlāl*). L'homme ne possède aucune autre voie que celles-ci pour atteindre les objets de la connaissance (p. 106.2-107.10 / III, p. 232).

Texte 14

La science que l'homme a des objets de la connaissance [s'obtient par plusieurs voies] : par la voie des sens ; par la voie de l'audition, des récits et des traditions ; par la voie de la pensée (*fikr*), de la délibération (*rawiyya*), de la méditation (*ta'ammul*) et de l'intellect inné (*al-'aql al-gharīzī*) ; par la voie de la révélation (*waḥī*) et de l'inspiration (*ilhām*), un art dont l'acquisition ne dépend pas de l'homme, ni de sa volonté, car il s'agit d'un don de Dieu ; par la voie du syllogisme (*qiyās*) et de la déduction (*istidlāl*), qui n'est autre que l'intellect acquis (*al-'aql al-muktasab*). Les savants (*'uqalā'*) sont fiers de posséder cet intellect ; en se servant de lui, les sages et les philosophes rivalisent entre eux (III, p. 303).

Texte 15

Tous les êtres se divisent en deux espèces : corporelle et spirituelle. Le corporel est perçu par les sens, le spirituel est perçu par l'intellect et représenté par la pensée (*yutaṣawwar bi l-fikr*). Le corporel se divise en trois espèces : les corps célestes, les éléments naturels et les êtres générés. Le spirituel se divise

1. *Risālat al-barāhīn*, probablement l'épître 14 « Sur le sens des *Analytiques postérieures* », cet ouvrage d'Aristote étant consacré à la démonstration (*burhān*).

également en trois espèces : la première Matière, une substance simple, passive et intelligible ; l'Âme, une substance simple, agente et savante ; l'Intellect, une substance simple qui perçoit les essences réelles des choses. Quant au Créateur, il ne peut être perçu ni décrit par le corporel ou le spirituel, étant leur cause à tous (p. 113.8-16 / III, p. 237).

Texte 16

Dans la composition de l'homme sont réunies toutes les essences (*ma'ānī*) des êtres simples et composés [...], puisque l'homme est composé d'un corps grossier et matériel et d'une âme simple et spirituelle. Pour cette raison les sages (*ḥukamā'*) appellent l'homme un microcosme (*'ālam ṣaghīr*) et le monde un « macranthrope » (*insān kabīr*). Dès lors, lorsque l'homme se connaît réellement soi-même, à savoir les merveilles de la composition de son corps, la subtilité de la construction de son « temple » (*haykal*), les diverses manières dont les puissances de l'âme opèrent en lui et dont elle fait apparaître les actions, notamment les travaux exécutés avec précision et exactitude, il devient possible pour lui d'inférer (*yaqīsu*) à partir de cela toutes les significations des êtres sensibles et d'en déduire (*yastadillu*) toutes les significations des êtres intelligibles (*ma'qūlāt*), concernant les deux mondes ensemble (p. 38.12-39.2 / III, p. 188).

Texte 17

Le Créateur a établi toutes les choses corporelles et sensibles comme des symboles (*mithālāt*) et des signes (*dalālāt*) se référant aux êtres spirituels et intelligibles. Il a établi les modes des perceptions sensibles comme autant de degrés et de rangs par lesquels on s'élève vers la connaissance des êtres intelligibles, ce qui constitue le but ultime auquel l'âme peut atteindre.

Si tu veux parvenir à la plus éminente des choses désirées et au but le plus noble que sont les êtres intelligibles, il faut t'efforcer à acquérir la connaissance des êtres sensibles, car c'est ainsi que tu pourras parvenir aux êtres intelligibles [...]. La connaissance des êtres corporels et sensibles représente la pauvreté de l'âme et l'intensité du besoin [dans lequel elle se trouve], alors que la connaissance des êtres intelligibles et spirituels représente sa richesse et sa prospérité. Cela signifie que l'âme pour connaître les êtres corporels a besoin du corps, de ses sens et de ses organes, afin de percevoir par leur intermédiaire les êtres corporels. Quant à sa perception des êtres spirituels, il lui suffit d'en former une image dans son essence et sa substance après l'avoir acquise à partir des sens par l'intermédiaire du corps. Une fois que cela a été réalisé, elle peut se passer du corps et des liens corporels (*al-ta'alluq bi l-jism*) (p. 127.9-128.7 / III, p. 246-247).

Texte 18

Tous les êtres intelligibles sont des formes spirituelles que l'âme voit en son essence et perçoit en sa substance après les avoir vues dans la matière par l'intermédiaire des sens. Cela a lieu lorsqu'elle s'éveille du sommeil de l'insouciance et de la somnolence de l'ignorance, regarde avec l'œil de la vision intérieure (*'ayn al-baṣīra*) vers la lumière de l'Intellect, est illuminée par sa lueur et embellie par sa splendeur (p. 105. 11-15 / III, p. 231-232).

Texte 19

Lorsque l'espace de temps que le Créateur a fixé pour lui [*i.e.* le fœtus] est achevé [*i.e.* le neuvième mois de la grossesse], et que la faculté de l'âme animale sensible (*al-nafs al-ḥayawāniyya al-ḥassāsa*) se transporte en lui avec l'autorisation de Dieu, de ce lieu [*i.e.* le ventre de la mère] vers l'étendue de cette demeure [*i.e.* ce bas monde], une nouvelle régence s'annonce pour lui jusqu'à l'achèvement de quatre ans. Alors apparaît la faculté parlante (*al-quwwa al-nāṭiqa*) qui permet d'exprimer les noms des êtres sensibles. Elle introduit pour lui une nouvelle régence, jusqu'à l'achèvement de quinze ans. Alors apparaît la faculté intellective (*al-quwwa al-'āqila*) qui permet de distinguer les essences (*ma'ānī*) des êtres sensibles. Elle introduit pour lui une nouvelle régence, jusqu'à l'achèvement de trente ans. Alors apparaît la faculté savante (*al-quwwa al-ḥikmiyya*) qui permet de réfléchir aux essences des êtres intelligibles. Elle introduit pour lui une nouvelle régence, jusqu'à l'achèvement de quarante ans. Alors apparaît la faculté angélique (*al-quwwa al-malakiyya*) qui apporte l'inspiration (*mu'ayyida*). Elle introduit pour lui une nouvelle régence jusqu'à l'achèvement de cinquante ans. Alors apparaît la faculté législative (*al-quwwa al-nāmūsiyya*) qui permet de préparer le retour (*ma'ād*) et la séparation avec la matière. Elle introduit pour lui une nouvelle régence jusqu'à la fin de la vie. Si l'âme a atteint son achèvement et sa perfection avant la séparation avec le corps, la faculté de l'ascension (*quwwat al-mi'rāj*) descend, afin de remonter avec elle vers « l'Assemblée suprême ». Elle introduit une nouvelle régence. Mais si l'âme n'a pas atteint son achèvement et sa perfection avant la séparation avec le corps, elle est renvoyée « au plus bas des degrés ». Puis la régence recommence pour elle depuis le début, comme Dieu a dit : « Oui, nous avons créé l'homme dans la forme la plus parfaite ; puis nous l'avons renvoyé au plus bas des degrés à l'exception de ceux qui auront cru et qui auront accompli les œuvres bonnes, car une récompense sans fin leur est destinée » (Cor. 95 : 4-6) (p. 47.3-18 / III, p. 195-196).

Texte 20

Les corps de certains animaux sont des prisons et des caveaux pour leurs âmes ; d'autres sont une voie (*ṣirāṭ*) sur laquelle elles passent ; d'autres encore sont un *barzakh* jusqu'au jour où elles seront ressuscitées ; d'autres enfin sont des *A'rāf* (« des lieux élevés » ; *cf.* Cor. 7 : 46) où elles s'arrêteront (p. 69 / III, p. 217).

Texte 21

Les âmes incorporées (*al-nufūs al-mutajassada*) étant de trois espèces, comme disent les sages et les philosophes, les objets de leur désir (*ma'shūqāt*) sont également de trois espèces. Il y a ainsi l'âme végétative concupiscible (*al-nafs al-nabātiyya al-shahwāniyya*), dont l'amour se porte vers les nourritures, les boissons et les relations sexuelles ; l'âme irascible animale (*al-nafs al-ghaḍabiyya al-ḥayawāniyya*), dont l'amour se porte vers la domination, la victoire et la soif du pouvoir ; enfin l'âme rationnelle (*al-nafs al-nāṭiqa*) dont l'amour se porte vers les connaissances et l'acquisition des vertus (III, p. 272).

Texte 22

Le but ultime de la présence du désir dans la nature des âmes et du fait qu'elles aiment les corps, admirent leur beauté et leur ornement, et se laissent séduire par les différents objets de leur désir, n'est autre que de les tirer du sommeil de l'insouciance et de la somnolence de l'ignorance, de leur fournir un entraînement, de les éduquer (*takhrīj*), de les élever des êtres corporels et sensibles vers les êtres psychiques et intelligibles et du rang de la corporalité vers les beautés spirituelles, comme un signe se référant à la connaissance de leur propre substance, à la noblesse de leur matière (*'unṣur*), aux beautés de leur monde et à l'éminence de leur retour. Tout cela signifie que l'ensemble des beautés et des ornements, tous les objets qui animent leur désir – ceux que l'on voit dans les apparences extérieures et sur les surfaces des corps – ne sont que des couleurs (*aṣbāgh*), des empreintes (*nuqūsh*) et des impressions (*rusūm*) que l'Âme universelle a façonnées dans la première Matière. Avec elles, elle a orné les apparences extérieures et les surfaces des corps afin que les âmes partielles, lorsqu'elles les regardent, soient prises de passion pour elles, les désirent, aspirent à les obtenir en les contemplant, en les méditant, en les pensant et en réfléchissant à leurs états. Tout cela afin que ces impressions, ces beautés et ces empreintes soient représentées dans leur essence et imprimées dans leur substance, de sorte que, une fois ces individus corporels soustraits à la vision de leurs sens, ces impressions et ces formes désirées et aimées qui y sont représentées, demeurent éternellement dans les essences des âmes partielles, comme une forme spirituelle, pure, subsistante avec elles, aimée d'elles et unie à elles, sans qu'elles doivent craindre d'en être séparées ou qu'elles disparaissent (III, p. 282-283).

Texte 23

L'état le plus accompli de l'âme rationnelle réside dans le fait qu'elle subsiste éternellement, saisit les essences réelles des choses, se les représente, en tire jouissance et en éprouve un plaisir intense, sans le moindre obstacle ou trouble. Les âmes rationnelles tirent jouissance des sciences et des connaissances, parce que les formes des choses connues qui sont en leur essence achèvent celle-ci, perfectionnent ses vertus et lui font atteindre le but le plus achevé et la limite la plus éminente auprès de leur Créateur, comme le Très-Haut a dit : « dans un séjour de Vérité auprès d'un Roi tout-puissant » (Cor. 54 : 55) (III, p. 280-281).

Texte 24

Les âmes des sages s'efforcent dans leurs actions, leurs connaissances et leurs mœurs de ressembler à l'Âme universelle céleste et elles désirent se joindre à elle. Pareillement, l'Âme universelle veut ressembler au Créateur, en faisant tourner les sphères, en mouvant les planètes et en générant les êtres, tout cela en obéissant à son Créateur, en le vénérant et en le désirant. Pour cette raison les sages disent : Dieu est le premier objet de l'amour (*al-ma'shūq al-awwal*) ; les sphères ne tournent que par désir pour lui et par amour pour la permanence et la durée éternelle, selon l'état le plus achevé, le but le plus parfait et la fin la plus éminente (III, p. 285).

Texte 25

La connaissance [que les sages ont] de leur Seigneur consiste à savoir que chaque âme partielle est une puissance qui procède par émanation de l'Âme universelle ; que l'Âme universelle est également une puissance qui procède par émanation de l'Intellect universel ; que l'Intellect universel est lui-aussi une lumière émanant de la libéralité du Créateur ; que Dieu est la lumière des lumières, l'existence pure, la source de la libéralité, le donateur des bienfaits, des biens et des félicités, lui qui subsiste éternellement ; que les âmes particulières sont elles-aussi des lumières, des lueurs et des illuminations émanant de l'Âme universelle, envoyées à partir d'elle dans le monde et pénétrant les corps à partir de la sphère enveloppante jusqu'au centre de la terre. Ceci est la base (*aṣl*) de la science des « amis de Dieu » (*awliyā' Allāh*) et la connaissance qu'ils ont de leur Seigneur (III, p. 342).

Texte 26

Chaque âme qui descend dans le monde de la génération et de la corruption n'y est pas forcément emprisonnée, tout comme chacun qui entre dans une prison n'y est pas nécessairement incarcéré. Car il arrive parfois que quelqu'un entre dans une prison dans le but de libérer les prisonniers, tout comme on peut entrer dans le pays des Rūm afin de délivrer les prisonniers musulmans. Ainsi, les âmes prophétiques (*al-nufūs al-nabawiyya*) ne descendent dans le monde de la génération et de la corruption que pour libérer ces âmes enfermées dans la prison de la nature, noyées dans l’océan de la matière et attachées aux passions corporelles (p. 71.4-72.4 / III, p. 218).

Glossaire

al-ʿaql al-faʿʿāl : « l’intellect agent », se réfère à l’Intellect universel qui agit sur l’Âme universelle

al-ʿaql al-gharīzī : « l’intellect inné », disposition naturelle de l’âme humaine à acquérir les connaissances pratiques

al-ʿaql al-kullī : « l’Intellect universel », le premier être émané à partir de Dieu ; il contient toutes les formes en son essence

al-ʿaql al-muktasab : « l’intellect acquis », l’intellect du savant ayant acquis par l’étude les principes de la logique

al-ʿaql al-munfaʿil : « l’intellect patient », désigne l’Âme universelle pour autant qu’elle reçoit les « bienfaits » de l’Intellect

al-burhān al-ḍarūrī : « la démonstration nécessaire », enseignée par la logique

al-dhihn al-ṣāfī : « l’entendement pur », une des facultés intellectuelles

fahm : « compréhension », une des facultés intellectuelles

firāsa : « physiognomonie », une des actions de la faculté cogitative

ilhām : « inspiration », une des actions de la faculté cogitative

istidlāl : « déduction », considérée comme synonyme de *burhān*

iʿtibār : « induction », une des actions propres à la faculté cogitative

jamʿ : « synthèse », une des actions de la faculté cogitative

khawāṭir : « intuitions », mode de connaissance qui appartient à la même catégorie que la divination ou l’inspiration

al-nafs al-basīṭa : « l’âme simple », puissance de l’Âme universelle qui donne aux sphères et corps célestes un mouvement circulaire

al-nafs al-ḥayawāniyya al-ḥassāsa : « l’âme animale sensible », qui entre dans le corps humain au moment de sa naissance

al-nafs al-ḥayawāniyya al-ghaḍabiyya : « l’âme animale irascible », mue par le désir de domination, de victoire et de pouvoir.

al-nafs al-jinsiyya : « l’âme du genre », animant les genres des minéraux, des végétaux et des animaux ; âme minérale, végétale, animale

al-nafs al-juz'iyya : « l'âme partielle », l'âme particulière d'un individu, l'âme individuelle
al-nafs al-kulliyya : « l'Âme universelle » qui émane de l'Intellect universel et opère comme démiurge du monde sensible
al-nafs al-nabātiyya al-shahwāniyya : « l'âme végétative concupiscible » qui recherche les plaisirs liés à la nourriture, aux boissons et aux relations sexuelles
al-nafs al-nabawiyya : « l'âme prophétique » descendue dans un corps humain pour montrer aux autres âmes le chemin du retour
al-nafs al-nāṭiqa : « l'âme rationnelle », la faculté rationnelle de l'homme
al-nafs al-naw'iyya : « l'âme de l'espèce », qui anime chaque espèce au sein d'un genre
naẓar : « spéculation », une des opérations de l'intellect humain

qiyās : « syllogisme »
al-quwwa al-'allāma : « la puissance savante » de l'Âme universelle par laquelle elle octroie à ses créatures les bienfaits de l'Intellect : science, vertu et piété
al-quwwa al-'āqila : « la faculté intellective » qui apparaît dans l'homme à l'âge de quinze ans
al-quwwa al-fa''āla : « la puissance agente » de l'Âme universelle par laquelle elle donne aux corps leurs formes et couleurs
al-quwwa al-ḥāfiẓa : « la faculté mémorative », un des sens internes qui permet de conserver les images formées par la faculté imaginative
al-quwwa al-ḥikmiyya : « la faculté savante » qui apparaît dans l'homme à l'âge de trente ans
al-quwwa al-malakiyya : « la faculté angélique » qui apparaît dans l'âme humaine à l'âge de quarante ans
quwwat al-mi'rāj : « la faculté de l'ascension » qui descend sur les âmes purifiées parvenues au terme de leur vie terrestre, afin de les aider à monter vers le monde intelligible
al-quwwa al-mufakkira : « la faculté cogitative » ou rationnelle
al-quwwa al-mutakhayyila : « la faculté imaginative », un des sens internes qui forme des images sensibles à partir des impressions fournies par les sens externes
al-quwwa al-nāmūsiyya : « la faculté législative » qui apparaît à l'âge de cinquante ans
al-quwwa al-nāṭiqa : « la faculté parlante » permet d'exprimer les objets de la pensée à l'aide de mots et de sons
al-quwwa al-ṣāni'a : « la faculté productive » englobe tous les arts pratiques, y compris l'écriture

rawiyya : « délibération », une des actions de la faculté cogitative
ru'ya : « examen », action de l'intellect humain

ta'ammul : « méditation », une des voies pour trouver les objets de la connaissance

al-ṭabīʿa al-kulliyya : « la Nature universelle », une puissance de l'Âme universelle qui pénètre tous les corps, les meut et les régit

tadhākur : « remémoration », activité de la faculté mémorative

tafakkur : « réflexion », activité de la faculté cogitative

taḥlīl : « analyse », activité de la faculté cogitative

takahhun : « divination »

takhyīl al-manāmāt : « représentation des songes »

tamyīz : « discernement », un des modes de la connaissance

tarkīb : « composition », une méthode de la logique

taṣawwur : « représentation », activité de la faculté imaginative qui forme des images à partir des perceptions des sens ; activité de la faculté cogitative qui forme des concepts à partir de ces images

waḥī : « révélation »

al-wahm al-ṣādiq : « estimation véridique »

zajr : « interprétation des augures » comme méthode de divination

Bibliographie

BAFFIONI, C., « Citazioni di autori antichi nelle *Rasā'il Ikhwān al-Ṣafā'*. Il caso di Nicomaco di Gerasa », *in* G. Endress, R. Kruk (eds.), *The Ancient Tradition in Christian and Islamic Hellenism. Studies in the Transmission of Greek Philosophy and Sciences, Dedicated to H.J. Drossaart Lulofs on his Ninetieth Birthday*, Leiden/Boston, Brill, 1997, p. 3-27.

CALLATAŸ, G. de, *Ikhwan al-Safa'. A Brotherhood of Idealists on the Fringe of Orthodox Islam*, Oxford, Oneworld, 2005.

DE SMET, D., *Empedocles Arabus. Une lecture néoplatonicienne tardive*, Bruxelles, Koninklijke Academie voor Wetenschappen Letteren en Schone Kunsten van België, 1998.

– « The Sacredness of Nature in Shiʿi Ismaʿili Islam », *in* A. Vanderjagt, K. van Berkel (eds.), *The Book of Nature in Antiquity and the Middle Ages*, Leuven, Peeters, 2005, p. 85-96.

– « Scarabées, scorpions, cloportes et corps camphrés. Métamorphose, réincarnation et génération spontanée dans l'hétérodoxie chiite », *in* A. Vrolijk, J.P. Hogendijk (eds.), *O ye Gentlemen : Arabic Studies on Science and Literary Culture. In Honour of Remke Kruk*, Leiden/Boston, Brill, 2007, p. 39-54.

– « Religiöse Anwendung philosophischer Ideen. Die Enzyklopädie der Iḫwān aṣ-Ṣafā' », *in* U. Rudolph (éd.), *Grundriss der Geschichte der Philosophie. Philosophie in der islamischen Welt. Band I : 8.-10. Jahrhundert*, Basel, Schwabe, 2012, p. 531-539 et p. 551-554.

– « Les notions de l'"intellect inné" (*al-ʿaql al-ġarīzī*) et de l'"intellect acquis" (*al-ʿaql al-muktasab*) dans la noétique ismaélienne », *in* A. Cilardo (ed.), *Islam and Globalisation. Historical and Contemporary Perspectives. Proceedings of the*

25th Congress of L'Union Européenne des Arabisants et Islamisants, Leuven, Peeters, 2013, p. 463-481.

– « La transmigration des âmes. Une notion problématique dans l'ismaélisme d'époque fatimide », *in* O. Mir-Kasimov (ed.), *Unity in Diversity. Mysticism, Messianism and the Construction of Religious Authority in Islam*, « Islamic History and Civilization. Studies and Texts » 105, Leiden/Boston, Brill, 2014, p. 77-110.

– « La *Risāla al-Ǧāmi'a* attribuée aux Iḫwān al-Ṣafā' : un précurseur de l'ismaélisme ṭayyibite ? », *in* A. Straface, C. De Angelo et A. Manzo (eds.), *Labor limae. Atti in onore di Carmela Baffioni*, vol. I, Naples, Unior, 2017, p. 269-298.

DIWALD, S., *Arabische Philosophie und Wissenschaft in der Enzyklopädie. Kitāb Iḫwān aṣ-Ṣafā' (III). Die Lehre von Seele und Intellekt*, Wiesbaden, Otto Harassowitz, 1975.

EL-BIZRI, N. (ed.), *The Ikhwān al-Ṣafā' and their Rasā'il. An Introduction*, Oxford, OUP, 2008.

IKHWĀN AL-ṢAFĀ', *Rasā'il*, 4 vol., Beyrouth, Dār Ṣādir, 1957.

NETTON, I. R., *Muslim Neoplatonists. An Introduction to the Thought of the Brethren of Purity*, Edinburgh, EUP, 1991.

STRAFACE, A., « Testimonianze pitagoriche alla luce di une filosofia profetica. La numerologia pitagorica negli Iḫwān al-Ṣafā' », *Anali dell'Istituto Orientale di Napoli* 47, 1987, p. 225-241.

WALKER, P. E., POONAWALA I. K., SIMONOWITZ, D. et G. DE CALLATAŸ (ed. et trad.), *Epistles of the Brethren of Purity. Sciences of the Soul and Intellect. Part 1. An Arabic Critical Edition and English Translation of Epistles 32-36*, Oxford, OUP, 2015.

QUATRIÈME PARTIE

AL-FARABI, AL-ʿĀMIRĪ, AVICENNE, SES DISCIPLES ET LA CRITIQUE D'AL-BAGHDĀDĪ

PHILIPPE VALLAT

L'INTELLECT SELON FARABI LA TRANSFORMATION DU CONNAÎTRE EN ÊTRE[1]

À la mémoire de Pierre Hadot

Quant au philosophe qui existe en vain (*al-faylasūf al-bāṭil*), c'est celui qui n'a pas encore pris conscience du but que poursuit la philosophie

L'accession à la félicité, § 63, p. 194, 7-8.

Introduction

Problèmes généraux et questions préalables

Comme c'est le cas pour quelques autres thèmes de sa philosophie, aborder la noétique en général dans les œuvres de Farabi n'est pas une tâche aisée. Hormis le *De intellectu*[2], nous ne possédons aucun traité spécialement consacré à ces questions. Or, *DI*, en comparaison des autres traités parvenus jusqu'à nous et où il est question secondairement de noétique, n'est manifestement pas le dernier mot de Farabi sur ces questions. En circonscrivant l'étude de ce thème à chacun de ces autres traités pris séparément – que ce soit la *Philosophie d'Aristote*, *L'accession à la félicité*, la *Cité vertueuse*, les *Fuṣūl muntaza'a* ou le *Régime politique* – il est bien sûr possible d'arriver à certains résultats. Mais qu'en est-il si l'on entend aborder la question dans l'ensemble

1. Ce texte doit être lu en parallèle avec mes travaux plus récents sur le sujet : voir Ph. Vallat, « Onto-noétique : l'intellect et les intellects selon Farabi », *in* Abū Naṣr al-Fārābi, *Épître sur l'intellect*, introd., trad. et commentaires de P. Vallat, Paris, Les Belles Lettres, 2012, p. 65-196.

2. Abréviations utilisées : *De intellectu* [*DI*] ; *Philosophie d'Aristote* [*Phd'Ar*] ; *L'accession à la félicité* [*AF*] ; la *Cité vertueuse* [*CV*] ; les *Fuṣūl muntaza'a* [*FM*] ; *Régime politique* [*RP*].

des traités et jusqu'où l'interprète est-il alors autorisé à intervenir pour tenter d'harmoniser ce qui y est dit ? Pour bien faire, il faudrait que chaque traité ait déjà été étudié séparément sous l'angle approprié et que les résultats de chaque étude aient été comparés et discutés. Or, à ma connaissance, les seules études existantes concernent *DI*. La condition méthodologique d'une étude générale n'est donc pas remplie [1]. Sur certains points, les explications qui suivent ne pourront donc prétendre qu'à des résultats partiels. C'est pourquoi j'ai tenu dans ce qui suit à présenter tout d'abord un survol des questions préalables à ce que serait une étude approfondie, si tant est qu'on puisse vraiment l'entreprendre. Certaines considérations apparemment annexes, dans le corps du texte comme dans les notes, visent à mieux cerner la difficulté du sujet.

En suivant l'ordre que je viens de suivre dans l'énumération des traités de Farabi où il est question de noétique, se pose tout d'abord la question de savoir si *Phd'Ar* nous est parvenue en entier. La question est disputée. À la suite du bio-bibliographe Ibn Abī Uṣaybi'a, l'éditeur, M. Mahdi, pensait que non, pour la raison qu'il y manquerait le résumé de la métaphysique d'Aristote. Cette question, que j'ai abordée ailleurs (voir *FEA*, p. 146 *sq.*), nous plonge tout de suite dans des problèmes d'interprétation, car de la compréhension que l'on a de la noétique farabienne dépend la réponse qu'il convient d'y faire. Farabi considérait-il non seulement la noétique et la métaphysique d'Aristote, mais aussi la noétique d'Alexandre d'Aphrodise, qui lui est liée selon lui, comme une science complète ? Si oui, alors il manque indubitablement quelque chose à *Phd'Ar* telle qu'elle nous est parvenue. Sinon, on peut l'estimer complète, puisque la partie éventuellement manquante n'avait pas à figurer dans un livre portant sur Aristote. Comme on va le voir tout de suite, la question ainsi posée revient à se demander si l'Intellect divin d'Alexandre et de Thémistius est le premier Principe pour Farabi ou, plus exactement, pourquoi il ne l'est pas.

À cette difficulté, il faut ajouter la suivante : peut-on vraiment tirer de *CV*, de *RP* et des *FM*, des informations précises et cohérentes sur le thème de la noétique et de l'onto-cosmologie, sachant que ces thèmes n'y sont abordés que dans la mesure où ils servaient le propos de ces trois traités, qui n'est ni la métaphysique ni la noétique en elle-même, mais ce qui, de l'une et de l'autre, pouvait selon Farabi servir de fondement ou, mieux, de superstructure à la politique ? Sachant qu'en dehors de *DI*, c'est dans *RP* qu'il est le plus question

1. Je me permets de mettre d'emblée de côté l'étude de H. A. Davidson (*Alfarabi, Avicenna & Averroes on Intellect*, New York/Oxford, OUP, 1992), qui me semble desservie par un *a priori* méthodologique que j'estime injustifié et qui consiste à dire que Farabi « may simply have been dependent on whatever sources were available to him when he wrote, and the differing positions he advanced on different occasions may simply reflect the sources from which he was working at any given time » (p. 6). À la fin de son étude (p. 44-73), Davidson arrive alors à la conclusion suivante (p. 73) : « I would accordingly conjecture that Alfarabi worked from different oral or written philosophic sources and summaries at different times, and that the position he took at any one time reflects the texts then before him. » L'hypothèse de départ, identique à la conclusion, fait de Farabi un philosophe incapable d'excogiter quoi que ce soit de cohérent par lui-même.

de noétique, la réponse est délicate, surtout quand il s'agit de déterminer, d'une part, si le premier Principe connaît autre chose que lui-même et, d'autre part, si la causalité exercée par le premier Principe et ses « assesseurs », les Causes *secondes*, est vraiment efficiente et finale, comme Farabi a l'air de le soutenir, ou seulement finale, comme tout son vocabulaire tend à le montrer. Elle n'est pas moins délicate s'il faut aborder sous l'angle de la vraisemblance conceptuelle la prophétologie et la question épineuse des rapports de Farabi avec l'islam.

Mais ce n'est là qu'une partie des problèmes rencontrés par l'interprète de la noétique farabienne. Il en est au moins trois autres qui, très souvent, retiennent soit beaucoup soit trop peu l'attention des chercheurs, à savoir : la chronologie des écrits conservés et leur éventuelle connexion ; les sources grecques et arabes utilisées ; le problème des œuvres perdues ou non encore redécouvertes.

Commençons par celui de la chronologie. Comme il s'agit d'apprécier l'évolution de la pensée de Farabi, j'en traiterai tout de suite comme d'un thème à part. Comme on va le voir, ce thème n'est pas sans jeter quelque lumière sur les autres difficultés énumérées plus haut.

Chronologie des traités où il est question de noétique

Le De intellectu, *la* Philosophie d'Aristote *et le statut de l'Intellect agent*

Au lecteur familier de Farabi, *DI* se signale au premier chef par le flou de son vocabulaire, une syntaxe parfois rudimentaire, voire obscure, même dans l'excellente édition du P. Bouyges, par un nombre non négligeable de formules approximatives et de maladresses de style et, enfin, par des redites inutiles. Cependant, ce qui frappe peut-être davantage encore dans le traité, c'est qu'en dépit de son plan, qui annonce clairement l'examen de six sens différents du mot « intellect » et donne à penser qu'on a sous les yeux un livre de définitions, le contenu montre un philosophe peu assuré des solutions qu'il propose sur quelques-uns des points essentiels de l'interprétation d'Aristote et de ses commentateurs. Cela est vrai en particulier de la causalité exercée par l'Intellect agent [*cf.* Texte 8]. Le vocabulaire est sur ce thème particulièrement vague, le verbe « donner » revenant plus que de besoin et faute, on le comprend bien, d'un terme plus approprié, sans qu'on sache d'ailleurs très bien ce que l'Intellect agent « donne », à qui ou plutôt à quoi il le donne et, pour finir, s'il donne vraiment *quelque chose*. De plus, dans toute la partie proprement noétique du traité (p. 12 *sq.*), Farabi emploie au sujet de l'intellect humain le mot *dhāt* non pour signifier que cet intellect serait une « essence » et encore moins un « être par soi », comme on l'a cru à tort, mais comme une référence non technique à la « chose qu'il s'agit de définir ». Autrement dit, cette définition n'est pas donnée d'emblée et, à vrai dire, elle ne se trouve pas dans le *DI*, encore que le lecteur comprenne déjà que la chose en question n'est pas selon Farabi une entité subsistante.

Au bout du compte, *DI* a tout l'air d'un premier *status quaestionis* ou d'une première ébauche de synthèse, à une époque où Farabi ne connaissait peut-être pas encore le *De anima* d'Aristote, comme M. Geoffroy [1] en a fait l'hypothèse, mais parvenait néanmoins à en réinventer le contenu supposé grâce au *Peri noû* d'Alexandre d'Aphrodise et à divers Neoplatonica ; à moins, autre hypothèse, que Farabi ait préféré exposer l'interprétation qu'il faisait de la noétique aristotélicienne, qu'il connaissait donc, sans passer par le biais d'une exposition littérale – ce que tendrait à confirmer la teneur des autres sections de l'épître où sont « résumés » les sens de « intellect » dans l'*Éthique à Nicomaque* et les *Seconds analytiques*.

Cela étant, l'une des questions que *DI* tranche déjà définitivement est celle du statut de l'Intellect agent, qui ne sera jamais pour Farabi le Premier Intellect. Sur ce thème, la rupture est d'emblée consommée avec l'interprétation des « aristotéliciens » Alexandre et Thémistius, qui identifiaient l'Intellect agent au Premier moteur de la *Métaphysique*. Farabi refuse cette identification et, dans des termes qui ne doivent plus rien à Aristote, s'efforce de démontrer l'imperfection de l'Intellect agent (p. 32, 9-33, 13). Cette rupture est donc parfaitement délibérée. Comme son propos était néanmoins de donner la plus grande cohérence possible à ce qu'il connaissait d'Aristote, c'est, sans paradoxe, pour donner raison à celui-ci qu'il a jugé nécessaire de se séparer de lui ou de ses interprètes réputés les moins infidèles. Or, c'est précisément avec la détermination du statut de l'Intellect agent que se termine *Phd'Ar* : Farabi réaffirme que l'Intellect agent n'est pas absolument parfait et qu'il existe un principe supérieur. La raison avancée d'une telle imperfection n'est toutefois plus exactement la même que dans *DI*. Dans celui-ci (p. 33, 1-5), Farabi constatait que le rôle de l'Intellect *agent* implique nécessairement une relation de cause efficiente à une chose à la fois extérieure et inférieure à sa substance. Non par nature, mais par la fonction providente qu'il exerce vis-à-vis du monde sensible, l'Intellect agent est en rapport avec une réalité dont la déficience, d'une certaine façon, rejaillit sur lui et amenuise son autosuffisance : pour agir, il a besoin que lui soit donnée une matière (p. 33, 7). Cette réflexion lie une fois pour toutes dans la pensée du philosophe l'idée de causalité efficiente à celle de l'imperfection de l'instance qui l'exerce. Dans *Phd'Ar*, Farabi évoque en quelques mots la question du statut ontologique de l'Intellect agent sous l'angle de sa nature, en disant qu'en lui substance et acte ne coïncident pas absolument (p. 132, 9). Le même problème est donc envisagé cette fois-ci non tant du point de vue de ce qui est inférieur à l'Intellect agent et à quoi il est lié, que sous l'angle de ce qui lui est supérieur. On peut

1. M. Geoffroy, « La tradition arabe du *Περὶ νοῦ* d'Alexandre d'Aphrodise et la théorie farabienne des quatre degrés de l'intellect », *in* C. D'Ancona et G. Serra (a cura di), *Aristotele e Alessandro di Afrodisia nella tradizione araba*, Padova, Il Poligrafo, 2002, p. 191-231.

reconstruire comme suit le raisonnement implicite que semble suivre Farabi : il faut qu'existe une entité dans laquelle substance et activité coïncident absolument, car de cette Substance-Acte dépendent ultimement l'activité et l'actualisation de tout ce qui existe; par définition, cette entité sera éminemment auto-subsistante et auto-suffisante; elle n'aura donc de rapport à rien d'autre qu'elle-même, quand même tout ce qui existe dépend d'elle; or, l'Intellect agent ne peut être cette entité, car, par définition, c'est-à-dire en tant qu'*agent* ou cause efficiente, il est en rapport avec autre chose que lui-même, à savoir les substances engendrées ou, du moins, certaines d'entre elles. Puisqu'il dépend d'elles en quelque manière pour agir, il n'est pas parfaitement auto-suffisant. Conclusion : dans l'Intellect agent, substance et acte ou substance et activité ne coïncident pas.

Phd'Ar marque donc une étape supplémentaire dans un raisonnement dont *DI* avait déjà posé les prémisses, raison pour laquelle je pense que la première est postérieure au second, les deux œuvres étant liées par ailleurs par un vocabulaire et des thèmes similaires.

Il n'est pas inutile de dégager tout de suite les corollaires de ce raisonnement qui conduit de *DI* à *Phd'Ar*, car ils sont à la fois essentiels à la compréhension de la pensée de Farabi et fort mal connus : 1) une cause efficiente séparée connaît ce qu'elle produit à l'être et y est lié, ce qui constitue une brèche dans son autosuffisance; 2) le principe Premier ne peut être cause efficiente sans être imparfait; 3) le premier Principe n'a de rapport qu'à lui-même et ne connaît rien d'autre que lui-même; 4) le premier Principe est seulement cause finale de ce qui existe dans sa dépendance et qui procède de Lui sans que lui-même prenne une part quelconque au processus en question[1]; 5) la totalité de ce qui existe, existe de toute éternité, en vertu de l'éternité de sa cause finale; 6) l'émanation ou la procession du Tout n'est qu'une représentation discursive et temporelle d'un événement qui n'a jamais eu lieu, car il a toujours déjà eu lieu atemporellement; 7) le rapport de l'Intellect agent à ce dont il est l'agent est lui aussi éternel, car il n'est pas devenu agent et ce dont il est l'agent n'en est donc pas devenu l'effet, mais l'a toujours été; 8) l'Intellect agent connaît sous un certain mode quelque chose qui existe sous un autre mode dans le monde sensible (ses formes) [*cf.* Textes 1 et 4].

Ces corollaires d'une chaîne de raisonnements qu'on peut qualifier de fondateurs sont autant de critères pour juger de la cohérence de l'éventuelle évolution de la pensée de Farabi dans ses œuvres postérieures. Ils permettent en outre de répondre à la question méthodologique posée plus haut : peut-on tirer des formulations de traités dont le propos est, semble-t-il, d'abord politique un enseignement précis concernant la noétique et l'onto-cosmologie ? On verra que tel est le cas si l'on s'aide des corollaires ci-dessus explicités.

1. Je corrige ici ce que j'ai soutenu à tort dans *Farabi et l'École d'Alexandrie. Des prémisses de la connaissance à la philosophie politique* [désormais *FEA*], Paris, Vrin, 2004, *passim*.

La Philosophie d'Aristote, *L'*Accession à la félicité *et la question de l'épistémologie*

Comme l'on sait, *Phd'Ar* serait la troisième partie d'un triptyque dont *AF* se donne explicitement pour l'introduction, la deuxième partie se présentant quant à elle comme un résumé de la philosophie de Platon. D'un autre côté, on sait que, dans la tradition manuscrite, *Phd'Ar* a été transmise comme une partie d'une œuvre dont le titre était simplement, à quelques variantes près, *Le livre des deux philosophies*, la première de ses deux « philosophies » étant le résumé intitulé *La philosophie de Platon*. *La philosophie de Platon* et *Phd'Ar* constituaient donc une même œuvre en deux parties. La question qui m'intéresse est de savoir si *AF* en était bien, dès le départ, l'introduction. Je ne le crois pas[1].

Des informations que Farabi avait à sa disposition quand il écrivit son résumé des dialogues de Platon et de sa connaissance de Platon en général, j'ai parlé ailleurs[2]. Ses informations se réduisaient à fort peu de chose : ce qui ressemble à des notes de cours très élémentaires, mais déjà résumées comme s'il s'agissait de poser les fondations de la philosophie parfaite, à savoir celle d'Aristote. En bref, quand il compose *La philosophie de Platon*, Farabi ne s'intéresse à lui que dans un but : montrer qu'Aristote a amené à sa perfection ce que Platon avait laissé en chantier et dont il connaissait en réalité si peu que rien. Il n'en va pas du tout de même dans *AF* qui atteste une connaissance directe non seulement du *Timée* et de la *République*, mais aussi, probablement, de commentaires néoplatoniciens sur Platon et le *Timée* en particulier – chose assez rare dans la philosophie arabe. De plus, dans *AF*, Farabi a des rôles de Platon et Aristote dans l'économie de *la* philosophie, c'est-à-dire la sienne, une vision autrement plus élaborée que dans les deux traités qui suivent ; et de la pensée d'Aristote, il fait alors une interprétation qui lui permet, par exemple (§ 23-26, p. 145-150), de présenter la métriopathie comme le calcul dianoétique (*fikriyya*) visant à adapter à des conditions particulières de population, de temps et de lieu la connaissance des médiétés, considérées comme des Idées éthiques immuables. Selon toute vraisemblance, *AF* a donc été écrite après *Phd'Ar* et peut-être bien plus tard que la *Philosophie de Platon*.

1. Contrairement à ce que semblait dire M. Mahdi (*Phd'Ar*, introduction, p. 9 – en arabe), aucune des informations qu'il a rassemblées ne montre que *AF* aurait constitué dès le départ l'introduction aux deux autres traités, au contraire. En revanche, un siècle plus tard, dans la description de l'œuvre que le bio-bibliographe Ṣā'id al-Andalusī (ob. 1070) appelle *Livre sur les buts de la philosophie de Platon et Aristote* (*Kitāb fī aghrāḍ falsafat Aflāṭūn wa-Arisṭūṭālīs*), la première phrase (*ibid.*, p. 11, 3-4 : *aṭla'a fī-hi 'alā asrār al-'ulūm wa-thimāri-hā 'ilman 'ilman wa-bayyana kayfiyyat al-tadarruj min ba'ḍi-hā ilā ba'ḍin shay'an shay'an*) renvoie clairement à *AF*. Cela étant, il est hors de doute que l'édition finale de ce tryptique est due à Farabi lui-même.

2. Voir *FEA*, chap. I.

L'accession n'a de rapport que lointain avec la *Philosophie de Platon*, mais un lien fort l'unit en revanche à *Phd'Ar*. Autant dans *Phd'Ar* que dans *L'accession à la félicité*, mais bien plus dans celle-ci, Farabi est en possession d'une épistémologie bien définie. Elle se présente dans *Phd'Ar* sous l'espèce d'un ordre néoplatonicien de lecture des traités d'Aristote. L'ordre à suivre doit permettre d'actualiser, de parfaire et de « substantialiser » l'intellect humain grâce, finalement, à la métaphysique, dont la connaissance est en même temps présentée comme la condition de la complétion des connaissances physiques et politiques acquises auparavant (p. 131, 22-132, 1) [1]. Dans *AF*, la question se présente sous deux formes : 1) l'ordre dans lequel il faut étudier les sciences, où l'on trouve l'idée que la science doit être assimilée selon un parcours en trois temps : le premier moment est celui qui, partant des mathématiques, va des réalités plus abstraites aux réalités plus matérielles (arithmétique, géométrie ; puis, optique, stéréométrie, astronomie, musique, poids, mécanique), en redescendant jusqu'à la physique ; le deuxième moment est une remontée vers la connaissance métaphysique ; le troisième est une descente, des sommets de la métaphysique, vers la politique et les « choses humaines ». Il s'agit bien sûr d'un schéma au moins partiellement inspiré de la *République*. 2) La question se présente aussi et d'abord sous la forme d'une épistémologie élaborée qui présente cette caractéristique étonnante d'évoquer une interprétation « syllogistique » et aristotélicienne de la dialectique ascendante de la *République* et de faire fond sur une idée qu'on trouve déjà dans *DI* (p. 28, 1-8), à savoir que l'*ordo cognoscendi* est pour l'homme la converse exacte de ce qu'il est pour l'Intellect agent. Enfin, comme dans les dernières lignes de *Phd'Ar*, *AF* (§ 15, p. 139) [2] insiste sur le fait que l'intellect humain ne se « substantialise » que par le moyen de la connaissance – ce qui signifie que l'intellect n'est d'abord qu'une disposition matérielle qui, de corruptible, a besoin de devenir subsistante et incorruptible ou une disposition dont l'acte doit s'abstraire de ce qui le soutient matériellement.

À l'exception de ce dernier point, qu'on trouve partout affirmé ou sous-entendu et sur lequel Farabi tombe de toute évidence partiellement d'accord avec Alexandre d'Aphrodise, ces différents indices permettent, je pense, de reconnaître dans *AF* une œuvre de maturité, postérieure à *Phd'Ar* dont elle reprend et développe les thèmes principaux.

1. *Cf.* Aristote, *DA*, III, 4, 429b3-5 : « Mais l'intelligence, quand elle a eu l'intellection d'un intelligible très intense, n'en a pas moins l'intellection des intelligibles inférieurs, au contraire elle en a même une intellection meilleure » (trad. Thillet, *De l'âme*, *op. cit.*, p. 164). Pour Farabi, la connaissance métaphysique est nécessaire à la complétion de la politique et de la physique, car c'est à la métaphysique que ressortit la connaissance de l'objet ultime de ces deux dernières : la félicité intellectuelle et « la chose qui dispense aux corps célestes le mouvement circulaire perpétuel », *Phd'Ar*, p. 130, 13-14 ; cf. *FEA*, p. 89.

2. *Cf.* n. 1, p. 224.

La Cité vertueuse, *les* Fuṣūl muntaza'a, *le* Régime politique *et la métaphysique farabienne*

En dehors du petit traité *Des buts poursuivis par Aristote dans la Métaphysique*, dans lequel Farabi se contente plus ou moins d'expliciter le *skopos* de chacun des livres de la *Métaphysique* et qui pourrait avoir été écrit à la même période que *DI*; et en dehors d'une partie du *Livre des lettres* et du *Livre de l'un et de l'unité* (jamais étudié), aucun traité ne nous est connu qui serait consacré exclusivement aux questions de métaphysique. C'est dans ses œuvres « politiques » qu'on trouve sur ce thème les développements les plus complets. Or, ces œuvres ont toutes été rédigées à la même période, dans les dernières années de sa vie. Tout se présente donc à nous comme si Farabi avait lui-même suivi le cursus pédagogique qu'il décrit dans *AF*, en ne revenant vers les choses humaines qu'après avoir étudié tout le reste et en particulier ce qui vient juste avant la politique dans ce cursus, à savoir la métaphysique.

Que *CV* a été rédigée à la fin de sa vie, nous le savons grâce à une courte notice qui se trouve dans certains manuscrits et qui détaille les circonstances de cette rédaction mouvementée, commencée à Bagdad, continuée à Damas (après un passage à Alep), puis achevée finalement en Égypte avant son retour à Damas, deux ans avant sa mort en 950. Ce traité a connu, apprend-on, deux remaniements et trois éditions. L'édition que nous en connaissons présente en outre cette particularité qu'elle est, semble-t-il (voir p. 50, 1 Walzer), le travail du chrétien Abū Isḥāq Ibrahīm b. 'Abd Allāh, connu par ailleurs comme traducteur d'Aristote (*Topiques* VIII et *Rhétorique*), d'Alexandre d'Aphrodise (*Principes du Tout*, peut-être en collaboration ou, plus vraisemblablement à la suite de Isḥāq b. Ḥunayn) et comme le commanditaire d'un des deux traités de Farabi contre l'astrologie[1]. Or, dans son édition de *CV*, Ibrahīm a tenu, on ne sait exactement pourquoi, à citer en dernier lieu ce qui, très vraisemblablement, était l'interprétation ou une interprétation que Farabi avait faite d'un passage du *Peri noû* d'Alexandre[2]. L'existence d'un commentaire farabien sur

1. *Ce qui est acceptable et ce qui ne l'est pas concernant l'astrologie, op. cit.*, p. 281 Al Yasin. Voir Ch. Genequand, *Alexander of Aphrodisias, On the cosmos*, Leiden, Brill, 2001, p. 31-33. On sait qu'il était en contact avec Yaḥyā b. 'Adī (m. 984), le plus connu des disciples de Farabi, et peut-être avait-il été l'élève d'Abū 'Uthmān al-Dimashqī (m. 920). Selon Walzer (*CV*, p. 331), il serait mort après 970. Si tel est le cas, il aura fréquenté Abū 'Uthmān dans ses jeunes années. Tous ces auteurs, Farabi y compris, appartenaient à ce qu'on est convenu d'appeler « l'École péripatéticienne de Bagdad ».

2. Walzer (*CV*, p. 332) supposait, si je le suis bien, que « l'auteur » de la troisième partie du prologue (ou se trouve seulement la citation à propos d'Alexandre) ne serait pas celui de ses deux premières parties. Même en admettant cette division en trois parties, on ne voit pas pourquoi il faudrait chercher un auteur différent pour chacune. L'éditeur de l'ensemble du traité et non seulement du prologue est vraisemblablement celui dont le nom figure à la première page du traité, c'est-à-dire Abū Isḥāq. Le fait qu'Abū Isḥāq soit connu comme le traducteur du *Traité sur le Tout* d'Alexandre ne fait que renforcer la présomption d'un même auteur pour la troisième partie, où

le *Peri noû* est par ailleurs confirmée par une courte citation dans le fameux manuscrit Marsh de la Bodleian Library qui a maintenant été édité par Elvira Wakelning [1].

Quant à *RP*, qui est de loin le plus riche sur les questions de noétique, et aux *FM*, leur relation avec *CV* nous est connue grâce à un opuscule de Farabi qui se présente comme un sommaire de la dernière édition de *CV*, celle qui divisait le texte en sections (*fuṣūl*). Farabi y fait référence à de mystérieux *Addenda* à *CV*. Ces *Addenda* sont, je pense, non seulement les *FM*, comme M. Mahdi en avait déjà fait l'hypothèse, mais également *RP* qui se présente de fait comme une récriture de *CV* selon d'autres intentions. De plus, on trouve en toutes lettres dans *RP* la clé de lecture de *CV*. Ce point est mis en évidence dans un livre en préparation et je n'en dirai rien de plus ici.

L'intérêt pour nous de l'opuscule auquel j'ai fait référence est qu'il montre que *CV*, les *FM* et *RP*, tout en étant trois œuvres distinctes, constituent les trois moments ou les trois aspects d'un même projet en même temps que les trois pièces d'un même testament philosophique. Pour les questions de noétique comme pour le reste, ce fait chronologique doit retenir l'attention. Ce n'est par exemple que dans *CV* et *RP* que Farabi déploie sa vision d'un univers intelligible à trois étages : le Principe premier, les Causes secondes, l'Intellect agent. Il n'en est pas question ailleurs et tel est, faut-il croire, son dernier mot sur la structure du monde intelligible. La raison « métaphysique » de la déficience de l'Intellect agent n'est expliquée de manière détaillée que dans *RP* : au contraire de chacune des Causes secondes qui n'intelligent que deux principes, le Premier et elle-même, l'Intellect agent intellige le Premier, *toutes* les Causes secondes et lui-même. Et seuls *RP* et les *FM* montrent sans conteste que Farabi a eu à un moment donné une connaissance directe d'une partie au moins du *De anima* d'Aristote et, en particulier, quelle interprétation il faisait de 429a, 10-13 et 430a 22-23. De plus, *RP* révèle, en comparaison de *DI*, une évolution dans la compréhension et le rejet de la thèse alexandrinienne de l'existence d'une forme immatérielle et de l'identité de cette forme séparée avec un intellect [2] Or, cela nous apprend quelque chose de plus quant aux sources de Farabi, car, parmi les traités d'Alexandre que Farabi était susceptible de connaître, la thèse en question se trouve presque uniquement dans le *De anima*. Cela confirmerait ce que nous apprend le bio-bibliographe Ibn Abī Uṣaybi'a, à savoir que Farabi a composé un commentaire sur le *De anima* d'Alexandre. Comme le rejet ou le détournement de la thèse alexandrinienne

figure le texte à propos d'Alexandre. Si donc il est l'auteur des première et troisième parties, faut-il croire que quelqu'un d'autre a intercalé la « deuxième partie » ? Rien dans celle-ci ne le confirme.

1. E. Wakelnig, *A Philosophy Reader from the Circle of Miskawayh*, Text, Translation and Commentary by E. Wakelnig, Cambridge, CUP, 2014.

2. Sur les « formes immatérielles » chez Alexandre, voir le résumé des interprétations et les analyses de G. Guyomarc'h, « Le visage du divin : la forme pure selon Alexandre d'Aphrodise », *Les études philosophiques* 86/3, 2008, p. 323-341.

se profile déjà dans *DI* (p. 20, 4-21, 8), ce commentaire a peut-être été écrit assez tôt. On notera d'ailleurs que *DI* p. 20, 4-22, 1 est un commentaire néoplatonisant d'Alexandre, *De anima*, p. 87, 23-88, 3.

Au terme de ce rapide survol de la chronologie des traités où il est question de noétique, il apparaît que l'ordre de leur composition est probablement celui que j'indiquais en commençant : *De intellectu, Philosophie d'Aristote, L'accession à la félicité, Cité vertueuse, Fuṣūl muntazaʿa, Régime politique*, avec un doute sur l'ordre *Fuṣūl muntazaʿa – Régime politique*. Étant donné que la rédaction de *CV* s'est étalée sur au moins six ans, de 942 à 948, il n'est pas impossible que les trois derniers traités aient été rédigés en même temps.

Abordons à présent les deux autres questions énumérées plus haut.

LES SOURCES GRECQUES ET ARABES CONNUES DE FARABI ET LE PROBLÈME DES ŒUVRES PERDUES OU NON ENCORE REDÉCOUVERTES

Le De anima, *ses commentaires et écrits afférents*

La première source à considérer est bien sûr le *De anima* d'Aristote. Farabi le connaissait-il ? J'ai dit un peu plus haut que les *FM* et *RP* laissaient voir clairement quelle interprétation Farabi proposait de *DA*, 429a, 10-13 et 430a 22-23. Dans chacun des deux passages concernés, l'analyse est conduite au plus près du texte d'Aristote et montre sans nul doute qu'il connaissait du grec une traduction arabe différente de celle qui nous est parvenue[1]. Cette constatation relative à l'utilisation d'une traduction autre que celle publiée par Badawi et erronément attribuée à Isḥāq b. Ḥunayn a également été faite à propos des gloses marginales d'Avicenne sur le *De anima*. Malheureusement, l'étude consacrée par R. Frank à cette question ne m'a révélé aucun parallèle textuel entre la traduction utilisée par Avicenne et celle utilisée par Farabi. Chez celui-ci, s'agissait-il seulement d'une traduction directe et complète d'Aristote ou bien de la citation d'un lemme dans un commentaire traduit en arabe ? Rien ne permet d'en décider, sauf à considérer que la teneur néoplatonicienne de sa lecture d'Aristote est l'empreinte intacte de sa source – interprétation « philologique » qui n'explique rien quant aux options philosophiques de Farabi. Quant au passage correspondant à *DA*, 429a-430a dans le commentaire alexandrin connu en arabe, où l'influence de Philopon est la plus marquée (éd. Arnzen, 1998), rien n'y correspond à la traduction utilisée par Farabi.

1. En *FM* § 34, on trouve de même un écho littéral de *DA*, 430a26-27. En *RP*, p. 35, 12-36, 5, l'assimilation de ce que donne l'Intellect agent à une lumière faisant passer les couleurs en acte évoque littéralement 430a14-17. Mais il s'agit toujours du même passage du livre III et ne prouve rien quant à la connaissance du traité entier.

Les résultats de la comparaison entre les fragments de la traduction d'Isḥāq b. Ḥunayn édités par Frank et les passages des traités de Farabi où le recours au *DA* semble manifeste sont négatifs. Voici deux exemples. Farabi se réfère tacitement – directement ou indirectement – à *De anima*, 429a10-12 en *FM* § 81, p. 86, 10-11, à propos de la question de la séparation de l'âme intellective « en grandeur » (κατὰ μέγεθος) ou « en raison » (κατὰ λόγον). L'expression « en raison » manque dans les fragments de la traduction d'Isḥāq, mais « en grandeur » y est traduit exactement par *bi-l-ʿiẓam* là où Farabi parle de séparation « selon le lieu », *bi-l-makān*. D'après les gloses d'Avicenne (Badawi, p. 98, 17-22)[1], Thémistius aurait compris la (non-)séparation de l'intellect *d'avec* la grandeur (*li-l-ʿiẓam*) au sens d'une (non-)séparation *d'avec* le lieu, *li-l-makān*. Comme l'a remarqué D. Gutas[2], Thémistius évoque de fait une séparation selon le lieu (κατὰ τόπον : p. 93, 33 Heinze), mais le texte arabe est différent (163, 6-7 Lyons). Il y est question d'une séparation ou « par essence » (*bi-l-dhāt*) ou « selon la notion » (*bi-l-maʿnā*). La référence à Platon et à la séparation locale des organes afférents à chacune des facultés de l'âme a également disparu. Quant à « en raison » (κατὰ λόγον) ou « selon la notion » (trad. Thillet p. 163), Farabi ou celui dont il tient cette traduction, le rend correctement par *bi-l-maʿnā*. Le Ps.-Isḥāq (p. 72, 9) a lui aussi *bi-l-maʿnā*, mais ni *bi-l-ʿiẓam*, ni *bi-l-makān*.

Autre exemple : toujours à propos de la séparation de l'âme, *RP*, p. 42, 7-8 se réfère tacitement à *DA* 430a22-23 : χωρισθεὶς δ' ἐστὶ μόνον τοῦθ' ὅπερ ἐστί (« Une fois séparée d'ailleurs, elle se réduit à son essence », trad. Bodéüs p. 229 ; « C'est seulement lorsqu'elle est séparée qu'elle est précisément ce qu'elle est vraiment », trad. Thillet p. 167) que le Ps.-Isḥāq (p. 75, 8 Badawi) rend bien mal par *bal huwa baʿdu mā fāraqa-hu ʿalā ḥāli mā kāna* et que Farabi rend mieux, me semble-t-il, par les termes soulignés dans la phrase suivante :

> *wa-yakūnu ayḍan wujūdu-hu maqṣūran ʿalay-hi waḥda-hu ghayra fāʾiḍin ilā siwā-hu ḥīna mā yaṣīru mufāraqan mufāraqatan tāmmatan li-jamīʿi ajzāʾi l-nafs siwā-hu* / Et son être [sc. de l'intellect], en outre, est dorénavant limité à lui seul, ne flue pas ad extra, au moment où il vient à être séparé absolument et parfaitement de toutes les parties de l'âme autres que lui-même (42, 7-8).

La phrase d'Aristote semble incluse dans son commentaire. Le passage correspondant du *DA* ne se trouve malheureusement pas dans la traduction d'Isḥāq (voir Frank, p. 246). La formulation d'Alexandre (89, 12-13, éd. Bergeron & Dufour) diffère de celle d'Aristote et l'arabe ne nous est pas connu. Quant à la paraphrase de Thémistius (101, 24-25 Heinze = arabe, p. 184, 9-10 Lyons), dans laquelle *DA* n'est pas cité, elle exprime la chose ainsi : *wa-idhā fāraqa fa-huwa mā huwa faqaṭ*. Puisque Isḥāq est aussi le traducteur de Thémistius,

1. *Cf.* D. Gutas, « Philoponus and Avicenna on the Separability of the Intellect », *Greek Orthodox Theological Review* 31, 1986, p. 121-129 ; ici p. 122.

2. *Ibid.*

ce texte permet peut-être de se faire une idée de ce qu'était sa traduction de *DA*, 430a22-23. Reste l'*In De anima* de Simplicius, dont la traduction arabe n'a pas été conservée, mais dont le grec nous est connu et où est citée et commentée deux fois la phrase *χωρισθεὶς δ' ἐστὶ μόνον τοῦθ' ὅπερ ἐστί* (p. 77, 10 *sq.*; 245, 5-246, 13 Hayduck). D'après les explications de D. Gutas [1], qui se réfère à *In Cat.*, p. 222, 9-20, Simplicius ne peut être la source de Farabi. Il pourrait s'agir encore du commentaire d'Olympiodore sur le *De anima*, dont la seule attestation est peut-être *Fihrist*, p. 251, 13-14 Flügel, où Ibn al-Nadīm dit qu'il l'a vu dans l'inventaire que Yaḥyā b. 'Adī, l'élève de Farabi, avait dressé des livres de sa bibliothèque. Toujours est-il que *FM*, p. 86, 16-87, 2 présente au sujet de la séparation une similitude assez nette avec Damascius *ap.* Olympiodore *In Alcib.* I, p. 5, 6-9 Westerink. Farabi : l'âme intellective ou l'intellect théorétique devenu parfait s'est séparé du corps instrument, que celui-ci vive encore, en ce qu'il s'alimente et perçoit encore, ou non ; Damascius : l'homme qui possède les vertus théorétiques s'est détaché du corps, vivant ou non, car son âme est désormais détachée du véhicule ostréeux et pneumatique.

D'autre part, comment les deux textes suivants, que des décennies séparent sans doute, peuvent-ils avoir été écrits par quelqu'un qui aurait finalement eu connaissance du *De anima* ?

> Texte 1 : Ces formes sont dans l'Intellect agent sous le mode de l'indivision et sont dans la matière sous le mode de la division. Il n'y a rien d'absurde (*laysa yustankaru*), en effet, à ce que l'Intellect agent, alors qu'il est indivis ou que son essence consiste en des choses indivises, donne à la matière des similitudes (*ashbāh*) de ce qui est dans sa substance, ce que la matière ne recevra cependant que sous le mode de la division. Voilà une chose qu'Aristote a d'ores et déjà mise en évidence également dans le *Livre de l'âme* (*DI*, p. 29, 6-30, 2) [2].

1. *Cf.* D. Gutas, « Philoponus and Avicenna on the Separability of the Intellect », art. cit.

2. M. Rashed (« On the Authorship of the Treatise *On the Harmonization of the Opinions of the Two Sages* Attributed to Al-Fārābī », *Arabic Sciences and Philosophy* 19, 2009, p. 54) pense, au vu de *Buts d'Aristote dans la Métaphysique* (p. 37, 18-20 Dieterici), que Farabi, avec Aristote, rejette sans ciller l'existence des Idées platoniciennes « although nothing in the text [d'Aristote] compels him to interpret it in such a way ». Puisque l'opuscule est un digest de chacun des livres de la *Métaphysique* (connus en arabe), rédigé en un style « télégraphique », il est bien plus probable qu'il se jugeait tenu de ne pas les résumer au rebours de leur contenu : là où il lisait en substance « les Idées n'existent pas » (*lā wujūda li-l-muthul*, p. 37, 10), pouvait-il *résumer* « elles existent » ? S'il rejette les Idées ou, plus exactement, les formes *ante rem*, que sont les formes de ce Texte 1 et *infra*, Textes 7 et 8, où J. Jolivet a reconnu les Formes platoniciennes (voir p. 228-230) ? Et que sont les formes de *Phd'Ar*, p. 130, 1-8, que l'Intellect donne « en un tout » à l'origine des espèces, où Averroès (*Grand commentaire à la Métaphysique*, p. 1498, 15-1499, 2) a reconnu une cause séparée ?

Texte 2 : Or, cela [*sc.* les facultés propres au philosophe-roi] ne se trouve que chez les hommes au naturel exceptionnellement doué une fois que leur âme s'est conjointe à l'Intellect agent; de fait, une telle mesure n'est atteinte que lorsqu'à celui-là est advenu, premièrement, l'intellect patient[1] et, ensuite, l'intellect qu'on nomme « acquis ». C'est en effet par l'advenue de l'intellect acquis qu'a lieu la conjonction avec l'Intellect agent, selon ce qui est dit dans le *Livre de l'âme* (*RP*, p. 79, 8-11).

L'explication de cette référence à des thèmes jamais abordés par Aristote n'est pas la même pour les deux textes qui posent par ailleurs d'autres problèmes d'interprétation. Le premier texte est manifestement inspiré de la *Théologie* du pseudo-Aristote et en particulier du chapitre sur l'âme, mais fait également référence à une question posée par Aristote en *Mét.*, Λ, 9, 1075a 5-6. Et l'on peut certes y déceler aussi, sous le mot « semblances » (*ashbāh*), un écho de l'idée plotinienne selon laquelle ce que l'intellect ou la faculté de représentation abstrait des choses sensibles est *aussi* une image de ce qu'y a déposé l'Intellect agent et ne se réduit pas à une représentation mentale tirée des sens[2]. Or, cela signifie que l'intelligibilité du sensible est d'emprunt ou exogène et est pour ainsi dire restituée progressivement dans son état premier, d'abord sous l'espèce d'une représentation mentale, puis sous une forme conceptuelle et, enfin, substantielle au moment où l'intellect humain se conjoint à l'Intellect agent. Quoi qu'il en soit, dans *DI*, Farabi semble bien accepter l'authenticité de la *Théologie*.

Bien que d'une façon différente, le second texte est également un condensé du néoplatonisme propre à Farabi. On y trouve non seulement le thème du philosophe-roi, mais aussi une citation de la *République*. L'expression « les hommes au naturel exceptionnellement doué » qu'on trouve avec quelques variantes tant en d'autres endroits de *RP* que dans *AF* est, en effet, la traduction plus que probable de ὑπερβεβλημένην φύσιν ἔχοι, de *Rép.* VIII, 558b3[3]. Enfin, ce second texte paraîtra plus étonnant encore si l'on ajoute que la conjonction

1. *Cf. CV*, p. 242, 10 *sq.* : « Le premier degré à partir duquel l'homme est homme consiste en ce que [lui] advienne la disposition naturelle réceptive apprêtée à devenir intellect en acte [cf. *RP*, p. 34, 4-7]. Celle-ci est commune à tous [cf. *RP*, p. 74, 13-74, 3 ; *Phd'Ar*, p. 127, 20-128, 2 ; *FM*, § 34, p. 51, 3-5]. Entre cette disposition et l'Intellect agent, il y a deux degrés : 1) que l'intellect patient s'actualise ; 2) qu'advienne l'intellect acquis. » Les textes cités dans cet article montrent qu'en dehors de *DI*, il n'y a pas quatre degrés de l'intellect, mais seulement deux : l'intellect patient et l'acquis.

2. J'ai abondamment traité de ce thème dans *FEA*, *op. cit.*, p. 224 *sq.* Entre le fantasme abstrait des sensibles et la forme séparée sise dans l'Intellect, un troisième terme, emprunté au stoïcisme, avait été introduit par Plotin déjà, à savoir la « notion naturelle » assimilée par les néoplatoniciens à une « trace » laissée par l'Intellect dans la raison humaine. Cette « trace » ou image ectype devient consciente à l'occasion de la connaissance des sensibles et, une fois consciente, constitue le premier pas d'un processus de réminiscence de la forme séparée.

3. Cela et quelques autres passages me semblent clairement indiquer que Farabi connaissait une traduction de la *République* et non seulement un résumé, que ce soit le *compendium* de la *République* par Galien ou quelque autre.

avec l'Intellect agent est à cette même page 79 assimilée à la « révélation » (*waḥī*, terme coranique), c'est-à-dire, notamment, à la capacité de déterminer les termes particuliers de l'action qu'il convient d'accomplir en toute circonstance : *qudra ʿalā jawdati idrāki shay'in shay'in mimmā yanbaghī an yuʿmala min al-juz'iyyāt* (l. 5). Le lecteur inaccoutumé aux procédés de Farabi en conclurait que celui-ci soutient de fait l'identité de la « conjonction » (*ittiṣāl*) avec la révélation prophétique. C'est certainement ce que Farabi veut faire accroire à ses lecteurs, mais qui, en réalité, est impensable pour lui-même. La conjonction n'est en effet que la condition de possibilité d'une connaissance *universelle* des réalités ou formes *séparées*, ce qui est aux antipodes des particuliers de l'action[1]. Ce qu'il assimile ici à une révélation est en fait ce qu'Aristote, dans l'*Éthique à Nicomaque* (VI, 1143a35-b5), appelle l'intuition (νοῦς) des termes ultimes (τὰ καθ' ἕκαστα = *juz'iyyāt*), c'est-à-dire des singuliers, intuition qui, comme l'on sait, s'apparente pour lui à la saisie de la mineure d'un syllogisme pratique[2]. Voilà donc quelle est, dans le Texte 2,

1. En revanche, la capacité de « bien-saisir » chacun des particuliers à accomplir est partout assimilée à un *calcul* (*taqdīr*), opération discursive dont le rapport avec une « révélation » n'est guère évident. Il existe maintenant une petite quinzaine d'études sur la prophétologie farabienne. Dans aucune – y compris mon livre (*FEA*, *op. cit.*, n. 2 p. 169), je l'admets – ne se trouve la question préalable à l'étude de ce thème : comment le Premier ou l'Intellect agent révèle-t-il ce qu'il ne peut pas connaître ? En *FM* § 86, Farabi conclut ainsi sa réfutation de la prescience divine des particuliers : « C'est là une thèse (*ra'y*) qui conduit finalement ses tenants à de hideuses aberrations (*shunʿāt qabīḥa*) ; elle se ramifie en de funestes doctrines (*tatafarraʿu ʿan-hu ārā' su'in*) qui sont cause de maux immenses (*shurūr ʿaẓīma*), ceux-ci faisant cortège à la hideur de cette thèse (*qubḥi-hi*) et à ce qui en résulte : multiples modes d'altérations et de mutations dans le sujet Connaissant [*fī nafs al-ʿālim*, *sc.* Dieu] et leur subséquente modification en fonction des événements (*taʿāqub al-ḥawādith ʿalay-hā*) et autres choses semblables » (p. 91, 4-6). En comparaison, l'affirmation suivante, censée expliquer le comment de la prophétie : « tout ce qui efflue d'Allāh sur l'Intellect agent, celui-ci l'efflue sur l'intellect patient par l'intermédiaire de l'intellect acquis, puis sur la puissance imaginative » (*CV*, p. 244, 9-11), est inintelligible, sauf aux lecteurs convaincus par ailleurs que la prophétie existe ou à ceux convaincus *a priori* que Farabi doit avoir ajouté foi à tout ce qu'il a écrit. Elle est d'emblée inintelligible, y compris en ceci qu'elle évoque un intellect patient recevant quelque chose de l'intellect acquis – alors qu'ils ne peuvent coexister dans un même sujet puisque l'intellect acquis *est* formellement l'intellect patient parfaitement actualisé. De tous les auteurs qui se réfèrent à *CV*, p. 242, 10-246, 7 (l'unique exposé « prophétologique »), aucun ne s'est avisé que Farabi évacue ce thème en une courte phrase qui se trouve à deux pages de là. Averroès, lui, ne tentera même pas de faire comme si la prophétie était une réalité. Elle ne trouve pas place dans sa psychologie.

2. Voilà pourquoi Farabi parle de « calcul » (*taqdīr*) des actions. C'est selon toute probabilité de là et de *Seconds an.* I 34, 89b10 qu'Avicenne a quant à lui tiré sa notion du *ḥads* ou intuition du moyen terme, qu'il assimile à une faculté quasi prophétique (en se présentant implicitement comme une sorte de prophète). Dire que Muḥammad était un autodidacte, *i.e.* instruit directement par Dieu, était de la part d'Avicenne une façon de peindre Muḥammad sous ses propres traits, tout en évacuant toute référence à la philosophie pratique, à la sunna et à une partie importante du Coran. Partant, il serait peut-être exagéré de dire qu'il faisait de la prophétie entendue au sens coranique une interprétation philosophique. Ce qu'il fait plutôt avec la notion de *ḥads*, c'est réduire la prophétie à une notion philosophique, qui plus est en l'appliquant à sa propre personne. On remarquera par ailleurs que c'est une idée d'Aristote et non de Platon qui a servi à Farabi et à

la référence véritable derrière le renvoi au *Livre de l'âme*. Il montre en outre que Farabi n'hésite pas, dans un contexte politique, à emboîter les références doctrinales les unes dans les autres, au risque ou dans le but de perdre son lecteur : 1) la référence à sa propre interprétation de la noétique aristotélico-alexandrinienne (intellect patient, acquis, conjonction) ; 2) la fausse référence au *De anima*, qui ne se réduit pas à la première, car c'est l'*auctoritas* d'Aristote *et non sa noétique* qui en réalité est convoquée à l'appui de la thèse d'un accord entre savoir philosophique et révélation ; 3) la référence tacite à l'*Éthique à Nicomaque* et à la saisie des particuliers ; 4) la référence au Coran et à la « révélation », *waḥī* – sans rien dire de la *République*.

De ces deux uniques « citations » explicites du *De anima* d'Aristote, peut-on conclure que Farabi connaissait ce traité ? Cela est difficile à dire, car, s'il est probable que la première citation renvoie plutôt à la *Théologie* d'Aristote, dans la seconde, contrairement à ce qu'on pourrait en induire, le point (2) ne nous livre aucun élément d'information. Il faut donc chercher ailleurs.

La preuve la plus vraisemblable de la connaissance qu'il aurait pu avoir du traité entier se trouve peut-être dans le plan suivi dans son exposé de la pensée d'Aristote. Voici les passages du *De anima* dont je discerne des échos, relativement précis, dans *Phd'Ar* : II, 1, 412a6 – II, 5, 416b 32 = p. 112, 15-117, 12 ; II, 5, 417b 15-III, 3, 427a ? = p. 121, 10-14 ; III, 3, 427a 17 *sq.* = p. 121, 17-129, 6. Le point d'interrogation dans le deuxième des trois cas signifie que les quelques lignes de Farabi sont si allusives qu'on ne peut avancer plus qu'une simple hypothèse quant au texte sous-jacent. Au reste, le *De anima* n'est nommé dans aucun des trois passages. Enfin, le plan entier de *Phd'Ar* est manifestement d'inspiration alexandrine, de sorte que Farabi ne fait peut-être, au moins dans certains cas, que suivre un canevas scolaire sans toujours connaître directement les traités d'Aristote dont il résume le contenu. Cela dit, ce serait certainement une erreur que de vouloir trop expliquer par cette influence alexandrine, notamment parce que *Phd'Ar* est une œuvre originale qui n'a pas son équivalent dans les commentaires alexandrins connus.

J'en finis avec ce survol en mentionnant les quelques points suivants. Pas plus dans *Phd'Ar* que chez Aristote lui-même il n'y a de genre « âme » selon Farabi. Il y a des âmes, mais ce sont des réalités homonymiques. D'autre part, la description de l'âme humaine « entéléchie première d'un corps organisé ayant la vie en puissance » (*DA*, II, 1, 412a 27) se trouve à la fois, textuellement, dans le traité intitulé *Réponses à des questions posées* § 33, p. 340[1] et, à demi-mot, dans le texte suivant :

Avicenne de trait d'union métaphorique entre la philosophie (spéculative) et la notion coranique de *waḥī*.

1. Je reviendrai ailleurs sur la question de l'authenticité de ce traité, contestée par J. Lameer, *Al-Fārābī and Aristotelian Syllogistics. Greek Theory and Islamic Practice*, Leiden, Brill, 1994, p. 30-39 et M. Rashed, « On the Authorship of the Treatise *On the Harmonization of the Opinions of the Two Sages* attributed to Al-Fārābī », *Arabic Sciences and Philosophy* 19, 2009, p. 43-82.

Texte 3 : Il [*sc.* Aristote] montre alors : que l'âme est ce en vertu de quoi il y a quiddité de la substance naturelle douée d'âme, tout de même que la nature est ce en vertu de quoi il y a quiddité de la substance naturelle; que l'âme est ce en vertu de quoi la substance douée d'âme – c'est-à-dire celle capable de vie (*al-qābil li-l-ḥāya*) – se réalise en tant que substance (*yaḥṣulu... jawharan*) [cf. *DA*, 412a21-22; *Mét.* Δ 8, 1017b15-16]; et [il montre] qu'il ressortit à l'âme d'être tout ensemble principe de trois façons : principe comme cause efficiente, principe comme forme et principe comme cause finale, à l'instar de ce qui vaut pour la nature (*Phd'Ar*, p. 114, 14-19 ; cf. *DA*, II, 415b7-27).

On relèvera d'autre part que *RP*, p. 66, 1-8 est une interprétation *ad litteram* de *DA*, II 5, 417a21-b12. Enfin, je n'oublie pas les passages de la longue réfutation de Galien où Farabi renvoie au *De anima* : voir p. 44, 11; 49, 16; 90, 5, 12. P. 90, 5 et 12 semblent bien renvoyer à un commentaire et non au texte d'Aristote. Savoir si Farabi ne se réfère pas plutôt dans tous les cas à Alexandre (voir p. 60, 10-13; 104, 4), aux interprètes (*musharriḥūn*, p. 57, 16) ou encore aux « péripatéticiens » en général (*mashā'iyyūn*, p. 59, 1; 95, 18; 96, 3) pourrait faire l'objet d'une enquête en soi, que je ne peux entreprendre ici.

Sur la base des textes cités, il est fort probable que Farabi avait connaissance du *De anima*. Toutefois, sauf passages qui m'auraient échappé et malgré les références précises contenues dans *RP* et les *FM*, je ne crois pas pouvoir répondre de manière définitive à la question de savoir s'il l'a connu en entier et directement, ou partiellement par le biais d'un ou plusieurs commentaires.

Il est permis d'être un peu plus affirmatif s'agissant cette fois des commentaires au *De anima* et autres traités sur ce thème. Farabi, je l'ai dit, connaissait le *Peri noû* et très sûrement aussi le *De anima* d'Alexandre d'Aphrodise dont on sait qu'il avait été traduit par Isḥāq b. Ḥunayn. Il connaissait aussi le commentaire paraphrastique de Thémistius, comme l'attestent différents passages de *RP* et notamment p. 64, 17-65, 4 où Farabi semble reprendre la thèse, tirée par Thémistius du *Timée* de Platon (45b-46c et 67c-68d = Thém., 103, 33 éd. Heinze = p. 188, 13-7 éd. Lyons), que l'œil ne fait pas que recevoir la lumière, mais la diffuse à son tour. Cette idée explique aussi une notation curieuse au sujet de l'intellect humain séparé, à savoir que l'intellect parvenu à l'état de séparation n'est plus « effluant », *fā'iḍ*. Enfin, la comparaison de ce que donne l'Intellect agent avec une lumière, tel qu'on le trouve dans *RP* p. 35, 12-36, 5 (cf. *DI* p. 25, 4-27, 7), semble venir aussi de Thémistius.

Quant à la connaissance qu'il aurait pu avoir du commentaire de Simplicius[1] sur le *De anima*, traduit et connu très tôt dans le milieu des savants de Ḥarrān et inconnu, semble-t-il, de Yaḥyā b. 'Adī, c'est un sujet d'étude

1. Ou Priscianus. Sur cette question, voir les références dans C. D'Ancona, « Aristoteles'*De anima*. Eine verlorene spätantike Paraphrase in arabischer und persischer Überlieferung by Rüdiger Arnzen », *Oriens* 36, 2001, p. 340-351 et I. Hadot, « Simplicius or Priscianus ? On the Author of the Commentary on Aristotle's *De anima* (CAG XI) : A Methodological Study », *Mnemosyne* 55/2, 2002, p. 159-199.

entièrement vierge. Il en va de même du commentaire d'Olympiodore, dont al-Nadīm nous dit qu'il figurait dans l'inventaire que Yaḥyā b. ʿAdī avait dressé des livres de sa bibliothèque. De ce dernier, la traduction arabe est cependant perdue et même en grec, nous n'en connaissons, semble-t-il, qu'un fragment [1]. Enfin, du commentaire anonyme connu dans la traduction paraphrastique d'Ibn al-Biṭrīq (m. *ca.* 830) et édité par R. Arnzen, je n'ai pour l'instant trouvé aucun empreint ni écho chez Farabi.

Reste à dire quelques mots des œuvres perdues.

Œuvres perdues où il était sûrement ou probablement question de noétique

Comme le notait F. E. Peters en 1968 [2], à la suite de C. Brockelmann, il existerait un commentaire de Farabi sur le *De anima* dont le seul manuscrit répertorié se trouve ou se trouvait en Inde : GAL I, 1943, p. 236, n° 3 : Rāmpūr I, 395 : 710, 73-3. D'après le catalogue de Rampur consulté à la British Library, il s'agirait d'un grand commentaire : *Sharḥ risālat al-nafs li-Arisṭūṭālīs*, « Grand commentaire du traité *De l'âme* d'Aristote », comptant 96 folios, ce qui pourrait représenter une œuvre aux dimensions importantes. D'après ce que nous savons des « grands commentaires » de Farabi, il pourrait en outre s'agir d'un commentaire lemmatique. Rien ne dit, cependant, qu'il n'y ait pas eu confusion avec son commentaire sur le *De anima* d'Alexandre. De Farabi, Hans Daiber n'a trouvé à Rampur que l'abrégé de l'*Organon* (1986, p. 39). Son commentaire sur ce *De anima* est sans doute perdu à jamais.

Sur le *De anima* d'Alexandre d'Aphrodise, Farabi aurait justement composé un grand commentaire : Ibn Abī Uṣaybiʿa, p. 608, 16 : *Sharḥu maqālati l-Iskandar al-Afrūdīsī fī l-nafs ʿalā jihati l-taʿlīq* (lemmatique) ; Ibn al-Qifṭī, 279, 21-22 Lippert ; *cf.* Brockelmann, GAL I, Leiden, 1943, p. 235, n° 22 : *Maqālat al-Iskandar al-Afrūdīsī* (*sic*), Patna II, 475, 2641-6. Hormis quelques échos ici et là, il nous est resté de ce commentaire la longue discussion sur la localisation de la partie « hégémonique » de l'âme dans le cœur ou le cerveau, discussion qu'on peut lire dans une réfutation de Galien dont je parlerai plus bas.

Ibn Abī Uṣaybiʿa [3] (p. 608, 27) ajoute que Farabi aurait composé deux autres traités sur la noétique, dont l'un est peut-être *DI* : *Kitāb fī l-ʿaql kabīr* (*Livre sur l'intellect, grand*) et un *Kitāb fī l-ʿaql ṣaghīr* (*Livre sur l'intellect, petit*). Le grand pourrait être son commentaire sur le *De anima* d'Aristote ou sur celui d'Alexandre.

1. Voir M. Rashed, « Textes inédits transmis par l'Ambr. Q 74 sup. Alexandre d'Aphrodise et Olympiodore d'Alexandrie », *Revue des sciences philosophiques et historiques* 81, 1997, p. 219-238.

2. Voir F. E. Peters, *Aristotelus Arabus, The Oriental Translations and commentaries on the Aristotelian Corpus* (Monographs on Mediterranean Antiquity II), Leiden, Brill, 1968, n. 7 p. 44.

3. Cité désormais IAU.

Enfin, le prologue de *CV* contient, comme je l'ai dit, un probable fragment de son commentaire sur le *Peri noû* d'Alexandre.

À ces traités, il faut ajouter ses commentaires perdus : – 1) sur les *Seconds analytiques : Sharḥ kitāb al-burhān li-Arisṭūṭālīs 'alā ṭarīq al-ta'līq amlā-hu 'alā Ibrāhīm bn 'Adī tilmīdhun la-hu bi-Ḥalab*, « Commentaire lemmatique ('alā ṭarīq al-ta'līq) du livre de la démonstration d'Aristote, il l'a dicté à Ibrahim b. 'Adī, un disciple à lui à Alep » (IAU p. 609, 7). Étant donné l'importance du thème de l'acquisition des notions premières chez Farabi (cf. *Seconds an.*, II, 19), il est fort probable qu'il était aussi question de noétique dans ce commentaire. L'intellect tel qu'Aristote en traite dans les *Seconds analytiques* est la troisième des six acceptions de « intellect » étudiées dans *DI*. – 2) *Commentaire sur le premier livre de l'*Éthique à Nicomaque où, selon Averroès, Farabi aurait nié la possibilité pour l'intellect humain de se séparer du corps (voir S. De Laugier de Beaurecueil, *Manuscrits d'Afghanistan*, Le Caire, 1964, p. 293, n° 40 : Kaboul, Library of the Ministry of Information, Arabic MS 217, fol. 154r). Ce manuscrit a sans doute disparu. Sur la connaissance et la compréhension qu'Ibn Bājja, Ibn Ṭufayl, Maïmonide et Averroès avaient de ce commentaire, voir *FEA*, *op. cit.*, p. 94-128. Pour Averroès en particulier, voir M. Geoffroy, « Averroès sur l'Intellect comme cause agente et cause formelle, et la question de la "jonction" – I », *in* J.-B. Brenet (éd.), *Averroès et les averroïsmes juif et latin*, Actes du colloque international (Paris, 16-18 juin 2005), Turnhout, Brepols, 2007, p. 77-110 [1]. Je crois pour ma part qu'Averroès n'a connu de ce commentaire que le petit texte où Ibn Bājja en parlait et que tout ce qu'il a écrit ensuite sur ce thème n'est qu'extrapolations indues. M. Geoffroy est d'un autre avis. Ch. Genequand avance à ce sujet que les thèses attribuées par Averroès à Farabi sont formulées en des termes « purement rušdiens » (intellect matériel, généré et corruptible ; intellect agent, cause agente seulement et non formelle) et « qu'il n'y en a nulle trace ailleurs dans l'œuvre d'al-Fārābī », de sorte qu'il « est difficilement concevable qu'elles se soient trouvées dans le commentaire de l'EN » (Ch. Genequand, *Ibn Bağğa...*, p. 13). Si ces termes étaient « purement rušdiens », cela confirmerait que les thèses attribuées à Farabi se résument à ce qu'Averroès lui faisait dire. Il serait donc oiseux de conjecturer la présence de ces thèses dans le commentaire sur l'EN. Mais l'affirmation qu'il n'y en a nulle trace dans l'œuvre de Farabi est inexacte : l'Intellect agent est pour la faculté rationnelle cause formelle, efficiente, finale et paradigmatique (Phd'Ar, p. 128, 4-18) ; « Il est manifeste que les substrats [*i.e.* les intellects patients] dans lesquels agit l'Intellect agent sont soit des corps, soit des puissances dans des corps engendrés et corruptibles (*ajsām mutakawwana wa-fāsida*)... » (*DI*, p. 33, 13-14 et ici *infra* Texte 4) ; par sa forme rationnelle, l'homme est le plus noble des genres de

1. Introduction de Ch. Genequand à la traduction de *Ibn Bāğğa* (*Avempace*), *La conduite de l'isolé et deux autres épîtres*, Paris, Vrin, 2010.

réalités possibles, c'est-à-dire engendrées et corruptibles (*RP*, p. 68, 7-10 ; *cf.* Alexandre d'Aphrodise, *Peri noû*, p. 31, 17-32, 32, 5 Badawi) ; l'Intellect agent – manifestement en tant que cause efficiente et formelle – « donne » à l'origine, « en une somme » ou absolument (*bi-l-jumla* = *'alā l-iṭlāq*), les formes des espèces, moyennant quoi « l'instanciation particulière de chacune » (*al-juz' min-hu*) s'engendre (*yatakawwan*) à partir d'une autre dans le temps [1] (*Phd'Ar*, p. 130, 1-8). – Avec beaucoup d'hésitation, al-'Alawī [2] a remis en question l'authenticité de l'opuscule d'Ibn Bājja. Les raisons qu'il avance semblent peu contestables à Ch. Genequand [3]. J. Lomba voit cinq raisons d'admettre l'authenticité [4].

Étant donné le contenu de la liste de traités perdus, on peut estimer que nous ne connaissons finalement qu'assez peu de chose de la noétique farabienne. La part de reconstruction dans les analyses qui suivent est donc importante.

Ayant, je l'espère, contribué par les développements précédents à donner une première idée de la complexité du sujet et de la difficulté qu'il y a à manier des textes dont les intentions diffèrent grandement, il m'est possible à présent d'en venir à la question elle-même.

INTRODUCTION BIS

Avant de détailler les points qui peuvent l'être, il me faut à présent brièvement introduire mon sujet en le considérant non du point de vue de l'histoire des textes ou des idées, mais du point de vue de la portée philosophique qu'il avait pour Farabi lui-même. Quel est l'objet de la noétique, en entendant « objet » au sens de « but » ?

1. Selon Averroès, l'Intellect agent ne serait selon Farabi que cause efficiente et non formelle ; outre *Phd'Ar*, p. 128, 4-18 (cf. *FEA*, *op. cit.*, n. 3 p. 105), traité connu d'Averroès et qui dit très clairement le contraire, Albert le Grand écrit la chose suivante, qui pourrait bien être tirée du commentaire de Farabi sur l'*EN* : « Id autem quod dicit in X Ethicae, est quod fiducia philosophantis est non conjugi agenti intellectum ut efficienti, sed etiam sicut formae », cité par D. H. Salman (« The Medieval Latin Translation of Alfarabi's Works », *The New Scholasticism* 13, 1939, p. 245-261), puis D. Dunlop (*The Arabic Version of the Nicomachean Ethics*, ed. by A. A. Akasoy and A. Fidora, Leiden, Brill, 2005, p. 93). Dunlop commente : « This is certainly not the doctrine of Aristotle. » Cette interprétation s'accorde parfaitement avec *DI* p. 31, interprétation de *EN*, X, 7-9. Voir Texte 8. Farabi évoque *EN*, X dans sa *Réfutation de Galien*, p. 106-107 à propos justement de « la conjonction avec l'éternel », *ittiṣāl bi-l-dā'im* et de la béatitude qu'elle procure. À noter qu'une partie du lexique d'Ibn Bājja relatif aux formes (médianes, bestiales, etc.) se trouve dans ce traité de Farabi.

2. Ibn Bājja, *Rasā'il falsafiyya*, Casablanca & Beyrouth, s.d., introd., p. 62.

3. Voir Ch. Genequand, *Ibn Bāǧǧa*, *op. cit.*, n. 26 p. 12.

4. Voir J. Lomba, *Ibn Bāŷŷa (Avempace)*, *Carta del Adiós* [*Risālat al-wadā'*] *y otros tratados filosóficos*, Madrid, Editorial Trotta, 2006, p. 117.

Les textes de Farabi sont clairs sur ce point. La noétique est la science des fins dernières de l'homme. Cela signifie que toute sa réflexion s'organise de façon à rendre cohérente et admissible la double thèse de la corruptibilité de l'âme et de sa néanmoins possible immortalisation par la connaissance. L'enjeu dépasse de beaucoup, me semble-t-il, la question de sa fidélité à Aristote. Le but de la vie philosophique est *l'accession à la félicité* et non de donner raison ou tort à Aristote ou Alexandre. Qu'il faille, pour penser l'immortalisation de l'âme intellective comme fin de l'existence humaine, mobiliser Aristote *et* Platon et les interpréter l'un par l'autre en recourant à toute la tradition d'interprétation, cela ne pose aucun problème de conscience à Farabi étant donné l'enjeu, qui est tout simplement la question de ce que l'homme peut espérer et de ce qu'il peut faire. Si donc l'homme est cette créature corruptible promise à l'incorruptibilité et si cette finalité est inscrite dans la nature de tout homme de saine constitution, Aristote *et* Platon ne sont pas de trop pour définir le projet spéculatif et politique qui rendra cette immortalisation d'abord concevable et ensuite, réalisable. Tel pourrait être le résumé de ce qui ressort du *Livre de l'accession à la félicité*.

Ainsi, le but, pour lui, consiste dans l'existence philosophique et dans ce que celle-ci rend possible. Pour ne pas en laisser échapper l'essentiel, les doctrines qu'il retravaille doivent par conséquent être étudiées, me semble-t-il, comme des moyens en vue d'une fin et le cours de sa réflexion doit être parcouru de la même façon. On commencera, pour ce faire, par examiner la question de la nature de l'homme et de l'intellect.

Genèse de l'homme rationnel

Causes physiques et métaphysiques de l'apparition de la forme rationnelle

La raison, pour Farabi, est le couronnement des formes naturelles possibles ou contingentes et l'homme, le genre de réalités possibles le plus noble. D'où l'expression « forme des formes » qu'on retrouve deux fois dans *RP* (p. 58, 15-59, 6) pour désigner l'espèce « homme ». Farabi utilise ici une formule du *De anima* d'Aristote dans un sens auquel celui-ci n'avait pas pensé (*DA*, III 8, 432 a2 = p. 79 Badawi)[1] : si le monde des formes matérielles échappe de quelque façon à la contingence en se conformant à un ordre approprié à la destination de celui qui le couronne déjà naturellement, c'est que l'homme peut et doit devenir l'agent de sa perfection[2].

1. *Cf.* Plotin, VI 7 [38], 17, 35 ; Thémistius, *On De anima*, p. 211, 11 Lyons = 115, 27 Heinze.

2. *Phd'Ar*, p. 68, 7-9 : « Aristote a expliqué [cf. *EN*, I 6, 1197b24-33 = arabe, p. 133] que la fonction (*fiʿl*) qui est la fonction [proprement] humaine est connue seulement lorsque l'est déjà la raison dernière (*al-gharaḍ*) en vue de laquelle l'homme s'est vu assigner un rang dans le monde en tant qu'il en est une partie, et en tant que le monde en sa totalité, par cette partie, est rendu parfait (*wa-ʿalā anna-hu yukammalu bi-hi jumlatu l-ʿālam*). »

« Forme des formes », la faculté rationnelle l'est au sens où elle est non seulement le mélange le plus pur des quatre éléments, comme chez Alexandre d'Aphrodise, mais aussi au sens où elle constitue le point ultime vers où converge toute la dynamique téléologique qui traverse et structure le monde sensible. Elle en est donc la cause finale. Le mélange le plus pur des éléments signifie chez Farabi le terme du processus par lequel la nature ordonne les éléments en quatre temps correspondant à quatre ordres d'étants possibles (*al-mumkināt*) : les minéraux, les plantes, le vivant non rationnel et le vivant rationnel (*RP*, p. 58, 1-14). Farabi ne parle cependant jamais de la pureté du mélange des éléments dans ce cas, ni même de leur équilibre [1], mais seulement de l'excellence relative ou hiérarchique des formes de ces quatre ordres de réalités. La *forme* « raison » est l'aboutissement et le but visé par la nature en même temps que sa forme la plus excellente. Mais la pleine actualisation de cette forme ne ressortit déjà plus à la nature. Ce qu'il est donné à l'homme de devenir, écrit-il, est supérieur à ce que lui a donné la nature et supérieur à celle-ci (*RP*, p. 35, 2-6) : « en sa substance, [la puissance rationnelle en vertu de laquelle l'homme est homme] n'est pas intellect en acte et ce n'est pas par nature qu'il lui est donné d'être intellect en acte, mais c'est l'Intellect agent qui la fait devenir intellect en acte en lui rendant intelligibles en acte toutes les autres choses » (*ibid.*, l. 5-6 ; cf. *CV*, p. 72, 3-6).

À strictement parler, dès le degré de l'intellect en acte et *a fortiori* dans sa phase ultime, le devenir de l'intellect est donc surnaturel. Cela étant, la nature, comme on le devine, n'est pas la seule cause efficiente de la forme « raison ». En rigueur de termes, sa cause efficiente est le principe qui régit l'organisation des matières secondes, c'est-à-dire non les corps célestes eux-mêmes, mais leurs mouvements différenciés [2]. Implicitement dans *DI* et explicitement dans

1. S'il est bien de Farabi, on peut néanmoins imaginer que c'est ce que dit le *Livre du mélange* (*Kitāb al-mizāj* : Brockelmann, GAL I, p. 234, n° 4), qui n'a pas encore trouvé d'éditeur. Ce titre évoque bien sûr le *De mixtione* d'Alexandre.

2. *RP*, p. 55, 3-4 et 62, 11-12 : « Après cela, [le corps céleste] donne à la matière première toutes les formes – quelles qu'elles soient – que celle-ci est à même de recevoir eu égard à sa nature, son caractère possible et son aptitude (*ṭabī'ati-hā wa-imkāni-hā wa-isti'dādi-hā*) [...] Ainsi, ensuite des corps célestes et de la différenciation de leurs mouvements résultent en premier lieu les corps simples, puis les corps minéraux, puis les plantes, puis le Vivant non rationnel, puis le Vivant rationnel » ; *DI*, p. 33, 13-34, 3 : « Il est manifeste que les substrats dans lesquels agit l'Intellect agent sont soit des corps, soit des puissances dans des corps engendrés et corruptibles. Or, il a été montré dans le *De generatione et corruptione* [II, 10] que les corps célestes sont les principes [*leg.* : *al-mabādi'*] agents premiers de ces corps, en sorte que ce sont [les corps célestes] qui donnent à l'Intellect agent les matières et les substrats dans lesquels il agit. » Comme il appert du premier texte cité, on peut dire aussi bien du corps céleste que de l'Intellect agent (voir *Phd'Ar*, p. 130, 1-8) qu'il « donne » les formes, la distinction entre les deux formulations consistant dans le type de causalité envisagée : causalité physique, temporelle et efficiente dans le cas du corps céleste ; causalité noétique, atemporelle et formelle/finale dans le cas de l'Intellect agent. Les deux causalités, insiste Farabi (*RP*, p. 73, 1-8), ne s'accordent pas nécessairement – ce qui veut dire qu'elles s'accordent *la plupart du temps*. Nous sommes loin du déterminisme d'un Kindi ou d'un Avicenne.

Phd'Ar (p. 129, 10-130, 8), Farabi se pose en outre la question de savoir sur quel modèle intelligible se règle la causalité efficiente des corps célestes pour parvenir à un tel résultat. Ceux-ci ignorent en effet ce qui les suit dans l'être [1]. Dans ces conditions, comment produisent-ils quelque chose qu'ils ignorent? La réponse est la suivante : l'action des corps célestes est comme anticipée ontologiquement par la cause de l'apparition de l'intellect dans la matière, c'est-à-dire l'Intellect agent, qui semble exercer sur l'effet terrestre des mouvements des corps célestes une forme de causalité finale. En d'autres termes, l'Intellect agent guide à l'avance, en tant que cause finale régulatrice, les influences physiques exercées par les corps célestes sur la terre et il les oriente vers le résultat ultime du processus d'émergence des formes, à savoir l'apparition de la raison [2]. Cette guidance est indirecte, car à l'exception de la lune qui procède de lui, l'Intellect agent n'a aucun lien avec les corps célestes et ceux-ci ne connaissent que la Cause seconde dont ils procèdent respectivement. La particularité des hiérarchies céleste et intelligible de Farabi est en effet que chacune exerce une causalité qui n'implique aucunement la connaissance de son effet. Autrement dit, ce sont d'abord des causes finales, tournées vers leur propre cause finale, et ce n'est qu'ensuite, éventuellement, qu'elles exercent une causalité efficiente [3]. Cela est vrai de toutes les réalités qui ont rang de principe sauf, bien sûr, de l'Intellect *agent* qui est à proprement parler la seule cause efficiente qui sache ce qu'elle fait et le fasse *en connaissance de cause*. C'est ce que Farabi nomme la « providence » (*ʿināya*) de l'Intellect agent ou « son dessein sur les *naturalia* », *gharaḍu-hu min al-ṭabīʿiyyāt* (*RP*, p. 73, 1-8). Par suite, ce ne sont pas exactement les corps célestes ou les influences exercées par eux que guide ou régule l'Intellect agent, mais le processus d'émergence des formes sensibles qui culmine dans la forme rationnelle de l'homme. Ainsi, *l'intelli-*

1. *RP*, p. 34, 11-12 : « Quant à la totalité des intelligibles que l'homme intellige parmi les choses qui sont dans des matières, les âmes célestes ne les intelligent pas, parce qu'elles sont, de par leur substance, d'un échelon trop élevé pour intelliger les [objets] intelligibles qui leur sont inférieurs. » Ce principe vaut *a fortiori* pour les causes supérieures aux corps célestes, qui ignorent ce qui les suit dans l'être.

2. *RP*, p. 55, 5-10 : « L'Intellect agent, lui, de par sa nature et sa substance, est disposé à telle fin qu'il contemple tout ce que le corps céleste apprête et donne. Toute chose qui, dans [ce qu'apprête et donne le corps céleste], est en quelque façon apte à se libérer de la matière et à s'en séparer, il vise [*rāma :* causalité finale] à la libérer de la matière et de la privation en sorte qu'elle accède vis-à-vis de lui au rang le plus proche (*fī aqrabi martabatin ilay-hi*). Cela consiste en ce que les intelligibles qui sont en puissance deviennent des intelligibles en acte et, subséquemment, en ce que l'intellect qui était en puissance devienne intellect en acte. Or, il n'est rien qui puisse devenir tel, sinon l'homme. C'est là la félicité ultime qui est ce que l'homme peut atteindre de meilleur dans l'ordre de la perfection. » Farabi n'explique nulle part comment l'Intellect agent « contemple tout ce que le corps céleste apprête et donne », si ce n'est que le verbe « contempler » (*naẓara*) implique que cette connaissance porte sur des réalités universelles, sans doute les formes *ante rem* sises dans l'Intellect agent.

3. *Cf.* P. Magnard *et al.*, *La demeure de l'être : autour d'un anonyme : étude et traduction du « Liber de causis »*, Paris, Vrin, 1990, p. 20 : « L'efficience, pour Alexandre d'Aphrodise, est toujours seconde et toujours ordonnée à l'appétition. »

gibilité ou l'ordre du résultat de l'influence des corps célestes dépend de la direction induite par l'Intellect agent dans le mélange des éléments, ce mélange lui-même étant la conséquence d'une *poièsis* non délibérée, à savoir la combinaison de l'influence exercée sur les différentes régions de la terre par les mouvements de chacun des corps célestes. Ainsi, la providence exercée par l'Intellect agent ne concerne pas toutes les formes, c'est-à-dire le tout du mélange des éléments aux quatre stades de leur composition, mais seulement l'apparition et l'entéléchie de la forme ultime obtenue. Autrement dit, il ne dirige pas le tout du processus de mélange des éléments directement, mais indirectement, par le biais du terme de ce processus, la forme des formes des divers genres de réalités possibles, à savoir l'homme [*cf.* Texte 8]. En résumé : les corps célestes sont causes efficientes non délibérantes d'un processus guidé par l'Intellect agent qui oriente le processus du mélange des éléments par la causalité qu'il exerce sur le terme de ce processus, la forme rationnelle, qui joue elle-même à son rang le rôle de cause finale vis-à-vis de toutes les formes inférieures, ce qui explique son nom de « forme des formes ». Autrement dit, si le monde est en vue de l'homme (*Phd'Ar*, p. 68, 7-9), c'est que celui-ci a pour fonction de le penser et c'est parce qu'il le pense, grâce à l'Intellect agent, que les formes naturelles, bien qu'inséparables, passent elles-mêmes « noétiquement » en acte.

L'actualisation du tout des formes matérielles dépend donc en quelque façon de l'actualisation de la forme rationnelle. Ce qui ressort de cela, c'est que la causalité finale et intelligible qu'exerce l'Intellect agent se situe dans la continuité : 1) de la causalité efficiente et motrice exercée par les corps célestes sur les éléments et leurs composés ; 2) de la causalité formelle et finale exercée par la forme rationnelle vis-à-vis des formes naturelles. On comprend par là pourquoi la causalité poïétique (émergence des formes naturelles) et la causalité noétique (actualisation de l'intelligibilité des formes matérielles) sont conçues comme deux moments d'un même processus de séparation d'avec la matière première et matières secondes, ce qu'illustre le fait que Farabi compte les degrés d'actualisation de l'intellect dans l'échelle de séparation *des êtres.*

Cette conclusion de ce qui semble déjà acquis dans *DI*, p. 30, 3-31, 4, mais n'y est pas encore formulé clairement, est ce qui ressort notamment d'un texte qui l'illustrera assez clairement. Il s'agit du texte cité par Abū Isḥāq Ibrahīm b. 'Abdallāh à la fin du prologue de *CV*, texte qui, comme je l'ai dit, est manifestement le point final d'une rumination du *Peri noû* d'Alexandre :

> Texte 4 : Alexandre l'Exégète a dit : De fait, selon la doctrine d'Aristote, il faut non seulement que [1] [l'Intellect agent] soit principe d'ordre [*al-mudabbir* : agent de la providence] pour l'homme, mais aussi qu'il soit principe d'ordre pour les corps naturels sublunaires avec l'assistance que les corps célestes lui prêtent pour ce faire ; or, de fait [*leg.* : *wa-inna*], les corps célestes donnent uniquement

1. Arabe : *inna-hu qad yalzamu* ; on oublie souvent que *qad* + *muḍāri'* ne signifie pas toujours une nuance de doute (*tawaqqu'*), mais aussi le contraire du doute (*takthīr*). C'est le cas ici.

à ces corps [naturels] de se mouvoir et l'Intellect agent leur donne les formes vers lesquelles ils se meuvent (*Cité vertueuse*, p. 54, 3-9).

Contrairement à ce que ferait penser sa formulation, cette citation n'est pas d'Alexandre lui-même, mais renvoie au *Peri noû* en même temps qu'elle répond à une question posée par Farabi dans *Phd'Ar*[1]. Abū Isḥāq attribue à Alexandre l'interprétation que Farabi faisait du *Peri noû* comme celui-ci identifiait l'interprétation d'Alexandre au sens exact du *De anima* d'Aristote, à savoir que l'Intellect agent exerce à l'égard de l'homme et des formes naturelles une activité providente relayée non seulement par les corps célestes, mais aussi, conformément aussi au *Peri noû* (p. 41, 11-12), par l'homme lui-même lorsqu'il pense les étants du monde : « soit [la mise en ordre des choses d'ici-bas] a lieu grâce à Lui [l'Intellect divin] et grâce à l'intellect qui est ici-même [*sc.* celui de l'homme] ; soit a lieu de ces deux [façons] (*bi-hadhayn*) », c'est-à-dire, en clair, grâce : 1) à la causalité finale, efficiente et formelle exercée par l'Intellect agent ; 2) à la causalité finale exercée par l'intellect de l'homme ; 3) à l'influence physique des corps célestes.

Cette structure causale qui attache l'Intellect agent au monde est en même temps, comme on l'a déjà dit, la raison pour laquelle Farabi a jugé que l'Intellect ne pouvait être le Premier principe.

Nature de la faculté rationnelle

Pour la formulation de ce point, sur lequel Farabi n'a que peu varié quant au fond, on peut noter pourtant une évolution terminologique entre *DI* et *CV*. Dans le premier, Farabi parle à propos de l'intellect patient d'une ressemblance avec une matière d'un genre particulier, car il s'agit d'une matière qui se laisserait complètement informer au point d'être entièrement pénétrée par sa forme et de ne plus s'en distinguer. Plus loin dans le texte (p. 22, 6-8 ; *cf.* p. 23, 8-24, 1), décrivant le rapport de forme à matière qui s'établit entre les différents

1. *Cf.* Alexandre, *Peri noû*, p. 41, 8-11 Badawi : « Cet intellect [*sc.* celui du livre III du *De anima*], soit est seul à ordonner les choses ici-bas [*yudabbiru-hā hāhunā* : il s'agit d'une activité providente] en les ramenant vers (*bi-raddi-hā ilā*) les corps divins – et alors il associe et dissocie [lui-même les éléments] de sorte qu'il est [au final] créateur (*khāliq*) également de l'intellect hylique ; soit il accomplit cela avec le concours du mouvement réglé qui est celui des corps célestes (*bi-muʿāwanati l-ḥaraka al-muntaẓima allatī li-l-ajrām al-samāwiyya*) puisque, par ce mouvement, [chacun des corps célestes] et surtout le soleil, est en mesure de s'en approcher et de s'en éloigner [*i.e.*, de façon à tantôt associer les éléments, tantôt les dissocier, par le degré variable de chaleur qu'il transmet]… ». Le texte 4 répond en outre à la question suivante, posée dans *Phd'Ar*, p. 130, 8 *sq.* : « […] il convient {d'}examiner ce qui, [au principe], a donné la forme de cette espèce-là et [ce qui] a, en un tout, [*bi-l-jumla* : absolument] donné les formes des espèces : s'agit-il des corps célestes ou de l'Intellect agent ? Ou l'Intellect agent a-t-il donné la forme et les corps célestes ont-ils donné les mouvements des matières ? C'est que, jusque-là, il {n'} est {pas} apparu clairement que les corps célestes ont donné aux corps naturels autre chose que le mouvement. » Entre accolades, les éléments ajoutés au texte arabe par son éditeur, M. Mahdi. Pour la même idée, mais exprimée de manière affirmative, voir *RP*, p. 71, 8-13.

degrés de l'intellect, Farabi qualifie « l'instance recherchée », *al-dhāt*, c'est-à-dire l'intellect patient ou en puissance, de « quasi matière » (*shibhu māddatin*) ou, plus précisément peut-être, de « semblance de matière » et note que « c'est à partir de ce point », *'inda dhālika*, que les formes entament leur chute (*inḥiṭāṭ*) vers les formes corporelles hyliques (*al-ṣuwar al-jismāniyya al-hayūlāniyya*). Autrement dit, dans *DI*, « l'instance recherchée » *n'est pas* une matière, mais seulement une *semblance* de matière, ce qui explique pourquoi, au contraire d'Alexandre, Farabi ne parle nulle part d'intellect hylique [1]. À l'époque de *DI*, il n'y a donc pas, pour Farabi, d'intellect *hylique*.

À première vue, il en va autrement dans *CV*. La « faculté rationnelle » y est appelée « une disposition dans une matière », *hay'a fī mādda* [2]. Farabi semble s'être rangé à l'avis d'Alexandre : l'intellect humain est bien un composé des éléments et peut, à ce titre, être dit « dans une matière ». Pour autant, cette expression, prise à la lettre, pourrait être trompeuse et c'est bien ce que semble indiquer *RP*. Dans ce traité, où l'on retrouve à propos de la faculté rationnelle une formulation similaire à celle de *DI*, à savoir « semblance de matière et de substrat » de l'Intellect agent, Farabi rejette très explicitement l'idée, que je crois alexandrinienne dans ce contexte [3], de l'existence d'une quelconque forme immatérielle. Les gens qui parlent de formes immatérielles, écrit-il, s'expriment par homonymie et métaphoriquement (*'alā sabīli l-tashbīh*). En réalité, il n'y a de forme que donnée dans une matière et ce qui est au-delà de la matière et doit être appelé « immatériel » est en même temps, nécessairement, au-delà de la forme. Pour parler de ce qui est au-delà de la matière et, donc, de la forme, il faudra parler – du moins est-ce ce que fait Farabi – de *semblance* avec les entités séparées de la matière et de degrés corrélatifs de séparation. Partant, « l'intellect en acte qui devient semblable » ou « s'assimile » (*ḥaṣala… shabīhan bi-*) à l'Intellect agent « ni n'est une forme, ni ne ressemble à la forme, au contraire de ce qu'affirment ces gens [*leg.* : *wa-'alā anna*, mss. L, Ḥ, 'Ayn, T] qui appellent toutes les substances non incorporées "formes" au même titre (*ayḍan*), de manière homonymique… » (*ibid.*, p. 37, 12-14) [4].

1. Seule exception à ma connaissance, Farabi note en *RP*, p. 36, 4 que l'intellect devient « divin », *ilāhī*, après avoir été « hylique », *hayūlānī*.

2. *CV*, p. 198, 4-6 : « L'intellect humain qui, au départ, advient par nature à [l'homme], est une disposition dans une matière (*hay'atun fī mādda*) préparée à recevoir les empreintes des intelligibles. »

3. *RP*, p. 79, 14-15 : « […] l'intellect patient devient semblance de matière et de substrat pour l'intellect acquis et l'intellect acquis devient [lui-même] semblance de matière et de substrat pour l'Intellect agent (*shibha l-mādda wa-l-mawḍū' li-l-'aql al-fā''āl*)… » ; cf. *CV*, p. 242, 6-8 : « Alors, l'intellect patient est *comme* la matière et le substrat (*ka-l-mādda wa-l-mawḍū'*) de l'intellect acquis, et l'intellect acquis est *comme* la matière et le substrat de l'Intellect agent… » L'Intellect agent est donc quasi forme pour l'intellect acquis. Ce « comme » fait écran à l'identification entre la forme formée et la forme formante.

4. Bien qu'il pense pouvoir surmonter la contradiction, G. Guyomarc'h remarque : « La contradiction [qu'il y a chez Alexandre à affirmer à la fois l'existence d'une "forme" pure et l'impossibilité pour la forme d'être sans matière] fait naître la fâcheuse impression d'une homo-

Ainsi, non seulement l'intellect patient est pour commencer une *semblance* de matière, mais une fois en acte il devient *semblable* à l'Intellect agent. Il se meut donc entièrement à l'intérieur des bornes de la similitude. Qu'il ne s'agit pas d'une approximation terminologique est ce que vient confirmer clairement un autre passage de *RP* dans lequel Farabi note que l'âme sensitive et l'âme imaginative, lorsqu'elles sont en acte parce que l'empreinte (*rasm*) de leur objet respectif leur est présent, acquièrent *une semblance avec les entités séparées;* mais, ajoute-t-il, « cette semblance ne les éduit ni au-dessus de l'échelon du mode d'être matériel, ni au-dessus de l'échelon des formes » (*RP*, p. 42, 2-3). L'intellect parfaitement actualisé, dont il est question immédiatement après, acquiert, lui, « une proche ressemblance avec les entités séparées », *yakūnu qarība l-shibh bi-l-ashyā' al-mufāraqa* (*RP*, p. 42, 4). Bien que Farabi ne le dise pas explicitement, on peut, me semble-t-il, conclure de ces différents passages que l'intellect « qui devient semblable à l'Intellect agent » ou « qui est parfaitement actualisé », est *ipso facto* exhaussé « au-dessus de l'échelon du mode d'être matériel et au-dessus de l'échelon des formes ». C'est d'ailleurs ce qu'il veut dire quand il précise que l'Intellect agent exhausse l'intellect humain « du degré qui [lui] revient dans l'Être jusqu'à un échelon dans l'Être supérieur à ce qui [lui] a été donné par nature » (*RP*, p. 35, 2-6).

Qu'est-ce que cela signifie pour la nature de l'intellect patient ? Il me semble que cela ne peut vouloir dire qu'une chose : que, seule parmi tous les composés d'une forme et d'une matière, la forme rationnelle de l'humanité n'est pas, même considérée en tant qu'intellect patient, « une forme engagée dans une matière » entendue en rigueur de termes, mais bien, comme le dit Farabi non seulement dans *DI*, mais aussi dans *RP*, une *semblance* de matière (*shibhu māddatin* ou *shabīhatun bi-mādda*, p. 13, 4-5) et, donc, au moins vis-à-vis d'elle-même, une *semblance* de forme – encore que cette dernière expression ne se trouve pas à propos de l'intellect patient, pour la raison que celui-ci exerce bien, vis-à-vis de ce qui lui est inférieur, la fonction d'une cause finale et formelle (*cf.* « forme des formes ») et non la fonction d'une quasi forme. Or, « forme » seule indique souvent la cause formelle.

Seul de tous les composés, l'intellect serait donc déjà potentiellement séparé de la matière et ne lui serait pas uni comme une forme inséparable l'est à une matière, mais comme une quasi forme *ontologiquement* séparable est liée à une quasi matière.

Reste à savoir ce qu'est cette *semblance* de forme – *semblance* de matière. On peut le déterminer par deux biais.

Le premier est bien sûr le mot *shibh*, dans la formule *shibhu māddatin*, qui implique que la même chose peut théoriquement être dite une *shibhu ṣūratin* par rapport à sa propre quasi matière, c'est-à-dire une quasi forme ou

nymie mal contrôlée entre ces deux sortes de formes, comme entre la forme pure du Premier moteur et l'Idée platonicienne » (« Le visage du divin : la forme pure selon Alexandre d'Aphrodise », art. cit., p. 325). Farabi n'a pas jugé la contradiction surmontable.

semblance de forme. Dans ces expressions, le mot *shibh* a pour fonction, me semble-t-il, d'atténuer ou de neutraliser la notion de l'inséparabilité de la forme vis-à-vis de la matière dans l'étant concret. L'intellect se présente ainsi comme un composé *moins* l'inséparabilité des deux éléments constitutifs de tout composé. L'inséparabilité ne définit donc pas le composé qu'est l'intellect patient. Cela tient sans doute au fait que la destination de ce composé, ce en vue de quoi il existe, est en dernier ressort la réception des intelligibles *séparés*.

L'intellect patient est la quasi matière dont la forme est de toujours déjà séparée, à savoir l'Intellect agent. Il est, qui plus est, le lieu où les formes inséparables par elles-mêmes se séparent par l'opération de l'Intellect agent. Il est, en bref, le lieu de passage ou d'échange onto-noétique entre les formes *in re* et les formes séparées, c'est-à-dire le point à partir duquel la nature devient savoir et être subsistants.

En somme, si l'intellect patient était vraiment « une disposition dans une matière », il ne pourrait penser les intelligibles séparés. Or, il pense les intelligibles séparés. Donc, il n'est qu'un pseudo-composé, une quasi-substance hylémorphique : moins qu'une substance incorruptible, mais plus qu'un composé hylémorphique entendu *stricto sensu*. Or, il y a dans l'univers farabien une autre réalité qui est, non plus par défaut, mais par excès, une quasi-substance hylémorphique : plus qu'une substance hylémorphique[1], mais moins qu'une réalité simple. Il s'agit bien sûr des corps célestes. Farabi note à leur propos les deux choses suivantes ; d'une part : « ils n'ont que cette âme qui intellige et, en cela, leur âme présente avec l'âme rationnelle [humaine] une communauté partielle de genre » (*RP*, p. 34, 7-8) ; d'autre part, « les âmes qui sont celles des corps célestes sont affranchies des modes de déficience inhérents à la forme et la matière, si ce n'est qu'elles sont dans des substrats et *ressemblent aux formes de ce point de vue*. Cependant, le substrat de chacune d'elles n'est pas une matière, chacune d'elles étant bien plutôt affectée à un substrat qui lui est propre, qui ne peut être substrat de quoi que ce soit d'autre qu'elle. De ce point de vue, elles se séparent donc des formes » (*RP*, p. 41, 3-6)[2].

Elles se distinguent donc des formes inséparables d'une matière, en effet, mais dans quelle mesure se distinguent-elles de la quasi forme, c'est-à-dire de la forme séparable que constitue l'intellect patient, quasi matière de l'intellect en acte ou, en escamotant l'intellect en acte comme le fait souvent Farabi[3], quasi matière de l'Intellect agent ? Structurellement, le substrat « immatériel »

1. Farabi remarque à propos des substances incorporelles : « Ainsi donc, c'est à elles qu'il revient plus proprement d'être des substances plutôt qu'à la forme et la matière » (*RP*, p. 39, 18-40, 1). Selon ce même principe, on dira donc qu'il revient aux corps célestes d'être des substances plus proprement qu'aux composés hylémorphiques.

2. Cela veut dire bien sûr qu'il n'y a pas de cinquième élément pour Farabi.

3. Si l'intellect « patient » et « l'acquis » reviennent souvent, l'intellect en acte est considéré comme un simple état de l'intellect patient ; voir, par exemple, *CV*, p. 242, 9 et 15 : *al-ʿaql al-munfaʿal allaḏī huwa bi-l-fiʿl ʿaql*, « l'intellect patient qui est en acte intellect » ; *al-ʿaql al-munfaʿal al-kāmil*, « l'intellect patient parfait », *i.e.* « en acte ».

des âmes célestes fait beaucoup penser, me semble-t-il, à l'intellect patient « quasi matière et substrat » de l'Intellect agent. Entre le substrat quasi matériel ou quasi immatériel que constitue l'intellect patient pour l'Intellect agent et le substrat immatériel de l'âme intellective des corps célestes, il y a donc bien « une communauté partielle de genre » et telle est peut-être aussi l'une des choses que Farabi avait en tête en évoquant cette « communauté de genre ».

Cette constatation illustre en outre le passage déjà évoqué de *DI* (p. 22, 6-8) dans lequel il est dit que c'est « à partir de » l'intellect patient que les formes entament leur chute (*inḥiṭāṭ*) vers et dans la matière *hylique* – à ceci près qu'il n'y a plus de formes immatérielles pour Farabi après *DI*. À la question : « Quelle est la nature de la faculté rationnelle ou intellect patient ? », on pourrait donc risquer cette réponse : un être amphibie, à mi-chemin entre une disposition et une substance, entre un substrat matériel et le substrat « immatériel » des corps célestes, entre une forme inséparable et une entité séparée, autant de caractéristiques qui ne sont pas sans évoquer un être dont la nature ou l'essence serait d'emblée conceptuelle, à savoir ni matérielle ni immatérielle, mais qui, pour Farabi à la suite de tous ses devanciers ou presque, n'en a pas moins une indéniable consistance ontologique.

Le second biais que j'évoquais plus haut pour répondre à la question de la nature de cette réalité amphibie est non pas le mot *shibh*, mais le mot de la même racine *shabīh*. Si, comme on l'a vu [1], l'Intellect agent donne quelque chose à la matière et que ce quelque chose doit bien être considéré comme une « semblance » (*shabīh*) de ce qui subsiste en lui indivisiblement [Texte 1], il est plus que probable que l'intellect patient est précisément une semblance de ce genre. Elle est donc, comme le dit le Texte 1, une forme ectype divisible et matérielle d'un archétype immatériel qui repose indivisiblement dans l'Intellect agent. Si tel est le cas, on peut être tenté de reconnaître chez Farabi, bien que sous une forme un peu plus aristotélicienne, la doctrine plotinienne de l'âme non complètement descendue dans la matière. Dans la mesure où *shabīh* fait penser dans notre Texte 1 à un emprunt à la *Théologie d'Aristote*, on aurait juste là une confirmation que Farabi n'a pas abandonné l'idée d'un intellect amphibie après *DI*, mais l'a conservée, tout en estimant que cette âme ou cet intellect, en tant que simple « semblance » donnée dans une quasi matière et en tant que simple amorce de réalité intellective/intelligible, est soumis comme tout composé à la génération et à la corruption.

1. Voir *supra*, p. 204.

L'inscription corporelle de la faculté rationnelle

Si, comme tout composé, elle est soumise à la génération et à la corruption, la faculté rationnelle ou « partie » rationnelle, bien que déjà potentiellement séparée, doit d'abord se comporter comme une réalité corporelle. Cela signifie notamment qu'en l'appelant « disposition dans une matière », Farabi estime qu'elle a de quelque façon une inscription dans le corps humain. De quel organe est-elle une disposition ? On sait que, pour Aristote, la faculté hégémonique se trouve autour du cœur. Farabi a bien sûr connaissance des arguments avancés par Galien contre la position d'Aristote et en faveur de la physiologie platonicienne exposée dans le *Timée*, qui situe la partie rationnelle de l'âme dans le cerveau. Sur ce thème, Farabi a écrit au moins deux traités connexes : 1) *De l'accord de Platon et Hippocrate*, qui répondait vraisemblablement au *De placitis Hippocratis et Platonis* de Galien (voir IAU, p. 608) ; 2) un long traité de réfutation de Galien, connu par un seul manuscrit et publié par Badawi. Dans ce traité, Farabi note que la physiologie platonicienne, que la découverte des nerfs « par » Galien semble corroborer, si elle devait être acceptée, reviendrait à dire que le cerveau, le foie, le cœur et les organes respectivement afférents constituent trois unités « autonomes » (cf. *ra'īs 'alā ḥiyāli-hi munfaradun*, p. 84, 22), dénuées d'ordination à une fin commune et à une fonction rectrice commune (*ri'āsa*). Or, c'est cette fin commune, cette ordination de tous les organes à un unique organe et à sa finalité, qui est à ses yeux la raison de l'unité de l'organisme (voir p. 84, 5-16 ; 86, 2-4). La physiologie de Galien rend par là inintelligible l'unité du corps humain. Selon Farabi, il faut par conséquent réaffirmer contre Galien et avec Aristote, d'une part, « que celles des parties de l'âme qui sont rectrices et toutes les puissances afférentes reposent dans le cœur... ; que la partie appétitive, l'ardente, la partie rationnelle, la partie sensitive première et la capacité qu'a l'animal de se mouvoir selon le mouvement délibéré (*taḥarruk al-ḥayawān al-ḥarakata al-irādiyya*), reposent dans le cœur » (p. 84, 23-85, 2) ; d'autre part, que la fonction rectrice (*ri'āsa*) exercée par le cerveau vis-à-vis de tels organes du corps est, d'un point de vue plus général, « l'assistance que le cerveau fournit au cœur dans ce que le cœur dispense [lui-même] auxdits organes », *khidmatu l-dimāgh li-l-qalb fī-mā yu'ṭī l-qalbu tilka l-a'ḍā'* (p. 85, 7-8). En somme, « la fonction rectrice première (*al-ri'āsa al-ūlā*) est, dans le corps animal, une fonction rectrice unifiée-unifiante (*mutawaḥḥida*) et non pas plurielle [*leg.* : *kathīra*]. » (p. 86, 18).

Cela étant, on peut en outre se demander comment se monnaye cette disposition matérielle et corruptible. La question constitue à elle seule tout un chapitre de la pensée de Farabi. Pour le résumer, on peut dire que la faculté rationnelle ou l'intellect patient consiste dans la présence d'un ensemble de propositions premières et indémontrables dans une matière apprêtée à cette fin par l'action des corps célestes [1]. Ces propositions premières sont-elles pour

1. Voir *DI*, p. 33, 13-34, 3 cité n. 2, p. 213.

autant innées ? Les formulations que l'on trouve dans les traités conservés ne sont pas tout à fait claires. Je vois deux ensembles de textes, l'un beaucoup plus fourni que l'autre. Le premier et le plus riche répond par l'affirmative : ces propositions premières sont données par l'Intellect agent ou sont proprement innées – position qu'on trouve de *DI* jusqu'aux *FM*. L'autre groupe de textes semble s'orienter vers une autre solution, celle d'une co-émergence de la disposition rationnelle avec ses données premières, solution qui semble plus en accord avec l'inscription corporelle de l'intellect. Ces textes, bien plus rares, semblent évoquer une *sumphusis*, une co-naissance de l'intellect et de ses contenus cognitifs et rappellent pour cette raison une position stoïco-aristotélicienne.

Cependant, le fait qu'on trouve parfois les deux positions dans un même traité, par exemple dans *Phd'Ar* – p. 62, 4-5 : les données de la connaissance co-naissent avec l'homme, *nasha'at maʿa l-insān*, et sont co-engendrées avec lui, *fuṭirat maʿa-hu;* 128, 1-2 : l'Intellect agent instaure, *aḥdatha*, dans l'intellect en puissance les intelligibles premiers –, montre que ces thèses ne sont pas concurrentes et doivent être intégrées. En réalité, « ce que donne l'Intellect agent » et ce que donne la Nature, si l'on considère que la Nature est empreinte d'intelligence et ordonnée à l'Intellect agent, représentent deux formulations non contradictoires en réponse à un même problème. Farabi réunit en quelque sorte ces deux formulations en notant à plusieurs reprises que notre *fiṭra*, la norme naturelle de l'humanité, « est non suffisante » pour nous conduire à la connaissance théorétique, ce qui signifie toujours qu'il nous faut nous approprier cette *fiṭra* en mettant en ordre, grâce à l'instrument de la logique aristotélicienne, les connaissances premières ou les aptitudes à la science en quoi elle consiste notamment[1]. Autrement dit, en plus de la nature, l'homme a besoin de l'art pour devenir lui-même et se parfaire.

Ainsi, la *fiṭra* est à la fois l'ensemble des intelligibles reçus de l'Intellect agent – et *fiṭra* dénote en arabe l'idée d'un commencement absolu – et ceux qui viennent à l'esprit moyennant le processus décrit plus haut d'émergence des formes – la *fiṭra* étant aussi, « par nature » (*bi-l-fiṭra*), un processus d'engendrement. C'est ce que signifient également deux passages dans lesquels Farabi note que ce que l'Intellect donne en premier lieu à l'homme est une simple prédisposition cognitive, *istiʿdād* (*Phd'Ar*, p. 127-20-128, 2 ; *FM*, § 34, p. 51, 3-5), qui se renforce par la suite si l'homme se sert de sa raison : cette prédisposition consiste elle aussi en un ensemble de prémisses premières. Ainsi, que ce soit une acquisition inconsciente, à mesure que l'enfant s'adapte à son milieu et devient lui-même rationnel en vertu de cette prédisposition, ou la « donation » par l'Intellect agent de ce que Farabi appelle des « intelligibles premiers » communs à tous les hommes, l'intellect patient « advient à l'homme » [*cf.* Texte 2] en même temps que l'individu accède à l'humanité. Encore une

1. *AF*, p. 121, 12-13 : « les aptitudes à la science que la Nature engendre en nous originellement ».

fois, une telle thèse n'est soutenable qu'en supposant une Nature empreinte de Logos.

Pour le dire autrement, mais toujours avec les mots de Farabi, la disposition (*hay'a*) dans une matière qu'est d'abord l'intellect ou la faculté rationnelle est l'ensemble des prémisses ou principes premiers que l'homme *ne se souvient pas d'avoir acquis et dont il ignore l'origine*, formulation récurrente dont on peut inférer soit l'origine métaphysique des idées en question, soit le caractère préréflexif de leur acquisition naturelle, *soit les deux* en tenant compte de l'ordination de la nature entière à la fin cognitive qui lui est assignée par le biais de la nature humaine et de sa prédisposition cognitive.

LE PROCESSUS D'ACTUALISATION DE L'INTELLECT : ONTO-NOÉTIQUE ET ÉNERGOLOGIE DE L'INTELLECTION

De disposition corruptible, l'intellect a pour finalité de devenir substance ou subsistante. Comment Farabi le conçoit-il ?

La question s'éclaire si on la pose en s'aidant de la classification des étants selon leur modalité d'être : possible, nécessaire conditionnellement, nécessaire absolument, classification qui se trouve dans un certain nombre de ses écrits et qui structure véritablement toute sa pensée [1]. Les trois degrés de l'intellect se laissent en effet ranger sous chacune de ces trois modalités d'être. À l'intellect patient matériel convient bien sûr le mode d'être possible ; à l'intellect en acte convient le mode d'être « nécessaire conditionnellement » ; et à l'intellect acquis (*mustafād*) correspond le mode d'être nécessaire absolument, qui est également celui de l'Intellect agent, mais par nature, tandis que l'intellect acquis le possède « par adoption » [2].

Cette correspondance n'a rien d'arbitraire. En effet, à chaque modalité d'être correspondent à la fois des réalités de natures différentes et la vertu connexe d'une connaissance particulière. Si la fin assignée à la disposition matérielle qu'est l'intellect patient est de se « substantifier » (*tajawhara*), cela veut dire que, de possible qu'elle est pour commencer, elle doit par la connaissance devenir nécessaire inconditionnellement. Or, au mode d'être possible et temporel correspondent les *naturalia;* au mode d'être conditionnellement nécessaire et sempiternel, les corps célestes ; et au mode d'être nécessaire absolument et éternel, les réalités intelligibles séparées de la matière. Partant,

1. Sur ce thème, voir Ph. Vallat, « Du possible au nécessaire. La connaissance de l'universel chez Farabi », *Documenti e Studi sulla tradizione filosofica medievale* XIX, 2008, p. 89-121.

2. M. Geoffroy a déjà formulé cela de manière limpide : « Ce *'aql mustafād* est identifiable à l'âme intellectuelle, l'âme parvenue jusqu'à l'intellect séparé, qui est l'intellect "sorti de son lieu", différant de l'intellect séparé en ce qu'il n'est pas "toujours" et "éternellement" intellect, mais qu'il l'est *devenu* » (« La tradition arabe du *Περὶ νοῦ* d'Alexandre d'Aphrodise et la théorie farabienne des quatre degrés de l'intellect », *in* C. D'Ancona et G. Serra (dir.), *Aristotele e Alessandro di Afrodisia nella tradizione araba*, Padova, Il Poligrafo, 2002, p. 230 ; les italiques sont de l'auteur).

c'est, semble-t-il, en s'assimilant la connaissance des étants de chacun de ces ordres de réalités que l'intellect va peu à peu se substantifier, devenir nécessaire et, comme le dit Farabi, accéder à l'état de manence, à savoir « être préservé dans l'être » (*maḥfūẓ fī l-wujūd*). Tel est le schéma dans lequel Averroès voyait une aberration ontologique. Il ne croyait pas possible qu'une réalité possible ou contingente puisse devenir nécessaire. Dans le cadre de l'ontologie aristotélicienne, on est tenté de lui donner raison. Mais ce qui est une aberration pour l'aristotélisme ne l'est pas dans le cadre d'une ontologie néoplatonicienne.

Quoi qu'il en soit, cette correspondance entre la modalité d'être des réalités connues et la modalité d'être de l'instance cognitive éclaire déjà l'idée, formulée dès *DI*, selon laquelle c'est une fois que l'homme a intelligé toutes ou la plupart des réalités intelligibles que l'intellect acquis lui advient :

> Par ailleurs, ces formes [sans matière], il est possible de les intelliger parfaitement (*ʿalā l-tamām*) une fois seulement que les choses intelligibles [dans les *naturalia*] sont toutes devenues intelligées en acte ou la plupart d'entre elles [1], et une fois que l'intellect acquis est advenu, car c'est à ce moment-là que les formes [sans matière] deviennent intelligées… (*DI*, p. 21, 8-22, 1).

Comme on le voit, à l'intellect acquis correspond donc bien la connaissance métaphysique des réalités séparées, ce qui permet de comprendre que la formule « intelliger toutes ou la plupart des réalités intelligibles (naturelles) » correspond à un véritable passage à la limite, comme une sorte d'intégrale des formes naturelles.

Derrière cette thèse et nonobstant l'abandon ultérieur de l'idée qu'existent des formes séparées, on trouve ce que j'ai appelé une onto-noétique [2], qui est déjà formulée dans *DI* et est développée dans *Phd'Ar* et, plus encore, dans *AF* et *RP*. Cette onto-noétique revient à dire que, par la connaissance, l'être de

1. Cf. *RP*, p. 74, 13-15 : « Comme l'objet visé par l'existence de l'homme est d'atteindre la félicité et comme c'est là la perfection suprême que doit encore lui conférer ce qu'il pourra recevoir [de la connaissance] des étants possibles, il faut parler du moyen par lequel il est possible à l'homme de s'avancer vers cette félicité » ; *AF* § 15, p. 139 : « C'est que l'homme ne parvient à la perfection ultime – qui est pour lui ce en vertu de quoi il devient véritablement substantiel –, que lorsqu'il tend, par la médiation de ces principes [intellectifs], à obtenir ladite perfection [cf. *Phd'Ar*, p. 132, 4-10 et 133, 2-3]. Or, tendre vers cette perfection, cela ne lui est pas possible à moins qu'il ne s'occupe [d'abord] de nombreuses choses qui font partie des étants naturels et à moins qu'il n'exerce parmi ces étants [ou : "à propos de ces étants", *fī-hā*] des activités telles qu'elles lui rendront ces réalités naturelles utiles afin d'obtenir [ensuite] cette perfection ultime qu'il est destiné à atteindre. »

2. Ce que Jean Jolivet formule ainsi : « Selon Farabi [*DI*, p. 17-18], à un stade déterminé du processus noétique les intelligibles deviennent des étants du monde [*mawjūdāt al-ʿālam*] et, par un jeu d'identité des intellects, un monde des formes : en d'autres termes un moment noétique acquiert un statut ontologique. Comment ne pas voir dans ce chiasme doctrinal la trace d'une oscillation autour de la forme platonicienne dissimulée sous un manteau aristotélicien ? » (« Étapes dans l'histoire de l'intellect agent », in *Perspectives médiévales et arabes*, Paris, Vrin, 2006, p. 173 ; le contenu entre crochets droits est de moi].

l'intellect « s'accroît » ou que l'intellect « s'accroît ontologiquement », ou « acquiert un surcroît d'être ».

> Texte 5 : D'autre part, il semble que ce qui, venant d'elle [*sc.* la partie rationnelle de l'âme], se produit à destination d'un autre [alors qu'elle n'est pas encore séparée du corps-instrument] a pour seule fin qu'elle-même s'accroisse ontologiquement – ce faisant – vers plus de perfection, *wa-yushbihu an yakūna mā yaḥṣulu 'an-hu li-ghayri-hi inna-mā huwa li-yatazayyada bi-mā yaf'alu-hu min dhālika wujūdan akmalan* (*RP*, p. 42, 9-10).

Ce texte est à lire en parallèle avec ce qu'écrit Farabi à propos des substances incorporelles :

> et aucune, partant, n'a en vue de devenir davantage être [*leg.* : *yatazayyada wujūdan*, mss. Y, 'Ayn et F1] [1] en acquérant ce surcroît d'être (*yastafīdu-hu*) à l'avenir, par l'action qu'elle exercerait en un autre ou par l'action accomplie en elle par un autre. (*RP*, p. 39, 17)

Dans ces deux textes, l'action dont il est question est une activité cognitive. Il pourrait sembler curieux que, dans ce second texte, Farabi compte « l'action accomplie en elle par un autre » comme une chose permettant à l'instance connue d'acquérir (*yastafīdu*) un surcroît d'être, car comment comprendre que pâtir de l'acte d'un autre puisse fournir un surcroît d'être à la chose qui pâtit ? Au-delà de l'allusion lointaine au cas des âmes libérées qui se prennent mutuellement pour objet d'intellection et accroissent ainsi *ad infinitum* leur béatitude [2], la référence que Farabi avait en tête est certainement – comme le

1. En plus d'une allusion au cas de l'homme, la clause « en acquérant ce surcroît d'être à l'avenir » est une allusion au cas des corps célestes qui reçoivent l'être *ad infinitum* en tendant asymptotiquement et sempiternellement vers leur être le plus parfait ; cf. *RP*, p. 53, 3-5 ; 54, 5-7. Cet argument, joint à au moins un autre, vient de ceux de Proclus, bien connus en arabe. M. Rashed (« Al-Fārābī's Lost Treatise », art. cit.) n'a pas tenu compte de ces textes.

2. *RP*, p. 82, 6-15 : « Quand donc une classe d'hommes [de la Cité vertueuse] a expiré, que leur corps a été réduit à rien tandis que leur âme s'est libérée et est devenue bienheureuse et [quand], par suite, d'autres hommes leur ont succédé, ont occupé dans la cité le rang que ceux-là y occupaient et accompli les activités que ceux-là y ont exercées, alors les âmes de ceux-ci elles aussi se libèrent. Aussi, quand leur corps est [à leur tour] réduit à rien, eux-mêmes viennent prendre place hiérarchiquement aux rangs de ceux qui les ont précédés dans cette classe d'hommes et se juxtaposent à eux comme se juxtaposent les choses qui ne sont pas des corps. Alors, ceux de la même classe d'hommes dont les âmes sont semblables entre elles se conjoignent les unes aux autres. Plus nombreuses sont les âmes séparées semblables entre elles qui se conjoignent les unes aux autres, plus grand est le plaisir que chacune d'elles [en] retire. À chaque fois que les rejoignent celles qui sont venues après elles, le plaisir de celles qui maintenant les rejoignent *s'accroît* de leur rencontre avec celles qui les ont précédées et le plaisir de celles-ci *s'accroît* de la conjonction avec celles qui les rejoignent. [Il en est ainsi] parce que toutes intelligent leur essence et intelligent de multiples fois une essence pareille [à la leur] ; *or, ce que chacune intellige s'accroît de l'adjonction de celles qui dans le temps à venir lui auront succédé [dans la cité], en sorte que l'accroissement du plaisir de chacune se poursuivra par la suite à l'infini.* Tel est l'état de chaque classe d'hommes. Or, cela, c'est la félicité ultime qui est telle en vérité, qui constitue le dessein de l'Intellect agent [sur l'homme]. » Le passage en italiques développe une idée qu'on trouve déjà dans *DI*, p. 18, 8-20, 3.

montre le verbe *tazayyada* – le passage du *DA* dans lequel Aristote note que « pâtir » peut s'entendre non seulement de la « destruction par l'effet d'un contraire », mais aussi de « la conservation par l'être en entéléchie de l'être en puissance » (417b2-5 ; trad. Thillet p. 121). Farabi a tout l'air, en effet, d'interpréter « la conservation de l'être en puissance » au sens de « être l'objet d'un acte produit par un autre », car telle est bien la définition première de « pâtir ». Autrement dit, l'être qui s'accroît de l'acte accompli en elle par un autre est dans le cas qui nous occupe celui qui à la fois conserve et accroît sa capacité d'être intelligé.

Quant au verbe *tazayyada* utilisé dans les deux précédentes citations de Farabi et à la référence implicite à ce même passage du *DA* qui explique l'utilisation de ce verbe, voici ce qu'on peut dire. Le prétexte aristotélicien de la doctrine de l'accroissement de l'être de l'intellect consiste, me semble-t-il, en un mot du *De anima* 417b2-9 (= Ps.-Isḥāq, p. 42-43 Badawi), à savoir le mot ἐπίδοσις traduit par *ziyāda* (43, 4), « accroissement », qui est de la même racine que le verbe *tazayyada* rencontré chez Farabi pour exprimer la même idée[1]. Comme l'on sait, dans le *De anima*, la notion de « progrès vers soi » (εἰς αὑτὸ… ἐπίδοσις) sert à expliciter le passage de la puissance prochaine à la pleine actualité, passage qui n'est pas une altération du sujet pensant, mais une « progression vers soi-même », vers une plus parfaite conformité à soi-même. Selon Farabi [Texte 5], cette progression commence par l'assimilation du savoir philosophique et se poursuit jusqu'à l'intellection des entités immatérielles. L'équation entre connaître et croître ontologiquement ne pouvait être plus clairement posée. Bien que je ne puisse m'étendre ici sur cette question, on notera que l'idée d'intensification de la forme ou de la vertu éthique fait également partie selon Farabi des conditions d'immortalisation de l'homme. Vertus théorétiques et éthiques sont pour lui inséparables, en ce sens qu'elles vont de pair et croissent de conserve[2].

1. Voir aussi la curieuse trad. arabe de *Mét.*, Θ 5, 1048a16-18, où le fait de ne pas rencontrer d'obstacle est présentée non comme une condition du passage de la puissance à l'acte, comme le dit le grec, mais « comme s'il y avait dans la puissance d'agir un accroissement », *wa-ka-anna-hu fī quwwati l-fiʿl ziyādatun* (p. 1154 Bouyges).

2. Sur l'accroissement ou l'intensification de la vertu, voir *FM* § 77, p. 84, 4-5 : « Par la mort, il échappe seulement à l'homme accompli dans la vertu de chercher à faire croître davantage l'actualité par laquelle aurait été accrue sa félicité post-mortem », *al-fāḍil inna-mā yafūtu-hu bi-l-mawt an yastakthira min fiʿli mā yazdādu bi-hi al-saʿāda* [ms D] *baʿda mawti-hi*. La suite du texte compare cette perte non à celle d'un capital, déjà acquis et inamissible, mais à la perte des intérêts que ce capital aurait pu rapporter. En d'autres termes, il est bien question d'intensification de l'actualité d'une vertu déjà possédée (et non de la multiplication des actes). Ce texte est malheureusement unique. À ma connaissance, seule la citation par Maïmonide d'une phrase du commentaire perdu sur l'*EN* évoque un thème similaire ; voir *FEA*, p. 126. À noter que le verbe *izdāda/yazdādu* est d'après les dictionnaires la huitième forme et de la racine *zyd* et de la racine *zwd*. De la seconde vient le verbe *zāda* qui signifie « se munir d'un viatique ». Sur l'accroissement (*tazayyada*) de l'intellect pratique à mesure qu'augmente l'expérience (*bi-izdiyād wujūd al-tajārib*), voir *FM* § 38, p. 55, 3-5.

Dans cet accroissement ou cette progression, un seuil est atteint quand l'intellect parvient à la séparation, qui est synonyme de maintien dans l'être ou de manence :

> Texte 6 : C'est qu'il semble qu'il ne ressortit pas à sa substance qu'un acte d'être efflue d'elle [*sc.* la partie rationnelle de l'âme] *ad extra* [une fois qu'elle est séparée], mais que son lot, quant à l'être, est alors simplement (*bal ḥasbu-hu min al-wujūd*) de demeurer en sa substance maintenue dans l'être perpétuellement (*yabqā bi-jawhari-hi maḥfūẓ al-wujūd dā'iman*), et d'être, parmi les causes, cause en tant que fin et non en tant qu'agent (*RP*, p. 42, 11-13).

Je vais tout de suite revenir sur l'idée d'une effluence d'un être ou, plus précisément, d'un acte d'être (*wujūd*). Pour ce qui est de l'idée d'être maintenu dans l'être, elle implique l'existence d'un agent de ce maintien dans l'être. Même si elle accède à l'état subsistant d'une réalité séparée, l'âme intellective a toujours besoin que quelque chose la soutienne dans l'être. Sur ce point, *RP* (p. 32, 9-10) est clair, puisque Farabi y précise que cet agent est l'Intellect agent. Enfin, l'idée que l'intellect séparé continuerait à exercer une causalité finale s'éclaire quelque peu si on la rapproche de la description [1] du rapport entre les âmes séparées et celles des hommes qui vivent encore dans la cité vertueuse : les âmes libérées semblent exercer sur celles qui ne le sont pas encore une causalité perfective et finale qui, peut-être, s'amplifie à mesure que la béatitude des âmes libérées s'accroît de celles qui se libèrent à leur tour.

Mais revenons à *DA*, 417b2-9. Le passage de la puissance prochaine à l'entéléchie, que Farabi appelle respectivement entéléchie première (*istikmāl awwal*) et entéléchie ultime (*istikmāl akhīr*) est par ailleurs exprimé par le verbe *intaqala* qui désigne au premier chef la translation du même au même, c'est-à-dire le passage sans altération d'un « mode d'être », *ḥāl min al-wujūd* (*RP*, p. 65, 5), à un autre mode d'être, supérieur (*wujūd afḍal*). Partant de là, Farabi ajoute la chose suivante, qui concerne « les corps possibles dont l'existence est conforme à la nature », *al-ajsām al-mumkina al-mawjūda bi-l-ṭab'* :

> De celui qui, [parmi ces corps], est par nature engendré en vue de soi et en vue d'aucun autre, procède de fait un certain acte à la façon d'une effluence, par son être, de l'être d'autre chose [*leg.* : *'alā jihati fayḍi wujūdi-hi* (génitif subjectif) *bi-* (mss. Lām, Yā', Ṣād1 et 2) *wujūdi shay'in ākhar*]... Il en va ainsi de [l'organe de] la vue au moment où elle voit (*RP*, p. 64, 17-65, 4) [2].

1. Voir n. 2, p. 225.

2. La *Théologie* du Ps.-Aristote mentionne la vision comme exemple d'un acte indivisible et instantané (*tota simul*) : « Il en va comme de la vue, car elle voit le visage entier d'un seul coup » (p. 31, 4-5 Badawi), bien que le visage lui-même soit composé de parties.

Autrement dit, l'acte est conçu comme une effluence de l'être de la chose qui est selon l'entéléchie ultime. Et Farabi de continuer :

> Texte 7 : En outre, la chose [en question], du moment qu'elle est selon son entéléchie ultime et que cela implique qu'un acte doit normalement en procéder, son acte ne saurait lui être postérieur et se produit dans l'instant, sans extension temporelle (*bi-lā zamān*). L'acte des choses qui sont selon leur entéléchie ultime ne leur est postérieur qu'à cause d'un obstacle intervenant de l'extérieur d'elles, comme c'est le cas, par exemple, quand la lumière du soleil est empêchée par un mur [d'éclairer] la chose que celui-ci dissimule (*RP*, p. 65, 8-11).

L'effluence de l'être de la chose qui est selon son entéléchie ultime se produit donc sans extension temporelle. En somme, l'acte de toute chose – du soleil au corps possible – qui 1) existe en vue de soi, 2) est selon l'entéléchie ultime et 3) ne rencontre pas d'obstacle, est un acte indivisible qui a lieu en un temps indivisible. Ainsi, l'œil humain qui voit émet un acte inétendu temporellement et le savant qui pense émet un acte cognitif instantané. Farabi semble élargir le cadre d'application d'une idée qu'Aristote ne concevait qu'en rapport avec l'intellection de ce qui est indivisible selon la forme [1]. De plus, l'acte dont parle Farabi est une translation instantanée – un passage sans altération – à un mode d'être supérieur (*wujūd afḍal*). L'actualisation, conçue comme une translation, est donc un mouvement ascendant, comme le dit d'ailleurs *DI* où l'on rencontre à propos des degrés d'actualisation de l'intellect le terme *taraqqī* (« ascension ») [2]. On peut se demander si l'idée d'effluence, *fayḍ*, ne doit pas,

1. Voir *DA*, III 6, 430b 14-15 : « Quant à ce qui est indivisible non selon la quantité, mais par la forme, on en a l'intellection dans un temps indivisible (ἐν ἀδιαιρέτῳ χρόνῳ) et par un acte indivisible de l'âme » (trad. Thillet p. 169). Cf. *FM* § 50 : « L'intelligence (*al-dhakā'*) est l'exacte intuition de la chose (*jawdat ḥads 'alā l-shay'*) à une vitesse instantanée (*bi-sur'a bi-lā zamān*) ou en un laps de temps inétendu », avec une probable allusion à l'ἀγχίνοια des *Seconds an.*, I 34, 89b10.

2. Voir *DI*, p. 20, 6-24, 5, traduit (partiellement) par M. Geoffroy (« La tradition arabe du *Περὶ νοῦ* », art. cit., p. 221-222). Malgré leur finesse et leur justesse, je ne suis pas sûr que les analyses de M. Geoffroy (*ibid.*, p. 217-222) suffisent à rendre parfaitement compte de l'emploi du mot *taraqqī* chez Farabi. L'idée d'un accroissement ontologique de l'intellect est déjà prégnante dans *DI* indépendamment de l'influence d'Alexandre et de la *Théologie*. C'est ce que montre, me semble-t-il, l'insistance de Farabi sur le changement de « mode d'être » (*wujūd*) de ce qui est abstrait et connu par l'intellect. Ce changement est un progrès vers « davantage d'être ». L'ontologie sous-jacente est celle de l'analogie de l'être ; voir *Livre des lettres* § 92, p. 118-119. À propos des différents modes d'être des intelligibles, on notera par ailleurs que *DI*, p. 16, 6-17, 8 évoque leur transposition sémantique, par suppression de ce qui, en eux, relève des caractères propres aux catégories – catégories qui, pour Farabi, ne valent que pour le monde sensible (voir *RP*, p. 53, 14-54, 3 ; *AF*, § 14, p. 136 ; *Phd'Ar*, p. 130, 9-14 ; *Livre des lettres* § 17, p. 69). Une fois que les intelligibles sont passés en acte, explique-t-il, « est retranché d'eux (*urtufi'a 'an-hā*) la plus grande partie de ces autres catégories ["où", "quand", "disposition", "quantité", "qualifié par des qualifications corporelles", "agir", "pâtir", p. 16, 9-17, 2] », à savoir ce qui, dans ces intelligibles mêmes, était « conséquent à tout ce à quoi leur être est lié » (p. 16, 9), « et leur mode d'être devient ainsi un mode d'être autre, qui n'est pas ce mode d'être-là [*sc.* "leur mode d'être en soi (*sic*), conséquent à tout ce à quoi leur être est lié"]. Ainsi, le contenu eidétique de ces intelligibles [*leg.* : *ma'qūlāt*] ou

en conséquence, se comprendre plutôt au sens de projection : la chose en question, en passant en acte, « déborde » (*fāḍa*) et se projette vers le haut, vers un mode d'être plus parfait, et croît ontologiquement vers plus de perfection, c'est-à-dire vers un état d'être transposé ou exhaussé. Dans notre citation précédente, « l'être d'autre chose » (*wujūd shay'in ākhar*) qu'efflue ou projette l'être de la chose en entéléchie doit donc s'entendre d'un mode d'être distinct de celui de la chose qui le projette, mais qui, néanmoins, est pour ainsi dire le prolongement vers le haut de la chose en question. On comprend ainsi pourquoi aucun acte d'être n'efflue ou n'est émis par l'intellect une fois qu'il est séparé : étant dorénavant selon son entéléchie ultime et définitive, il n'y a plus de progrès vers soi ni de projection de soi vers soi-même qui resterait à accomplir. Ce qui, éventuellement, continue de s'accroître quand l'âme intellective est séparée, c'est, nous l'avons vu, sa béatitude.

Le verbe *intaqala* et son nom d'action *intiqāl* se trouvent dans la traduction de la paraphrase du *De anima* par Thémistius (*e.g.*, p. 21, 1 et 6 Lyons), où ils désignent la transformation instantanée (*duf'atan* : ἀθρόως, p. 29, 19 Heinze) et atemporelle (*lā zamāna la-hā* : ἄχρονοί, p. 29, 17 Heinze) de l'âme de la puissance à l'acte, passage que Thémistius compare au passage de la vision du blanc à la vision du noir dans l'organe de la vue. À cette référence probable, Farabi a cependant ajouté des éléments de réflexion tirés plus directement d'une interprétation de *DA*, 417b2-9 et plus particulièrement de la clause εἰς αὑτὸ γὰρ ἡ ἐπίδοσις καὶ εἰς ἐντελέχειαν. De plus, à la notion de transformation ou de translation instantanée de la puissance à l'acte, Farabi adjoint celles d'un mouvement ascendant et d'une émission ou projection vers le haut, cette ascension culminant, pour la seule entité capable de passer au-delà de l'échelon de la matière et de la forme, dans la séparation ontologique d'avec la matière et

de beaucoup d'entre eux s'entend dorénavant selon d'autres modes, différents de ces modes-là. Le "où" tel qu'il se conçoit en eux en est un exemple : en effet, si tu contemples en eux le contenu eidétique du "où", soit tu n'y trouveras absolument rien qui relève des sens de "où", soit tu feras que le mot "où" te fasse concevoir en eux un contenu eidétique autre, et ce contenu eidétique [se concevra] selon un mode autre » ; cf. *RP*, p. 51, 13-52, 1 cité n. 1, p. 231. Bien que d'une manière confuse, Farabi semble vouloir parler de la transposition analogique du sens des catégories quand elles sont appliquées à des réalités séparées. *Cf.* Simplicius, *In Cat.*, 74, 22-31, en particulier l. 25-26 (à propos des catégories) : « Il est évident d'autre part que ce passage par analogie des sensibles à ces intelligibles convient à Aristote puisque, après avoir posé la matière et la forme comme principes dans les sensibles, il affirme par ailleurs que dans les intelligibles aussi les principes sont identiques par analogie, *mais qu'ils sont autres puisqu'ils diffèrent par leur mode d'être* (καὶ ἑτέρας δὲ τῷ τρόπῳ τῆς ὑποστάσεως διαφερούσας) » (trad. Ph. Hoffmann, p. 64-65) ; à noter que dans ce passage de l'*In Cat.* se trouve une identification consciente des homonymes *aph' henos kai pros hen* à l'analogie du *Timée*. D'autre part, *wujūdu-hā fī nafsi-hā huwa tābi'u li-sā'iri mā yaqtarinu bi-hā* (p. 16, 9 : « le mode selon lequel les intelligibles existent en eux-mêmes est conséquent à tout ce à quoi leur être est lié [en tant qu'ils sont des formes dans des matières] »), évoque une confusion entre genre « coordonné », κατατεταγμένον (*e.g.* Simplicius, *In Cat.*, p. 53, 6-9) et genre « en soi » ou « incoordonné ».

le maintien dans l'être. C'est ce procès anagogique que la connaissance philosophique induit dans l'être de l'âme intellective.

LES TROIS ÉTATS DE L'UNIVERSEL ET CEUX DE L'INTELLECT

Nous avons vu dans le Texte 1 que les formes sont soit dans l'Intellect agent sous le mode de l'indivision, soit dans la matière sous le mode de la division. Ce que nous avons trouvé dans les autres traités n'infirme en rien ce qui est affirmé là. Farabi revient plus loin dans *DI* sur la question du double mode d'être des formes :

> Texte 8 : En effet, les formes qui sont aujourd'hui dans des matières [*in re*] sont dans l'Intellect agent des formes abstraites [*ante rem*] ; non pas, cependant, en ce qu'elles auraient été [d'abord] dans des matières, puis auraient été abstraites [*sc. post rem*], mais [au sens où] ces formes n'ont jamais cessé d'être ainsi (*lam tazal*) en lui en acte. Aussi, à l'égard de la matière première et des autres matières, [un modèle] est suivi (*uḥtudhā*) en ceci uniquement que leur sont données les formes qui sont /en acte [1]/ dans l'Intellect agent; et les étants dont [l'Intellect agent] vise l'existenciation en première intention eu égard à nous (*fī-mā laday-nā*), ce sont les formes en question [2]. Cependant, comme l'existenciation de [ces étants] n'était pas possible ici-bas (*hāhunā*) autrement que dans des matières, ces matières ont été engendrées (*DI*, p. 28, 9-29, 5) [3].

Pour ce qui est des trois états de l'universel, je crois que la première phrase de ce texte se passe presque de commentaires. Ce qui n'est pas le cas de l'Intellect agent est simplement le cas de l'homme qui abstrait les formes des sensibles, leur confère ainsi un mode d'être conceptuel ou *post rem* et tend à

1. L'édition Bouyges (p. 29, 2) propose de lire ici « leur sont données *en acte* », *bi-l-fi'l*. Outre que *bi-l-fi'l* est absent de la plupart des manuscrits, ce n'est pas d'emblée en acte que les formes sont données, sans quoi la nature serait inerte ou immobile. S'il faut néanmoins garder *bi-l-fi'l*, on le déplacera donc après *allatī* : « les formes qui sont en acte dans l'Intellect agent ».

2. Cf. *RP*, p. 36, 11-14 : « De plus, l'existence de la matière est seulement en vue des formes, comme si le dessein premier avait été l'existence des formes. Puis donc qu'elles n'avaient pas de subsistance en dehors d'un certain substrat, la matière a été posée comme substrat, pour porter les formes. C'est pourquoi, quand les formes n'auraient pas existé, l'existence de la matière eût été en vain ; or, au sein des étants naturels, rien n'existe en vain. » Les expressions « en première intention » (*qaṣadan awwalan*) et « le dessein premier » (*al-gharaḍ al-awwal*) renvoient à l'Alexandre arabe, *e.g. Traité de la providence*, p. 16, 19 : « La providence de Dieu ne s'exerce pas non plus, en aucune façon, à l'égard de ces choses [*sc.* d'ici-bas], selon l'intention première » (trad. Thillet, p. 115). En attribuant le dessein en question à l'Intellect agent, Farabi donne à l'Intellect agent un rôle qui, chez Alexandre, est refusé à l'Intellect divin. Autrement dit, Farabi fait bien de l'Intellect agent une entité tournée vers ce qui lui est inférieur, mais c'est pour mieux détacher son premier principe de l'existence même du monde.

3. Je n'y insiste pas ici, mais on notera en outre que ce Texte 8 explique et justifie l'existence des formes naturelles et de la nature en général en en faisant une étape nécessaire de la progressive actualisation de l'intellect humain. L'univers sensible farabien trouve sa finalité et sa raison d'être dans la perfection que l'intellect doit atteindre grâce à lui.

intelliger ce qu'elles sont dans l'Intellect agent – sous le mode où elles subsistent en lui[1]. L'intellect agent, d'autre part, exerce une causalité paradigmatique. Ce que j'ai traduit par « un modèle est suivi », à savoir *uḥtudhā*, doit en effet être complété selon la formule qu'on trouve, par exemple, dans *Phd'Ar* à propos justement de l'Intellect agent, à savoir *yuḥtadhā ḥudhwun*, « un modèle est suivi » (128, 8-10 et 13-14; cf. *FM*, p. 68, 12-69, 1 ; *AF*, § 54, p. 181) et à la voix active, *yaḥtadhī ḥudhwa-hu*, à savoir que l'intellect imite l'Intellect agent[2]. La causalité exercée par l'Intellect agent est donc, d'après ce texte, au moins efficiente et paradigmatique. Elle est finale également, car ce que fait l'Intellect agent consiste à tirer « par le haut » le processus par lequel l'intellect éduit la forme de la matière de celle-ci, jusqu'à l'intelliger :

> Texte 9 : Et dans ce qui vient d'être dit, il y a matière à recherche, à savoir que : s'il est possible à ces formes [sises dans l'Intellect agent] d'exister sans matières, quel besoin y avait-il qu'elles fussent posées dans des matières et comment se fait-il qu'elles aient été déchues (*ḥuṭṭat*) du mode d'être le plus parfait [*i.e. ante rem*], au mode d'être le plus déficient [*i.e. in re*] ? Peut-être quelqu'un dira-t-il que cela a été accompli (*fu'ila dhālika*) afin que les matières devinssent plus parfaites sous le rapport de l'être. Alors, il s'ensuivrait que ces formes ont été engendrées uniquement en vue de la matière. Or, c'est là le contraire de ce que pense Aristote[3] à moins que nous disions que toutes celles-ci sont dans l'Intellect agent en puissance, sans qu'il faille entendre ici par « en puissance » le

1. Voici le texte qui confirme ce point : « [Parmi ces noms homonymes que nous avons à notre disposition pour désigner le Premier], certains autres désignent [d'abord pour nous] telle perfection spécifique à l'exclusion de telle [autre] espèce. Parmi ces perfections spécifiques, telle existe dans la substance du Premier sous le plus excellent des modes [d'existence] dont l'espèce en question est susceptible en elle-même, exhaussée [qu'elle a été] (*allatī yakūnu 'alay-hā dhālika l-naw'u wa-marfū'an*), dans l'imagination notionnelle (*al-wahm*), jusqu'au plus élevé des degrés de perfection lui revenant, au point qu'il ne reste plus [en elle] le moindre aspect de déficience sous quelque rapport que ce soit ; tel est le cas, par exemple, [des espèces] "science", "intellect" et "sagesse" » (*RP*, p. 51, 13-52, 1). À noter que le vocabulaire évoque clairement la notion néoplatonicienne de « projection ». Sur ce thème, voir A. de Libera, *La querelle des universaux*, Paris, Seuil, 1996, p. 109. D'autre part, ce qui est affirmé ici du Premier vaut également dans le cas de l'Intellect agent, mais à un moindre degré. Enfin, on notera que ce mode de subsistance *in divinis* de certaines espèces de perfection n'empêche pas Farabi de dire que le Premier ne partage *absolument* aucun « contenu idéel », *ma'nā*, avec les réalités postérieures (*FM* § 37, p. 53 et mes remarques, *FEA*, *op. cit.*, p. 71 *sq.*), ce qui n'est pas vrai de l'Intellect agent (voir aussi Texte 9). Si donc le Premier ne partage aucun « contenu idéel » avec les réalités postérieures, cela veut dire que « science », « intellect » et « sagesse » ne sont que les *moyens* par lesquels *nous* parvenons en quelque façon à nous élever jusqu'à lui par la pensée. Elles ont donc une certaine pertinence, mais seulement *pour nous* et, en réalité, ne disent rien de ce qu'est l'essence du Premier. Celui-ci n'est donc un intellect qu'en un sens relatif, celui qui vaut pour nous.

2. Farabi ne l'entend manifestement pas comme Alexandre, *De intellectu*, p. 108, 19-22 Bruns, cité et commenté par G. Guyomarc'h, « Le visage du divin : la forme pure selon Alexandre d'Aphrodise », art. cit., p. 336.

3. Cette remarque montre, me semble-t-il, que l'aporie qu'examine Farabi lui est inspirée par un commentaire sur le *De anima* ou un autre traité d'Aristote.

> fait que ressortirait à la puissance de l'Intellect agent de recevoir ces formes, de sorte que celles-ci lui adviendraient à l'avenir; [par là] nous entendrons plutôt qu'il y a pour lui une puissance [active] qui consiste à les déposer dans la matière en tant que formes et c'est là la puissance qu'il a d'agir en autrui. Ainsi donc, il est celui qui les dépose en tant que formes dans les matières, puis veille au mieux (*yataḥarrā*) à les rapprocher petit à petit de l'état de séparation, jusqu'à ce qu'advienne l'intellect acquis (*DI*, p. 30, 3-31, 4).

C'est d'un même geste, si l'on peut dire, que l'Intellect agent « donne » et « rapproche de lui » les formes en question. Causalité efficiente et finale se traduisent par un même acte. Quand, donc, dans notre Texte 4, Farabi, interprétant le *Peri noû* d'Alexandre, disait que l'Intellect agent donne aux corps les formes vers lesquelles ils se meuvent, cela signifiait qu'il ordonne ces corps à l'état de séparation atteint dans et grâce à l'intellect « acquis ». Ce qui veut dire aussi que l'Intellect agent « donne » au sens où il imprime aux phénomènes une dynamique téléologique dont le point final est ce que sont les formes qui reposent en lui indivisiblement, ce qu'il fait, d'après notre Texte 9, par le biais de l'advenue de l'intellect acquis : « il dépose les formes » ou des « semblances de formes » signifie qu'il assigne aux composés hylémorphiques une finalité et d'un même geste active cette finalité jusqu'à ce qu'apparaisse un philosophe accompli pour les penser et atteindre cette fin, la fin de toute chose naturelle étant donc d'être pensée par l'homme, ce que signifie dans le Texte 8 la formule « les étants dont [l'Intellect agent] vise l'existenciation en première intention eu égard à nous, ce sont les formes en question ». Si c'est en première intention eu égard à nous que ces formes sont amenées à l'être, la formule ne peut concerner en effet que les formes intelligibles en acte, identiques à l'intellect en acte. C'est donc en seconde intention en vue des étants naturels qu'elles sont amenées à l'être, en tant que ces formes en acte et identiques à l'intellect en acte sont causes formelles et finales des étants naturels.

Je note en passant que cela signifie clairement que la philosophie est tout aussi éternelle que le monde, car à défaut d'un homme actuellement conjoint à l'Intellect agent, c'est-à-dire parvenu grâce à la connaissance philosophique à l'état de l'intellect acquis, le monde serait privé de toute fin actuellement réalisée et s'effondrerait[1]. Ce processus est proprement providentiel pour Farabi, puisque c'est lui qui maintient le lien entre formes matérielles ou phénomènes et intelligibles séparés ou noumènes, et assure ainsi la relative consistance des premiers[2]. Ce processus est donc inséparablement noétique et ontologique.

Dès là, on voit bien en quoi consiste le processus par lequel, partant des formes *in re*, ou, plus précisément, des « semblances » des formes séparées que l'Intellect agent a « données » à la matière, l'intellect humain, en s'actualisant

1. *Livre de la dialectique*, p. 70, 11-12 Fakry : « En toutes choses, est *bāṭil* ("en vain") ce qui existe et n'est pas attaché à la fin en vue de laquelle il existe. » Voir *FEA*, *op. cit.*, p. 130 et n. 8.

2. *Phd'Ar*, p. 68, 7-9, cité n. 2, p. 212.

progressivement à mesure qu'il s'assimile la connaissance, renvoie comme un miroir ces « semblances » vers leurs archétypes indivis et substantiels qui reposent dans l'Intellect agent, jusqu'à ce que la distance impliquée dans la notion de ressemblance soit abolie : « L'Intellect agent est de l'espèce de l'intellect acquis (*wa-l-'aql al-fa''āl huwa min naw'i l-'aql al-mustafād*) et les formes des étants séparés qui sont au-dessus de celui-ci (*fawqa-hu*) sont en celui-là (*fī-hi*) de toujours et à jamais (*lam tazal wa-lā tazālu*) » (*DI*, p. 2, 9) [1].

La notion de « semblance » se trouve-t-elle ailleurs que dans *DI* avec ce même sens et cette même fonction de moyen terme entre les intelligibles séparées et les intelligibles *post rem* ? À en juger par *RP*, p. 51, 13-52, 1 [2], il le semble, puisque Farabi soutient qu'il y a quelque chose du Premier dans ce que l'intellect ou sa capacité d'abstraction notionnelle (*wahm*) saisit de plus parfait dans les réalités qui lui sont accessibles [3]. Cela dit, c'est un autre terme, présent également dans *RP* (p. 37, 4-38, 9), qui confirme ce point : dans ce traité, Farabi parle non plus de l'intellection des *formes*, qui sont toujours données dans une matière, mais de l'intellection de leurs empreintes, *rusūm*. Que ce soit dans *DI*, timidement, avec le terme *shabīh* ou dans *RP*, plus résolument, avec le terme *rusūm*, Farabi semble vouloir éviter, comme je l'ai dit, que l'objet de l'intellect en acte soit considéré comme une forme. Admettre que l'intellect intellige directement une « forme » voudrait dire en effet que, dans le cas des intelligibles des sciences théorétiques, l'intellect en acte et ce qu'il pense sont d'emblée identiques. Or, cela reviendrait à réduire cette identification à un simple phénomène conceptuel et discursif, au niveau de l'intellect en acte, quand Farabi conçoit manifestement ce principe aristotélicien au niveau seulement de l'intellect « acquis ». Ce n'est en effet qu'au niveau de l'intellect acquis qu'il y a pour lui identification entre ce que pensent l'intellect humain et l'Intellect agent; et cette identification est considérée comme un processus ontologique et non seulement conceptuel. D'où il suit que l'identification qui a lieu au niveau conceptuel ne peut avoir pour objet l'intelligible tel qu'il existe

1. J. Jolivet (« Étapes dans l'histoire de l'intellect agent », art. cit., p. 172) traduit la phrase ainsi : « l'intellect agent est de même sorte que l'intellect acquis, et [...] les formes des êtres séparés qui sont au-dessus de lui sont en lui de toujours et à jamais », en comprenant que « au-dessus de lui » et « en lui » renvoient également à l'Intellect agent. Cependant, la suite du texte semble mal s'accommoder de cette traduction : « au reste (*illā anna*), leur existence en lui [*fī-hi*, *sc.* l'Intellect agent] est selon un ordre (*'alā tartīb*) autre que l'ordre selon lequel elles sont dans l'intellect [humain] qui est en acte » (p. 27, 9-10). La restriction exprimée par *illā anna* et la suite du texte montrent qu'il était déjà question dans la première partie de cette phrase de la présence des formes dans l'Intellect agent *et* dans l'intellect acquis. Que l'intellect humain intellige « *les* choses qui lui sont supérieures par l'échelon », c'est-à-dire l'Intellect agent *et* les Causes secondes *et* le Premier, est affirmé au détour d'une phrase en *RP*, p. 42, 5-6.

2. Cité *supra*, n. 1, p. 231.

3. *RP*, p. 50, 13-51, 2 : « De nombreux noms homonymes désignent la substance du Premier et son être qui, lorsqu'ils désignent autre chose, désignent uniquement la similitude (*shibh*) avec l'Être Premier qui, dans cette chose, se donne à voir à la faculté de représentation, que cette similitude soit grande ou bien infime. »

dans l'Intellect agent, mais seulement un moyen terme, une similitude de l'intelligible tel que l'Intellect agent le pense. Par conséquent, s'il y a bien une identification entre l'intellect *en acte* et ce qu'il pense, elle ne peut être elle-même qu'une semblance ou une quasi-identification, c'est-à-dire un degré de séparation inférieur à la séparation complète synonyme d'intellect « acquis ». En bref, l'introduction d'un moyen terme, outre qu'elle reflète la doctrine néoplatonicienne des idées archétypales et font beaucoup penser au modèle attribué par A. de Libera à Syrianus [1], prévient l'identification immédiate de l'intellect et de son objet au niveau seulement conceptuel de l'universel abstrait.

On relèvera d'autre part qu'à toutes les formulations de *DI* qui montrent que Farabi ne s'était pas encore pleinement détaché de la formulation aristotélico-alexandrinienne d'une identification de l'intellect avec son objet théorétique, que ce soit d'ailleurs au degré de l'intellect en acte *ou* de l'intellect acquis – à ces formulations, donc, se substitue dans les traités postérieurs un vocabulaire exprimant une distance supplémentaire même au degré de l'intellect acquis. Ainsi, l'affirmation de *DI* selon laquelle Intellect agent et intellect acquis sont de *même* espèce est par exemple nuancée dès *Phd'Ar* par la formulation suivante (*DI*, 127, 18-20) : « En somme, il a maintenant été montré clairement que ce qui est en puissance ne peut être éduit à l'acte sinon par un agent [qui est par l'espèce] *proche* de l'espèce de la chose qui passe en acte / *illā 'an fā'ilin qarībin min naw'i l-shay' alladhī yaḥṣulu bi-l-fi'l* ». Ce texte montre d'autant plus clairement que Farabi se démarque d'Aristote qu'il est une allusion transparente à *DA*, III, 5, 430a10-14 et plus encore à *Génération et corruption* I, 7, 323b29-33 où Aristote avance qu'agir et pâtir s'appliquent à des contraires au sein d'un *même* genre de réalités. C'est bien à l'action d'une cause séparée sur une réalité qui ne l'est pas encore que s'applique la phrase de Farabi : la différence de statut ontologique entre le patient et l'agent implique, selon lui, qu'il y a dans ce cas non pas identité, mais proximité générique ou spécifique entre les deux contraires – ce qui, encore une fois, signifie que le patient, sous l'action de l'agent, ne devient pas identique en acte avec celui-ci, mais s'en approche au plus près. Ce point de doctrine est comme martelé par Farabi dans *Phd'Ar* p. 128, en part., l. 7 : *qarīban fī jawhari-hi min jawhari hādhā l-'aql* [*sc.* l'Intellect agent] ; l. 14 : *aqṣā mā yumkinu-hu fī l-qurb min-hu* ; l. 15 : *huwa* [*sc.* l'Intellect agent] *al-kamāl alladhī li-ajli qurbi-hi min jawhari-hi kāna yas'ā;* l. 16-17 : *al-kamāl alladhī li-ajli l-qurb min-hu kāna yas'ā.* L'insistance avec laquelle Farabi se répète est très remarquable. Il s'agit de circonscrire parfaitement le sens de l'affirmation qui vient ensuite, aux l. 18-19 : « et l'homme est alors conjoint à lui [*sc.* l'Intellect agent] selon un certain mode de conjonction, en ce qu'il se trouve l'avoir intelligé ». Cette page de *Phd'Ar* montre sans ambiguïté que la notion de « conjonction » ne signifie

1. A. de Libera, *La querelle des universaux*, Paris, Seuil, 1996, p. 105-108.

aucunement une union, mais seulement une proximité ontologique ou substantielle : *qarīban fī jawhari-hi* et *li-ajli qurbi-hi min jawhari-hi*.

De même, dans *RP* (p. 55, 7), l'Intellect agent est dit libérer l'intellect de la matière « en sorte que l'intellect accède vis-à-vis de Lui au rang *le plus proche* », *fa-yaṣīra fī aqrabi martabatin ilay-hu*. S'il y a identification entre l'objet de pensée de l'intellect acquis et celui de l'Intellect agent et s'il y a bien, par là, substantification de la « disposition » qu'était tout d'abord l'intellect humain, il n'y a pas pour autant identification des deux intellects qui restent hypostatiquement distincts. C'est pourquoi il est dit dans *CV* (244, 16) que l'âme de l'homme accompli est « *comme* unie (*ka-l-muttaḥida*) à l'Intellect agent ».

Si la félicité consiste en ceci :

> que l'âme de l'homme atteint un point tel de perfection ontologique qu'elle n'a plus besoin d'une matière pour subsister [cf. *RP*, p. 32, 8-9 ; *DI*, p. 31, 11-32, 1] – ce qui consiste à être admise dans (*taṣīra fī*) le tout des entités affranchies des corps et le tout des substances séparées des matières et à demeurer perpétuellement et toujours dans cet état –, il n'en reste pas moins que son rang est inférieur au rang de l'Intellect agent (*CV*, p. 204, 15-206, 3).

Ces différents textes confirment par ailleurs ce que nous avons vu précédemment, à savoir que l'actualité, dans l'intellect, est sujette à une large variation d'intensité, partant de l'intellection actuelle, qui représente la connaissance conceptuelle et discursive des formes abstraites ou *post rem*, jusqu'à l'intellection « acquise », qui représente la connaissance substantielle et salvifique des intelligibles immatériels. À chaque degré – intellect en acte et intellect acquis – correspondent en fait deux types d'intelligibles représentant différents degrés d'actualité. À l'intellect en acte correspond : 1) les formes abstraites des matières qui, une fois qu'elles sont toutes intelligées ou la plupart (*DI*, p. 21, 7-22, 1) donnent lieu à : 2) un retour de l'intellect en acte sur ces formes (*DI*, 19, 10) qui deviennent siennes et immatérielles, de sorte qu'il les intellige en tant que son essence même, à partir de lui-même et non plus à partir de la matière où elles avaient l'être en premier lieu (*DI*, p. 18, 11-19, 1 et l. 5-20, 3). L'intellection en question porte alors sur tous les intelligibles à la fois (18, 9-10). Cet « intellect second », comme l'appelle Farabi (p. 21, 1 : *'aqlan thāniyyan*)[1], est identique à l'intellect acquis (p. 20, 1-3) ou, du moins, au premier des deux degrés de l'intellect acquis, qui intellige donc : 1') l'intellect en acte en tant que totalité des intelligibles *immatériels* et en acte se rapportant au monde sensible[2] ; puis, par ce fait même (p. 21, 8-9), 2') les intelligibles qui

1. Le texte du *DI* doit ici être considérablement amendé. Voir les notes de ma traduction à paraître.

2. Il serait éclairant de comparer (i') avec *Livre des lettres* p. 64, 17-19, où il est question d'« intelligibles seconds » qui sont : intelligibles sans reposer sur les sensibles, n'en sont pas abstraits, ne se rapportent à rien d'extérieur à l'âme (*laysat... ma'qūlāt ashyā' khārija l-nafs, loc. cit.*) et qui préexistent à la connaissance des sensibles : « S'il existe déjà des intelligibles qui n'adviennent pas dans l'âme à partir des sensibles, cela ne nous est pas évident d'emblée [à nous,

n'ont jamais été dans une matière sont intelligés à leur tour. Ce (2') correspond à l'intellection des formes de l'Intellect agent et donc à l'intellection de son essence indivise. À ce degré, qui est l'entéléchie ultime de l'âme intellective, celle-ci est devenue un étant subsistant pleinement séparée de la matière (p. 32, 4-7), qu'elle soit encore dans un corps ou non. L'Intellect agent se l'est « acquise » et elle-même est devenue *par voie d'adoption* ce que l'Intellect est par nature et ce qu'Il connaît indivisiblement de toute éternité.

L'explication philologique de *mustafād* peut, partant de là, être complétée. Comme M. Geoffroy [1] l'a montré, elle rend compte du sens farabien et de l'origine du terme « acquis » (*mustafād*) à la rencontre des divers sens de θὺραθεν (*mustafād min khārij*), de l'adjectif ἐπίκτητος (*mustafād*?) et de la notion d'ascension telle qu'on la trouve notamment dans la *Théologie* du Ps.-Aristote et, erronément, dans le *Peri noû* d'Alexandre. Pour autant, cette explication ne permet pas de voir que Farabi entend aussi le terme *mustafād* dans son sens premier en arabe : non pas « acquis de l'extérieur », *mustafād min khārij*, ou « acquis à l'homme », mais « acquis *par* l'Intellect agent », c'est-à-dire *adopté* par l'Intellect agent. On a en effet entrevu plus haut que celui-ci est le *ḥāfiẓ* ou l'agent de la manence de l'intellect humain, qui devient *maḥfūẓ*. Farabi affirme cela explicitement : « Ainsi, bien que l'essence de l'Intellect agent aussi soit

hommes] », *wa-in kānat tūjadu* [N. B. : le duratif exprimant l'antécédence] *maʿqūlāt ḥāṣila lā ʿan maḥsūsāt fa-dhālika laysa bayyinan la-nā mundhu awwali l-amr*, p. 64, 5-6. S. Menn a basé son interprétation du *Livre des lettres* sur la thèse selon laquelle « l'être comme vrai » est pour Farabi un *second-order concept*, ce qui traduirait *maʿqūl thānī* (« Al-Fārābī's *Kitāb al-ḥurūf* and His Analysis of the Sense of Being », *Arabic Sciences and Philosophy* 18, 2008, p. 81). Il ne cite aucun texte à l'appui de cette identification. Or, « l'être comme vrai » « se dit, en somme, de tout concept, de toute représentation qui est dans l'âme et de toute chose intelligible qui est à l'extérieur de l'âme tout en étant à l'identique comme elle est dans l'âme (*wa-ʿalā kulli maʿqūlin kāna khārija l-nafs wa-huwa bi-ʿayni-hi kamā huwa fī l-nafs*) » (§ 88, p. 116, 3-6). Cela semble simplement inconciliable avec la définition des intelligibles seconds. En ne tenant aucun compte du fait qu'une grande partie de cette problématique du *Livre des lettres* vient des récits néoplatoniciens sur l'institution : a) des mots simples (*Catégories*) et b) du métalangage philosophique (= mots-concepts du *De interpretatione*), Menn s'est, je pense, mépris d'entrée de jeu. En réalité, *maʿqūl thānī* (« intelligible second ») ne désigne pas « a concept that applies to concepts » (p. 61), mais un intelligible immanent à l'âme, intermédiaire entre les intelligibles « premiers » – qui, dans le *Livre des lettres* uniquement, désignent les universels abstraits – et les intelligibles séparés (ci-dessus : (2') dont il n'y avait pas lieu de parler dans ce traité, car son sujet n'est pas la noétique. Ces « intelligibles seconds » rappellent en partie ce que Farabi appelle *ailleurs* les « intelligibles premiers », à ceci près que ce ne sont pas des notions inchoatives, mais articulées et actualisées (= formes en acte coextensives à l'essence de l'intellect). L'article contient en outre, p. 78-79 et n. 28, quelques erreurs fâcheuses de grammaire et de traduction. Quant à *maʿqūlāt maʿqūlāt* (*ibid.*, n. 28), qui ne signifie aucunement « intelligible intelligibles » : le second terme doit être athétisé, comme l'a fait M. Mahdi dans sa seconde édition, inédite, du traité (p. 3 ; voir *FEA*, *op. cit.*, n. 3 p. 265). On en vient à se demander si ce n'est pas de cette lecture fautive qu'est venue l'idée que les « intelligibles seconds » seraient des concepts de concepts (*maʿqūlāt maʿqūlāt*) entendus en un sens qui rappellerait Frege. Il est à souhaiter que les ayants droit de M. Mahdi publient très vite cette édition, qui est bien meilleure.

1. M. Geoffroy, « La tradition arabe du *Περὶ νοῦ* d'Alexandre d'Aphrodise », art. cit., p. 217.

"une", l'échelon (*rutba*) qui est le sien comprend (*taḥūzu*) en outre ce qui, du genre animal rationnel, s'est libéré et a gagné la félicité » (*RP*, p. 32, 9-10). C'est qu'il libère ce dernier de la matière et de la privation (*talkhīṣa-hu min al-mādda wa-min al-'adam*, *RP*, p. 55, 7), et de là l'« éduit vers l'être » subsistant (*ikhrāj ilā l-wujūd*), comme cela est dit dans une courte phrase (*RP*, p. 55, 10-12) dont la structure requiert des explications qui ne peuvent trouver leur place ici.

Ainsi, l'intellect acquis partage apparemment avec les universels *ante rem* un même statut ontologique, en ce qu'il repose comme eux non en lui-même, mais « à l'échelon de l'Intellect agent ». Plus précisément, si l'*essence* de l'Intellect agent « consiste en des choses indivises » [Texte 1], à savoir en l'uni-pluralité des intelligibles *ante rem* et en l'intellection de toute les hypostases noétiques supérieures, son échelon ou rang dans l'être (*rutba*) est aussi le lieu et l'agent de la subsistence des âmes libérées, même si celles-ci, d'après *CV* et *RP*, parviennent finalement à un rang dans l'être immédiatement inférieur à celui de l'Intellect agent. Même séparées et libérées de la matière, même « préservées dans l'être » [Texte 6], les âmes ne sont donc pas auto-subsistantes, mais, comme les intelligibles *ante rem*, bien que d'une autre façon, extra-essentielle si l'on peut dire, reposent dans ou à proximité d'une entité qui, elle, est auto-subsistante. En somme, elles ont part par adoption à un mode de subsistance qu'elles ne possèdent pas par nature, même en leur état d'intellects et d'intelligibles *par soi* (*RP*, p. 36, 3). Telle pourrait être une définition quelque peu précise du terme *mustafād*.

On peut se demander s'il n'y a pas derrière la notion d'échelon ou de rang (*rutba*) et derrière celle d'acquisition quelque chose de la doctrine grecque chrétienne de l'*enhypostatis* comprise au sens de Jean Damascène, car les âmes libérées sont bien, elles, des *enhypostata*, c'est-à-dire des réalités dont la substantialité est toujours d'emprunt [1].

1. Sur cette notion, voir U. Lang, « Anhypostatos–enhypostatos : Church Fathers, Protestant Orthodoxy and Karl Barth », *Journal of Theological Studies* XLIX, 1998, p. 630-657. Le sens de la notion chez Farabi est à rapprocher du sens qu'elle a chez Jean Damascène (*ca.* 675-*ca.* 750) dans ses *Dialectica*. Les *Dialectica*, qui sont la première partie de la *Source de la connaissance*, ont été connus en arabe à une date assez haute, peut-être dès le IX e siècle. *Cf.* G. Guyomarc'h, « Le visage du divin : la forme pure selon Alexandre d'Aphrodise », art. cit., p. 333 à propos de l'histoire du concept alexandrinien de ὑπόστασις.

Conclusion

Comme on l'a dit, notre connaissance de la noétique farabienne est lacunaire et ne se laisse reconstruire que partiellement sur la base des traités conservés. Les résultats auxquels il est possible de parvenir présentent toutefois cette particularité qu'ils sont tous anticipés par les formulations qu'on trouve dans le *De intellectu*. L'élément commun aux différents degrés de l'intellect pourrait se formuler ainsi : il n'y a de formes intelligibles que d'une essence intellective, ce qui vaut dans le cas de l'intellect en acte comme dans celui de l'Intellect agent. L'intellect en acte, revenant sur lui-même, intellige toutes les formes non plus en tant que formes abstraites des sensibles – ce qu'on pourrait appeler « l'intellect s'actualisant » [1] –, mais en tant que formes coextensives à son essence en acte. Ce faisant, il les pense comme étants séparées ou immatérielles et comme son être même, ce qui signifie en tant qu'étants nécessaires, et non plus en tant qu'étants possibles. L'intellection, en somme, actualise et *réalise* l'intellect en même temps qu'elle actualise et *réalise* les formes. De l'ensemble des formes *devenues* immatérielles par son actualisation, l'intellect en acte passe à l'intellection de ces *mêmes* formes telles qu'elles ont toujours été dans l'Intellect agent : indivisibles, de toujours déjà en acte et immatérielles. L'intellect en acte est alors devenu divin, « acquis », intelligible et intellect par soi, car, en s'intelligeant comme ensemble des formes de toujours déjà immatérielles, l'intellect se pense et devient immatériel en acte, de simple disposition quasi matérielle qu'il était pour commencer.

Il ne devient pas pour autant identique à l'Intellect agent. Il est tentant, ne serait-ce qu'à des fins de clarté, de supposer que c'est une fois arrivé au terme du processus décrit que Farabi s'est avisé que la portée onto-noétique de l'état atteint par l'intellect acquis, à savoir sa subsistence dans l'être, nécessitait d'en mieux distinguer l'état de l'intellect en acte en introduisant entre les formes *devenues* immatérielles et les formes *de toujours déjà* immatérielles, un terme médian, la semblance de la forme *ante rem*, faisant ainsi de l'identification « formes/intellect » au stade de l'intellect en acte un état seulement conceptuel, spéculaire et transitoire et non, comme au stade de l'intellect acquis, un état essentiel de similitude proche (*qarīb al-shibh*) ou de *quasi* identité. Si Guyomarc'h a raison de supposer que de l'acte pur du Premier moteur tel qu'Aristote le concevait, Alexandre a déplacé l'accent vers la forme pure qu'est ce Premier moteur, il semble en outre que Farabi ait parcouru ce chemin en sens inverse, en revenant vers une conception du Premier principe comme Acte substantiel, *au-delà de toute forme*. Quoi qu'il en soit, l'abandon de la problématique alexandrinienne de l'immatérialité de la forme intelligible par soi ne se solde pas, chez Farabi, par l'abandon de la causalité formelle

1. Voir p. 227.

de l'Intellect agent. Simplement, la causalité formelle, comme d'ailleurs la causalité paradigmatique, est pour ainsi dire subsumée sous la causalité finale. Et ce qui vaut pour l'Intellect agent vaut aussi pour l'intellect libéré de la matière et devenu subsistant, car les étants intelligibles/intellectifs s'inscrivent tous dans l'échelle générale au long de laquelle l'actualité, la subsistence et la causalité finale se distribuent selon l'analogie de chacun. Ainsi, le Premier est suprêmement être, subsistant et cause finale, mais l'Intellect agent et l'intellect acquis le sont aussi, bien qu'à titre second et à leur rang, de sorte que les formes naturelles qui sont dans la dépendance de la « forme des formes », c'est-à-dire de l'intellect en acte, puis acquis, n'échappent pas, mais ont part elles aussi, à leur degré, au mouvement téléologique qui conduit toute chose à l'actualité et à l'être subsistant. Causalité physique et noétique ne peuvent donc être pleinement distinguées, mais se situent pour ainsi dire dans le prolongement l'une de l'autre, sans solution de continuité.

Cette problématique, qui est proprement aristotélico-alexandrinienne, est cependant projetée sur un fond doctrinal qui, bien que tout aussi anonyme que la majeure partie des sources de Farabi, est, lui, manifestement néoplatonicien. L'image d'un fond doctrinal serait cependant trompeuse si l'on n'ajoutait tout de suite que c'est à cette source que Farabi a puisé la question qui oriente toute sa réflexion, à savoir celles des fins dernières de l'âme humaine et des moyens à mettre en œuvre pour que l'immortalisation de l'âme par la connaissance ne reste pas l'apanage des philosophes, mais soit, comme il le dit à la toute fin de *Phd'Ar*, accessible à *tout homme*.

BIBLIOGRAPHIE

AL-'ALAWĪ, J., *Ibn Bājja, Rasā'il falsafiyya*, Casablanca & Beyrouth, s.d.

ALEXANDRE D'APHRODISE, *De anima* : *De l'âme*, éd. révisée et trad. par M. Bergeron et R. Dufour, Paris, Vrin, 2008.

– *Peri noû* : *Alexandri Aphrodiensis praeter commentaria scripta minora. De anima liber cum mantissa*, éd. I. Bruns, Supplementum Aristotelicum II 1, Berlin, Reimer, 1887, p. 106-113; version arabe : *Shurūḥ 'alā Arisṭū mafqūda fī l-yūnāniyya wa-rasā'il ukhrā*, Beyrouth, Dār al-Machreq, 1972, p. 31-42.

– *Traité de la Providence*, éd., introd. et trad. de l'arabe par P. Thillet, Paris, Verdier, 2003.

ARISTOTE, *De anima*, trad. arabe, *Arisṭūṭālīs Fī l-nafs*, éd. 'Abderraḥmān Badawī, Dār al-qalam-Wikālat al-maṭbū'āt, Beyrouth/Koweit, [2]1980 ; et R. Frank, trad. fr. P. Thillet, *De l'âme*, Paris, Gallimard, 2005; trad. fr. R. Bodéüs, *De l'âme*, Paris, Flammarion, 1993.

– version arabe de la *Métaphysique*, voir Averroès.

– version arabe de l'*Éthique à Nicomaque*, voir Dunlop.

(PS.-)ARISTOTE : Badawī 'Abderraḥmān, *Aflūṭīn 'inda l-'arab. Plotinus apud Arabes. Theologia Aristotelis etfragmenta quae supersunt* (Dirāsāt Islamiyya, 20), Cairo, 1955, 1966, Kuwait, 1977.

ARNZEN R., *Aristoteles'De Anima. Eine verlorene spätantike Paraphrase in arabischer und persischer Überlieferung. Arabischer Text nebst Kommentar, quellengeschichtlichen Studien und Glossaren*, Leyden, Brill, 1998.

AVERROÈS, *Tafsīr Mā ba'd al-ṭabī'a*, éd. M. Bouyges s.j., 4 vol., Beyrouth, Dar El-Mashreq, [5]2004.

DAIBER, H., « New Manuscripts Findings from Indian Libraries », *Manuscripts of the Middle East* 1, 1986, p. 101-119.

D'ANCONA, C., « Aristoteles'*De anima*. Eine verlorene spätantike Paraphrase in arabischer und persischer Überlieferung by Rüdiger Arnzen », *Oriens* 36, 2001, p. 340-351.

DAVIDSON, H. A., *Alfarabi, Avicenna & Averroes on Intellect*, New York-Oxford, OUP, 1992.

DUNLOP, D., *The Arabic Version of the Nicomachean Ethics*, ed. by A.A. Akasoy and A. Fidora, with an Introduction and Annotated Translation by D. Dunlop, Leiden, Brill, 2005.

FARABI, *L'accession à la félicité* : *Kitāb taḥṣīl al-sa'āda* : *The Attainment of Happiness*, in *Al-Farabi, The Philosophical Works*, ed. Al Yasin, Beirut, Dar al-Manahel, 1992, p. 119-197. Voir aussi : *Taḥṣīl al-sa'āda*, Hyderabad, 1345 a.h. Trad. angl. M. Mahdi, *Alfarabi's philosophy of Plato and Aristotle*, New York, The Free Press of Glencoe, 1962, p. 13-50.

– *Buts d'Aristote dans la Métaphysique* : *Alfarabi's philosophische Abhandlungen* : *aus Leidener und Berliner Handschriften*, hrsg. von F. Dieterici, Leipzig, 1890, reprint F. Sezgin, *Islamic Philosophy*, vol. 12, Frankfurt am Main, Institute for the History of Arabic-Islamic Science, 1999.

– *Ce qui est acceptable et ce qui ne l'est pas dans l'astrologie* : *Maqālat Abī Naṣr al-Fārābī fī-mā yaṣiḥḥu wa-mā lā yaṣiḥḥu min aḥkām al-nujūm*, in *Al-Farabi, The Philosophical Works*, ed. Al Yasin, Beirut, Dar al-Manahel, 1992, p. 281-301.

– *Cité vertueuse* : *Kitāb mabādi' ārā' ahl al-madīna al-fāḍila* : *On the Perfect State*, A revised Text with Introduction, Translation, and Commentary by Richard Walzer, Oxford, Clarendon Press, 1985.

– *De intellectu* : *Risāla fī l-'aql*, Texte arabe intégral en partie inédit établi par M. Bouyges s.j., Beyrouth, Imprimerie Catholique, [2]1983.

– *Épître sur l'intellect*, introd., trad. et commentaires de P. Vallat, Paris, Les Belles Lettres, 2012.

– *Fuṣūl Muntaza'a* (*Selected Aphorisms*), ed. Fauzi M. Najjar, Beirut, Dar El-Mashreq, 1971 ; trad. anglaise : Ch. Butterworth : *Alfarabi, The Political Writings*, Ithaca/London, Cornell UP, 2001, p. 11-67.

– *Livre de la dialectique* (*K. al-ǧadal*), dans *Al-manṭiq 'inda l-Fārābī*, vol. 3, ed. R. Al-Ajam, Beyrouth, Dar El-Mashreq, 1986, p. 13-107.

– *Livre de la religion* : *Book of Religion and Related Texts*, ed. M. Mahdi, Beyrouth, Dar El-Mashreq, 1986.

– *Livre des lettres* : *Kitāb al-ḥurūf, Book of Letters*, ed. M. Mahdi, Beyrouth, Dar El-Mashreq, [2]1990.

– *Philosophie d'Aristote* : *Al-Farabi's Philosophy of Aristotle*, ed. M. Mahdi, Beyrouth, Dar Majallat Shi'r, 1961 ; trad. angl. M. Mahdi, *Alfarabi's Philosophy of Plato and Aristotle*, New York, The Free Press of Glencoe, 1962, p. 59-130. La mauvaise traduction française publiée chez Alia n'est pas faite sur l'arabe comme le prétendent ses auteurs, mais sur l'anglais.

– *Réfutation de Galien* : dans *Traités philosophiques par Al-Kindī, Al-Fārābī, Ibn Bājja, Ibn ʿAdyy*, éd. et intr. par ʿAbdurraḥmān Badawī, Beyrouth, Dar al-Andaloss, 31983, p. 38-107.

– *Régime politique* : *Kitāb al-siyāsa al-madaniyya* : *The Political Regime*, ed. Fauzi M. Najjar, Beyrouth, Dar El-Mashreq, 21993, trad. fr. P. Vallat, *Abū Naṣr al-Fārābī, Le Régime politique*, introd., trad. et commentaires de P. Vallat, Paris, Les Belles Lettres, 2012.

– *Réponses à des questions posées* : *Jawābāt li-masāʾil suʾila ʿan-hā*, in *Al-Farabi, The Philosophical Works*, ed. Al Yasin with introduction and notes, Beirut, Dar al-Manahel, 1992, p. 313-350.

FRANK, R., « Some Fragments of Ishaq's Translation of *De anima* », *Cahiers de Byrsa* 8, 1958/59), p. 231-251.

GENEQUAND, Ch., *Alexander of Aphrodisias, On the cosmos*, Leiden, Brill, 2001.

– *Ibn Bāǧǧa (Avempace), La conduite de l'isolé et deux autres épîtres*, introd., éd. critique du texte arabe, trad. et commentaire, Paris, Vrin, 2010.

GEOFFROY, M., « La tradition arabe du *Περὶ νοῦ* d'Alexandre d'Aphrodise et la théorie farabienne des quatre degrés de l'intellect », *in* C. D'Ancona et G. Serra (a cura di), *Aristotele e Alessandro di Afrodisia nella tradizione araba*, Padova, Il Poligrafo, 2002, p. 191-231.

– « Averroès sur l'Intellect comme cause agente et cause formelle, et la question de la "jonction" – I », *in* J.-B. Brenet (éd.), *Averroès et les averroïsmes juif et latin*, Actes du colloque international (Paris, 16-18 juin 2005), Turnhout, Brepols, 2007, p. 77-110.

GUTAS, D., « Philoponus and Avicenna on the Separability of the Intellect », *Greek Orthodox Theological Review* 31, 1986, p. 121-129, repris dans *Greek Philosophers in the Arabic Tradition*, Aldershot, Ashgate Variorum, 2000, chap. XI.

GUYOMARC'H, G., « Le visage du divin : la forme pure selon Alexandre d'Aphrodise », *Les études philosophiques* 86/3, 2008, p. 323-341.

HADOT, I., « Simplicius or Priscianus ? On the Author of the Commentary on Aristotle's *De anima* (CAG XI) : A Methodological Study », *Mnemosyne* 55/2, 2002, p. 159-199.

IBN ABĪ UṢAYBIʿA, *ʿUyūn al-anbāʾ fī ṭabaqāt al-aṭibbāʾ*, ed. N. Rida, Beirut, 1965, p. 603-609.

IBN AL-QIFṬI, *Taʾrīkh al-ḥukamāʾ*, auf Grund der Vorarbeiten Aug. Müller's. Herausgegeben von Julius Lippert, Leipzig, Dieterich'sche Verlagsbuchhandlung, 1903 ; rééd. F. Sezgin, *Islamic Philosophy*, vol. 2, Frankfurt am Main, Institute for the History of Arabic-Islamic Science, 1999.

JOLIVET, J., « Étapes dans l'histoire de l'intellect agent », *in* A. Hasnawi, A. Elamrani-Jamal et M. Aouad (éd.), *Perspectives arabes et médiévales sur la tradition scientifique et philosophique grecque*, Leuven/Paris, Peeters/Institut du monde arabe, 1997, p. 569-582, repris dans *Perspectives médiévales et arabes*, Paris, Vrin, 2006, p. 163-174.

LAMEER, J., *Al-Fārābī and Aristotelian Syllogistics. Greek Theory and Islamic Practice*, Leiden, Brill, 1994.

LANG, U., « Anhypostatos–enhypostatos : Church Fathers, Protestant Orthodoxy and Karl Barth », *Journal of Theological Studies* XLIX, 1998, p. 630-657.

LIBERA, A. de, *La querelle des universaux*, Paris, Seuil, 1996.

LOMBA, J., *Ibn Bāŷŷa (Avempace), Carta del Adiós [Risālat al-wadāʿ] y otros tratados filosóficos*, Edición y traducción, Madrid, Editorial Trotta, 2006.

MAGNARD, P., BOULNOIS, O., PINCHARD, B. et J.-L. SOLÈRE, *La demeure de l'être : autour d'un anonyme : étude et traduction du « Liber de causis »*, Paris, Vrin, 1990.

MENN, S., « Al-Fārābī's *Kitāb al-ḥurūf* and His Analysis of the Sense of Being », *Arabic Sciences and Philosophy* 18, 2008, p. 59-97.

OLYMPIODORE, *Commentary on the First Alcibiades of Plato*, ed. L. G. Westerink, Amsterdam, North-Holland Publishing Company, 1956.

PETERS, F., *Aristotelus Arabus, The Oriental Translations and commentaries on the Aristotelian Corpus* (Monographs on Mediterranean Antiquity II), Leiden, Brill, 1968.

RASHED, M., « Textes inédits transmis par l'Ambr. Q 74 sup. Alexandre d'Aphrodise et Olympiodore d'Alexandrie », *Revue des sciences philosophiques et historiques* 81, 1997, p. 219-238.

– « Al-Fārābī's Lost Treatise on *Changing Beings* and the Possibility of a Demonstration of the Eternity of the World », *Arabic Sciences and Philosophy* 18, 2008, p. 19-58.

– « On the Authorship of the Treatise *On the Harmonization of the Opinions of the Two Sages* Attributed to Al-Fārābī », *Arabic Sciences and Philosophy* 19, 2009, p. 43-82.

SALMAN, D. H., « The Medieval Latin Translation of Alfarabi's Works », *The New Scholasticism* 13, 1939, p. 245-261 – repris dans *Islamic Philosophy*, vol. 9 : Abū Naṣr Muḥammad b. Muḥammad al-Fārābī, *Text and Studies* III, collected and reprinted by Fuat Sezgin, Frankfurt am Main, Institute for the History of Arabic-Islamic Science at the Johann Wolfgang Goethe University, 1999, p. 321-337.

SIMPLICIUS, *In Aristotelis De anima* (Commentaria in Aristotelem Graeca, t. XI), ed. M. Hayduck, Berlin, Reimer, 1882.

– *In Aristotelis Categorias* (Commentaria in Aristotelem Graeca, t. VIII), ed. C. Kalbfleisch, Berlin, Reimer, 1907.

THÉMISTIUS, *In Aristotelis libros De anima paraphrasis* (Commentaria in Aristotelem Graeca, t. V, 5), ed. R. Heinze, Berlin, Reimer, 1889 ; version arabe : *An Arabic Translation of Themistius Commentary on Aristoteles De Anima*, ed. M.C. Lyons, Bruno Cassirer, London, 1973.

VALLAT, P., *Farabi et l'École d'Alexandrie, Des prémisses de la connaissance à la philosophie politique*, Paris, Vrin, 2004.

– « Du possible au nécessaire. La connaissance de l'universel chez Farabi », *Documenti e Studi sulla tradizione filosofica medievale* XIX, 2008, p. 89-121.

– *Ibn Bāǧǧa (Avempace), La conduite de l'isolé et deux autres épîtres*, introd., éd. critique du texte arabe, trad. et commentaire, Paris, Vrin, 2010.

– « Al-Fārābī », *in* H. Lagerlund (ed.), *Encyclopedia of Medieval Philosophy* : *Philosophy between 500 and 1500*, Dordrecht, Springer Verlag, 2011, p. 352-353.

– « Onto-noétique : l'intellect et les intellects selon Farabi », dans Abū Naṣr al-Fārābi, *Épître sur l'intellect*, introd., trad. et commentaires de P. Vallat, Paris, Les Belles Lettres, 2012, p. 65-196.

– « Le dédicataire d'un commentaire de Simplicius sur le *De anima* d'après le *Fihrist* d'Ibn al-Nadīm », *in* I. Hadot, *Le néoplatonicien Simplicius à la lumière de la recherche contemporaine*, Berlin, Academia Verlag, 2014, p. 102-129.

WAKELNIG, E., « Proclus, Arabic », *in* H. Lagerlund (ed.), *Encyclopedia of Medieval Philosophy* : *Philosophy between 500 and 1500*, Dordrecht, Springer, 2011, p. 1078-1081.

– *A Philosophy Reader from the Circle of Miskawayh*, Text, Translation and Commentary by E. Wakelnig, Cambridge, CUP, 2014.

ELVIRA WAKELNIG

ABŪ L-ḤASAN AL-ʿĀMIRĪ

Parmi les dates importantes de la vie d'Abū l-Ḥasan Muḥammad ibn Yūsuf al-ʿĀmirī, seule la date de sa mort, le 6 janvier 992 (27 Shawwāl 381) est connue. Encore n'est-elle établie que par une simple coincidence : ce même jour mourut le théologien Abū Bakr Aḥmad ibn al-Ḥusayn ibn Mihrān al-Muqrī'. Plusieurs dictionnaires biographiques consacrent une notice à ce dernier et relatent qu'il fut préservé des feux de l'enfer grâce au philosophe al-ʿĀmirī, vu que, de ces deux hommes, c'était le philosophe qui était voué à l'enfer. Il est supposé qu'al-ʿĀmirī est né vers 910 au Khorassan et qu'il y a étudié plus tard auprès d'Abū Zayd al-Balkhī (m. 934). Par l'intermédiaire de celui-ci, il est relié à al-Kindī et à sa tradition. Au cours des années 60-70 du Xe siècle, le philosophe résida un certain temps à Rayy à la cour d'Abū l-Faḍl ibn al-ʿAmīd, le vizir de l'émir buyide Rukn al-Dawla, et de son fils Abū l-Fatḥ ibn al-ʿAmīd Dhū l-Kifāyatain. Par ailleurs, il séjourna deux fois à Bagdad, où il participa aux salons culturels (*majālis*) qui y étaient organisés, comme le rapporte al-Tawḥīdī. Vers la fin de sa vie, le savant du Khorassan parcourut la région de Nishapur comme soufi itinérant, mais il fréquenta aussi le milieu de la cour à Bukhara, notamment l'entourage du vizir samanide Abū l-Ḥusayn ʿUbaydallāh ibn Aḥmad al-ʿUtbī.

Il ne semble pas qu'al-ʿĀmirī ait écrit un exposé complet sur l'intellect, comme le firent, par exemple, al-Kindī dans son *Épître sur l'intellect* (*Risāla fī l-ʿaql*) ou al-Fārābī dans son traité au même titre. Si on veut néanmoins cerner le concept de l'intellect selon notre philosophe, il faut se référer au petit nombre d'ouvrages qui nous sont parvenus de lui : il n'y en a que quatre dans la liste de vingt-deux titres que le savant du Khorassan mentionne dans son

Livre sur la vie éternelle (*Kitāb al-Amad ʿalā l-abad*)[1]. Ces quatre ouvrages sont :

- *Exposé des qualités éminentes de l'Islam* (*al-Iʿlām bi-manāqib al-islām*) ;
- *La détermination de quelques aspects de la prédestination* (*al-Taqrīr li-awjuh al-taqdīr*) ;
- *La libération des hommes du problème de la prédestination et du libre arbitre* (*Inqādh al-bashar min al-jabr wa-l-qadar*) ;
- *La vision et le visible* (*al-Ibṣār wa-l-mubṣār*).

À ceux-ci, il faut ajouter le *Livre sur la vie éternelle* et les *Chapitres sur les connaissances divines (Kitāb al-Fuṣūl fī l-maʿālim al-ilāhiyya)*, qui est une paraphrase des *Éléments de Théologie* de Proclus. La raison pour laquelle les *Chapitres sur les connaissances divines* ne figurent pas dans cette liste pourrait être due au fait qu'il s'agit de l'un de ces courts exposés, qui ne sont pas listés par titre, mais auxquels al-ʿĀmirī se réfère en disant qu'il a également écrit « de brefs exposés, des réponses à des questions multiples, des expositions de principes logiques, des commentaires sur des ouvrages de physique et des écrits persans pour des princes et des chefs politiques ».

Si on rassemble tous les passages sur l'intellect dispersés dans toute l'œuvre préservée du philosophe, on constate que la majorité se trouve dans deux ouvrages : le *Livre sur la vie éternelle* et les *Chapitres sur les connaissances divines*. Se pose alors le problème du but poursuivi par ces deux ouvrages, qui est totalement différent, raison pour laquelle l'intellect y est traité dans deux contextes bien distincts. Dans le *Livre sur la vie éternelle*, qui se propose d'exposer la condition de l'âme humaine, l'intellect est présenté comme une partie, une puissance ou une forme de l'âme humaine. Les *Chapitres sur les connaissances divines*, en revanche, étant une paraphrase de Proclus, focalisent surtout sur l'Intellect universel. Ils présentent ce dernier comme une entité transcendante qui correspond à l'hypostase de l'Intellect dans la hiérarchie plotinienne ou proclienne. Malheureusement, dans aucune des œuvres qui nous sont parvenues, al-ʿĀmirī n'éclaire la relation entre ces deux aspects de l'intellect : l'intellect dans l'âme humaine et l'Intellect universel. Il ne parle, par exemple, nulle part d'une jonction de l'un avec l'autre.

En ce qui concerne les *Chapitres sur les connaissances divines*, un autre problème se pose : étant une paraphrase des *Éléments de Théologie* de Proclus, il est très difficile de juger jusqu'à quel point les idées et le vocabulaire de cette œuvre appartiennent au savant du Khorassan. En effet, il est possible qu'il y reprenne le vocabulaire de sa source proclienne, et par conséquent qu'il y exprime des idées qui ne sont pas les siennes, d'une manière différente et en

1. V. Kaya (« *Kalām* and *Falsafa* Integrated for Divine Unity », *Studia graeco-arabica* 4, 2014, n. 82 p. 82) a récemment signalé la conservation d'un autre traité de la liste, à savoir l'*Instruction sur quelques aspects de l'interprétation des rêves* (*al-Tabṣīr li-awjuh al-taʿbīr*) dans un manuscrit de Konya, Bölge Yazma Eserler Kütüphanesi, 15 Hk 187/2.

usant d'un autre vocabulaire que s'il avait exprimé ses propres idées. On constate en effet dans plusieurs chapitres une différence entre la partie où al-ʿĀmirī donne une paraphrase du texte de Proclus et la partie finale où il formule en conclusion la doctrine avec ses propres mots.

L'ÂME HUMAINE

Sa nature constitue-t-elle une partie de l'Âme universelle ?

Al-ʿĀmirī distingue l'Âme universelle (*al-nafs al-kulliyya*), qu'il identifie avec la notion coranique de la « tablette » (*lawḥ*), de la substance de l'âme humaine. Il est possible qu'il ait traité de la nature du rapport entre ces deux entités dans un ouvrage apparemment perdu, *Les jugements prouvables concernant des questions relatives à l'âme* (*Fuṣūl al-burhāniyya li-l-mabāḥith al-nafsāniyya*). Le savant du Khorassan se réfère à cet ouvrage dans un passage de *La détermination de quelques aspects de la prédestination*[1], dans lequel il déclare très brièvement que les puissances des sept planètes sont la cause proche de la génération des puissances propres à l'âme humaine. Comme cause éloignée, il nomme la puissance qui émane de la sphère droite (*sphaera recta*) dans le monde, allusion possible à l'Âme universelle ou à son instrument, à savoir cette sphère. Cela signifierait que l'Âme universelle exerce une influence indirecte, par l'intermédiaire des planètes, sur la constitution des âmes humaines individuelles.

Est-elle créée ou éternelle ?

Alors qu'al-ʿĀmirī conçoit l'Âme universelle comme existant par création (*mawjūd bi-l-khalq*) après l'éternité et avant le temps, il distingue au sujet de l'âme humaine deux états : en tant qu'elle est générée (*min jihat takawwunihā*), elle est soumise au temps ; en tant qu'elle est perfectionnée par l'intellect (*min jihat takāmulihā bi-l-ʿaql*), elle relève de l'éternité[2]. Par la distinction de ces deux états de l'âme, le savant du Khorassan harmonise deux citations contradictoires de Platon : selon la première, l'âme n'est pas générée et elle est immortelle ; selon la seconde, elle est générée, meurt et ne subsiste pas [Texte 1]. Il se réfère à cet égard à un soi-disant commentaire d'Aristote, selon lequel la première citation exprime la génération de l'âme et sa subsistance dans l'au-delà, alors que la seconde citation mettrait l'accent sur le changement qualitatif de l'âme qui passe de l'ignorance à la connaissance et sur sa dépendance envers le Créateur.

1. Voir éd. Khalīfāt, p. 322-323.
2. Voir les *Chapitres sur les connaissances divines*, éd. Khalīfāt, p. 364 et p. 377.

Y a-t-il une différence entre le nafs et le rūḥ ?

L'interprétation de la notion « esprit » (*rūḥ*, pl. *arwāḥ*) d'après al-ʿĀmirī pose problème. Le terme est employé pour désigner l'âme sensitive (voir Texte 2, où « l'esprit sensitif [*al-rūḥ al-ḥissiyya*] » est synonyme de « l'âme sensitive [*al-nafs al-ḥissiyya*] »), mais semble également se référer à une entité intellectuelle. Dans l'*Exposé des qualités éminentes de l'islam* [Texte 3] le philosophe distingue deux sortes d'esprits : les esprits rationnels (*nuṭqī*) par lesquels on arrive au stade de l'intellect, et les esprits saints (*qudsī*) qui n'appartiennent qu'aux prophètes. Par l'intermédiaire de ceux-ci, les prophètes arrivent à un certain stade, mais malheureusement le mot suivant n'est pas lisible dans le manuscrit. Nous ignorons donc à quel stade les prophètes parviennent. Ainsi, al-ʿĀmirī semble employer le mot « esprit » (*rūḥ*) dans le sens de l'« âme » (*nafs*), mais il le fait tantôt dans le sens de l'âme sensitive, tantôt dans celui de l'âme rationnelle, en particulier lorsqu'elle a atteint le stade de sa perfection par l'intellect.

Son lien avec le corps

Le savant du Khorassan soutient de façon explicite que Dieu a créé la nature humaine comme composée de deux substances : une âme immortelle et un corps mortel [Texte 4]. Le lien entre ces deux composantes de l'homme est tel que l'âme peut aussi bien gouverner le corps [Texte 5] que le corps peut dominer l'âme. La perfection humaine réside dans le fait de se détacher complètement du corps et de se tourner vers l'intellect. Cela n'empêche que le corps ait une fonction importante pour l'âme. Le corps permet à l'âme notamment d'acquérir dans le monde corporel, d'ici-bas, des expériences à partir desquelles elle apprend à distinguer entre le bien et le mal. La connaissance intégrale du monde sensible, que l'homme peut obtenir par cette voie, est une particularité humaine qui n'est même pas accessible aux anges [1].

Les facultés de l'âme

Bien qu'al-ʿĀmirī distingue entre les facultés de l'âme végétative, animale et humaine, dans son œuvre il met l'accent surtout sur la dichotomie entre l'âme sensitive (*al-nafs al-ḥissiyya*) et l'âme rationnelle (*al-nafs al-nuṭqiyya*). L'âme sensitive est la forme (*ḥilya*) du corps naturel : elle dépend de lui dans ses actes et dans l'acquisition du savoir. L'âme rationnelle subsiste par elle-même et elle peut se trouver dans un corps orné par l'âme sensitive. Les deux âmes sont capables de l'action (*fiʿl*) et de la connaissance (*ʿirfān*), mais ces actes sont différents pour chaque âme. L'âme sensitive réalise son acte par le désir, alors que l'acte de l'âme rationnelle résulte du choix du meilleur après une réflexion

1. Voir le *Livre sur la vie éternelle*, éd. Rowson, p. 142 où les anges sont dits incapables de comprendre les notions viles.

sincère. L'âme sensitive connaît les choses par les cinq sens ou par l'imagination, tandis que la connaissance de l'âme rationnelle résulte d'une déduction des intelligibles principiels et premiers par la réflexion correcte. En outre, l'âme rationnelle recherche le savoir uniquement par amour du savoir. Pour ses actes et pour l'acquisition de son savoir, elle a besoin de l'aide de l'intellect [1].

Les facultés de l'âme sensitive sont : la faculté de la perception sensorielle (*quwwat al-iḥsās*), la faculté du désir (*quwwat al-tashawwuq*), la faculté du mouvement volontaire (*quwwat al-taḥarruk bi-l-ikhtiyār*) et la faculté de la représentation par l'imagination (*quwwat al-takhayyul bi-l-wahm*). La faculté imaginative (*al-quwwa al-mutakhayyila*) est considérée comme un lien entre l'âme sensitive (*rūḥ*) et l'âme rationnelle (*nafs*) [2].

La définition des actes et des facultés de l'âme rationnelle pose problème, vu qu'al-ʿĀmirī en présente des explications différentes. Peut-être ne faut-il pas surestimer ces différences [Textes 6-8]. Le philosophe dit que les facultés de l'âme rationnelle sont unies d'une telle manière qu'on ne peut définir une faculté que par l'autre [Texte 6]. Mais il dit encore plus explicitement que la faculté intelligeante (*al-quwwa al-ʿāqila*) est la forme de l'âme rationnelle [Texte 7]. Toutefois [Texte 8], ce n'est pas la faculté de l'intellect (*quwwat al-ʿaql*), mais la faculté du discernement (*quwwat al-ra'y*) qui est présentée comme celle qui choisit le meilleur. Cette faculté « de choisir le meilleur » est considérée par al-ʿĀmirī comme la plus noble, dont le degré ultime est de l'ordre de la prophétie. Le savant du Khorassan veut probablement indiquer de cette façon que l'intellect ne suffit pas pour arriver au monde supérieur. L'aide de Dieu, c'est-à-dire de la religion, est requise pour cela.

La faculté rationnelle

La relation âme/intellect

Le lecteur des œuvres d'al-ʿĀmirī a, en somme, l'impression que le philosophe ne fait pas une distinction nette entre l'intellect et l'âme de l'homme, mais que son emploi du vocabulaire est déterminé par le contexte. Ceci est manifeste, par exemple, si on compare un passage des *Chapitres sur les connaissances divines* et un passage du *Livre sur la vie éternelle* [Texte 9] : le savant du Khorassan dit presque la même chose dans les deux passages, mais dans les *Chapitres sur les connaissances divines*, qui traitent surtout des entités métaphysiques, il parle de l'intellect humain. Dans le *Livre sur la vie éternelle*, dont l'objet est l'immortalité humaine, il présente en particulier l'âme humaine et son opposition au corps. Dans les *Chapitres sur les connaissances divines*, c'est l'intellect humain qui est disposé de sorte à recevoir la connaissance et la

1. Voir *ibid.*, chap. V, p. 88-94.
2. Voir *ibid.*, p. 120.

sagesse et qui détourne le corps de ses désirs ; dans le *Livre sur la vie éternelle*, en revanche, c'est l'âme. Les deux textes excluent la possibilité que le corps soit le lieu (*maḥall*) de la connaissance ou des formes intellectuelles. Mais les *Chapitres sur les connaissances divines* présentent l'intellect comme étant ce lieu, alors que pour le *Livre sur la vie éternelle* c'est l'âme rationnelle. Dans les deux passages, la preuve est fondée sur la présence de la connaissance en ce lieu, mais l'argumentation est différente : dans les *Chapitres sur les connaissances divines*, al-ʿĀmirī dit que l'intellect est capable de produire des connaissances nouvelles en pensant les premiers intelligibles, tandis que le corps n'est pas capable de produire des accidents nouveaux par des accidents qui sont présents en lui. Dans le *Livre sur la vie éternelle*, il soutient que le corps ne peut pas être le lieu des formes intellectuelles, parce que sa connaissance est toujours particulière et non universelle, et qu'il est changeant et non éternel.

Un peu plus bas, mais toujours dans le même chapitre des *Chapitres sur les connaissances divines*, le savant du Khorassan dit que l'âme de l'homme est composée de l'intellect humain et de la vie [Texte 10]. La vie est définie comme quelque chose qui est jointe à l'intellect. Il est très probable que la source de cette conception soit la triade proclusienne « être-vie-intellect ». Il est également remarquable que le philosophe qualifie l'âme de lieu des vertus éternelles, alors que, plus haut dans le même chapitre [Texte 9], il a qualifié l'intellect de lieu de la connaissance et de la sagesse.

Dans le *Livre sur la vie éternelle* [Texte 11], dont le thème principal est l'âme humaine, nous lisons au sujet de la relation entre l'intellect et l'âme qu'il y a un intellect inné (*al-ʿaql al-gharīzī*) [1] dont la relation avec l'âme est comme la relation entre la faculté visuelle et l'œil. C'est cet intellect qui acquiert les connaissances vraies et pas la sensation corporelle. L'intellect inné est présenté comme une preuve divine, à savoir une preuve de l'existence de Dieu, parce que par son intellect l'homme est capable de prouver que son créateur existe. Ce motif est bien connu de la tradition islamique et revient dans les écrits sur la prédestination et le libre arbitre d'al-ʿĀmirī [2]. Dans *La détermination de quelques aspects de la prédestination*, il ajoute explicitement que l'intellect est créé dans l'âme (*ījād al-ʿaql fī l-nafs*) [3]. Il en résulte, à notre avis, que l'intellect peut vraiment être compris comme ce qui est inné dans l'âme.

Un autre passage dans le même ouvrage [Texte 12] reprend la comparaison de la relation entre l'intellect et l'âme avec la relation entre la faculté visuelle et l'œil. Cette comparaison est bien connue dans la tradition grecque aussi bien

1. Rowson (*A Muslim Philospher*, p. 267) a proposé comme source grecque de la notion « inné » *emphytos* et *symphytos* chez Thémistius dont le commentaire sur le *De anima* était traduit en arabe (voir l'édition de M. C. Lyons, *An Arabic Translation of Themistius'Commentary on Aristoteles'* De Anima, Oxford, Cassirer, 1973, le glossaire *s.v.*).

2. Voir éd. Khalīfāt, p. 265.17 et p. 304.16.

3. Voir *ibid.*, p. 307.10.

que dans la tradition arabe. Nous y lisons par ailleurs que l'essence de l'intellect est une forme de l'âme.

Les différents degrés d'actualisation de l'intellect humain

Le passage dans lequel le savant du Khorassan se rapproche le plus d'une description des degrés d'actualisation de l'intellect humain comme on la trouve chez al-Kindī ou al-Fārābī se lit dans les *Chapitres sur les connaissances divines* [Texte 13]. Ce passage vient à la suite d'un exposé sur les différentes espèces de formes, c'est-à-dire des formes matérielles qui comprennent les formes artificielles (*ṣanāʿī*) et naturelles (*ṭabīʿī*), et des formes immatérielles, qui sont divines (*ilāhī*). Puis, al-ʿĀmirī pose la question s'il existe une forme capable de passer de l'état des formes matérielles à l'état des formes divines. La réponse qu'il propose – et il souligne qu'il s'agit d'une réponse personnelle – est que l'intellect humain est capable de devenir une forme immatérielle, après avoir été une forme matérielle. Malheureusement, le philosophe n'explique pas ce progrès en détail, il dit seulement qu'il y a une élévation graduelle par la connaissance de son Créateur, c'est-à-dire la connaissance de Dieu. En tout cas, selon le savant du Khorassan il n'y a que deux degrés : l'intellect sous une forme matérielle et l'intellect sous une forme immatérielle. Mais il n'indique pas le sens de ces expressions. Nous ne savons pas ce qu'est la forme matérielle de l'intellect humain. Est-ce que cela signifie que l'intellect à ce stade dépend des formes matérielles pour comprendre et indiquer ses propres formes, c'est-à-dire les formes intellectuelles ? Il est moins probable qu'al-ʿĀmirī ait voulu exprimer par la notion « l'intellect sous une forme matérielle » que l'intellect a besoin du corps humain. Il nie une telle dépendance de façon explicite à l'égard de l'âme rationnelle ; dès lors, il est invraisemblable qu'il admette cette possibilité à l'égard de l'intellect qui est supérieur à l'âme rationnelle. L'extrême degré que l'intellect humain est capable d'atteindre est la forme immatérielle et divine. Ainsi, il se rapproche de l'Intellect universel que le philosophe définit comme une forme pure, comme nous le verrons ci-dessous [Texte 15].

L'INTELLECT AGENT

La nature de l'intellect agent

Dans *La détermination de quelques aspects de la prédestination* [Texte 14], al-ʿĀmirī donne quelques exemples de formes divines : l'esprit sanctifié, l'âme rationnelle et l'intellect agent. Cette liste pose plus de problèmes qu'elle n'en résout, mais je tiens à la mentionner puisqu'il s'agit de l'unique occurrence de l'intellect agent (*al-ʿaql al-faʿʿāl*) chez le savant du Khorassan. Malgré cette mention, rien n'est connu du rôle que l'intellect agent joue dans sa noétique. Cet esprit sanctifié (*al-rūḥ al-muqaddas*) est terminologiquement différencié des esprits saints (*qudsī*) qui sont semblables aux âmes des prophètes [voir *supra* Texte 3]. Quant à l'âme rationnelle (*al-nafs al-nāṭiqa*), nous pouvons supposer qu'elle devient, selon le philosophe, une forme immatérielle et divine quand elle arrive à son stade de perfection. De la même manière, l'intellect humain devient immatériel [Texte 13].

Dans tous les autres passages, al-ʿĀmirī parle de l'Intellect universel qui, dans son système, doit avoir une position similaire à celle de l'intellect agent chez d'autres philosophes, tels al-Fārābī et Ibn Sīnā.

Selon le savant du Khorassan, l'Intellect universel est le premier créé, mais sa relation avec les formes universelles et leur position dans la hiérarchie des êtres est moins claire. Dans le Texte 15, nous lisons que Dieu verse sur la substance de l'Intellect universel, des formes intellectuelles. Ce texte soutient l'interprétation de la supériorité des formes universelles qui – si elle est correcte – correspond à la doctrine proclusienne selon laquelle les formes existent par elles-mêmes (αὐθυπόστατα) de façon intelligible (νοητῶς), mais dans l'Intellect elles sont de façon intellectuelle (νοερῶς). Une autre interprétation s'impose en lisant dans les *Chapitres sur les connaissances divines* la preuve suivante de l'incorporalité de l'Intellect [Texte 16] : les formes intellectuelles ne sont pas temporelles, mais éternelles. Alors, l'Intellect reçoit ces formes et dès lors il n'est pas possible qu'il soit encore un corps soumis au temps. Al-ʿĀmirī en explique la raison : il est impossible que l'effet ou l'action de quelque chose soit plus noble que son essence. En prenant cet argument au sérieux, il faut l'interpréter ainsi : les formes sont l'effet ou l'action de l'Intellect et ces formes étant éternelles, l'essence de l'Intellect doit être éternelle elle aussi. Si nous tentons d'accorder cet argument avec la supériorité des formes universelles, il est ici possible de dire que le philosophe parle des formes telles qu'elles se trouvent dans l'Intellect, c'est-à-dire de façon intellectuelle, et non des formes telles qu'elles sont par elles-mêmes, c'est-à-dire de façon intelligible. Mais une telle interprétation rend la preuve de l'incorporalité de l'Intellect sans valeur, puisque les formes dans l'Intellect ne seraient éternelles que si leur créateur, l'Intellect lui-même, était éternel. Cela aurait pour conséquence que les formes sont éternelles parce que l'Intellect est éternel et non inversement.

Le mode d'action de l'intellect agent

Parallèlement aux propositions 167 et 168 des *Éléments de Théologie* de Proclus, le chapitre 13 des *Chapitres sur les connaissances divines* traite de l'intellect en acte (*al-ʿaql bi-l-fiʿl*) [Texte 17].

La différence la plus frappante entre le texte d'al-ʿĀmirī et les autres textes du Proclus arabe est que le savant du Khorassan emploie le participe « établissant » (*mustathbit*) pour exprimer l'acte de l'intellect par lequel celui-ci perçoit les formes. En outre, le philosophe n'emploie pas le mot « formes » (*ṣuwar*), mais il parle des « réalités intellectuelles » (*al-maʿānī al-ʿaqliyya*). Cet emploi se trouve fréquemment dans les écrits al-ʿĀmirī et il ne semble pas qu'il admette une différence de sens entre les deux mots. En intelligeant ces formes, l'intellect intellige en même temps l'acte de son intellection et par cela, il s'intellige lui-même en réalisant cet acte. Ainsi, il se reflète sur lui-même.

Dès lors, pour l'intellect en acte, la réflexion sur soi-même est aussi importante que l'intellection des formes.

La supériorité des formes se démontre ici par la précision du fait que l'intellect n'intellige pas les formes telles qu'elles sont en elles-mêmes, à savoir supérieures à lui, mais conformément à sa propre nature, c'est-à-dire de façon intellectuelle.

Un élément très intéressant que nous pouvons relever dans quelques passages des *Chapitres sur les connaissances divines*[1] est qu'al-ʿĀmirī assigne à la puissance divine la fonction d'aider l'intellect pendant son intellection. Cela signifie que l'intellect ne peut pas atteindre sa connaissance des choses par lui-même, mais qu'il a besoin de l'aide de Dieu.

La théorie de la connaissance intellectuelle

Dans une longue citation introduite par « Abū l-Ḥasan al-ʿĀmirī a dit » dans une collection philosophique qui est probablement un écrit provenant du cercle du philosophe contemporain Miskawayh [Texte 18], le savant du Khorassan présente trois façons différentes pour connaître les choses vraies. Les matières célestes sont connues par l'intellect, mais uniquement avec l'aide supérieure et donc divine. La connaissance des choses intellectuelles est atteinte par des preuves obtenues par déduction. Une troisième espèce de connaissance est constituée par la répétition des expériences, comme la physiognomonie, l'interprétation des rêves (l'oniromancie) et du vol des oiseaux (l'ornithomancie) et d'autres choses semblables.

Une autre énumération de la connaissance humaine se trouve dans *La vision et le visible* [Texte 19]. Le philosophe y distingue les types de connaissance en fonction du moyen par lequel ils sont atteints. Ces moyens sont : les cinq sens, l'âme rationnelle, l'intellect parfait et l'esprit sanctifié. Malheureusement, al-ʿĀmirī ne nous donne pas une explication détaillée. Il nous renvoie à ses autres ouvrages, qui ne nous sont pas parvenus. Seule nous est conservée la discussion des sens dans *La vision et le visible.* Concernant notre sujet, il aurait été précieux de disposer en particulier de son commentaire des *Seconds Analytiques* d'Aristote (*Tafsīr li-Kitāb al-Burhān*), puisqu'il affirme lui-même y avoir traité de la compréhension intellectuelle.

1. Voir, par exemple, éd. Khalīfāt, p. 367.5-7.

Noétique et cosmologie

Structure du monde intelligible

Dans le deuxième des *Chapitres sur les connaissances divines*, al-ʿĀmirī présente une hiérarchie des êtres[1]. Chaque degré de l'être est créé d'une manière différente, ce qui se manifeste par l'emploi de notions différentes pour exprimer les créations de ces êtres. Dieu n'est pas du tout créé, mais il est le créateur de toutes les autres choses et il existe par sa propre essence (*mawjūd bi-l-dhāt*). Le deuxième degré de la hiérarchie des êtres existe par la création à partir du néant (*mawjūd bi-l-ibdāʿ*) : il s'agit de l'Intellect universel (*al-ʿaql al-kullī*) et des formes universelles (*al-ṣuwar al-kulliyya*). Les autres degrés d'êtres sont : ceux qui existent par création (*mawjūd bi-l-khalq*) : l'Âme universelle et la sphère des sphères ; ceux qui existent par soumission (*mawjūd bi-l-taskhīr*) : les sphères célestes et les corps célestes ; et ceux qui existent par génération (*mawjūd bi-l-tawlīd*) : les êtres dans le monde sublunaire.

La différence la plus importante entre cette hiérarchie présentée dans le deuxième des *Chapitres sur les connaissances divines* et la hiérarchie plotinienne est l'absence chez le savant du Khorassan de la Nature, c'est-à-dire de la Nature universelle. Toutefois, il y a une définition de la Nature universelle dans *La détermination de quelques aspects de la prédestination* selon laquelle elle se situerait au niveau des sphères célestes[2] : elle y est en effet décrite comme une puissance qui émane dans le bas monde à partir de la sphère inclinée. Cette dernière désigne très probablement la sphère du soleil, parce que la chaleur qui se diffuse à partir du soleil est décrite comme le premier instrument de la Nature universelle.

L'identification des entités cosmiques avec les concepts coraniques

Al-ʿĀmirī introduit cette hiérarchie néoplatonicienne de l'être dans l'univers conceptuel du Coran : il désigne, en effet, les différents degrés ontologiques également par des termes coraniques. Ainsi, il identifie l'Intellect universel au « calame » (*qalam*), les formes universelles au « commandement » (*amr*), l'Âme universelle à la « tablette » (*lawḥ*), la *sphaera recta* au « trône » (*ʿarsh*) et les sphères du zodiaque et des fixes au « marche-pied » (*kursī*) [Texte 20 ; *cf.* Texte 15]. Malheureusement, le philosophe n'explique pas davantage le sens de ces identifications, mais il est manifeste que son intention était d'illustrer l'accord parfait entre la philosophie et la religion.

1. Voir éd. Khalīfāt, p. 364.
2. Voir *ibid.*, p. 322.

La prophétie

Les deux ouvrages dans lesquels le savant du Khorassan dit avoir traité de la prophétie et de l'inspiration divine, à savoir *Le livre qui conduit à la droite croyance* (*al-Irshād li-taṣḥīḥ al-iʿtiqād*) et *La piété intellectuelle et la mystique confessionnelle* (*al-Nask al-ʿaqlī wa-l-taṣawwuf al-millī*), sont aujourd'hui considérés comme perdus [Texte 19]. Ainsi n'est-il pas possible d'exposer la théorie de la prophétie selon al-ʿĀmirī. Il semble y avoir accordé un rôle particulier à « la faculté qui choisit la meilleure chose possible » [Texte 8]. Par ailleurs, quelques dits du philosophe concernant la nature de la science transmise par la prophétie ont été conservés [Texte 21]. Il s'agit des connaissances religieuses (*al-ʿulūm al-milliyya*) : *ḥadīth*, *kalām* et *fiqh*. Pour cette raison, chaque prophète est un philosophe ou un sage (*ḥakīm*), mais chaque philosophe n'est pas un prophète.

L'eschatologie

Il en va de même pour ce qui concerne l'eschatologie. L'ouvrage dans lequel al-ʿĀmirī se proposait de traiter la question nous manque, à savoir son commentaire sur le *De l'âme* d'Aristote (*Sharḥ Kitāb al-Nafs li-Arisṭāṭālīs*). Le savant du Khorassan voulait y exposer la nature de l'âme et surtout son destin après la mort, comme il le dit lui-même dans *La vision et le visible*[1]. Toutefois, nous ne pouvons établir avec certitude s'il a mené à bien ce projet et si le commentaire en question a réellement été écrit. Nous pouvons en tout cas supposer que le philosophe y aurait abordé la question de l'âme et de sa subsistance selon une approche purement philosophique et non en fonction des doctrines religieuses existantes, comme il le fait dans le *Livre sur la vie éternelle*.

Une indication de la manière dont al-ʿĀmirī concoit l'eschatologie est fournie par le Texte 13, déjà cité, selon lequel l'intellect humain peut se transformer d'une substance matérielle en une substance immatérielle, presque divine, qui dépend de son Créateur et devient ainsi incorruptible.

1. Voir éd. Khalīfāt, p. 414.

APPENDICE

Textes

Texte 1

De même, [Platon] a soutenu, dans son livre nommé d'après Phédon, la thèse selon laquelle la substance de l'âme n'est pas engendrée et ne meurt pas. En revanche, dans le livre *Timée*, il a dit qu'elle est engendrée, mortelle et non permanente. Aristote s'est chargé d'expliquer ce que [Platon] a voulu exprimer par la divergence de ces deux énoncés, et a donc dit : par sa première déclaration, [Platon] a voulu dire que, lors de sa venue à l'être, [la substance de l'âme] ne passe pas graduellement de la puissance à l'acte, mais qu'elle est créée en une seule fois, et puis la mort ne lui advient pas dans la dernière demeure. Par sa seconde déclaration, il a voulu exprimer qu'elle est exposée au changement de l'ignorance à la connaissance et du vice à la vertu, et que son essence n'atteindrait pas l'éternité si Dieu ne la maintenait pas dans la permanence. [Platon] a clairement exposé cela dans le livre *Timée*, en disant que le Créateur du tout a révélé aux substances spirituelles : « Vous n'êtes pas telles que vous ne mourrez pas, mais c'est moi qui vous maintiens dans la permanence par ma puissance divine » (*K. al-Amad*, chap. IV, éd. Rowson, p. 86.4-11).

Texte 2

Ainsi, nous disons : si l'âme rationnelle est une substance qui s'enveloppe dans le corps, comme le feu s'enveloppe dans le fer incandescent, et si l'esprit sensitif est un rayonnement qui se diffuse dans le corps comme la chaleur se diffuse dans l'eau chaude, alors à plus forte raison l'âme rationnelle est apte à subsister par elle-même sans le corps tandis que l'esprit sensitif est inapte à subsister par lui-même sans le corps. [...] Ensuite, si la mort d'un être vivant est en réalité la disparition de l'esprit sensitif du corps [...] alors, à plus forte raison, le changement du corps loin de l'état naturel d'être animé, lorsque la mort lui advient, est la cause de l'extinction de l'esprit sensitif (*K. al-Amad*, chap. XIV, éd. Rowson, p. 134.15-18, 136.1-3).

Texte 3

Les esprits qui, par l'éminence de leur noblesse, sont attachés au Dieu Très-Haut, sont de deux sortes. L'une est celle des [esprits] rationnels, par lesquels l'intellect est joint. Quand l'un de ces esprits est purifié, alors sa pureté [le] protège contre tous les maux. [...] L'autre est celle des [esprits] saints, propres aux prophètes, que la bénédiction de Dieu soit sur eux. [Les prophètes] parviennent par la dignité de leur [esprit] au stade de... (*al-Iʿlām bi-manāqib al-islām*, éd. Ghurāb, p. 206).

Texte 4

La nature (*jibla*) humaine est composée, par l'acte créateur du Dieu Très-Haut, de deux substances, à savoir l'enveloppe et l'âme. L'une d'elles, à savoir l'âme, est céleste quant à son origine ; c'est pourquoi elle désire le monde supérieur, lorsqu'elle a atteint la perfection par sagesse. L'autre, à savoir l'enveloppe, est terrestre quant à son origine ; c'est pourquoi elle désire le bas monde, lorsqu'elle est troublée par la passion (*K. al-Amad*, chap. X, éd. Rowson, p. 112.9-12).

Texte 5

Ainsi, nous disons que même si l'âme rationnelle se fonde, en ce qui concerne sa nature (*jibla*), sur son union avec le corps, par un lien tellement fort, cela ne l'empêche pas de gouverner et de maîtriser [le corps], tout comme cela n'empêche pas le corps de se soumettre à elle et de lui obéir (*K. al-Amad*, chap. VIII, éd. Rowson, p. 112.17-19).

Texte 6

Il est nécessaire que nous sachions que même si la substance de l'âme est organisée par des facultés multiples, telles que la faculté de la pensée, la faculté du discernement et la faculté de l'intellect, l'organisation qu'elles lui donnent n'est pas similaire à l'organisation que la main, le pied, le cou et la tête donnent au corps ; de même qu'elle n'est pas similaire à l'organisation des parties de la terre, de l'air, de l'eau et du feu. Car chacun des corps ainsi organisés peut être séparé des autres ; et il peut même lui advenir de s'en écarter. Cela veut dire que le côté droit d'une substance corporelle est éloigné de son côté gauche et que le membre qu'est sa main est différent du membre qu'est son pied. Il n'en va pas de même pour les facultés psychiques. En effet, la substance spirituelle n'a jamais d'extension spatiale ni de parties séparées, mais elle est une unité véritable, de sorte que chacune de ses facultés peut être décrite au moyen des autres, comme la sécheresse et la chaleur dans le feu. Ainsi, la faculté de penser de l'âme rationnelle peut aussi bien être décrite comme faculté de concevoir au moyen de l'intellect ou d'exercer le discernement. Ainsi, sa faculté de discerner peut être décrite comme faculté d'avoir des pensées et de concevoir au moyen de l'intellect, et sa faculté de l'intellect comme faculté d'exercer le discernement et d'avoir des pensées (*K. al-Amad*, chap. XI, éd. Rowson, p. 118.10-19).

Texte 7

En ce qui concerne l'âme rationnelle, du fait qu'elle est spirituelle quant à son origine et qu'elle n'agit pas avec un instrument, elle n'est pas sujette à division. Même si elle possède de multiples facultés, ses diverses facultés ont néanmoins une forme unique, qui est la faculté de concevoir au moyen de l'intellect, faculté par laquelle elle est en mesure d'établir [en lui] les formes des êtres et par laquelle l'homme devient un monde en soi. Cela signifie qu'il ne mérite la qualification de « microcosme » qu'en raison de l'intellect; par ce dernier, il parvient à percevoir les essences véritables des réalités éloignées, tout comme il perçoit les essences véritables des réalités proches, soit par démonstration, ou par intuition, ou par visions véridiques (*K. al-Amad*, chap. VIII, éd. Rowson, p. 106.22-108.3).

Texte 8

L'âme rationnelle dans l'homme est responsable de trois sortes d'actions nobles. Elle exerce l'une d'elles avec la participation du corps, à savoir la manifestation du for intérieur. Elle en exerce une autre par la faculté de la pensée, à savoir la composition des prémisses afin d'en déduire des conclusions. Elle en exerce une [troisième] par la faculté du discernement, à savoir le choix de la meilleure chose possible. Par cela nous savons que, même si l'essence [de l'âme] est décrite comme une unité, elle est néanmoins multiple quant à ses facultés, et que la plus commune de ses facultés est la faculté de manifester le for intérieur, alors que la plus noble est la faculté de choisir la meilleure chose possible. Par cette [dernière] faculté, [l'âme] dirige ses parties rationnelles[1], partage sa connaissance et sa sagesse avec elles et les fait s'avancer graduellement vers la dignité de l'excellence. Son degré ultime dans l'élévation est le rang de la prophétie. Lorsqu'elle a le bonheur d'y accéder et de s'y maintenir, elle est alors appelée « esprit sanctifié » et devient prémunie contre les choses blâmables et mauvaises (*K. al-Amad*, chap. VIII, éd. Rowson, p. 104.8-16).

1. Il y a un problème textuel ici, parce que le texte édité (*mudabbira li-l-anfus al-nāṭiqa*) et la traduction de Rowson (« to govern imperfect souls ») ne sont pas en accord. Nous devrons peut-être lire « dirige les âmes irrationelles » (*mudabbira li-l-anfus al-lā-nāṭiqa*), c'est-à-dire ses parties non rationnelles.

Texte 9

(*K. al-Fuṣūl*, chap. XVIII, éd. Khalīfāt, p. 376.13-20)

Si l'intellect humain n'était pas une substance, il ne serait pas apte à recevoir la connaissance et la sagesse. Si, par ailleurs, il n'était pas tel qu'il puisse se séparer de la matière, il ne serait pas capable de lutter contre le naturel de l'enveloppe en ce qui touche à l'excellence vertueuse, puis d'éloigner [cette enveloppe] de sa passion et de la détourner de l'objet de son désir. Il n'est pas possible que le lieu de la connaissance et de la sagesse soit l'enveloppe humaine, ni une partie de cette dernière, comme par exemple le cœur. Car le cœur corporel n'a pas la force d'engendrer, à partir des accidents qui existent en lui, d'autres accidents du même genre, de sorte qu'il pourrait les recevoir en son essence de façon permanente jusqu'à l'infini. Or, il fait partie de la nature de l'intellect d'engendrer les connaissances et les sentences morales à partir des premières choses connues et de les recevoir en permanence.

(*K. al-Amad*, chap. X, éd. Rowson, p. 116.6-7, 112.13-14, 114.21-23, 116.11)

De même, le corps n'est pas apte à recevoir la connaissance et la sagesse, et l'âme n'est pas apte à recevoir la couleur et la chaleur.

Il est donc nécessaire que l'homme s'attache à ce qui est absolument bon, afin que l'âme soit apte, de par cela, à ce qu'elle désire, et qu'il se garde de ce qui est absolument mauvais, afin que le corps ne soit pas entraîné par [l'âme] vers ce qu'il désire. Il est par conséquent manifeste que si le lieu des formes intellectuelles était la forme extérieure du corps elle-même, alors la connaissance qui résulterait par leur truchement serait particulière et non universelle et serait une connaissance changeante et non éternelle. Donc, son lieu est l'autre substance. Or il n'existe pas dans l'homme d'autre [vraie] substance que l'âme rationnelle. [...]

Donc, le lieu des intelligibles est l'âme rationnelle.

Texte 10

Si la nature de l'intellect humain est telle, alors l'âme de l'homme est composée de [l'intellect] et de ce qui lui est joint, c'est-à-dire la vie, grâce à laquelle l'âme est capable de s'exercer à la modération. Il est donc nécessaire que l'âme, par l'intermédiaire de l'intellect, subsiste de toute éternité, avant tout si elle est un lieu pour les vertus éternelles (*K. al-Fuṣūl*, chap. XVIII, éd. Khalīfāt, p. 376.24-377.1).

Texte 11

Les connaissances véritables, c'est-à-dire celles qui sont éternelles en certitude – comme notre conviction que des choses égales à une autre chose sont [aussi] égales l'une à l'autre, et que le tout est plus grand que sa partie –, ne peuvent être établies par la sensation corporelle, qui est sujette à l'erreur et à l'inadvertance, mais elles ne sont acquises que par l'intellect inné, qui est une preuve divine et qui occupe par rapport à l'âme la même position que la faculté visuelle par rapport à l'œil corporel (*K. al-Amad*, chap. VI, éd. Rowson, p. 94.12-15).

Texte 12

Ainsi nous disons que lorsque le Créateur a créé le monde inférieur d'une façon qui montre la profondeur de sa sagesse et la perfection de son art, et lorsqu'il a placé dans le monde ce qu'il y a en lui de réalités sensibles comme autant d'exemples renvoyant aux réalités intellectuelles dans le monde supérieur, il a alors voulu l'orner de l'intellect, qui est le témoin indubitable de son art et qui est formé par sa sagesse. Puis, sachant que l'essence de l'intellect est une forme de l'âme et qu'elle occupe par rapport à elle la même position que la faculté visuelle par rapport à l'œil, l'enveloppe humaine a été élue pour y loger l'âme (*K. al-Amad*, chap. XV, éd. Rowson, p. 140.7-11).

Texte 13

Il est nécessaire que nous considérions les substances matérielles, c'est-à-dire les formes qui existent dans la matière. Y a-t-il dans leur totalité quelque chose dont la nature serait l'élévation graduelle vers une perfection à laquelle cette chose cherche à adhérer pour la subsistance de son essence, à savoir son Créateur, et qu'elle puisse alors se passer, grâce à son Créateur, de la matière qui lui sert de substrat ou, au contraire, n'y a-t-il aucune forme matérielle qui possède une telle nature ?

Pour ma part, je crois que la substance de l'intellect, même si elle est, à ses débuts, humaine et possédant de la matière, quand elle atteint le sommet qui lui permet de connaître l'essence du Créateur de façon véritable, à ce moment, grâce à sa perfection, elle n'a plus besoin d'avoir une subsistance qui dépende de la matière. Elle désire alors se détacher de sa matière, puis se purifie par le fait de n'exister que par l'essence de son Créateur afin d'obtenir une puissance infinie pour ses actions et de se réjouir d'être à l'abri des événements qui surviennent – à savoir ceux qui l'empêchent de se livrer exclusivement et avec zèle à la perfection qui lui est le plus propre – et afin qu'elle ressemble par sa nature aux substances créées à partir du néant qui se distinguent des êtres naturels pour autant qu'elles ne possèdent pas deux parties dont la première serait plus noble et l'autre plus vile, mais qu'elles sont, au contraire, simples et pures. Elles sont décrites par leur divinité, laquelle n'est pas soumise à la corruption (*K. al-Fuṣūl*, chap. XVII, éd. Khalīfāt, p. 375.26-376.11).

Texte 14

Le quatrième [type de formes] sont les formes divines. Il s'agit des réalités qui sont séparées des substrats matériels, comme, par exemple, l'esprit saint, l'âme rationnelle et l'intellect agent (*K. al-Taqrīr*, éd. Khalīfāt, p. 312.12-13).

Texte 15

La compréhension de tous les existants est l'une des propriétés de Dieu. Néanmoins, il fait émaner en la substance de l'Intellect universel, c'est-à-dire « le calame », les formes intellectuelles de la façon la plus prodigue et la plus universelle qui soit. Ces dernières sont décrites au moyen du terme « commandement » (*K. al-Fuṣūl*, chap. IV, éd. Khalīfāt, p. 365.11-13).

Texte 16

L'intellect est une substance qui n'est pas divisible, parce qu'il n'est ni corps ni grandeur. [...] Il est impossible que la subsistance de l'intellect soit par le temps puisque les formes en lui, à savoir les [connaissances] intellectuelles et absolues – comme [la connaissance que] des choses égales à une autre chose sont [aussi] égales l'une à l'autre, et que le tout est plus grand que sa partie –, ne sont pas temporelles, mais qu'elles sont au-delà du temps. Cela signifie qu'elles sont toutes liées à la perpétuité, qui est l'éternité absolue. Puisque les formes intellectuelles ne sont pas temporelles, mais éternelles, il est impossible que ce qui les reçoit – en l'occurence l'intellect – soit un corps temporel. En effet, l'activité d'une chose ne peut être plus noble que son essence. [....] Il est donc une forme pure créée par l'Un Vrai (*K. al-Fuṣūl*, chap. V, éd. Khalīfāt, p. 365.23-366.17).

Texte 17

Tout intellect qui est en acte intellige son essence. Lorsqu'il intellige son essence, il sait que son essence est intellect en acte. Il sait également qu'il sait qu'il est en soi-même un intellect en acte et puis il devient en son essence, par le fait qu'il est intellect, à la fois intelligeant et intelligé. Si l'être véritable de l'intellect en acte réside dans le fait qu'il établit [pour lui-même] les réalités intellectuelles, il devient intellect en acte en tant qu'il se connaît soi-même. Il sait déjà qu'il est lui-même celui qui établit les réalités intellectuelles. Les réalités intellectuelles deviennent également connues de lui, si ce n'est qu'il les connaît en tant qu'elles sont intelligées et non en tant que ce qu'elles sont en leur essence ou qu'elles sont perceptibles (*K. al-Fuṣūl*, chap. XIII, éd. Khalīfāt, p. 372.22-373.3).

Texte 18

L'on ne peut atteindre l'une des choses réellement connaissables que de trois façons : la première façon est celle des matières célestes ; la deuxième, celle des preuves obtenues par déduction et la troisième, celle des expériences répétées. Quant à ce qui est atteint par les voies des matières célestes, il en va ainsi pour ce que l'on croit au sujet de la première et de la seconde création, de la qualité de la récompense et du châtiment, des sortes d'actes de dévotion et des principes des arts : ce sont des notions que l'intellect ne peut percevoir que par un soutien supérieur. Quant à ce qui est atteint par les voies des preuves obtenues par déduction, il en va ainsi pour la connaissance du Créateur Tout-puissant, la connaissance de l'apparition des corps du monde, la connaissance de la nécessité de la rétribution, la connaissance de la substantialité de l'âme et des autres réalités tombant dans les catégories des connaissances intellectuelles. Quant à ce qui est atteint par la répétition des expériences, il en va ainsi pour la physiognomonie, l'oniromancie, l'ornithomancie, les prévisions sur la base de présages et autres pratiques qui sont devenues répandues parmi les peuples et dont l'usage s'est accru, pratiques dans lesquelles les causes ne sont pas connues et les raisons qui les requièrent ne sont pas sues (*Philosophy Reader*, ed. Wakelnig, p. 326.8-18).

Texte 19

Quant aux meilleurs des savants, ils lient la compréhension à quatre espèces. La première est l'espèce corporelle, celle que connaît la masse du peuple et à laquelle participent de nombreux animaux. La deuxième est la considération que les intellects bien constitués possèdent une connaissance vraie des réalités universelles ; par cette espèce de compréhension, les parfaits parmi les êtres créés se distinguent du reste des créatures qu'ils surpassent. La troisième est la considération que les esprits sanctifiés ont de la nature de ce qui procède des substances spirituelles ; l'homme règne par ce rang élevé, lorsqu'il a été informé de la prophétie. La quatrième est la considération que les âmes rationnelles obtiennent par l'éminence de leurs facultés imaginatives, soit pendant le sommeil, soit à l'état de veille, parfois naturellement, parfois par l'art. Selon les savants, la compréhension se divise en ces quatre espèces. Son espèce intellectuelle a déjà été expliquée auparavant, à la fin de ce que nous avons exposé dans notre commentaire des *Seconds Analytiques*. L'espèce sainte a également fait l'objet d'une explication antérieure lors de l'exposé concernant les prophéties du *Livre qui conduit à la droite croyance*. L'espèce imaginative a déjà été expliquée dans le quatrième chapitre de notre livre sur *La piété intellectuelle et la mystique confessionnelle*. Il ne reste donc que l'espèce sensitive (*al-Ibṣār wa-l-mubṣar*, éd. Khalīfāt, p. 413.3-16).

Texte 20

Chez les philosophes le calame est exprimé par le terme « Intellect universel », le commandement est exprimé par « formes universelles », la tablette est exprimée par « Âme universelle », le trône est exprimé par le terme « sphère droite » et « sphère des sphères » (*K. al-Fuṣūl*, chap. II, éd. Khalīfāt, p. 364.10-12).

Texte 21

La connaissance est divisée en deux parties, l'une d'elles est religieuse, atteinte par la révélation et enseignée par les prophètes. L'autre est savante, déduite par le jugement de l'intellect et son enseignement est donné par les savants. Chaque prophète est un savant, mais chaque savant n'est pas un prophète. Les connaissances religieuses sont divisées en trois parties, l'une d'elles est obtenue par les efforts de la sensation et c'est l'art du *ḥadīth* ; la deuxième est obtenue par les efforts de l'intellect et c'est l'art du *kalām* ; et la troisième est obtenue par les efforts conjoints des deux ensemble, et c'est l'art du *fiqh*. La philologie est un de leurs instruments et une aide pour les atteindre. Les connaissances savantes sont divisées en trois parties, l'une d'elles est la science des sensibles, et c'est l'art des philosophes de la nature ; la deuxième est la science des intelligibles, et c'est l'art des métaphysiciens ; et la troisième est la science entre les deux, et c'est l'art des mathématiciens. La science de la logique est un de leurs instruments (*Philosophy Reader*, éd. Wakelnig, p. 324.14-326.3).

Glossaire

L'âme humaine

al-nafs : l'âme

al-rūḥ : l'esprit
al-rūḥ al-ḥissiyya : l'esprit sensitif : T. 2 [= *al-nafs al-ḥissiyya* : l'âme sensitive : *K.al-Amad*, chap. 5]

al-ʿaql al-insī : l'intellect humain : T. 9, 10

al-ḥayāh : la vie : T. 10

al-rūḥ al-nuṭqiyya : l'esprit rationnel : T. 3
al-qudsī : l'esprit saint : T. 3
al-rūḥ al-muqaddas(a) : l'esprit sanctifié : T. 8, 14, 19

al-nafs al-kulliyya : l'âme universelle : T. 20

Son lien avec le corps

ʿālam ṣaghīr : le microcosme : T. 7
al-jawhar al-insī : la substance humaine : *K. al-Fuṣūl*, chap. 1
al-jibilla al-insiyya : la nature humaine : T. 4

al-badan : le corps : T. 2, 5, 6, 8, 9b

al-qālib : l'enveloppe : T. 4, 9, 12

al-irtibāṭ al-qawwī : le lien fort : T. 5
mutaḥallī : [le corps] orné [par l'âme sensitive] : *K. al-Amad*, chap. 5.8

al-jawhar al-rūḥānī : la substance spirituelle : T. 6, 19

al-sinkh : l'origine : T. 4, 7

al-jawhariyya : la substantialité : T. 18, *K. al-Fuṣūl*, chap. 1
al-jismaniyya : la corporalité : *K. al-Fuṣūl*, chap. 1
al-ḥayawaniyya : l'animalité : *K. al-Fuṣūl*, chap. 1
al-nāṭiqiyya : la rationalité : *K. al-Fuṣūl*, chap. 1

Les facultés de l'âme

al-nafs al-ḥissiyya : l'âme sensitive : *K. al-Amad*, chap. 5
al-nafs al-nuṭqiyya ou *al-nāṭiqa* : l'âme rationnelle : T. 2, 5, 6, 7, 8, 9b, 14, 19

al-quwā al-ṭabīʿiyya : les puissances naturelles : *K. al-Fuṣūl*, chap. 14
al-quwwa al-mughadhdhiyya : la faculté nutritive : *K. al-Fuṣūl*, chap. 14
al-quwwa al-munammiya : la faculté qui fait croître : *K. al-Fuṣūl*, chap. 14
al-quwwa al-muwallida li-l-mithl : la faculté de la reproduction : *K. al-Fuṣūl*, chap. 14
al-quwā al-ḥayawāniyya : les puissances animales : *K. al-Fuṣūl*, chap. 14

Les facultés de l'âme sensitive

al-nafs al-ḥissiyya : l'âme sensitive : voir « Y a-t-il une différence entre le *nafs* et le *rūḥ ?* »

al-quwwa al-ḥassāsa : la faculté sensitive : *K. al-Fuṣūl*, chap. 14
al-quwwa al-mutakhayyila : la faculté imaginative : T. 19, *K. al-Fuṣūl*, chap. 14
al-quwwa al-mutakallifa li-l-riyāḍa : la faculté de l'entraînement corporel : *K. al-Fuṣūl*, chap. 14
quwwat al-iḥsās : la faculté de la perception par les cinq sens : *K. al-Amad*, chap. 11.5
quwwat al-tashawwuq : la faculté du désir : *K. al-Amad*, chap. 11.5
quwwat al-taḥarruk bi-l-ikhtiyār : la faculté du mouvement volontaire : *K. al-Amad*, chap. 11.5
quwwat al-takhayyul bi-l-wahm : la faculté de la représentation par l'imagination : *K. al-Amad*, chap. 11.5

Les facultés de l'âme rationnelle

al-quwwa al-ʿāqila : la faculté de concevoir au moyen de l'intellect : T. 7
quwwat al-ʿaql / al-quwwa al-ʿaqliyya : la faculté de l'intellect : T. 6
quwwat al-fikr : la faculté de la pensée : T. 6, 8
al-quwwa al-fikriyya : la faculté de penser : T. 6

quwwat al-ra'y : la faculté du discernement [qui choisit le meilleur] : T. 6, 8
al-quwwa al-ra'yiyya : la faculté de discerner : T. 6

al-ʿaql gharīzī : l'intellect inné : T. 11
al-ʿaql bi-l-fiʿl : l'intellect en acte : T. 17

Théorie de la connaissance

al-ṣuwār al-māddiyya : les formes matérielles : T. 13
al-ṣuwār al-ʿaqliyya : les formes intellectuelles : T. 9, 15, 16
al-ṣuwār al-ilāhiyya : les formes divines : T. 14

al-maʿqūlāt : les intelligibles : T. 9

al-ʿulūm al-ʿaqliyya : les connaissances intellectuelles : T. 18
al-ʿulūm al-ḥaqīqiyya : les connaissances véritables : T. 11

al-maʿlūmāt al-awwaliyya : les premières choses connues : T. 9
al-maʿlūmāt al-ḥaqīqiyya : les choses réellement connaissables : T. 18
al-mawādd al-samāwiyya : les matières célestes : T. 18
al-maʿānī al-ḥissiyya : les réalités sensibles : T. 12
al-maʿānī al-ʿaqliyya : les réalités intellectuelles : T. 12, 17
al-maʿānī al-kulliyya : les réalités universelles : T. 19

kullī : universel : T. 9b, 15

juz'ī : particulier : T. 9

al-dhāt : l'essence : T. 1, 8, 9a, 17
al-istithbāt, mustathbit : établir : T. 7, 17
al-dalīl (*al-istinbāṭī*) : démonstration ; obtenir des preuves par déduction : T. 7, 18
al-firāsa : l'intuition ; la physiognomonie : T. 7, 18
al-ru'ya : la vision, la considération : T. 7, 20

takrār al-tajārib : la répétition des expériences : T. 18
ta'yīd ʿuluwī : le soutien supérieur : T. 18

al-baṣar : la compréhension : T. 19
al-yaqīn : la certitude : T. 11

ʿāqil / maʿqūl : intelligeant/intelligé : T. 17

Cosmogonie et rapport au monde sublunaire

al-wāḥid al-ḥaqq : le Un Vrai : T. 16
al-bāri' : le créateur : T. 12
al-mūjid : le créateur : T. 13

al-ʿaql al-kullī : l'Intellect universel : T. 15, 20
al-qalam : le calame : T. 15, 20

al-ṣuwar al-kullīya : les formes universelles : T. 20
al-amr : le commandement : T. 15, 20
al-nafs al-kulliyya : l'Âme universelle : T. 20
al-lawḥ : la tablette : T. 20
al-falak al-mustaqīm : la sphère droite : T. 20
al-ʿarsh : le trône : T. 20
al-ʿālam al-suflī : le monde inférieur : T. 12
al-ʿālam al-ʿulūwī : le monde supérieur : T. 12

Eschatologie

al-bad' wa-l-iʿāda : la première et la seconde création : T. 18
al-jazā' : la rétribution : T. 18
al-thawāb : la récompense : T. 18
al-ʿuqāb : le châtiment : T. 18

Bibliographie

Textes

Rasā'il Abī l-Ḥasan al-ʿĀmirī wa-shadharātuhū al-falsafiyya, éd. et commentaire par Saḥbān Khalīfāt, ʿAmmān, al-jāmiʿa, al-umdoniyya, 1988, contenant 1) *Inqādh al-bashar min al-jabr wa-l-qadar*, p. 249-271 ; 2) *al-Taqrīr li-awjuh al-taqdīr*, p. 303-341 ; 3) *Kitāb al-Fuṣūl fī l-maʿālim al-ilāhiyya*, p. 363-379 ; 4) *al-Ibṣār wa-l-mubṣar*, p. 411-437.

Abū l-Ḥasan al-ʿĀmirī, *Arbaʿ Rasā'il falsafiyya*, éd. Saʿīd al-Ghānimī, Tūnis/Bayrūt, [2]2015, contenant 1) *Inqādh al-bashar min al-jabr wa-l-qadar* (en deux versions), p. 59-90 et p. 269-312 ; 2) *al-Taqrīr li-awjuh al-taqdīr*, p. 93-145 ; 3. *Kitāb al-Amad ʿalā l-abad*, p. 149-266.

Al-ʿĀmirī, *Kitāb al-Amad ʿalā l-abad*, éd., trad. angl. et commentaire par E. K. Rowson, *A Muslim Philosopher on the Soul and its Fate* : *al-ʿĀmirī's Kitāb al-Amad ʿalā l-abad*, New Haven (Connecticut), American Oriental Society, 1988.

– *Kitāb al-Fuṣūl fī l-maʿālim al-ilāhiyya*, texte, trad. all. et commentaire E. Wakelnig, *Feder, Tafel, Mensch* : *Al-ʿĀmirīs Kitāb al-Fuṣūl fī l-Maʿālim al-ilāhīya und die arabische Proklos-Rezeption im 10. Jh.*, Leiden/Boston, Brill, 2006.

– *Kitāb al-Iʿlām bi-manāqib al-islām*, éd. Aḥmad ʿAbd al-Ḥamīd Ghurāb, Le Caire, 1387/1967.

Wakelnig, E., *A Philosophy Reader from the Circle of Miskawayh*, éd. et trad. angl., Cambridge, CUP, 2014, contenant un long fragment au nom d'al-ʿĀmirī, p. 322-338.

Études

ARKOUN, M., « Logocentrisme et vérité religieuse dans la pensée islamique d'après *al-Iʿlām bi-manāqib al-Islām* d'al-ʿĀmirī », *Studia Islamica* 35, 1972, p. 5-51 (= M. ARKOUN, *Essais sur la pensée islamique*, Paris, Maisonneuve et Larose, 1973, p. 185-231).

BIESTERFELDT, H. H., « Abū l-Ḥasan al-ʿĀmirī und die Wissenschaften », *Zeitschrift der Deutschen Morgenländischen Gesellschaft, Supplement* III, 1, Wiesbaden, Harrassowitz, 1977, p. 335-341.

D'ANCONA, C., « The Topic of the "Harmony between Plato and Aristotle" : Some Examples in Early Arabic Philosophy », *in* A. Speer, L. Wegener (Hrsg.), *Wissen über Grenzen. Arabisches Wissen und lateinisches Mittelalter*, Berlin-New York, De Gruyter, 2006, p. 379-405.

DE SMET, D., « Une classification ismaélienne des sciences. L'apport d'Abū Yaʿqūb al-Sijistānī à la "tradition d'al-Kindī" et ses liens avec Abū 'l-Ḥasan al-ʿĀmirī », *in* A. Akasoy, W. Raven (eds.), *Islamic Thought in the Middle Ages : Studies in Text, Transmission and Translation, in Honour of Hans Daiber*, Leiden/Boston, Brill, 2008, p. 77-90.

HECK, P. L., « The Crisis of Knowledge in Islam (I) : The Case of al-ʿĀmirī », *Philosophy East & West* 56/1, 2006, p. 106-135.

– *Skepticism in Classical Islam. Moments of Confusion*, London-New York, Routledge, 2014, p. 86-107.

KAYA, M. C., « A New Source for al-ʿĀmirī Studies : al-Majālis al-sab' bayna al-Shaykh wa al-ʿĀmirī », *Nazariyat. Journal for the History of Islamic Philosophy and Sciences* 1/2, May 2015, p. 1-34.

ROWSON, E. K., « An Unpublished Work by al-ʿĀmirī and the Date of the Arabic *De Causis* », *Journal of the American Oriental Society* 104, 1984, p. 193-199.

– « Al-ʿĀmirī », *in* S. Hossein Nasr, O. Leaman (eds.), *History of Islamic Philosophy I*, London, Routledge, 1996, p. 216-221.

WAKELNIG, E., « Al-ʿĀmirī's Paraphrase of the Proclean *Elements of Theology*. A Search for Possible Sources and Parallel Texts », *in* C. D'Ancona (ed.), *The Libraries of the Neoplatonists*, Leiden, Brill, 2007, p. 457-469.

– « Metaphysics in al-ʿĀmirī. The Hierarchy of Being and the Concept of Creation », *Medioevo* 32, 2007, p. 39-59.

– « al-ʿĀmirī », *in* H. Lagerlund (ed.), *Encyclopedia of Medieval Philosophy. Philosophy between 500 and 1500*, Heidelberg, Springer, 2011, p. 73-75.

– « Proclus in Aristotelian Disguise. Notes on the Arabic Transmission of Proclus' *Elements of Theology* », in A. Musco *et al.*, *Universalità della ragione. XII Congresso Internazionale di Filosofia Medievale de la SIEPM Palermo* 17-22 settembre 2007, vol. III Communicazioni Orientalia, Officina di Studi Medievali, Palermo, Officina di studi medievali, 2012, p. 165-176.

– « Abū l-Ḥasan al-ʿĀmirī », *in* U. Rudolph (Hrsg.), *Philosophie in der islamischen Welt. Band I : 8.-10. Jahrhundert*, Basel, Schwabe, 2012, p. 174-185.

MERYEM SEBTI

AVICENNE

Avicenne a conçu un système philosophique dans lequel la noétique et la théorie de la connaissance occupent une place centrale. La métaphysique est la science qui donne à connaître l'ordonnancement du monde à partir de sa cause première, Dieu, seul être nécessaire par soi ; tout autre être que lui étant possible par soi et nécessaire par lui. Dieu intellige de toute éternité l'ensemble des formes intelligibles et ces formes sont aussi l'objet de l'intellection des dix intellects qui constituent le cosmos. Le dixième intellect étant l'intellect agent duquel procèdent par émanation les formes substantielles qui actualisent la matière et les formes intelligibles qui sont l'objet d'intellection de l'intellect de l'homme. Celui-ci est un être constitué de deux substances radicalement hétérogènes : un corps matériel et une âme immatérielle et incorruptible. Cette âme est destinée à survivre éternellement au corps en devenant à son tour un pur intellect qui intellige l'ensemble des formes intelligibles. Ainsi, la théorie de la connaissance et en particulier la noétique revêtent chez Avicenne un statut singulier. C'est par la connaissance intellectuelle que l'homme parvient à la béatitude. Le salut ne peut s'entendre hors de cet effort qui consiste à se tourner vers le monde intelligible en se détournant du corps et du sensible. Avicenne a cependant accordé à la connaissance sensible une fonction propédeutique non négligeable. Il a consacré de très longs développements au processus de connaissance sensible, notamment au cinq sens internes que sont le sens commun, la puissance formative, l'imagination composante, l'estimative et la puissance remémorative.

Malgré l'importance accordée aux modalités de la perception sensible, la pensée intellective est un acte par lequel l'homme se tourne vers l'origine de son être afin de recevoir les formes intelligibles. C'est par cet acte même que s'amorce le mouvement de retour vers l'origine de son être.

L'ÂME HUMAINE

Sa structure ontologique, sa relation au corps

Pour Avicenne, l'âme humaine ne préexiste pas au corps. Elle commence d'être lorsqu'une mixtion corporelle, sous l'influence des mouvements célestes, atteint le plus haut degré d'équilibre rendant possible sa réception. Cette âme est conçue comme une substance immatérielle et occupe un statut ontologique et noétique particulier au sein du cosmos. Elle se distingue, d'une part, des intellects séparés qui exercent une activité exclusivement théorétique et, d'autre part, des âmes des sphères célestes qui n'ont pas d'activité théorétique, mais sont douées d'imagination en raison de leur lien à un corps céleste. Cette bipolarité de l'âme humaine est substantielle, comme l'indique la métaphore des deux faces de l'âme utilisée par Avicenne [*cf.* Textes 1 et 2].

Pour Avicenne, l'âme humaine est substantiellement portée à gouverner le corps. Il s'agit là d'une thèse importante de sa doctrine de l'âme qui ne prend sa pleine signification qu'à la lumière de ses principes noétiques. L'intellect est en effet conçu comme une puissance de l'âme qui ne passe à l'acte que grâce à l'influx noétique d'un intellect séparé, l'intellect agent. Dès lors, établir une identité entre l'âme et l'intellect conduirait à concevoir l'âme comme une entité en puissance, dont l'actualisation dépendrait d'un principe en acte. Or, l'âme humaine existe en tant que substance spirituelle et autonome alors même qu'elle n'a encore intelligé en acte aucune forme intelligible. De plus, son aptitude à gouverner le corps auquel elle est attachée lui appartient en propre, au même titre que sa puissance d'intelliger.

La relation de l'âme et du corps est donc complexe puisque, d'une part, l'âme lui est substantiellement attachée, mais que, d'autre part, il n'existe pas d'union véritable entre eux. L'âme, quoique substantiellement attachée à un corps, demeure séparée de lui quant à son essence. La relation qui lie l'âme au corps est une relation utilitaire. Le corps est décrit comme un outil [1] utilisé par l'âme pour atteindre sa propre perfection, qui est une perfection purement intellectuelle [Texte 3].

L'attachement de l'âme au corps ne se fait pas à travers toutes les puissances du corps, mais à travers un premier organe qui remplit la fonction du premier instrument de l'âme; cet organe, c'est le cœur. Les puissances animales circulent de cet organe dans le corps à travers un corps subtil (*jism laṭīf*), le pneuma (*al-rūḥ*) [2].

1. Il est aussi qualifié de « monture » (*dābba*), qu'il faut savoir abandonner une fois le but du voyage atteint, *Traité de l'âme du Shifā'*, V, 3, p. 198.

2. Pour le *pneuma* chez Aristote, cf. *Génération des animaux*, II, 3, 736 b 30.

Les puissances de l'âme

Selon Avicenne, l'âme rationnelle est une substance spirituelle et immatérielle de l'essence de laquelle procèdent les puissances végétatives, sensitives et intellectives, qui en sont distinctes [Texte 4]. Cette doctrine constitue un infléchissement radical de la doctrine hylémorphique d'Aristote qui établit que l'âme et le corps forment une unité en acte par leur union indissociable concrètement.

Chaque être vivant n'a qu'une forme substantielle par laquelle il est ce qu'il est. Dans l'organisme vivant, la forme du mixte est remplacée par le principe de la vie végétative, qui conserve toutes les déterminations produites par la forme disparue. La forme plus imparfaite est virtuellement contenue dans la forme plus parfaite et tout ce que peut la première, la seconde le peut également.

L'âme végétale et l'âme animale sont des substances, parce que ce sont les formes respectives d'un corps qu'elles actualisent, alors que l'essence de l'âme humaine est substance par soi, tandis que les puissances végétatives, sensitives et intellectives procèdent d'elle et en sont distinctes.

Pour Avicenne, un être n'est constitué en acte que par une seule forme; tout ce qui s'ajoute à ce composé est de l'ordre de l'accident. Cette thèse le conduit à affirmer, contre la tripartition platonicienne de l'âme, que c'est par le même principe, l'âme humaine, de laquelle procèdent par émanation ses différentes puissances opératives, que l'homme vit, se meut et pense (*Traité de l'âme du Shifā'*, V, 7, p. 221-225).

La faculté rationnelle

Les différents degrés de l'intellect théorique

Examinons à présent comment l'intellect humain réalise progressivement sa perfection. Avicenne distingue plusieurs degrés dans l'intellect théorique. C'est une réflexion sur la nature de la potentialité qui lui permet dans le *Traité de l'âme du Shifā'* de circonscrire les divers degrés que comprend l'intellect théorique [Texte 5]. Ces degrés sont déterminés en fonction de la réceptivité de l'intellect à l'égard des formes intelligibles. C'est l'exemple de l'enfant qui apprend à écrire qu'Avicenne utilise pour illustrer la potentialité propre à l'intellect humain.

Il distingue d'abord la potentialité propre à l'enfant qui est doté de la capacité d'apprendre à écrire, mais qui n'a pas encore commencé son apprentissage; puis celle de l'enfant ayant appris les rudiments de la calligraphie; et enfin, celle du calligraphe accompli, qui peut exercer son art dès qu'il le souhaite.

À ces trois degrés de puissance, Avicenne va faire correspondre trois degrés de l'intellect théorique [Texte 6]. Les trois premiers degrés, l'intellect matériel, l'intellect *in habitu*, l'intellect en acte correspondent aux trois degrés de potentialité que l'on trouve chez l'enfant qui apprend à écrire. À ces trois degrés,

Avicenne en ajoute un quatrième, « l'intellect acquis », qui n'est pas déterminé à partir de la potentialité comme les trois autres, mais à partir de l'actualité que lui confère un principe transcendant toujours en acte, l'intellect agent. Lorsque l'intellect humain a atteint ce degré, les formes intelligibles sont présentes en lui et il les intellige en acte, ce qui nécessite qu'il soit en jonction avec l'intellect agent, et c'est du point de vue de l'actualisation en lui des formes intelligibles qu'il est nommé « acquis ». Dans le cinquième livre du *Traité de l'âme du Shifā'*, Avicenne distingue un « intellect saint » qui est l'apanage de certains hommes seulement.

L'intellect saint n'est pas un degré supplémentaire de l'intellect adjoint aux quatre autres; il caractérise l'état de réceptivité parfaite de certains hommes doués de capacités hors du commun tels que les prophètes, qui peuvent recevoir instantanément les premiers et les seconds intelligibles sans avoir besoin de recourir comme les autres hommes à un travail de préparation [Texte 7][1]. C'est donc une disposition singulière que désigne Avicenne par « intellect saint », alors qu'« intellect acquis » caractérise non pas le degré de réceptivité de l'intellect, mais l'actualisation des formes intelligibles dans l'intellect. C'est pourquoi dans les *'Uyūn al-Ḥikma*, l'intellect acquis est déterminé comme le degré de l'intellect qui a reçu les intelligibles acquis [Texte 8].

L'intellect matériel – premier degré de l'intellect de l'homme – est une disposition de la substance de l'âme toujours présente en elle tant qu'elle est attachée à un corps [Texte 9].

L'intellect matériel, comme les autres degrés de l'intellect, ne désigne pas une entité subsistant par soi comme les intellects séparés. Il caractérise la disposition d'une substance immatérielle à recevoir les formes intelligibles [Texte 10].

L'intellect humain a donc quatre degrés. Cette classification est celle que l'on trouve dans les ouvrages de la maturité d'Avicenne, tels que le *Traité de l'âme du Shifā'*.

Le rôle de l'intellect agent dans l'activité intellective de l'âme

Avicenne tient comme principe, à la suite d'Aristote[2], que tout ce qui est en puissance ne passe à l'acte que sous l'impulsion d'un principe en acte.

L'intellect de l'homme qui est en puissance dépend donc d'un principe en acte pour s'actualiser [Texte 11]. Ce principe est l'intellect agent, l'intellect de la dixième sphère du cosmos. L'intellect de l'homme reçoit les formes intelligibles une à une en fonction de sa demande et de sa capacité; il ne lui est pas donné ici-bas d'embrasser en un seul acte l'ensemble du monde intelligible.

1. Sur l'intellect saint, voir *infra*, p. 280 et n.

2. *Métaph.* Θ, 8, 1049 b 24-25 : « À ces puissances elles-mêmes sont antérieurs selon le temps d'autres êtres en acte dont elles procèdent, car d'un être en puissance un être en acte est toujours engendré par un autre être en acte » (trad. fr. J. Tricot, Paris, Vrin, 1986, p. 508).

La dépendance à l'égard de l'intellect agent est d'autant plus forte qu'Avicenne rejette l'existence d'une mémoire intellectuelle. Chaque intellection entraîne une nouvelle jonction avec le principe séparé [Texte 12].

Cette thèse aurait pour conséquence que rien ne différencie l'ignorant du savant, puisque l'un comme l'autre doivent recevoir la forme intelligible du dehors, si l'activité intellectuelle du savant n'avait laissé aucune trace en lui. Or, l'intellect de l'homme de science n'est pas semblable à celui de l'ignorant; il a acquis l'*habitus* (*malaka*) de se joindre à l'intellect agent. D'intellect matériel, il est passé au stade d'intellect *in habitu* ou d'intellect en acte.

Tant que l'âme est attachée au corps, sa puissance d'intellection ne peut être complètement en acte. Même lorsqu'elle atteint le degré d'intellect acquis, elle n'en reste pas moins tributaire de l'intellect agent, puisque l'intellect acquis ne désigne pas un stade ultime de l'intellect humain lui-même, mais plutôt un stade auquel l'intellect humain bénéficie d'une relation étroite et singulière avec l'intellect actif transcendant. Bien que l'intellect agent soit toujours en acte contrairement à l'intellect chez l'homme et qu'il contienne de surcroît l'ensemble des formes intelligibles, alors que le second ne peut intelliger qu'une forme après l'autre tant que l'âme est attachée à un corps, il existe une parenté ontologique entre eux. L'âme rationnelle est une substance immatérielle, et sa transcendance par rapport au niveau hylémorphique est clairement affirmée, de sorte que la réception de formes provenant de l'intellect agent séparé ne pose pas problème dans la noétique avicennienne.

Pour exercer son activité propre, l'intellect humain est donc subordonné à un principe transcendant. Pour rendre raison de cette subordination, Avicenne fait appel au thème néoplatonicien de participation. L'intellect agent est un intellect en acte et cet état lui appartient à titre substantiel. L'âme humaine est, quant à elle, un intellect par participation, seule une partie d'elle-même est capable d'intelliger. Le recours au thème de la participation pour expliquer la réalisation de l'intellect humain n'est pas compatible avec la thèse qui établit que l'âme est essentiellement une substance intellective, car ce qui est reçu par participation n'appartient pas au sujet qui le reçoit par essence; il appartient à titre substantiel à la réalité dont il procède, en l'occurrence l'intellect agent. Dans un tel cadre doctrinal, l'intellect ne peut être défini comme l'essence de l'âme, il est seulement l'une de ses puissances. L'intellect en acte est comme le feu qui communique sa chaleur, la chaleur lui appartient par essence, elle est participée par ce qui la reçoit [Texte 13].

L'existence même d'une substance telle que l'âme humaine est difficile à justifier. Il y a deux sortes de substances pour Avicenne. Les substances matérielles, qui sont un mixte de matière et de forme, de puissance et d'acte; et les substances immatérielles, intelligibles par soi. On peut donc se demander ce qu'il en est de cette substance immatérielle dotée d'une disposition; cette disposition n'étant actualisée que par l'intervention d'un principe extrinsèque.

Ce sont là les caractéristiques mêmes des substances matérielles, comme Averroès[1] n'a d'ailleurs pas manqué de le relever.

Une autre doctrine importante de la noétique avicennienne accentue la dépendance de l'intellect humain à l'égard de l'intellect agent. Avicenne en effet refuse catégoriquement l'identification de l'âme aux formes intelligibles dans l'acte d'intellection [Texte 14]. Les formes intelligibles ne sont pas déposées dans l'âme rationnelle, auquel cas elles seraient intelligées en acte, puisque selon les principes de la noétique avicennienne « l'existence de la forme intelligible dans l'âme est l'appréhension même de cette forme par l'âme » (*Traité de l'âme du Shifā'*, V, 6, p. 218).

Avicenne combat ainsi deux thèses qu'il attribue à Porphyre[2]. Selon la première, il existe une identité ontologique entre le sujet et l'objet de la connaissance dans l'acte de connaître. Selon la seconde, cette identité implique celle du sujet de la connaissance et de l'intellect (séparé) en acte, ce qui conduit les partisans de cette théorie à identifier l'intellect acquis en l'homme et l'intellect agent.

Pour Avicenne, une chose ne peut en devenir une autre, car si tel était le cas, il faudrait admettre soit que la première a disparu dans cette identification, soit qu'elle demeure. Dans le premier cas, elle n'est pas devenue autre chose, mais a été anéantie et dans le second, si les deux subsistent, alors on ne peut dire qu'elle est devenue autre chose. Dans les deux cas, il rejette catégoriquement l'idée qu'une chose puisse s'identifier ontologiquement à une autre [Texte 15]. Dans le *De anima* (III, 4, 430a 4), Aristote établit l'identité de l'intellect en acte et de l'intelligible en acte dans l'acte de connaître. Dans ses *Notes au De anima* (430a 2), Avicenne affirme que la thèse qui établit l'identité de l'objet de l'intellection, de l'intellect et de l'acte d'intelliger n'est vraie que pour l'intellect agent [Texte 16].

Avicenne oppose un autre argument à cette thèse. Si l'âme rationnelle devait s'identifier à l'intellect agent, alors l'intellect agent devenant notre intellect, nous connaîtrions d'un coup l'ensemble des formes intelligibles qu'il contient. Or cette connaissance n'est pas possible pour l'homme tant qu'il est attaché à un corps ; elle est le but de son existence, elle est la félicité ultime vers laquelle il tend. Cette idée est exprimée à plusieurs reprises par Avicenne, notamment dans les *Mubāḥathāt* [Texte 17].

D'autre part, si l'intellect agent devait s'unir à un intellect individuel, il ne pourrait s'unir aux autres intellects, puisque, n'étant pas matériel, il est indivisible.

1. Ibn Rushd, *Talkhīṣ kitāb al-nafs*, éd. Ahmad Fouad El-Ahwani, Le Caire, Imprimerie Misr, 1987, p. 206-207.

2. Ibn Sīnā fait référence à Porphyre deux fois dans ses écrits ; l'une dans le *Traité de l'âme du Shifā'* (V, 6, p. 213) où il se réfère à « l'auteur de l'*Isagogè* » et dans les *Ishārāt wa-l-tanbīhāt*, partie métaphysique, *namṭ* 7, vol. 3-4, éd. Sulayman Dunyā, p. 702 où le philosophe grec « *furfūriyyūs* » est nommément cité.

Cela porte une conséquence décisive : tant que l'âme est attachée au corps, son activité est soumise à l'intermittence de la jonction avec l'intellect agent qui infuse en elle une à une les formes intelligibles. La jonction entre l'âme rationnelle et l'intellect agent n'est pas une union ontologique mais une jonction épistémique. Pour Avicenne – et il s'agit là d'un aspect primordial de sa psychologie –, l'âme est une substance existant par soi, et son existence n'est pas conditionnée par son activité. L'acte de penser n'est pas immanent, il n'est pas une véritable *energeia* du sujet, puisqu'il requiert l'intervention d'un principe séparé. La puissance de l'âme douée d'une activité intellective, l'intellect matériel, passe à l'acte sous l'effet de l'intellect agent. Par la présence en elle d'une forme provenant de ce principe transcendant, cette puissance est actualisée et lorsque cette forme disparaît, cette puissance n'est plus en acte, mais continue cependant d'exister en tant que puissance. La thèse qu'Avicenne combat avec acharnement conçoit l'activité intellectuelle comme un processus de transformation ontologique, qui conduit l'intellect de l'homme à s'identifier avec l'intellect agent.

L'âme reçoit progressivement les intelligibles. Elle acquiert peu à peu sa perfection dans la mesure où son aptitude à se joindre à l'intellect agent est de plus en plus prompte, où elle dépend de moins en moins des formes sensibles pour intelliger en acte. Dans le *Kitāb al-Ishārāt wa-l-tanbīhāt*, plus encore que dans les *Notes au De anima* ou que dans le *Traité de l'âme du Shifā'*, Avicenne souligne cet aspect primordial de sa doctrine, à savoir que le processus d'intellection met en rapport deux substances individuelles, chacune conservant à l'issue de leur jonction son individualité [Texte 18].

Pour Avicenne, la connaissance de l'âme rationnelle dans son lien avec l'intellect séparé ne peut être qualifiée de noétique au sens réel du terme en raison du fait qu'il n'y a pas unité du connaissant et du connu. La doctrine de la connaissance intellective d'Avicenne se caractérise par son extrinsécisme. Un extrinsécisme par lequel le philosophe tente de préserver non seulement l'unicité et l'individualité de l'âme tant ici-bas que dans l'au-delà, après la séparation d'avec le corps – afin de fonder philosophiquement la possibilité du salut individuel – mais aussi la singularité de l'acte d'intellection de l'homme. Il y a donc une rupture épistémique et ontologique radicale entre le mode de connaissance des intellects séparés pour lesquels le sujet de l'intellection et l'objet d'intellection sont une seule et même chose et l'intellect de l'homme pour lequel ce n'est pas le cas. Plus que le lien à la corporéité, c'est dans cette rupture que réside le mode spécifique de connaître de l'âme rationnelle. Avicenne confère à la relation de l'âme et du corps une valeur positive et déterminante dans le processus de connaissance. La relation à la corporéité détermine le mode de connaître propre à l'homme dans la mesure où celui-ci est précisément un être assujetti à l'intermittence de la jonction avec l'intellect agent ; sa pensée intellective se déploie dans le temps. Il est un être en devenir, qui acquiert progressivement la perfection qui lui est propre jusqu'à atteindre, après la séparation d'avec le corps, une béatitude proprement intellectuelle. Il ne lui est pas donné ici-bas d'intelliger l'ensemble de la réalité intelligible d'un coup. L'âme rationnelle est engagée dans un processus grâce auquel elle reflète de mieux en mieux les formes intelligibles, tel un miroir dont le polissage se parfait.

Spéculation et réceptivité dans la noétique avicennienne

La métaphore du miroir acquiert en conséquence, dans le cadre de cet extrinsécisme, une signification particulièrement importante. L'intellection par l'âme rationnelle des formes intelligibles n'est ni unification, ni identification avec ces formes. L'intellection est le résultat d'un lent et patient processus de polissage comme l'affirme Avicenne dans le *Traité de l'âme du Shifā'* [Texte 19].

Il n'y a jamais acquisition au sens propre des formes intelligibles par l'intellect de l'homme. L'acte au sens absolu de l'intellect humain est celui de l'intellect acquis (*al-ʿaql al-mustafād*), qui n'est pas autre chose que la forme dont on a intellection. Il en est ainsi parce que la forme intelligible se caractérise par son essence d'être intelligé. La forme intelligible n'est pas quelque chose qui peut être conservée en puissance, puis intelligée en acte. Il n'en reste pas moins que l'intellect de l'homme ne s'identifie pas à cette forme qui demeure distincte de son essence, sur cela la position d'Avicenne est sans équivoque.

Cependant, sur les modalités de réception de ces formes, la position d'Avicenne est plus difficile à cerner. Pour Aristote, la connaissance intellective se caractérise, on l'a vu, par l'identification dans l'acte même de connaissance du sujet et de l'objet. C'est cette identité qui permet l'unification. Si cette identité est rompue l'identification devient impossible. Nous sommes dans la doctrine noétique d'Avicenne face à un processus singulier. Si la forme sensible s'imprime dans les sens, comme un sceau dans la cire, et relève d'une attitude passive de réceptivité, dans le processus de connaissance intellectuelle, comme le précise le texte du *Traité de l'âme* du *Shifā'*, l'image de la forme qui est l'objet de l'intellect n'est pas passivement reçue, elle est le produit d'une représentation, d'un *tamaththul*, ce dernier terme pouvant également être compris et traduit par « imitation ». Dans un passage du commentaire au *De anima* Avicenne évoque pour parler du mode de présence de la forme intelligible dans l'âme « une trace » (*athar*) qui imite (*yuḥākī*) la forme intelligible [Texte 20]. Dans *Le livre de l'origine et du retour*, Avicenne a également recours à plusieurs reprises à un dérivé de la racine *shabaha*, *tashabbaha* (Vᵉ forme verbale), qui signifie « chercher à devenir semblable, imiter » pour décrire le processus intellectif [Texte 20 bis].

Ces passages laisseraient penser que nous sommes dans la droite ligne de la noétique farabienne pour laquelle, comme l'a montré Philippe Vallat[1], la notion de semblance a une importance déterminante. En effet, selon qu'on le

1. Voir *supra*, p. 230 *sq*.

détermine comme « trace » ou comme « imitation », le statut de l'objet de l'intellection n'est pas le même. Dans le premier cas, l'objet de l'intellection est décrit comme un effet, comme la conséquence de l'effet d'un acte : une trace est ce qui demeure lorsqu'un acte a eu lieu ; ce sont ses conséquences visibles (trace de pas, trace de coup…). Dans le second, l'objet de l'intellection n'est pas passif, mais il est le sujet d'une activité. La trace, comme l'image, a pour cause le principe, son modèle, alors que l'imitation est causée par l'effet qui imite son principe. La thématique de l'imitation est importante chez Plotin, et Jean-François Pradeau[1] en particulier a montré qu'elle permettait d'opérer un renversement de perspective de sorte que l'effet acquiert le statut de cause lorsqu'il revient vers son principe, le voit et le rend visible en l'imitant. Ce mouvement réflexif, comme le note Pradeau, « définit le principé comme le premier agent de la procession et de la participation. La μέθεξίς platonicienne […] est bien en revanche une part prise à la puissance du Premier par ce qui est issu de lui, et c'est en l'imitation de cette puissance que consiste la participation »[2].

Pourtant, en dépit du fait qu'Avicenne rompt avec Aristote en ne concevant pas l'intellection comme le fruit d'une identification du sujet et de l'objet de la connaissance, il ne va pas jusqu'à substituer au schème de l'identification celui de l'imitation comme l'a fait Farabi avant lui. Ce dernier introduit dans sa noétique un terme médian entre les formes devenues immatérielles et les formes toujours déjà immatérielles, ce terme étant, ainsi que le définit Philippe Vallat, « la semblance de la forme *ante rem* ».

Avicenne insiste plutôt sur le mode de réception propre de l'intellect humain en précisant que si l'âme doit effectuer un travail effectif sur les sens internes afin de préparer la réception des formes intelligibles, il n'en reste pas moins qu'elle est essentiellement réceptive et que l'activité est toujours du côté des principes séparés [Textes 21 et 22]. Il y a donc chez Avicenne une claire affirmation de la passivité et de la réceptivité de l'intellect humain à l'égard de l'intellect agent.

Il subsiste cependant comme un flottement dans la noétique avicennienne relative au statut des formes intelligées par l'homme. Ce ne sont pas les formes elles-mêmes, puisque l'identification entre ces formes et l'intellect humain est formellement récusée. On ne trouve pas non plus une claire attestation de la production par l'intellect humain d'une semblance de formes, alors même qu'Avicenne ne pouvait ignorer l'existence de cette doctrine chez Farabi. Pour tenter de rendre raison de sa position doctrinale, Avicenne a recours à la métaphore du miroir.

Il fait usage de cette métaphore pour caractériser le statut de réceptivité de l'intellect de l'homme vis-à-vis de l'intellect agent. Le miroir, c'est le réceptacle parfait, il ne reflète que ce qu'on lui donne à refléter. De lui-même, il ne

1. *L'imitation du principe. Plotin et la participation*, Paris, Vrin, 2003.
2. *Ibid.*, p. 82.

contient rien qui puisse interférer avec ce qui est reçu. D'un point de vue ontologique, le miroir est proche des substances spirituelles, son être est dénué de l'opacité propre à la matière. C'est précisément l'explication que fournit al-Ṭūsī dans son commentaire des *Ishārāt wa-l-tanbīhāt* pour rendre raison de l'utilisation de l'analogie du miroir par Avicenne pour caractériser l'intellect [Texte 23].

La comparaison de l'âme avec un miroir est déjà utilisée par al-Kindī. On la trouve dans une épître intitulée *Compendium sur l'âme à partir du livre d'Aristote, de Platon et des autres philosophes*[1]. Avicenne va tenter pour sa part de distinguer la réceptivité propre du miroir de celle de la matière.

Il compare l'intellect en son premier degré de potentialité à la matière première comme nous l'avons vu. Or, cette comparaison pose problème dans la mesure où la réceptivité propre à la matière et celle de l'intellect ne relèvent pas du même ordre. Ainsi, dans le *Livre des discussions* (*Kitāb al-Mubāḥathāt*), Avicenne distingue ces deux ordres à deux reprises [Textes 24 et 24 bis].

Ces passages font état d'une différence entre la modalité de réception propre à la matière et celle de l'intellect. La matière est cette pure disposition à recevoir la forme ; qu'elle soit privée de forme ou non, elle demeure disposée à cette réception. En revanche, l'acquisition progressive des formes a pour effet que la disposition première de l'intellect évolue et se renforce. L'intellect est de mieux en mieux disposé à recevoir les formes, comme un miroir que l'on polit et qui, au fur et à mesure, reflète de mieux en mieux ce qu'on lui donne à réfléchir. La disposition de la matière à recevoir la forme quant à elle ne varie pas ; elle demeure identique à elle-même qu'elle ait ou non reçu une forme. Le recours à l'analogie du miroir pour caractériser l'intellect de l'homme permet à Avicenne de distinguer sa réceptivité propre de celle de la matière.

La jonction de l'intellect de l'homme avec l'intellect agent apparaît comme la capacité d'un réceptacle spéculaire à accueillir les reflets des formes intelligibles contenues dans l'intellect agent. Plus le réceptacle est lisse, exempt de toute trace, mieux il reflète son vis-à-vis. Si l'intellect de l'homme est incapable de refléter l'ensemble des formes intelligibles, ce n'est pas en raison d'une déficience ontologique, c'est parce que l'âme se disperse, qu'elle se tourne vers le sensible. Là apparaît une équivocité inhérente de la théorie avicennienne de la connaissance : le sensible est à la fois ce qui dispose l'intellect à la réception du flux noétique illuminateur et ce qui le détourne de cette réception. Cette équivocité rejaillit sur le statut des sens internes et de l'imagination en particulier. L'intellection n'est pas autre chose que spéculation. Penser, c'est refléter

1. *Al-qawl fi-l-nafs al-mukhtaṣar min kitāb Ariṣṭū wa flāṭūn wa sā'ir al-falāsifā* dans *Rasā'il al-Kindī al-falsafiyya*, éd. Abū Rīda, Le Caire, Dār al-fikr al-ʿarabī, 1950-1953, p. 276. Je cite ce passage de Kindī en détail dans mon article, « Réceptivité et spéculation dans la noétique avicennienne », *in* D. De Smet, M. Sebti et G. de Callataÿ (éd.), *Miroir et savoir. La transmission d'un thème platonicien des Alexandrins à la philosophie arabo-musulmane*, Leuven, Presses Universitaires de Louvain, 2008, p. 145-171.

avec le plus de limpidité possible les intelligibles contenus dans l'intellect agent [Texte 25].

Qu'Avicenne refuse l'existence d'une mémoire intellectuelle[1] accentue la dépendance de l'intellect de l'homme à l'égard de l'intellect agent et révèle que les intelligibles ne sont pas les objets propres de l'intellect humain. Lorsqu'il intellige, l'homme est en relation avec l'intellect agent. Penser consiste pour lui à réfléchir la réalité noétique qui irradie de l'intellect agent. Contrairement à l'image, qui représente ce qui peut être absent – qui tient lieu de –, le reflet nécessite une relation ininterrompue entre ce qui est représenté et ce qui le manifeste. Ce qui est représenté et ce qui le manifeste existent simultanément – existent l'un pour l'autre et l'un par l'autre dans le cadre de cette relation. L'intellect de l'homme doit faire face à l'intellect agent, et se dépouiller de toute opacité pour refléter la richesse du monde intelligible. Penser suppose une réorientation, une conversion du sujet, une quasi-transparence qui seule permet de devenir lieu de réflexion de l'illumination provenant de l'intellect agent [Texte 26].

Il semblerait donc qu'au schème farabien de l'imitation, Avicenne ait substitué une conception de l'intellection construite à partir du modèle spéculaire. Ce dernier insiste sur la relation de dépendance qui unit l'intellect de l'homme et l'Intellect agent; il insiste également sur la nécessité pour l'intellect humain de se tourner vers l'origine de son être et de la pensée afin de pouvoir intelliger. Chaque intellection suppose une conversion de l'âme vers le monde des intellects séparés. La pensée est une conversion, un retour vers l'origine. De la même manière que chaque intellect séparé n'intellige qu'en se tournant vers la source de son être, l'homme pense en se tournant vers l'origine de son être. Cette conversion est l'acte même par lequel l'intellect se saisit lui-même. Puisque l'intellect humain n'est pas immédiatement transparent à soi comme le sont les intellects séparés, il ne se saisit qu'à travers la forme qu'il reflète. Il ne reçoit pas les intelligibles par la médiation d'un organe comme le font les sens avec les formes sensibles, mais il se pense par l'acte même par lequel il pense la forme intelligible qu'il reflète. Il devient transparent à lui-même lorsqu'il reflète une forme intelligible. La réception de la forme intelligible révèle l'intellect à lui-même – la réflexion manifeste la forme comme elle manifeste l'intellect à lui-même.

L'interprétation de la pensée théorétique en termes de spéculation, de réflexion, permet d'apporter un éclairage nouveau à la question de la transparence à soi de l'âme rationnelle. La forme reflétée manifeste à la fois la forme et le réceptacle à lui-même; c'est cela la double illumination qu'évoque Avicenne dans sa noétique. Non pas que les images sensibles soient illuminées pour devenir formes intelligibles – ce schème n'est pas compatible avec les réquisits de la noétique avicennienne – mais ce qui s'opère ici est une manifestation du

1. Voir Texte 12.

sujet et de l'objet de l'intellection dans le même temps. Cette lecture, qui place la notion de réceptivité au cœur de l'interprétation de la noétique avicennienne, permet de résoudre une des difficultés qui se fait jour si l'on interprète la réception de la forme par l'intellect en termes d'inhérence substantielle d'une entité dans une autre entité. Dans *Avicenne. L'âme humaine*[1], j'avais mis au jour la difficulté de concevoir la transparence à soi de l'âme rationnelle dans le cadre de la noétique avicennienne. L'intellect de l'homme ne peut revenir complètement sur lui-même s'il n'est pas en jonction avec l'intellect agent. Or, lorsqu'on interprète la théorie de la réception de la forme intelligible par l'intellect à l'aide de la métaphore du miroir, cela permet d'éviter une aporie. Si l'intellect s'intellige lorsqu'il reçoit une autre forme, alors il ne peut concevoir une autre forme que la première, ou bien il conçoit une autre forme et ne peut s'intelliger. Toutefois, si l'on considère que l'intellect se fait miroir pour refléter la forme intelligible, alors il appréhende sa nature propre dans son acte même de réflexion. Il n'est que par ce qu'il reflète, et il se connaît dans l'acte même par lequel il manifeste la forme. La forme n'est pas reçue, auquel cas on est dans l'aporie mentionnée, puisque l'intellect aurait pour terme soit lui-même, soit cette forme. Lorsqu'Avicenne écrit dans la *Métaphysique* du *Shifāʾ* que l'intellect s'unit à l'intelligible et devient identique à lui, cela signifie qu'il n'est que par ce qu'il manifeste et qu'il ne faut pas concevoir l'intellection comme l'inhérence d'une forme dans un substrat qui lui est étranger.

Lorsqu'il s'agit de réception des formes intelligibles, il ne s'agit pas de combler un manque comme la forme comble le manque de la matière première, qui est non-être chez Avicenne, mais il s'agit de manifestation comme l'écrit Avicenne dans le *Traité de l'âme* du *Shīfāʾ* [Texte 27].

Le miroir est le réceptacle qui accueille ce qu'on lui donne à refléter avec le plus de fidélité possible ; il ne renvoie à rien d'autre qu'à ce qu'il reflète. L'autre particularité du miroir, c'est que ce qui y est reflété et le reflet sont simultanés, se font face – renvoient nécessairement l'un à l'autre dans un va-et-vient continu. Si le premier disparaît, le second disparaît. Leur existence est intimement liée et ne peut se concevoir l'une sans l'autre [Texte 28].

Plotin distingue l'image peinte dans un portrait de l'image dans l'eau ou dans le miroir. Dans le second cas, il souligne que l'image tire son existence du modèle : « elle vient de lui, et une fois venue de lui elle ne peut exister, si elle en est séparée » (*Ennéade*, VI, 4, 10, 11-14). On comprend mieux qu'il n'y ait pas de mémoire intellectuelle pour Avicenne ; l'intellection ne peut avoir lieu que lorsque l'intellect fait face au monde intelligible et le reflète en partie. C'est ainsi que ce qui participe d'une réalité ne peut être séparé de ce dont il participe. L'intellect de l'homme est ontologiquement le lieu le plus adéquat possible pour accueillir le reflet du monde intelligible, comme l'indique Avicenne dans le *Kitāb al-Ishārāt wa-l-tanbīhāt* en reprenant la métaphore

1. Paris, P.U.F., 2000, p. 113-124.

coranique de la niche (*mishkāt*), qui lui sert à désigner l'intellect[1]. La métaphore du miroir permet quant à elle de comprendre que l'intellect de l'homme participe à l'intelligibilité de l'intellect agent par la puissance qui est la sienne de refléter une partie des formes intelligibles qu'il contient ; la trace et ce dont elle est le reflet sont indissociablement liés, inséparables. C'est là le sens de la jonction (*ittiṣāl*) dont parle Avicenne. Le recours à cette métaphore est ici d'une grande importance. Alors que pour Plotin, l'intellect contient l'ensemble des formes intelligibles, puisqu'une partie de lui-même demeure dans le monde intelligible et qu'il participe à l'intelligibilité du *noûs* pour cette raison ; pour Avicenne en revanche l'intellect est vide de toute forme, mais sa nature est telle qu'elle le dispose à toutes les refléter comme un miroir parfaitement poli reflète son vis-à-vis.

Tout en empruntant le vocabulaire aristotélicien de la puissance et de l'acte pour décrire le processus de développement de l'intellect de l'homme, Avicenne cherche néanmoins à concevoir l'intellection autrement que comme un processus de perfectionnement irrémédiable. L'intellect matériel demeure en nous tant que nous sommes vivants. « Si par "intellect matériel" on entend la disposition pure de l'âme, alors il subsiste en nous tant que nous demeurons dans le corps », écrit Avicenne dans le *Traité de l'âme du Shifā'* (V, 6, p. 213). Chaque niveau de l'intellect, *habitus*, en acte, acquis, n'est pas un état qui abolit l'état précédent. Il s'agit plutôt d'un va-et-vient entre ces divers niveaux de réalisation.

Le rôle de la pensée et de l'intuition dans l'activité intellective de l'âme

L'attachement de l'âme au corps permet à l'âme de se disposer, par un travail propédeutique sur les images provenant de son expérience sensorielle, à la jonction avec l'intellect agent. Il convient dans cette optique d'examiner la fonction assignée aux puissances imaginative, estimative et cogitative, dans l'élaboration des images qui servent à l'obtention de la forme intelligible.

Dans la métaphore coranique reprise par Avicenne, notamment dans les *Ishārāt wa-l-tanbīhāt*, la pensée (*al-fikra*) est comparée à l'olivier béni et l'intuition (*al-ḥads*) à l'huile incandescente de cet olivier. C'est à l'aide soit de l'une, soit de l'autre, que l'âme rationnelle parvient à obtenir les seconds intelligibles et à passer du stade d'intellect *in habitu* à celui d'intellect en acte. La pensée est la capacité de combiner et de séparer les formes et les intentions conservées dans les deux réserves de mémoire, la puissance formative (*al-muṣawwira*) et la puissance remémorative (*al-quwwa al-mutadhakkira*), qui sont deux des cinq sens internes. Les formes intelligibles ne sont pas toujours présentes dans l'intellect, puisque cela requerrait la jonction avec l'intellect agent. Il n'en est pas de même des formes sensibles : elles sont conservées dans

1. Il utilise cette métaphore coranique (verset 35, sourate XXIV) dans les *Ishārāt*, *op. cit.*, IV, p. 364-365.

les deux réserves de mémoire et toujours à la disposition de la puissance cogitative. C'est le travail sur ces formes particulières qui permet à l'intellect – en jonction avec l'intellect agent – de recevoir les formes universelles [Texte 29].

Le travail propédeutique des puissances matérielles est important et le rôle de l'imagination et de la mémoire est décisif dans le processus intellectuel en ce qu'il permet d'amorcer le mouvement de retour sur soi et de recueillement qui prépare l'âme à l'intellection [Texte 30]. Le travail sur les images issues de l'expérience sensible, conservées par la mémoire et combinées par l'imagination cogitative, tel qu'il est exposé dans le *Traité de l'âme du Shifā'*, n'est néanmoins pas absolument nécessaire, du moins pas pour tous les hommes. Avicenne décrit un autre schème noétique selon lequel les formes contenues dans l'intellect agent sont reçues par l'intellect de certains hommes directement, instantanément, sans travail préparatoire ; schème dont la notion clef est celle d'intuition (*al-ḥads*).

Privilège de certains, l'intuition est la capacité d'acquérir la connaissance théorétique sans avoir recours aux images sensibles. Tout savoir intelligible et tout savoir de l'universel qui n'est pas *a priori* dépend d'un raisonnement syllogistique et ce raisonnement se construit grâce à la découverte du moyen terme (*Traité de l'âme du Shifā'*, V, 6, p. 219). Certains hommes sont dotés d'une capacité nommée « intuition » (*ḥads*), qui permet de saisir ce moyen terme sans apprentissage et sans l'aide des puissances matérielles [Texte 31].

Le syllogisme est selon le Stagirite un raisonnement qui part de certaines données pour dégager par ses propres moyens des connaissances contenues dans ces données (*Premiers Analytiques*, I, 1, 24 b 18). Ce qui est commun aux deux extrêmes, le majeur et le mineur, c'est le moyen terme. Le moyen terme relie entre eux les deux actes d'attribuer que sont les prémisses (*ibid.*, 23, 41a 11). Prenons la proposition « l'angle inscrit dans un demi-cercle est droit ». Lorsqu'on la considère comme un simple jugement, elle n'a pas de valeur scientifique. Or en tant que conclusion d'un syllogisme, l'attribut a été rattaché au sujet par une raison, et cette raison, c'est le moyen-terme. Or, dans l'exemple choisi, le moyen terme c'est le fait que l'angle inscrit est égal à la moitié de deux angles droits. Voici le syllogisme : la moitié de deux angles droits est un angle droit ; or, l'angle inscrit dans le demi-cercle est la moitié de deux angles droits, donc l'angle inscrit dans un demi-cercle est droit. Le moyen terme est l'élément d'un ensemble et il est la raison de l'attribution du majeur au mineur dans la conclusion. Le moyen terme donne à connaître l'essence ou quelque chose qui se substitue à l'essence (*Sec. Anal.* 2 et 11). Ainsi, la raison rapportée par le moyen terme est l'objet propre de l'intellection, c'est la nature simple sans multiplicité.

Du point de vue de la théorie de la connaissance, la doctrine du *ḥads* soulève une difficulté dans la mesure où Avicenne affirme, comme dans le *Traité de l'âme du Shifā'*[1], que l'intuition est à la fois la saisie immédiate du moyen terme et qu'elle est également la saisie de la prémisse et de la conclusion du syllogisme dans l'ordre adéquat[2]. Dimitri Gutas[3] a souligné le changement intervenu dans la doctrine avicennienne du *ḥads* entre ce passage du *Shifā'* et les *Ishārāt wa-l-tanbīhāt.* Dans ce dernier ouvrage, ce qui distingue le *ḥads*, c'est d'être la saisie instantanée du moyen terme. L'accent est mis sur l'instantanéité, alors que dans le *Shifā'*, comme l'a noté Gutas, Avicenne désigne l'instantanéité de l'intuition par le terme *dhakā'*. Naṣīr al-Dīn al-Ṭūṣī considère d'ailleurs dans son commentaire des *Ishārāt wa-l-tanbīhāt* (*Al-Ishārāt wa tanbihāt,* p. 369) que la différence véritable qui existe entre l'intuition et la pensée (*fikra*), c'est que la seconde est un mouvement qui cherche à atteindre le moyen terme, alors que la première n'est pas un mouvement, mais l'obtention instantanée dans l'âme de ce moyen terme. Cette remarque d'al-Ṭūṣī permet de mesurer l'évolution de la doctrine du *ḥads* d'Avicenne et la polysémie du terme *fikra*, qui désigne tantôt une activité exclusivement intellectuelle, tantôt une activité liée à l'imagination. Dans les *Mubāḥathāt*, Avicenne distingue explicitement deux types de *fikra*, l'une étant une puissance de l'âme rationnelle en tant qu'elle recherche sa perfection et l'autre une activité liée aux opérations des puissances corporelles [Texte 32].

Le *ḥads* apparaît chez Avicenne comme une capacité de la seule âme intellective. Ce qui le distingue de la pensée, c'est l'absence de mouvement : par cette caractéristique, son activité ressemble alors à celle des intellects séparés ; le *ḥads* fonde la possibilité pour l'âme d'avoir dès ici-bas une activité exclusivement noétique et non pas seulement dianoétique.

L'élaboration de cette doctrine décisive de la noétique avicennienne dépend de la stricte distinction entre l'intellect en acte, l'intellect acquis et l'intellect saint, distinction qui n'est clairement établie que dans les ouvrages de la maturité du philosophe. Dans *le Traité de l'âme du Shifā'* et dans les *Mubāḥathāt* Avicenne élabore une définition du *ḥads* qui fonde le lien entre l'intuition et la puissance sainte [Texte 33].

La doctrine avicennienne de l'intuition assure à l'âme rationnelle la possibilité de se joindre à l'intellect agent sans avoir recours aux images issues de la perception sensible. Elle instaure une continuité entre l'activité intellective de l'âme ici-bas et dans l'au-delà. C'est là la réponse que donne Avicenne à une question posée par l'un de ses disciples dans les *Mubāḥathāt* [Texte 34].

1. *Cf.* Texte 32.

2. Cette ambiguïté a été relevée par F. Rahman, *Avicenna's Psychology*, Oxford, OUP, 1952, p. 94-95.

3. Pour une étude de la notion de *ḥads* chez Avicenne, *cf.* D. Gutas, « Intuition and Thinking : The Evolving Structure of Avicenna's Epistemology », *Princeton Papers : Interdisciplinary Journal of Middle Eastern Studies* 9, 2001, p. 1-38.

Elle rend également raison de la capacité qu'a le prophète de recevoir d'un coup et sans travail préparatoire l'ensemble des formes intelligibles.

La notion de réceptivité dans la noétique avicennienne

Le prophète est l'homme dont l'intellect, qualifié de saint, atteint le plus haut degré de réceptivité qu'un intellect humain puisse atteindre. Il est l'homme doté de *ḥads*, celui qui peut recevoir les intelligibles seconds de l'intellect agent sans travail préparatoire. Avicenne affirme que cette disposition singulière – l'intuition (*ḥads*) – à recevoir les intelligibles seconds de l'intellect agent varie selon la quantité et la qualité. À son degré le plus élevé, l'homme doté de *ḥads* atteint le niveau d'« intellect saint ».

En effet, dans le cinquième livre du *Traité de l'âme du Shifā'* Avicenne distingue « l'intellect saint », qui est l'apanage de certains hommes seulement. Il n'établit pas que l'intellect saint est un degré supplémentaire de l'intellect adjoint aux quatre autres. Cet intellect caractérise l'état de réceptivité parfaite de certains hommes, qui est tel qu'il leur est donné de recevoir instantanément les intelligibles seconds sans avoir besoin de recourir comme les autres hommes à un travail de préparation (voir Texte 6). Il apparaît difficile de rendre raison de cette différence de degrés à l'intérieur d'un même état à l'aide des notions aristotéliciennes de puissance et d'acte.

Dans ce passage du *Traité de l'âme du Shifā'*, Avicenne écrit : « Cette disposition de l'intellect matériel doit s'appeler "intellect saint" (*'aql qudsī*) et elle est du même genre que l'intellect *in habitu*, excepté qu'elle est [d'un degré] très élevé et qu'elle n'est pas commune à tous les hommes. » Afin de pouvoir expliquer qu'il s'agit du même degré d'actualisation – puisqu'en réalité il n'y en a qu'un seul : l'intellect matériel qui devient intellect in *habitu* –, Avicenne a recours à la notion de réceptivité. Au sein même de ce degré, c'est la réceptivité plus ou moins grande qui fait la différence.

Ainsi, ce qui distingue les hommes, ce n'est pas la potentialité, puisque tous possèdent la potentialité de passer à l'acte, à savoir du degré d'intellect matériel à celui d'intellect *in habitu*. Ce qui les distingue, c'est leur réceptivité plus ou moins grande à accueillir le flux noétique illuminateur émanant de l'intellect agent. L'introduction de la notion de réceptivité marque une rupture avec la noétique aristotélicienne. L'intellect n'est pas seulement une substance qui passe de la puissance à l'acte, c'est-à-dire qui actualise une disposition qu'elle possédait, mais il s'agit d'un niveau de réalité qui se trouve à un rang intermédiaire entre des réalités qui lui sont inférieures – la matière, le corps – et des degrés de hiérarchie qui lui sont supérieurs – l'intellect agent et les intellects séparés qui sont dotés d'une vie purement intellectuelle –, et il oscille entre ces divers niveaux. L'expérience intellectuelle consiste en un mouvement par lequel l'homme se hausse au niveau de la vie de l'intellect agent lequel intellige de toute éternité l'ensemble des formes intelligibles.

Le recours à la notion de puissance ne permet pas de rendre raison du fait que l'intellect se réalise graduellement par l'acquisition progressive des formes intelligibles alors qu'il demeure réceptacle et que le niveau acquis ne l'est jamais définitivement. S'il passe d'un niveau à l'autre, il n'est pas plus ou moins en acte, puisque chaque niveau représente une actualisation par rapport au niveau qui le précède et une puissance par rapport au niveau qui lui est supérieur, mais il est plus ou moins réceptif, comme un miroir plus ou moins poli reflète ou pas son vis-à-vis.

Le monde intelligible se contemple dans les miroirs que sont les intellects humains. Ce ne sont pas les miroirs qui contemplent le monde intelligible, puisque le miroir est un objet qui rend la contemplation possible et non un sujet de la contemplation ; c'est l'activité des substances intelligibles qui provoquent la manifestation, mais ils requièrent ces miroirs pour se refléter. La relation qui régit les substances intelligibles aux miroirs dans lesquels elles se reflètent ne se laisse pas circonscrire à l'aide des notions de puissance et d'acte. Il apparaît ici – comme souvent chez Avicenne – que l'on observe un infléchissement significatif des notions aristotéliciennes.

Selon Aristote, la puissance est essentiellement « le principe du changement qui se trouve ou bien dans quelque chose d'autre (que ce en quoi le changement réside), ou bien dans cette même chose en tant qu'elle est autre » (*Métaphysique* Δ 12, 1020a 1). Pour le composé matière-forme, être en puissance consiste à être privé de la forme qui actuellement le détermine. Quant à l'acte, voici la définition qu'en donne Aristote dans la *Métaphysique* : « L'activité est la fin ; et l'acte est l'activité. Ainsi le mot acte dérive du mot activité et tend à désigner l'acte achevé (entéléchie) » (*Métaphysique* Θ, 8, 1050a 22). L'acte est, non pas tant la forme du composé, que la fin du mouvement. Fin qui peut être provisoire, d'où le recours à l'expression « tendre vers l'entéléchie », si l'on considère l'acte comme présentement réalisé dans le composé.

Dans la *Métaphysique* du *Shifā'* (VIII, 2), Avicenne entreprend une relecture de la doctrine aristotélicienne de la puissance et de l'acte. Aristote – note Avicenne – lorsqu'il dit qu'une chose vient d'une autre chose (*Métaphysique* α 1) n'en a pas donné une division exhaustive et ne l'a mentionné que de deux points de vue. Quand il dit « qu'une chose vient d'une autre », soit il s'agit de la génération d'une chose à partir d'une autre qui lui est contraire, soit de la génération d'une chose parfaite à partir de ce qui est en mouvement vers elle et qui est en voie de génération. Or, Avicenne remarque que cette division n'est pas exhaustive, car tout ce dont provient autre chose est premier à un double point de vue : il faut a) ou bien que le premier d'où il est engendré reste tel qu'il est ; rien de lui ne disparaît : seule se corrompt l'intention de la disposition et ce qui s'y rattache ; b) ou bien il n'a été possible au premier de donner naissance au second que par la disparition de quelque chose du premier.

Dans le premier cas, la chose vient de lui et était disposée seulement : il passe alors à l'acte en une seule fois, non par une marche progressive. L'engendré est considéré comme ayant été selon un seul état ; par exemple : celui qui ignorait telle chose est devenu savant. Autre cas : il était disposé seulement et il passe à l'acte par un mouvement continu au cours duquel il est entre la pure disposition et la perfection pure. L'engendré désigne ce qui sort progressivement de son état. De l'enfant est sorti un homme. Enfant désigne ce qui est prêt à être homme, ce qui est en voie d'être homme. Ou encore l'engendré désigne l'état de ce qui était disposition seulement ; par exemple : du sperme est sorti l'homme. Sperme désigne ce qui est disposé à être homme, mais à condition que cela se fasse progressivement.

Selon Avicenne, Aristote a oublié dans sa division de mentionner ce qui est perfectionnement et dont la génération ne se rapporte pas au mouvement vers la perfection. De plus, tout passage d'une simple disposition à une autre n'est pas achèvement de la perfection, car l'âme croit parfois une opinion fausse : elle passe à l'égard de celle-ci de la puissance à l'acte et ce n'est pas un mode de perfectionnement ni non plus un mode de transformation. Avicenne précise que les divisions d'Aristote ne prennent en considération que les substances premières et ne concernent que la génération naturelle et non l'artificielle. Pour Avicenne, il est possible de concevoir une substance qui reçoit une forme et qui subsiste lorsque la puissance disparaît par passage à l'acte. Il n'est pas possible, dans ce cas, d'affirmer que la substance a été engendrée à partir du passage à l'acte. L'exemple que donne Avicenne est celui de l'âme raisonnable par rapport à l'âme ignorante disposée pour la science : on ne peut affirmer de la première qu'elle vient de la seconde. L'âme ignorante n'est pas la matière de l'âme savante. Ainsi, Avicenne conclut : « Nous nous défendons d'employer l'expression "venir de" en dehors de la génération qui a lieu dans la substance. »

Ce texte de la *Métaphysique* montre que l'usage fait par Avicenne des notions de puissance et d'acte n'est pas le même que celui du Stagirite. Avicenne distingue l'usage qui est fait de ces notions par Aristote en physique, usage relatif aux substances premières – composées indissociables concrètement de matière et de forme, de puissance et d'acte – de l'usage qu'il convient d'en faire lorsqu'il s'agit de substances immatérielles par soi. Cette distinction marque une rupture radicale avec le cadre conceptuel d'Aristote.

Il convient de remarquer que dans le chapitre 2 du livre VIII de la *Métaphysique* du *Shifāʾ*, Avicenne prend l'âme à deux reprises comme exemple. Les difficultés qu'il a éprouvées dans le *Traité de l'âme du Shifāʾ* pour rendre raison du fait que l'intellect se perfectionne tout en demeurant une puissance, puisqu'il ne conserve pas les formes intelligibles en lui, l'ont peut-être conduit à cette relecture de la notion aristotélicienne de puissance dans la métaphysique.

Dans les ouvrages postérieurs au *Traité de l'âme du Shifā'*, Avicenne renonce au schème de la puissance et de l'acte pour décrire les niveaux de l'intellect. Dans le *Livre de Science*, le terme persan utilisé par Avicenne pour signifier la réceptivité de l'âme est dérivé du verbe *pazirandeh*, qui signifie accueillir, recevoir. Dans le *Kitāb al-Ishārāt wa-l-tanbīhāt* (II, p. 363-367), Avicenne expose les différents degrés de l'intellect théorique en ayant recours à une métaphore coranique utilisée dans la sourate de la lumière[1]. Il caractérise, on l'a vu, l'intellect de l'homme comme une niche (*mishkāt*) disposée à recevoir la lumière de l'intellect agent. Le recours à cette métaphore permet à Avicenne d'appréhender le rapport entre l'intellect agent et l'intellect humain non plus dans les termes d'un agent qui fait passer un patient à l'acte, mais en terme de rencontre : celle de deux entités substantiellement semblables, la nature de l'une lui étant révélée lorsqu'elle s'oriente vers la nature de l'autre et se joint à elle.

Le prophète

La question de la prophétie est importante pour les *falāsifa*. Leur approche de cette question est rationnelle. C'est dans le cadre d'un système philosophique qui tente de rendre raison de tout ce qui est que la question de la prophétie est posée. Pour Avicenne, comme pour Farabi et Averroès, la révélation prend la forme d'une loi. Avicenne va cependant s'attacher à montrer que cet ordonnancement politique s'inscrit dans un ordonnancement global qui le dépasse et le fonde. Quiconque connaît l'ordre métaphysique qui structure le cosmos connaît également et accepte l'ordre que le prophète-législateur institue. Pour Avicenne, seul le prophète est à même d'instituer la loi de la cité, il est le Nomothète par excellence.

Le prophète est l'homme dont l'intellect possède un degré de réceptivité tel qu'il peut recevoir les formes intelligibles sans apprentissage. Le prophète est doté, à la fois par son imagination – qui reçoit les images des particuliers contenues dans les sphères célestes –, et par son intellect – qui reçoit les formes intelligibles sans intermédiaire ni apprentissage – d'une réceptivité singulière à l'égard de ce qui procède du monde céleste.

Le prophète est d'emblée tourné vers l'intellect agent, il n'a pas besoin de se disposer à la jonction avec lui. Il est réceptif au flux incessant qui émane du principe séparé transcendant.

Dans ce travail, je ne vais m'attacher qu'à ce qui concerne la théorie de la connaissance de la doctrine prophétique d'Avicenne – sa noétique et sa doctrine de l'imagination –, laissant de côté l'aspect législatif et éthique de cette doctrine.

1. Il s'agit de la sourate XXIV, verset 35 où la lumière divine est comparée à une niche.

Le prophète doit selon Avicenne remplir trois conditions : perfection de l'intellect, de l'imagination et des puissances motrices (*Traité de l'âme du Shifā'*, I, 4, p. 66, 59-64) [1].

La prophétie par l'imagination

Il faut avoir en mémoire certains développements de la métaphysique et de la cosmologie avicenniennes pour comprendre comment rendre raison du rêve véridique (*al-ru'ya al-ṣādiqa*) et des visions prophétiques. Dieu connaît toute chose d'une connaissance intellectuelle : ce qui est, a été et adviendra. Les dix intellects séparés du cosmos détiennent aussi cette connaissance. Quant aux âmes des sphères célestes, elles sont liées aux corps des sphères et douées d'imagination en raison de leur attachement à un corps. Grâce à leur imagination, elles ont des représentations des choses particulières (*taṣawwur li l-juz'iyyāt*) et inclinent vers elles (*Shifā', Métaph.*, IX, 3, p. 135). Il existe une correspondance entre les formes intelligibles contenues dans l'intellect divin et dans les dix intellects séparés et les images présentes dans les âmes célestes [Texte 35]. Les âmes humaines reçoivent ainsi les images provenant des âmes des sphères célestes par l'intermédiaire de leur imagination. Cette réception survient pendant le sommeil, particulièrement à l'aube, lorsque l'âme est reposée.

L'imagination du prophète reproduit avec une parfaite fidélité les images reçues des sphères célestes. Les rêves dans lesquels se révèlent la vision véridique et les visions prophétiques, qui elles, ont lieu soit à l'état de veille soit pendant le sommeil, sont dus à une imagination maintenue sous la maîtrise de l'intellect [Texte 36].

La nature du lien entre l'imagination et l'activité intellectuelle conditionne la prophétie de type imaginal. La vision prophétique et le rêve véridique nécessitent une âme forte, à savoir un intellect ayant atteint un haut degré de réalisation, qui maîtrise les errances de l'imagination.

La capacité du prophète à agir sur la matière

L'âme n'est pas seulement susceptible d'agir sur son propre corps, mais également sur d'autres corps. Dans certains cas en effet, le mouvement d'extériorisation de la forme ne va pas de l'âme vers le corps auquel elle est attachée : il atteint pour les transformer d'autres corps et la matière en général. Cette théorie explique les cas de guérisons soudaines, les phénomènes comme le mauvais œil et certaines catégories de miracles dus aux prophètes et aux saints, guérisons miraculeuses, pluies salvatrices, etc. [Texte 37]. Dans le *Kitāb al-Mabda' wa-l-ma'ād*, il est néanmoins précisé qu'il s'agit là d'événements très rares (p. 171).

1. Sur les trois modes de prophétie, *cf.* A. Elamrani-Jamal, « Multiplicité des modes de la prophétie », *Études sur Avicenne*, Paris, Les Belles Lettres, 1984, p. 125-142.

La prophétie liée à l'intellect

Dans le *Traité de l'âme du Shifā'*, l'aspect proprement noétique de la prophétie est abordé au chapitre 6 du livre V intitulé « Des degrés des actes de l'intellect et de son degré le plus élevé qui est l'intellect saint » (p. 212-220). C'est alors qu'il développe sa doctrine du *ḥads* qu'Avicenne évoque l'existence d'un intellect saint, qui est le plus haut degré auquel puisse atteindre l'homme. L'intellect du prophète, nous dit Avicenne, est doté d'une puissance sainte, qui désigne la capacité d'être parfaitement réceptif à ce qui procède de l'intellect agent dont il reçoit non seulement les intelligibles premiers comme les autres hommes, mais également les intelligibles seconds. Les premiers intelligibles sont les concepts premiers et les propositions dont la vérité est évidente, tel que « le tout est plus grand que la partie », et les seconds intelligibles sont les concepts plus complexes et les déductions qui sont fondées sur les propositions dont la vérité est évidente. Contrairement aux hommes du commun, le prophète n'a pas besoin d'exercer un travail propédeutique en usant des facultés sensitives, qu'elles soient internes ou externes. Il diffère en outre par la quantité et la modalité (*bi-l-kamm wa-l-kayf*) selon lesquelles il reçoit les intelligibles, puisqu'il reçoit la totalité des intelligibles contenus dans l'intellect agent et ce, d'un coup, alors que les hommes du commun ne reçoivent, tant que leur âme est attachée à un corps, qu'une partie des intelligibles et dans la durée. Dans le *Traité de l'âme du Shifā'*, Avicenne qualifie cette puissance prophétique comme étant « le plus haut des degrés des puissances humaines ».

Il utilise un argument fondé sur l'intuition pour établir[1] que la prophétie est possible. Les hommes diffèrent dans leur capacité à saisir intuitivement le moyen terme du syllogisme. Certains hommes ne sont absolument pas dotés d'intuition, d'autres doivent passer par un long travail préparatoire avant de pouvoir exercer leur intuition, d'autres n'ont pas besoin de beaucoup de temps et d'efforts. De plus, certains hommes ne peuvent avoir l'intuition que d'un moyen terme à la fois alors que d'autres peuvent avoir l'intuition de plusieurs. Ces variations dans la modalité d'exercice de l'intuition connaissent une limitation, qui est celle du plus bas degré, à savoir, celui de l'homme incapable de la moindre intuition. Il est donc logique que de l'autre côté de l'échelle, la limitation soit celle de l'homme doté d'une intuition extrêmement forte de sorte qu'il soit capable de saisir d'un seul coup, en un temps très court, tous les moyens termes. Ainsi, Avicenne conclut à la possibilité de l'existence d'un homme doté de cette intuition maximale, cet homme étant le prophète. L'existence d'un homme tel que le prophète, capable de saisir d'un coup tous les moyens termes semble remettre en question le refus net qu'oppose

1. Sur le fait que par cet argument Avicenne se contente d'établir la possibilité de la prophétie seulement et non sa nécessité, *cf.* M. E. Marmura, « Avicenna's Psychological Proof of Prophecy », *Journal of Near Eastern Studies* 22/1, janvier 1963, p. 49-56. Voir également sur la prophétie de type intellectuel, F. Rahman, *Prophecy in Islam*, Chicago-Londres, The University of Chicago Press, 2011 (nouv. éd.), p. 30 *sq*.

Avicenne à l'idée qu'ici-bas l'homme puisse intelliger l'ensemble de la réalité intelligible d'un coup. D'une part, Avicenne inscrit la capacité intellectuelle du prophète dans le cadre de sa doctrine noétique, mais d'autre part, la capacité noétique du prophète semble excéder ce cadre et le faire éclater.

Le prophète est décrit comme étant l'homme qui réunit trois capacités psychologiques, à savoir une imagination capable de recevoir des âmes des sphères la connaissance des particuliers, une âme susceptible d'agir à distance sur la matière et un intellect doté de la puissante sainte, à savoir d'une intuition capable de recevoir d'un coup et sans préparation l'ensemble des moyens termes des syllogismes contenus dans l'intellect agent. Le prophète est donc un homme doté des mêmes capacités que les autres hommes, mais la différence entre lui et les autres hommes est qu'il réalise pleinement toutes ses puissances psychiques.

L'ESCHATOLOGIE

Pour Avicenne, l'existence de l'homme est orientée vers un but unique : sa béatitude qui est le fruit de la réalisation de son intellect.

La question eschatologique est primordiale dans la philosophie avicennienne et oriente sa noétique. L'âme humaine est attachée à un corps afin de réaliser pleinement la perfection de son intellect. Lorsqu'elle se sépare du corps après la mort de celui-ci, elle lui survit, puisqu'elle est une substance immatérielle et incorruptible. Avicenne distingue la survie des hommes qui ont atteint à la béatitude en réalisant la perfection de leur intellect de celle des hommes qui, durant leur vie ici-bas, n'ont pas su s'élever au-dessus du niveau du sensible. Les premiers connaissent une béatitude purement intellectuelle quant aux seconds, Avicenne affirme dans son commentaire à la *Théologie d'Aristote*[1], que si leurs âmes ont encore besoin d'un corps pour atteindre leur perfection, elles s'attachent alors à un corps céleste pour pallier à la perte de leur propre corps. L'âme qui n'a pas atteint la béatitude suprême, ne cesse dans l'au-delà « d'achever d'atteindre la perfection qu'elle doit atteindre » (*Shifā'*, IX, 7, p. 428).

Cette thèse s'accorde difficilement avec le strict refus d'Avicenne à l'égard de la transmigration, refus motivé dans le *Traité de l'âme du Shifā'* par le fait que toute âme a l'aperception de l'exclusivité de l'attachement qui l'unit à son corps (V, 4, p. 207). C'est grâce à l'attachement à un corps unique, disposé à la recevoir et envers lequel elle éprouve une inclination particulière, que l'âme s'individualise. C'est cette individualité qui est conservée dans l'au-delà.

1. Trad. fr. G. Vajda, « Notes d'Avicenne sur la "Théologie d'Aristote" », *Revue thomiste* 2, 1951, p. 346-406 ; ici p. 403-404 ; *Tafsīr Kitāb Uthulūğiyyā min al-Inṣāf*, éd. A. Badawi, dans *Ariṣṭū 'inda-l-'arab*, Koweit, Dirāsāt islāmiyya, 1978, p. 72. Pour cette question, *cf.* J. Michot, *La destinée de l'homme selon Avicenne*, Louvain, Peeters, 1986.

Dès lors, il est difficile de comprendre que l'âme individuelle puisse s'attacher à un corps qui, comme celui des sphères célestes, est déjà doté d'une âme. Cet aspect particulièrement difficile de l'eschatologie avicennienne reste encore à élucider.

La survie individuelle de l'âme semble être une doctrine essentielle de l'eschatologie d'Avicenne. Dans les *Mubāḥathāt*, il professe que dans l'au-delà l'âme conserve l'aperception de son ipséité. Une fois qu'elle se sépare du corps, l'aperception de soi assure encore à l'âme son identité et constitue toujours le fondement de son individualité [Textes 38 et 38 bis].

Cependant, lorsqu'Avicenne décrit la béatitude suprême dans *La Métaphysique* du *Shifā'*, il évoque une union (*ittiḥād*) avec Dieu qui semble difficilement compatible avec la préservation de l'individualité de la personne. Il y décrit la béatitude comme le fait pour l'âme de contempler le Vrai absolu. Cette contemplation consiste pour elle à recevoir comme par impression Sa forme et à devenir une part de Son essence [Texte 39]. La question de savoir si l'âme humaine qui a atteint le bonheur ultime dans l'au-delà conserve ou non son individualité reste ainsi ouverte.

Il y a par ailleurs une autre difficulté dans cette doctrine qui établit un lien étroit entre savoir et salut individuel, connaissance intellectuelle et vie dans l'au-delà. Si l'âme est une substance existant par soi, émanée du Donateur des formes lorsqu'un corps est disposé à la recevoir, son existence n'est pas conditionnée par son activité. L'acte de penser requiert l'intervention d'un principe séparé, l'intellect agent. L'intellect matériel qui est une puissance de l'âme humaine ne passe à l'acte que sous l'effet de cet intellect transcendant qui infuse en lui les formes intelligibles. Par la présence en lui de cette forme, l'intellect matériel est actualisé et lorsque cette forme est ôtée, il n'est plus en acte, mais ne cesse d'exister en tant que puissance. L'intellectualité de l'âme n'est donc pas substantielle, mais acquise alors même que son salut dépend de sa réalisation intellectuelle. La subordination du salut de l'âme à sa réalisation intellectuelle soulève donc une difficulté aigüe dans la doctrine avicennienne. Par ailleurs, dans le cadre de cette doctrine où l'activité noétique constitue le sommet ultime de l'activité humaine dans la mesure où elle est la voie du salut, le fait que l'âme soit une substance spirituelle impassible, et qu'elle ne connaît donc pas de transformation ontologique, réduit considérablement la portée de cette activité et rend problématique le lien entre intellection et survie dans l'au-delà.

APPENDICE

Textes

Texte 1

Car l'âme humaine, comme cela apparaîtra par la suite, est une substance une qui entretient une relation et un rapport avec deux côtés : un côté qui est en dessous d'elle et une relation qui est au dessus d'elle. En fonction de chacun des côtés, l'âme a une puissance qui ordonne la relation existant entre elle et le côté en question. Ainsi, cette puissance pratique est celle qui appartient à l'âme en vertu de sa relation au côté inférieur : il s'agit du corps et de son gouvernement. Quant à la puissance théorique, c'est une puissance qui appartient [à l'âme] en vertu du côté qui est au-dessus d'elle afin qu'elle pâtisse [de ses effets], qu'elle en tire profit et qu'elle en reçoive [les effets]. C'est comme si l'âme en nous avait deux faces : l'une [tournée] vers le corps – et il est nécessaire que cette face ne reçoive absolument aucun des effets provenant d'un genre requis par la nature du corps (*muqtaḍī ṭabī 'at al-badan*) –, et l'autre [tournée] vers les principes élevés (*Traité de l'âme du Shifā'*, éd. Anawati et Zayed, Le Caire, 1395/1975, I, 4, p. 38).

Texte 2

[L'âme] possède initialement dans [sa] nature une attache et inclination à l'égard du corps (*Tafsīr kitāb Uthūlūjiyā min al-Inṣāf ᶜan al-Shaykh al-Ra'īs Abī ᶜAlī ibn Sīnā*, éd. A. Badawi, dans *Ariṣṭū 'inda-l-'arab*, Koweit, 1978, p. 37, l. 7).

Texte 3

Il a donc été clairement établi que les âmes sont instaurées dans l'existence en même temps qu'est instaurée dans l'existence une matière corporelle adaptée pour être utilisée par [ces âmes]. Ainsi, ce corps instauré dans l'existence est son royaume et son outil [...] (*Traité de l'âme du Shifā'*, éd. Anawati et Zayed, Le Caire, 1395/1975, V, 3, p. 199).

Texte 4

Dans sa substance, l'âme n'a qu'une seule puissance et non diverses puissances. Elle n'est pas non plus l'assemblage de diverses puissances, mais son essence est simple et elle est dotée d'une puissance noble. Il s'agit de [la puissance] qui lui appartient en propre : la puissance intellective. [L'âme] confère aux corps leurs puissances tant qu'ils restent selon la complexion qui est la leur. Les puissances ne se multiplient qu'en tant que ce sont des puissances du corps et [qu'elles sont] dans le corps, et non en tant qu'elles sont des puissances de l'âme et [qu'elles sont] dans l'âme : elles appartiennent à l'âme en tant qu'elles en émanent [1]. Il n'est pas possible de dire que l'âme est une, puisqu'elle se divise, ou [de dire] que des puissances émanent d'elle non en vertu d'une cause venant d'elle, mais à cause du corps, de sorte que le corps ayant de nombreuses parties et puissances dont la diversité provient de la complexion, l'âme devienne [aussi] à cause de lui [composée] de parties multiples et de puissances diverses. Quelle cause a doté le corps de parties distinctes et de complexions distinctes, sinon l'âme ? Quelle serait la cause pour laquelle l'âme a doté le corps des complexions et des dispositions diverses, sinon parce que les puissances dont a besoin l'âme pour séjourner dans cette demeure sont diverses en elles-mêmes et non du fait que les corps les ont faites diverses ? Ce sont plutôt les corps qui sont disposés en vertu de leurs différences à recevoir [de l'âme] des choses diverses (*Tafsīr kitāb Uthūlūjiyā min al-Inṣāf 'an al-Shaykh al-Ra'īs Abī 'Alī bin Sīnā*, éd A. Badawi, dans *Ariṣṭū 'inda-l-'arab*, Koweit, 1978, p. 54).

Texte 5

La première puissance s'appelle »puissance absolue et matérielle » ; la seconde s'appelle « puissance possible » et la troisième s'appelle « puissance parfaite » (*Traité de l'âme du Shifā'*, éd. Anawati et Zayed, Le Caire, 1395/1975, I, 4, p. 39).

Texte 6

La puissance théorique a donc parfois une certaine relation de puissance absolue avec les formes abstraites dont nous avons parlé. Il en est ainsi lorsque cette puissance qui appartient à l'âme n'a pas encore reçu la perfection qu'elle est en mesure de recevoir ; alors elle s'appelle « intellect matériel ». Cette puissance qui s'appelle « intellect matériel » (*'aql hayūlānī*) est présente chez tous les individus de l'espèce, et elle ne s'appelle « matérielle » qu'en raison de sa ressemblance avec la disposition de la matière première, qui n'est pas par elle-même une certaine forme, mais qui est un lieu d'inhérence pour chaque forme. Parfois [la puissance théorique] a une relation avec la puissance possible. C'est lorsque les intelligibles premiers au moyen desquels elle parvient aux intelligibles seconds ont déjà été actualisés dans la puissance matérielle. Par « intelligibles premiers » j'entends les prémisses auxquelles l'assentiment (*al-taṣdīq*) n'est donné ni par acquisition ni parce que celui qui y adhère a conscience qu'il lui est possible de cesser d'y adhérer un seul instant ; comme

1. Le texte porte le masculin *minhu*, ce qui est manifestement une erreur. Il faut lire *minhā*. G. Vajda souligne également cette erreur dans sa traduction ; *cf.* « Les notes d'Avicenne sur la "Théologie d'Aristote" », *Revue thomiste* 2, 1951, p. 346-406 ; ici p. 377.

notre croyance que le tout est plus grand que la partie et que les choses qui sont égales à une seule et même chose sont égales entre elles. Aussi longtemps que seul ce degré d'actualisation a été atteint, l'intellect est appelé « intellect *in habitu* » (*ʿaql bi l-malaka*). Il est possible de l'appeler « intellect en acte » par rapport au premier, car il n'est pas donné à la première puissance de penser quelque chose en acte ; quant à celle-ci, il lui est donné de penser lorsqu'elle entreprend de raisonner en acte. Parfois, elle a une relation à la puissance parfaite, c'est lorsque qu'après les intelligibles premiers, elle a réalisé en elle les formes intelligibles acquises, excepté qu'il ne lui est pas possible de les consulter et de revenir en acte sur elles comme si elles étaient conservées en elle, de sorte qu'elle pourrait consulter en acte ces formes et les intelliger, et intelliger qu'elle les intellige. Elle s'appelle alors « intellect en acte » (*ʿaql bi l-fiʿl*), car c'est un intellect qui intellige dès qu'il le souhaite sans avoir besoin d'un processus d'acquisition, bien qu'il soit possible de l'appeler « intellect en puissance » en rapport à ce qui vient après. Parfois la relation est une certaine relation avec l'acte absolu, c'est lorsque la forme intelligée est présente en lui et qu'il la consulte en acte, et l'intellige en acte, et intellige qu'il l'intellige en acte ; alors ce qui est réalisé en lui s'appelle « intellect acquis » (*ʿaql mustafād*). Il n'est appelé « intellect acquis » que parce que – comme il nous apparaîtra bientôt –, l'intellect en puissance ne passe à l'acte qu'à cause d'un intellect toujours en acte, et que lorsque l'intellect en puissance entre en jonction d'une certaine manière avec cet intellect en acte, s'imprime alors en lui une certaine espèce de formes qui sont acquises de l'extérieur. Ce sont donc là les degrés des puissances qui sont appelées « intellects théoriques ». Avec l'intellect acquis, le genre animal et l'espèce humaine atteignent leur perfection. Là, la puissance humaine est devenue semblable aux principes premiers de toute l'existence (*Traité de l'âme du Shifāʾ*, éd. Anawati et Zayed, Le Caire, 1395/1975, I, 5, p. 39-40).

Texte 7

Sache que le savoir, qu'il soit obtenu par l'intermédiaire de quelqu'un ou [directement] par celui qui apprend, comprend des degrés divers. Parmi ceux qui cherchent à acquérir le savoir, certains sont plus enclins à la conception [intellectuelle], parce que leur disposition [*i.e.* l'intellect matériel], qui est antérieure à celle que nous avons évoquée, est plus puissante. Si l'homme possède cette disposition en lui-même et non grâce à un autre, cette disposition puissante s'appelle « intuition intellectuelle ». Cette disposition est plus développée chez certains hommes de sorte qu'ils n'ont pas besoin de beaucoup [d'efforts] pour se joindre à l'intellect agent, ni d'exercice, ni d'enseignement, mais ils ont une forte disposition pour cela ; comme si la disposition seconde était réalisée en eux, ou plutôt comme s'ils connaissaient toute chose d'eux-mêmes. Il s'agit là du plus haut degré que puisse atteindre cette disposition. Cette disposition de l'intellect matériel doit s'appeler « intellect saint » : elle est du même genre que l'intellect *in habitu*, excepté qu'elle est [d'un degré] très élevé et qu'elle n'est pas commune à tous les hommes (*Traité de l'âme du Shifā'*, éd. Anawati et Zayed, Le Caire, 1395/1975, V, 6, p. 219).

Texte 8

Le troisième degré consiste à avoir les intelligibles acquis en acte dans l'âme : l'âme est alors un intellect en acte. Ces intelligibles eux-mêmes sont appelés « intellect acquis » (*'Uyūn al-Ḥikma*, éd. Badawi, Le Caire, 1954, p. 43).

Texte 9

Si par « intellect matériel » on entend la disposition pure de l'âme, alors il subsiste en nous tant que nous demeurons dans le corps (*Traité de l'âme du Shifā'*, éd. Anawati et Zayed, Le Caire, 1395/1975, V, 6, p. 213).

Texte 10[1]

Quant aux intellects par homonymie, ce sont des dispositions de l'âme, tels l'intellect matériel et l'intellect *in habitu* : ce ne sont pas des puissances qui subsistent par soi (*Mubāḥathāt*, éd. Bidarfar, Qom, 1992, n° 866, p. 309).

Texte 11

L'âme humaine est d'abord principe d'intellection en puissance, puis devient principe d'intellection en acte. Tout ce qui passe de la puissance à l'acte ne le fait que sous l'impulsion d'une cause en acte. Il y a donc là une cause qui fait passer nos âmes de la puissance à l'acte à l'égard des intelligibles (*Traité de l'âme du Shifā'*, éd. Anawati et Zayed, Le Caire, 1395/1975, V, 5, p. 208).

Texte 12

Si les intelligibles ne sont pas constamment présents en acte auprès de l'intellect, c'est parce que notre âme en est vide. Si elle ne l'était pas, ils y seraient présents en acte, [seulement les intelligibles] ne disposent pas [dans l'âme] d'un dépôt comme la mémoire, car celle-ci a pour unique [objet] les sensibles. Tout au contraire, l'âme est tantôt en jonction, tantôt en disjonction, et la mémoire est la recherche de la disposition à la parfaite jonction (« Les notes d'Avicenne sur la "Théologie d'Aristote" », trad. G. Vajda légèrement mod., *Revue thomiste* 2 [1951], p. 406 ; *Tafsīr kitāb Uthulūjiyā min al-Inṣāf*, éd. A. Badawi, dans *Arisṭū 'inda-l-'arab*, Koweit, 1978, p. 73).

1. Ce même passage se trouve deux fois dans les *Mubāḥathāt*, *cf.* n° 613, p. 206.

Texte 13

Cette puissance s'appelle « intellect en acte », et ce qui la fait passer de l'*habitus* à l'acte parfait et aussi de l'intellect matériel à l'intellect *in habitu*, c'est l'intellect en acte ; il est le feu (*Le livre des directives et des remarques, Al-Ishārāt wa-l-tanbīhāt*, éd. S. Dunyā, 4 vol., Le Caire, 1957, IV, p. 327).

Texte 14

L'âme, si elle était elle-même la forme intelligible, deviendrait sans aucun doute autre chose qu'elle-même. Or, il n'en est rien, mais l'âme est ce qui intellige, et par « intellect », on entend seulement la puissance au moyen de laquelle [l'âme] intellige, ou encore les formes de ces intelligibles en elle. Puisque [ces formes] sont intelligées dans l'âme, l'intellect, ce qui intellige et l'objet de l'intellection ne sont pas une seule et même chose en nous (*Traité de l'âme du Shifā'*, éd. Anawati et Zayed, Le Caire, 1395/1975, V, 6, p. 213, l. 10-14).

Texte 15

Ce qui est dit de l'âme devenant elle-même les intelligibles relève de ce qui, d'après moi, est impossible. Car je ne comprends pas leur propos selon lequel une chose devient une autre chose ; et je ne peux concevoir comment cela peut être. Si cela signifie qu'elle quitte une forme pour en revêtir une autre, et qu'elle est une chose avec la première forme, puis une autre avec l'autre forme, alors, en vérité, la première chose n'est pas devenue la seconde chose ; mais la première chose a disparu et seul demeure son lieu d'inhérence ou une partie d'elle-même. Si tel n'est pas le cas, alors il convient d'examiner comment cela se produit : lorsqu'une chose devient une autre chose, alors – puisqu'elle est devenue cette autre chose – soit elle existe [encore], soit elle n'existe plus. Si elle existe [encore], alors cette autre seconde chose existe aussi ou n'existe pas. Si elle existe, alors il y avait là deux choses existantes et non une seule. Si elle n'existe pas, alors ce [premier] existant est devenu une chose non-existante et non une autre chose existante ; or cela est inconcevable. Si la première [chose] n'existe déjà plus, alors elle n'est pas devenue autre chose, mais elle a disparu au profit de la réalisation d'une autre chose. Comment l'âme deviendrait-elle les formes des choses ?

Celui qui a le plus divagué sur ce point est l'auteur de l'*Isagogè*. Il était enclin à s'exprimer à l'aide de discours imagés, poétiques et mystiques par lesquels lui et ses semblables se contentaient de vraisemblances [...] Oui, bien sûr, les formes des choses inhèrent dans l'âme, l'ornent et l'embellissent ; l'âme est comme un lieu pour elles par l'intermédiaire de l'intellect matériel. Si l'âme était la forme de l'une des choses qui existent en acte – la forme étant l'acte, étant essentiellement acte et n'ayant pas essentiellement une puissance réceptive, cette dernière étant seulement dans le réceptacle –, alors, nécessairement, l'âme n'aurait pas la puissance de recevoir une autre forme ou autre chose. Or, nous avons vu qu'elle recevait une autre forme, distincte de cette [première] forme. Et si cette autre [forme] n'était pas distincte de cette [première] forme, alors ce serait étrange. Car la réception et la non-réception seraient une même chose. Si elle en est distincte, alors nécessairement, si l'âme est elle-même la forme intelligible, elle devient donc autre chose qu'elle-même. Or il n'en est rien, mais l'âme est le sujet de l'intellection, et par « intellect » on n'entend seulement la puissance au moyen de laquelle elle intellige, ou encore les formes de ces intelligibles dans nos âmes (*Traité de l'âme du Shifā'*, éd. Anawati et Zayed, Le Caire, 1395/1975, V, 6, p. 212 [l. 10-20]-213).

Texte 16

[Quant à] ceux qui affirment que l'intellect, le sujet de l'intellection et l'objet d'intellection sont une seule et même chose, [cela] n'est vrai que pour l'intellect [agent]. Pour les choses autres que lui, l'intellect est une chose, le sujet de l'intellection une autre chose, l'objet de l'intellection une autre et la conception (*taṣawwur*) par l'intellect de l'intelligible [encore] une autre. Le propos d'Aristote, ici et dans d'autres endroits, selon lequel « l'intellect et l'objet de l'intellection sont une seule et même chose » signifie que la forme de l'objet de l'intellection qui s'imprime dans le sujet de la connaissance est semblable à la forme du sensible qui s'imprime dans le sens (*al-Ta'līqāt 'alā Ḥawāshī kitāb al-nafs li Arīṣṭāṭālīs*, éd. Badawi, dans *Arīṣṭū 'inda-l-'arab*, Koweit, 1978, p. 75-116, p. 105).

Texte 17

Lorsque l'âme s'anoblit, acquiert la puissance noble et se sépare du corps, elle obtient – lorsque les distractions disparaissent – plus rapidement que [par] l'intuition [ici-bas] ce qui s'obtient là-bas. Alors lui apparait le monde intelligible selon un ordonnancement [comprenant] les définitions des propositions ainsi que les intelligibles essentiels, sans les intelligibles temporels, et cela d'un coup (*Mubāḥathāt*, éd. Bidarfar, Qom, 1992, n° 237, p. 107).

Texte 18

Sache que le propos de celui qui établit qu'une chose devient une autre chose (sans qu'il s'agisse là d'un changement d'état ni d'une composition avec autre chose afin qu'une troisième chose en résulte) en tant qu'elle était une chose une et qu'elle est devenue une autre est un propos poétique et inintelligible. [...] Il t'apparaît clairement d'après cela, que tout ce qui intellige est une ipséité existante dans laquelle s'établit la certitude intellectuelle de la manière dont s'établit une chose dans une autre chose (*Le livre des directives et des remarques, Al-Ishārāt wa-l-tanbīhāt*, éd. S. Dunyā, 4 vol. Le Caire, 1957, II, p. 706).

Texte 19

Ces formes intelligibles sont des entités qui subsistent par soi (*umūr qā'ima fī anfusihā*). Chacune de ces formes est l'espèce d'une entité qui subsiste par soi. L'intellect regarde parfois dans leur direction et s'en détourne d'autres fois. Lorsqu'il regarde dans leur direction, elles lui apparaissent (*tamaththalat fīhi*) en lui et lorsqu'il se détourne d'elles, elles ne lui apparaissent pas. L'âme est donc comme un miroir et elles sont comme des choses extérieures, qui parfois se reflètent en lui et parfois ne s'y reflètent pas. Il en est ainsi en raison d'une relation (*nisba*) qui existe entre l'âme et ces formes ou [parce que] le principe agent (*al-mabda' al-fa"āl*) émane sur l'âme une forme après l'autre en fonction de la demande de l'âme et qu'il en est de telle sorte que lorsque l'âme se détourne de lui, alors cesse le flux (*Traité de l'âme du Shifā'*, éd. Anawati et Zayed, Le Caire, 1395/1975, V, 6, p. 217).

Texte 20

Cependant, l'opinion [d'Aristote] est que tout intellect qui passe de la puissance à l'acte le fait grâce à l'intellect agent, bien que l'intellect agent ne se joigne [à notre intellect] lors du passage de la puissance à l'acte ni avec sa totalité ni avec ses parties, mais que seule une trace qui l'imite (*yuḥākih*) advient dans le réceptacle des intelligibles. Quant à nous, nous ne passons à l'acte [qu'en recevant] un intelligible après l'autre. Il n'arrive jamais que nous nous unissions avec l'intellect agent et qu'il devienne la perfection en acte de quelque chose en nous (*al-Taʿlīqāt ʿalā Ḥawāshī kitāb al-nafs li Ariṣṭāṭālīs*, éd. Badawi dans *Ariṣṭū ʿinda-l-ʿArab*, Koweït, 1978, p. 92-93).

Texte 20 bis

Il est de la nature [de cette puissance] de devenir un monde intelligible, c'est-à-dire que soit réalisée en elle la forme de tout existant en tant qu'il est en soi intelligible, du fait qu'il est évidé (*li-khuluwwihi*) de la matière ou de ce qui, en soi, n'est pas intelligible ou plutôt de ce qui est forme dans une matière. Cependant, la puissance intelligible abstrait la forme [de l'existant] de la matière comme nous allons l'expliquer bientôt. Elle est donc à la fois créatrice (*khāliqa*) et agente (*fāʿila*) de formes intelligibles et réceptacle [de ces formes] en même temps.

Le monde est soit un monde intelligible soit un monde sensible. Tout monde n'est ce qu'il est que par sa forme. Lorsque sa forme est réalisée dans une chose telle qu'elle est en elle-même, alors cette chose est en elle-même un monde. Ainsi, l'intellect matériel est disposé à être le monde de l'universel (*ʿālam al-kull*), parce qu'il cherche à être semblable (*yatashabbah*) au monde intelligible et il est semblable par lui-même au monde sensible. La quiddité et la forme de toute chose existante sont donc en lui. Objection : soit il a en lui-même une existence faible, vile, semblable au non-être (*al-ʿadam*), et cela est comme la matière et le mouvement et le temps et l'infini ; soit il a une forte capacité de manifestation (*shadīd al-ḥuẓūr*) et il fait briller la puissance (*fa-yubahhar al-quwwa*), comme la lumière vive [le fait] pour la vision, comme le principe du tout et les choses intelligibles pures. Si le mode d'être de l'âme humaine dans la matière lui confère une faiblesse pour concevoir ces [substances] manifestes (*al-ẓāhirat*), excellentes par nature, alors on doute que lorsque [cette puissance intelligible] s'abstrait [du corps] elle puisse réellement connaître [ces substances] et qu'elle parvient à la ressemblance (*tashabbuhihā*) avec le monde intelligible, qui est la forme du tout pour le Créateur le Très-Haut, et [qui est] dans Sa science laquelle précède tout existant par essence et non selon le temps. Cette puissance qui est appelée matérielle est en puissance un monde intelligible dont la nature est de chercher à être semblable (*yatashabbah*) au principe premier (*Kitāb al-mabda' wa-l-ma*ᶜ*ād*, éd. Nurani, Téhéran, 1984, p. 97-98).

Texte 21

Tu sais que le mode de réception de l'âme rationnelle à l'égard de nombreuses choses a lieu suite à une activité effective (*taṣarruf fi'lī*) (*Traité de l'âme du Shifā'*, éd. Anawati et Zayed, Le Caire, 1395/1975, V, 2, p. 192).

Texte 22

Les intellects actifs ornent et parachèvent l'âme, qui est pour elles comme un enfant, car son intellectualité n'est pas substantielle, mais acquise (« Les notes d'Avicenne sur la "Théologie d'Aristote" », art. cit., trad. G. Vajda légèrement mod., p. 404-405; *Tafsīr kitāb Uthulūjiyā min al-Inṣāf*, p. 72).

Texte 23

L'analogie du miroir [est utilisée] parce que, parmi les choses corporelles, il est le plus semblable à l'âme qui tire profit des [substances] abstraites (Naṣīr al-Dīn al-Ṭūṣī, *Sharḥ al-Ishārāt wa-l-tanbīhāt*, éd. S. Dunyā, 4 vol., Le Caire, 1957, II, p. 375).

Texte 24

La relation de l'âme aux formes intelligibles est comme la relation de la matière aux formes d'une certaine manière. Bien qu'il y ait une différence entre elles comme cela a été évoqué dans *Le livre de l'origine et du retour*. Quant à sa relation à l'intellect matériel et à l'intellect en acte – j'entends [celle de] l'*habitus* – elle est à l'opposé de la relation de la matière à la forme, parce que, lorsqu'on ôte [à l'âme] les deux intellects, elle demeure ignorante; c'est-à-dire qu'elle n'est pas disposée à la réception des formes intelligibles. Quant à la matière, si on en ôte la forme, elle demeure disposée à sa réception (*Kitāb al-Mubāḥathāt*, éd. Bidarfar, Qom, 1992, n° 646, p. 217).

Texte 24 bis

Question :

On dit que « lorsque la forme intelligible est réalisée dans l'intellect [en puissance] [1], il ne perd pas [son caractère] de disposition pure [2]. Cependant, lorsqu'on envisage les choses une à une, alors on constate que la disposition disparaît lorsque l'acte est présent ». Je ne comprends pas comment [l'intellect en puissance] peut perdre [ce caractère de] disposition et perdurer ? Lorsque la forme se réalise dans la matière première, cette dernière conserve la puissance. Quelle est la différence entre eux ?

Voici sa réponse :

La disposition est un nom synonyme s'appliquant à l'une des quatre significations qui reçoit le nom de « possibilité ». C'est, parmi les significations de la possibilité, celle qui s'applique à la disparition de ce qui est possible. Si l'on compare à cela l'intellect en puissance [3] du point de vue selon lequel il conçoit la notion de triangle ou bien selon lequel il donne son assentiment à telle notion par exemple, et, que cette notion n'est pas présente en lui ; il y a là une disposition [à intelliger] cette notion. Lorsque cette notion est réalisée [en lui], il est impossible que la disposition pour cette notion perdure, à moins que cette chose n'ait ensuite disparu [4]. Quant à la disposition pure pour les intelligibles [5], il semble qu'elle n'ait pas de fin. En bref, pour nous, le passage à l'acte ne concerne pas tous les intelligibles en même temps ; on peut même dire que ni une grande partie d'entre eux ni [6] une multiplicité ne passe à l'acte en même temps (*Kitāb al-Mubāḥathāt*, éd. Bidarfar, Qom, 1992, n° 148-149, p. 85-86).

Texte 25

Lorsque l'âme se détourne de lui [*i.e.* de l'intellect agent] vers ce qui avoisine le monde corporel ou vers une autre forme, alors ce qui était imprimé en premier s'efface, comme si le miroir par lequel [l'âme] fait face (*yuḥādhī*) au côté de la sainteté avait été détourné de lui vers le monde de la sensation (*al-ḥiss*) ou vers autre chose parmi les choses saintes. Et cela n'appartient encore à l'âme que lorsqu'elle acquiert la disposition de la jonction (*Le livre des directives et des remarques, Kitāb al-Ishārāt wa-l-tanbīhāt*, éd. S. Dunyā, 4 vol., Le Caire, 1957, p. 376).

1. Il est question de l'intellect en puissance dans les paragraphes précédents, à partir de la question 142.

2. C'est la leçon de l'apparat, *al-istiʿdād al-muṭlaq*, l'éditeur a retenu une autre leçon : *maṭlaq al-istiʿdād*.

3. L'un des mss porte : du point de la modalité selon laquelle il a une disposition.

4. Le texte est peu clair, je traduis d'après le sens.

5. Je retiens la leçon de l'apparat.

6. Je retiens l'une des corrections ajoutées dans l'un des mss et signalées dans l'apparat.

Texte 26

Cette jonction [avec l'intellect agent] a une cause lointaine, c'est l'intellect matériel ; une cause qui se perfectionne (*quwwa kāsiba*), c'est l'intellect *in habitu ;* une cause qui a une disposition parfaite laquelle oriente l'âme du côté de l'illumination (*tuqbal al-nafs ilā jihati l-ishrāq*) dès qu'elle le souhaite grâce à un *habitus* possible, c'est celle qui est appelée « intellect en acte » (*Le livre des directives et des remarques, Kitāb al-Ishārāt wa-l-tanbīhāt*, éd. S. Dunyā, 4 vol., Le Caire, 1957, II, p. 377).

Texte 27

Ces formes intelligibles sont des entités qui subsistent par soi. Chacune des formes d'entre elles est l'espèce d'une entité qui subsiste par soi. L'intellect regarde parfois dans leur direction et s'en détourne d'autres fois. Lorsqu'il regarde dans leur direction, elles sont manifestées en lui et lorsqu'il se détourne d'elles, elles ne le sont pas. L'âme est donc comme un miroir et elles sont comme des choses extérieures, qui parfois se reflètent en lui et parfois ne s'y reflètent pas. Il en est ainsi en raison d'une relation qui existe entre l'âme et ces formes ou [parce que] le principe agent émane sur l'âme une forme après l'autre en fonction de la demande de l'âme ; et qu'il en est de telle sorte que lorsque l'âme se détourne de lui, alors le flux cesse (*Traité de l'âme du Shifā'*, éd. Anawati et Zayed, Le Caire, 1395/1975, V, 6, p. 217).

Texte 28

Lorsqu'il passe de l'ascèse au don, l'intime de son être (*sirruhu*) devient un miroir poli par lequel il fait face (*muḥādhiyan*) en direction du Vrai, et jaillissent alors sur lui les plaisirs véritables. Il se réjouit alors de son âme en ce qu'elle contient de trace du Vrai. Il a un regard vers le Vrai et un regard vers son âme. Il s'éloigne et revient (*Le livre des directives et des remarques, Kitāb al-Ishārāt wa-l tanbīhāt*, éd. S. Dunyā, 4 vol., Le Caire, 1957, IV, p. 833).

Texte 29

Les puissances animales assistent l'âme rationnelle de diverses manières. L'une d'elles est que les sens dans leur ensemble lui apportent les choses particulières à partir desquelles se réalisent quatre processus. Premièrement, l'intelligence (*al-dhihn*) abstrait les universaux simples à partir des choses particulières, et ce par l'abstraction de leurs intentions à partir de la matière et des conséquents matériels, en considérant ce qu'elles ont en commun et ce en quoi elles diffèrent, en distinguant l'essentiel de l'accidentel. De cela, l'âme obtient les principes de la conception (*taṣawwur*) grâce à l'assistance de l'imagination et de l'estimative. Deuxièmement, l'âme trouve des relations de négation et d'affirmation entre ces universaux simples. Lorsque la composition par négation et affirmation est évidente par elle-même, elle l'accepte ; lorsqu'il n'en est pas ainsi, elle la laisse de côté jusqu'à ce qu'elle découvre le moyen terme.

Troisièmement, elle acquiert les prémisses empiriques. Cela consiste, grâce à l'expérience sensible, à trouver l'attribution nécessaire d'un prédicat positif ou négatif à un sujet donné, ou à trouver la conséquence d'une conjonction positive ou négative; ou à trouver une disjonction positive ou négative sans opposition contradictoire. Ces relations ne sont pas valides parfois ou en vertu d'une comparaison, mais toujours, de sorte que l'âme accepte qu'il existe une relation entre ce prédicat et ce sujet, ou bien qu'il est de la nature du conséquent de suivre nécessairement cet antécédent, ou de lui être essentiellement contraire et non par hasard. Il s'agira donc d'une croyance obtenue à l'aide de l'expérience sensible et du raisonnement : de l'expérience sensible, parce que cela est observé et du raisonnement, parce que si cela était le fait du hasard, on ne le trouverait pas toujours ou dans la plupart des cas. C'est comme lorsque l'on juge que la scammonée est par nature un laxatif pour la bile, parce que nous l'avons souvent expérimenté et que notre raisonnement nous a conduit à établir que si c'était uniquement par hasard, cela n'arriverait qu'à certaines occasions. Quatrièmement, [l'âme acquiert] les faits rapportés auxquels l'assentiment est donné en raison de leur notoriété[1] (*Al-Najāt, al-Ṭabīʿiyyāt* [*Physique*] *Kitāb al-Nağāt*, éd. Daneshpaju, Téhéran, 1945, p. 371-373).

Texte 30

L'imagination que possède l'homme devient un lieu d'inhérence pour la raison [...], de sorte qu'il en tire profit pour les sciences. Sa mémoire est également utile pour les sciences, comme c'est le cas des expériences qui sont conservées par la mémoire et les observations particulières (*Traité de l'âme du Shifā'*, éd. Anawati et Zayed, Le Caire, 1395/1975, IV, 3, p. 162).

Texte 31

L'intuition est l'acte de l'intelligence par lequel elle saisit par elle-même le moyen terme; cette puissance de l'intuition est la vivacité d'esprit. Parfois le moyen terme est acquis par apprentissage, même si les premiers principes de l'apprentissage sont toujours obtenus grâce à l'intuition, puisque tout savoir peut être ramené en définitive à certains principes qui ont été découverts par les maîtres qui les ont ensuite transmis aux étudiants. Il est possible que l'homme trouve la vérité par lui-même et que le syllogisme se forme dans son intelligence sans [l'aide d'un] maître. L'intuition varie selon la quantité et la qualité. Quant à la qualité, c'est parce que chez certaines personnes, elle est plus rapide. Cette variation ne se limite pas, mais elle admet toujours l'augmentation et la diminution; elle s'arrête du point de vue de la diminution

1. Ce passage est dans le *Traité de l'âme du Shifā'*, mais nous avons préféré traduire la version de la *Najāt* qui est plus complète. Pour la trad. angl., *cf.* F. Rahman, *Avicenna's Psychology*, *op. cit.*, p. 54-55.

à celui qui n'a absolument pas d'intuition. Il faut donc qu'elle s'arrête du point de vue de l'augmentation à celui qui possède une intuition pour toute solution recherchée, ou pour la plupart, et à celui qui a une intuition dans le temps le plus court. Il est donc possible que l'âme de certaines personnes soit disposée en raison de l'intensité de sa pureté et de la puissance de sa jonction avec les principes intelligibles à être inspirée, c'est-à-dire réceptive en toute chose à l'intellect agent, de sorte que les formes qui sont dans l'intellect agent s'impriment en elle, soit d'un coup, soit presque d'un coup, et non en ce qu'elle les accepte en vertu d'une autorité, mais selon un ordre qui inclut les moyens termes ; car ce qui est accepté en vertu d'une autorité concernant les choses qui ne sont connues que par leur cause ne possède pas de certitude rationnelle. Il s'agit là d'une sorte de prophétie, ou plutôt de sa forme la plus haute, celle qui mérite le plus d'être appelée « puissance sainte ». C'est le degré le plus élevé des puissances humaines (*Traité de l'âme du Shifā'*, éd. Anawati et Zayed, Le Caire, 1395/1975, V, 6, p. 219-220).

Texte 32

Lorsqu'on entend par « la puissance de penser » [ce] qui recherche [l'acquisition de la science], alors elle appartient à la puissance rationnelle et relève de l'intellect *in habitu*, surtout lorsqu'il désire un perfectionnement et ne dépasse pas le degré de l'*habitus*. Si on entend par « la puissance de penser » celle qui se tourne vers les formes motrices, alors il s'agit de la [puissance] imaginative en tant qu'elle se meut avec le mouvement de la puissance intellective (*Mubāḥathāt*, éd. Bidarfar, Qom, 1992, n° 255, p. 111).

Texte 33

[L'obtention du moyen terme a lieu de deux manières], l'une d'elle c'est grâce au *ḥads*, lorsque le moyen terme est présent à l'esprit sans avoir été recherché ; il est obtenu en même temps que la conclusion. Le second moyen de l'obtenir, c'est en faisant des détours et en le recherchant. Le *ḥads* est une émanation divine et une jonction intellectuelle qui a lieu absolument sans acquisition. Certaines personnes atteignent un degré tel qu'il leur est presque possible de se passer de la pensée (*al-fikr*) pour la plupart [des choses] qui peuvent être connues. Ils ont [alors] la puissance de l'âme sainte (*al-nafs al-qudsiyya*) (*Mubāḥathāt*, éd. Bidarfar, Qom, 1992, n° 236, p. 107).

Texte 34

Question : étant donné que ce qui fait passer l'intellect de la puissance à l'acte est un intellect comme cela a été démontré parmi nous, quelle est la preuve que [l'intellect] entre en jonction avec [l'intellect séparé] après la séparation [d'avec le corps] ? Ici-bas – comme on peut le constater –, il ne peut que difficilement entrer en contact avec lui, et ce après consultation des formes qui sont dans l'imagination formative et l'usage de la pensée. C'est comme si la pensée établissait entre lui et cet [intellect] séparé une relation. Pourquoi en est-il ainsi ici-bas, ne passant à l'acte que selon cette condition, alors qu'après la séparation [d'avec le corps], il n'a plus besoin [de la pensée] ?

Réponse d'Avicenne : Notre intellect n'a pas besoin chaque fois qu'il entre en contact avec [l'intellect] séparé de l'imagination formative, mais seulement lorsqu'il recherche pour la première fois à acquérir les premiers universaux. Parfois, il s'aide aussi de l'imagination cogitative [1] dans certaines occasions en la détournant [de ses activités] de sorte qu'elle ne s'oppose pas [à son activité propre] et de sorte qu'elle soit plus disposée à y participer. Comme il le fait lorsqu'il consulte aussi les figures sensibles dans la considération de problèmes géométriques. Cette assistance est utile mais non nécessaire et elle ne concerne que ce qui est relatif aux sensibles réels ou [aux sensibles] mêlés. Celui qui a un intellect puissant peut rejeter cela et il ne s'aide pas des sens, et parfois il peut même se passer de l'imagination formative. Il ne particularise la notion [lorsqu'il la prend en considération] ni comme une entité sensible ni comme une entité imaginée. Celui qui construit des syllogismes a affaire pour son syllogisme, sa définition et sa description, à des [notions] qui sont universelles et qui ne sont pas l'objet de l'imagination. Celui qui est doté d'une intuition pénétrante obtient le moyen terme d'un coup, sans recherche ni pensée et sans l'assistance d'aucune puissance autre que celle de l'intellect. Toute jonction [avec l'intellect séparé] n'a pas lieu uniquement grâce à l'assistance de l'imagination formative, et toute âme humaine n'entre pas en jonction après la séparation [d'avec le corps] avec [l'intellect] séparé ; mais cela n'advient que si elle a déjà acquis [ici-bas] la capacité pour cette jonction. Circonscrire cette capacité, déterminer quand elle advient est difficile ; peut-être advient-elle lorsqu'il devient aisé de concevoir les notions séparées de la matière (*Mubāḥathāt*, éd. Bidarfar, Qom, 1992, n° 150-154, p. 87-88).

Texte 35

Les idées de toutes les choses existantes dans le monde, passées, présentes et à venir sont dans la Science du Créateur (*al-bārī*) et dans [celle] des anges intellectuels d'une certaine façon ; elles sont aussi présentes dans celle des âmes des anges célestes d'une certaine façon. Les âmes humaines ont une affinité plus grande avec ces substances angéliques [qu'avec les intellects séparés] en raison des corps sensibles. Là, il n'existe ni occultation (*iḥtijāb*) ni avarice (*bukhl*). Le voile ne provient que des récepteurs en raison soit de leur immersion dans les corps, soit à cause de ce qui les attire vers la direction inférieure (*Traité de l'âme du Shifā'*, éd. Anawati et Zayed, Le Caire, 1395/1975, IV, 2, p. 158).

1. Avicenne utilise le même terme, à savoir *khayāl*, mais il est clair qu'il fait ici référence aux deux imaginations, celle qui conserve les formes d'une part, et celle qui les compose d'autre part. Le fait qu'il use du même terme pour désigner les deux imaginations est fréquent et n'empêche pas qu'il ait en vue deux fonctions distinctes relevant de deux puissances distinctes.

Texte 36

Il arrive que l'imagination composante de certaines personnes soit créée extrêmement puissante et dominante de sorte que les sens ne puissent la soumettre et que la puissance formative ne se détourne pas de son service. [Il arrive] également que leur âme soit puissante et que le fait d'être tournée vers l'intellect n'empêche pas leur inclination vers les sens. Il advient à ceux-là ce qu'il advient aux autres à l'état de sommeil, concernant cet état dont nous parlerons plus tard et qui est l'état de la perception par le dormeur de choses cachées qu'il expérimente telles qu'elles sont en elles-mêmes ou par leurs symboles. [Pour ce qui est des prophètes], la même chose leur advient à l'état de veille. Tantôt au cours de cet état, s'absentent-ils complètement de [la perception] des sensibles et s'évanouissent-ils, et tantôt cela n'est pas le cas. Parfois, ils voient la chose telle qu'elle est (*bi ḥālihi*), et d'autres fois, ils se représentent un symbole de la chose pour la même cause que celle pour laquelle le dormeur se représente le symbole de ce qu'il voit. Quelquefois, une apparition leur apparaît (*shabaḥ*) et ils s'imaginent que ce qu'ils perçoivent est la transcription en paroles de cette apparition grâce à des paroles entendues qui sont apprises, puis récitées. Il s'agit là de la prophétie propre à l'imagination composante (*Traité de l'âme du Shifā'*, éd. Anawati et Zayed, Le Caire, 1395/1975, IV, 2, p. 154).

Texte 37

Il arrive que l'âme influe sur un autre corps, comme elle influe sur son propre corps, comme dans le cas du mauvais œil et des phénomènes d'hypnose (*al-wahm al-ʿāmil*). Lorsque l'âme est puissante et noble, semblable aux principes [séparés], alors l'élément matériel (*al-ʿunṣur*) présent dans le monde lui obéit et pâtit sous son influence, et ce qui était conçu en elle est alors présent dans l'élément matériel (*Traité de l'âme du Shifā'*, éd. Anawati et Zayed, Le Caire, 1395/1975, IV, 4, p. 177).

Texte 38

À la question :

« Aurons-nous après la séparation [d'avec le corps] l'aperception de notre essence particulière comme nous l'avons maintenant, ou bien aurons-nous l'aperception de notre essence absolue et non individualisée telle que nous en avons l'intellection maintenant, comme par exemple la notion générale d'âme ou d'homme ? »,

Avicenne répond : « Nous aurons l'aperception [de notre essence] individualisée par les états par lesquels elle s'est individualisée d'une individualisation nécessaire » (*Mubāḥathāt*, éd. Bidarfar, Qom, 1992, n° 893, p. 318)

Texte 38 bis

Après la séparation [d'avec le corps], il n'y a pas de doute que l'âme a l'aperception de soi, car l'aperception de soi n'est pas due à un organe corporel. Et le plaisir et la souffrance qu'elle éprouve sont en fonction de sa perfection et de son manque[1] (*Mubāḥathāt*, éd. Bidarfar, Qom, 1992, n° 641, p. 216).

Texte 39

L'âme raisonnable se transforme en un monde intelligible parallèle au monde existant tout entier, contemplant le Beau absolu, le Bien absolu, et le Beau qui est le Vrai absolu. Elle s'unit alors à Lui (*mutaḥḥida bihi*), reçoit l'empreinte de Sa forme (*muntaqisha bi-mithālihi*) et de sa disposition, pénètre dans sa voie et devient une part de Son essence (*Shifā'*, *Métaphysique*, éd. Anawati et Zayed, Le Caire, 1380/1960, IX, 2, IX, 7, p. 426).

Glossaire

L'âme humaine

nafs : âme
al-nafs al-aṣl : l'âme en tant que principe duquel procèdent les puissances
al-nafs al-bashariyya al-ᶜāmmiyya : l'âme humaine commune
al-nafs al-insāniyya : l'âme humaine
al-nafs al-juz'iyya : l'âme individuelle
al-nafs al-rūḥāniyya : l'âme spirituelle
al-nafs al-kulliyya : l'âme du tout

Son lien avec le corps

al-āla : l'instrument, le corps comme instrument de l'âme
al-furūʿ : les puissances de l'âme en tant que dérivées de l'essence de l'âme
al-mudabbira : l'ordonnatrice, l'âme comme ordonnatrice du corps
al-muṣarrifa : l'âme comme administrant le corps
al-thiyāb : le vêtement, le corps comme vêtement de l'âme
anṭalāshīyā : entéléchie/perfection
badan : corps organique

1. Nous adoptons l'une des variantes désignées par l'éditeur.

dābba : la monture, le corps comme monture de l'âme

hayūlā : matière première

jism : corps et le corps inanimé

kamāl : perfection
kamāl awwal : perfection première

mādda : matière
mamlaka : le royaume, le corps comme royaume de l'âme

quwwa : puissance
quwwa baᶜīda : puissance lointaine, pour la puissance seconde d'Aristote

rūḥ : pneuma

ṣūra : forme

taᶜalluq : l'attachement, la dépendance, le lien
tamām : perfection

Les facultés de l'âme

al-ʿaql al-ʿamalī : l'intellect pratique en tant que puissance innée de l'âme à gouverner le corps
al-ʿaql al-naẓārī : intellect théorique
al-quwwa al-ᶜāmila : la puissance qui agit
al-quwwa al-darrāka : la puissance appréhensive
al-quwwa al-ghaḍabiyya : la puissance irascible
al-quwwa al-ḥayawāniyya : la puissance animale
al-quwwa al-ḥissiyya : la puissance sensitive
al-quwwa al-muḥarrika : la puissance motrice
al-quwwa al-nabātiyya : la puissance végétative
al-quwwa al-nafsāniyya : la puissance de l'être animé
al-quwwa al-nuzūᶜiyya : la puissance appétitive
al-quwwa al-shahwāniyya : la puissance concupiscible
al-quwwa al-shawqiyya : la puissance appétitive qui comprend le concupiscible et l'irascible

Les sens

al-maḥsūs al-awwal ou *al-maḥsūs al-qarīb* : l'objet premier de la sensation
al-maḥsūsāt al-mushtarika : les sensibles communs
al-maḥsūs bi-l-ᶜaraḍ : sensible par accident
al-maḥsūs bi-l-ḥaqīqa : sensible réel

– *Les sens externes*

al-baṣar : la vue
al-dhawq : le goût
al-lams : le toucher
al-sam^{c} : l'ouïe
al-shamm : l'odorat

– *Les sens internes*

al-ḥiss al-mushtarak ou *banṭāsiyā* ou *markaz* ou *ribāṭ* : le sens commun
al-quwwa al-mufakkira : la puissance cogitative : l'imagination chez l'homme
al-quwwa al-muṣawwira ou *khayāl* ou *khāzin* : la puissance imaginative ou rétentive ou trésorière
al-quwwa al-mutadhakkira ou *al-ḥāfiẓa, al-dhākira* : la puissance remémorative ou conservatrice
al-quwwa al-wahmiyya – *mutawahhima* : la puissance estimative

– *Les objets des sens externes et internes*

al-ma^{c}*nā* : l'intention
al-ṣūra : la forme

La puissance rationnelle

al-awwaliyyāt : les premiers intelligibles
al-dhāt : l'essence
al-juz'iyyāt : les singuliers
al-kulliyyāt : les universaux
al-māhiyya : la quiddité
al-ma^{c}*qūlāt* : les intelligibles
al-nafs al-nāṭiqa : la puissance intellective
al-nār : le feu ; l'intellect agent est comparé au feu
al-nuṭq : rationalité
al-qubūl : la puissance de réceptivité de l'intellect
al-quwwa al-^{c}*ālima* : la puissance qui connaît
al-quwwa al-^{c}*aqliyya* : la puissance intellective
al-quwwa al-nāṭiqa : la puissance raisonnable
al-quwwa al-naẓarīya : la puissance spéculative
al-ṣuwār al-^{c}*aqliyya* : les formes intelligibles
al-ṣuwar al-sharīfa al-^{c}*aqliyya* : les formes intelligibles nobles
^{c}*aql* : intellect
al-^{c}*aql al-hayūlānī* : l'intellect matériel
al-^{c}*aql al-malakī* : l'intellect angélique
al-^{c}*aql al-mustafad* ou *muktasib* : l'intellect acquis
al-^{c}*aql al-qudsī* ou *al-quwwa al-qudṣiyya* : l'intellect saint
al-^{c}*aql-bi-l-fi*^{c}*l* : l'intellect en acte
al-^{c}*aql bi-l-malaka* : l'intellect *in habitu*
al-^{c}*aql-bi-l-quwwa* : l'intellect en puissance
athar / ta'thīr : la trace, l'impression, laissée par l'intellect agent
dhaw' : lumière de l'intellect agent/reçue par l'intellect agent
mir'at : miroir ; l'intellect humain est comme un miroir dans lequel se reflète l'intellect agent

mishkāt : niche ; l'intellect humain est comparé à une niche qui accueille la clarté de l'intellect agent

musta^{c}īd /isti^{c}dād : la disposition à recevoir l'impression de l'intellect agent

nūr : clarté de l'intellect agent/reçue par l'intellect agent

shams : soleil ; l'intellect agent est comparé au soleil

Théorie de la connaissance

al-^{c}ālam al-^{c}aqlī : le monde intelligible

al-^{c}ālam al-ḥissī : le monde du sensible

al-^{c}ālam al-khiyālī al-wahmī : le monde de l'imagination ou de l'estimative

'āqil / ma^{c}qūl : intelligeant/intelligé

faṭāna : intelligence/pénétration

ḥads : intuition intellectuelle

qiyās : syllogisme

ru'ya : évidence intellectuelle

tamyīz : discernement

ṭasawwur : conception

ṭaṣdīq : assentiment

yaqīn : certitude

Cosmogonie et rapport au monde sublunaire

al-^{c}arsh : le trône céleste

al-bārī : le Créateur

al-falak : la sphère céleste

al-ḥaqq al-awwal : le Vrai premier

al-^{c}ināya : la providence divine

al-mabda' al-awwal : le Principe premier

al-muḥīṭ : le ciel des fixes

mudabbir / tadbīr : ordonnateur/ordonnancer

wāhib al-ṣuwar : le donateur des formes

Angélologie

malak : ange

malakī : angélique

Prophétie

nabī : prophète

rasūl : prophète législateur

Eschatologie

al-ālām : douleur éternelle
al-bahja : béatitude
al-baqā' : la survie de l'âme après la mort du corps
al-fasad : la corruption du corps
al-halak : l'anéantissement
al-istikmāl : le perfectionnement de l'âme
al-jaḥīm : l'enfer
al-janna : le paradis
al-ladha al-quṣwā : la jouissance ultime
al-saᶜāda / *al-saᶜāda al-quṣwā* : bonheur ultime
al-thawāb : récompense
al-ᶜuqāb : châtiment

ittiḥād : union
ittiṣāl : conjonction

BIBLIOGRAPHIE

AL-KINDĪ, *Al-qawl fi-l-nafs al-mukhtaṣar min kitāb Ariṣṭū wa flāṭūn wa sā'ir al-falāsifā*, dans *Rasā'il al-Kindī al-falsafiyya*, éd. Abū Rīda, Le Caire, Dār al-fikr al-ʿarabī, 1950-1953.

AVERROÈS, *Talkhīṣ kitāb al-nafs*, éd. Ahmad Fouad El-Ahwani, Le Caire, Imprimerie Misr, 1987.

AVICENNE, *Al-Najāt, al-Ṭabīᶜiyyāt (Physique) Kitāb al-Nağāt*, éd. Daneshpaju, Téhéran, Pulication de l'Université de Téhéran, 1364/1945.

– « Les notes d'Avicenne sur la "Théologie d'Aristote" », trad. fr. G. Vajda, *Revue thomiste* 2, 1951, p. 346-406.

– *ʿUyūn al-Ḥikma*, éd. Badawi, Beyrouth, Dār al-fikr al-Kalam, 1980 (2 e éd.).

– *Kitāb al-Ishārāt wa-l-tanbīhāt*, éd. S. Dunyā, 4 vol., Le Caire, Dār al-maʿārif, 1957.

– *Shifā', Physique*, livre VI, *Traité de l'âme*, éd. G. Anawati, S. Zayed et I. Madhūr, Le Caire, al-Hay'a al-ʿāmma li-shu'ūn *al-Matābiʿ al-Amriyya*, 1395/1975.

– *Tafsīr kitāb Uthūlūjiyā min al-Inṣāf ᶜan al-Shaykh al-Ra'īs Abī ᶜAlī ibn Sīnā*, éd. A. Badawi, dans *Ariṣṭū ʿinda-l-ʿarab*, Koweit, Wikāla al-Maṭbūʿāt, 1978.

– *Al-Ta'līqāt ʿalā Ḥawāshī kitāb al-nafs li Arīṣṭāṭālīs*, éd. Badawi, dans *Ariṣṭū ʿinda-l-ʿarab*, Koweit, 1978 (2 e éd.).

– *Kitāb al-mabda' wa-l-maᶜād*, éd. Nurani, Téhéran, Institute of Islamic Studies, 1984.

– *Risāla fī ithbāt al-nubuwwāt*, éd. Marmura, Beyrouth, Édition Dār al-Nahar, 1991.

– *Al-Mubāḥathāt*, éd. Bidarfar, Qom, Intishārāt Baydār, 1992.

– *Al-Taʿliqāt*, éd. Badawi, Qom, Maktab al aʿlām al-islāmī fi al-hawza al-ʿilniyya, s.d.

ARISTOTE, *De la génération des animaux*, éd. et trad. P. Louis, Paris, Les Belles Lettres, 1961.

– *La Métaphysique*, trad. fr. J. Tricot, Paris, Vrin, 1986.

ELAMRANI-JAMAL, A., « Multiplicité des modes de la prophétie », *Études sur Avicenne*, Paris, Les Belles Lettres, 1984, p. 125-142.

GUTAS, D., « Intuition and Thinking : The Evolving Structure of Avicenna's Epistemology », *Princeton Papers : Interdisciplinary Journal of Middle Eastern Studies* 9, 2001, p. 1-38.

MARMURA, M. E., « Avicenna's Psychological Proof of Prophecy », *Journal of Near Eastern Studies* 22/1, janvier 1963, p. 49-56.

- Avicenna, « On the Proof of Prophecies and the Interpretation of the Prophet's Symbols and Metaphors », p. 112-121, trad. angl. M. Marmura, *in* R. Lerner et Muhsin Mahdi (eds.), *Medieval Political Philosophy : A Sourcebook*, Toronto, Agora Editions, 1963 [paperback reprint Cornell University Press, 1972].

NAṢĪR AL-DĪN AL-ṬŪṢĪ, *Sharḥ al-Ishārāt wa-l-tanbīhāt*, éd. S. Dunyā, 4 vol., Le Caire, Dār al-Ma'ārif, 1957.

PRADEAU, J.-F., *L'imitation du principe. Plotin et la participation*, Paris, Vrin, 2003.

RAHMAN, F., *Avicenna's Psychology*, Oxford, OUP, 1952.

- *Prophecy in Islam*, Chicago et Londres, The University of Chicago Press, 2011.

SEBTI, M., *Avicenne. L'âme humaine*, Paris, P.U.F., 2000.

- « Réceptivité et spéculation dans la noétique avicennienne », *in* D. De Smet, M. Sebti et G. de Callataÿ (éd.), *Miroir et savoir. La transmission d'un thème platonicien des Alexandrins à la philosophie arabo-musulmane*, Leuven, Presses Universitaires de Louvain, 2008, p. 145-187.

ROXANNE D. MARCOTTE

LA NOÉTIQUE D'ABŪ AL-'ABBĀS AL-LAWKARĪ[1]

Introduction

La diffusion des sciences philosophiques au Khurāsān est attribuée à l'astronome et philosophe Abū al-'Abbās (al-Faḍl Ibn Muḥammad) al-Lawkarī. Très peu de choses sont connues de sa vie, si ce n'est que sa famille était originaire de Lawkar (région de Marv), qu'il aurait été probablement disciple de Bahmanyār Ibn Marzubān (mort en 458/1066), l'un des collaborateurs et plus fidèles disciples d'Avicenne, que les noms de quelques-uns de ses élèves nous sont parvenus et, que vieux, il serait devenu aveugle et qu'il serait décédé à la suite d'une maladie que ses élèves ne surent guérir. Sa mort est généralement située, au plus tard, en 517/1123, mais tant les biographes que les manuscrits diffèrent sur la date exacte de son décès[2]. Par ailleurs, Lawkarī

1. Nous voudrions remercier tout particulièrement les pères Jean-Jacques Pérennès o.p., René-Vincent Guérin du Grandlaunay o.p., et Joseph d'Amécourt o.p. de l'Institut dominicain d'études orientales (IDÉO) du Caire pour leur accueil des plus chaleureux lors de nos séjours à l'IDÉO, ainsi que l'Université du Queensland (Australie) pour l'octroi d'un congé sabbatique de six mois en 2009 qui nous a permis de nous rendre au Caire et de compléter la majeure partie des recherches pour nos contributions à cet ouvrage.

2. Voir les notices de Ẓahīr al-Dīn Bayhaqī (m. 565/1169), *Ta'rīkh ḥukamā' al-islām* [ou *Tatimmat Ṣiwān al-ḥikma*], éd. par Muḥammad Kurd 'Alī, Damas, Maṭba'at al-taraqqī, 1947, p. 126.9-127.16, et de Shams al-Dīn Shahrazūrī (m. 687/1288), *Nuzhat al-arwāḥ wa rawḍat al-afrāḥ fī ta'rīkh al-ḥukamā' wa-l-falāsifa*, 2 vol., éd. par Khūrshīd Aḥmad, Haydarābād, Maṭba'at majlis dā'irat al-ma'ārif al-'uthmāniyya, 1396/1976, vol. 2, p. 54.12-55.12 ; voir également C. Brockelmann, *Geschichte der arabischen Litteratur. Zweite den Supplementbänden angepaßte Auflage* [2 Bd., 1937-1942, 3 Suppl., 1943-1949], Leiden, Brill, 1996, Bd. I, p. 240 ; voir les introductions de Dībājī aux éditions de la partie métaphysique et de la partie logique du *Bayān*, dans Lawkarī, *Bayān al-ḥaqq bi-ḍamān al-ṣidq : al-'ilm al-ilāhī* [désormais cité *BHi*], éd. Ibrāhīm Dībājī, Téhéran/Kuala Lumpur, International Institute of Islamic Thought and Civilization, ISTAC, 1373/1414/1995, p. 1-92 et Lawkarī, *Bayān al-ḥaqq bi-ḍamān al-ṣidq : al-manṭiq*. 1. *al-Madkhal*, éd. Ibrāhīm Dībājī, Téhéran, Amīr Kabīr, 1364/1985, p. 11-108 ; *cf.* R.D. Marcotte, « Preliminary

aurait toujours été en vie en 503/1109, date de l'explicit du plus ancien manuscrit qui contient une version des *Taʿlīqāt* (Notes) d'Avicenne et leur *Fihrist*, où il y est fait mention que Lawkarī rédigea cette table des matières en 503/1109[1].

On connaît également les titres de certains des écrits de Lawkarī[2]. Deux de ses ouvrages nous sont parvenus, à partir desquels il est possible d'esquisser quelques éléments de sa noétique. Le *Bayān al-ḥaqq bi-ḍamān al-ṣidq* (*Élucidation de la réalité garante de la vérité*), rédigé en arabe, est l'ouvrage le plus volumineux. Cette somme philosophique a joui d'une évidente popularité, surtout la partie métaphysique[3], mais également la partie logique[4]. Par contre, de la partie physique n'ont survécu que deux manuscrits, dont un seul, rédigé en 601/1204 (et possiblement corrigé à partir de l'autographe), contient l'intégralité de la physique, et du *Livre sur l'âme* (*Kitāb al-nafs*) qui s'y trouve[5]. Toutefois, son utilisation demeure quelque peu problématique. Dans le préambule de la physique, Lawkarī note qu'il a rédigé un résumé des ouvrages d'Aristote tels que les a commentés Avicenne. Dans le *Livre sur l'âme*, il reprend, le plus souvent presque verbatim, une grande partie des propos du *Livre sur l'âme* du *Shifāʾ* (De la guérison) d'Avicenne. À la différence de

Notes on the Life and Work of Abū al-ʿAbbās al-Lawkarī (d. *ca.* 517/1123) », *Anaquel de Estudios Árabes* 17, 2006, p. 133-157, en part. p. 133-141. Signalons la traduction de l'introduction (*madkhal*) de la métaphysique du *Bayān* sur laquelle Meryem Sebti et Jules Janssens travaillent présentement.

1. Ibn Sīnā, *al-Taʿlīqāt*, éd. par ʿAbd al-Raḥmān Badawī (réimp. de l'édition de 1973), Qum, Maktab-i al-iʿlām al-islāmī, 1984, p. 9.4-9.

2. R. D. Marcotte, « Preliminary Notes », art. cit., p. 141-152.

3. La métaphysique du *Bayān* est rédigée, comme le mentionne Lawkarī dans la préface de la physique et de la logique, à partir de différents passages repris du *Shifāʾ* d'Avicenne et du *Taḥṣīl* (rédigé à Isfahan entre 415/1024 et 428/1037) de Bahmanyār Ibn Marzubān, mais également, entre autres, des ouvrages de Fārābī (ou ceux qui lui sont attribués) et de l'*Inṣāf* perdu d'Avicenne. Dībājī relève de nombreux passages repris du *Shifāʾ*, *cf.* Lawkarī, *Bayān*, *op. cit.*, p. 111-231. Plus récemment, de nombreux autres passages de la paraphrase-commentaire de la partie métaphysique du *Bayān*, souvent repris verbatim du *Taḥṣīl* de Bahmanyār Ibn Marzubān, ainsi que de l'*Inṣāf*, ont été identifiés dans l'importante étude de J. Janssens, « Al-Lawkarī's Reception of Ibn Sīnā's *Ilāhiyyāt* », *in* D.N. Hasse et A. Bertolacci (dir.), *The Arabic, Hebrew and Latin Reception of Avicenna's Metaphysics*, Berlin, De Gruyter, 2012, p. 7-26, en part. p. 11, 14-19.

4. Si on en juge par le nombre de manuscrits qui nous sont parvenus. Dans l'*Isagoge*, le premier livre de la partie logique du *Bayān*, Lawkarī procède comme pour la métaphysique ; Dībājī a également relevé de nombreux passages repris de différents textes d'Avicenne (le *Shifāʾ*, les *Ishārāt*, le *Najāt* et le *Manṭiq al-mashriqiyyīn*) et de Bahmanyār Ibn Marzubān (le *Taḥṣīl*), *cf.* Lawkarī, *Bayān : al-manṭiq*, *op. cit.*, p. 111-231.

5. Lawkarī, *Bayān al-ḥaqq bi-ḍamān al-ṣidq, al-ṭabīʿiyyāt*, Téhéran, Bibliothèque centrale de l'Université de Téhéran, manuscrit 250, *Kitāb al-nafs* [le *Livre sur l'âme* ; désormais *BHtn*] (livre 6), fol. 137r. 2-159r. 21, ouvrage qu'il faut comparer avec le manuscrit de Paris dont, malheureusement, la partie physique demeure incomplète, ne contenant pas, entre autres, la section sur l'âme, *cf.* Lawkarī, *Bayān al-ḥaqq bi-ḍamān al-ṣidq, al-ṭabīʿiyyāt*, Paris, Bibliothèque nationale, Fonds arabe, manuscrit 5900, 1v. 1-129v. 11 ; *cf.* R.D. Marcotte, « Preliminary Notes », art. cit., p. 143.

Bahmanyār Ibn Marzubān qui, dans son *Taḥṣīl* (*Du résultat*)[1], commente, voire révise plusieurs des thèses avicenniennes, Lawkarī ne propose pas de similaires réflexions personnelles dans son *Livre sur l'âme*. Il ne s'agirait pas non plus d'une paraphrase-commentaire, comme cela est le cas pour plusieurs passages de la partie métaphysique[2]. Cela ne devrait pas surprendre d'un disciple dont l'histoire n'a retenu presque rien, si ce n'est qu'il fut l'un des transmetteurs de la tradition avicennienne au Khurāsān.

Il s'avère donc fort utile de recourir au *Sharḥ-i qaṣīda-yi Asrār-i al-ḥikma*[3] (Commentaire de la *qaṣīda Les secrets de la sagesse*) de Lawkarī, pour y déceler, sinon de possibles innovations doctrinales en noétique, peut-être une présentation plus personnelle des thèses qui l'ont tout particulièrement interpellé[4]. Lawkarī rédige ce commentaire sur sa propre *qaṣīda* (poème) l'*Asrār al-ḥikma* (tous deux en persan) pour en expliquer le contenu scientifique (*SQAH*, 12.6-8 et 12.18)[5]. La *qaṣīda* et le commentaire qui l'accompagne ont tous les deux une facture résolument pédagogique, l'objectif étant d'y présenter un condensé des plus importantes thèses avicenniennes[6]. La *qaṣīda* de Lawkarī ainsi que son

1. Bahmanyār Ibn Marzubān, *al-Taḥṣīl*, édité et commenté par Murtaḍā Muṭahharī, Téhéran, Sāzimān-i intishārāt wa chāp-i Dānishgāh-i Tihrān, 1349/1970, p. 721-837 [2e éd. ; Intishārāt-i Dānishgāh-i Tihrān, 1375/1995].

2. J. Janssens, « Al-Lawkarī's Reception », art. cit., p. 12-13.

3. Abū al-'Abbās, *Sharḥ-i qaṣīda-yi Asrār-i al-ḥikma* [désormais *SQAH*], texte établi par Ilāhah Rūḥī-Dil, éd. sous la dir. de Muḥammad-Rasūl Daryāgasht et Riḍā Pūrjavādī, Téhéran, Markaz-i nashr-i dānishgāhī, 1382/2002, p. 12-103

4. Éléments d'analyse présentés à la Société internationale d'études iraniennes (ISIS), Montréal, en août 2014, dans une communication intitulée « Another Persian *De anima* – the *Asrār al-Ḥikmat* of Lawkarī (end of 11th c.) ». Les cinquante vers des *Ṭabī'iyyāt* (physique) abordent les sujets suivants (*SQAH*, 37.1-66.21) : la psychologie (la mixtion [*mizāj*], l'âme comme substance et la contingence de son existence, l'individualité de l'âme et la relation qu'elle entretient avec le corps), la noétique (les intelligences), la cosmologie (sphères, mouvements, inclinaison naturelle, émanation des intelligences célestes, intelligences agentes [*fa''āl*], l'« ordre » divin, le donateur des formes [*wāhib al-ṣuwar*], et la dixième intelligence), la météorologie, l'astrologie, la génération et la corruption, l'origine des espèces, et la théurgie, *cf.* R. D. Marcotte, « Notes lexicographiques sur la *Physique* de la *Qaṣīdah-yi asrār-i al-ḥikma* d'Abū al-'Abbās al-Lawkarī (m. après 503/1109) », *in* A. Panaino et R. Zipoli (eds.), *Proceedings of the 5th Conference of the Societas Iranologica Europaea* [6 au 10 octobre, 2003, Université de Bologne, Ravenne, Italie], 3 vol., Milano, Mimesis, 2006, vol. 2, p. 75-91 ; *cf.* R. D. Marcotte, « Preliminary Notes », art. cit., p. 148-150 ; voir l'étude comparative de la poésie de Nāṣir-i Khusraw et de Lawkarī d'A. C. Hunsberger, « Cosmos into Verse : Two Examples of Islamic Philosophical Poetry in Persian », *in* O. Ali-de-Unzaga (ed.), *Fortress of the Intellect : Ismaili and other Islamic Studies in Honour of Farhad Daftary*, London, I.B. Tauris, in association with the Institute of Ismaili Studies, 2011, p. 343-368.

5. Lawkarī, *Sharḥ-i qaṣīda-yi Asrār-i al-ḥikma, op. cit.*, p. 1-11 [*qaṣīda*] et p. 12-103 [*qaṣīda* et commentaire] ; *cf.* Lawkarī, « *Sharḥ-i qaṣīda-yi Asrār al-ḥikma* » [édité par Ibrāhīm Dībājī], in *Manṭiq wa mabāḥith al-alfāẓ* (*Majmū'a-yi mutūn wa maqālāt-i taḥqīqī*), éd. Mahdī Muḥaqqiq et Toshihiko Izutsu, rééd. de 1353/1973, Téhéran, Intishārāt wa chāp-i Dānishgāh-i Tihrān, 1370/1990, p. 109-135 ; *cf.* R. D. Marcotte, « Preliminary Notes », art. cit., p. 150-152.

6. Lawkarī cherche à susciter l'intérêt pour ces sciences chez les novices et chez ceux qui auraient une inclination pour ces sciences, à rappeler aux spécialistes les thèses les plus importantes, tout comme certaines difficultés et leurs solutions pour que ceux-ci puissent s'y référer et

commentaire contiennent, entre autres, quelques éléments de noétique, telles les multiples mentions du rôle de l'intuition intellectuelle (*ḥads*) et l'accent mis sur la nature intelligible des âmes rationnelles [1].

L'ÂME HUMAINE

Sa nature

Pour tout ce qui relève de la démonstration (*ithbāt*) de l'existence (*wujūd*) de l'âme, de sa substantialité (*jawhariyya*), de son immortalité (*baqā*) et de ses autres conditions, Lawkarī renvoie aux ouvrages des Anciens (Grecs) et des auteurs arabes (*SQAH*, 44.20-2) [2]. Il se contente de noter que toute âme est la perfection d'un corps physique (*kamāl-i jism*), qu'il s'agisse des âmes des sphères célestes (*SQAH*, 44.3-11) ou des âmes sublunaires. Cependant, son rapport à l'intellect demeure d'une tout autre nature. L'âme désire (*tashawwuq*) l'intellect et veut lui ressembler (*tashabbuh*), car elle « veut devenir parfaite (*kāmil*) comme l'intellect » (*SQAH*, 43.23-44.7) [3].

Dans l'*Asrār*, Lawkarī préfère plutôt s'attarder à un des attributs (*ṣifāt*) de l'âme, soit celui de sa nature intelligible, notant que « l'âme est un être intelligible (*mawjūdī-i maʿqūl*), séparé (*mufāriq*) [de la matière], et rien de ce qui appartient aux notions qui peuvent être rattachées aux corps physiques (*maʿānī-i jism*) n'a de relation avec elle » (*SQAH*, 44.23-4). Cette âme rationnelle ne peut donc pas être un corps matériel, ou ce qui entretiendrait une relation avec un corps matériel, car ce dernier est divisible, alors que l'âme rationnelle ne peut pas l'être.

À la différence des intellects agents (*ʿuqūl-i faʿʿāl*) ou des anges, qui sont des êtres possibles générés (*ibdāʿī*) qui ont une relation (*taʿalluq*) avec leur « propre cause et subsistent par celle-ci sans l'intermédiaire des matières » (*SQAH*, 50.1-4 et 50.17) [4], les substances intelligibles (*jawāhir-i maʿqūl*) des âmes humaines (*basharī*) sont des êtres possibles instaurés (*ḥādith*). Quoique l'âme soit un être possible instauré (*mumkin-i ḥādith* et *imkān-i wujūd*) dont l'existence est liée à l'instauration (temporelle) du corps auquel elle est attachée (*SQAH*, 50.9-10), la possibilité de son existence ne se trouve en aucun cas dans

s'exercer et, enfin, à permettre, à ceux qui parviendront à maîtriser ces connaissances, l'acquisition des principales vertus (*faḍā'il*) humaines (*SQAH*, 12.6-10).

1. Éléments d'analyses présentés à l'Association américaine des Middle East Studies (MESA) à Denver (É.-U.) en décembre 2012 dans une communication intitulée « Abu al-ʿAbbās al-Lawkarī (d. after 503/1109) on the Intellect ».

2. Dans le *Livre sur l'âme* du *Bayān* par exemple, Lawkarī reprend textuellement presque l'ensemble des thèses du *Shifā'*.

3. *Cf.* J. Janssens, « Al-Lawkarī's Reception », art. cit., p. 18-19.

4. Dans le Coran (2 : 117), la notion d'*ibdāʿ*, tirée de la même racine que *badīʿ*, est associée à l'acte créateur primordial de Dieu : « Sois ! (*kun*) »

la matière même de ce corps, mais réside plutôt dans son essence (*dhāt*), cette dernière étant possible et nécessaire en soi par sa cause (*SQAH*, 50.14-19). Lawkarī semble bien préoccupé par la nature intelligible de l'âme, et sur laquelle il reviendra lorsqu'il abordera le sort posthume des âmes humaines [1].

Plus loin, Lawkarī discute des rapports qui existent entre les intellects séparés et le mouvement des sphères célestes. La démonstration du rapport qui doit exister entre la cause et l'effet lui permet d'affirmer que c'est ce même type de rapport qui sert à établir l'éternité de l'âme (*baqā-yi nafs*). L'âme perdure après sa séparation du corps en raison de sa cause qui est elle-même éternelle : « c'est-à-dire que, par le donateur de formes [sa cause], il devient nécessaire que l'âme soit éternelle (*abadī* et *sarmadī*) » (*SQAH*, 97.7-10), démonstration qu'il affirme être répandue.

Son lien avec le corps

L'âme humaine se conçoit comme la perfection d'un corps physique (*kamāl-i jism*) qu'elle meut, en quête de sa propre perfection (*SQAH*, 43.1-44.11). Pour cette raison, l'âme humaine doit être associée à un corps physique, puisque l'actualisation de son intellect matériel dépend de celui-ci. Les perceptions sensibles et, par la suite, les perceptions intelligibles lui sont nécessaires pour l'acquisition graduelle de la connaissance et, ultimement, l'atteinte de sa félicité. Lawkarī compare la dépendance de l'âme à l'égard de ses différentes facultés – ses « servantes » – à l'artisan qui possède un métier (*ṣinā'atī*) particulier dont l'exécution dépend de ses instruments (*ālāt*) et de ses outils (*adawāt*) (*SQAH*, 47.3-6 ; *cf.* 46.22-23).

La dépendance de l'âme à l'égard du corps, à l'origine, pour son instauration, mais également, par la suite, pour l'acquisition de la connaissance n'implique nullement que l'âme participe, de quelque manière que ce soit, à la matérialité de ses différentes facultés ou puissances. Alors que l'âme humaine occupe le même lieu (*bi yik jā ast*) que la matière du corps, dans le monde de l'âme, elle ne se trouve pas dans cette matière, elle n'est pas imprimée (*munṭabi'*) dans celle-ci et elle ne coïncide (*munṭabaq*) pas avec celle-ci. L'âme demeure une substance distincte de la substance du corps. De nouveau, Lawkarī ne s'étend pas, dans l'*Asrār*, sur ces thèses qu'il considère avoir déjà été démontrées dans les ouvrages traitant de la « science de l'âme » (*SQAH*, 50.15-17) [2].

1. Voir *infra*, p. 327-330.

2. Dans le *Shifā'* (métaphysique, II), le terme *iḥdāth* semble être plus générique, alors que le terme *ibdā'* serait plus spécifique et désignerait la production d'étants éternels et incorruptibles sans intermédiaire (*khalq* et *takwīn* sont également utilisés), *cf.* M. İskenderoğlu, *Fakhr Al-Dīn Al-Rāzī and Thomas Aquinas on the Question of the Eternity of the World*, Leiden, Brill, 2002, p. 46, n. 174 ; J. Janssens, « Creation and Emanation in Ibn Sīnā », *Documenti e Studi Sulla Tradizione Filosofica Medievale* 8, 1997, p. 455-477.

Les facultés de l'âme

Dans l'*Asrār*, Lawkarī ne s'attarde pas à la présentation ou la discussion de l'ensemble des facultés dont l'âme dispose. Il se contente de mentionner seulement quelques-unes d'entre elles, ou d'y faire allusion. Dans un long passage, par exemple, il explique que tout changement ou défectuosité de la mixtion (*mizāj*) affecte les puissances de l'être animé (*quwwā-yi nafsānī*) – incluant la puissance d'appréhension (*qūwat-i mudrika*) liée aux sens internes – qui sont toutes au service de l'âme rationnelle (*SQAH*, 45.21-46.21). Cependant, Lawkarī mentionne que toutes les puissances de l'âme rationnelle sont localisées dans le cerveau (*SQAH*, 48.8) et que celles-ci peuvent, lorsque la mixtion du corps se dérègle, influencer négativement les activités de l'intellect et de la volonté (*irāda*), également du ressort de l'âme rationnelle (*nafs-i nāṭiqa*), comme cela se produit, par exemple, lors d'un délire (*sarsām*) ou d'une autre maladie du cerveau (*SQAH*, 46.22-47.10). Lawkarī note que la puissance estimative (*wahm*) est localisée dans le cerveau (*SQAH*, 48.11) et fait allusion à la puissance conservatrice de l'âme humaine, lorsqu'il note que l'ensemble des notions abstraites (*maʿānī*) et des intelligibles qui sont préservés (*maḥfūẓāt*) par l'âme lui demeurent toujours accessibles (*SQAH*, 48.15-18). Plus loin, il ajoute que l'âme, tout comme les produits de la puissance estimative (*awhām*), peut avoir, d'une part, une influence sur le corps, sur sa mixtion, sa nature (*ṭabīʿat*) et sa manière d'être[1], par exemple, lors de l'expérience d'une joie extrême, de la colère, de la peur, de la gêne ou de la tristesse, et que l'âme peut, d'autre part, être affectée par les influences extérieures que peut subir le cerveau en raison de la relation de désir (*ishtiyāqī*) que l'âme entretient avec la nature (*ṭabīʿat*) et la mixtion (*mizāj*) auxquelles elle est rattachée (*SQAH*, 51.14-52.2). Par conséquent, l'intime relation qui lie l'âme au corps physique devient cause de l'existence d'une réciprocité d'influences qui s'exercent de l'un à l'autre.

LA FACULTÉ RATIONNELLE

La relation âme/intellect

Lawkarī inclut une longue discussion pour réfuter la possibilité que tout ce qui est matériel puisse entretenir une quelconque relation avec l'âme humaine rationnelle (*nafs-i nāṭiqa*), qui n'est autre, écrit-il, que son intellect (*ʿaql*) (*SQAH*, 48.22-3). L'âme rationnelle est indivisible puisqu'elle est un intelligible simple (*maʿqūl-i basīṭ*), d'autant plus que le lieu d'inhérence des intelligibles (*maḥāll-i maʿqūlāt*) ne peut pas être corporel (*SQAH*, 44-25-45.8). Par conséquent, l'âme ne peut pas être engendrée à partir de la mixtion (*mizāj*),

1. Nous lisons *hay'at*, plutôt que *haybat* (*SQAH*, 52.2).

être elle-même la mixtion ou être un des accidents de cette mixtion, car la présence de tous ces états, qui dépendent du corps physique et qui sont soumis au changement, impliquerait une nécessaire altération de l'essence (*māhiyya*) de l'âme (*SQAH*, 45.9-48.13).

L'âme rationnelle, un être intelligible en soi (*SQAH*, 44.23-4), possède deux types d'activités qui sont reliés à sa nature propre et aux puissances corporelles qu'elle gouverne (*taṣarruf*). Le premier type d'activités de l'âme rationnelle est, en quelque sorte, propre à son essence (*bih dhāt*) et lié à sa nature intelligible. L'âme rationnelle est en mesure de saisir (*idrāk*) et de représenter (*taṣawwur*) les intelligibles (*ma'qūlāt*), de percevoir ces représentations (*taṣawwurāt*), de disposer (*taṣarruf*) des notions abstraites (*ma'ānī*) et de distinguer le vrai du faux (*SQAH*, 47.11-13, 47.25 et 48.2-3). Le second type d'activités de l'âme rationnelle s'accomplit par l'intermédiaire des instruments (*ālāt*) corporels. Ce sont les sens externes et internes avec lesquels l'âme humaine est en mesure de saisir les sensibles (*maḥsūsāt*) et d'appréhender les produits des puissances imaginative (*mutakhayyalāt*) et estimative (*mawhūmāt*) (*SQAH*, 47.14-18 et 48.12). La relation d'interdépendance qui lie corps et âme sert également à expliquer les influences des états du corps sur l'âme rationnelle, sans pour autant que cela affecte, transforme ou altère sa nature intelligible (*SQAH*, 47.25-48.3).

Les différents degrés d'actualisation de l'intellect humain

Les différents degrés d'actualisation de l'intellect humain de la tradition avicennienne ne posent aucune difficulté qui mériterait d'être soulevée, discutée ou élucidée par Lawkarī, dans l'*Asrār*. Il n'y inclut donc aucune discussion. Dans le *Livre sur l'âme* du *Bayān*, il ne reprend également pas les longs développements sur les différents degrés d'actualisation de l'intellect qui se trouvent dans le *Shifā'*, se contentant de n'en fournir qu'une énumération succincte : intellect matériel, intellect *in habitu*, intellect acquis, intellect en acte et intellect saint[1].

Lawkarī se contente de noter que l'intellect matériel (*al-hayūlānī*) constitue la disposition des âmes rationnelles à acquérir les intelligibles (*ma'qūlāt*). L'intellect *in habitu* (*bi-l-malaka*) permet à l'âme d'accéder aux premiers intelligibles (*al-ma'qūlāt al-awwal*), étape préliminaire de l'acquisition des seconds intelligibles (*al-thawānī*) que l'âme rationnelle ne sera en mesure d'acquérir qu'au moyen de ses capacités de réflexion (*fikr*) et d'intuition intellectuelle (*ḥads*). L'intellect acquis (*al-mustafād*) représente le stade d'actualisation de l'intellect qui lui permet de rendre présentes les formes intelligibles (*al-ṣuwar*

1. Lawkarī, *BHtn*, fol. 137r. 2-159r. 21, en part. fol. 157r. 26-157v. 4 ; *cf.* Avicenne, *al-Shifā'. al-Ṭabī'iyyāt. 6. Kitāb al-nafs*, texte établi et édité par G. C. Anawati et Sa'īd Zāyid, revu et précédé d'une préface par Ibrahim Madkour, Le Caire, al-Hay'a al-miṣriyya al-'āmma li-l-kitāb, 1394/1974, V, 6, 215.14-219.10.

al-maʿqūla) qu'il a alors le loisir d'examiner en acte, d'intelliger en acte, voire d'intelliger le fait qu'il les intellige. À ce stade d'actualisation, l'intellect est passé de la potentialité à l'actualité. Le quatrième intellect est l'intellect en acte (*bi-l-fiʿl*) qui n'a plus besoin de se tourner vers les intelligibles pour en prendre connaissance, mais qui peut maintenant y avoir accès comme bon lui semble (ceux-ci ayant été préservés dans la puissance conservatrice) [1]. Suite à ces propos très succincts sur les différentes dimensions de l'intellect, Lawkarī reprend verbatim l'ensemble des discussions du *Shifā'* sur l'intuition intellectuelle (*ḥads*), de son rapport à l'intellect saint (*ʿaql qudsī*) – dernier et plus élevé stade d'actualisation de l'intellect humain – et de son rôle dans la prophétie [2]. Il faut noter qu'en dépit du fait que l'*Asrār* ne mentionne pas explicitement l'intellect humain angélique ou l'intellect humain saint qu'Avicenne associe au stade le plus élevé et le plus noble de l'intellect humain, Lawkarī fait cependant allusion à un degré d'intellect humain angélique lorsqu'il attribue le caractère de saint (*qudsī*) à l'intuition intellectuelle (*ḥads*), elle-même associée au stade d'actualisation le plus élevé de l'intellect humain [3].

L'intellect agent

La nature de l'intellect agent

Dans l'*Asrār*, Lawkarī ne s'étend pas sur la nature de l'intellect agent (*ʿaql-i faʿʿāl*), principe qui demeure extrinsèque à l'âme humaine. Il note seulement que cet intellect est le dernier des intellects agents (*ʿuqūl-i faʿʿāl*) ou intelligences célestes (*SQAH*, 89.9). L'intellect agent, dont il est ici question, semble bien correspondre à la dernière, et dixième, intelligence de la cosmologie avicennienne, l'intellect agent le plus éloigné de l'Être nécessaire (*wājib-i al-wujūd*). L'intellect agent qui agit sur le monde sublunaire demeure l'intermédiaire entre ce monde et le monde supra lunaire et l'Être nécessaire, tout comme le sont, à différents degrés, l'ensemble des intellects agents ou intelligences célestes (*SQAH*, 88.25-89.2) [4].

1. Lawkarī, *BHtn*, fol. 157r. 26-157v. 5.

2. Lawkarī, *BHtn*, fol. 157v. 2-19 ; *cf.* Avicenne, *al-Shifā', al-Ṭabiʿiyyāt. 6. al-Nafs*, V, 6, 219.10-220.13.

3. Voir *infra*, p. 320-321.

4. Voir *infra* p. 323. L'ensemble des discussions sur les intellects agents et patients de l'âme humaine du *Livre sur l'âme* du *Bayān* est repris du *Shifā'*, *cf.* Lawkarī, *BHtn*, fol. 156r. 15-19 ; *cf.* Avicenne, *al-Shifā', al-Ṭabiʿiyyāt. 6. al-Nafs*, V, 5, 208.1-211.12.

Le mode d'action de l'intellect agent

Le dernier des intellects agents, en tant qu'intellect du monde des éléments (*'unṣurī*), agit sur l'âme humaine (*SQAH*, 89.9). En tant que donateur des formes (*wāhib-i ṣuwar*), cet intellect agent procure – par effusion (*fayḍ*) – les formes (intelligibles) que l'âme rationnelle humaine requiert pour développer et constituer l'ensemble des connaissances et des savoirs (*SQAH*, 36.21-25).

Dans l'*Asrār*, le donateur des formes (*wāhib-i ṣuwar*) est également impliqué dans le processus d'acquisition, par les âmes humaines, de connaissances éthiques. Dans un premier temps, les bonnes actions favorisent le développement de l'acquisition d'un caractère raffiné (*khuluq-i muhadhdhab*). Au terme de cette acquisition, l'âme, qui a ainsi développé une disposition (*isti'dād*), est alors, d'une part, en mesure de se conjoindre (*payvandad*)[1] à l'effusion (*fayḍ*) de la forme (de cette aptitude excellente) provenant du donateur des formes et, de ce fait, voir se manifester en elle « l'ensemble des vertus (*faḍā'il*) humaines, morales (*khuluqī*) et pratiques (*'amalī*) » et, d'autre part, devient la récipiendaire de ce don (*bakhshīdan*) qui lui est fait par le donateur de la forme (*SQAH*, 99.8-18)[2].

LA THÉORIE DE LA CONNAISSANCE INTELLECTUELLE

Le processus de la connaissance

L'âme rationnelle n'est, en potentialité, qu'intellect matériel. Ce n'est que suite à sa saisie sensible du monde, via les sens externes et les sens internes, que l'âme devient disposée à recevoir les intelligibles que l'intellect agent lui procure. Lawkarī soutient que la saisie, par l'intellect humain, des intelligibles (*idrāk-i ma'qūlāt*) et des notions abstraites scientifiques (*ma'ānī-i 'ilmī*) est rendue possible par l'acquisition (*kasb*) préalable de connaissances « par les sens (*ḥawāss*) et l'enveloppe (*qālib*) » corporelle (*SQAH*, 83.1-3). Par ailleurs, les universaux (*kulliyyāt*), éventuellement perçus par l'intellect humain, n'ont aucune existence dans le monde des étants (*a'yān-i mawjūdāt*), puisqu'ils n'existent que dans l'âme humaine (*nasf-i mardūm*) (*SQAH*, 39.10-17).

1. Dans l'*Asrār*, les deux termes *payvandad* (persan) et *ittiṣāl* (arabe), et leurs dérivés, utilisés pour rendre la notion de « conjonction » ne correspondent pas à deux différents types de rapports ou de perspectives hiérarchiques (ascendante ou descendante) ; ces termes ont le même sens et sont utilisés de manière interchangeable (pratique fort courante en persan) comme le démontrent les deux exemples suivants de l'*Asrār* (*SQAH*) : 1) la conjonction (*ittiṣāl* : 34.18, 52.14 et *payvastan* : 34.4) de l'âme avec les intellects agents et 2) la conjonction (*ittiṣāl* : 36.22 et *payvandad* : 99.16) de l'âme humaine avec l'effusion du donateur des formes.

2. Lawkarī note également que celui qui devient maître de son âme arrive à obtenir une excellente aptitude (*malaka-yi fāḍila*) en dominant ses puissances corporelles afin que sa puissance mentale (*quwwā-yi nafsānī*) devienne plus puissante (*SQAH*, 52.4-6).

Pour expliquer l'accumulation des connaissances humaines, Lawkarī soulève le rôle des données d'inspiration céleste (*ilhām-i samāwī*) accessibles à l'âme humaine. Ces données d'inspiration proviennent du monde des êtres séparés et servent à expliquer l'origine des différentes *technè* (*ṣanāʿat*). Ces données d'inspiration céleste perçues par l'intuition intellectuelle permettent à l'âme humaine, lorsqu'elle est conjointe (*ittiṣāl*) au monde céleste, de déduire (*istinbāṭ*) les notions abstraites (*maʿnā*) universelles à partir desquelles toute connaissance humaine s'édifie (*SQAH*, 65.6-16) [1]. Il faut noter que Lawkarī fait également dépendre le salut de l'âme du développement de ses capacités intellectuelles : l'âme humaine rationnelle cherche à atteindre sa perfection par l'acquisition de la connaissance de la forme de l'ensemble des étants (*hastīhā*) (*SQAH*, 82.23-83.3) [2].

L'intuition intellectuelle

Dans l'*Asrār*, Lawkarī aborde à plusieurs reprises la question de l'intuition intellectuelle (*ḥads*). À la fin de la partie logique par exemple, il relève le rôle épistémique de cette intuition qu'il définit comme la capacité de l'âme (rationnelle) à parvenir au moyen terme (*ḥadd-i awsaṭ*) – partie intégrale de toute démonstration syllogistique – qui lui permet, à partir de prémisses, de produire une conclusion. Tout comme chez Avicenne, cette intuition intellectuelle correspond au stade le plus élevé de l'intellect humain : l'âme appréhende de manière instantanée le moyen terme, sans nécessiter réflexion ou effort de recherche de ce moyen terme (*SQAH*, 36.10-14).

Cette intuition intellectuelle correspond à la puissance d'intuition intellectuelle sainte (*ḥads-i qudsī*) qui, affirme Lawkarī, ressemble (*shabīh*) à la révélation (*waḥy*) et aux données de l'inspiration (*ilhām*) qui échoient aux âmes des prophètes (*anbiyāʾ*), aux éminents sages (*ḥukamā-yi buzurg*), aux proches de Dieu (*awliyāʾ*) et aux saints (*aṣḥāb-i karāmāt*) (*SQAH*, 36.14-17).

Lawkarī affirme également que l'apparition de l'ensemble des sciences théoriques, de la logique et des *technè* (*ṣināʿāt*) procède de la même manière, c'est-à-dire par le biais de la puissance de l'intuition intellectuelle sainte (*bih quwwa-yi ḥads-i qudsī*) (*SQAH*, 36.16-7 et 36.21-22). En fait, la seule voie permettant d'accéder à la vérité demeure celle de cette intuition intellectuelle sainte qui permet la conjonction de l'âme humaine avec les intellects agents (*ʿuqūl-i faʿʿāl*) et avec l'effusion du donateur des formes (*fayḍ-i wāhib-i sūwar*) (*SQAH*, 36.21-23). À ce stade, l'âme humaine arrive à se conjoindre au monde de l'au-delà (*ʿālam-i ghayb*) et aux intellects agents. Tout ce qui existe dans les intellects séparés peut alors être représenté (*mutaṣawwar*) et inscrit (*mutanaqqash*) dans l'âme, dès lors instruite de tout ce qui existe et des vérités de l'ensemble de ce qu'elle vient à appréhender de ce monde-là (*SQAH*, 34.3-7).

1. Voir section suivante.
2. Voir *infra*, p. 327-329.

L'intuition intellectuelle joue donc un rôle épistémique crucial : elle semble être à la source de toutes les connaissances, tant théoriques que pratiques. De plus, Lawkarī revient de nouveau sur le rôle de l'intuition intellectuelle, qu'il qualifie toujours d'ailleurs d'intuition sainte (*qudsī*) (*SQAH*, 100.1), dans la dernière partie éthique de l'*Asrār*. Il reprend l'essentiel de la définition déjà introduite dans la partie logique et note que son mode d'action est instantané (*bī hīch zamānī*) (*SQAH*, 100.11). Cette intuition intellectuelle divine joue un rôle notamment dans l'acquisition de dispositions et de connaissances morales et éthiques [1]. L'intuition intellectuelle sainte demeure également source de la connaissance prophétique [2]. Comment ne pourrait-il pas en être ainsi, puisqu'elle permet à l'âme humaine de se conjoindre aux intellects agents (ou intelligences célestes) et à l'effusion du donateur des formes (cf. *SQAH*, 52.2-15).

Dans l'*Asrār al-ḥikma*, Lawkarī utilise cette notion d'intuition intellectuelle sainte peut-être dans le sens de l'intuition la « plus noble ». Néanmoins, il n'est pas exclu que l'extension de l'usage du terme signale une volonté d'englober tous les types d'intuition intellectuelle (*SQAH*, et 36.21-25). Il ne faut pas oublier que cette assimilation de l'intuition intellectuelle sainte (*ḥads-i qudsī*) à un intellect divin ou à une puissance sainte n'est pas étrangère au système avicennien. Dans la physique du *Najāt* par exemple, Avicenne considère que la disposition (*istiʿdād*) à se conjoindre à l'intellect agent – le propre de l'intellect matériel – est de la même espèce que l'intellect *in habitu* (*al-ʿaql bi-l-malaka*) et que cette disposition s'appelle un intellect saint (*ʿaql qudsī*) ; il ajoute que la plus élevée des puissances associées à la prophétie est appelée une puissance sainte (*quwwa qudsiyya*) [3]. Il faut noter que Lawkarī reprend l'essentiel de ces positions avicenniennes dans la physique de son *Bayān* [4].

Les différents types de connaissance

Dans l'*Asrār*, Lawkarī mentionne la manière dont sont acquises les connaissances. Un premier mode procède à partir du singulier, connaissance de type résolument plus inductif qui repose sur la perception et l'observation de phénomènes particuliers. Lawkarī y mentionne également la manière dont sont acquises les propositions connues de tous (*mashhūrāt*), soit par apprentissage, habitude et contact avec autrui (*SQAH*, 84.1-2), alors que les opinions

1. Voir *supra*, p. 319.

2. Voir *infra*, p. 325-326.

3. Voir le chapitre sur l'acquisition des connaissances par l'âme rationnelle, *cf.* Ibn Sīnā, *al-Najāt fī-l-ḥikma al-manṭiqiyya wa-l-ṭabīʿiyya wa-l-ilāhiyya*, 2ᵉ éd., éd. par Muḥyi al-Dīn Ṣabrī al-Kurdī [1913], Le Caire, 1357/1938, II, 166.20-168.2, en part. 166.22-167.4 et 168.1-2 ; cf. *Avicenna's Psychology : An English Translation of Kitāb al-Najāt, Book II, Chapter VI*, avec notes historico-historiques et révisions textuelles de l'édition du Caire par Fazlur Rahman, Oxford, OUP, 1952, chap. VI, 35.30-37.4.

4. Lawkarī, *BHtn*, fol. 157v. 5-19 ; *cf.* Avicenne, *al-Shifāʾ, al-Ṭabīʿiyyāt. 6. Kitāb al-nafs*, 6, 219.10-220.13.

et les croyances, parfois vraies et parfois fausses, ne peuvent être vérifiées qu'en ayant recours à l'ensemble des intelligibles (*az jumla-yi ma'qūlāt*), ces derniers étant fournis soit par celui qui les a déjà acquis, soit en les découvrant au moyen de la réflexion (*fikrat*) et de la méditation (*ta'ammul*) (*SQAH*, 84.3-5). Lawkarī mentionne aussi les produits de l'estimative (*wahmiyyāt*), ceux-ci servant parfois de prémisses (*muqaddamāt*), mais qui peuvent être si puissants et si enracinés dans l'âme humaine qu'ils arrivent à être confondus (*mushtabih*) avec les principes premiers (*awwaliyāt*), rendant alors toute distinction entre les deux extrêmement difficile pour l'âme. L'âme les utilise alors dans un syllogisme logique (*qiyāṣ-i manṭiqī*), comme prémisses (premières) rationnelles (*muqaddātī awwalī 'aqlī* ou *muqaddamāt-i 'aqlī-i awwalī*), pour en déterminer la vérité ou la fausseté. De fait, la démonstration syllogistique demeure un outil fondamental pour l'intellect qui l'utilise pour évaluer et juger de la véracité ou de la fausseté des produits de l'estimative (*SQAH*, 102.5-18 ; cf. *SQAH*, 103.1-5). Dans tous les cas, lorsque de nouvelles données deviennent disponibles, le corpus de nos connaissances est révisé. En effet, le calcul (*ḥisāb*) astronomique et l'observation (*baṣar*) de nouvelles éclipses génèrent de nouvelles données à partir desquelles se développent la connaissance astronomique qu'il est loisible, par la suite, de diffuser au moyen de l'instruction (*SQAH*, 86.15-26).

Le second mode de connaissance demeure résolument plus déductif. Cette connaissance procède à partir de la connaissance des causes (*asbāb*) et des principes universaux. Par conséquent, elle produit une science d'ordre universel (*'ilm-i kullī*) et, de ce fait, immuable. Il s'agit, par exemple, de la connaissance de l'astronome qui, par sa connaissance des causes des éclipses lunaires et solaires, arrive à prédire avec certitude l'avènement de futures éclipses. Dès lors, celle-ci opère sur le mode d'une connaissance universelle du particulier, connaissance que l'âme acquiert – par le biais des activités de l'intuition intellectuelle (*ḥads*) – lors de sa conjonction avec l'intellect agent et les âmes célestes. Seul ce second type de connaissance garantit l'accès à la vérité, type de connaissance que Lawkarī relègue au plus haut degré d'actualisation de l'intellect humain, soit au niveau de l'intellection intellectuelle sainte [1].

1. Voir *supra*, p. 320-321.

Noétique et cosmologie

Structure du monde intelligible

Lawkarī propose une structure cosmologique familière. De l'Être nécessaire (*wājib-i wujūd*) – première cause (*'illat-i ūlā*) et créateur (*bārī-i ta'ālā*) (*SQAH*, 90.9) ou Dieu (*īzad ta'ālā*) (*SQAH*, 88.25 et 98.6) – procède le premier causé (*ma'lūl-i awwal*) : le premier intellect (*'aql*) (*SQAH*, 88.3-7), pur et immatériel (*SQAH*, 89.1). Ce dernier procède de l'Être nécessaire, sans intermédiaire (*SQAH*, 88.25-89.2). De par sa relation de proximité avec ce dernier, le premier intellect séparé (ou intelligence céleste) devient, à son tour, cause de l'ensemble des étants. Ce premier intellect agent – ontologiquement nécessaire pour isoler l'Être nécessaire (duquel aucune multiplicité ne peut procéder) de l'ensemble de ce qui est généré – devient intermédiaire (*wāsiṭ*) entre le créateur et l'ensemble de la création, tout comme le deviennent tous les intellects séparés (*'uqūl-i mufāriq*) agents (*SQAH*, 90.8-9).

Lawkarī reprend fidèlement le modèle tripartite de la génération des intellects séparés agents (*'uqūl-i fa''āl*), des âmes célestes (*nufūs-i falakī*) et des sphères célestes (*kurrāt-i samāwiyyāt*) à partir du premier intellect agent engendré : 1) génération d'un autre intellect, par sa connaissance de l'Être nécessaire, 2) génération d'une âme céleste, par sa connaissance de lui-même, en tant que nécessaire, et 3) génération d'une sphère céleste (à laquelle se rattachera une âme céleste), par sa connaissance de lui-même en tant que possible (*SQAH*, 89.3-8). Ce schéma tripartite sert à expliquer la génération de la structure décadique des intellects agents peuplant le monde supra lunaire (*SQAH*, 89.8-9).

Le lien qui unit les intellects séparés et les sphères célestes

Dans l'*Asrār*, les intellects séparés (*'uqūl-i mufāriq*), les âmes célestes, ainsi que les corps (*ajsām-i Falakī*) célestes sont reliés par un lien de causalité : ce sont les intellects séparés qui sont causes (*'ilal*) des âmes et des corps célestes (*SQAH*, 90.8-9). Les intellects séparés constituent le principe lointain du mouvement des sphères célestes, alors que les âmes célestes vivantes (*ḥayy*) et dotées de raison (*nāṭiq*) en sont le moteur (*mutaharrik*) rapproché. La puissance intellective pure (*quwwat-i 'aqlī-i maḥḍ*) de l'âme rationnelle noble (*nāṭiqa-yi sharīf*) leur assure un mouvement volontaire (*bih irādāt*), une thèse que les philosophes ont, note Lawkarī, déjà démontrée (*SQAH*, 42.25-43.3) [1]. Les âmes célestes meuvent les sphères célestes dont elles sont la

1. *Cf.* Avicenne, *La Métaphysique du Shifā'. Livres VI à X*, introd., trad. et notes par G. C. Anawati, Paris, Vrin, 1985, IX, 2, 119-29.

perfection, dans leur quête de ce qui est plus excellent qu'elles[1]. Lawkarī explique ce mouvement au moyen du désir (*shawq*) que l'âme, par exemple, de la sphère des sphères (*falak-i al-aʿẓam*) a pour l'intellect premier (*ʿaql-i awwal*), cherchant à ressembler (*tashabbuh*) à cette intelligence issue de Dieu (*īzad-i taʿālā*) vers laquelle elle tend dans la recherche de sa perfection (*kamāl*) (*SQAH*, 91.13-18).

Les intellects séparés, mais également les corps célestes (*ajrām-i ʿulwī*) et leurs âmes (célestes) ont une influence sur l'ensemble des étants du monde sublunaire (*sufliyān*) ; toutes ces entités étant agentes (*fāʿil*), les intellects agents demeurant donateurs de formes (*wāhib-i ṣuwar*), chacun selon son rang et sa position (*SQAH*, 63.6-11)[2]. Selon son rang, chaque corps céleste est également cause de certains phénomènes physiques du monde sublunaire, quoique Lawkarī explique qu'ultimement cela est du ressort de Dieu de qui procède, par effusion (*fayḍ*), l'ensemble des étants (*mawjūdāt*), par le biais des nombreux intermédiaires (*wasāʾiṭ*) que sont l'ensemble des intellects agents (*ʿuqūl-i faʿʿāl*) et des entités qui peuplent le monde séparé (*hamah-yi ʿulwiyān*) (*SQAH*, 98.4-11).

L'origine de la matière du monde sublunaire

Dans l'*Asrār*, le dernier des intellects séparés correspond à l'intellect agent (*ʿaql faʿʿāl*) qui agit sur le monde sublunaire des éléments (*ʿunṣurī*) (*SQAH*, 89.9). Lorsque la mixtion (*mizāj*) de la matière est disposée (*istiʿdād*) et préparée (*tahayyīʾ*) à recevoir sa forme (*ṣurat*), elle la reçoit, ainsi que la propriété (*khāṣṣiyyat*) qui lui est propre, de ce (dixième) intellect, le donateur des formes (*wāhib-i ṣuwar*) du monde sublunaire – et cela, toujours par effusion (*gardad fāyḍ*) du monde céleste (*SQAH*, 54.2-5 ; cf. *SQAH*, 90.21)[3].

1. Lawkarī note que ceci est mentionné dans le quatrième discours du *Thamarat al-falak*, qu'il attribue à Ptolémée, et le commentaire qu'en fit Abū al-ʿAbbās Aḥmad Ibn ʿAlī al-Iṣfahānī (*SQAH*, 42.23-43.1 ; cf. *BHi*, 335.9-336.4) et « Al-Lawkarī's Reception », art. cit., p. 13.

2. Ce passage succède à une discussion de l'influence des planètes sur la nature du monde sublunaire (*SQAH*, 61.4-63.5).

3. J. Janssens, « The Notions of *Wāhib al-Ṣuwar* (Giver of Forms) and *Wāhib al-ʿAql* (*Bestower of Intelligence*) in Ibn Sīnā », dans M.C. Pacheco et J.F. Meirinhos (dir.), *Intellect et imagination dans la philosophie médiévale. Actes du XIe Congrès international de philosophie médiévale de la Société Internationale pour l'Étude de la Philosophie Médiévale (S.I.E.P.M.), Porto, du 26 au 31 août 2002*, 3 vol., Turnhout, Brepols, 2006, vol. 1, p. 551-562, en part. p. 559-560.

La prophétie

Des éléments de prophétologie sont introduits dès la fin de la partie logique de l'*Asrār* où sont abordées la connaissance des âmes humaines et l'activité de l'intuition intellectuelle (*ḥads*). Lawkarī y décrit le stade le plus élevé d'actualisation de l'intellect humain, stade qui correspond à la plus grande des sagacités (*dhakā*) et à l'avènement de l'intuition intellectuelle sainte (*ḥads-i qudsī*). Cette dernière rend possible le développement des sciences théoriques, de la logique (comme outil de connaissance), tout comme de l'ensemble des *technè* (*ṣināʿāt*). De plus, cette intuition s'apparente (*shabīh*) à la révélation (*waḥy*) et à l'inspiration (*ilhām*) qui échoient aux âmes des prophètes (*anbiyā'*), tout autant qu'aux âmes d'éminents sages (*ḥukamā-yi buzurg*), des proches de Dieu (*awliyā'*) et des saints (*aṣḥāb-i karāmāt*) (*SQAH*, 36.6-17)[1].

Ces éléments sont repris dans la physique de l'*Asrār* où Lawkarī note que l'âme, qui a su se défaire de son attachement au corps, grâce à sa conjonction (*ittiṣāl*) avec les intellects agents (*ʿuqūl-i faʿʿāl*), devient réceptive à ce monde saint de l'universel (*kulliyyat*), état qui est le propre des âmes des prophètes et des éminents sages (*SQAH*, 52.13-15). Dans la métaphysique du même ouvrage, il précise qu'il n'est pas donné à toutes les âmes humaines d'être en mesure d'accéder aux inspirations célestes (*ilhām samāwiyya*) (*SQAH*, 65.6-7)au moyen de cette intuition intellectuelle sainte; dès lors, ceux qui posséderont une telle intuition intellectuelle sainte auront pour tâche d'instruire leurs semblables (*SQAH*, 65.9).

À la fin de la seconde partie théologique de la métaphysique du *Bayān*[2], Lawkarī consacre tout un chapitre à l'une des trois propriétés qui permettent aux prophètes d'accéder à la révélation : soit l'actualisation de leur intellect en recourant à l'intuition intellectuelle (*ḥads*)[3]. Avicenne ne semble pas aborder le

1. D. Gutas, « Avicenna : The Metaphysics of the Rational Soul », *The Muslim World* 102.3/4, 2012, p. 417-425, en part. p. 421-422, sur la connaissance prophétique.

2. Lawkarī divise la métaphysique en une partie qui porte sur la science universelle (*al-ʿilm al-kullī*) et contient 41 chapitres (*BHi*, I, 3-262) et une seconde partie qui porte sur les éléments d'une science « seigneuriale » propre à la théologie (*al-rubūbiyyāt*) et contient 28 chapitres (*BHi*, II, 265-406) ; *cf.* R. D. Marcotte, « Preliminary Notes », art. cit., p. 142-146 ; cette division ne se retrouve pas dans la métaphysique du *Shifā'* d'Avicenne, mais elle est discernable dans le *Manṭiq al-mashriqiyyīn* et le *al-Mabdaʾ wa-l-maʿād*, *cf.* J. Janssens, « Al-Lawkarī's Reception », art. cit., p. 7 ; *id.*, « Bahmanyār ibn Marzubān : A Faithful Disciple of Ibn Sīnā ? », *in* D. C. Reisman (ed.), *Before and After Avicenna : Proceedings of the First Conference of the Avicenna Study Group*, avec l'aide d'A. H. al-Rahimi, Leiden, Brill, 2003, p. 177-197, en part. p. 188-189 (voir réimp. dans J. Janssens, *Ibn Sīnā and His Influence on the Arabic and Latin World*, Aldershot, Ashgate, 2006).

3. Pour accéder au moyen terme (*ḥadd-i awsaṭ*), voir le chapitre 23 du *Bayān*, *Fī-l-shurūʿ fī dhikr al-nubuwwa wa an al-anbiyā' [...] yūḥī ilay-him bi-l-maʿqūlāt [bi-lā] taʿallum basharī* (*BHi*, II, 391.1-392.15). Il n'y a pas de discussion de cette propriété intellectuelle qui serait propre aux prophètes dans la métaphysique du *Taḥṣīl* où Bahmanyār Ibn Marzubān ne discute que des différentes puissances de l'âme et de ses deux facultés rationnelles (pratique et théorique), *cf.* Ibn Marzubān, *Taḥṣīl*, III, 2, 789.1-795.7 ; *cf.* M. Afifi al-Akiti, « The Three Properties of Prophethood

rôle de cette propriété intellectuelle, notamment dans la métaphysique du *Shifāʾ* où il aborde la preuve de la prophétie[1]. Lawkarī aurait peut-être eu connaissance des ouvrages où Avicenne semble pourtant entrevoir cette possibilité[2]. À nouveau, Lawkarī cherche à souligner la dimension plus proprement intellectuelle de l'épistèmè prophétique caractéristique de la pensée avicennienne. Pour ce faire, il s'attarde, dans le *De anima* de la physique du *Bayān*[3], au degré le plus élevé de l'intellect et à sa nature divine (*al-ʿaql al-qudsī*), qu'il semble reprendre du *De anima* du *Shifāʾ*, pour proposer une lecture intellectualiste de la prophétie qu'il discerne au cœur du système avicennien[4].

Prophétie, divination et rêve en tant que modes d'action de l'intellect agent sur l'imagination

Dans l'*Asrār*, Lawkarī n'aborde pas spécifiquement la prophétie en tant que mode d'action de l'intellect agent sur l'imagination, mais plutôt en tant que mode d'action de l'intuition intellectuelle (*ḥads*). Par contre, dans la partie physique, il fait appel à une notion de correspondance, idée fort répandue à l'époque, entre les ordres cosmologiques supérieurs et inférieurs pour fournir une explication des phénomènes de la magie, des sorts, des talismans et des incantations. Pour ces différents phénomènes, il ne fait pas appel à l'intuition intellectuelle, comme le fera plus tard Ibn Kammūna[5]. La cause (*ʿillat*) des sorts et de la magie se trouve effectivement dans les produits de la puissance estimative de l'âme (*awhām-i nafsānī*) dont l'influence est due à la propriété (*khāṣṣiyyat*) de sa puissance estimative; toutefois, la cause (du succès) des talismans repose sur l'influence des puissances des sphères sur les éléments (*arḍiyyāt*); tandis que la cause des incantations s'explique par les propriétés (*khawāṣṣ*) dont ont été dotés les corps élémentaux (*ʿunṣurī*) (*SQAH*, 52.25-54.16; cf. *SQAH*, 66.1-2)[6].

in Certain Works of Avicenna and al-Ġazālī », *in* J. McGinnis (ed.), *Interpreting Avicenna : Science and Philosophy in Medieval Islam. Proceedings of the Second Conference of the Avicenna Study Group*, avec l'aide de D. C. Reisman, Leiden, Brill, 2004, p. 189-212.

1. Avicenne, *La Métaphysique du Shifāʾ*, X, 2, 175-177 (trad. d'Anawati).

2. Voir D. Gutas, « Intuition and Thinking : The Evolving Structure of Avicenna's Epistemology », *in* R. Wisnovsky (ed.), *Aspects of Avicenna*, Princeton, Markus Wiener, 2001, p. 1-38.

3. Lawkarī, *BHtn*, fol. 157v. 5-19 ; *cf.* Avicenne, *al-Shifāʾ*, *al-Ṭabiʿiyyāt. 6. Kitāb al-nafs*, VI, 6, 219.10-220.13.

4. Voir *supra*, p. 320-321.

5. Ibn Kammūna (m. 683/1284) se serait servi de cette notion d'intuition intellectuelle (*ḥads*) pour légitimer l'alchimie et l'astrologie, *cf.* T. Langermann, « Ibn Kammuna », *in* E.N. Zalta (dir.), *The Stanford Encyclopedia of Philosophy* (édition printemps 2018). Récupéré de http://plato.stanford.edu/entries/ibn-kammuna.

6. Dans la métaphysique du *Bayān*, Lawkarī consacre un chapitre à ceux qui sont habités par les djinns (*aṣḥāb al-jinn*), qui peuvent également recevoir de l'information de l'au-delà par le biais de leur mixtion (*mizāj*) défectueuse et leur puissance d'imagination (*khayāl*) (*BHi*, II, 397.1-398.5).

L'ESCHATOLOGIE

La finalité et l'accomplissement de l'existence humaine

Dans la métaphysique du *Bayān*, Lawkarī déplore le peu d'attention consacrée à l'explication de la nature de la connaissance posthume de l'âme humaine, en l'occurrence, de « sa science (*'ilm*), sa connaissance (*ma'rifa*), et la transformation de ses états (*taqallub aḥwāli-hā*) » (*BHi* [1], I, 3.8-4.1), les discussions ne portant habituellement que sur les plaisirs, douleurs, félicités et misères posthumes des âmes humaines [2]. Par conséquent, Lawkarī se préoccupe tout particulièrement de la dimension épistémique du statut des âmes dans l'au-delà, ce qu'on pourrait qualifier d'épistémologie eschatologique [3]. Malgré le fait que l'essentiel des thèses eschatologiques présentées dans la métaphysique du *Bayān* soit repris du commentaire sur la pseudo-*Théologie* d'Aristote qu'Avicenne inclut dans son *Inṣāf* (L'arbitrage équitable) [4], Lawkarī s'étend brièvement sur cette dimension épistémique [5], dimension qu'il reprend et développe dans l'*Asrār* [6].

1. *Bayān al-ḥaqq bi-ḍamān al-ṣidq : al-'ilm al-ilāhī*, *op. cit.*

2. Éléments d'analyse présentés à la Société internationale d'histoire des sciences et des philosophies arabes et islamiques (SIHSPAI), à Florence en février 2006 dans une communication intitulée « The Eschatology of the Arabic *Bayān al-Ḥaqq bi-Ḍamān al-Ṣidq* and the Persian *Qasīdah-yi Asrār-i al-Hikmat* of Abū al-'Abbās al-Lawkarī (d. after 503/1109) » et lors d'une conférence scientifique intitulée « Les noétiques d'Abū al-'Abbās al-Lawkarī (m. après 1109) et d'Abū al-Barakāt al-Baghdadī (m. vers 547/1152) » présentée à l'Institut dominicain d'études orientales (IDÉO), au Caire en mai 2009.

3. R.D. Marcotte, « L'eschatologie d'Abū al-'Abbās al-Lawkarī (mort après 503/1109) : le *Bayān al-ḥaqq* et le *Sharḥ-e Qaṣīda-ye Asrār al-ḥikma* », *Mélanges de l'Institut dominicain d'études orientales du Caire* (*MIDÉO*) 29, 2012, p. 1-25, en part. p. 16-24.

4. Voir les chapitres 21 (*BHi*, II, 376.1-3871.3) et 22 (*BHi*, II, 388.1-390.7) ; sur l'*Inṣāf* d'Avicenne, texte qui aurait été composé entre 397/1028 et 420/1029 et perdu en 421/1030, voir D. Gutas, *Avicenna and the Aristotelian Tradition : Introduction to Reading Avicenna's Philosophical Works*, Leiden, Brill, 1998, p. 130-140, 145 ; *cf.* R. D. Marcotte, « L'eschatologie », p. 7-13, art. cit. ; J. Janssens, « Al-Lawkarī's Reception », art. cit., p. 14-15 et n. 23 p. 14.

5. Voir la dernière partie du chapitre 22 (*BHi*, II, 388.13-389.14) dont il n'est pas exclu qu'elle puisse provenir de Lawkarī lui-même ; ces quelques lignes pourraient aussi provenir d'une version de l'*Inṣāf*, plus longue que celle préservée dans le texte édité par Badawī, comme le suggère J. Janssens, « Al-Lawkarī's Reception », art. cit., p. 14-15 et n. 24 p. 14. L'*Inṣāf* est un ouvrage perdu, mais dont certains fragments se retrouvent, entre autres, dans le commentaire d'Avicenne sur la pseudo-*Théologie* d'Aristote, le *Sharḥ Uthūlūjiyā*, édité par 'Abd al-Raḥmān Badawī, *Arisṭū 'inda al-'Arab*, Le Caire, Maktabat al-Nahda al-misriyya, 1947, p. 37-74 ; *cf.* la trad. fr. de G. Vajda, « Les notes d'Avicenne sur la "Théologie d'Aristote" », *Revue thomiste* 51, 1951, p. 346-406 ; D. Gutas, *Avicenna and the Aristotelian Tradition* [1988], 2 [e] éd., révisée et augmentée, Leiden, Brill, 2014, p. 147-155 ; D. Gutas, « Texts from Avicenna's Library in a Copy by 'Abd-ar-Razzāq aṣ-Ṣignāḫī (Notes and Texts from Cairo Manuscrpits, II) », *Manuscripts of the Middle East*, 2, 1987, p. 8-17, en part. p. 12-13 ; M. Aouad, « Théologie d'Aristote. G. Avicenne », *in* R. Goulet (dir.), *Dictionnaire des philosophes antiques*, 3 vol., Paris, CNRS Éditions, 1989 *sq.*, vol. 1, p. 541-590, en part. p. 583-585.

6. *Cf.* J. Janssens, « Al-Lawkarī's Reception », art. cit., p. 18-19.

Lawkarī note, dans cet ouvrage, que l'essence (*dhāt*) de cette dernière devient indépendante à la suite de la rupture de la relation qui unissait le corps et l'âme. Elle se retourne alors vers elle-même et ce qu'elle connaît, connaissance (*ʿilm*) qui ne peut être que de type universel (*bih kullī*). Cette connaissance est la résultante de tout ce que l'âme humaine a été en mesure d'acquérir par l'entremise des puissances (corporelles) associées au corps, qu'il s'agisse des sens externes ou des sens internes, lors de son séjour dans le monde matériel d'ici-bas [1]. Pour Lawkarī, l'âme préserve seulement une partie des connaissances qu'elle a acquises. Elle ne peut conserver que ce qu'elle a été en mesure de saisir des catégories (*maqūlāt*), des notions abstraites (*maʿānī*) et des intelligibles (*maʿqūlāt*) – avant sa séparation du corps (*SQAH*, 80.11-12 et 80.16). La connaissance posthume de l'âme demeurerait alors entièrement intellective, puisque, dans l'au-delà, toutes les connaissances (*maʿlūmāt*) de l'âme ne sont plus que de nature intelligible (*maʿqūl*) et notionnelle (*maʿnawī*) (*SQAH*, 80.16) [2].

Quant à la félicité et la béatitude de l'âme humaine, elles résident dans sa perfection. L'acquisition de la connaissance et des sciences lui procure cette perfection intelligible (*kamāl-i ʿaqlī*) (*SQAH*, 81.3), perfection qui réside également dans la connaissance de sa propre essence (*dhāt*), de sa connaissance de l'Être nécessaire, des intellects agents et de toutes les âmes (célestes et terrestres). Ainsi, sa perfection réside dans le fait d'être reliée (*bastan*) à l'ensemble des formes des étants (*hastīhā*), de manière universelle (*bih kulliyat*), en sa propre essence (*dhāt*). L'âme, qui est sujet de la connaissance (*ʿālimī*), devient alors intelligible (*maʿqūl*), c'est-à-dire qu'elle devient équivalente (*muwāzī*) et semblable (*mushābih*) à une connaissance de type universel (*ʿilmī-i kullī*) du fait que survient, en son essence même, la forme de l'ensemble des étants (*ṣurat-i hamah-yi hastīhā*). La félicité de l'âme réside alors précisément dans le fait d'être en mesure de contempler la réalité dans sa propre perfection (*SQAH*, 82.6-14) présente en son essence.

Par conséquent, le châtiment et la damnation de l'âme seront liés à son ignorance, état de déficience d'une âme incapable de tendre vers, et d'atteindre sa perfection par le biais de la connaissance (*SQAH*, 82.14-15). Lawkarī ne s'étend pas sur les différents états des âmes posthumes, puisque tout cela « est connu et se trouve » dans les livres de philosophie (*ḥikmat*), au chapitre sur le Retour (*maʿād*) (*SQAH*, 83.15) [3]. Ceci explique la brièveté du passage, dans

1. Voir *supra*, p. 319-320.

2. *Cf.* J. Janssens, « Al-Lawkarī's Reception », art. cit., p. 19.

3. *Cf.* J. Janssens, « Al-Lawkarī's Reception », art. cit., p. 7, n. 4 p. 7, p. 15 et n. 25 p. 15 ; Fr. Lucchetta (avec trad. it., *Epistola sulla Vita Futura*), *Risāla al-Aḍḥawiyya fī-l-maʿād*, Padova, Antenore, 1969 et Ḥasan ʿĀṣī, *al-Risāla al-Aḍḥawiyya fī amr al-maʿād*, Beyrouth, al-Mu'assasa al-jāmiʿiyya li-l-dirāsāt wa-l-nashr wa-l-tawzīʿ, 1984 ; pour la réfutation de différentes doctrines sur le sort de l'âme, et une étude sur les problèmes posés par l'identité personnelle et l'immortalité individuelle, *cf.* T. Jaffer, « Bodies, Souls and Resurrection in Avicenna's *ar-Risāla al-Aḍḥawīya fī Amr*

l'*Asrār*, concernant les différents états des âmes posthumes (*SQAH*, 82.23-83.3), où ne sont mentionnées que les âmes simples (*sāda*), ces dernières n'ayant pas réussi à acquérir quoi que ce soit des intelligibles ; par conséquent, elles ne peuvent donc jouir d'aucun plaisir, mais, par contre, ne souffriront d'aucune douleur, puisqu'elles ont connaissance ni de leur perfection ni de leur déficience. Par contre, les âmes qui ont un tant soit peu pris connaissance des intelligibles et appréhendé des notions abstraites scientifiques (*ma'ānī-i 'ilmī*), celles-là souffriront (*SQAH*, 83.3-15).

Lawkarī aborde également la question des récompenses et des châtiments des âmes (*SQAH*, 82.13-83.16), mais il ne semble pas être préoccupé par la nature de cette rétribution posthume qui devrait, de toute évidence, n'être qu'intellective, puisque les organes et les facultés de perception de l'âme humaine ont tous disparu. Pour qu'une rétribution (récompenses et châtiments) puisse advenir dans l'au-delà, il semblerait pourtant qu'une partie, sinon la totalité, de la puissance d'imagination puisse survivre à la disparition du corps, car comment, sans cette faculté de perception sensible, l'âme pourrait-elle être en mesure de jouir ou de souffrir sans être capable de percevoir ce qui est plaisant, au Paradis, ou douloureux, en Enfer [1] ? Il demeure donc difficile d'envisager quel pourrait bien être le substrat des perceptions (sensibles) que l'âme serait en mesure d'avoir dans l'au-delà, si on suppose que toute âme posthume devrait en être pourvue.

Par ailleurs, Lawkarī insiste sur le fait que l'âme séparée du corps ne possède qu'une connaissance universelle, état dans lequel résident sa félicité et sa perfection. Mais comment Lawkarī conçoit-il le fait que l'âme rationnelle puisse arriver à connaître, une fois séparée du corps, le particulier de façon universelle ? Comme il le fait dans le *Bayān*, il note dans l'*Asrār* que cela est possible par le biais de la connaissance des causes (*asbāb*) qui régissent le monde particulier. De nouveau, Lawkarī reste fidèle à Avicenne pour qui l'âme rationnelle séparée du corps possède une connaissance indirecte des particuliers : les vérités particulières étant dérivées des vérités universelles. Ici, Lawkarī reprend le commentaire de la pseudo-*Théologie* d'Aristote qu'Avicenne inclut dans son *Inṣāf* : « la forme de toute chose, universelle ou particulière, se réalise dans ce monde-là ; tout particulier y est appréhendé suivant le mode dont il dérive de ses causes, et ce mode fait du particulier un universel » [2].

al-Ma'ād », *in* D. C. Reisman (ed.), *Before and After Avicenna : Proceedings of the First Conference of the Avicenna Study Group*, *op. cit.*, p. 163-176.

1. J. Michot, *La destinée de l'homme selon Avicenne. Le retour à Dieu (ma'ād) et l'imagination*, Louvain, Peeters, 1986, p. 140-218.

2. Avicenne, *Commentaire sur la pseudo-*Théologie *d'Aristote*, 48.17-8 (trad. fr. Vajda, p. 367) ; *cf.* la discussion de P. Adamson, « Non-Discursive Thought in Avicenna's Commentary on the *Theology of Aristotle* », *in* J. McGinnis (ed.), *Interpreting Avicenna : Science and Philosophy in Medieval Islam*, *op. cit.*, p. 87-111, en part. p. 101-102 et n. 22 p. 102. Dans l'*Asrār*, Lawkarī note

Modalité du lien avec l'intellect agent ou divin dans l'au-delà

Dans l'*Asrār*, Lawkarī soulève le lien de causalité qui existe entre le donateur des formes (*wāhib-i ṣuwar*) et l'âme humaine rationnelle. En tant que cause de l'âme rationnelle, le donateur des formes lui procure une existence nécessairement éternelle (*sarmadī* et *abadī*) (*SQAH*, 97.7-10)[1]. La félicité à laquelle peut atteindre certaines âmes, dans la quête de leur perfection, se trouve précisément dans cette connaissance parfaite qu'une âme est en mesure d'acquérir d'elle-même, des intelligences séparées, de l'Être nécessaire et de l'ensemble des étants (*SQAH*, 82.4-12), ainsi que dans sa capacité à ressembler à la connaissance universelle[2]. Lawkarī conçoit donc la félicité de l'âme humaine, pleinement consciente d'elle-même et de l'ensemble de tout ce qui existe, en termes de correspondance entre sa connaissance et celle des intelligences agentes et des âmes célestes.

Conclusion

Dans l'ensemble, la noétique de Lawkarī demeure rigoureusement fidèle à celle d'Avicenne dont il se veut, non seulement le fidèle héritier, mais également le défenseur, surtout dans la foulée des interprétations de Bahmanyār Ibn Marzubān, interprétations qu'il ne reprend pas lorsque ce dernier s'éloigne des thèses avicenniennes ou les révise, comme l'a démontré Janssens[3]. L'ensemble des thèses noétiques inclus dans le *Livre sur l'âme* du *Bayān al-ḥaqq* est repris de la noétique d'Avicenne (à l'occasion, de manière abrégée). C'est surtout à cet ouvrage, mais aussi à d'autres textes d'Avicenne possiblement connus de Lawkarī, que l'*Asrār* renvoie, comme cela est le cas, par exemple pour l'énumération des différents intellects. Dans la métaphysique du *Bayān*, Lawkarī souligne pourtant l'importance d'une connaissance exclusivement intellective que doivent posséder les âmes posthumes, perspective résolument intellectualiste qui informe sa conception du salut des âmes humaines et qui s'inscrit parfaitement dans le cadre de la noétique avicennienne[4].

également que cette connaissance acquise par le biais des causes est la résultante de la connaissance des concomitants (*lawāzim*) de l'Être nécessaire (*SQAH*, 81.14-82.3).

1. Dans le *Bayān* (*BHtn*, fol. 155r. 21-156r. 29), Lawkarī reprend tous les propos du chapitre sur l'âme humaine indivisible, tout comme ceux sur la réfutation de la transmigration (*tanāsukh*) qui se trouvent chez Avicenne, cf. *al-Shifā'. al-Ṭabī'iyyāt. 6. Kitāb al-nafs*, V, 4, 202.1-207.22.

2. Voir *supra*, p. 327-329.

3. J. Janssens, « Al-Lawkarī's Reception », art. cit., p. 10-11. Il note une possible dissolution de l'unité de la métaphysique avicennienne, par suite au relâchement des liens entre science universelle et théologie que propose Lawkarī, *ibid.*, p. 22.

4. *Ibid.*, p. 15.

Dans l'*Asrār*, Lawkarī inclut seulement des éléments, tant épistémologique que noétique, considérés comme importants. C'est le cas, par exemple, de l'intuition intellectuelle (*ḥads*) et sainte qui représente, tout comme chez Avicenne, l'apogée de l'actualisation de l'intellect humain. Cette intuition intellectuelle sert à expliquer l'avènement de l'ensemble des connaissances humaines, qu'elles soient théoriques ou pratiques (techniques et éthiques). Elle sert également à rendre compte de la capacité qu'ont certains individus – prophètes, éminents sages philosophes, proches de Dieu et saints – à se conjoindre à l'intellect agent (le donateur des formes) et à accéder ainsi aux connaissances intelligibles. Sans qu'il soit réellement possible de parler d'innovations doctrinales, néanmoins, il faut souligner l'importance que Lawkarī attribue à cette intuition intellectuelle, en tant que composante essentielle du mécanisme de conjonction avec l'intellect agent au sein des processus d'acquisition des connaissances tant théoriques que pratiques (techniques et éthiques) [1].

1. Janssens démontre l'importance du manuscrit de Téhéran du *Bayān* (l'un des plus anciens) pour les variantes des passages reproduits verbatim du *Shifā'* d'Avicenne et leur possible utilité pour la révision des présentes éditions du *Shifā'*, *ibid.*, p. 23-24.

APPENDICE

TEXTES

LES DIFFÉRENTS DEGRÉS D'ACTUALISATION DE L'INTELLECT HUMAIN

Texte 1

Quant aux degrés des puissances intellectives (*al-quwwā al-ʿaqliyya*), le premier est [celui de] l'intellect matériel (*al-ʿaql al-hayūlānī*) qui se veut une disposition (*quwwa istiʿdādiyya*) à l'égard des intelligibles (*maʿqūlāt*), puisque l'âme n'a encore rien appris et n'a fait l'expérience d'aucune chose. Il est à l'image du tableau blanc sur lequel rien n'a encore été écrit, comme la condition dans laquelle se trouve l'âme [1] du bébé et de l'enfant. Le second est l'intellect *in habitu* (*al-ʿaql bi-l-malaka*) qui permet à l'âme de se procurer les intelligibles premiers (*al-maʿqūlāt al-awwal*), la préparant (*tahayyu'an li*) à l'acquisition des [intelligibles] seconds (*al-thawānī*) par le bais de la réflexion (*fikr*) ou par le biais de l'intuition intellectuelle (*ḥads*), comme la condition (*ḥāl*) dans laquelle se retrouve l'âme de l'enfant lors de l'apprentissage des lettres et qu'il se sert du *qalam*, de l'encrier, et des premières lettres de l'alphabet. Le troisième est l'intellect acquis (*al-ʿaql al-mustafād*) qui rend les formes intelligibles (*al-ṣuwar al-maʿqūla*) présentes (*ḥāḍira*) à lui. Il les examine (*yuṭāliʿ*) en acte, les intellige (*yaʿqil*) en acte, et intellige le fait qu'il les intellige. C'est alors qu'il est appelé acquis, parce que ces formes sont acquises (*mustafāda*) du fait que l'intellect passe de la potentialité à l'actualité. Le quatrième est l'intellect en acte (*al-ʿaql bi-l-fiʿl*) [2] qui rend les intelligibles (*al-maʿqūlāt*) présents (*ḥāḍira*) à lui, au point où, il [peut] ensuite se détourner de ceux-ci et, lorsqu'il le désire, les examiner [de nouveau]. Voilà les degrés de l'intellect humain. Ensuite, il est nécessaire que tu saches que l'apprentissage [des connaissances] se fait soit auprès d'un maître, soit [du fait] que [celles-ci] adviennent dans l'âme de celui qui apprend, ce qui est différent. Parmi ceux qui apprennent, il y a celui qui est plus près de la représentation (*taṣawwur*) parce que sa disposition (*istiʿdād*) – qui est la disposition que nous avons mentionnée dans la section sur la conjonction de l'âme avec l'intellect agent (*al-ʿaql al-faʿʿāl*) lors de la remémoration (*tadhakkur*) de tout ce qui est préservé (*al-maḥfūẓāt*) [en mémoire] et où nous avons mentionné le dépôt des intelligibles (*khazānat al-maʿqūlāt*) – est plus puissante. Et lorsqu'il en est ainsi

1. En marge du manuscrit (*BHtn*) : *nafs*.
2. Nous lisons *al-rābiʿ* [+ *huwa*] *al-ʿaql bi-l-fiʿl* (*BHtn*, fol. 157v. 2).

entre lui et son âme, cette forte disposition est appelée une intuition intellectuelle (*ḥads*) (*BHtn*, fol. 157r. 26-157v. 2-5).

Le mode d'action de l'intellect agent

Texte 2

Trois choses sont causes de l'acquisition d'un caractère raffiné à l'aptitude excellente (*khuluq-i muhadhdhab-i malaka-yi fāḍila*). Premièrement, l'excellence (*fāḍila*) et le caractère raffiné (*khuluq-i muhadhdhab*) sont acquis (*kasb*). Deuxièmement, l'acquisition et l'entrainement (*riyāḍat*) [1] de l'être humain, par le biais de bonnes actions et d'une vie irréprochable (*sīrat-i pākīzah*), à l'obtention de cette disposition (*isti'dād*) rendent possible l'avènement de la disposition d'une aptitude excellente (*malaka-yi fāḍila*), de par ces bonnes actions et d'une vie irréprochable (*sīrat-i pāk*) [...] parce que l'être humain [en] prend l'habitude [...] et qu'il s'y consacre, c'est alors que la disposition d'une aptitude excellente advient. Lorsque la disposition est survenue, à ce moment, se conjoint (*payvandad*) à [l'être humain] l'effusion (*fayḍ*) de la forme (*ṣurat*) d'une aptitude excellente provenant du donateur des formes (*wāhib-i ṣuwar*) : il devient un individu au caractère raffiné (*khuluq-i muhadhdhab*) et d'aptitude excellente. À ce moment, l'ensemble des vertus (*faḍā'il*) humaines, morales (*khuluqī*) et pratiques (*'amalī*), adviennent en [cet individu]. La troisième cause d'une aptitude excellente est le don (*bakhshīdan*) qui en est fait, par le donateur de la forme (*wāhib-i ṣurat*), à celui qui possède la disposition (*SQAH*, 99.8-18).

Le processus de la connaissance

Texte 3

[...] et il n'y a [dans l'essence (*dhāt*) de l'âme] que ce qui est acquis (*kasb*), puisqu'en sa propre essence, à son origine, il ne s'y trouve aucune des *intentiones* [2] scientifiques (*ma'ānī-i 'ilmī*), car elle n'est connaissante et intelligente qu'en puissance. Chaque chose qu'elle arrive à acquérir – par la saisie des intelligibles (*idrāk-i ma'qūlāt*) et des intentions scientifiques (*ma'ānī-yi 'ilmī*) –

1. Ce terme pourrait être une allusion aux exercices « spirituels » des mystiques, mais la teneur de l'ensemble de l'*Asrār* ne favorise pas cette interprétation de nature plus mystique.

2. Chez Avicenne, les intentions proviennent du monde sensible, ils sont les produits de la puissance estimative qui les appréhende, *cf.* R. E. Hall, « The *Wahm* in Ibn Sina's Psychology », dans M. C. Pacheco et J. F. Meirinhos (dir.), *Intellect et imagination dans la philosophie médiévale*, vol. 1, *op. cit.*, p. 533-549.

tous le sont par [le biais] de l'acquisition (*kasb*), son acquisition se faisant par les sens (*ḥawāss*) et l'enveloppe (*qālib*) [corporelle] (*SQAH*, 83.1-3).

L'INTUITION INTELLECTUELLE

Texte 4

L'intuition intellectuelle (*ḥads*) c'est lorsque l'âme (de l'être humain) se retrouve (dans le degré) [1] ou elle accède soudainement au moyen terme (*ḥadd-i awsāṭ*). Sans qu'elle réfléchisse (*tafakkur*) ou recherche le moyen terme, elle obtient ce qui est recherché. Qui plus est, elle est telle, qu'en tout, le moyen terme doit l'atteindre et venir à sa rencontre et prendre forme (*ʿayniyyat*). À chaque fois que le moyen terme est atteint, s'ensuivent, à ce moment précis, la démonstration syllogistique et l'obtention de la conclusion. Cela signifie que l'intuition intellectuelle sainte (*ḥads-i qudsī*) et l'acuité d'esprit (*dhakā*) ressemblent à la révélation (*waḥy*) et à l'inspiration (*ilhām*) qui échoient aux âmes des prophètes (*anbiyā'*), des éminents sages (*ḥukamā-yi buzurg*), des proches de Dieu (*awliyā'*), et des saints (*aṣḥāb-i karāmāt*). Par ce processus, ces derniers sont informés de la finalité (*ghāyat*) [des choses]. Par conséquent, les sciences théoriques – et la logique qui en est l'un des instruments – tout comme l'ensemble des autres *technè* (*ṣināʿāt*) ont été produites et ont vu le jour grâce à la puissance de l'intuition sainte (*SQAH*, 36.10-7).

Texte 5

Il n'y a aucune autre méthode pour acquérir les sciences théoriques, la logique et les autres *technè* (*ṣināʿāt*) que par le bais de l'intuition intellectuelle sainte (*ḥads-i qudsī*) et la conjonction (*payvastan*) avec les intelligences agentes (*ʿuqūl-i faʿʿāl*) et la conjonction (*ittiṣāl*) de l'effusion du donateur des formes (*fayḍ-i wāhib-i ṣuwar*) avec elle (*SQAH*, 36.21-25).

LA FINALITÉ ET L'ACCOMPLISSEMENT DE L'EXISTENCE HUMAINE

Texte 6

Si cela est tel que nous l'avons mentionné, alors il devient évident qu'après sa séparation [du corps] l'âme humaine ne saisit aucune chose particulière qui aurait appartenu à nos corps et à nos âmes, en tant que particulier, puisque chaque saisie (*idrāk*) du particulier advient par le bais d'un instrument corporel (*bi-āla jasadāniyya*). Le particulier (*juz'ī*) [*BHi*, II, 390.1] est ce qui, dans la réalité, est indiqué. Et ce qui est indiqué possède une position (*waḍʿ*),

1. Le manuscrit comporte ici « existence (*mawjūd*) », cf. *SQAH*, 36, n. 3.

une localisation (*ayna*), et une prédication (*ḥaml*)[1], ceux-ci étant des relations de la matière corporelle (*al-jismāniyya*). Donc, là-haut, l'âme saisit son essence seulement en tant qu'elle est séparée (*mujarrada*) [de la matière]. Chaque [entité] séparée de la matière intellige (*ta'qil*) son essence, et elle intellige le fait qu'elle intellige. Ce qui empêche l'intellection (*ta'aqqul*) ce sont plutôt les liens avec la matière. Elle saisit également les autres choses par le biais de leurs causes. Sa connaissance est donc une connaissance universelle, [de sorte que] si elle connaît une chose particulière ou qu'elle l'intellige, cela se produit seulement à partir de l'universel (*taḥt al-kullī*), par le biais de ses causes. Par conséquent, il n'y a donc pas de connaissance là-haut qui ne soit pas [appréhendée] suivant le mode universel (*BHi*, II, 389.14-390.5).

Texte 7

Quant à la béatitude (*sa'ādat*) de l'âme, il faut savoir qu'elle se trouve dans sa perfection. Et sa perfection se trouve dans le fait d'être connaissante (*'ālimī*), dans la connaissance de sa propre essence (*dhāt*), dans la connaissance de l'Être nécessaire (*wāhib-i wujūd*), dans la connaissance des intellects agents (*'uqūl-i fa''āl*) et des âmes célestes et terrestres. L'ensemble des formes que prennent les étants (*hastīhā*) se trouve, de manière universelle (*bih kulliyat*), dans son essence (*dhāt*), de sorte que son essence, qui est connaissante (*'ālimī*), devient alors intelligible (*ma'qūl*). Elle devient équivalente (*muwāzī*) et semblable (*mushābih*) à une connaissance universelle (*'ilmī-i kullī*), parce que dans son essence advient la forme de l'ensemble des étants (*ṣūrat-i hamah-yi hastīhā*) dans leur totalité. Il en est ainsi, car elle devient sujet de la connaissance universelle (*'ālimī-i kullī*) de tous les étants (*hastīhā*), et puisqu'elle est ainsi, elle est parfaite et est [tournée vers] la vérité. Et la félicité de toute chose se trouve dans l'obtention de sa véritable perfection (*kamāl-i ḥaqīqat*) ; de même, le plaisir [associé à] chaque perfection se trouve dans sa saisie (*idrāk*) de sa propre perfection (*SQAH*, 82.6-12).

Texte 8

La félicité se trouve dans le plaisir de l'âme lorsqu'elle contemple la réalité dans sa perfection. Sa perfection se trouve dans son savoir (*'ilm*) et sa connaissance (*ma'rifa*) d'elle-même et dans la totalité des étants qui prennent forme dans son essence. De la même manière, le châtiment de l'âme et la douleur se trouvent dans son ignorance ; cette ignorance est déficience (*nuqṣān*) et la non-obtention de sa perfection (*SQAH*, 82.13-15)

1. Il serait également possible de suivre la lecture des manuscrits « t » et « s », par exemple, « lieu d'inhérence » (*maḥall*) (*BHi*, II, 390, n. 1), plutôt que « prédication » (*ḥaml*) (*BHi*, II, 390.1) ; même si ces deux lectures sont beaucoup plus tardives, elles incluent souvent des lectures qui se rapprochent de l'édition de Badawī des fragments de l'*Inṣāf*.

Texte 9

Il faut savoir que le plaisir de l'âme se trouve dans l'obtention de sa perfection et que la perfection se trouve dans l'obtention de la connaissance de la forme que prennent les étants ; dans l'essence de l'âme advient [alors], uniquement par le biais de l'acquisition (*kasb*), cette connaissance de la forme des étants (*īn 'ilm-i ṣūrat-i hastīhā*) (*SQAH*, 82.23-83.1).

Glossaire

anbiyā' : prophètes
aṣḥāb-i karāmāt : saints
awliyā' : proches de Dieu

bakhshīdan : faire don

dhakā : acuité intellectuelle

fayḍ : effusion

ḥadd-i awsaṭ : moyen terme
ḥads-i qudsī : intuition intellectuelle sainte
hastīhā : étants

ḥukamā-yi buzurg : éminents sages

ilhām : inspiration
ilhām-i samāwī : inspirations célestes
'ilmī-i kullī : connaissance universelle

kasb : acquisition

qiyās-i manṭiqī : démonstrations syllogistiques

waḥy : révélation

Bibliographie

LAWKARĪ, Abū al-'Abbās, *Sharḥ-i qaṣīda-yi Asrār-i al-ḥikma*, texte établi par Ilāhah Rūḥī-Dil, éd. sous la dir. de M.-R. Daryāgasht et R. Pūrjavādī, Téhéran, Markaz-i nashr-i dānishgāhī, 1382/2002, p. 12-103.

– *Bayān al-ḥaqq bi-ḍamān al-ṣidq* : *al-'ilm al-ilāhī*, éd. par Ibrāhīm Dībājī, Téhéran/Kuala Lumpur, International Institute of Islamic Thought and Civilization, ISTAC, 1373/1414/1995.

– *Bayān al-ḥaqq bi-ḍamān al-ṣidq, al-ṭabī'iyyāt*, Bibliothèque centrale de l'Université de Téhéran, ms. 250, livre 6 [*Kitāb al-nafs*], fol. 137r. 2-159r. 21.

Littérature secondaire [1]

GRIFFEL, F., *Apostasie und Toleranz im Islam. Die Entwicklung zu al-Ġazālīs Urteil gegen die Philosophie und die Reaktionen des Philosophen*, Leiden, Brill, 2000, p. 344-349 [discussion des débats entre philosophes et ash'arites au sujet de l'atomisme].

JANSSENS, J., « Al-Lawkarī's Reception of Ibn Sīnā's *Ilāhiyyāt* », in D. N. Hasse et A. Bertolacci (eds.), *The Arabic, Hebrew and Latin Reception of Avicenna's Metaphysics*, Berlin, De Gruyter, 2012, p. 7-26 [comparaison de la métaphysique du *Bayān al-ḥaqq* avec la métaphyique d'Avicenne].

KADĪVAR, M., « *Guzārish-i Abū al-'Abbās-i Lawkarī az falsafa-yi mashshā'* », in *Daftar-i 'aql; majmū'a-yi maqālāt-i falsafa-kalāmī*, Téhéran, Iṭṭilā'āt, 1377/1999, p. 352-363 [notes sur Lawkarī et l'édition de Dībājī de la métaphysique du *Bayān al-ḥaqq*].

MARCOTTE, R. D., « Preliminary Notes on the Life and Work of Abū al-'Abbās al-Lawkarī (d.ca. 517/1123) », *Anaquel de Estudios Árabes* 17, 2006, p. 133-157.

– « Notes lexicographiques sur la *Physique* de la *Qaṣīdah-yi asrār-i al-ḥikma* d'Abū al-'Abbās al-Lawkarī (mort après 503/1109) », *in* A. Panaino et R. Zipoli (eds.), *Proceedings of the 5th Conference of the Societas Iranologica Europaea,* 3 vol., Milano, Mimesis, 2006, vol. 2, p. 75-91.

– « L'eschatologie d'Abū al-'Abbās al-Lawkarī (mort après 503/1109) : le *Bayān al-Ḥaqq* et le *Sharḥ-e qaṣīda-ye Asrār al-ḥikma* », *Mélanges de l'Institut dominicain d'études orientales du Caire* (*MIDÉO*) 29, 2012, p. 1-25.

MAQSŪD, M., « Lawkarī ākharīn faylusūf-i mashshāy-i sīnawī », *Tārīkh-i falsafah* 2.2/6, 2011, p. 11-28 [présentation de l'homme et de son œuvre comme dernier des péripatéticiens avicenniens].

1. Très peu d'études ont été rédigées sur la vie et l'œuvre de Lawkarī, et rien sur sa noétique.

MERYEM SEBTI

BAHMANYAR

Dans son ouvrage *Le Livre du résultat* (*Kitāb al-Taḥṣīl*), Bahmanyār Ibn al-Marzubān (m. 458/1066), fidèle disciple de la première génération d'Avicenne, a consacré un livre entier, le dernier de son ouvrage, à la science de l'âme. Ce livre qui constitue la quatrième section (*bāb*) de la seconde *maqāla* du troisième livre du *Kitāb al-Taḥṣīl* est intitulé : « De l'établissement de l'âme et de sa substantialité et des critiques des opinions fausses à son sujet »[1]. Il y expose l'essentiel de sa noétique et de sa théorie de la connaissance. Bahmanyār suit fidèlement la doctrine d'Avicenne sur un certain nombre de points fondamentaux. Cependant, il tente d'innover sur plusieurs aspects. Il établit ainsi que la seule activité qui appartienne en propre à l'âme est l'aperception de soi. Cette activité réflexive fonde l'ensemble de l'activité psychique, aussi bien sensible qu'intellectuelle. Il tente également de réduire la stricte distinction établie par Avicenne entre l'activité sensible de l'âme et son activité intellectuelle en conférant à l'imagination une fonction prédominante dans le processus d'acquisition des formes intelligibles[2].

Cette relecture de la doctrine avicennienne de l'âme ne se fait pas sans mal et l'on relève un certain nombre d'incohérences dans l'exposé du disciple. C'est comme si la fidélité au maître l'empêchait parfois de tirer les conséquences de ses propres choix doctrinaux. Comme cela est le cas en ce qui concerne par exemple la reprise de la notion avicennienne d'intuition (*ḥads*), alors même que Bahmanyār refuse l'idée que l'âme puisse acquérir la connaissance

1 .Dans ce chapitre il suit l'ordre de l'exposé du *Shifā'* comme je l'ai montré dans « Intellection, imagination et aperception de soi dans le Livre du Résultat (*Kitāb al-Taḥṣīl*) de Bahmanyâr Ibn al-Marzûbân », *Chôra*, 2006, p. 189-210. Sur le rapport de Bahmanyār et Avicenne, voir aussi J. Janssens, « Bahmanyar Ibn Marzuban : A Faithful Disciple of Ibn Sina ? », *in* D. Reisman (ed.), *Before and After Avicenna*, Leyde-Boston, Brill, 2003, p. 177-197.

2. Sur ces points, *cf.* mon article « The Ontological Link between Body and Soul in Bahmanyār's *Kitāb al-Taḥṣīl* », *The Muslim World* 102, juillet-octobre 2012, p. 525-540.

intelligible sans le travail de l'imagination. À moins de considérer que le disciple n'avait pas les moyens théoriques de construire une doctrine de l'âme réellement novatrice.

L'ÂME HUMAINE

Sa relation au corps

Comme Avicenne, Bahmanyār considère que l'étude de l'âme relève de la physique en tant qu'elle est en relation au corps et au mouvement (chap. I, p. 724). L'âme et le corps sont unis comme la matière est unie à la forme, mais cette union, précise-t-il, est de telle sorte qu'elle n'empêche pas l'âme d'être un principe séparé. Ainsi, l'âme et le corps sont deux substances indépendantes [Texte 1]. L'âme est une substance immatérielle et immortelle qui survit à la corruption du corps.

L'âme préexiste au corps, et elle commence d'être lorsqu'une mixtion corporelle est disposée à la recevoir. Pour Bahmanyār, c'est l'âme qui est responsable de la composition de la mixtion corporelle. Il ne reprend pas la thèse avicennienne selon laquelle le mouvement des sphères célestes dispose la matière première à recevoir telle ou telle âme [Texte 2]. L'attachement de l'âme au corps se fait à travers le cœur, qui remplit la fonction du premier instrument de l'âme. Les puissances animales circulent de cet organe dans le corps à travers un corps subtil (*jism laṭīf*) : le pneuma (*al-rūḥ*) [1].

Sa structure ontologique

L'âme est conçue par Bahmanyār comme une substance immatérielle qui survit à la mort du corps. Pour démontrer l'immatérialité de l'âme, il va mettre en œuvre deux arguments. Le premier établit que, puisque l'âme appréhende les intelligibles immatériels, elle ne peut être un corps [Texte 3]. Or, Bahmanyār considère, comme Avicenne avant lui, que l'intellect est une puissance de l'âme et qu'à ce titre, l'âme ne s'identifie pas à l'intellect. Établir l'immatérialité de l'intellect n'est donc pas équivalent au fait d'établir celle de l'âme [2]. Mais Bahmanyār ne paraît pas troublé par cette difficulté théorique, bien qu'il consacre peu de place à cet argument et insiste surtout sur le second argument qui est fondé sur l'aperception de soi.

L'homme a l'aperception de lui-même (*yashʿar bi-dhātihi*) ; or ce qui a l'aperception de soi ne peut être une mixtion. En effet, lorsqu'une mixtion a

1. Sur l'origine aristotélicienne de la notion de pneuma, voir *supra*, art. Avicenne, n. 2 p. 268.

2. C'est ce qu'avait très bien compris Avicenne avant lui. Sur ce point, voir l'analyse que je fais de cette question dans « Avicenna's Flying Man Argument as a Proof of the Immateriality of the Soul », *in* E. Coda et C. Martini Bonadeo (éd.), *De l'Antiquité tardive au Moyen Âge. Études de logique aristotélicienne et de philosophie grecque, syriaque, arabe et latine offertes à Henri Hugonnard-Roche*, Paris, Vrin, 2014, p. 531-544.

l'aperception de quelque chose, cette aperception est une passion (chap. II, p. 733). Or l'aperception de soi n'est pas une passion, elle n'est pas réception d'une forme, mais un acte par lequel le sujet et l'objet de l'aperception coïncident dans un mouvement réflexif.

L'aperception par elle-même de l'âme offre une autre preuve de l'incorporéité de l'âme, puisque l'homme a l'aperception de soi du début de son existence jusqu'à sa mort. Or, la mixtion corporelle est labile. Dès lors, le sujet de l'aperception de soi ne peut être une mixtion [Texte 4], mais il doit être une substance immatérielle non soumise à la temporalité et à son corrélat, la corruption.

Dans la suite du texte, Bahmanyār reprend *verbatim* un argument utilisé par Avicenne pour montrer que l'homme a l'aperception de soi alors même qu'il ne connaît ni ses membres internes ni ses membres externes [Texte 5]. Puis il répond à l'objection suivante. Si nous avons conscience de notre âme sans avoir conscience d'aucun de nos organes, comment se fait-il que nous puissions dire : « Je suis entré par là et je suis sorti par là. » Il explique alors que notre appréhension de nous-mêmes englobe celle de notre corps dans une seule et même perception. C'est, dit-il, « comme si le corps et l'âme ne constituaient qu'une seule et même espèce ». Bahmanyār explique ensuite que

> c'est comme lorsque tu dis « j'ai écrit » alors que seule ta main a écrit ; ou comme lorsque tu dis « j'ai vu », alors que seul l'œil est doté de vision et « j'ai mû mon pied lors de la marche » alors que cela n'est qu'un attribut du pied. Cependant l'âme n'a pas d'acte par essence, mais elle agit par le biais de ses puissances. Ces puissances lui appartiennent en tant que ce sont des habitus stables (*wa quwwāhā lahā bi-ma'nā al-malaka*) et les actes [de l'âme] lui sont attribués par essence. La puissance et l'âme forment une unité (*wa-l-quwwa muttaḥida bihā*). Par eux-mêmes, le fait de sortir et de rentrer relèvent du corps, alors qu'ils sont attribués à un principe, qui est l'âme, en raison du fait qu'elle est dotée d'un corps (chap. II, p. 735-736).

Ce passage soulève de nombreux problèmes. Dans sa volonté de fonder à la fois l'immatérialité de l'âme et l'unité de la vie psychique, Bahmanyār laisse en suspens de redoutables questions. Si les puissances de l'âme sont unies à elle de sorte qu'en ayant conscience d'elle-même, l'âme ne puisse pas ne pas avoir en même temps conscience de ses puissances, alors on peut se demander ce qu'il en est lors de la mort du corps. Comment ces habitus stables que sont les puissances disparaissent-ils avec la mort du corps ?

Il semble par ailleurs que Bahmanyār mette sur le même plan deux thèses distinctes d'Avicenne. La première établit que l'âme en tant que substance immatérielle est transparente à elle-même et que cette transparence est une preuve de son immatérialité, puisque, dans une perspective proprement néoplatonicienne, seules les substances immatérielles sont transparentes à elles-mêmes.

La seconde thèse établit que l'âme est le principe unificateur de toute l'activité psychique de l'homme[1], qu'elle soit sensible ou intellectuelle. Or dans le passage cité ci-dessus, on peut constater que Bahmanyār utilise les deux arguments pour établir l'immatérialité de l'âme, comme s'il n'était pas conscient du fait que chez Avicenne les deux argumentations ne relevaient pas du même ordre et étaient mises en œuvre pour traiter deux problèmes théoriques différents ; l'immatérialité de l'âme, d'une part, établie à partir du fait que l'âme est transparente à elle-même – et qu'il s'agit là d'une caractéristique des substances immatérielles – et l'unité de l'activité psychique, d'autre part.

La question de l'unité de la vie psychique est au cœur de la doctrine psychologique de Bahmanyār[2]. Elle oriente sa réflexion sur les puissances de l'âme et le conduit à établir que l'âme est unie à ses puissances de sorte qu'en ayant conscience d'elle-même, elle ne puisse pas ne pas avoir conscience de ses puissances. Cette doctrine pose de manière aiguë la question du statut de l'âme après la séparation d'avec le corps. Si ses puissances sont si intimement unies à elle qu'elle ne puisse avoir l'aperception d'elle-même sans en avoir également l'aperception, comment penser leur disparition à la mort du corps ?

Les puissances de l'âme

Selon Bahmanyār, chaque être vivant est doté d'une âme unique et lorsque nous parlons de « l'âme végétale » en l'homme, c'est en tant que l'on distingue en lui le principe responsable de la nutrition et non en tant qu'il a, en plus de l'âme rationnelle, une âme végétale [Texte 6].

Pour Bahmanyār, si l'âme végétale existait dans l'homme comme elle existe dans le végétal, alors un corps végétal existerait dans l'homme puisque c'est l'âme selon sa doctrine qui est responsable de la mixtion corporelle propre à chaque espèce. Il conçoit l'âme, nous l'avons vu, comme le principe unificateur de toute l'activité psychique, des puissances intellectuelles, des puissances de perception comme de celles de nutrition. Elle est une et ne se divise pas en ses diverses puissances.

Bahmanyār établit par ailleurs qu'il est nécessaire que les différentes activités de l'âme soient dues à différentes puissances. Si tel n'était pas le cas, étant donné que l'âme est le principe unificateur de l'activité psychique, elle serait en même temps engagée dans toutes ses différentes activités [Texte 7]. Ainsi pour Bahmanyār il n'y a qu'un principe unique pour chaque être vivant, c'est l'âme. Elle est dotée de plusieurs puissances par l'intermédiaire desquelles elle

1. Dans *le Traité de l'âme du Shifā'*, Avicenne établit que l'âme est le principe unificateur de l'activité psychique ; elle est le moi : « Ce qui est visé comme étant ce que je reconnais être moi-même, c'est ce que j'entends par mon propos : j'ai senti, j'ai pensé, j'ai agi, et ce qui réunit ces propriétés, c'est une autre chose que j'appelle moi » (V, 7, p. 226). Avicenne assigne à l'âme la fonction d'instance centralisatrice de l'activité psychique parce qu'il constate l'existence d'une concurrence entre les différentes activités cognitives et affectives.

2. Sur ce point, voir mon article, « The Ontological Link », art. cit., p. 525-540.

accomplit un certain nombre d'activités distinctes, allant de la représentation intellectuelle à la nutrition.

Pour Bahmanyār, comme pour Avicenne avant lui, l'âme est naturellement apte à gouverner le corps auquel elle est attachée. Elle est dotée d'une puissance qui lui permet d'administrer le corps. Cette puissance est appelée « intellect pratique ». C'est elle qui fait la jonction entre l'âme et le corps [Texte 8]. L'âme administre (*tataṣarraf*) les puissances corporelles par l'intermédiaire de l'intellect pratique. Lorsque les puissances corporelles conservent leur équilibre, l'intellect pratique peut agir sur elle mais lorsqu'elles le perdent, il ne peut plus les gouverner. C'est ainsi que surgissent les maladies mentales telles que la folie et le délire, explique Bahmanyār (chap. IX, p. 790).

L'idée selon laquelle l'âme est un principe unique, séparé, duquel procèdent un certain nombre d'activités dues à diverses puissances, se trouve chez Avicenne. Cependant, Bahmanyār ne reprend pas à son maître sa définition des puissances. Pour Avicenne, les puissances de l'âme sont des conséquents de son essence (*lawāzim*), des dérivés (*furū'*) qui font suite à son existence[1]. Bahmanyār définit quant à lui les puissances de l'âme comme des « habitus stables » : la puissance est une « *malaka* »[2] [Texte 9]. Cette caractérisation de la puissance comme habitus stable soulève un problème doctrinal important. Étant donné que l'habitus stable ne se corrompt pas de lui-même, on peut se demander comment après la séparation d'avec le corps les habitus stables autres que l'intellect théorique se corrompent. Nous verrons dans la suite de notre étude que Bahmanyār conçoit la béatitude ultime de l'âme comme une *mushāhada*, à savoir comme une saisie directe et non médiatisée d'elle-même. Or, Bahmanyār définit aussi cette saisie directe et non médiatisée comme habitus stable de l'âme, comme *malaka* [Texte 9]. Nous verrons plus loin[3] qu'il en est de même pour l'intellect théorique, qui est caractérisé comme *malaka fāḍila*, un habitus stable noble.

Pour Avicenne, l'âme humaine s'identifie à son intellect théorique, qui n'est donc pas sur le même plan ontologique que les puissances au moyen desquelles elle agit. Ce qui permet de rendre raison du fait que l'intellect théorique survit à la mort du corps.

1. Dans son épître *De l'attachement de l'âme et du corps*, Avicenne écrit : « Les puissances font partie de ses conséquents nécessaires (*lawāzim*) et de ses dérivés (*furū'*) [de l'âme], qui adviennent en même temps qu'elle » ; *cf.* M. Sebti, « Une épître inédite d'Avicenne : *Ta'alluq al-nafs bi-l-badan* (De l'attachement de l'âme et du corps) : édition critique, traduction, introduction doctrinale et annotation », *Documenti e Studi sulla Tradizione Filosofica Medievale*, 15, 2004, p. 141-200, ici p. 198.

2. Dans la partie métaphysique de son ouvrage consacrée à la qualité, Bahmanyār explique que la *malaka* est un habitus fermement attaché à une essence et dont elle ne se départ pas aisément, telle la disposition parfaite de l'âme à recevoir les intelligibles et à agir sur eux. Cf. *Kitāb al-Taḥṣīl, al-maqāla al-thāniyya min 'ilm mā ba'da al-ṭabī'a*, p. 394.

3. Cf. *infra*, p. 345.

La caractérisation des puissances de l'âme comme habitus stable chez Bahmanyār est d'autant plus problématique qu'il met sur le même plan ontologique l'intellect théorique et les autres puissances de l'âme. Étant donné qu'après la séparation d'avec le corps, l'âme n'est plus attachée à ce qui est accidentel, il apparaît donc que la *malaka* n'est pas un accident de l'essence de l'âme, ni un conséquent matériel, mais une disposition fermement établie dans son essence. Dès lors, nous pouvons nous demander comment les puissances que l'âme a en vertu de son attachement au corps, telles que la vision, la cogitative, l'estimative, etc. disparaîtront à la mort du corps alors même que ce sont des habitus stables.

La faculté rationnelle

Le rôle des sens internes dans l'activité intellectuelle

Bahmanyār reprend à Avicenne sa classification des cinq sens internes[1]. Le premier étant le sens commun qui est, comme chez le maître, le sens grâce auquel la perception a réellement lieu. Sans ce sens qui réunit les formes provenant des sens externes, l'âme ne pourrait distinguer et juger que cette chose colorée n'est pas cette chose touchée. Il est nécessaire par ailleurs que ce sens commun soit une puissance corporelle afin qu'elle soit en mesure d'appréhender les choses particulières. Comme Avicenne avant lui, Bahmanyār établit une distinction entre le sens commun – faculté réceptive – et l'imagination rétentive (*al-quwwa al-muṣawwira*) – faculté de conservation – qui permet de rendre raison de plusieurs phénomènes caractéristiques de la perception : plusieurs points successifs sont perçus comme étant un cercle ; les gouttes de pluie successives sont perçues comme étant une ligne droite continue ; des figures qui n'existent pas sont vues et des sons qui n'existent pas sont entendus par celui dont les sens externes sont déficients et à celui qui a les yeux clos ; les choses imaginées qui apparaissent avec une telle force que si elles étaient réellement perçues ; les rêves qui ont la force des choses réellement perçues[2]. Cette distinction permet par ailleurs d'expliquer que l'âme puisse se détourner des données reçues du monde sensible et se tourner vers ce qui en est conservé dans la faculté imaginative. Bien que le sens commun centralise toutes les données reçues de l'extérieur et soit le sens qui transforme la sensation en perception, il n'est pas le sujet ultime de la perception. Le véritable sujet de la perception est l'âme ; les différentes puissances ne perçoivent que par accident (chap. IV, p. 746).

1. Cette classification comprend cinq sens internes : le sens commun (*al-ḥiss al-mushtarak*), l'imagination rétentive (*al-muṣawwira*), l'imagination cogitative (*al-mufakkira*), la remémorative (*al-dhakira*) et l'estimative (*al-wahmiyya*).

2. Sur ce point, Bahmanyār est fidèle à la doctrine d'Avicenne.

En ce qui concerne la manière dont l'homme acquiert les intelligibles, elle apparaît comme un flottement dans la pensée de Bahmanyār. Il évoque une réception de ces formes qui émanent d'un intellect séparé comme nous le verrons. Cependant, dans son chapitre sur les sens internes, il décrit un processus d'abstraction successive qui va du sensible à l'intelligible en passant par ce qui est objet de l'imagination et de l'estimative [Texte 10]. Il apparaît néanmoins que la puissance cogitative, qui est l'imagination composante lorsqu'elle est maîtrisée par l'âme rationnelle, a une fonction importante dans le processus d'acquisition du savoir rationnel. Pour Bahmayār, l'âme humaine peut avoir accès à l'ensemble des sciences et des arts, mais les hommes ne sont pas tous égaux face à ce savoir. C'est en vertu de l'une de leurs dispositions matérielles, à savoir la puissance cogitative (*al-quwwa al-mufakkira*), que les hommes sont plus ou moins enclins à acquérir le savoir [Textes 11 et 12]. Mais c'est aussi la puissance cogitative qui constitue un obstacle à ce que l'âme reçoive l'ensemble des intelligibles ici-bas (p. 792).

Cependant, la doctrine de Bahmanyār n'est pas très claire sur ce point, puisque, dans le même chapitre, il considère que les différences dans les aptitudes cognitives des hommes sont dues à une différence inhérente à l'âme elle-même – conçue comme principe de l'activité psychique – et non à leurs puissances cogitatives.

Les différents degrés de l'intellect théorique

L'âme est également dotée d'un intellect théorique qui doit, dans une perspective téléologique, gouverner l'ensemble des puissances de l'âme [Texte 13]. Bahmanyār nomme la capacité de cette puissance intellective à gouverner « l'habitus stable noble » (*al-malaka al-fāḍila*) et considère qu'elle va de pair avec une nature innée noble (*fiṭra fāḍila*).

Il semblerait donc que certains hommes soient mieux disposés que d'autres à mener une vie intellectuelle accomplie. Bahmanyār s'interroge quant au fait de savoir si cette disposition s'acquiert ou si elle est innée et semble pencher pour le fait qu'il existe une différence foncière entre les âmes [Texte 14]. Il ne développe malheureusement pas cette thèse et les passages dans lesquels il considère qu'il existe une différence fondamentale entre les âmes humaines – qui fait que certaines sont plus ou moins aptes à mener une vie purement intellective – sont concis et peu clairs. Il s'agirait là d'une différence importante avec la doctrine avicennienne selon laquelle tous les hommes sont doués de la même disposition intellective qui peut se développer ou non durant leur vie en fonction des efforts accomplis.

Pour ce qui est des degrés de l'intellect théorique, là encore Bahmanyār reprend la doctrine d'Avicenne et distingue un intellect matériel, un intellect *in habitu* et un intellect acquis [Texte 15]. Ce dernier degré, comme chez Avicenne, n'est pas autre chose que le fait que l'intelligible est présent en acte à l'intellect qui intellige qu'il l'intellige. Bahmanyār refuse comme Avicenne l'existence d'une mémoire intellectuelle. Il considère en effet que la réalisation (*ḥuṣūl*) des formes intelligibles dans l'intellect fait qu'elles sont intelligibles pour elles [Texte 16] et que ces formes ne peuvent exister sans être objet d'intellection.

Lorsque l'âme est disposée au moyen de la puissance cogitative selon une disposition parfaite et qu'elle a atteint le degré d'intellect acquis, elle peut se tourner quand elle le souhaite vers l'intellect séparé, qui fait passer son intellect de la puissance à l'acte et fait émaner sur lui les formes intelligibles séparées. Ainsi, la disposition (*al-istiʿdād*) est, avant l'apprentissage (*al-taʿallum*), déficiente (*nāqiṣ*) et après l'apprentissage, parfaite. Le premier apprentissage est semblable à la guérison de l'œil. Lorsque l'œil est sain, il peut voir quand il le désire la chose dont il prend une certaine forme. S'il se détourne de cette chose, alors cette chose est connue ou sentie en puissance, d'une puissance proche de l'acte [Texte 17]. Si certaines âmes peuvent avoir une activité intellectuelle importante et d'autres pas, c'est en raison d'une disposition dans l'âme : cette disposition est la puissance cogitative. C'est cette disposition qui fonde la possibilité de se parfaire. Si les hommes se distinguent entre eux par leur capacité à intelliger, à exercer leur intuition (*ḥads*), c'est en raison d'une différence qui existe dans les âmes elles-mêmes [Texte 17 bis]. Pour Avicenne, c'est la capacité à être ou non doté de *ḥads* qui distingue les hommes quant à leur capacité à intelliger. On voit donc que le disciple atténue fortement l'importance du *ḥads* dans sa noétique et fait dépendre l'activité intellectuelle d'une puissance corporelle, la puissance cogitative.

Le rôle de l'intellect séparé dans l'activité intellective de l'âme

Il existe donc un intellect séparé en acte qui fait passer l'intellect matériel de la puissance à l'acte. C'est de lui que proviennent les formes intelligibles dans l'intellect ainsi que le moyen terme des syllogismes lorsque la prémisse et la conclusion sont présentes dans l'intellect (p. 792). Comme Avicenne avant lui, Bahmanyār nomme aussi cet intellect transcendant « le donateur des formes » (*wāhib al-ṣuwar*). Il est intéressant de noter que Bahmanyār n'utilise pas le terme « intellect agent » dans la partie de son traité consacrée à la psychologie. Ce terme se trouve dans la partie logique de son ouvrage où il explique comment on acquiert les premiers intelligibles [1]. mais également dans la partie métaphysique [2].

Certains hommes sont dotés d'intuition (*ḥads*). L'intellect de ces hommes est proche de l'intellect *in habitu* de sorte qu'ils n'ont presque pas besoin d'user de leur puissance cogitative, ni d'entreprendre un apprentissage [Texte 18].

1. *Al-maqāla al-thāniyya fī-l-manṭiq, fī ktisāb al-muqadimmāt*, p. 160.

2. *Al-maqāla al-khāmisa min ʿilm mā baʿda al-ṭabīʿa*, p. 532. Il est intéressant de noter que dans la partie intitulée *Aʿyān al-mawjūdāt*, il nomme Dieu, « le Vivant, le percevant Agent (*al-darrāk al-faʿʿāl*) », p. 579.

Bahmanyār n'évoque pas le degré d'intellect saint et ne distingue pas de capacités psychologiques et noétiques propres au prophète. De plus, bien qu'il évoque l'intuition – cette capacité d'acquérir les intelligibles d'un coup et sans préparation –, il semble remettre en question l'idée qu'un homme puisse se passer d'un travail propédeutique accompli par sa puissance cogitative [Texte 19].

Bahmanyār donne l'impression d'intégrer la notion d'intuition dans sa noétique uniquement par fidélité à Avicenne, alors même qu'à plusieurs reprises dans son traité, il rejette l'idée que l'âme puisse intelliger sans s'être au préalable exercée sur les sensibles par le biais de la cogitative [Texte 20].

L'ESCHATOLOGIE

Le dernier chapitre du *Traité de l'âme* du *Kitāb al-Taḥṣīl* est consacré au retour de l'âme (*fī aḥwāluhā fī-l-ma'ād*). L'âme survit à la mort du corps, puisqu'elle est immatérielle et à ce titre, immortelle [Texte 21]. Par cette survie, l'âme est en mesure d'atteindre à une béatitude qu'elle ne pouvait connaître tant qu'elle était attachée au corps. Cette béatitude est décrite par Bahmanyār comme la possibilité, enfin donnée à l'âme, d'avoir une saisie complète et directe d'elle-même (*mushāhada tāmma*) [Texte 22]. Cette jouissance ultime est réservée aux âmes qui se sont consacrées leur vie durant à la vie intellectuelle, puisque le véritable plaisir est le plaisir intellectuel[1], et il n'est éprouvé que lorsque l'âme, enfin débarrassée du corps, a un accès direct et immédiat à elle-même et aux intelligibles.

La béatitude ultime (*al-bahja*) consiste donc pour l'âme humaine séparée du corps à mener une vie exclusivement intellectuelle. Une fois séparée du corps et cette béatitude atteinte, l'âme a une saisie directe et immédiate d'elle-même. Le degré de béatitude atteint est directement lié à la capacité qu'a l'âme séparée du corps d'avoir une saisie complète et directe d'elle-même. Lorsque cette transparence à soi s'amoindrit, la béatitude ne conserve pas sa précellence[2].

L'une des notions centrales de la doctrine de la vie éternelle de Bahmanyār est ainsi celle de *mushāhada*, de saisie directe et non médiatisée de l'objet de la connaissance par le sujet de la connaissance. Pour le disciple d'Avicenne, la saisie directe et non médiatisée que l'âme a d'elle-même et de son existence constitue le paradigme de la connaissance véritable, qui n'est pas pleinement accessible tant que l'âme est attachée à un corps.

Après la séparation d'avec le corps, l'âme devient transparente à elle-même et contemple son essence sans médiation aucune. Une fois que les puissances corporelles se corrompent, l'âme s'abîme dans la contemplation de sa propre

1. « Tu sais que le plaisir, en vérité, est le plaisir intellectuel », p. 835.

2. « La béatitude suit nécessairement la saisie directe et lorsque le degré de saisie directe diminue, le degré de béatitude diminue aussi », p. 835.

essence, puisque, par essence l'âme n'a pas d'autre vie que la perception qu'elle a d'elle-même [Texte 23]. Dans l'au-delà, l'âme n'est plus gênée par l'obstacle que constitue la puissance cogitative [Texte 24]. Elle ne se tourne plus du côté du corps et elle est alors parfaitement disposée à recevoir les intelligibles des existants séparés [Texte 25].

La saisie directe et immédiate de sa propre réalité constitue le bonheur ultime. Au fondement de cette notion se trouve l'idée développée par Bahmanyār, à la toute fin de ce quinzième chapitre consacré au retour de l'âme (p. 836), selon laquelle il est nécessaire d'aimer son essence (*ʿishq al-dhāt*). Car sans l'amour de sa propre essence, il n'est possible de jouir de rien. Étant donné que le plaisir est la saisie de ce qui convient, l'origine de cette béatitude est le fait que chacun a conscience de lui-même et de son existence et qu'il puisse jouir de lui-même et de cette existence.

La question de la transparence à soi de l'âme humaine est complexe et pose des problèmes épineux dans le cadre d'une doctrine qui établit que l'intellect humain ne peut passer de la puissance à l'acte qu'après l'intervention d'un principe transcendant séparé. Dans l'au-delà, l'âme devient un intellect pur, et à ce titre, est transparente à elle-même. Bahmanyār ne dit cependant rien des modalités selon lesquelles l'âme acquiert les intelligibles après la séparation d'avec le corps. Est-elle en jonction permanente avec l'intellect séparé ? Devient-elle un intellect pur par elle-même de sorte qu'elle n'ait plus besoin d'un principe en acte pour intelliger ? En se saisissant elle-même, saisit-elle par là même l'ensemble des intelligibles ?

La lecture du dernier livre du *Kitāb al-Taḥṣīl* consacré à l'âme laisse une impression d'inachevé. Bahmanyār, en disciple fidèle d'Avicenne, reprend sans les expliciter clairement de nombreuses doctrines du maître. Il paraît difficile de comprendre Bahmanyār si l'on n'a pas au préalable connaissance des (très) longs développements consacrés par Avicenne aux doctrines noétiques. Mais le *Kitāb al-Taḥṣīl* n'est pas pour autant un compendium de la pensée du maître, puisque, comme nous l'avons vu, Bahmanyār développe certaines doctrines originales, notamment sur les puissances de l'âme et sur la nature du retour. Ainsi, la notion centrale de la doctrine de la vie éternelle de Bahmanyār est celle de *mushāhada*, de saisie directe et non médiatisée de la chose connue. Pour le disciple d'Avicenne, la saisie directe et non médiatisée que l'âme a d'elle-même et de son existence constitue le paradigme de la connaissance véritable. Sa conception de la béatitude ne s'inscrit pas dans la continuité de celle de son illustre maître. Alors que l'idéal de la connaissance pour Avicenne est celui de la réceptivité, celui de Bahmanyār est la transparence à soi [Texte 26].

Il y a donc un changement de paradigme dans la théorie de la connaissance du disciple chez lequel la doctrine de transparence à soi des substances immatérielles devient centrale. On sait la fortune que connaîtra ce thème dans la philosophie d'al-Suhrawardī. Reste cependant que Bahmanyār ne réussit pas à fonder une noétique et une théorie de la connaissance novatrices, comme il ne réussit pas à affronter les multiples difficultés doctrinales que son immense maître a laissées en héritage.

APPENDICE

Textes

Texte 1

La pure corporéité n'a pas d'existence. Ce qui existe, comme tu le sais, c'est un corps qui est le feu ou une sphère céleste ou un arbre ou un homme. En résumé : il existe pour tout corps une forme naturelle constitutive. Or, ce qui est constitutif de la substance – qui est un corps – est une substance. L'âme est donc une substance (*Kitāb al-Taḥṣīl*, éd. M. Muṭahharī [Tehran, *Intishārāt-i Dānishgāh Tihrān*, 1996], chap. I, p. 727).

Texte 2

L'âme est une substance parce que c'est elle qui est responsable de la mixtion (*hiya al-māzija*). Ce n'est pas comme si l'homme – et ce qui lui est semblable – atteignaient leur perfection spécifique, puisque l'âme est advenue en eux comme advient la chose dans un sujet d'inhésion. Ainsi le sperme et l'ovule ne se meuvent pas en raison d'une force corporelle contraignante extérieure afin d'atteindre leur perfection propre en devenant plante ou animal. C'est de cette manière que se meuvent les individus [appartenant à l'espèce] animale ou végétale afin d'atteindre leur perfection propre. Cette sorte de motion ne dépend pas d'un corps (*Kitāb al-Taḥṣīl*, chap. II, p. 736).

Texte 3

L'homme possède une puissance qui appréhende les intelligibles. Or nous avons déjà montré que ce qui appréhende les intelligibles ne peut être corporel. Par conséquent, cette puissance ne peut être une mixtion [corporelle] (*Kitāb al-Taḥṣīl*, chap. II, p. 733).

Texte 4

Il appartient à l'homme d'avoir l'aperception de lui-même ainsi que nous l'établirons. Ce qui a l'aperception de soi ne peut être une mixtion. Car la mixtion ne peut avoir d'aperception qu'accompagnée de passion. Or, ce qui pâtit en elle n'est pas la mixtion première (*Kitāb al-Taḥṣīl*, chap. II, p. 733).

Texte 5

[L'immatérialité] de l'âme a été établie par un argument qui force l'attention (*bayān tanbīhī*), qui est le suivant : il n'est pas possible que l'aperception par l'homme de lui-même puisse être acquise de manière à ce qu'elle provienne de l'extérieur, de sorte que si elle n'était pas transmise de l'extérieur par un des sens externes, l'homme n'aurait pas l'aperception de lui-même. Ce qui prouve cela, c'est le fait que ses membres [externes] peuvent être ignorés alors même que l'homme sait qu'il existe. Or ce qui est connu et ce qui est ignoré sont deux choses différentes. Par conséquent, l'on sait que ce dont on a l'aperception n'est pas un cœur ni un cerveau ni aucun des membres. Si l'essence de l'homme était un des membres alors l'aperception de soi et celle de ce membre seraient une seule et même chose. Il n'est pas possible qu'une chose une soit telle que, du même point de vue, on en ait à la fois l'aperception et qu'on en ait pas l'aperception. Il n'en est pas ainsi. Je sais donc au moyen d'une science acquise par la transmission et l'expérience que j'ai un cœur et un cerveau, mais [ce n'est pas par ce moyen] que je sais que je suis moi (*Kitāb al-Taḥṣīl*, chap. II, p. 734-735).

Texte 6

Tu sais que l'âme végétale en l'homme ainsi que toutes les autres puissances sont les puissances d'un principe unique. [Le principe] constitutif (*muqawwim*) des espèces des animaux est l'âme dont cette puissance – je veux dire la nutritive – est l'une des puissances. Il y a sans aucun doute entre l'âme et ses puissances une sorte d'unité (*ittiḥād mā*). Plus encore, la réunion du tout [*i.e.* de l'ensemble des puissances] avec le corps est une chose une qui est en acte [*i.e.* l'âme] (*Kitāb al-Taḥṣīl*, chap. II, p. 738).

Texte 7

Si l'âme et ses puissances étaient une seule et même chose alors, nécessairement, [l'âme] se mêlerait parfois à la matière – comme lorsqu'elle est engagée dans l'acte de nutrition et appréhende une perception corporelle – et serait tantôt séparée de la matière – comme lorsqu'elle appréhende les intelligibles. Or, cela est impossible. Ainsi, elle contemplerait nécessairement en permanence l'ensemble des perceptions conservées par la mémoire, puisque la puissance remémorative (*al-quwwa al-hāfiẓa*) – lorsqu'elle est ainsi conçue – serait la même chose que [la puissance] imaginative et que la puissance qui agit par le biais du sens commun. Par conséquent, même lorsqu'une forme serait reçue en acte par le biais de certains sens externes – alors même que [l'âme] n'en a pas conscience –, elle la percevrait. Ces conséquences sont impossibles. Reste donc que les activités distinctes [de l'âme] sont dues à des puissances distinctes (*Kitāb al-Taḥṣīl*, chap. III, p. 740).

Texte 8

Sache que l'âme humaine dont nous avons dit qu'elle était une et agissait sur ces puissances est dotée de la puissance d'appréhender les intelligibles et de celle d'agir sur les puissances corporelles et ce, par nature et non par acquisition. La nature véritable (*ḥaqīqa*) de l'âme n'est pas d'avoir la puissance d'accomplir ces deux activités. Car la puissance est une notion privative alors que les âmes existent en acte. Si la nature véritable de l'âme était d'être une chose en puissance, alors elle n'aurait pas d'acte. Il faut donc nécessairement qu'elle ait la puissance d'accomplir ces deux activités par autre chose que son essence, ou plutôt par deux dispositions. Par l'une d'elle, l'âme se tourne vers ce qui octroie les formes intelligibles – dont nous établirons [l'existence] par la suite – et cette disposition s'appelle « intellect théorique ». Par l'autre, qui s'appelle « intellect pratique », elle se tourne vers le corps et agit sur ses puissances. C'est par son biais que l'âme a une activité pratique. Elle ne s'appelle « intellect » qu'en tant qu'elle est une disposition de l'essence de l'âme et non celle d'une matière. C'est elle qui permet la jonction (*al-ʿalāqa*) entre l'âme et le corps. Il n'est pas dans sa nature d'appréhender quoi que ce soit, mais elle est pratique seulement. Rien n'empêche que la jonction entre l'âme et le corps soit due à une puissance corporelle dont l'âme est dotée (*Kitāb al-Taḥṣīl*, IX, p. 789).

Texte 9

Nous avons établi que les intelligibles en tant qu'ils sont intelligés sont conservés (*maḥfūẓa*) selon la manière que nous avons indiquée. C'est en tant que l'âme est dotée d'un habitus stable (*malaka*) par lequel elle se tourne vers ce qui pourvoit les formes intelligibles. Il est bien connu que cet habitus stable ne se corrompt pas de lui-même et ne se corrompt pas après la séparation [d'avec le corps] (*Kitāb al-Taḥṣīl*, XV, p. 832).

Texte 10

Tu sais que la perception est la réalisation (*ḥuṣūl*) d'une trace (*athar*) de la forme du perçu dans la puissance qui perçoit. Ce qui est perçu est parfois une chose intellectuelle qui n'est réalisée que dans l'intellect – je veux dire dans une entité séparée de la matière – et parfois une chose corporelle à laquelle advient plusieurs espèces d'abstractions. Si l'abstraction de la matière et de ses conséquents est complète alors la chose est intelligée. D'après ce qui précède, tu connais la nature véritable de l'intelligible : c'est la forme abstraite de tout ce qui lui est semblable, telle la blancheur [par exemple] (*Kitāb al-Taḥṣīl*, IV, p. 745).

Texte 11

L'âme a la capacité d'appréhender l'ensemble des activités (*al-ṣināʿāt*) et des sciences, bien que cette capacité ait des degrés différents [selon les âmes]. Tout ce qui a la capacité d'accomplir plusieurs choses, alors la réalisation en lui de certaines choses plutôt que d'autres est due à une disposition qui est ajoutée [à son essence]. Or, toute disposition dépend de l'existence d'une matière ou de quelque chose de matériel : c'est la puissance cogitative (*al-quwwa al-mufakkira*). C'est par cette puissance que l'âme peut originellement (*fi-l-aṣl*) être disposée à acquérir tout ce qui est en puissance en elle. C'est également par le biais de cette puissance que la disposition [à recevoir] une chose plutôt qu'une autre se parfait. La disposition parfaite fait partie des choses qui commencent d'exister (*ḥāditha*). Or, tout ce qui commence d'exister advient par l'intermédiaire du mouvement, et le mouvement advient par l'intermédiaire des choses matérielles (*Kitāb al-Taḥṣīl*, IX, p. 791).

Texte 12

La disposition parfaite qui se réalise dans l'âme par l'intermédiaire de la cogitative est semblable à la disposition parfaite qui se réalise dans la matière première : c'est le fait d'ôter les obstacles. Ainsi, certains mouvements de la puissance cogitative aident l'âme à recevoir certaines formes plutôt que d'autres du Donateur des formes (*wāhib al-ṣuwar*) par l'intermédiaire de l'intellect théorique. Il se peut que cette disposition devienne parfaite du fait que tous les sens internes soient entièrement tournés vers l'âme (*Kitāb al-Taḥṣīl*, IX, p. 793).

Texte 13

Tu sais par expérience que l'homme a la capacité d'appréhender les intelligibles et celle d'administrer les puissances corporelles. Cela est dû sans aucun doute à deux puissances en lui [1] comme tu le sais. Celle par laquelle il administre le corps est l'intellect pratique et celle par laquelle il appréhende les intelligibles est l'intellect théorique. Le mieux pour l'âme est que l'intellect pratique, suivant l'intellect théorique, gouverne (*sāʾis*) l'ensemble des puissances corporelles grâce aux jugements intellectuels en laissant de côté les jugements des puissances corporelles. Il n'y a pas de doute que cela est l'effet d'une guidance et d'une nature innée noble (*fiṭra fāḍila*) qui s'appelle « l'habitus stable noble » (*al-malaka al-fāḍila*) (*Kitāb al-Taḥṣīl*, XII, p. 807).

1. Le texte a un féminin ici qui ne renvoie à rien dans ce qui précède. Je traduis donc d'après le sens.

Texte 14

Le fait que cette disposition puisse s'acquérir a été mentionné – mais Dieu seul sait. Rien ne s'oppose à ce que l'acquisition de celui qui acquiert cette noble qualité (*faḍīla*) soit précédée par une nature innée saine. Celle-ci serait enfouie sous les conséquents corporels qui sont [ensuite] ôtés. Alors la différence qui distingue les individus par rapport à cette nature innée serait due à une différence entre les âmes. Quant à l'intellect théorique, sans aucun doute, il est dénué de matière, puisque tu sais que les intelligibles ne s'appréhendent pas par les corps et leurs puissances (*Kitāb al-Taḥṣīl*, XII, p. 807).

Texte 15

Ainsi lorsque les formes intelligibles sont présentes dans l'intellect et qu'il les consulte en acte et les intellige en acte et intellige qu'il les intellige, il s'appelle alors « intellect acquis ». Car cette forme est acquise à partir de celui qui fait passer l'intellect de la puissance à l'acte. Lorsque l'intellect est détourné des intelligibles, il s'appelle « intellect en acte » ; il s'appelle « *in habitu* » lorsque les premiers intelligibles sont présents en lui. Avant cela, il est appelé « intellect matériel » comme tu le sais (*Kitāb al-Taḥṣīl*, XII, p. 816).

Texte 16

L'intelligible puissant (*al-ma'qūl al-qawwī*) n'est pas un existant puissant, puisque tu sais déjà que l'intelligibilité d'une chose et son être en tant qu'intelligé sont une seule et même chose (*Kitāb al-Taḥṣīl*, XII, p. 810).

Texte 17

La vérité concernant cela, si tu considères toutes les divisions [que nous avons exposées], est que lorsque notre âme est disposée selon une disposition parfaite (*idhā ista'addat tamām al-isti'dād*) – au moyen de la puissance cogitative (*al-fikra*) et que l'intellect en acte est réalisé en elle (*wa ḥaṣala fīhā al-'aql bi-l-fi'l*) –, elle se tourne alors tant qu'elle le désire (*kullamā shā'at*) vers [l'intellect] séparé (*al-mufāriq*) qui l'a fait passer de la puissance à l'acte et qui fait émaner sur elle, à partir de lui, les formes intelligibles séparées. Ainsi, la disposition (*al-isti'dād*) est déficiente (*nāqiṣ*) avant l'apprentissage (*al-ta'allum*), mais après l'apprentissage, elle est parfaite (*tāman*). Le premier apprentissage est semblable à la guérison de l'œil. Lorsque l'œil est sain, il peut voir quand il le désire la chose dont il saisit une certaine forme. S'il se détourne de cette chose, alors cette chose est connue ou sentie en puissance, d'une puissance proche [de l'acte] (*Kitāb al-Taḥṣīl*, XII, p. 815).

Texte 17 bis

C'est en raison d'une différence dans la constitution de la puissance [cogitative] que les individus diffèrent quant à l'existence de la nature (*ṭab*ʿ), de l'intuition (*ḥads*), de l'excellence de la nature innée, de la bêtise et de l'intelligence et dans la capacité à découvrir les [diverses] activités. Tout cela est dû à une dissemblance dans le principe, qui est l'âme (*Kitāb al-Taḥṣīl*, IX, p. 791).

Texte 18

Il est vrai que l'intellect matériel d'un individu (*shakhṣ*) peut être doté d'une nature innée (*fiṭra*) qui soit proche de l'intellect *in habitu*. Il appréhende les intelligibles par intuition (*ḥads*) sans avoir besoin d'user longuement de [sa puissance] cogitative (*al-fikra*) ni d'apprentissage. Nous avons connu quelqu'un comme cela : il s'agit de l'auteur de ces ouvrages[1]. Il a atteint la connaissance des sciences philosophiques (*al ʿulūm al-ḥikmiyya*) au début de sa jeunesse en un temps très court en dépit du fait que la science à cette époque était éparpillée. Si la science avait été ordonnée comme elle l'est [maintenant], l'appréhension qu'il en aurait eu alors eût été miraculeuse (*muʿjiza*) (*Kitāb al-Taḥṣīl*, XII, p. 817).

Texte 19

Grâce à l'intermédiaire de la faculté cogitative, l'âme a par nature la capacité de construire des syllogismes (*qiyāsa*) et d'appréhender les [diverses] activités. Cependant elle n'a pas, par nature [sans l'aide de la cogitative], la capacité de construire tous les syllogismes de sorte qu'ils soient toujours valides et pas non plus celle de connaître toutes les activités. Cela lui vient par acquisition ; à moins que l'âme soit dans un état de noblesse extrême, encore que l'existence [d'une telle âme] soit difficile [à établir] (*Kitāb al-Taḥṣīl*, IX, p. 791).

Texte 20

La puissance intellectuelle n'est pas créée parfaite de manière innée (*fī awwal al-fiṭra*). Ce qui existe en elle, au commencement, est l'intellect matériel. Les autres états (*aḥwāl*) qu'elle connaît n'adviennent que par la médiation des sens. Si l'intellect en acte et l'intellect *in habitu* existaient en même temps que l'âme existe, alors il ne serait pas nécessaire pour saisir les premiers intelligibles et acquérir les seconds intelligibles de prendre en considération les sensibles et les intermédiaires (*awṣāṭ*) acquis à partir des sens. La plupart des intermédiaires, dans l'astronomie et dans les autres sciences – comme tu le sais – sont expérimentales ou sensibles. Il apparaît ainsi

1. On peut se demander ici si Bahmanyār parle de lui ou de son maître. La fin de la phrase laisse penser qu'il s'agit d'Avicenne.

clairement que l'habitus et l'intellect en acte sont acquis par l'intermédiaire des sensibles (*Kitāb al-Taḥṣīl*, XV, p. 832).

Texte 21

Tu sais que l'âme humaine n'est pas imprimée dans une matière, et que ce qui est séparé est immortel, donc l'âme humaine est immortelle (*Kitāb al-Taḥṣīl*, XV, p. 829).

Texte 22

Tu sais qu'après la séparation d'avec le corps, l'âme n'a plus à s'occuper des puissances du corps. Elle est alors libre de s'occuper d'elle-même et a une saisie directe et complète d'elle-même. Puisque tu sais déjà que la perception qu'elle a d'elle-même ne se fait pas au moyen d'un instrument et que la jouissance suprême (*al-ladha al-tāmma*) s'accomplit grâce à la saisie directe et immédiate qu'elle a [d'elle-même] (*al-mushāhada*). Tu sais également que la puissance qui demeure avec l'âme est la puissance intellectuelle (*Kitāb al-Taḥṣīl*, XV, p. 830-831).

Texte 23

L'âme humaine, lorsqu'on considère son essence, n'a pas d'autre vie que la perception d'elle-même (*idrāk dhatihā*). Quant à la perception d'autre chose [qu'elle-même] et de ses actes, elle s'accomplit grâce aux puissances corporelles et à sa puissance intellectuelle. Par conséquent, sa vie sans ces puissances est une vie déficiente (*nāqiṣa*). Cependant, les puissances corporelles se corrompent avec la corruption du corps et ne demeure avec l'âme que la puissance intellectuelle (*Kitāb al-Taḥṣīl*, XV, p. 832).

Texte 24

Il est bien connu, que lorsque nous nous séparons du corps l'aperception que nous avons de nous-mêmes est plus complète (*kāna shuʿūrinā bi-dhawātinā atamm*). Il en est ainsi parce que nous n'avons l'aperception de nous-mêmes et des conséquents (*al-ʿalā'iq*) corporels que mêlée à l'aperception du corps. De la même manière [lors de la séparation], nos intelligibles sont plus parfaitement abstraits parce que, tant que nous sommes corporels, nous n'intelligeons rien sans que ne lui soient joints l'imagination (*al-khayāl*) et ce qui lui est semblable. L'imagination est plus puissante que l'intellect (*aghlab min al-ʿaql*). Lorsque la relation entre l'âme et le corps est interrompue et que cet obstacle est ôté, alors les intelligibles intellectuels (*al-maʿqūlāt al-ʿaqliyya*) et l'aperception de soi (*al-shuʿūr bi-dhāt*) sont appréhendés par expérience directe (*mushāhada*). La jouissance qu'a l'âme de sa vie intellectuelle est alors plus parfaite et plus noble (*Kitāb al-Taḥṣīl*, XV, p. 833).

Texte 25

La jouissance complète n'est atteinte que si on a acquis ici-bas la science par [la connaissance] de la nature véritable des existants (*ḥaqā'iq al-mawjūdāt*). La puissance intelligible est disposée par nature à recevoir les formes intelligibles de l'existant séparé (*min al-mufāriq*). Après la séparation [d'avec le corps], [l'âme] ne se détourne absolument pas du côté [des intelligibles] pour se tourner vers le corps. Toute âme est alors disposée d'une disposition parfaite à recevoir les intelligibles (*Kitāb al-Taḥṣīl*, XV, p. 832).

Texte 26

La béatitude suit nécessairement la saisie directe et lorsque le degré de saisie directe diminue, le degré de béatitude diminue aussi (*Kitāb al-Taḥṣīl*, XV, p. 835).

Glossaire

L'âme humaine

al-nafs al-insāniyya : l'âme humaine

nafs : âme

Son lien avec le corps

al-mājiza : l'âme en tant qu'elle est responsable de la mixtion corporelle

al-muṣarrifa : l'âme comme administrant le corps

badan : corps organique

hayūlā : matière première

ittiḥād / muttaḥid : qualifie le lien entre l'âme et ses puissances

mādda : matière

quwwa : puissance

rūḥ : pneuma

ṣūra : forme

*ta*ᶜ*alluq* : l'attachement, la dépendance, le lien

Les facultés de l'âme

al-ʿaql al-ʿamalī : l'intellect pratique en tant que puissance innée de l'âme à gouverner le corps

al-ʿaql al-naẓarī : intellect théorique

al-quwwa al-darrāka : la puissance appréhensive

al-quwwa al-ghaḍabiyya : la puissance irascible
al-quwwa al-ḥayawāniyya : la puissance animale
al-quwwa al-ḥissīya : la puissance sensitive
al-quwwa al-muḥarrika : la puissance motrice
al-quwwa al-nabātiyya : la puissance végétative
al-quwwa al-nafsāniyya : la puissance de l'être animé
al-quwwa al-nuzūʿiyya : la puissance appétitive
al-quwwa al-shahwāniyya : la puissance concupiscible
al-quwwa al-shawqīyya : la puissance appétitive qui comprend concupiscible et irascible

malaka : définit le statut des puissances de l'âme

Les sens

al-maḥsūs bi-l-ʿaraḍ : sensible par accident
al-maḥsūs bi-l-ḥaqīqa : sensible réel
al-maḥsūsāt al-mushtarika : les sensibles communs

Les sens externes

al-baṣar : la vue
al-dhawq : le goût
al-lams : le toucher
al-*samʿ* : l'ouïe
al-shamm : l'odorat

Les sens internes

al-ḥiss al-mushtarak : le sens commun
al-quwwa al-dhākira al-ḥāfiẓa : la puissance remémorative ou conservatrice [1]
al-quwwa al-mufakkira : la puissance cogitative
al-quwwa al-muṣawwira ou *khayyāl* : la puissance imaginative ou rétentive ou trésorier
al-quwwa al-wahmiyya : la puissance estimative

Les objets des sens externes et internes

al-maʿnā : l'intention
al-ṣūra : la forme

1. À noter qu'au chap. XIII, p. 819, Bahmanyār semble distinguer la conservatrice (*ḥāfiẓa*) de la remémorative (*dhākira*), ce qui fait six sens internes. Il doit s'agir d'une erreur dans les ms (*thumma al-ḥāfiẓa al-dhākira au lieu de thumma al-ḥāfiẓa, ṯumma al-dhākira*).

La puissance rationnelle

al-awwaliyyāt : les premiers intelligibles
al-dhāt : l'essence
al-juz'iyyāt : les singuliers
al-kuliyyāt : les universaux
al-māhiyya : la quiddité
al-malaka al-fāḍila : *habitus* stable noble qui caractérise une âme dotée d'une capacité innée à exercer une activité intellectuelle
al-maᶜqūlāt : les intelligibles
al-nafs al-nāṭiqa : la puissance intellective
al-quwwa al-ᶜaqliyya : la puissance intellective
al-quwwa al-nāṭiqa : la puissance raisonnable
al-quwwa al-naẓariyya : la puissance spéculative
al-ṣuwwar al-ᶜaqliyya : les formes intelligibles
ᶜaql : intellect
al-ᶜaql al-hayūlānī : l'intellect matériel
al-ᶜaql al-mustafād : intellect acquis
al-ᶜaql bi-l-malaka : l'intellect in habitu
al-ᶜaql-bi-l-quwwa : l'intellect en puissance
athar / ta'thīr : la trace, l'impression, laissée par l'intellect agent

ḥuṣūl : désigne la réalisation de la forme intelligible dans l'intellect de l'homme

mustaᶜīd / istiᶜdād : la disposition à recevoir l'impression de l'intellect agent

Théorie de la connaissance

al-ᶜālam al-ᶜaqlī : le monde intelligible
al-ālam al-ḥissī : le monde du sensible
al-ᶜālam al-khiyālī al-wahmī : le monde de l'imagination ou de l'estimative
ʿāqil / maᶜqūl : intelligeant/intelligé

faṭāna : intelligence/pénétration

ḥads : intuition intellectuelle

qiyās : syllogisme

ru'ya : évidence intellectuelle

tamyīz : discernement
taṣawwur : représentation
taṣdīq : assentiment

yaqīn : certitude

Cosmogonie et rapport au monde sublunaire

al-falak : la sphère céleste
al-ḥaqq al-awwal : le Vrai premier
al-ᶜināya : la providence divine
al-mabda' al-awwal : le Principe premier
al-mufāriq : l'intellect séparé = le donateur des formes

mudabbir / tadbīr : ordonnateur/ordonnancer

mukharrij al-ʿaql min al-quwwa ilā-l-fiʿl : celui qui fait passer l'intellect de la puissance à l'acte

wāhib al-ṣuwar : le donateur des formes

Eschatologie

al-bahja : béatitude

al-fasad : la corruption du corps

al-mushāhada : la transparence à soi qui caractérise l'état de l'âme après la séparation d'avec le corps

al-saᶜāda / al-saᶜāda al-quṣwā : bonheur ultime

ittiḥād : union

BIBLIOGRAPHIE

BAHMANYĀR, *Kitāb al-Taḥṣīl*, éd. M. Muṭahharī, Intishārāt-i Dānishgāh Tihrān, Téhéran, Publications de l'Université de Téhéran, 1996.

JANSSENS, J., « Bahmanyar Ibn Marzuban : A Faithful Disciple of Ibn Sina ? », *in* D. Reisman (ed.), *Before and After Avicenna*, Leyde/Boston, Brill, 2003, p. 177-197.

SEBTI, M., « Une épître inédite d'Avicenne : *Taʿalluq al-nafs bi-l-badan* (De l'attachement de l'âme et du corps) : édition critique, traduction, introdoction doctrinale et annotation », *Documenti e Studi sulla Tradizione Filosofica Medievale*, 15, 2004, p. 141-200.

– « Intellection, imagination et aperception de soi dans le *Livre du résultat* (*Kitāb al-Taḥṣīl*) de Bahmanyâr Ibn al-Marzûbân », *Chôra*, 2006, p. 189-210.

– « The Ontological Link between Body and Soul in Bahmanyār's *Kitāb al-Taḥṣīl* », *The Muslim World* 102, juillet-octobre 2012, p. 525-540.

– « Avicenna's Flying Man Argument as a Proof of the Immateriality of the Soul », *in* E. Coda et C. Martini Bonadeo (éd.), *De l'Antiquité tardive au Moyen Âge. Études de logique aristotélicienne et de philosophie grecque, syriaque, arabe et latine offertes à Henri Hugonnard-Roche*, Paris, Vrin, 2014, p. 531-544.

ROXANNE D. MARCOTTE

LA NOÉTIQUE D'ABŪ AL-BARAKĀT AL-BAGHDĀDĪ

À la mémoire de Shlomo Pines

INTRODUCTION

Abū al-Barakāt (Hibat Allāh, ʿAlī Ibn Malkā al-Baladī) al-Baghdādī, médecin, mais également philosophe, astronome et commentateur de la Torah[1], vit le jour dans une famille juive. Les études de médecine qu'il poursuivit à Bagdad lui assurèrent une place à la cour des sultans seldjoukides et du calife ʿabbaside. Il n'embrassa, semble-t-il, l'islam qu'à la fin de sa vie[2]. Malheureusement, on ne connaît pas la date exacte de sa naissance (avant 470/1077) ou de sa mort, à un âge très avancé (vers 547/1152). Par contre, si on se fie à la date que porte le colophon de la copie du texte manuscrit du *Traité*

1. Quatre extraits de l'Ecclésiaste (rédigé en arabe, mais en caractères hébreux) ont été édités, traduits et commentés, *cf.* S. Pines, « *Le-Ḥeqer Perusho Shel* Abu'l-Barakāt al-Baghdādī *al Sefer Qohelet. Arbaʿah Ṭeksṭim* », *Tarbiz* 33, 1964, p. 198-213 (repr. in *Bein Makshevet Yisrael ve Makshevet Ha-'Amim*, Jerusalem, Mosad Bialik, 1977, p. 68-83) ; S. Poznanski, *Zeitschrift für hebräische Bibliographie,* 1913, p. 33-36. Il rédigea (vers 1117) l'ouvrage astronomique *Risāla fī sabab ẓuhūr al-kawākib laylan wa khafā'i-hā nahāran* (trad. all. E. Wiedemann, « Über die Gründen warum die Sterne bei Nacht sichtbar und bei Tag verborgen sind », *Eders Jahrbuch für Photographie,* Halle a. d. s., 1909, p. 49-54) et des ouvrages de philosophie, de médecine et d'astronomie qui ne nous sont pas parvenus : une *Risāla fī al-nafs* (Traité sur l'âme), une *Risāla fī al-qaḍā' wa al-qadar* (Traité sur la prédétermination et la prédestination), un ouvrage pharmacologique, des gloses sur le *Qānūn fī al-ṭibb* (Canon de la médecine) d'Avicenne et un *Ikhtiṣār al-tashrīḥ* (Abrégé d'anatomie) fondé sur un ouvrage de Galien, *cf.* A. al-Ṭayyib, *al-Jānib al-naqdī fī falsafat Abī al-Barakāt al-Baghdādī,* Cairo, Dār al-shurūq, 2004, p. 46-53.

2. Voir l'analyse de S. Stroumsa, « Les intellectuels convertis à l'islam au début du Moyen Âge », *Pe'amim* 42, 1990 p. 61-75, en part. p. 66-68 (en hébreu).

sur la quiddité de l'intellect[1], il pourrait bien être mort avant 552/1157, rendant fort plausible son décès en 547/1152 (selon Bayhaqī)[2].

Abū al-Barakāt proposa l'une des premières critiques du péripatétisme avicennien en vogue à Bagdad dans la première moitié du VIe/XIIe siècle. Deux ouvrages sont particulièrement importants pour l'esquisse des éléments doctrinaux de sa noétique[3]. Le premier, le *Mu'tabar fī al-ḥikma* (Considérations sur la philosophie)[4], est une somme philosophique qui renferme l'ensemble de ce qu'il affirme avoir « établi par une réflexion personnelle (*i'tabartu-hu*), vérifié et parfait » suite à ses méditations (*MH*, I, 4.5), approche critique fort personnelle et originale qu'il appliqua au Livre de l'Existence (*ṣaḥīfat al-wujūd*)[5] (*MH*, I, 2.7-4.18)[6]. Dans le *Mu'tabar*, Abū al-Barakāt

1. L'édition a été réalisée à partir du seul et unique manuscrit (Leipzig, fonds arabe 882/1, fol. 1 à 17) du traité, copié en 552/1157, *cf.* A. al-Ṭayyib, « Un traité d'Abū l-Barakāt al-Baghdādī sur l'intellect (*Kitāb Ṣaḥīḥ adillat al-naql fī māhiyyat al-'aql*) » [désormais *SA*], *Annales Islamologiques* 16, 1980, p. 127-147, en part. n. 1 p. 126, p. 130 et n. 3 p. 130. Des éléments de cette étude furent présentés à la conférence annuelle de l'Association Canadienne de Philosophie (Université du Manitoba, Canada, 2004).

2. Ẓāhir al-Dīn ('Alī Ibn Zayd) al-Bayhaqī (m. 565/1169), *Ta'rīkh ḥukamā' al-islām* [rédigé autour de 1165], édition de Muḥammad Kurd 'Alī, Damas, Maṭba'at al-taraqqī, 1365/1946, p. 152-154, en part. p. 153. Shlomo Pines situe sa mort en 560/1164-1165, voir S. Pines, « Nouvelles études sur Awḥad al-Zamân Abu'l-Barakât al-Baghdâdî », in *The Collected Works of Shlomo Pines*, 5 vol., vol. I, *Studies in Abu'l-Barakāt al-Baghdādī : Physics and Metaphysics* (réimp. de l'éd. de 1979), Leiden/Jérusalem, Brill/Hebrew University/Magnes Press, 2000, p. 96-173, en part. n. 3 p. 106 ; *cf.* A. al-Ṭayyib, « Un traité d'Abū l-Barakāt », art. cit., n. 1 p. 127. Voir l'étude de S. al-Nadwī dans Abū al-Barakāt al-Baghdādī, *Kitāb al-Mu'tabar fī al-ḥikma*, éd. par Şerefettin Yaltkaya, 3 vol., Haydarābād, Jam'iyyat dā'irat al-ma'ārif al-'uthmāniyya, 1357-58/1938-39, vol. 3, p. 230-251 [désormais *MH* ; les chiffres romains renvoient aux volumes].

3. Il a également rédigé une courte *Risāla fī l-nafs* qui n'a malheureusement toujours pas encore été éditée.

4. Yaltkaya a proposé une traduction partielle de la métaphysique, *cf.* Abū al-Barakāt al-Baghdādī, *İlahiyat : el-Mu'teber fi'l-hikme'nin üçüncü kısmının tercümesini muhtevidir*, trad. avec introd. de M. Şerefettin Yaltkaya, Istanbul, Burhaneddin Matbaasi, 1932. Certaines parties du *Mu'tabar* contiennent des références bibliques, qui ont mené Pines à soupçonner que ces parties auraient été rédigées avant la conversion d'Abū al-Barakāt à l'islam, *cf.* S. Pines, « Nouvelles études », art. cit., n. 2 p. 97. L'édition mériterait d'être revue, voir, par exemple, Wan Suḥaymī Wan 'Abd Allāh, « al-Ilāhiyyāt min *al-Mu'tabar* li-Abī al-Barakāt al-Baghdādī : taḥqīq wa dirāsa », Mémoire de maîtrise, Le Caire, Université du Caire, 1997, p. 204-550, qui propose une édition critique de la métaphysique (à partir de quatre manuscrits d'Istanbul et de l'édition de Yaltkaya) et *id.*, « Abū al-Barakāt's Psychology : Critical Edition of the Section on Soul (*al-nafs*) from *al-Mu'tabar fī al-ḥikmah* with Analysis and Translation of Selected Texts », thèse de doctorat, International Islamic University of Malaysia, 2007.

5. Par opposition aux pages des ouvrages des Anciens de la tradition aristotélicienne et péripatéticienne, *cf.* Fr. Griffel, « Between al-Ghazālī and Abū l-Barakāt al-Baghdādī : The Dialectical Turn in the Philosophy of Iraq and Iran during the Sixth/Twelfth Century », *in* P. Adamson (dir.), *In the Age of Averroes*, London/Turin, The Warbug Institute/Nino Aragno, 2011, p. 45-75, en part. p. 67-68. Voir également 'Abd al-Ḥakīm Ajhar, *Abū al-Barakāt al-Baghdādī : Binā' al-'ālim 'alā masā'il al-dīn wa dars fī al-huwiyya*, Beyrouth, al-Markaz al-thaqāfī al-'Arabī, 2010.

6. Sur la composition du *Mu'tabar* et le « doute méthodologique » qu'Abū al-Barakāt applique à l'ensemble des connaissances, *cf.* S. Pines, « Nouvelles études », art. cit., p. 96-108. Cette approche

réexamine l'ensemble des thèses philosophiques, tant psychologiques que physiques et métaphysiques. La sixième partie de la physique contient un *Traité sur l'âme* (*MH*, II, 297-401)[1] ; la partie métaphysique aborde également certaines discussions épistémologiques (*MH*, III, 1, 2.1-16.15) et eschatologiques (*MH*, III, 2, 212.12-217.8)[2]. Dans son second ouvrage sur les *Données scripturaires authentiques sur la quiddité de l'intellect* (*Ṣaḥīḥ adillat al-naql fī māhiyyat al-ʿaql*), il applique cette même approche critique à la question de l'intellect (*ʿaql*)[3]. La critique du péripatétisme avicennien d'Abū al-Barakāt s'avère donc extrêmement importante, puisqu'elle demeure la source de nombreux éléments doctrinaux nouveaux au sein de sa psychologie et de sa noétique.

L'ÂME HUMAINE

Sa nature

Dès le premier chapitre du *Traité sur l'âme* du *Muʿtabar*, Abū al-Barakāt note que la démonstration de l'existence de l'âme se fonde sur l'aperception première, ou donnée a priori, que chaque individu a de son propre être. Cette aperception première de l'être devient, en soi, l'évidence la plus manifeste (*abyan*) de l'existence de l'âme : dès lors, plus besoin d'aucune démonstration ou de preuve (*MH*, II, 301.13-19). L'âme humaine se conçoit comme « une substance immatérielle (*jawhar ghayr jismānī*) agissant (*fāʿil*) dans le corps et par le biais du corps, ce qui le gouverne (*muṣarrif la-hu*) et ce qui, en lui,

méthodologique découle peut-être de la théorie de la transmission de la connaissance (*ḥikma*) qu'il adopte (d'orale/ésotérique vers l'écrit/symbolique-métaphorique) et dont les vérités perdues et/ou altérées nécessitent une redécouverte, voir, par exemple, la traduction de l'introduction du *Muʿtabar* proposée par S. Pines, « Nouvelles études », art. cit., p. 97-102 ; *cf.* S. Stroumsa, « Compassion for Wisdom », *Bochumer philosophisches Jahrbuch für Antike und Mittelalter* 1, 1996, p. 39-55.

1. Signalons l'étude d'Abdulhakeem al-Khelaifi, « The Psychology of Abu al-Barakât al-Baghdâdî », thèse de doctorat, Manchester, Université de Manchester, 1995.

2. Voir les études, tant magistrales qu'incontournables de Shlomo Pines qui ont grandement guidé notre lecture, surtout son texte sur « La conception de la conscience de soi chez Avicenne et chez Abu'l-Barakât al-Baghdâdî », in *The Collected Works of Shlomo Pines*, vol. I, *Studies in Abu'l-Barakāt al-Baghdādī. Physics and Metaphysics*, *op. cit.*, p. 181-258, en part. p. 217-258 (réimp. des *Archives d'histoire doctrinale et littéraire du Moyen Âge* 21, 1954, p. 21-98) ; voir également dans le même volume son « Studies in Abu'l-Barakât al-Baghdâdî's Poetics and Metaphysics », p. 259-338, en part. p. 274-286 (réimp. de *Scripta Hierosolymitana* 6, 1960, p. 120-198).

3. Pour ce qui a trait à la rédaction pré- ou post-conversion du *Muʿtabar*, *cf.* A. al-Ṭayyib, *al-Jānib al-naqdī*, *op. cit.*, p. 36-42 ; S. Pines, « Nouvelles études », art. cit., n. 2 p. 97. Le *Kitāb fī ʿilm al-Nafs* (Aya Sofia, 4855), attribué à Abū al-Barakāt, n'a pas encore fait l'objet d'études, *cf.* W.S. Wan Abdullah, « Ibn Sīnā and Abū al-Barakāt al-Baghdādī on the Origination of the Soul (*ḥudūth al-nafs*) and the Invalidation of Its Transmigration (*ibṭāl al-tanāsukh*) », *Islam and Science*, 2007, p. 151-164, en part. n. 20 p. 158.

gouverne (*mutaṣarrif fī-hi*) » (*MH*, II, 366.10). Par conséquent, l'âme ne peut pas être un accident, un esprit/*pneuma* (*rūḥ*), ou exister par le biais d'un corps (*MH*, II, 364.20-366.7)[1]. Mais l'âme, l'essence (*dhāt*) de l'être humain, se déploie au travers de son ipséité (*huwiyya*), ou son mode propre d'être, et son eccéité ou « anéité » (*anniyya*), ou le fait d'être une substance individuée (*MH*, II, 301.1-19 ; *cf.* 318.7-9, 364.20-365.5 et *SA*, 144.26-27)[2].

L'origine temporelle de l'âme permet de rendre compte de l'acquisition des connaissances de l'âme qui, au départ, était ignorante, mais qui, tout au long de sa vie, se développe et acquiert un ensemble de connaissances (*MH*, II, 377.14-19). Malgré son rejet d'un intellect agent comme cause des âmes humaines[3], Abū al-Barakāt doit quand même fournir une explication de l'instauration (*ḥudūth*) de la multitude des âmes humaines, dont les substances demeurent immatérielles et indivisibles (*MH*, II, 368.13-379.14)[4]. Pour ce faire, il fait appel aux causes célestes. Chaque âme individuelle possède sa cause particulière propre parmi les innombrables âmes célestes, chacune d'elles associée à une étoile fixe. La diversité des âmes humaines ne s'explique plus exclusivement à partir des caractéristiques particulières qu'elles acquirent accidentellement lors de leurs liens aux corps, mais également à partir de leurs causes célestes et de leurs dispositions innées (*gharā'iz*) dont les dotent ces dernières[5].

Son lien avec le corps

L'ensemble du corps et de ses facultés et activités ne servent plus que d'instruments (*ālāt*) à l'âme (*MH*, II, 344.11-345.9 et 344.3-350.18 ; *cf.* 443. 19-23), cette « force qui prend place (*quwwa ḥālla*) » dans le corps et qui « produit dans et par » ce corps l'ensemble des actes et des mouvements « grâce à l'aperception (*shuʿūr*) et à la connaissance (*maʿrifa*) discernante et spécifique (*mumayyiza muʿayyana la-hā*) qui lui sont propres » (*MH*, II, 303.23-304.1 ; *cf.* 349.24-350.5). Entre le corps et l'âme humaine s'instaure une relation (*ʿalāqa*) naturelle (*ṭabīʿiyya*) et d'inspiration (*ilhāmiyya*) qui les lie et qui permet à l'âme de disposer du corps. Cette relation ressemble, écrit Abū al-Barakāt, à l'amour (*maḥabba*) de l'amant, voire à la passion (*ʿishq*), qui le lie à l'être aimé (*MH*, II, 344.23-345.5 ; *cf.* 348.15-25).

Malgré le fait que l'âme n'entretienne qu'un rapport temporaire avec le corps, elle demeure le principe intégrateur de l'ensemble des activités et perceptions associées au corps (*MH*, II, 301.22-24) par le biais desquelles elle

1. Arguments qui trouveront une place au sein de la psychologie de Suhrawardī.

2. M. Ḥusaynī Abū Saʿda, *al-Wujūd wa-l-khulūd fī falsafat Abī al-Barakāt al-Baghdādī*, Le Caire, Kulliyat al-ādāb, Jāmiʿat Asiyūṭ, 1993, p. 203-207 ; *cf.* S. Pines, « La conception », art. cit., p. 221-222.

3. Voir *infra* p. 369 et p. 373-377 .

4. M.Ḥ. Abū Saʿda, *al-Wujūd wa-l-khulūd*, *op. cit.*, p. 215-221.

5. Voir *infra* p. 373-377 et p. 378-379.

pourra aspirer « à sa perfection spécifique (*kamālu-hu al-naw'ī*) » (*MH*, II, 303.23-304.2). En fait, elle a besoin du corps, car elle ne perçoit les formes mentales, tant sensibles qu'intelligibles, que par le biais de tous les sens et de toutes les activités associés à ce corps, sorte d'individuation par la matière [1]. Voilà un élément de psychologie avicennienne qu'Abū al-Barakāt intègre à sa théorie de l'unité de l'âme [2]. L'âme est donc rattachée (*ta'alluq*) à un corps particulier duquel elle dépend pour les nécessaires activités et perceptions qui lui permettront de tendre vers sa propre perfection (*MH*, II, 377.8-9 ; *cf.* 344.3-11 et 366.6-18).

Les facultés de l'âme

Abū al-Barakāt introduit une théorie de l'unité de l'âme qui remet en question un certain nombre de thèses psychologiques et noétiques fondamentales du péripatétisme avicennien. L'âme humaine possède maintenant une essence (*dhāt*) qui se trouve à la fois une (*wāḥida*) et principe (*mabda'*) de tous les sens et de toutes les activités par le biais desquels l'âme saisit et perçoit les sensibles et les intelligibles (*MH*, II, 318.12-13 et 319.20-3) [3]. De fait, sa théorie de l'unité de l'âme n'admet ni multiplicité de facultés ou de puissances distinctes, traditionnellement associées aux différentes activités de l'être animé (*al-af'āl al-nafsāniyya*) (*MH*, II, 313.17-318.5), ni division de l'âme humaine en une composante rationnelle, qui serait responsable de la perception des intelligibles, et une composante psychique, qui serait responsable des différentes activités propres aux facultés garantes des perceptions externes et internes, comme le requiert le péripatétisme avicennien (*MH*, II, 313.22-314.14).

L'analyse du concept de l'un (*wāḥid*) mène Abū al-Barakāt à soutenir que ce qui est un, en termes d'espèce, peut très bien produire différentes espèces d'activités, de sorte que l'âme peut demeurer le seul principe et l'unique agent d'un ensemble de perceptions et d'activités. Le corps, la mixtion, le *pneuma*, les sens et les différentes facultés auxquels sont associées différentes perceptions, tant sensibles qu'intelligibles, et activités ne sont plus que des instruments au service de l'âme humaine, tout comme le sont les différentes parties du cerveau responsables d'activités qui leur sont spécifiques (*MH*, II, 318.7-319.5; *cf.* 347.15-20 et 350.21-351) [4]. La perception visuelle, par exemple, s'explique du fait que « ce qui, de l'être humain, voit (*mubṣir*) c'est son âme, qui est son

1. R. Arnaldez, « La doctrine de l'âme dans la philosophie d'Abû' l-Barakât al-Baghdâdî », *Studia Islamica* 66, 1968, p. 105-112, en part. p. 111.

2. C'est-à-dire, dans l'horizon de l'« empirisme épistémologique » avicennien, *cf.* P. Adamson, « Correcting Plotinus : Soul's Relationship to Body in Avicenna's Commentary on the *Theology of Aristotle* », *in* P. Adamson, H. Baltussen et M.W.F. Stone (dir.), *Philosophy, Science and Exegesis in Greek, Arabic and Latin Commentaries*, 2 vol., Londres, Institute of Classical Studies, University of London, 2004, vol. 2, p. 59-75, en part. p. 69.

3. Voir *infra*, p. 369-372.

4. Abū Sa'da, *al-Wujūd wa-l-khulūd*, *op. cit.*, p. 207-210.

essence (*dhāt*) et de laquelle il a une aperception (*yash'ur bi-hā shu'ūr*[an]) » (*MH*, II, 323.13-14; *cf.* 327.1-334.3)[1]. La remémoration (*tadhakkur*), quant à elle, s'explique par la capacité de l'âme à porter son attention (*iltifāt*), non plus vers le corps (ou parties du cerveau), mais vers elle-même pour se souvenir des formes qu'elle a emmagasinées et conservées (*MH*, II, 351.11-353.23). Puisqu'il est impossible au corps, ou à une de ses facultés qui relèvent du corporel, de contenir ces images, elles doivent, par conséquent, être attribuées exclusivement à l'âme (*MH*, II, 378.3-17). Mais comme l'âme humaine est généralement préoccupée par le corporel et qu'elle ne possède dès lors qu'une capacité réduite de soutenir son attention (*iltifāt*), cela l'empêche de se tourner continuellement vers elle-même, étant le plus souvent sollicitée par le corps (*MH*, II, 351.12-353.6). L'oubli s'explique alors par le fait que l'âme est incapable d'avoir une aperception de toutes les activités qui lui sont propres et qui la sollicitent (*MH*, II, 315.2-317.11), de sorte qu'elle n'est pas en mesure de se remémorer toutes les significations (*ma'ānī*) et les formes (*ṣuwar*) qu'elle a emmagasinées (*MH*, II, 21, 398.7-399.4)[2].

La certitude fondamentale qui découle de la connaissance immédiate que tout individu possède, de par sa capacité d'aperception, d'être à l'origine de ses propres activités est également mise à profit pour démontrer que c'est l'âme qui seule est le sujet de l'ensemble des perceptions et des activités : l'âme a conscience d'en être l'origine[3]. Pour Abū al-Barakāt, la certitude psychologique, que fonde cette évidence a priori, permet d'inférer qu'il ne peut exister qu'un principe unique à l'origine de l'ensemble des activités et des perceptions de l'âme humaine : « l'état (*ḥāl*) des puissances perceptives, tant sensibles que mentales, est un (*wāḥida*) : et c'est ton âme qui perçoit (*sha'arat*) qu'elle a saisi (*adrakat*) » (*MH*, II, 322.6-7; *cf.* 413.9-417.5).

1. Il y a donc une remise en question des théories « intramissive » et « extramissive » grecques (reprises par Avicenne) de la vision, cf. *MH*, II, 327.1-334.3.

2. L'âme disposerait de deux types d'attention (*iltifāt*) – l'une naturelle, ou inconsciente, et l'autre volontaire, ou consciente – qui permettraient de rendre compte du fait que certaines « formes des choses appréhendées peuvent être conservées dans la mémoire sans être présentes dans l'esprit », *cf.* S. Pines, « La conception », art. cit., p. 240 et n. 5 p. 240 ; Pines note également que la thèse qui assimile l'aperception interne à l'attention se trouve dans le troisième livre du *Commentaire* attribué à Jean Philopon du *De anima* d'Aristote, cf. *ibid.*, n. 3 p. 243. Tout comme Fakhr al-Dīn al-Rāzī (dans ses *al-Mabāḥith al-mashriqiyya*) et Mullā Ṣadrā (dans ses *al-Asfār al-arba'a*), Pines soulève la difficulté que pose une telle conception d'une conscience de soi inconsciente, cf. *ibid.*, p. 243 et A. al-Khelaifi, « The Psychology », art. cit., p. 64.

3. S. Pines, « Nouvelles études », art. cit., p. 247-248 et n. 2 p. 248. Cette conception pose certaines difficultés pour l'explication des fonctions inconscientes (digestion, absorption des éléments, croissance) (MH, II, 319.12-321.5), *cf.* S. Pines, « La conception », art. cit., p. 226, p. 230 et J. Kaukua, *Self-Awareness in Islamic Philosophy : Avicenna and Beyond*, Cambridge, CUP, 2015, p. 168-169.

La faculté rationnelle

La relation âme/intellect

La théorie de l'unité de l'âme n'admet aucune distinction entre, d'une part, un intellect et, d'autre part, une âme psychique, remettant ainsi en cause une distinction fondamentale de la psychologie péripatéticienne (héritière de la tradition aristotélicienne). Dans le *Mu'tabar*, Abū al-Barakāt introduit toute sa discussion de l'intellect avec une analyse lexicologique et sémantique du terme intellect (*'aql*) et au terme de laquelle il conclut à la nature équivoque, tant du terme que de son utilisation (*MH*, II, 409.13-19 ; *SA*, 142.1-15). Il présente également la façon dont l'intellect fut décrit et compris par les Anciens, mais surtout par la tradition péripatéticienne d'Avicenne pour qui l'intellect humain trouve son origine dans les activités d'un intellect agent (*MH*, II, 407.8-409.10). Dans le *Traité sur la quiddité de l'intellect*, il reprend ces analyses et il y joint différentes interprétations scripturaires, exégétiques, théologiques et philosophiques [1].

La théorie de l'unité de l'âme humaine n'admet, dès lors, plus aucune distinction entre, d'une part, une partie rationnelle et immatérielle et, d'autre part, une seconde partie qui serait associée aux différentes facultés corporelles liées aux sens externes et internes de l'âme psychique. De fait, l'intellect humain est identifié à l'âme et l'âme est identifiée à l'intellect. Abū al-Barakāt dépouille ainsi l'intellect de ses fonctions, tant épistémiques qu'ontologiques et cosmologiques que lui attribuait Avicenne [2]. À la différence des âmes végétale et animale, l'âme humaine possède différentes « puissances agissantes dans, et par les corps » qui sont responsables des différentes activités et mouvements, tout comme de « l'aperception de ses perceptions (*yash'ur bi-shu'ūri-hā*) [...] », Abū al-Barakāt ajoutant que « toutes ces puissances sont propres aux corps humains et elles sont appelées âmes rationnelles (*nufūs nāṭiqa*) » (*MH*, II, 298. 13-4). L'intellect fait donc partie de la disposition innée de l'âme - dont l'unité intrinsèque est posée - qui lui permet de percevoir les idées abstraites et concepts universaux ; par contre, l'intellect n'est plus une faculté distincte, tel que le conçoivent Avicenne ou les périatéticiens [3]. La théorie de la perception se voit donc redéfinie pour dorénavant rendre compte du mode de connaissance d'une âme apte à saisir, à la fois, tout autant les sensibles que les intelligibles, dans son for intérieur (*sirr*) (*MH*, II, 322.19-20; 413.9-417.5), puisque l'être humain a conscience du fait que ce qui perçoit

1. R.D. Marcotte, « La conversion tardive d'un philosophe : Abū al-Barakāt al-Baghdādī (mort vers 545/1150) sur "*L'Intellect et sa quiddité*" (*al-'Aql wa māhiyyatu-hu*) », *Documenti e Studi Sulla Tradizione Filosofica Medievale* 15, 2004, p. 200-226.

2. Voir *infra* p. 369 et p. 373-377.

3. A. Kamil Cihan, « Ebu'l-Berekat el-Bağdadi'nin akıl görüşü [L'intellect selon Abū al-Barakāt al-Baghdādī] », *Sosyal Bilimler Enstitüsü Dergisi* 28/1, 2010, p. 1-17.

les intelligibles ne peut être différent de ce qui perçoit les sensibles (*MH*, II, 407.2-4).

Différents degrés d'actualisation de l'intellect humain

L'abolition de toute distinction entre l'intellect et l'âme force Abū al-Barakāt à revoir l'explication de l'actualisation de l'intellect humain, puisque la fonction épistémique de l'intellect agent, externe et responsable de l'actualisation de l'intellect humain en potentialité, est rejetée [1]. Avec cette fusion de l'âme et de l'intellect, Abū al-Barakāt envisage comme plausible le passage de l'âme de la potentialité à l'actualité « de par son essence (*bi-dhāti-hā*) » et sans qu'aucun principe externe n'intervienne. Tout comme la graine qui contient en potentialité l'arbre, l'âme contient, en soi, le principe qui lui permet de passer de l'ignorance à la connaissance, de passer d'un état d'imperfection à celui de perfection, de sorte que ce qui survient dans l'âme l'est soit en potentialité soit en actualité (*MH*, II, 411.16-20) [2].

Aux différents degrés d'actualisation de l'intellect humain se substituent les différentes capacités possédées par les âmes humaines. Ces capacités sont déterminées, d'une part, par leurs substances et leurs causes célestes [3] et, d'autre part, par ce que les âmes arriveront à développer afin de s'élever et de se perfectionner, avec ou sans aide et instruction. Les âmes sont donc dotées de capacités qui leur sont propres et qui permettent d'expliquer les modes variés de leur puissance (*quwwa*) ou de leur faiblesse (*ḍuʿf*), de leur capacité (*wusʿ*) ou de leur difficulté (*ḍīq*), et de leur force (*qudra*) ou de leur impuissance (*ʿajz*) (*MH*, II, 303.14-6; *cf.* 237.11-15 et 345.15-24). Certaines âmes nécessiteront l'intervention de maîtres qui les aideront à se développer; certaines auront besoin d'instructeurs humains; d'autres bénéficieront de maîtres humains et célestes, ces derniers étant les causes (plus parfaites) des âmes humaines. Quant aux âmes humaines les plus parfaites, parmi lesquelles il y a celles des plus grands savants et des prophètes, elles n'ont besoin d'aucun maître, puisqu'elles arrivent à contempler directement le Livre de l'Existence (*ṣaḥīfat al-wujūd*) (*MH*, 412.1-11).

1. Voir *infra* p. 369 et p. 373-377.

2. H. A. Davidson, *Alfarabi, Avicenna, and Averroes, on Intellect : Their Cosmologies, Theories of the Active Intellect, and Theories of Human Intellect*, New York, OUP, 1992, n. 157 p. 158 et p. 158-159.

3. Voir *infra* p. 373-377.

L'INTELLECT AGENT

La nature de l'intellect agent

En fusionnant l'intellect et l'âme et en dépouillant l'intellect agent de son agentivité, l'intellect agent n'est plus responsable de l'actualisation de l'intellect (en potentialité) et il n'est plus la cause des âmes humaines. L'intellect agent perd ainsi toutes ses fonctions épistémique et ontologique et, comme substance distincte, disparait du système d'Abū al-Barakāt qui lui substitue les âmes célestes. Les âmes célestes, esprits tutélaires des âmes humaines, deviennent leurs nouvelles causes et principes, et elles leur procurent vie et substance (*MH*, II, 389.24-391.14) [1].

Le mode d'action de l'intellect agent

Avec la substitution d'un ensemble de causes célestes à l'intellect agent, certaines des fonctions qui étaient attribuées à l'intellect agent sont dorénavant attribuées à ces causes célestes [2].

LA THÉORIE DE LA CONNAISSANCE INTELLECTUELLE

Le processus de la connaissance

L'introduction d'une théorie de l'unité de l'âme redéfinit le processus de la connaissance. La saisie (*idrāk*) des formes ne dépend plus, d'une part, d'une âme psychique qui extrairait, saisirait et manipulerait les formes et, d'autre part, d'un intellect qui ne saisirait que les intelligibles. Abū al-Barakāt affirme qu'il n'est pas impossible que « ce qui saisit les universaux et les intelligibles saisisse [également] les sensibles et les particuliers » (*MH*, III, 153.9-10 et II, 416.6-19) [3], puisque l'âme, « ce qui saisit les étants (*mawjūdāt*) dans les choses (*a'yān*) et les représentations (*mutaṣawwirāt*) [subsistant] en nous dans l'esprit (*adhhān*), sont un (*wāḥid*) : voilà l'essence (*dhāt*) de l'être humain » (*MH*, II, 403.22-23) [4].

1. Voir *infra* p. 376-377.

2. Voir *infra* p. 373-377.

3. A. Al-Khelaifi, « The Psychology », art. cit., p. 88-95 ; *cf.* S. Pines, « La conception », art. cit., p. 230-231 et p. 248.

4. Ce mode épistémique unifié est également attribué à Dieu pour rendre compte de sa connaissance des particuliers (*MH*, III, 159.16-22), *cf.* S. Pines, « Studies in Abu'l-Barakât », art. cit., p. 302-319. Cette théorie de la volonté trouve peut-être son origine dans une des objections proposées par al-Ghazālī dans le *Tahāfūt al-falāsifa* ; H. A. Davidson, *Alfarabi*, *op. cit.*, p. 150-152, n. 145 p. 155 et p. 155-156. L'âme est en mesure de diviser les concepts abstraits de la perception sensible et de la réflexion, sans devoir aller puiser dans un stock d'idées éternelles préservées dans un intellect séparé, soit l'intellect agent d'Avicenne, *cf.* Fr. Griffel, « Between al-Ghazālī and Abū l-Barakāt », art. cit., p. 73.

Le processus de la connaissance n'opère donc plus sur le mode de l'abstraction (de formes). Abū al-Barakāt définit maintenant ce processus comme « un état (*ḥāla*) additionnel qu'entretient, en soi et initialement, ce qui perçoit avec ce qui est perçu » ; la perception a lieu lorsque sont mis en présence les deux termes de cette relation – l'ensemble de l'âme et les objets qu'elle saisit, que ces derniers soient sensibles ou intelligibles (*MH*, II, 323.14-324.4)[1]. Dans cette relation, les sens externes et internes procurent à l'âme certains états (*ḥāl*) qui produisent les perceptions mentales (*al-mudrakāt al-dhihniyya*), à partir de formes particulières ou universelles (*MH*, II, 323.14-324.4). Il est catégorique : « il est impossible d'affirmer [...] que dans la saisie (*idrāk*), l'essence de ce qui perçoit (*dhāt al-mudrik*) ne rencontre (*liqāʾ*) pas l'essence de ce qui est perçu (*dhāt al-mudrak*) » (*MH*, II, 400.18-401.4 et 394.8-17).

Pour rendre compte de la capacité de l'âme à saisir à la fois sensibles et intelligibles, tout en conservant son unité propre, Abū al-Barakāt rejette, d'une part, l'idée qu'il existe des formes sensibles qui ne soient perçues que par les facultés corporelles, et non par l'âme immatérielle (*MH*, II, 400.18-22), et, d'autre part, que l'intellect soit incapable de saisir l'essence des choses au moyen de leur forme (*shakl*) ou de leur extension (*miqdār*), puisque cela impliquerait, comme cela fut affirmé, que l'âme (rationnelle) soit divisible (*MH*, II, 400.23-401.4). Ceci est incompatible avec sa théorie de l'unité de l'âme. Il n'admet pas également que les formes intelligibles ne puissent pas être divisibles, leur individualité étant la raison pour laquelle elles se devaient de prendre place dans la substance immatérielle de l'âme humaine, identifiée uniquement à l'intellect. Il soutient plutôt que les formes intelligibles peuvent être divisibles ou, à tout le moins, sujettes à une division hypothétique (*farḍiyya*) dans la faculté d'estimation (*wahmiyya*). Ceci lui permet de rendre compte de l'extension (*miqdār*) que possèdent les formes mentales et d'expliquer, par la même occasion, que celles-ci peuvent être objets de comparaisons mentales (*al-muqāyasāt al-dhihniyya*) et de considérations (*iʿtibārāt*) additionnelles (*MH*, II, 405.22-406.15 ; cf. *MH*, III, 1, 2.9-3.9 et 13.4-14.2). Cela lui permet surtout d'expliquer que des formes particulières et universelles puissent se côtoyer dans l'âme humaine et, par la même occasion, de soutenir une conception épistémique de type relationnel (*MH*, II, 401.18-404.4).

Les images mentales saisies par l'âme humaine possèdent maintenant une existence dans l'âme qui leur est propre, qu'il s'agisse d'images d'objets, aux caractéristiques (*mīza*) et réalités (*ḥaqāʾiq*) distinctes (*MH*, III, 92.12-19 ; cf. *MH*, III, 126.14-16), existant dans la réalité, ou qu'il s'agisse d'images n'existant que dans l'esprit (*MH*, III, 19.21-20.7 ; cf. *MH*, III, 63.9-13). En l'occurrence, ce qui est visualisé (*marʾiyya*), par exemple, l'est en raison de la relation (*nisba*) qu'entretient « l'œil de l'âme (*bi-ʿayn al-nafs*), qui est son

1. La science (*ʿilm*) est elle aussi comprise en termes d'attribut (*ṣifa*) additionnel.

essence (*dhāt*) » (*MH*, II, 399.23-24), avec la forme mentale et l'objet sensible, tout comme la relation qu'entretiennent les formes avec le miroir dans lequel elles se reflètent, métaphore fort utile pour expliquer un processus qui ne fait plus appel à une théorie abstractive des formes [1]. Ces formes mentales sont divisées en deux types d'universaux (*kulliyyāt*), selon les relations qu'elles entretiennent avec ce qui existe soit dans le monde soit dans l'esprit. Les premières sont les formes qu'Abū al-Barakāt qualifie d'existentielles (*wujūdiyya*) qui existent dans le monde, alors que les secondes sont les formes mentales (*MH*, III, 14.4-14), par exemple, le fait que « la blancheur soit perçue par les sens, alors que l'humanité, la compréhension et la connaissance ne le soient pas ». Les deux types possèdent bien des formes mentales aptes à englober tout autant les aspects (*i'tibārāt*) du particulier que ceux de l'universel (*MH*, II, 410.7-411.1).

Les formes issues de la connaissance a priori et non discursive demeurent le fruit initial d'« une saisie mentale (*idrāk dhihnī*) qui n'a pas pris consistance et demeure [posséder] sans une représentation (*taṣawwur*) complète » (*MH*, II, 394.17). Elles prendront consistance et deviendront des représentations complètes lorsque l'âme tournera son attention (*iltifāt*) vers ce qu'elle saisit et associera une signification (*ma'nā*) à cette saisie mentale initiale pour la transformer en compréhension (*fahm*) (*MH*, III, 12.15-18 ; II, 394.17-395.5). L'âme procure ainsi à ces formes mentales un sens, sous la forme d'un attribut (*ṣifa*) qui leur est propre (*MH*, III, 12.15-18), qui devient en quelque sorte équivalent au contenu de la pensée. Abū al-Barakāt n'explicite malheureusement pas la nature de cette relation qu'entretient l'âme avec ces formes mentales (*MH*, III, 12.9-16.15). Voilà, néanmoins, une indication de la tendance nominaliste (ou conceptualiste) de son épistémologie [2].

L'âme, qui possède la certitude de percevoir à la fois universaux et particuliers, se voit maintenant attribuer l'activité d'intellection de son essence (*ta'aqqul dhāti-hā*) : elle perçoit son aperception (*shu'ūr*), son essence (*dhāt*), sa saisie (*idrāk*) et sa connaissance (*ma'rifa*) qui, auparavant, étaient du ressort de la faculté intellective associée à un intellect distinct de l'âme psychique (*MH*, II, 368.6-12 ; *cf.* 397.2-399.12). La théorie de la connaissance qui en découle n'est assurément pas tout à fait systématique, Abū al-Barakāt ne semblant pas expliquer la nature de ces formes mentales ou de leur relation avec les images (*muthul*) [3] (*MH*, II, 399.24-400.14), peut-être une conséquence

1. Autre élément qui trouvera écho dans la psychologie de Suhrawardī.

2. Déjà soulevée par S. Pines, « Studies in Abu'l-Barakât », art. cit., p. 279 et p. 284-285 ; cf. *id.*, *Beiträge zur islamischen Atomenlehre*, Berlin, Gräfenhainichen, Gedruckt bei A. Hein, 1936, p. 82-83 ; *id.*, *Studies in Islamic Atomism*, trad. angl. M. Schwarz, éd. par T. Langermann, Jérusalem, The Magnes Press/The Hebrew University, 1997, et repris par Griffel qui note que les éléments nominalistes de l'épistémologie d'Abū al-Barakāt diffèrent de la perspective réaliste avicennienne, perspective qu'il rapproche plutôt de celle d'al-Ghazālī, *cf.* Fr. Griffel, « Between al-Ghazālī and Abū l-Barakāt », art. cit., p. 73.

3. Voir *infra* p. p. 373-376.

de ce qu'Arnaldez identifie comme étant son épistémologie innéiste fondée sur l'aperception a priori de l'âme humaine (un apriorisme pré-intellectif) et dont les ramifications s'étendent tant à sa métaphysique qu'à sa physique [1].

L'intuition intellectuelle (ḥads)

Suite à l'élimination du rôle de l'intellect agent et, par le fait même, de ses principales fonctions (ontologique, cosmologique, et épistémologique), l'intuition intellectuelle (*ḥads*) n'incarne plus le paradigme de la connaissance certaine (que lui attribuent, entre autres, Avicenne et Lawkarī) au sein de sa théorie de l'unité de l'âme. L'intellect et l'acte d'intellection deviennent dorénavant indissociables de l'essence même de l'âme et ne dépendent plus de la conjonction de l'âme avec un intellect agent. Alors qu'Abū al-Barakāt fait indéniablement appel à la notion d'intuition, par exemple, lorsqu'il affirme que notre connaissance du fonctionnement du corps s'acquiert à partir de l'expérience (par exemple, des études anatomiques) ou à partir de l'intuition intellectuelle (*ḥads*) (*MH*, II, 313.4-5), cette dernière n'est pas réductible à l'aperception (*shuʿūr*) première et a priori de l'âme. Ajoutons que l'intuition intellectuelle ne semble plus intervenir dans l'explication de la prophétie [2].

Les différents types de connaissance

Abū al-Barakāt aborde au moins trois différents types de connaissance. Le premier consiste en l'aperception (*shuʿūr*) que chaque individu a de son propre être, connaissance première (*awwaliyya*) conçue comme une connaissance innée (*fiṭriyya*) [3], « antérieure, consécutive et concomitante » à chaque aperception que l'âme peut avoir de ce qu'elle perçoit. Ce type de connaissance procure à l'être humain la certitude que l'âme est « quelque chose qui existe et qui lui corresponde (*anna-hā shay' mawjūd huwa huwa*) » (*MH*, II, 374.9-12). Extrapolant assurément à partir de l'exemple hypothétique de la « personne volante » d'Avicenne, ou des passages de ses *Mubāḥathāt* portant sur l'aperception (conscience) de soi [4], Abū al-Barakāt conçoit l'existence d'un type de connaissance qui ne requiert aucune médiation de facultés ou de puissances (internes ou externes) reliées au corps (*MH*, II, 318.6-319.20) [5]. L'aperception que l'âme a d'elle-même lui assure un accès aux vérités évidentes et une certitude apodictique, un élément innéiste important de l'épistémologie d'Abū

1. R. Arnaldez, « La doctrine de l'âme », art. cit., p. 109-110.

2. Voir *infra* p. 378.

3. Par exemple, au tout début de la logique du *Muʿtabar* (*MH*, I, 7.9-18).

4. Voir, par exemple, R. D. Marcotte, « L'aperception de soi chez Shihāb al-Dīn al-Suhrawardī et l'héritage avicennien », *Laval Théologique et Philosophique* 62/3, 2006, p. 529-551, en part. p. 533-535, p. 537-540, p. 542 et les quatre premiers chapitres de J. Kaukua, *Self-Awareness*, *op. cit.*

5. S. Pines, « La conception », art. cit., p. 221-230.

al-Barakāt, malgré la part d'incomplétude (*nāqiṣa*) de la connaissance associée à cette aperception originelle.

À cette connaissance doit s'ajouter une connaissance de type discursif : raisonnement, syllogisme ou inférence. Par exemple, la connaissance de l'existence des autres âmes humaines ne s'acquiert que par une « connaissance inférentielle (*istidlāliyya*) », cette connaissance « que l'être humain a de l'âme d'autrui, inférant [son existence] au moyen des activités et des états (*aḥwāl*) qui lui sont propres, qui existent en lui et [procèdent] d'elle », c'est-à-dire de l'âme (*MH*, II, 364.9-13). L'âme peut alors s'élever « vers la perfection (*kamāl*) au moyen de l'inférence (*istidlāl*) » (*MH*, II, 364.8-20), connaissance de type résolument plus inductif.

Un autre type de connaissance donne accès au monde métaphysique. Par exemple, la connaissance de la nature des anges spirituels et autres entités métaphysiques relève de la science du dévoilement (*'ilm al-mukāshafa*) et de la contemplation (*mushāhada*) (*MH*, III, 168.6-8 ; *cf.* II, 393.5-394.5). Les possibilités offertes par cette connaissance sont grandement supérieures à celles qu'offre la connaissance discursive, idée qu'Abū al-Barakāt reprend lorsqu'il explique que l'accès à la vérité (*ḥaqq*) ne s'obtient que par le bais de l'essence même de l'âme (*bi-dhāti-hā*), sans l'apport des sens ou de ses instruments, c'est-à-dire « par le biais de la contemplation (*bi-ṭarīq al-mushāhada*) qui [fait partie] des grâces de Dieu (*karāmāt*) », qui mènent l'âme vers la source de ces grâces (*MH*, II, 392.19-22).

NOÉTIQUE ET COSMOLOGIE

Structure du monde intelligible

L'élimination de l'intellect agent et de ses principales fonctions entraîne également un certain nombre d'innovations doctrinales notables aux niveaux ontologique, cosmologique et épistémologique, voire au niveau théologique [1]. Même si Abū al-Barakāt semble octroyer une certaine crédibilité au principe que de l'un ne peut procéder que l'un (*MH*, III, 161.17-20), cela ne l'empêche pas d'affirmer que rien ne permet de soutenir la théorie des trois actes d'intellection de la première intelligence (causes des intelligences, des sphères célestes et des âmes des sphères) qui se trouve au cœur de la théorie émanationniste (*fayḍ*) péripatéticienne d'Avicenne. Cette dernière sert à rendre compte de la structure décadique des intelligences séparées et à expliquer l'origine de la pluralité de l'univers à partir de cette première intelligence (*MH*, III, 161.20-

1. Haidar Ali Nasrat, « La théorie de l'émanation chez Avicenne, al-Baghdadi et Sohrawardi », thèse de 3e cycle de philosophie, Paris, Sorbonne, 1973 (ouvrage que nous n'avons pas pu consulter).

162.22)[1]. Rejetant l'idée que l'acte de création (*ījād*) de Dieu puisse se limiter à cette première création, il postule une succession de volitions (*irāda*) et de représentations (*taṣawwur*) divines (prééternelles et temporelles) – toutes issues de l'essence (*dhāt*) de Dieu et de ses actes (*MH*, III, 162.13-22; 164. 9-17) – pour expliquer la création de tout ce qui existe. Conscient des limites de nos connaissances cosmologiques, il ajoute : « quant aux détails [de la création], cela appartient à la science du dévoilement (des choses) (*al-mukāshafa*) et de la contemplation (*al-mushāhada*), et non à la science du raisonnement (*ʿilm al-istidlāl*) » (*MH*, III, 168.7-8). Cette affirmation découle de l'application de son doute méthodologique (de sa critique philosophique) à l'explication de la création divine, sujet aux dimensions résolument plus théologiques[2].

Abū al-Barakāt fait ensuite éclater le modèle décadique des intelligences séparées en multipliant les entités agentes. Les étoiles, ces corps (*kawākib*) lumineux (tant visibles qu'invisibles), tout comme les sphères célestes (*aflāk*) possèdent toutes des âmes, ces substances (*jawāhir*) « savantes (*ʿālima*), intelligentes (*ʿāqila*), agentes (*faʿʿāla*), douées de volonté (*murīda*) et connaissantes (*ʿārifa*) des particuliers et universaux des étants (*juz'iyyāt al-mawjūdāt wa kulliyyāti-hā*) » (*MH*, II, 420.18-20). Il s'avère donc nécessaire d'élever au rang de causes célestes les âmes nobles (*ashraf*) des sphères célestes, des corps lumineux et des étoiles, maintenant seules responsables de la génération de tout ce que contient le monde sublunaire et seules causes des âmes humaines (*MH*, III, 157.11-158.4; cf. 167.5-18 et II, 388.16-391.9). S'appuyant sur les concepts de causalité et d'efficience, il soutient que l'effet doit, d'une certaine manière, être de même nature que sa cause, de telle sorte qu'une intelligence immatérielle ne pourrait pas être la cause immédiate de l'ensemble des âmes humaines. Comme il n'existe plus, pour les âmes humaines, de distinction entre une partie psychique et une partie intellective, il devrait donc en être de même pour leurs causes : la nature de ces âmes célestes doit donc se concevoir sur le même mode d'unité, âme et intelligence célestes ne faisant également plus qu'un.

1. À comparer à la critique d'al-Shahrastānī (m. 548/1153) de la cosmogonie d'Avicenne qui se trouve dans son *Muṣāraʿat al-falāsifa* (et à laquelle répondra Naṣīr al-Dīn al-Ṭūsī dans son *Muṣāriʿ al-Muṣāriʿ*), *cf.* J. Jolivet, « La cosmologie anti-avicennienne d'al-Šahrastānī d'après *La Lutte contre les philosophes* (*Muṣāraʿat al-falāsifa*) », in *id.*, *Perspectives médiévales et arabes*, Paris, Vrin, 2006, p. 209-216, en part. p. 212-213 ; *id.*, « al-Šahrastānī critique d'Avicenne dans *La lutte contre les philosophes* (quelques aspects) », in *id.*, *Perspectives médiévales et arabes*, p. 195-208 (réimp. de *Arabic Sciences and Philosophy* 10, 2000, p. 275-292).

2. Dans la second partie du *Muʿtabar*, Abū al-Barakāt aborde des problèmes de théologie, telles la prééternité du monde (par opposition à la position créationniste), la prédestination divine (événements et actions humaines) (*al-qaḍā wa-l-qadar*) qu'il restreint, *cf.* Fr. Griffel, « Between al-Ghazālī and Abū l-Barakāt », art. cit., n. 76 p. 66.

Mais comment expliquer la relation qu'entretiennent ces causes – ces âmes célestes – avec les multiples âmes humaines ? Après avoir envisagé plusieurs hypothèses (*MH*, II, 381.16-382.10), Abū al-Barakāt entrevoit la possibilité que plusieurs individus puissent être subsumés sous différentes espèces d'âmes (*MH*, II, 382.10-20). L'espèce n'est plus conçue comme composée d'un genre et d'une différence spécifique sous lesquels plusieurs espèces seraient subsumées. L'espèce serait plutôt conçue comme un concept général, voire universel (*kulliyya*) pouvant s'appliquer à différentes espèces d'âmes, ces dernières partageant toujours la même réalité et ne différant pas, dans leurs propriétés essentielles, de leurs causes (*MH*, II, 382.21-383.3 ; 383.10-16). La diversité même des natures (*ṭibāʾiʿ*), des états (*aḥwāl*) et des activités (*afʿāl*) des âmes humaines confirmerait bien l'existence d'une disparité entre les âmes, disparité qui tiendrait, selon Abū al-Barakāt, à la fois à leurs différentes espèces (*MH*, II, 391.11-14 ; 383.23-24) et aux substances (*jawāhir*) et quiddités (*māhiyyāt*) dont elles héritent de « multiples causes (*ʿilal*), et non d'une seule cause » (*MH*, II, 384.4-386.16 ; 388.1-10 ; III, 152.23-153.1). Il existerait possiblement différents groupes d'espèces d'âmes humaines dont les origines seraient les effets de différentes espèces de causes célestes : soit que « chaque âme humaine ait sa propre cause (*ʿilla*) » dans le monde céleste, soit que chaque groupe (*ṭāʾifa*) d'âmes humaines ait « une seule cause à partir de laquelle elles procèdent » (*MH*, III, 152.2-3) [1]. L'intellect agent, la cause prochaine (*qarība*) de la tradition péripatéticienne, se voit donc remplacer par de multiples causes, toutes responsables de la création des multiples âmes humaines (*MH*, III, 152.23-153.1). De par leur degré de proximité avec les âmes humaines, ces causes célestes pourraient bien fonctionner comme principes d'intellection, puisqu'elles sont en mesure d'instruire, à l'occasion, certaines âmes humaines [2]. Il ne faut pourtant pas perdre de vue l'innéisme postulé par Abū al-Barakāt : les âmes humaines, dont la capacité est dérivée de celles de leurs causes, sont en mesure d'accéder au monde divin, ainsi que d'être instruites de la Tablette de l'Existence (*lawḥ al-wujūd*) (*MH*, II, 411.23-412.12).

Abū al-Barakāt discute également des formes mentales en termes d'images (*muthul*). Il écrit, par exemple, que les formes de la connaissance (*al-ṣuwar al-ʿilmiyya*) existent dans le monde divin (*al-ʿālam al-rubūbiyya*) et fait explicitement référence aux idées (*muthul*) et modèles (*qawālib*) de Platon, ajoutant : « comment ne serait-ce pas le cas, alors qu'elles sont les vraies images (*al-muthul al-ḥaqīqiyya*) [contenues dans] le Grand Livre (*umm al-kitāb*), les étants (*mawjūdāt*) leur ressemblant et correspondant à des copies d'elles »

1. A. al-Khelaifi, « The Psychology of Abû al-Barakât », p. 144-165 ; *cf.* R. Arnaldez, « La doctrine de l'âme », p. 112.

2. Voir *infra* p. 377 *sq.* et H. A. Davidson, *Alfarabi*, p. 158-159.

(*MH*, III, 93.7)[1]. Il ne semble s'être attardé ni au rôle ni à la nature de ces vraies images (*muthul*), existantes dans le Grand Livre et qui peuvent prendre place dans le monde de l'âme, perspective néoplatonicienne, s'il en est une.

Le lien qui unit les intellects séparés et les sphères célestes

Tout comme pour l'intellect humain, les intellects séparés ne se conçoivent plus comme des entités séparées des âmes célestes, perdant par le fait même leurs fonctions épistémologique et cosmologique. Quant au rapport qu'entretiennent les âmes célestes aux corps célestes, celui-ci demeure analogue au rapport qu'entretiennent les âmes humaines à leurs propres corps (*MH*, II, 389.4-16). Tout comme ces dernières, les âmes (causes) célestes existent rattachées (*mutaʿallaqa*) à leurs corps célestes lumineux, ne se distinguant de celles des âmes humaines que par leurs natures plus nobles (*MH*, II, 389.10-390.4 ; *cf.* 394.2-3).

Les âmes célestes forment également une hiérarchie selon leurs degrés de supériorité et de noblesse, chacune devenant responsable d'un groupe d'âmes humaines dont elle est la cause (*MH*, III, 213.13-24). Ces âmes célestes seraient presque illimitées en nombre, puisqu'elles appartiennent aux « sphères [lumineuses], que nous connaissons et celles que nous ne connaissons pas », qui peuplent le firmament. L'existence d'une variété potentiellement infinie de corps célestes, tous pourvus d'une âme, multiplie le nombre des causes (*ʿilal*) responsables des différentes espèces d'âmes, causes qui servent toutes d'intermédiaire entre l'âme humaine et ce qui existe dans la « première cause, en actualité et éternellement » (*MH*, II, 411.23-412.12).

L'origine de la matière du monde sublunaire

Les causes célestes qui remplacent maintenant l'intellect agent semblent bien être à l'origine de la matière du monde sublunaire (*MH*, II, 388.1-391.18)[2].

L'identification des entités cosmiques avec les concepts coraniques

Corbin et Pines ont soulevé la présence d'une angélologie chez Abū al-Barakāt, et cela, malgré le fait que ce dernier ait pu affirmer au sujet des interprétations des philosophes péripatéticiens musulmans et chrétiens – qui ont fait des intelligences (entités immatérielles distinctes des âmes célestes) des

1. Cette référence au Grand Livre est assurément coranique (Q 3 : 5). Pour une discussion du rôle des formes/idées (*muthul*) au sein de la théorie de la perception d'Abū al-Barakāt, voir A. al-Khelaifi, « The Psychology of Abû al-Barakât », p. 183-188.

2. Pour sa critique du rapport entre forme corporelle (*ṣūra*) et matière première (*hayūlā*) de l'hylémorphisme hérité de la tradition aristotélicienne, voir A. Shihadeh, « Avicenna's Corporeal Form and Proof of Prime Matter in Twelfth-Century Critical Philosophy : Abū l-Barakāt, al-Mas'ūdī and al-Rāzī », *Oriens* 42, 2014, p. 364-396.

anges spirituels (*malā'ika rūḥāniyya*) et des Chérubins (*karūbiyya*) – que « cette interprétation (*ta'wīl*) est une supposition (*muḥtamil*) qui ne repose pas sur une preuve évidente (*bayyina mubayyina*) » (*SA*, 141.10-24)[1]. Sa critique porte, en fait, sur l'identification des intelligences séparées aux anges.

Dans la métaphysique du *Mu'tabar*, le premier être créé par la première volition de Dieu correspond à la fois à l'ange le plus élevé et à la première cause (*MH*, III, 163.11-164.9). Mais le terme désigne également les principes agents que sont les causes célestes, ces astres (*kawākib*) lumineux et leurs âmes célestes angéliques. Ces anges spirituels (*rūḥāniyya*), également appelés entités (*ashkhāṣ*) spirituelles ou célestes (*samāwiyya*) et maîtres (*mu'allim*) des âmes humaines (*MH*, III, 214.6-216.3), sont les préservateurs des formes (*ḥāfiẓ al-ṣūra*) dans la matière (*MH*, III, 167.8-9; II, 390.23-391.3)[2]. Les âmes appartenant aux anges sembleraient bien correspondre aux âmes célestes, ces causes agentes responsables des âmes humaines (*MH*, III, 152.5-153.23; *cf.* 214.2-3). Les âmes des anges seraient alors regroupées en différentes espèces de causes, ces esprits tutélaires des âmes humaines (*MH*, II, 389.24-392.5)[3].

Lorsqu'elles recherchent la compagnie de leurs causes célestes, les âmes humaines se rapprochent par le fait même de ces anges. Quant à la béatitude des âmes humaines nobles dans le monde saint (*'ālam al-quds*), elle consiste à côtoyer les anges chérubiniques (*al-malā'ika al-muqarrabūn*) (*MH*, III, 216.19) et à ressembler le plus possible aux habitus des anges (*malakāt al-malā'ika*) et aux entités célestes (*al-ashkhāṣ al-samāwiyya*) (*MH*, III, 213.18-22). De plus, ces anges sembleraient bien correspondre également aux Maîtres du monde divin (*arbāb al-'ālam al-rubūbiyya*) (*MH*, III, 216.6). Abū al-Barakāt s'attarde malheureusement peu à la différence entre les essences spirituelles, les anges et les Maîtres du monde divin. Il développe pourtant une angélologie sur laquelle repose une certaine perspective métaphysique personnaliste de ces causes célestes[4].

1. H. Corbin, *Histoire de la philosophie islamique*, Paris, Gallimard, 1986 (2e éd.), p. 252-253 ; *cf.* S. Pines, « La conception », art. cit., p. 253-254.

2. A. Shihadeh, « Avicenna's Corporeal Form », p. 369-370, 380-381. Al-Khelaifi s'affaire à montrer que la critique d'Abū al-Barakāt du concept d'attributs essentiels, utilisée dans la définition substantielle (*al-ta'rīf al-dhātiyya*) (de la théorie des formes du péripatétisme avicennien) est liée à sa critique de la notion de forme comme qualité substantielle qui prend place dans la matière et à ses efforts pour introduire une théorie sur la nature (*ṭabī'a*) des différences entre les espèces d'étants (*mawjūdāt*) : les espèces différeraient les unes des autres, non pas substantiellement, mais plutôt de manière accidentelle, *cf.* A. al-Khelaifi, « Naqd Abī al-Barakāt al-Baghdādī li-naẓariyyat al-ṣūra laday al-mashshā'iyya al-islāmiyya wa atharu-hu fī al-madrasa al-ishrāqiyya », *AFKAR. Journal of Aqidah and Islamic Thought* 9, 2008, p. 185-222, en part. p. 204-212 ; idée que reprendra et développera Shihāb al-Dīn al-Suhrawardī, cf. *id.*, p. 212-221.

3. H. A. Davidson, *Alfarabi*, *op. cit.*, p. 159-160.

4. Voir *infra* p. 379.

La prophétie

L'explication rationnelle du phénomène de la prophétie

Plutôt que de faire appel à la faculté rationnelle ou à la notion d'intuition intellectuelle (*ḥads*) pour expliquer le phénomène de la prophétie, Abū al-Barakāt recourt aux propriétés particulières (*khawāṣṣ*) que certaines âmes nobles (*sharīfa*) possèdent (*MH*, II, 431.16-438.7), puisque les âmes humaines se distinguent les unes par rapport aux autres par leurs espèces (*anwāʾ*), leurs natures (*ṭibāʾiʿ*), la disposition innée (*gharāʾiz*) qu'elles héritent de leurs différentes causes (*ʿilal*) et leurs effets (*muʾaththarāt*) (*MH*, II, 436.14-16). Les âmes les plus nobles, celles des prophètes, se distinguent de celles, moins puissantes, des saints (*awliyāʾ*) par leur excellence, puis des âmes de ceux qui sont guidés par ces derniers, celles de spécialistes en sciences religieuses (*ʿulamāʾ*) et, finalement, des âmes de ceux qui transmettent (les connaissances) des prophètes, ayant eux-mêmes été leurs témoins et témoins de leurs marques d'honneur (*karamāt*) (ou miracles) (*MH*, II, 437.18-22).

L'âme du prophète appartiendrait à une espèce (*nawʿ*) particulière d'âmes humaines dont l'excellence en fait l'ambassadeur (*safīr*) de Dieu auprès de l'humanité. Il est investi de la mission prophétique de législateur (*risāla*) : instruire, éclairer et propager le message de Dieu aux êtres humains. Il peut accomplir des miracles rendus possibles grâce au caractère particulier (*khāṣṣiyya*) de l'âme que Dieu lui a conférée (*MH*, II, 436.16-18). Il les accomplit en déployant sa puissante capacité de volonté (*irāda*) et d'examen attentif (*rawiyya*) pour contrôler son corps – en se détournant du matériel pour se tourner vers les entités spirituelles et les anges – et, au terme de ses efforts, arriver à influencer les corps naturels (*MH*, II, 433.10-22). Il semble reprendre l'explication de Lawkarī, et d'Avicenne avant lui, des capacités théurgiques de certaines âmes humaines.

Avec sa divinité (*lāhūtiyya*), sa spiritualité (*rūḥāniyya*), sa pureté (*ṣafāʾ*) et l'attention qu'il voue (*iltifāt*) aux entités spirituelles (*arwāḥ*) et aux anges (*malāʾika*), le prophète entretient une relation toute particulière avec ces derniers qui le guident et l'instruisent du monde de l'invisible (*MH*, II, 436. 19-21). Cela permet d'expliquer sa capacité de clairvoyance et sa connaissance du futur, puisqu'il accède au Livre de l'Existence (*ṣaḥīfat al-wujūd*), également appelé le Grand Livre (*umm al-kitāb*), et qu'il est instruit par la sollicitude de Dieu et de ses compagnons (*rufaqāʾ*) parmi les anges (*MH*, II, 436.21-437.11).

Prophétie, divination et rêve en tant que modes différents de l'action de l'intellect agent sur l'imagination

Les phénomènes de prophétie, de divination et de rêve ne sont pas expliqués en tant que modes différents de l'action de l'intellect agent sur l'imagination, mais plutôt à partir des différentes capacités que possèdent les âmes humaines à se rapprocher des causes célestes.

L'âme du prophète est « plus particulière (*akhaṣṣ*) et plus noble (*ashraf*) que les autres [âmes] ; son type [d'âme] étant en lui plus parfait (*awfā*) que toute autre [âme] » (*MH*, II, 436.16-17). C'est pour cette raison qu'il « mérite d'être ambassadeur (*safīr*) de Dieu auprès de Sa création (*khalqi-hi*) », investi par ce dernier « de sa mission prophétique de législateur (*risāla*) », devenant « annonciateur (*mubashshir*), avertisseur (*nadhīr*), éducateur (*mu'allim*) [et] clairvoyant (*mubaṣṣir*) » (*MH*, II, 436.17-18). En fait, grâce à la puissance particulière de l'âme « que lui ont conférée Dieu (*min qudrat Allāh allatī yakhuṣṣu-hu bi-hā*), les entités spirituelles et les anges », il peut s'approcher d'eux, étant alors en mesure de « percevoir le monde de l'invisible (*ghayb*) qui leur est propre », de le contempler et d'être « instruit de leurs secrets » ; de surcroît, il est en mesure d'accomplir des miracles (*mu'jizāt*) « avec la permission de son Seigneur (*bi-amr rabbi-hi*) » (*MH*, II, 436.18-21).

Quant au rêve (*manām*), il consiste en : « la saisie (*idrāk*) des formes mentales (*ṣuwar dhihniyya*) que l'âme aperçoit (*talḥaẓ*) durant le sommeil et [lors de] la cessation des activités des sens externes et de leur utilisation par l'âme » (*MH*, II, 418.10-11), formes mentales qui l'informent de manière directe (présentes au réveil) ou indirecte (rappelées lors de certains événements) (*MH*, II, 418.19-24). Toute âme peut être sujette à une vision (*ru'yā*) (véridique ou confuse) qui lui permette de voir, tout comme dans un rêve, des événements futurs (*MH*, II, 419.9-423.1). La relation que l'âme arrive à établir avec ces essences (*dhawāt*) spirituelles, ces causes (*'ilal*) et ces principes (*mabādi'*) plus nobles et plus complets (*MH*, II, 421.19-23 ; *cf.* 411.1-412.3), lui procure un accès à cette connaissance, puisque ces causes et principes sont doués de volonté (*murīda*) et ont connaissance (*'ārifa*) des événements futurs, connaissant, à la fois, particuliers et universaux (*MH*, II, 420.19-20). L'essence spirituelle (*dhāt rūḥāniyya*) avec laquelle l'âme humaine se conjoindra et qui l'instruira, la guidera et la protégera. Sortes de pères (*ābā'*) célestes des âmes humaines, ce sera également avec ces entités spirituelles que l'âme humaine entretiendra une relation après la mort (*MH*, II, 421.19-24 et 422.4-24) [1].

1. Voir *infra* p. 382.

L'eschatologie

La finalité et l'accomplissement de l'existence humaine

La mort du corps entraîne la séparation de l'âme. Cette substance (*jawhar*) immatérielle et puissance agente (*quwā fa‘‘āla*) est alors délestée du corps, survivant (*bāqiyya*) séparée de lui (*MH*, II, 440.3-5; *cf.* III, 212.18-21). Il ne peut en être autrement puisque son existence dépend de ses causes efficientes (*fā‘iliyya*) (*MH*, II, 440.9-441.16) – substances spirituelles, immatérielles et incorruptibles aux degrés variés de perfection – avec lesquelles elle entretient un rapport de causalité (*‘illiyya*) (*MH*, II, 441.23 et 444.3-4). Abū al-Barakāt met à profit, de nouveau, ces liens de causalité qui relient les âmes humaines à leurs causes célestes (plus nobles et plus parfaites) pour rendre compte de la survie de l'âme humaine après la mort.

La béatitude (*sa‘āda*) posthume dont jouira chaque âme sera déterminée par son degré de perfection (*MH*, II, 423.4-427.19). Elle dépendra, d'une part, de sa cause efficiente, qui détermine sa substance, sa nature (*ṭab‘*) et les états de sa disposition innée (*gharīziyya*), et, d'autre part, des états qu'elle aura acquis (*iktisābiyya*), tant dans le domaine scientifique (*‘ilmiyya*) que pratique (*‘amaliyya*), ses expériences et ses habitudes (*‘ādāt* et *malakāt*), ainsi que l'instruction (*ta‘līm*) qu'elle aura reçue (*MH*, II, 446.8-449.13; III, 216.16-17). La combinaison des états de sa disposition innée et des états qu'elle aura acquis permet de rendre compte des différentes, et quasi illimitées, capacités (*isti‘dādāt*), perfections et activités des âmes, combinaisons qui détermineront le sort eschatologique de chacune d'entre elles (*MH*, II, 423.4-10). Les âmes humaines varient grandement dans leurs qualités inhérentes et dans leurs capacités d'acquisition (*MH*, II, 423.10-424.7) : certaines sont donc plus puissantes, alors que d'autres sont plus faibles, certaines plus nobles (*sharīfa*), d'autres plus viles (*khasīsa*), certaines vertueuses (*faḍīla*) et d'autres abjectes (*radhīla*) (*MH*, II, 425.3-23).

La béatitude se mesure au degré de détachement de l'âme humaine du monde matériel et à son degré de rapprochement du monde saint (*‘ālam al-quds*). Plus l'âme remonte les échelons de la causalité (*darajāt al-‘illiyya*), plus sa béatitude s'intensifie, devient plus pure et plus complète. Cela, l'âme peut l'entreprendre en développant sa capacité de connaissance (*MH*, II, 447.1-448.6)[1]. Les plaisirs intellectuels étant les plus nobles, l'âme dans sa totalité pourra jouir d'une béatitude intellectuelle (*‘aqliyya*), de loin supérieure à tous les plaisirs que lui permettrait toute saisie sensible (*MH*, II, 445.5-9). Cette béatitude survient lors de la saisie d'intelligibles, le plus élevé et véritable des plaisirs, où résident les principes de l'existence (*mabādi' al-wujūd*) que sont les causes efficientes de tout ce qui existe dans l'univers (*MH*, II, 445.13-446.7). La béatitude intellectuelle semblerait être préservée dans les âmes angéliques

1. Ce qu'il appelle aussi une acquisition intellectuelle (*nayl ‘aqlī*), *MH*, II, 445.6-12.

(*nufūs malakiyya*), les âmes célestes les plus nobles desquelles les âmes humaines doivent chercher à se rapprocher (*MH*, II, 448.2-8) [1].

Les âmes humaines les plus nobles se démarquent par leur indépendance (vis-à-vis les requêtes du corps et du corporel), leur vertu, leur bonté et leur générosité (*MH*, II, 426.1-24). Mais la plupart des âmes ne possèdent qu'une capacité limitée de détachement, de sorte que leur malheur et leur châtiment seront amplifiés par le degré de leur attachement et de leurs désirs matériels. L'âme qui se sera contentée de désirs sensibles souffrira de ne point être capable d'obtenir ces plaisirs matériels qu'elle désire toujours une fois séparée du corps (*MH*, II, 444.9-445.5). L'âme vile souffrira d'un malheur intellectuel (*al-shaqāwah al-ʿaqliyya*) qui pourrait bien s'avérer n'être que temporaire (*MH*, II, 448.15-19). Abū al-Barakāt ajoute que les âmes peuvent jouir de la béatitude et souffrir du tourment qui sont associés à la rétribution (*thawāb*) et au châtiment (*ʿiqāb*) promis par la tradition religieuse (*MH*, II, 449.18-24). Par contre, il ne semble pas proposer une classification des différents degrés des âmes, se contentant d'en noter le grand nombre. Il rejette aussi la possibilité de la transmigration (*tanāsukh*) des âmes, puisque l'âme, qui est toujours consciente de son existence, devrait se souvenir de ses vies antérieures, ce qui n'est pas le cas (*MH*, II, 375.9-379.14 et 442.24-443.23) [2], tout en ne concevant pas comme impossible la résurrection des corps, si telle est la volonté de Dieu (*MH*, II, 443.24-444.1-10) [3].

1. Pour la béatitude chez Avicenne, voir, par exemple, S. Stroumsa, « "True Felicity" : Paradise in the Thought of Avicenna and Maimonides », *Medieval Encounters*, 4, 1998, p. 51-77.

2. Voir W. S. Wan Abdullah, « Ibn Sīnā and Abū al-Barakāt », art. cit.

3. Samuel ben Eli (*yeshiva* de Bagdad), un opposant des positions eschatologiques de Maimonide, reprend des passages du *Muʿtabar* pour expliquer la position orthodoxe de résurrection (corporelle), position qui se trouverait dans la *Risālat al-Maʿād* d'Avicenne, *cf.* S. Pines, « Studies in Abu'l-Barakât », art. cit., p. 259-262, mais qu'il faut également comparer à son traité, plus tardif, intitulé *al-Risāla al-Aḍḥāwiyya fī amr al-naʿād* ; *cf.* T. Jaffer, « Bodies, Souls and Resurrection in Avicenna's *ar-Risala al-Adhawiyya fi amr al-maʿad* », *in* D. C. Reisman (dir.), *Before and After Avicenna : Proceedings of the First Conference of the Avicenna Study Group*, with the assistance of A.H. al-Rahim, Leiden, Brill, 2003, p. 163-198, en part. p. 172-173 ; S. Stroumsa, « Twelfth Century Concepts of Soul and Body : The Maimonidean Controversy in Baghdad », *in* A. I. Baumgarten, J. Assmann et G. Stroumsa (dir.), *Self, Soul and Body in Religious Experience*, Leiden, Brill, 1998, p. 313-334 (cf. *id.*, « On the Maimonidean Controversy in the East : The Role of Abu al-Barakat al-Baghdadi », *in* H. Ben-Shammai (ed.), *Hebrew and Arabic Studies in Honour of Joshua Blau*, Tel Aviv/Jerusalem, Tel-Aviv University, 1993, p. 415-422 ; en hébreu).

Modalité du lien avec l'intellect agent ou divin dans l'au-delà

La béatitude de l'âme humaine réside dans sa capacité à se rapprocher de sa cause, car cela la rapproche de Dieu : « les âmes humaines séparées [de leurs corps] se conjoignent (*tattaṣil*) à leurs causes (*ʿilal*) desquelles elles tirent leur existence (*wujūd-hā*) » (*MH*, III, 213.13-14) et peuvent accéder à leur perfection (*MH*, III, 213.16-18). Dans le sommeil, certaines âmes arrivent à se conjoindre (*tattaṣilūn*) à leurs causes, à les côtoyer (*yukhāliṭūna*) et à percevoir où elles se retrouveront après la mort (*MH*, II, 422.11-16). L'âme obtient également sa disposition innée (*gharīza*) de sa cause efficiente (*fāʿiliyya*), une des entités (*ashkhāṣ*) spirituelles (*rūḥāniyya*) divines (*ilāhiyya*) et célestes (*samāwiyya*), qui détermine sa station (*maqām*) et son rang (*daraja*) dans le « Retour (*maʿād*) ». Lors de son rattachement au corps, l'âme doit développer, par « son habitude et son acquisition (*kasb*), des habitus théoriques et pratiques (*al-malakāt al-ʿilmiyya wa-l-ʿamaliyya*) qui ressemblent le plus aux habitus des anges (*malakāt al-malāʾika*) et aux entités célestes (*al-ashkhāṣ al-samāwiyya*) », puisque ces habitus l'assisteront et lui permettront de tendre vers sa perfection (*MH*, III, 213.18-22). Dans sa progression, l'âme atteindrait le stade de perfection qui lui est propre et qui correspondrait à celui de sa propre cause (céleste), quoiqu'Abū al-Barakāt envisage tout de même la possibilité que certaines des âmes puissent se rapprocher de causes plus élevées (*MH*, III, 214.18-215.10).

Conclusion

Au terme de cette brève incursion dans la noétique d'Abū al-Barakāt, la facture anti-péripatéticienne de sa critique d'un certain nombre de positions doctrinales dominantes de l'époque ne fait plus aucun doute[1]. Ses théories de l'âme et de l'intellect introduisent plusieurs éléments doctrinaux nouveaux, qu'il s'agisse de son apriorisme épistémologique non aristotélicien, sa théorie de l'unité de l'âme et de son corollaire, soit l'abolition de la distinction entre l'intellect et l'âme ainsi qu'entre l'âme et ses facultés, la primauté de l'aperception (ou conscience) de soi, l'idée de l'attention de l'âme, la remise en question du modèle décadique des intelligences, l'abolition de la distinction entre intelligences et âmes célestes, l'élimination d'un intellect agent unique qui serait responsable à la fois de la création des âmes humaines et de leur connaissance et l'ébauche d'une angélologie. Cette nouvelle science de

1. Un de ses contemporains note pourtant que certains comparèrent Abū al-Barakāt à Aristote, *cf.* Ẓāhir al-Dīn al-Bayhaqī, *Tatimmat Ṣiwān al-ḥikma*, édité et commenté par Rafīq al-ʿAjam, Beyrouth, Dār al-fikr al-lubnāniyya, 1994, p. 125.

l'âme se fonde sur un apriorisme épistémologique qui demeure, nous semble-t-il, la clé de voûte de l'unité du *Mu'tabar* et de l'originalité de plusieurs de ses positions doctrinales [1].

1. Nouveaux éléments qui ne sont pas sans conséquences pour sa physique et sa métaphysique : sur les formes corporelles et la matière première, voir A. Shihadeh, « Avicenna's Corporeal Form », art. cit., p. 369-370 et p. 380-381 ; sur sa théorie de l'inclination (*mayl*) violente ou de l'*impetus*, voir les deux études de Pines dans ses *Collected Works of Shlomo Pines*, vol. 2, *Studies in Arabic Versions of Greek Texts and in Mediaeval Science, op. cit.*, p. 409-417 et p. 418-429 ; *cf.* S. Nony, « Two Arabic Theories of Impetus » (Le Caire, 2009, trad. anglaise de P.E. Pormann), *in* P. E. Pormann (ed.), *Islamic Medical and Scientific Tradition*, Londres, Routledge, 2010, vol. 3, p. 3-32 ; *id.*, « La dynamique d'Abū l-Barakāt : faire le vide pour penser le changement du changement », *in* P. Adamson (dir.), *In the Age of Averroes : Arabic Philosophy in the Sixth/Twelfth Century*, Londres, The Warburg Institute, 2011, p. 93-116 et *id.*, « Les audaces de la physique arabe du XIIe siècle dans la synthèse d'Abū l-Barakāt al-Baghdādī (m. 1152) », *in* E. Platti (dir.), *Mélanges de l'Institut dominicain d'études orientales* (*MIDÉO*) 29, 2012, p. 27-50 ; sur le temps, voir S. Pines, « Nouvelles études », art. cit., p. 109-131 ; sur sa conception des attributs divins, le rôle des anges et des entités spirituelles et la connaissance a priori que Dieu possède des particuliers, voir M.Ḥ. Abū Sa'da, *al-Wujūd wa-l-khulūd, op. cit.*, p. 79-194 et p. 223-245 ; *cf.* S. Pines, « Studies in Abu'l-Barakât », art. cit., p. 274-334 et *id.*, « Nouvelle études », p. 109-131 et p. 289-296 ; sur le vide, voir Fr. Griffel, « Between al-Ghazālī and Abū l-Barakāt al-Baghdādī », art. cit., p. 68-71.

APPENDICE

Textes

L'âme humaine
sa nature

Texte 1

Personne n'a besoin d'une preuve (*ḥujja*) pour affirmer (*ithbāt*) l'existence de son âme. Qui est celui qui doute qu'elle existe (*mawjūd*), de sorte que cela doive lui être expliqué au moyen d'une preuve ? Comment en serait-il autrement ? Pour personne, rien n'est plus manifeste (*abyan*) que ceci, je veux dire, plus manifeste que sa propre existence (*wujūd dhāti-hi*). De même, personne n'a besoin qu'on lui explique que les autres êtres humains possèdent une âme, c'est-à-dire, une essence (*dhāt*) qui corresponde à leur ipséité (*huwiyya*) et anéité (*anniyya*), même si elle a besoin qu'on lui explique ce que sont son essence (*dhāt*) et son âme, qui existent (*mawjūda*), et ce qu'est l'essence (*dhāt*) d'autrui. Et pour cela, il requiert ni preuve ni démonstration, sauf que cela est particulier aux âmes raisonnables (*nāṭiqa*), le propre des (êtres) raisonnables (*al-nāṭiqiyyūn*), et ne se trouve pas chez les autres [âmes] des plantes et des animaux qui n'ont pas l'aperception de leur essence (*lā yashʿur bi-dhāti-hi*) et [n'ont pas d'aperception] de leur aperception de leur essence (*bi-shuʿūri-hi bi-dhāti-hi*) (*MH*, II, 301.13-19 ; *cf.* Pines, « La conception », *op. cit.*, p. 220).

Texte 2

L'âme humaine est l'essence (*dhāt*) de l'être humain, de son ipséité (*huwiyya*) et de sa réalité (*ḥaqīqa*) qu'il indique avec des expressions et des énoncés et de laquelle procède ce qui se manifeste à partir de ses actes. Elle est [l'être humain] et il est [l'âme], sans altérité (*ghayriyya*) et sans dualité (*ithnayniyya*) (*SA*, 144.26-27).

L'ÂME HUMAINE
SON LIEN AVEC LE CORPS

Texte 3

L'âme est une force qui prend place (*quwwa ḥāla*) dans un corps organique (*badan*) et qui produit dans et par [ce corps] les actes et les mouvements, différenciés relativement à leurs temps et leurs directions spatiales, qui procèdent de lui, grâce à l'aperception (*shuʿūr*) et à la connaissance (*maʿrifa*) discernante et spécifique (*mumayyaza muʿayyana*) qui lui sont propres ; grâce à elle, le corps parvient à sa perfection spécifique (*kamāla-hu al-nawʿī*), et elle le conserve (*MH*, II, 303.23-304.2 ; *cf.* Pines, « La conception », *op. cit.*, p. 221).

Texte 4

[…] dans ces corps (*ajsām*) il existe des entités qui sont les principes (*uṣūl*) qui assurent leur unité (*waḥda*) constituée par la cohésion (*ittiṣāl*) de leurs différentes parties, de leur durée temporelle, leur nutrition, leur croissance, leur conformation et de tous leurs actes. Ce principe est l'âme, alors que le corps, avec tout ce qui subsiste en lui, est, par leur façon d'être, subordonné à elle (*MH*, II, 301.22-24 ; *cf.* Pines, « La conception », *op. cit.*, p. 220).

LES FACULTÉS DE L'ÂME

Texte 5

[…] nous avons de nos âmes une aperception indubitable (*nashʿur … shuʿūr^{an} muḥaqqaq^{an}*) que le sujet (*waḥīd*) en nous est celui-là même qui voit et entend, pense et réfléchit, garde en mémoire et se remémore, désire et déteste, est content ou en colère, et que son essence (*dhāt*) et son anéité (*anniyya*) sont une (*wāḥida*) et identique (*hiya hiya*) dans chaque acte, n'étant pas une altérité (*ghayriyya*) se trouvant en elle […] (*MH*, II, 318.7-9).

Texte 6

Le principe (*mabdaʾ*) de ces actes qui te sont propres est inéluctablement un : c'est toi-même (*huwa anta*). Que le sujet les accomplisse par lui-même et de façon immédiate, ou qu'il les [accomplisse] via des intermédiaires (*wasāʾiṭ*) et des instruments (*adawāt*) […], l'être humain ne doutera point qu'en cela il a l'aperception que [l'âme est le principe] de ses actes (*MH*, II, 319.20-3 ; *cf.* Pines, « La conception », *op. cit.*, p. 229).

La relation âme/intellect

Texte 7

[…] Parmi les puissances agissantes (*al-quwā al- faʿʿāla*) dans et par les corps (*ajsām*), certaines sont capables d'une variété d'activités et de catégories de mouvement ; [l'être humain] a l'aperception (*yashʿur*) de leurs activités et de leurs mouvements, tout comme l'aperception de cette aperception (*yashʿur bi-shuʿūri-hā*) et il agit en fonction de cela ; et il perçoit autrui par le biais de [ces puissances] de façon intentionnelle (*bi-qaṣd*) et de façon réfléchie (*rawiyya*) ; elles sont les puissances propres aux corps humains et elles sont appelées âmes rationnelles (*nufūs nāṭiqa*) (*MH*, II, 298.11-4 ; *cf.* Pines, « La conception », *op. cit.*, p. 246).

Texte 8

L'âme une (*wāḥida*) en nous est ce qui saisit (*mudrik*) l'ensemble des perceptions (*idrākāt*) qui sont attribuées (*mansūba*) à ce qui, en nous, est un (*wāḥid*), provenant des produits de l'esprit (*dhihniyyāt*) et de la réalité (*wujūdiyyāt*), des intelligibles (*ʿaqliyyāt*) et des sensibles (*ḥissiyyāt*), de tout ce qui est préservé (*ḥifẓiyyāt*) et remémoré (*dhikriyyāt*), et des produits de l'estimative (*wahmiyyāt*) et de l'imagination (*khayāliyyāt*) (*MH*, II, 407.2-4).

Le processus de la connaissance

Texte 9

[Lorsque] nous revenons à l'aperception (*mā nashʿur*) que nous avons de nos âmes, ce qui est le plus clair (*abyan*) et le plus digne de foi (*athbat*) pour nous, nous savons que c'est [le même sujet] qui saisit (*mudrik*) la forme intelligible et sensible (*al-ṣura al-ʿaqliyya wa-l-ḥissiyya*). En somme, ce qui saisit (*mudrik*) les étants (*mawjūdāt*) dans le monde extérieur (*fī al-aʿyān*) et les représentations (*mutaṣawwirāt*) en nous dans l'esprit (*fī al-adhhān*) est un (*wāḥid*), voilà l'essence (*dhāt*) de l'être humain ; tout comme chacun de nous a l'aperception (*yashʿur*) de son essence (*dhāt*) et [sait] que c'est lui qui voit, entend, connaît, se représente, conserve [dans sa mémoire], se rappelle, sait, émet des jugements positifs et négatifs, considère comme vrai et comme faux […] (*MH*, II, 403.21-404.1 ; *cf.* Pines, « La conception », *op. cit.*, p. 249).

Texte 10

A été réfutée [l'opinion qui veut] que ce qui, en nous, saisit (*mudrik*) les intelligibles (*maʿqūlāt*) soit autre que ce qui saisit les sensibles (*maḥsūsāt*), et que ce qui saisit les [formes] mentales (*dhihniyyāt*) soit autre que ce qui saisit [les formes des] étants (*mawjūdāt*) [du monde extérieur]. A été réfuté ce qu'ils ont érigé sur ce fondement et d'après laquelle [théorie] il existe une chose qui saisit en acte (*bi al-fi'l*) et de façon permanente (*dā'im*) les intelligibles et ne saisit pas les sensibles, et qui saisit les universaux (*kulliyyāt*) et ne saisit pas les particuliers. En fait, le contraire serait plus vraisemblable, [c'est-à-dire] que ce qui saisit le sensible (*maḥsūs*) et le particulier (*juz'ī*) ne peut peut-être pas saisir l'intelligible (*ma'qūl*) et l'universel (*kullī*), parce qu'on en vient à ce qui est élevé, caché et éminent en partant de ce qui l'est moins. Ainsi, ce qui saisit ce qui est plus élevé saisit ce qui est moins élevé, ce qui saisit ce qui est plus imperceptible (*akhfā*) saisit ce qui est plus manifeste, ce qui saisit ce qui est plus nombreux saisit ce qui est moindre, et ce qui saisit ce qui est plus général (*a'amm*) saisit ce qui est plus particularisé (*akhaṣṣ*). Comment en serait-il autrement, puisque ce qui est général (*'umūm*) vient à l'esprit à partir du particularisé (*khuṣūṣ*). Par conséquent, ce qui saisit les universaux et les intelligibles saisit les sensibles et les particuliers (*MH*, II, 416.10-19; *cf.* Pines, « La conception », *op. cit.*, p. 250).

Texte 11

Le contenu de la pensée (*al-ma'nā al-dhihnī*) est un attribut (*ṣifa*) du contenu de la pensée (*ma'nā dhihnī*). Ce dernier [contenu] appartient à un autre : il est un attribut du contenu existentiel (*ma'nā wujūdī*) [correspondant à une réalité dans le monde] ; le sens (*ma'nā*) est également un attribut des formes mentales (*al-ṣuwar al-dhihniyya*), lorsqu'elles servent à les indiquer au moyen de mots. [Les formes mentales] deviennent alors une signification (*ma'nā*) pour celui qui les signifie (*'anā-hā*) en les indiquant au moyen de mots qui sont tenus comme les désignant (*MH*, III, 12.15-18 ; *cf.* Pines, « Studies », art. cit., p. 279).

Texte 12

L'universalité (*kulliyya*) et la particularité (*juz'iyya*) sont des considérations accidentelles (*i'tibārāt 'āriḍa*) de l'esprit (*fī al-dhihn*) qui appartiennent aux formes mentales (*li-l-ṣuwar al-dhihniyya*), de par leur relation (*nisba*) aux réalités qui existent dans le monde (*al-a'yān al-wujūdiyya*) des sensibles (*maḥsūsāt*), comme à ceux qui ne le sont pas [c'est-à-dire, qui n'existent que dans l'esprit] (*MH*, II, 410.13-15 ; *cf.* Pines, « Studies », art. cit., p. 284).

Les différents types de connaissance

Texte 13

Tu as appris que notre connaissance des âmes humaines, qui sont nos essences (*dhawāt*) et nos réalités (*ḥaqā'iq*), tient de deux sortes de connaissance : une connaissance première (*ma'rifa awwaliyya*) et une connaissance inférentielle (*ma'rifa istidlāliyya*). La connaissance première est celle que l'être humain a de son âme. Selon ce qui a été dit, tout être humain possède une connaissance de son âme qui est antérieure (*asbaq*) à tout autre type de connaissance qu'il puisse posséder d'autrui. Elle est antérieure (*qabla*), postérieure (*baʿda*) et concomitante (*maʿa*) de chaque aperception (*shuʿūr*) et connaissance qu'il possède des étants (*shay' min al-mawjūdāt*). Mais elle est une connaissance déficiente (*nāqiṣa*), [l'être humain] connaissant, au moyen de celle-ci, seulement qu'il existe quelque chose qui lui corresponde (*huwa huwa*). La connaissance inférentielle est la connaissance que l'être humain acquiert de [l'existence de] l'âme d'autrui, l'inférant à partir des activités et des états (*aḥwāl*) qui existent en lui et procèdent d'elle. La connaissance qu'il possède alors de son âme et de celles d'autrui devient plus complète (*atamm*) que sa connaissance première de son âme. Il connaît son âme et les autres [âmes] au moyen de cette [seconde] connaissance et s'élève, avec celle-ci, vers la perfection (*kamāl*) par l'inférence (*istidlāl*) à partir des états (*aḥwāl*) et activités [de son âme] (*MH*, II, 364.9-16).

L'EXPLICATION RATIONNELLE DU PHÉNOMÈNE DE LA PROPHÉTIE

Texte 14

Tout ce que le sujet de la saisie (*shāʿir*) saisit (*yashʿur*) et le sujet de la connaissance (*ʿālim*) connaît (*yaʿlamu*), il [l'âme] l'a effectivement perçu (*adraka-hu*) ; et tout ce que le sujet de la perception (*mudrik*) perçoit existe (*mawjūd*). L'existence (*wujūd*) de tout étant (*mawjūd*) est soit dans les choses concrètes (*fī al-aʿyān*), soit dans les esprits (*fī al-adhhān*), soit dans les deux. L'étant (*mawjūd*) dans les esprits est également un étant dans les choses concrètes, du fait qu'il est un étant existant parmi les choses concrètes, c'est-à-dire les esprits existant (*mawjūda*) dans les choses concrètes (*MH*, III, 63.9-13).

Texte 15

L'âme du prophète, détenteur de guidance (*ṣāḥib al-hidāya*) et [d'autorité de] transmission (*riwāya*), est plus particulière (*akhaṣṣ*) et plus noble (*ashraf*) que les autres [âmes] ; son type [d'âme] étant en lui plus parfait (*awfā*) que toute autre [âme]. Pour cette raison, le prophète mérite d'être ambassadeur (*safīr*) de Dieu auprès de Sa création (*khalqi-hi*), étant investi [par Dieu] de sa mission prophétique de législateur (*risāla*), d'annonciateur (*mubashshir*), d'avertisseur (*nadhīr*), d'éducateur (*muʿallim*), de clairvoyant (*mubaṣṣir*) et des miracles (*muʿjizāt*) qu'il accomplit, avec la permission de son Seigneur (*bi-amr rabbi-hi*), [tout cela] par le biais de la particularité (*khāṣṣiyya*) de son âme (*MH*, II, 436.16-18).

Texte 16

[...] la puissance particulière (*khāṣṣiyya*) de l'âme [du prophète] [...] que lui ont conférée Dieu (*min qudrat Allāh allatī yakhuṣṣu-hu bi-hā*) et les entités spirituelles (*arwāḥ*) et les anges (*malā'ika*) qu'il rejoint avec sa divinité (*lāhūtiyya*), sa spiritualité (*rūḥāniyya*), l'attention qu'il leur voue (*iltifāt*), instruit de leur secrets par sa pureté (*ṣafā'*), pouvant alors percevoir le monde de l'invisible (*ghayb*) qui leur est propre, le contemplant (*shahāda*) (*MH*, II, 436.19-21).

Texte 17

[...] les âmes humaines diffèrent dans leur degré de noblesse (*sharaf*), de puissance (*quwwa*), et ainsi de suite. Par conséquent, cette béatitude (*sa'āda*) qui est la leur varie du plus intense (*bi-l-ashadd*) au plus faible (*bi-l-aḍ'af*), en fonction de cette différence (*ikhtilāf*) qu'elles possèdent en leurs substances (*jawāhiri-hā*) (*MH*, II, 448.13-15).

Noétique et cosmologie

Texte 18

[Ces causes et principes] sont des substances (*jawāhir*) immatérielles (*ghayr jismāniyya*), imperceptibles par les sens (*ghayr maḥsūsa*), savantes (*'ālima*), intelligentes (*'āqila*), agentes (*fa''āla*), douées de volonté (*murīda*), connaissantes (*'ārifa*) des étants particuliers et universaux (*juz'iyyāt al-mawjūdāt wa kulliyyāti-hā*) (*MH*, II, 420.19-20).

Texte 19

Chaque âme humaine possède une station connue (*maqām ma'lūm*) et un rang défini (*daraja maḥdūda*) dans le « Retour » (*ma'ād*), [en raison de] sa cause efficiente (*bi-'illati-hā al- fā'iliyya*) parmi les êtres [spirituels] divins (*al-ashkhāṣ al-ilāhiyya*). Cela est ce qu'elle possède en potentialité (*bi-l-quwwa*) et par disposition innée (*gharīza*). Et quant à ce qu'elle possède par utilisation (*istifāda*) et par acquisition (*iktisāb*), au moyen de l'entrainement (*irtiyāḍ*) et de l'habitude (*'āda*), les plus excellentes sont son habitude et son acquisition (*kasb*) des habitus (*malakāt*) théoriques (*'ilmiyya*) et pratiques (*'amaliyya*) qui ressemblent le plus aux habitus des anges (*malakāt al-malā'ika*) et des entités célestes (*al-ashkhāṣ al-samāwiyya*) (*MH*, III, 213.18-22).

Glossaire

al-ʿālam al-rubūbiyya : monde divin
al-ashkhāṣ al-samāwiyya : entités célestes
al-muthul al-ḥaqīqiyya : vraies images
anniyya : eccéité ou anéité
arbāb al-ʿālam al-rubūbiyya : Maîtres du monde divin
ashkhāṣ ilāhiyya : entités divines

dhāt rūḥāniyya : essence spirituelle

fiṭriyya : innée

gharā'iz : dispositions innées
ghayriyya : altérité

ḥāfiẓ al-ṣūra : préservateurs des formes
huwiyya : ipséité

ʿilal : causes
ʿilm al-mukāshafa : science du dévoilement

kasb : acquisition
khāṣṣiyya : caractère particulier

lāhūtiyya : divinité
lawḥ al-wujūd : Tablette de l'Existence

mabādi' al-wujūd : principes de l'existence
malakāt al-malā'ika : habitus des anges
mawjūdāt : étants
mushāhada : contemplation

nufūs malakiyya : âmes angéliques

ṣaḥīfat al-wujūd : Livre de l'Existence
shuʿūr : aperception

taʿaqqul dhāti-hā : intellection de son essence

umm al-kitāb : Grand Livre

Bibliographie

Abū al-Barakāt al-Baghdādī, *Kitāb al-Muʿtabar fī al-ḥikma* (*Considérations sur la philosophie*), 3 vol., éd. par Şerefettin Yaltkaya, étude de Sulaymān al-Nadwī, Haydarābād, Jamʿiyyat dā'irat al-maʿārif al-ʿuthmāniyya, 1357/1938 (*Traité sur l'âme* = *MH*, II, 297-401 ; voir la métaphysique pour des discussions épistémologiques = *MH*, III, 2.1-16.15, et eschatologiques, *MH*, III, 212.12-217.8).

– *Kitāb Ṣaḥīḥ adillat al-naql fī māhiyyat al-ʿaql* (*L'authenticité des preuves scripturaires sur la quiddité de l'intellect*), *in* A. al-Ṭayyib, « Un traité d'Abū al-Barakāt al-Baghdādī sur l'intellect (*Kitāb Ṣaḥīḥ adillat al-naql fī māhiyyat al-ʿaql*) », éd. al-Ṭayyib, *Annales islamologiques* 16, 1980, p. 127-147 (édition du texte arabe, p. 133-147).

Wan ʿAbd Allāh, W. S., « Abū al-Barakāt's Psychology : Critical Edition of the Section on Soul (*al-nafs*) from *al-Muʿtabar fī al-ḥikmah* with Analysis and Translation of Selected Texts », thèse de doctorat, International Islamic University of Malaysia, 2007.

Littérature secondaire

ABŪ SA'DA, M. Ḥ., *al-Wujūd wa-l-khulūd fi falsafat Abī al-Barakāt al-Baghdādī*, Le Caire, Kulliyat al-ādāb, Jāmi'at Asiyūṭ, 1993 [âme humaine et eschatologie, p. 197-246].

AJHAR, A. H., *Abū l-Barakāt al-Baghdādī : Bina' al-'Alam 'ala Masā'il al-Din wa Dars fi'l-Huwiyya*, Beirut, al-Markaz al-Thaquāfi-'Arabi, *2010*.

ARNALDEZ, R., « La doctrine de l'âme dans la philosophie d'Abû'l-Barakât al-Baghdâdî », *Studia Islamica* 66, 1987, p. 105-112.

CIHAN, A. K., « Ebu'l-Berekat el-Bağdadi'nin akıl görüşü [L'intellect selon Abū al-Barakāt al-Baghdādī] », *Sosyal Bilimler Enstitüsü Dergisi* 28/1, 2010, p. 1-17.

DAVIDSON, H. A., *Alfarabi, Avicenna, and Averroes, on Intellect : Their Cosmologies, Theories of the Active Intellect, and Theories of Human Intellect*, New York, OUP, 1992 [Abū al-Barakāt, p. 154-161].

HUWAYDI, Y., « Naqd Abī al-Barakāt li-naẓariyyat Ibn Sīnā fī al-nafs wa-l-'aql », in *Dirāsāt fī 'ilm al-kalām wa-l-falsafa al-islāmiyya*, 3e éd., 1972 ; Le Caire, Dār al-thaqāfa, 1979, p. 239-307.

KAUKUA, J., « Self, Agent, Soul : Abū 1-Barakāt al-Baghdādī's Critical Reception of Avicennian Psychology », in J. Kaukua *et al.* (dir.), *Subjectivity and Selfwood in Medieval and Early Modern Plilosophy*, Dordrecht, Springer, 2016, p. 5-89.

AL-KHELAIFI, A., « The Psychology of Abû al-Barakât al-Baghdâdî », thèse de doctorat [PhD], Université de Manchester, 1995 [sur les perceptions mentales, p. 87-106].

– « Naqd Abī al-Barakāt al-Baghdādī li-naẓariyyat al-ṣūra laday al-mashshā'iyya al-islāmiyya wa atharu-hu fī al-madrasa al-ishrāqiyya », *AFKAR. Journal of Aqidah and Islamic Thought* 9, 2008, p. 185-222 [étude comparée de la théorie des formes].

MARCOTTE, R. D., « La conversion tardive d'un philosophe : Abū al-Barakāt al-Baghdādī sur "*L'intellect et sa quiddité*" (*al-'aql wa māhiyyatu-hu*) », *Documenti e Studi Sulla Tradizione Filosofica Medievale* 15, 2004, p. 201-226 [présentation du traité].

PINÈS, S., « La conception de la conscience de soi chez Avicenne et chez Abu'l-Barakât al-Baghdâdî », in *The Collected Works of Shlomo Pines*, 5 vol. ; vol. 1, *Studies in Abu'l-Barakāt al-Baghdādī. Physics and Metaphysics*, LeidenJerusalem, Brill/Magnes Press/The Hebrew University, 1979, p. 181-258 [Abū al-Barakāt, p. 217-258 ; réimp. d'*Archives d'histoire doctrinale et littéraire du Moyen Âge* 21, 1954, p. 21-98].

– « Studies in Abu'l-Barakât al-Baghdâdî's Poetics and Metaphysics », in *The Collected Works of Shlomo Pines*, 5 vol. ; vol. 1, *Studies in Abu'l-Barakāt al-Baghdādī. Physics and Metaphysics*, Leiden/Jerusalem, Brill/Magnes Press/The Hebrew University, 1979, p. 259-338 [classification des sciences, formes mentales et universaux, p. 274-286 ; réimp. de *Scripta Hierosolymitana* 6 (1960), p. 120-198].

SAYDABĪ, J. R., *Abū al-Barakāt al-Baghdādī wa falsafatu-hu al-ilāhiyya : dirāsa li-mawqifi-hi al-naqdī min falsafat Ibn Sīnā*, Le Caire, Maktabat wahba, 1996 [âme humaine, p. 181-230].

AL-ṬAYYIB, A., *al-Jānib al-naqdī fī falsafat Abī al-Barakāt al-Baghdādī*, Le Caire, Dār al-shurūq, 2004 [âme humaine, p. 253-307].

YILDIRIM, Ö. A., *Ebü'l-Berekât el-bağdâvî ve Meşşâî Felsefe Bağlamunda. Nefis, Belik ve Bilgi*, Litera, Istanbul, 2018 [intellect, p. 243-292].

INDEX NOMINUM

INDEX RERUM

Français

Termes arabes

Versets coraniques

LES AUTEURS

Peter ADAMSON
professeur à l'Université de Munich

Cristina d'ANCONA
professeur à l'Université de Pise

Daniel DE SMET
directeur de recherche au CNRS

Rotraud HANSBERGER
maître de conférences à l'Université de Munich

Roxanne MARCOTTE
professeure à l'Université du Québec à Montréal et chercheur honoraire à l'Université du Queensland

Meryem SEBTI
chargée de recherche au CNRS

Philippe VALLAT
chercheur à l'Université de Vienne

Elvira WAKELNIG
chercheur à l'Université de Lausanne

TABLE DES MATIÈRES

TROISIÈME PARTIE
LES ISMAÉLIENS ET LES IKHWĀN AL-ṢAFĀ'

QUATRIÈME PARTIE
AL-FARABI, AL-'ĀMIRĪ, AVICENNE, SES DISCIPLES ET LA CRITIQUE D'AL-BAGHDĀDĪ

Achevé d'imprimer en novembre 2019
par l'imprimerie PEETERS s.a.
Warotstraat 50, B-3020 Herent
D/2019/101856